國家圖書館出版品預行編目資料

中國大陸研究／張煥卿等著.－－初版二刷.－－臺
北市；三民，2003
面；　公分

ISBN 957-14-1832-3　(平裝)
1.中共政權—論文，講詞等

628.7　　80004406

網路書店位址　http://www.sanmin.com.tw

著作人　張煥卿等
發行人　劉振強
著作財產權人　三民書局股份有限公司
臺北市復興北路386號
發行所　三民書局股份有限公司
地址／臺北市復興北路386號
電話／(02)25006600
郵撥／0009998-5
印刷所　三民書局股份有限公司
門市部　復北店／臺北市復興北路386號
重南店／臺北市重慶南路一段61號
初版一刷　1991年12月
初版二刷　2003年3月
編　號　S 57094-0
基本定價　拾壹元柒角捌分
行政院新聞局登記證局版臺業字第〇二〇〇號

ISBN　957-14-1832-3　(平裝)

╲ 大專用書

中國大陸研究

張煥卿・段家鋒・周玉山主編

三民書局 印行

國家圖書館出版品預行編目資料

中國大陸研究／張煥卿等著.－－初版二刷.－－臺北市；三民，2003
面；　公分

ISBN 957-14-1832-3　(平裝)

1.中共政權－論文，講詞等

628.7　　80004406

網路書店位址　http://www.sanmin.com.tw

© 中國大陸研究

著作人　張煥卿等
發行人　劉振強
著作財產權人　三民書局股份有限公司
臺北市復興北路386號
發行所　三民書局股份有限公司
地址／臺北市復興北路386號
電話／(02)25006600
郵撥／0009998-5
印刷所　三民書局股份有限公司
門市部　復北店／臺北市復興北路386號
重南店／臺北市重慶南路一段61號
初版一刷　1991年12月
初版二刷　2003年3月
編　號　S 57094-0
基本定價　拾壹元柒角捌分
行政院新聞局登記證局版臺業字第〇二〇〇號

ISBN 957-14-1832-3　(平裝)

中國大陸研究
——慶祝吳俊才先生七十華誕論文集

張煥卿
段家鋒
周玉山 主編

吳俊才先生行誼
——七秩壽慶代序

歐陽勛

「居處恭，執事敬，與人忠」，躬實踐而未逮者，吾友叔心吳俊才先生其人也。

先生於民國十年耶誕之辰出生於湖南益陽滄水鎮，鍾山川靈秀，沐鄰里和光。十歲隨家遷鄰縣沅江，地濱洞庭湖畔，朝看粼波遠盪，浩瀚千里；夕覽碧輝餘照，閃耀萬方。觀天地之大，體造物之神，不由坦蕩胸懷，恢宏意興，遂堅苦學之志而勵愛國之思。

封翁聿修公爲經史名儒，篤誠正之修，敦忠孝之教，獻身教育，造福鄉邦。太夫人曹氏系出望族，仁慈恭儉，夙著賢聲。通醫理，明藥性，嘗居家義診，廣受愛敬。

先生家學淵源，髫齡受書，依太夫人畫荻成誦。稍長，入志成小學，寒暑假隨聿修公習四書五經，句讀義理，課習雙嚴。民國二十三年，先生考入益陽信義中學堂。是校爲瑞典教會創辦，教師多西籍傳教士，以求眞致善、敦品勵學爲風尚，校譽遠播，時評在全國模範學校之列。先生浸育於斯，矢志苦學，屢獲全額獎學金，并秉「一日一善，千日千善，水滴石穿，繩鋸木斷」之教，力行不懈，榮獲「日行一善」全國獎，復膺選爲全校青年會及學生自治會會長，致力公益，更堅人生以服務爲目的之信念。

三十年夏，先生考入江西永新國立中正醫學院，旋以考取中央政治學校，遂轉往專攻新聞學。先生在學成績突顯，畢業時以第一名分發中央宣傳部任職，後奉派參與政治協商會議及國民參政會之新聞報導，深入翔實，因受志希羅家倫先生賞識。

民國三十六年，我國與印度建交，羅先生榮膺首任駐印大使，邀先生以中央日報特派員名義隨同赴印。遂於撰報新聞、襄助館務之餘，入德里大學歷史研究所精研印度史，嗣於三十八年大陸沉淪、中印斷交後，轉赴英京，入倫敦大學政治經濟學院攻研國際關係，以東南亞區域研究爲主修，積年苦學，博覽深思，由是奠定堅厚學術基礎。

先生於政大畢業任職中宣部之時，適逢抗戰艱苦階段，毅然響應領袖蔣公「十萬青年十萬軍」號召，投筆從戎，奉派在四川壁山青年軍二〇一師服務，因其所長，創辦青年軍報，開拓軍中文藝，鼓舞官兵士氣，融洽軍民情感，建立軍報風格。其於擔任中央日報駐印特派員時期，適逢印度建國初展新局，於是把握機緣，連續報導印度獨立、印回分治、甘地證果等重大新聞，緊扣歷史脈絡，探溯源流發展，生動翔實，名噪一時。其後歷任多方職事，竝皆聲華卓著，於焉已樹先聲。

民國四十年，先總統蔣公號召海內外同胞共建臺灣爲復興基地，先生深受感奮，毅然離英返國，途經香港，應中央日報電請，留港督辦航空版。功成，於翌年返臺，蒙蔣公召見勗勉，調赴革命實踐研究院十五期受訓。先生自香港抵臺，迄今民國八十年，凡四十年之間，先後任中央日報社主筆、國立師範大學、國立臺灣大學、國防研究院及國立政治大學等院校之教授、講座，國際關係研究所所長、東亞研究所所長、中國國民黨中央文化工作會主任、中央日報社長、中央委員會首席副秘書長、革命實踐研究院副主任、中央考核紀律委員會主任委員及駐薩爾瓦多特命全權大使、總統府國策顧問等職。先生除多次出席國際會議并一度奉使中美洲外所任工作大抵以文教爲主，研究、講授、著述不輟，受知於總統蔣公、蔣故總統經國先生及今總統李登輝先生，以復國建國爲歸趨，凝志專注，不忮不求，任事則不計譭譽，創新進取，一往直前，嘗謂得於服務國家社會之歷程中，獲得自我肯定，實爲人生最大之享受。綜先生事功，實有足多焉。

先生之於政策研究，自四十二年起卽參與層峰交付之任務，初以外交研析爲重心，繼而爲理論探索與政策形成，再次爲政策實施之考管與績效評估。同時爲結合學術界之共同努力，特創辦《問題與研究》中英文月刊、《大陸研究》月刊、《中華學報》、《理論與政策》及《考紀》季刊等，提供海內外學者專家研討相關政策之公開園地與管道，甚具貢獻。五十年代，先生鑒於對當代中國問題之研究，國際學術界極爲重視，而反觀我國則仍侷限於少數專業單位之專家，乃倡導予以擴大研究領域，使之學術化、國際化，因受命創設國際關係研究所，延請學者專家分門別類潛心研究，於資訊則作有系統之蒐集、整理、典藏與供應。又編印研究成果，出版叢書專輯，進行國際合作與交換。進更定期舉辦雙邊與多邊有關中國大陸之學術研討會，包括中美會議、中日會議等之召開，三十餘年賡續不斷，對於我國學術研究之提升，助益良多。此後，復與政大合作，創立東亞研究所，招考優秀有志青年及日、韓、美、德等國外籍學子，研究當代中國問題，修業期滿，經考試及格，授予碩士、博士學位，成果豐碩。

先生之於文化宣傳工作，於六十一年受命主持中國國民黨中央文化工作會，執行中央文宣政策，輔導新聞傳播機構及協調新聞媒體，爲復國建國大業盡其職責，發揮政策闡揚、輿論監督與文化教育功能，獻力頗多。在其任內復依政策需要，創立國家文藝基金會，設立三民主義學術研究基金，獎助其研究出版工作；與教育部協力在中央研究院及公私立大學創立三民主義研究所；幷在大學開設中國大陸研究與中國現代史課程，影響頗爲深遠。再如加速黨營文化事業之企業化經營，務求創新發展，自給自足；籌設當代中國研究所，致力宣傳人才之培養聯繫，蔚爲國用。六十一年至六十五年間，蔣故總統經國先生時任行政院長，推動十項國家建設，適逢我退出聯合國，外來衝擊，接踵而來，時局杌隉，陰霾迷漫，先生負責文宣，獻身獻心，激勵國人，莊敬自強，衝破險阻，備極艱辛。

先生之於外交工作，早於駐印期間，嘗協助大使館事務，多有涉獵；來臺後奉命參與政情研究，初即以外交研析爲中心；五十四年中央爲培訓外交人才，於國防研究院特設外交組，先生奉調參加受訓，潛心研究；六十五年交卸文宣任務，乃奉命出使薩爾瓦多，在大使任內，於凝固僑心，強化中薩邦誼，精心擘劃，推動不遺餘力。蒞任兩月，即促該國特派專使駐華幷撤換該國對我極不友善之駐聯合國代表。同時擴大農耕技術合作，提供多項顧問援助。幷加強對薩國國會之聯繫，增進其對我國之友誼與支持，曾獲其決議於我雙十國慶日舉行特別大會，全體議員出席，邀請先生講演，幷將我中華民國國旗長置國會議臺之上，與薩國國旗併列，象徵兩國邦誼永固。先生率全體館員及薩京僑領參加，情緒熱烈，僑胞至今引爲殊榮。因之出使以後兩國邦誼益爲和好，充分展現先生折衝樽俎之長才。

先生之於新聞事業，極饒興趣。六十七年初奉命交卸大使職務，應召兼程回國，接長中央日報社。接任後即著手十年計畫之擴建，而以「民之喉舌，國之干城」自許，發揮中央日報應有之傳播輿論功能，與報社同仁相共勉。除全力籌建新廈，增購最新印刷設備幷策劃電腦排印外，同時大力改革內容，創辦七大週刊，每日一刊，週而復始，以文字、圖片配合新聞發展與言論之需要，務求內容生動、有可讀性、趣味性、知識性，帶動相關作者、讀者與專家學者共同參與，使中央日報眞正成爲社會大衆共有、共享之媒體公器。因之發行與廣告自然成長。先生每日上下午及晚上三次上班，全神貫注。報社工作人員無不奮勉努力爭先。先生任職期間，對於編政改革、設備更新、業務擴展與士氣提升，致力良多，於交卸時，董事會特以「藎籌碩劃」四字相贈，名實足稱焉。

先生之於中國國民黨黨務之襄贊與幹部訓練，貢獻亦多。六十八年春先生奉調中央服務，默察情勢，特建議以「光明如旭日，和煦如春風」爲激勵同志之精神指標，獲得採納，先生於是以此爲指標，襄助推展黨務，落實於日常工作之中，貫穿於部門應對之間，潛移默化，黨內一時蔚爲風氣，頗收實效。翌年又奉令兼任革命實踐研究院副主任，襄助蔣主席兼主任經國先生綜理院務，七十年奉令專任院務。此前後七年之間，實爲先生之精神負擔最重，公務最爲繁忙之時，但感於黨國之需要，仍勉力以赴。革命實踐研究院班期密集，先生恐誤重託，舉凡研究員之調訓、講座之敦聘、課程之安排，無不殫精竭力，全神貫注，而每一班期之始業、結業講話，則均事先再三衡酌需要，針對班期特性，自撰講稿，於革命、實踐與研究之道，多所闡釋，砥礪研究員之高尚情操，以堅其心志，擔當復國建國之重責。七年之間，結業研究員逾萬，於黨政軍文教各界默默奉獻。

先生之於講學著述，嘗致力於東南亞史與印度史之闡發，四十一年返國後，除主中央日報筆政外，先後在師範大學、臺灣大學、政治大學講授東南亞史及印度史，孜孜不倦，尤着重闡述中印文化對東南亞區域發展之深遠影響，及其後期與所受西方物質文明影響之比較研究。而於印度史部分，起自印度河流域文化，歷經孔雀王朝等轉捩時期，以迄英國統治印度與甘地復國諸方面，莫不重點講述，使能瞭然於現代印度之歷史背景。先生於講學之餘，潛心著述，所著有《東南亞史》、《印度史》、《印度獨立與中印關係》、《克什米爾與印巴關係》、《甘地與現代印度》等專書，乃爲有關研究之最重要參考著作。另著有《充滿希望的時代》、《政治與文化》等書，亦皆騰譽士林。

先生好學深思，沉潛學問，待人謙和大度，接之如沐春風，治事則愼密嚴謹，創新求進，對上則忠誠謹事，對部屬則獎掖不遺餘力，故皆樂與之近。先生嘗治《易》，了然世象之演化，樂觀進取，堅忍圖成。居處廉介自守，不計進退出處。先生於革命實踐研究院以院務繁劇，於七十六年秋請辭幷自請退休獲准，旋膺聘總統府國策顧問。不久，復奉蔣故主席經國先生之徵召，義務出任中央考核紀律委員會主任委員迄今。先生元配馬夫人，星野師之幼妹，患難相扶三十年，不幸中道捐謝。繼配陳夫人，端莊賢淑，勤儉持家。子女三，皆卓然有成。長子玉山，教育部公費留美，柏克萊加州大學哲學博士，華盛頓布魯京斯研究所研究員，現任臺灣大學客座副教授。長女德里，曾任華府郵報總編輯，新生報駐美記者。次女涵碧，中華日報專刊組組長，所著《吳姐姐講歷史故事》，每年一部，已發行十二部，暢銷海內外。長婿李慶平，政大外交碩士，現任北美事務協調會文化組長，致力中美文化交流有年。媳蘇慧君，加州州立大學資訊碩士，現任職交通部臺灣區國道新建工程局，均孝友和睦，芝蘭競秀，人咸稱羨焉。

民國八十年歲次辛未，十二月二十五日欣逢　先生七秩攬揆之慶，同人故舊久親儀采，長接清輝，願刊專輯，用慶嵩壽，以愚與先生誼屬同鄉、同學、同袍、同事，相知最深，因就平日所尚慕而心儀者，概敍先生行誼，以刊冊首，用告時賢。第奈文詞鄙拙，難彰明德於什一，惟以心香一片，祇頌　先生仁壽長春，切期辛巳之年，再稱觴祝於衡嶽，是爲序。

編序

本書共收論文三十篇，作者多爲專業研究中國大陸問題及馬列主義之人士，亦多爲吳教授俊才先生之門生。今以崇敬歡愉的心情，獻此書祝賀先生古稀之慶。七十初上壽，百歲再稱觴！

本書同時可供大專院校「中國大陸研究」教學之用，該課程已行之有年，也收到相當效果，但完整的教材似不多見，本書恰可彌補這個空檔。近年國家考試已設「大陸工作」科，本書亦爲應試者所必備。編者與作者尤盼各界人士，因本書而重視大陸研究。值此大陸問題日益值得關切之際，綜述全貌的客觀著作，當可供國人參考。

本書分四輯，一爲中共黨史與理論，二爲中共政治，三爲中共經濟，四爲中共文教。此種分類配合大專院校教學的四大單元，也與國家考試的科目相近。編者的立意，在學術與實用相結合，發揮更大的功能。此種構想不僅在報答三民書局慨允出版之厚意，實有利於社會與國家。

本書之內容，當爲作者心血的結晶；本書之編輯，則頗感時間的匆促，錯失在所難免。如蒙大雅教正，幸何如之。

張煥卿
段家鋒　謹識於國立政治大學
周玉山

中國大陸研究

目　次

第二輯：中共政治

第三輯：中共經濟

第四輯：中共文教

第一輯　中共黨史與理論

中國統一與中國問題從根解決

曹伯一

中國統一問題，不只是統治權一元化，或者是地理的合併而已，基本上乃是中國文化新型態的塑造問題。中國人苦於「分久必合，合久必分」久矣，中國人何以忽略以智慧去追求一個「合久不分」的「永恆統一」？

「政治的文化價值觀」，意在從文化觀點出發，衡度、評斷諸般政治意識、政治體制的存在意義與價值。文化有其「共相」屬性，文化之成型趨向，應與人類求幸福意願相切合，此種「切合」爲文化所必具之共相屬性；文化又不免有其「殊相」屬性，因爲文化必須與個別空間需求相適應，此種「適應」爲文化所必具之殊相屬性。一種文化是否具有存在價值，能否具有生命潛力，端在所具備之共相與殊相眞切之程度。易言之，能與「人類求幸福意願」、「個別空間特殊需求」相切合之程度越高者，此種文化之價值越高，生命潛力也越旺盛。

文化型態具體表徵之一，即是建立國家所必須的一個全民的共識基礎。「共識基礎」，至少包涵了全民幸福意願的肯定、達成幸福意願的合理制度的建立，以及以此爲基礎的民族文化型態的共塑。文化具有這樣內涵的「共識基礎」，國家的長治久安會「自然地」出現，這也是今日中國人所追求的目標。文化爲國家提供了內涵，國家也爲文化落實提供具體顯現。

對於統一問題的思考，如果只局限於統治權的一元化、地理的合併，此種統一只是形式的，並無助於國家長治久安。沙俄與蘇俄都曾出現過形式的大一統，如今仍然分崩離析，「合久必分」。

一、中國統一問題的本質

近代中國自鴉片戰爭（一八四〇）以還一個多世紀，中國人長期致力於文化新型態的塑造工作。中國人所追求之新文化型態，當然在共相方面應與人類思潮相合；在殊相方面，應與中國特定空間社會相切。今天對中國統一問題的討論，正是鴉片戰爭以來未竟努力的延續，也是中國文化型態取向的明辨。觀察中國統一問題，宜以此項理念，作爲探討的基礎。

對於中國統一問題的理解，先應從下述四項本質上的判明爲入手處：

㈠、中國分裂的形成；

㈡、中國當前分裂的特質；

㈢、「中國問題」的涵義；

㈣、中國「永恆」統一的求取。

㈠、中國分裂的形成

中國統一問題，成爲海內外中國人和國際間所同表關切的一個問題。中華民國原是一個統一國家，現階段之未能統一，形成兩個社會，主要是由於後來共產國際推動，在中國建立了共產式政權組織，建立了原有的自由民主構架以外之另一種政治體制。

近代中國自辛亥年（一九一一）建立中華民國，十七年（一九二八）完成北伐，消除軍閥，中國已完成統一初步基礎。到對日抗戰勝利（一九四五）原被日本所佔領之東北和臺灣重歸，中國更具統一規模，並且在實質上向民主憲政現代化國家目標邁進，顯現此種精神之中國新憲法，即在戰爭結束後於民國三十六年（一九四七）公布。

當中國實現完全統一之際，蘇聯支持下的中共集團，利用日本長期侵華戰爭所引起的民困兵疲，戰後建設頭緒萬端時機，全面掀起奪取政權戰爭，戰禍重啓。在中共、俄共以及國際共黨聯合進攻情勢下，中國大陸建立了俄國式寡頭政權（一九四九），中華民國政府遷臺灣，因而造成了國家的分裂，形成了兩個不同意識型態、不同政治和經濟制度的兩個政治體制。

文化有其持續性，同時也具有創新性，兩種性格常同時存在。文化乃是歷史生活經驗的累積、結晶，透過社會化過程，文化與社會已溶合成爲一體，代代相傳，故必然有其持續性。但文化也是個人生活的映象，西方拉丁語源中文化一辭本有培養之意，生活之諸因素改變，亦卽成爲文化內涵之改變。不過文化內涵雖與社會同樣常在變遷之中，但除非是受到外在或內在勢力極大衝擊，其變遷速度應屬緩慢❶，文化的持續性及創新性乃可自然調節。過於急求變易，將爲社會帶來緊張壓力，引起社會脫序。共產主義者忽視了中國傳統社會的文化背景，事實上已造成了中國社會嚴重脫序。

中國統一問題的本質，自然地歸結爲：如何使中國終止極權部分，全面回復到契合全民利益的民主自由的社會制度，使中國完整的成爲一個與中國歷史文化相結合，人民安居樂業、和諧而且自由的全民民權社會。

❶此項觀念，爲一般社會學者所信奉，參見 Pitirim A. Sorokin, *Contemporary Sociological Theories* (New York: Harper & Row, 1982), p.472.

任何國家在歷史上都可能有過分裂與統一的經驗，中國的歷史，包含在二十五史之中，「二十五」這個數字的另一重意義，實卽意味着中國過去歷史上頻繁的分裂與統一過程的經驗。

㈡、中國當前分裂的特質

中國過去的分合過程，常只是環繞着「統治權」在運作：「分裂」是統治權力的分散與地理的分割；當再次將統治權力一元化、地理合併時，也就是再「統一」的開始。所以過去中國的分合，性質單純地只是「統治權與地理」的分合過程。

但是中國今天的分裂性質，却是複雜得多，包含了統治權的分散、地理的分裂，更包含了思想的對立、制度的差距，從而形成文化型態的殊異，不只局限於統治權與地理的分散而已。此種分裂特質，也就是二次大戰後分裂中國家所共同具有的性質，韓國、德國皆同。理解當前中國分裂的特質，這是重要的，因爲這是構思中國統一之道的起點。

㈢、「中國問題」的涵義

「中國問題」討論者甚多，但「中國問題」的概念究應如何先予確定？

全體中國人都共同具有追尋幸福生活的主觀願望，沒有例外；但這種主觀願望能否實現，需要客觀制度來爲之配合，透過「客觀制度」途徑，然後可以實現「主觀願望」的理想。今天全體中國人無論在臺灣、海外、大陸，追尋幸福的主觀願望雖然相同，但中國人並不能全都享有合理制度的配合。所謂「中國問題」乃是中國尚存在着客觀制度與主觀願望的「失調」現象。臺灣海峽兩岸中國人所享有的制度不同，中國大陸十億多中國人，顯然生活在一種嚴重「失調」社會之中，中國問題的重點，也就在此。

以這一概念爲依據，那麼「中國問題」從根解決之道也就甚爲清晰，那就是使「全體」中國人共同生活在客觀的合理制度之中，這制度必須能滿足「全體」中國人主觀的幸福願望的需求，也就是建立客觀制度與主觀願望相「和諧」的社會。這一和諧社會，是十億多中國人幸福所寄，爲中國人所嚮往，這一個具有客觀有效制度能使人民求取幸福主觀願望實現的和諧社會的出現，也就是中國問題的從根解決。

(四)、中國「永恆」統一的求取

「分久必合，合久必分」，此種觀念在中國社會流傳甚爲普遍，「分久必合」應是人同此心，同所企求；「合久必分」那是殘酷的循環，未必爲國人所願見。中國人要追求的是「合久不分」的統一。

「分久必合，合久必分」之說，應只屬於文學家的描述，而不是歷史學家的結論。縱觀國際間能維持長期統一而不必分裂者甚多，日本自一八六七年維新以後，一直保持着統一局面；美國立國二百年，除南北戰爭外，沒有發生過其他內戰。顯然，「分久必合」是人們共同願望；「合久必分」也並非是無可避免的歷史規律。

美、日之能維持長時期安定的局面，基本上植基於一個重視全民利益的制度，這個制度着眼於爲「全體」國民謀求幸福，因之這個制度能被「全體」國民所接受，大家都願意維護這個制度的功能，不受破壞，這是今天很多國家安定的重要基礎。中國歷史上分合頻仍，主要原因是每一新皇朝出現時，可能會倡立新制，但類多未在建立「全民」民權制度上去着力，這是中國歷史分分合合的重要關鍵。

中國將來長治久安之道，必須建立在這個全民基礎上，建立在一個爲「全體」中國人謀求幸福的制度基礎上。

今天中國人所要追求的「統一」，應是「永恆」統一，是「合久不分」的統一。於是，「中國問題」的解決，「中國統一」的完成，滙合在同一關鍵上：必須透過「合理制度」的建立，追求一個「合久不分」的統一，並以此爲全民「共識基礎」奠立根基。

二、中共「最低綱領」的運作

長時期來，中共對中華民國在技術面進行和平方式政治攻勢，希望以和平手段取得臺灣，中共以爲「取得」臺灣，就是等於完成統一，「合併」就等於解決了中國問題，中共於此致力甚勤。中共的統一，又是着力在「統治權一元化」與「地理合併」，仍舊是歷史分合的老路子。中共顯然有意漠視今日中國分裂的特質，漠視中國問題必須從制度合理化基礎上謀求解決的基本意涵。

實際上中共這一政治作爲，並未從全體中國人的利益作長遠考慮。在共黨理論及作爲中，「奪取政權」乃爲共產運動的最重要中心環節，故取得臺灣只是爲了要完成共產黨人在中國境內建立階級政權的目的。假如對於制度的合理化避而不談，不能在意識型態上適應全體中國人的需求，中國問題自然不可能解決，縱有形式上的勉強合併，也難期永恆，只是多了一次歷史分合而已，中共顯然在躲避這一主題。

由於觀念的狹隘，於是中共和平方式政治作爲，總是在「術」的層次上運作，如「九點聲明」如「一國兩制」等等，力求共黨政權利益的安全；而並未提升到「理」的層次，並未面對十多億中國人的利益，從制度上謀求中國問題的誠心解決。

㈠、中共政治作爲的兩個重點

中共政治性權術作爲的對象是多重的，在運作過程中，則是以國際的與國內的兩方面交互運用，相互支援。在國際方面，希望獲得西方國家，特別是美國，在軍事和政治上的支持、高級科學技術的提供，以提升國際地位，發展軍事力量。

以中國大陸地大人多，數量的龐大，威脅各國切斷與中華民國間的外交或實質外交關係。

以經濟的局部開放，吸引外來資本、技術與物資，以期解決長時期來的窮困；並藉此安撫內部。再以經濟利益爲誘餌，來強化西方與它的政治軍事關係。

以社會的有限度開放，企圖顯示在政策上已與毛澤東時期不同，來解除長時期來世人對它的普遍疑慮。

在國內方面，以和平談判爲手段，發動對中華民國的政治攻勢，意欲瓦解臺灣地區與大陸中國人共有的反共產意識，並造成和解形象，企圖切斷國際上對中華民國的支持，削弱重建民主中國的意志與能力，達成消除中華民國與穩定共產政權的目的。

一九八四年十二月十九日中共與英國簽署「香港協議」，中共方面面告英國首相柴契爾，香港協議是「一國兩制」原則的實踐，「一國兩制」並將作爲「解決臺灣問題」的原則，並要求將此含義轉告美國雷根總統，這就流露出另有所指的政治目的。

中共今日統一戰線的對象雖是多重的，其重點則只有兩個：一是對美國，一是對臺灣基地。它企圖以威迫利誘方式，左右美國對華政策。過去，「蘇聯牌」的運用，充分符合美國抗蘇政策，產生了某種程度效果。誤導美國，使之着眼於近程戰略觀念因而沖淡了對遠程戰略利益的考慮。一九九一年蘇聯大變局以後，中共已失去了「蘇聯牌」有利條件，影響中共國際統戰之運作。

從列寧以來，共產黨人重視統戰之運用。統戰是統一戰線的簡稱，統戰的指導原則是「利用矛盾，爭取多數，各個擊破」，它與心理戰、宣傳戰相輔而行，對國際對國內都可應用。近年來中共對統戰的運用正在提升其程度與範圍。

(二)、和平「解放」口號初現

中共欲以和平手段取得臺灣，展開對臺灣統戰，約自民國四十三年（一九五四）開始。其間經過幾個不同階段與不同方式。

一九四九年以後，中共高唱「血洗臺灣」及「武力解放」，在臺灣基地全民戒備下，中共爲軟化反共意志，於民國四十三年（一九五四）七月三十日，周恩來在「人代會」上，改用「和平解放」字樣，宣稱：「願意在可能條件下，爭取用和平的方式解放臺灣，……願意和臺灣負責當局，協商和平解放臺灣的具體步驟。」

這是中共採用和平政治攻勢的開始，也是「和戰兩手策略」交替使用的另一階段。中共在使用和平政治攻勢之同時，常帶着軍事性質的威脅，「和平政治攻勢」實際上爲卽將來臨的戰爭做了準備，民國四十七年（一九五八）八月中共發動了對金門大規模砲擊。至十月五日，歷時四十四日，發砲四十五萬餘發。

其後利用投共人員李濟琛、黃炎培等人，唱出「愛國一家」、「團結一致」、「和平解決」口號。

中共在一九五九年與蘇聯交惡，翌年俄援自大陸撤退。同時更有「三面紅旗」、大饑荒以及「文化大革命」（一九六六—一九七六）激烈內鬥。在此內外夾逼中，中共自顧不暇，對中華民國統戰暫時降低。

(三)、和平「回歸」策略加強開展

一九七八年底，北平與美國宣布建交，中共利用這一形勢擴大施展和平取得臺灣的政治攻勢，竭盡所能採用了各種方式。

1.中共五屆「人代」第五次常會發表「告臺灣同胞書」（一九七八年十二月）是此階段第一個主要步驟。其中稱：「儘快實現通航通郵，以利雙方同胞直接接觸，互通訊息，探訪親友，旅遊參觀，進行學術文化體育工藝觀摩。……相互之間完全應當發展貿易，互通有無，進行經濟交流。」自此，形成以「三通」、「四流」爲中心之和平攻勢。中共此舉目的有三：第一，突破臺灣海峽的屏障功能；第二，造成「和解」形象，使國際間以爲「臺海無戰事」；第三，使臺灣基地軍民心理戒備鬆弛。

鄧小平向訪問北平的美國參、衆兩院議員表示：「我們不再用『解放臺灣』這個說法了，只要臺灣回歸祖國，我們將尊重那裡的現實和現行制度。」❷由「解放」改變爲「回歸」，用辭改變，但是終極的目的，實質相同。

2.孫中山先生夫人宋慶齡女士去世，中共曾經充分運用作爲統戰另一主題。

宋氏於一九八一年五月二十九日在北平去世，中共先於五月十六日授予宋氏爲「中華人民共和國名譽副主席」，並於先一日使宋氏加入中國共產黨。去世以後，透過「新華社」宣稱：歡迎在臺灣的親屬友好前往北平參加葬禮，一切費用由治喪委員會支付。

中共對宋氏的運用，早在廣州時期（一九二三—二六）已經開始，但宋氏迄未在形式上加入共黨。宋氏去世時，中共「憲法」及政治制度中並無「國家主席」乙職，但居然授宋氏以「國家名譽副主席」名義。這是一種無依據的荒謬作法。揆其用意，無非欲在「中華人民共和國」與孫中山先生之間，建立一個聯結因素，勉強的爭取承自中山先生的「歷史正統」。並利用中國人對孫中山先生創立中華民國功勳的崇敬意識，藉此以爭取羣衆向心。

3.「紀念辛亥革命」成爲中共政治統戰工作方式之一。在一九六一年「三面紅旗」失敗之際，中共曾經舉行紀念辛亥革命會，一九八一年則擴大舉行，一九九一年同樣有大規模紀念活動。

---

❷《人民日報》，一九七九年一月一日，一版。

辛亥革命（一九一一）與中共並無任何關聯，辛亥革命本質上乃為「全民革命」，欲透過一次革命完成多重目標，既非「階級」革命，也絕非「階段」革命。辛亥革命建國理想，與共黨意識型態和制度，南轅北轍。中共在七十年後（一九八一）擴大紀念辛亥革命，是在「兩階段革命論」的基礎上，意欲將辛亥革命解釋為「資產階級的民主革命」，引導了以後的「無產階級社會革命」登上歷史舞臺。於是中共將孫中山先生稱為「革命的先行者」，於是在邏輯上推演稱：領導「無產階級社會革命」的共產黨，乃是革命「先行者」的「繼承人」。

中共欲以此種「階段革命」推理，取得「共產黨領導」的必然，取得中國人民擁護，用心甚深、也苦。

4.民國七十年（一九八一）九月三十日葉劍英透過「新華社」所發表的「九項」聲明，總結了前兩年的政治統戰經驗，集合了所有方式，形成統戰的高潮，於「三通」、「四流」之外，再提出「九點聲明」。

細釋葉劍英的「九點聲明」，着重之處如下：

(1)肯定臺灣是地方政府，北平為中央政府；

(2)建議「兩黨談判」，意在暗示中華民國政府並非談判對手，否定其存在；

(3)否定臺灣獨立的可能；

(4)以暫時保留若干原來社會形態為條件，先取得臺灣，以後再逐步消化，逐漸轉變成為共產社會制度，如同「西藏模式」；

(5)重申「三通」、「四流」，以求實質上先行突破臺灣海峽；並造成「和解」形象，配合國際統戰，阻擾對中華民國軍售，及其他國際支援❸。

---

❸葉劍英九點聲明發表後，中共總理趙紫陽赴墨西哥參加會議時，曾向雷根總統特為說明九點內容。中共外長赴美時，同樣向美國高層一再強調「九點建議」內容，顯出此項聲明意欲向國際間表示臺海和平氣氛。

5.由廖承志具名的一封「致蔣經國先生信」，於民國七十一年（一九八二）七月二十四日在北平發出，此信內容重複過去，尤其着重於「兩黨談判」。此信可注意之處則在於：

(1)發言人身分向下降低，由先前「人大常委會委員長」葉劍英，改爲「部長」身分的廖承志，此乃運作趨勢之一。

(2)此信最大目的，乃是分化與孤立政策之加強，葉劍英之聲明欲造成國民黨「一黨」拒絕和談，廖承志此函欲造成「一人」拒絕和談，是分化與孤立的推進。此爲運作趨勢之二。

廖承志信函，發揮了「下駟對上駟」戰術，目的不在解決中國人之共同問題，而只是在權術上維護中共利益。

6.對於「臺獨」的利用，是中共統戰活動中主要部分，郭雨新卽爲一例。郭雨新滯留海外多年，組織「臺灣民主運動海外同盟」，自任主席。當時中共駐美「大使」柴澤民宴請郭雨新，公開了郭雨新前往大陸訪問計畫❹。

從理論上及基本政策上看，北平主張「統一」，臺獨主張「分離」，北平與臺獨彼此矛盾衝突對立；但中共充分利用了臺獨中之政治寂寞者，進行聯繫統戰，結合這些「暫時同盟者」，使之進行對臺灣之島內破壞與分裂，這是最典型的統戰。

就理論而言，臺獨追求臺灣獨立，應該先強化臺灣防衛功能，促進團結，先確保臺灣能夠安全與存在，臺獨應該向北平的「統一」政策提抗議；但是在中共奪取臺灣戰略部署中，臺獨却竟然充任了重要先鋒角色，如

❹理論上中共與臺獨有矛盾，但實際上中共致全力於拉攏、利用這一「明天敵人」。參見臺北《聯合報》，民國七十一年八月十三日，二版，「紐約十二日聯合報記者專電」：郭雨新已去世，歸葬故里。

向美國國會、國務院聲明反對軍售，利用選舉在島內製造分裂，成為中共重要伙伴。臺獨似乎並未明瞭共黨的獨占特性與排他特性，臺獨中某些人似對中共寄有政治利益期望。

7.鄧穎超於民國七十二年（一九八三）六月四日，呼籲國共展開一次長期合作，鄧穎超為周恩來遺孀，當時任「政治協商會議主席」，鄧穎超說：「在統一的架構中，所有問題都可以討論。」這裡已經隱含了「一國兩制」觀念。

8.鄧小平於民國七十二年六月二十六日，約見美國西東大學華裔教授楊力宇，提出「中國統一以後可以維持兩種制度」，「一國兩制」之說逐漸成形，鄧小平並將此原則以香港問題與之配合，成為中共統戰的主要形式，分別向國際及中華民國擴大宣傳，形成統戰另一高潮。

(四)、「最低綱領」的運作

葉劍英的九點聲明，鄧小平「一國兩制」，以及多年來的各項統戰方式，實際上很容易從共黨「最低綱領」涵義去理解。研究共黨問題者皆普遍瞭解，「最低綱領」是可變的策略運用，屬手段層次；「最高綱領」才是不變的原則，屬目的層次。

「兩個綱領」策略，是當年俄共奪取政權的重要設計與經驗。其中「最高綱領」指出共黨的「最終目標」是建立「社會主義社會」，不可改變；「最低綱領」指共黨的「現階段任務」，具有充分彈性。

一九〇三年俄國社會民主黨第二次大會所通過的黨綱，為「兩個綱領」策略提供了範例，這黨綱說：

「這個綱領分為兩部分，即最高綱領和最低綱領。最高綱領說明，黨的最終目的是建立社會主義社會，實現這個目的的條件是進行社會主義革命和實行無產階級專政。最低綱領指出，黨的當前任務是推翻沙皇制度，進行資產階級民主革命，建立民主共和國，實行八小時工作制，實現各民族的完全平等和民族自決權，消滅農村中的農奴制殘餘」❺。

中共十二次大會通過的黨章，在「總綱」內明白標示了「最高綱領」字樣❻。鄧小平等爲了解除三十年共產制度所造成的社會停滯後果，以「四化」爲大事之一，但在求變圖存之際仍要堅持「社會主義路線」等「四個原則」。人們應該很容易理解：「黨的最終目的是建立社會主義社會」，這才是不變的最高綱領。那末所謂「對等談判」、「共同領導」、「西藏模式」等等，這些就都只是可變的手段了。

中共這些手段，是爲了實現共產主義者的不變目的而存在；這些手段，與中國人「全民幸福」欠缺關聯。共產主義者常常忽略了一個重要原則：一個合法性的權威，最重要基礎是基於被治者同意。一般普遍性傾向，政府常聲稱其統治權力乃來自人民一致的承認與擁戴。契約論的學者們，固然有此主張；卽使共黨政權也聲稱以「人民政府」作標榜。事實上一個有誠意順應民情的政府，其政策的制訂和執行，常可由民情獲致有意義的提示，而且由此可以提高政府的合法性程度，民主政治之可貴，卽在於此，社會和諧由此獲致。但是共黨政權將「人民」一辭予以階級性限制，而且堅持了共黨的優越性與突出地位，於是合法性權威由此產生危機。共黨常在「術」的層面上致力，主要原因就是忽略了人類社會尙有普遍性原則的存在。

蔣經國總統對於「談判」乙義有極精深剖析，可以給予有意增加與中共交往經驗者作爲重要參考。他對中共的「談判」，有如下說明：

---

❺尼・波諾馬廖夫主編，《蘇聯共產黨歷史》（北京：人民出版社，一九六〇年一月），頁六三。

❻中國共產黨黨章，一九八二年九月六日，中共十二屆全國代表大會通過。

「『談判』在自由世界可能是解決問題的合理方式，而在共黨則是另一形式的『戰爭』，也就是當它不能在戰場上以武力達到目的時，便僞裝和平以談判來攫取。在這一點上，我們所受的痛苦經驗最深最切，『和談』造成了我們內部的紛歧，混淆了敵我之分，失去了國家的中心目標，於是也就喪失了意志和力量。如今中共高喊『和談』，還提了所謂『九項』條件，又喊出了所謂『回歸』、『認同』的口號，但其根本目的則始終未變，那就是奪取臺灣，把在臺灣的同胞置於赤色統治之下。只要我們稍一表示不妨試試談談，我們軍民人心可能因而開始動搖，僑胞對政府反共國策發生懷疑，向心力開始疏離，大陸同胞也從此以爲不再能有重獲自由的希望，中共統戰的目的就已達到。」❼

這些剖析，說明了中華民國對於中共的和談策略，已瞭如指掌，那只是「最低綱領」層次的運作而已，只是中共謀求控制權力的擴張；中共並未由衷地出乎至誠探索中國人追求幸福願望究竟何在。共產社會過度的一元化傾向，對於多元化價值的否定，使得共產文化的排他性特強，於是所有的一切作爲，都是爲了追求一元化共產文化而運作。「最低綱領」是爲「最高綱領」而存在。

三、「一國兩制」統一論

共黨求取權力擴張，每一時期都會設計適合當時環境條件的行爲原則。現階段中共的技術性取得臺灣的主

❼蔣經國總統接見國建會與會人員之談話，全文見臺北《中央日報》，民國七十一年八月十一日，一版。

要原則是「一國兩制」口號。對於香港問題的處理，「維持現狀五十年」，是北平依據「一國兩制」前提所刻意設計的事例。中共對於「一國兩制」原則，期望甚高，但此種技術性設計並無助於國人期盼合理制度的願望。

當英國初於民國七十一年（一九八二）九月與北平談判香港問題時，北平是被動的。但以後發現香港問題可以容納在「一國兩制」構想中時，於是急速改變姿態，採取主動，甚至要脅英國限期在七十三年（一九八四）九月底以前公布處理方案。這一時間是配合了「十月」政治季節，配合了「十、一」北平節日，也針對中華民國的十月慶典，展開政治宣傳。

㈠、由「行政特區」到「一國兩制」

中共的「一國兩制」的構想，是逐漸演進的。葉劍英提出「九點方針」在一九八一年九月三十日，其中已經提出「地方政府」、「中央政府」設計。翩中共制訂一九八二憲法時，第三十一條中明白使用「特別行政區」字樣。次年六月鄧小平會晤美國西東大學華裔教授楊力宇，技巧地由楊傳播了「特別行政區」觀念。至民國七十三年（一九八四）二月二十二日，鄧小平利用美國前國家安全顧問布里辛斯基教授訪平機會，較具體地提出「一國兩制」說詞。鄧的說法如下：「中國統一之後，臺灣仍實行資本主義，大陸則維持社會主義。在一個中國之內，能有二種制度，任何一方都不傷害另一方。」❽

這一說明，很可能會被不瞭解共黨本質的人士，認之爲是「公道」的方式。這種附會，可能是基於政治的「容忍」原則；也可能是由西方「聯合政府」觀念所衍化；更可能是對中國問題的長期關切，希望異中求同，急欲求取解決方案。海峽兩岸長期對峙，現在出現這麼一個「任何一方都不傷害另一方」的方式，使沉醉在西

❽香港《大公報》，一九八四年二月二十三日，一版。

方政治理念而對共黨本質欠缺充分瞭解者，乃不免有所附會。其實共黨有其獨有的思維方式，共黨並非眞能容忍另一制度之存在。

任何政治社會，都會形成自有的政治文化型模。目前較普遍認可的政治文化概念，它是指：一套態度、信仰、情感的組合，此種組合，一方面對政治過程賦予使命與意義，另一方面也爲政治系統中的行爲控制，提供基本的假設及規律。基於這樣的概念基礎，共產社會與自由世界在信仰、政治使命、行爲控制規律等等皆有差別，由此而衍生的政治文化型態自然有差距，「兩制」豈能長期並存？

(二)、過渡性設計的四個觀察點

「一國之內，兩種制度」是否可能？在政治學者討論政治理想時，可能各有所見，會有不同答案，正面反面都會有答案；但在思考當前中國問題時，共產社會能否容忍兩種制度？則答案只有一個。共產主義之排他與否定和諧，乃是其本質。有四個可以幫助思考的觀察點，宜先作明辨：

第一個觀察點：「一國兩制」是永久制度？抑是短期性過渡？

香港「維持現狀」之說，被北平解釋爲「一國兩制」的一部份，但中共承諾香港「維持現狀」的期限爲「五十年」，意即五十年以後，香港必須結束現有社會制度。香港事例，果若可以被解釋是「一國兩制」的範例，則這一範例正足以說明「過渡」特性，並非「永久」制度。此種「維持現狀」，無非是中共欲冲淡港人厭惡共產制度心理，減少阻力，便於順利取得香港。這一事例的本質，只是共黨的「權術」手段，並不顯示共黨在「意理」上確已瞭解自由社會具有可貴特性。

在國家概念的探討中，必然會注意到國家的性質、國家的類型、政府的組織及法律的結構。假如以中共「憲法」爲提析依據，其中充滿了共產主義意識，找不出可以容納「兩種制度」存在的依據。三十一條「特別行政區」之說，只是暫時權宜設計，並非具有永久性功能的發展趨向。

共產黨人要將人類原有社會轉化到共產社會，設計有「過渡」程序，這種「過渡」構想，也就是「最低綱領」的運用，爲共產主義者向自由社會開展鬪爭的重要「手段」。針對自由社會各時期需要，共黨可以制訂迎合性策略，達成擴張共黨權力的目的。這些「可變手段」，都是爲了轉向最終「不變目標」而存在。香港只能維持現狀「五十年」，乃明白標明了過渡性，「五十年」以後的香港，當然不再「維持現狀」，五十年僅僅只是過渡向共產終極社會的期限。「一國兩制」的過渡性功能，從香港事例中，已顯示得極爲清楚。

第二個觀察點：共產制度社會，是否可能容忍自由社會制度並存於同一主權領域之內？

共產主義者的最後目標，亦即共產主義的「終局性概念」，是要將全世界轉化爲無產者社會。基於共產主義者的此種「目標理念」，所以衍生了共產主義與共產黨的排他性、獨占性。全人類都屬被改變的對象，共產制度的容忍可能性，幾乎是不存在的，「一國兩制」之說，與共產主義原則相違背。即使在東歐、蘇聯共黨政權崩潰以後，中共則仍然表露其堅持立場。

中共在不得不推展「四個現代化」時，發現社會本質已漸漸產生變化，於是立即倡言「堅持四個原則」。香港「維持現狀」只能五十年，不能「永遠」維持現有社會制度。凡此，皆由共產主義者的「終局性概念」、「最高綱領」而來。

中共「一九八二憲法」序言說：「中國各族人民將繼續在中國共產黨領導下，在馬克思列寧主義、毛澤東思想指引下，堅持人民民主專政，堅持社會主義道路。」❾像這種以「憲法」保障個別政黨特殊地位的構想，表露出極度獨占性與排他性。以「四個堅持」用作「憲法的指導思想」，具體流露出政治理念的狹隘。

---

❾中華人民共和國憲法，序言，中共第五屆全國人民代表大會第五次會議，一九八二年十二月四日通過。

就政治的權力概念加以探索，自然涉及政治權力的形成與分配。雖然共產政權皆以「人民」作標榜，但共產主義者並不採取人民主權理論，並不認爲權力來源乃來自人民授予。共產黨自稱具有「無產階級先鋒隊」特性，於是共產黨權力乃是本然，共黨可以依照自身願望支配他人，共黨命定的具有「替天行道」的責任，這種觀念與近代民主政治中「被治者同意」原則正好背道而馳。於是共黨政權不承認有其他權力可以約束，或有其他權力可以監督，於是權力集中、寡頭集權、權力腐化，乃爲難以避免。在此種權力概念基礎上，中共政權本質的排他與獨占，極爲顯著，容納兩種權力基礎同時存在，並非可能。

第三個觀察點：「一國」何所指？

中共政權現階段運用「一國兩制」策略，意欲爲共黨取得利益。「在退卻中求進展」，共黨經常運用此一手法，甚至可以「退二步進一步」。北平的「一國兩制」策略，表面上的退讓，實則欲透過此種手段層次的「退讓」，取得目標層次進一步利益。

倘若出現「一國」，此「一國」何所指？

在鄧小平口中的「一國」，所指不會是指中華民國，鄧所說「一國兩制」，涵義是指在「中華人民共和國」之內，保留兩種制度。此一意向已很明顯，果若「一國兩制」出現之時，中共首先獲得的利益就是中華民國國號的消失。往昔毛澤東三十年叫喊「血洗臺灣」，目的無非是要消除中華民國，但並未成功，終乃含恨以去。今鄧小平改變方式，提出「一國兩制」，如竟誤被自由社會所接受，則鄧在輕描淡寫中將取得毛澤東所未取得的成就，首先的立即的利益，就是消去了中華民國國號。鄧小平在權術運用上，確實高出毛澤東甚多。

第四個觀察點：倘若出現「一國」，則「兩制」間關係將如何？

民國七十二年（一九八三）六月，鄧小平說明了「特別行政區」的「地方政府」性質。鄧小平透過美國西東大學華裔教授楊力宇及路透社，傳播了此一觀念。香港模式的制擬，正好緊密配合了這一構想，香港模式的出現，重要目的之一，正是爲了對中華民國作政治宣傳。

在這一設計中，以北平代表中國，北平是中央政府，以臺灣爲「行政特區」，是地方政府；「兩制」之間，乃是地方與中央的關係。這樣就更清楚了，一旦出現「一國兩制」之時，「中央」有其應有權力；「地方」有其應有義務，中央有命令之權力，地方有服從之義務。果如此，則「中央」可隨時否決地方所有的一切。此種「否決」，是中央職權之行使，自不必解釋爲「傷害」了地方。是則葉劍英「九點方針」中，維持現狀云云，皆將成爲虛幻。

「一國兩制」的設計，是將北平與臺北的關係，轉化成爲「內政問題」。「一國兩制」的運用，正與牛的消化功能「反芻作用」相似，先「吃」進去，然後再慢慢消化。

(三)、「政治合併」論

中共目前的策略運用，並無意循建立合理制度途徑從根解決中國問題，而只是著力於「政治合併」。中共「政治合併」的運作基礎，有二項堅持的條件：第一、要承認中共是中央政府；第二、要承認中共具有正式的行使主權的權力地位。在這兩項條件的基礎上，可以有限期給予相當程度自治，作爲過渡，一直到中共直接控制的條件成熟爲止，這就是「一國兩制」。

「政治合併」可以基於自願性合作，或強制性行動等兩種不同手段以完成之。如果使用強制性行動，不一定能夠獲得預期中的政治整合效果，相反的強制性行動通常必然引起強烈敵意，使政治整合的目標更趨複雜，而且使用武力的代價必然高昂。

以誘導方式求取自願性合作，常通過價值理念、利益誘惑，這是一種代價較低的作法。但這種方式需要經濟的、政治的、社會的多種優勢爲先決條件，並需要較長時期，也需要容忍。美國與夏威夷的關係，類似此種型態。

葉劍英在一九八一年九月三十日提出「九點方針」，呼籲進行「兩黨對等談判」。以後鄧穎超於一九八三年六月四日，要求國共展開一次長期合作。鄧穎超說：「在統一的架構中，所有問題都可以討論。」葉劍英的「兩黨對等談判」，是「黨」的「對等」，實質是對中華民國政府的否定。鄧穎超以「統一架構」作爲前提，然後「所有問題都可以討論」，這是先確立中共「中央政府」主權地位，然後談些枝節問題。中共的目的與手段都很清楚：爭取主權層次的「中央政府」地位爲其目的，在其他技術層次則作暫時性讓步爲其手段。這些都是誘導性求取「政治合併」。

中共在技術層次暫時性讓步，用以取得目的層次主權地位，在鄧小平與楊力宇會見這一故事中，流露的極爲清楚。一九八三年六月二十六日，鄧小平在北平邀約美國西東大學華裔教授楊力宇會晤時，鄧在建議中曾增加技術層次「六點讓步」，其中包括在臺北國民政府自有旗幟和發展國際關係等兩項。楊力宇將此項消息透過路透社予以公開❿，但中共黨報《人民日報》卻在七月三十日作了一個修正報導，將旗幟及國際關係等兩項完全刪除，並強調了「地方政府」概念。「鄧楊對談」故事，充分說明北平在策略運用上，欲以柔性誘導方式，消除中華民國，合併臺灣。

中共一再聲明絕不作不使用武力的承諾，這種態度可以是表演性，但也可以是眞意的表露，事實上中共從未放棄武力解決的準備，祇是在等待一個適當「藉口」的出現。

「鄧楊對談」時鄧小平提到對於一個像他這樣年齡的人，統一乃是一樁急迫的事情。這也許是眞心話，能

---

❿楊力宇〈鄧小平對和平統一的最新構想〉，香港《七十年代》月刊，一九八三年八月號第一六三期，頁一七—一九。並參見香港《大公報》，一九八三年七月三十日，一版。可資對比。

夠及身完成大業，可以因此名垂青史，老人心態可能是實在的。北平使用強制手段，並非完全不可想像，無論在和平誘導無效因而產生挫折感，或者內部政策改變方向，都有出現此種行動可能。但北平必也會考慮，軍事行動將會讓海峽兩邊都付出重大犧牲代價，也需冒二地心理疏離的危險，尤其在現實意義上中共必須付出危害對外形象的代價。

中共顯然採取柔性誘導方式，以避免強制性武力手段所需高昂代價，但中共仍強調不放棄武力，用以作爲配合。雖然中共以香港維持有限期現狀，用爲柔性誘導的實例，但中共顯然欠缺足夠的經濟、政治、社會優勢條件用以支持柔性誘導。中共的主觀意願過強、四十餘年大陸治績太差、香港居民對於一九九七「大限」的悲觀事例，都促使「信心危機」的普遍存在。中共在技術上進行柔性誘導的條件是貧乏的。

中共與英國關於香港問題的談判，主要結果是中共對香港的主權「合法化」，香港成爲中共的「特別行政區」後，凡中共與香港間任何問題，皆屬「內政」問題，排除了一切外來關切的可能性。

中共一再要求中華民國與之談判，其目的也是求取「主權合法化」，確立中共成爲中央政府地位，將中華民國自一九一一年建國以來的法統切斷，轉化成爲地方政府，使中共與中華民國之間，形成中央與地方關係，一切成爲「內政問題」，然後在「內政」基礎上，逐步消化。

㈣、中共與中國人利益的對立

從「行政特區」到「一國兩制」說辭形式略有不同，北平企圖由此獲取更大共鳴，但實質意義仍然是「行政特區」，仍然只是在共黨控制下暫時性保留不同制度。

鄧小平所指出「中國統一『後』」，「在一個中國之內，能有兩種政治制度」，「任何一方都不傷害另一方」。這句話的著重點，「後」字乃是關鍵性字眼。

「統一『後』」的意思也就是毛、鄧一貫構想，將「合併」看成「統一」的構想，合併後使北平成爲「中央政府」。中共從來不重視十億中國人應該生活在何種制度中纔能獲得較充實之生活內涵。中共只是狹隘地追求共黨政權控制全中國的權力地位。所以四十餘年來一貫地中共利益與中國人利益之間，存在著嚴重的對立。「統一『後』」就是完成了共黨控制全中國的願望，是要十億人適應共黨願望，而不是共黨適應中國人的願望，本末之間正好倒了過來。

於是「一國兩制」的意義，就更淸楚了，其眞義至少具有如下五項目的：

第一、「統一後」，在不牴觸北平「中央政府憲法」原則下，暫時維持臺灣地區現有社會制度，成爲一個過渡性的「一個國家兩種制度」。

第二、「統一後」，中共剪斷了中華民國歷史法統，原有的國際法人地位，自然不再存在。

第三、「統一後」，建立共黨政權控制全中國的權力地位，鄧小平完成了「統一大業」，可以「名垂青史」。

第四、「統一後」，四十年來中華民國在臺灣的建設成就，超越共產社會的生活水準，可以不必再對中共政權構成嚴重壓力，共黨可以一無顧忌。

第五、「過渡性」階段結束後，「中央政府」有其應有權力，隨時可將「特別行政區」予以改變。「中央」對「地方」，具有命令地位，自然不必解釋爲「傷害」。於是由「過渡性」走向「終局性」，完成了進入共產社會整個過程，而不費一兵一卒。

㈤、中國問題的焦點

當我們思考中國將來有關問題時，先決的前提在於先明辨：今天中國問題的焦點究竟何在？中國問題並不是政權之爭，也不在政黨之爭，並不是政治資源分配問題。今天中國問題的關鍵乃是不同意識型態、政治、經濟、社會、文化體制的抗衡與取向，中國問題的焦點，乃是如何建立爲中國人所樂於接受的文化型態。

共產社會與自由世界分別形成兩種不同的政治文化，戰後國際社會種種紛擾，泰半來自兩種政治文化的衝突。在對等的國際社會之中，並不會出現統治性權力關係，因爲對等的不同文化至多只是形成對等的衝突而已；但是在一個國家之內，統治性權力關係是實際存在的，具有隷屬關係的兩種政治文化，相互間會出現排斥，無論在信仰、政治使命及行爲控制規律等，都不易並蓄。一國兩制不是易事，以共產主義者的強烈排他特性，以「四項原則」爲導引的「憲法」，更存在著寬容的困難。

中共政權只著眼於共黨權力擴張，希望「不戰而屈人之兵」，希望不費一槍一彈吞併臺灣基地，消滅中華文化最後根基。希望個人名垂青史，無視中國人的需求。中共無意義地堅持馬克思、列寧主義，而不能放眼中國文化，不能放眼世界人類珍貴遺產。於是共黨只知在「術」的層次中打轉、構思，而不能提升到長程開濶的「理」的層次，爲中國人構思出一個合理制度，爲中國全民謀求最大幸福。

四、香港大限與「政治合併」

香港終止殖民地地位，「回歸祖國」，應屬歷史性大喜事，但是港人對於一九九七年卻以「大限」視之。何以「大喜」轉化爲「大限」，基本上是對於制度的憂慮，是對於「兩制」的懷疑。

一九八四年十二月十九日中共與英國簽訂香港協議，其中承認香港可以擁有高度自治權。如果從共黨以往對那些「自治區」的嚴密控制經驗看來，一九九七年後香港能否維持原有傳統，那是一個難以肯定的事情。中共政權具有高度集權性格，一九九七大限以後，香港在中共統治下能否仍然良好地自主運作，那顯然會受中共政治性格和政治行爲模式的影響，尤其是中共所極端重視的一元化政治凝聚目標。

㈠、以「維持現狀」維持繁榮

中共與英國談判香港問題期間，曾導致香港金融及財政危機。從一九八二年九月英國首相柴契爾在北平商談香港問題開始，香港出現連續一年餘「幣值下跌」、「金融動盪」與「財政赤字」等危機，至一九八三年九月陷入空前最黑暗情況。

香港財政、金融危機之所以出現，唯一原因是港人對共產制度的疑慮與排斥心理。香港協議簽定，大致上華人資金外移趨緩，股市局部回升，房地產則仍無何起色。中共在協議中給予多方「不變」保證，其功能似僅只使港人情緒稍爲緩和，有較充裕時間可以作安排，但並未消除「信心危機」，移民人數急劇上升。

北平以「維持現狀」原則處理香港問題，希望在維持現狀基礎上維持香港繁榮。

以「維持現狀」求取「維持繁榮」，這原則對中共並不光榮，因爲這維持現狀原則肯定了自由經濟功能，相對的也否定了共產制度的價值。中共所以作此痛苦選擇，主要想取得下述利益：

第一、維持現狀可暫時穩定香港人心，使港人以爲至少可以有一段緩衝時間。

第二、維持現狀可以保持中共從香港取得經濟利益，包括貿易順差利益、資金、技術、人才等，有助於中共經濟發展。

第三、在政治意義上，以維持香港現狀印證「一國兩制」，用作對中華民國、對國際作政治宣傳。

㈡、憲法學的兩難

依據憲法觀點，一九九七以後如何將香港融入中共政治體系，實質上乃屬兩難型態。民主主義憲政思想，目的在於保障人民基本自由與權利，爲此目的有時且限制政府權力，於是引申而爲「權力分立與制衡」、「法治主義」等各種制度，尊重人性尊嚴則尤爲自由世界所重視。以中華民國爲例，雖處在戰時社會之中，仍然以最大努力維護人民在承平時期所享有之憲法保障。自由社會之特性，於此戰時社會中，仍予以充分維護。香港地區雖無選舉制度，但法治主義傳統深厚，與中共「專政」社會極爲懸殊。

在中共的共產主義憲法體制內，共產主義思想價值居國家社會中的至高無上地位。共產主義者所指陳之憲法思想與制度，其功能只是實施推展共產主義之工具或手段。所以在國體或政體條文內，類皆冠以「社會主義」或「共產主義」之限制，因此「一切爲政治服務」之說有了依據。也因此，共產主義者的強烈主觀主義性格，限制了思維領域趨於狹隘。只有當社會主義過渡到共產主義的過渡時期，會短暫的出現「人民權利」等字樣。中共十二大憲法序言明白陳述要「堅持馬克思列寧主義毛澤東思想」，要「堅持社會主義路線」，在此種憲政精神基礎上，而欲期望香港自由憲政思想與制度能繼續存在，將產生嚴重的社會本質的衝突。這種暫時性維持現狀的權宜之計，只是爲中共和平取得香港的手段之一，一旦「權宜需求」情勢有變，則以「違憲」理由褫奪香港自由制度，將是必然出現的發展。

中共憲法學者張友漁，於民國七十三年（一九八四）六月三日，在北平出版的《中國法制》雜誌上撰文，對於「一國兩制」的適法性表示異議。他說：

1.社會主義國家中，允許維持資本主義五十年，一國兩制，豈非違反社會主義憲法？

2.將來香港特別行政區擁有行政管理、立法、司法、最終審判權力，豈非一中一港⓫？

張友漁的從社會主義法制觀點出發的主觀主義，在中共現階段政治性策略需求高漲之際，張文所陳述的意

⓫張友漁爲中共「全國人大常務委員」、「中國法學會會長」，在中共法學界具有代表性，張友漁對於「一國兩制」提出四點質疑，文刊北平《中國法制報》，一九八四年十二月三日發行。

見可能會被壓制下去。但一旦「過渡」需求不存在時，張友漁的意見，立即會成為中共主流思想。

五、孫中山先生的統一國家型模

中共在天安門前樹起中山先生像，用意何在呢？如果中共並不曾深入探討中山先生思想，如果並未體會到中山先生為中國人所構思的合理制度內涵，則立像之舉仍是權術性的運作而已。

人類社會常會出現問題，有礙於人類生活內涵提升與生存環境美化。因此產生了思想，由此構塑另一種文化型態，希望能解決問題、排除障礙，追求完美。但「思想」能否解決問題、追求完美，則與思維過程，及與社會實際的結合，具有極大關聯。

孫中山先生考察事物過程中，重視實際。在興中會初創時期（一八九四），解決當今人類社會三大問題的思想體系已經萌芽。直至民國十三年（一九二四）方完成三民主義演講，前後歷時達三十年，這三十年正好與孫先生領導革命的實際行動相配合。因此，中山先生的思想體系經過三十年實際體驗，然後逐漸成熟。不只是基於深思熟慮，而且涵有實務驗證，因此可行性高，與馬克思在圖書館中三十四年所完成的思想架構自然不同。

一種思想的產生，常孕育於某一特定社會背景之中，中國清末民初的社會背景，促使孫中山先生構思解決中國社會問題的方案，中山先生的思想體系，建立在積極性的解決中國人三個主要問題的基礎上。具體化以後的行動，那就是「國民革命」運動。國民革命運動是多目標的救國運動，是不分階級的「全民革命」，也是不分階段的畢其功於一役的「全面革命」。這些是全體中國人，尤其是中共黨人，所應深切體認的。

(一)、以中國文化為基礎的「全民所有」國家

中國必須是為「全體中國人」所共有之中國，中國必須是具有「中國文化」內涵之中國，這是中山先生解決中國問題的第一個重點⑫。

民國十三年，中山先生演講三民主義時，已將民族主義提升到文化層次。主張要重視固有道德、固有知能，在「固有文化」基礎上，發揮民族精神，此時顯然已經將民族主義涵義超越了以血緣為範圍的民族意義。

在血緣的與文化的基礎上，民有的涵義基本上是指「國家為全體人民所有」。國家既為全體人民所組成，國家自應為全體人民所共有，故中山先生的民族主義具有「全民」基礎。中山先生主張中國乃是全體中國人之中國，中國乃是具有中國文化內涵的中國。

如果將「人民」一辭予以階級性限制，像共黨那樣，這必然破壞了全民利益。民族意識是「全民」性的，階級意識是部份性的。民族意識是以整體包涵所有個體，自然需要「互助合作」；階級意識以一部份對抗另一部份，自然產生「分化鬥爭」。共產主義者反對民族主義，但是卻常常利用民族主義。中共對香港人責以「民族大義」，要求回歸，要求認同，但中共並沒有說中共基本上具有背離中國文化的特質。這就是共產主義者常在手段上利用民族主義，但是在本質上卻是反對民族主義。

中山先生「全體中國人所有」與「中國文化根基」立論基礎上的民族主義，又包涵了一些具體化主張，如恢復民族精神、提高民族地位等各種方案。

---

⑫孫中山，《三民主義》（演講本），民族主義第一至六講。（臺北：中央文物供應社，民國四十五年版）。

㈡、以全民參與爲程序的「全民所治」國家

中國必須建立在「全民參與」基礎上，是一個全民民權的中國，這是中山先生解決中國問題的第二個重要主張⓭。

中國傳統理念中原已擁有崇高的「民本思想」，且歷史久遠。但中國人的歷史性遺憾，是缺乏健全的「全民民權制度」。民本思想涵蓋了「民有」觀念與「民享」理想，但需要「民治」制度爲之支持，然後可以具體化，可以落實。

中山先生在同盟會時期（一九〇六），即已揭出「合衆政府」理念；民國元年（一九一二）臨時約法中，具體提出「中華民國之主權屬於國民全體」；民國十三年民權主義演講，再申明政府屬於全民之主張。中山先生是以全民參與過程建立全民民權制度，不僅彌補了中國的歷史性缺憾使民本思想得以落實；也調和了世界性的自由與秩序的衝突，調和了個體與集體的衝突。

強調集權者，必同時也強調秩序，顯然偏於一端，「階級專政」之說，成爲集權主義的主要標徵。在人類歷史發展過程中，自由與秩序、個體與集體，常相互激盪、互有消長，人類爲追求均衡所作的努力，史蹟明顯。中山先生的「全民民權」觀念，則爲歷史導入可貴的均衡主流。

以「全民參與」爲基礎的民權主義，又具體地提出保障自由、保障平等等等各種主張，建立中央與地方均權、權能區分、地方自治、五權體制等各種制度構想。

⓭孫中山，《三民主義》（演講本），民權主義第一至六講。

㈢、以全民共享爲目標的「全民所享」國家

國家的建設成果，必須爲「全民」所共享，這是中山先生思想體系中解決中國問題的第三個重要主張⑭。使全民皆能「共享」國家建設成果，這是中山先生解決人類現存問題的另一目標，這也是具有終極性意義的目標。這不只是經濟性意義，而且是整體性社會目標。

中山先生的「民生」思想中，充滿了積極性意願。他主張應以人民「消費」需要爲中心來考慮人類的經濟性活動。在人類社會演進過程中，人民可以擁有私有財產，藉私有制度以激發旺盛生產力，但私有財產應有適度節制，避免財富集中，避免財富懸殊。「發展生產以求富，合理分配以求均」，由而形成均富社會。

均富社會的主要形成因素，有賴於全民民權制度的配合，與消費中心觀念的建立。以消費爲民生重心，纔可以將生產與分配結合起來，成爲一個完整考慮。有全民民權制度爲基礎，纔可以使政策符合全民利益，使國家建設成果爲全民所共享。

自由社會致力於透過政治程序，將資源效用儘可能分配在社會安全和全民福利體系中，使人民的物質生活與精神生活提高到可能程度，而絕不是將生活壓縮到最低水準。共產主義者不放棄「集產制」，將使人民的物質生活與精神生活都受到扼制。也許人類尚不能克服資源有限的困難，但自由社會的公平公開教育機會，可以充分發揮智慧，向克服困難邁進。

基於「全民共享」觀念爲基礎的民生主義，在制度層次提出具體主張，諸如平均地權、耕者有其田、節制私人資本、解決衣食住行問題等。

⑭孫中山，《三民主義》（演講本），民生主義第一至四講。

人類社會的發展，將是走向一個兼顧個人、社會，也是綜合經濟、政治等的複合性制度。這制度是將個人自由、社會福利、經濟安全等目標與標準，透過全民民權程序作決定的制度。

㈣、人類共同的方向——大同社會

這一制度，又是一個由民主政治程序、公共輿論、各種私人社團權益，以及個別公民和消費者所決定的，爲「全體人民」利益「服務」的制度。透過這一制度，最終求取全體人民得以共享國家建設成果。

從過去社羣活動經驗，推斷未來社會發展，多種因素必然無可避免地將會綜合在一起。思想、制度等，也必須擷長補短，執兩用中，構思出一個接近完美的途徑，爲人類求取幸福。唯物或者唯心，資本主義或者共產主義，這種一元論的傳統性對立爭辯，這種狹隘的極端性觀念，顯然難以找出人類何去何從的出路。

社會福利的構想與發展，是逐步演進的，不論觀念或制度皆是如此。由部份勞工到全體國民；由消極性安全保障到積極性生活改進；由臨時性緊急措施到永久制度的建立，都是透過不斷的演進而逐步成型。人類的過去，並非先驗性的塑造；人類的將來，仍然將會繼續不斷發展。思想與制度，原是初創於某一特定社會背景，但卻成熟於社會不斷變遷過程之中。

「不能期望馬克思、列寧當年的著作，來解決我們當前的問題。」中共《人民日報》曾經提出過的這一觀念，是中共政權三十多年強行移植馬列主義的痛苦體驗。這一體驗是以十億中國人三十年時光付出鉅大代價，所換來的「高學費」的經驗。

造成今天人類社會紛爭的基本原因，仍然可歸結在三大主因：第一，民族文化自主與帝國主義的衝突；第二，全民民權與極權主義的衝突；第三，自由經濟與集產經濟的衝突。這三個問題由來已久，時至今日，問題仍在。

戰後諸共產社會滙集了三大問題於一身：共黨在民族方面的國際化帝國主義特性、政治方面的集權主義特性、經濟方面的集產主義特性。「三合為一」，原本存在的歷史性三個問題，糾合而成為一個最嚴重的共黨問題。這是二十世紀人類社會曾面臨過的、一個更嚴重的誤導，困擾益甚。一九八九年東歐大變局，一九九一年蘇聯大變局，所證明的，就是人民的覺醒遏阻了三大問題的錯誤導向。

三民主義解決三大問題的方案，重點在於：第一，倡興以傳統文化為基礎的民族精神；第二，創導以全民民權為基礎的民權主義；第三，求取以養民為目的的民生主義，三者合而構成民生樂利社會模型。此種構想，並不以中國人、中國社會為限，最終目標，是要使全人類皆能生活在均富安和樂利的文化社會之中，這就是恢宏的大同。但大同社會的基礎，是先有安和樂利的國家；安和樂利的國家，是先要有合理的社會制度為其基礎；中山先生為合理制度提出了模型。為中國問題的從根解決找出方向。

六、「三民主義統一中國」論

一個政治體系的存在和賡續，主要是來自人民所給予的支持，此種觀念日益普遍，此種政治事實也在日益發展中。所謂支持，是指信任、尊敬、擁護和愛戴。人民對於政府的支持常有二種型態，一種是特定的，常針對某特定事件或政見而給予支持，個別競選者常爭取此種支持；另一種是廣泛性的支持，人民對國家的熱愛，即類似此種心理。各個政治體系都未必能滿足公民所有的需求，有時不免遭受橫逆，這時必有賴於國民對政治體系具有廣泛支持，方能安度危機，政治體系方能安然於有驚無險之中。此種支持常來自理性的對政治社會制度的贊同，或對長時期來奉獻成果的肯定，或對歷史文化的認同。此類廣泛性支持之出現，有賴長期投入心力、有恆培育，然後可以根深而蒂固⑮。此種體系觀念，對於中國當前政治文化的明析，甚有助益。

㈠、全民幸福基礎

毫無疑義，毛澤東、鄧小平對於「統一」工作著力皆深，但細析毛、鄧所要的「統一」，皆局限於技術層面，與廣大中國人民所追尋的「統一」並非一致。

「秦皇漢武，略輸文采，……數風流人物，且看今朝。」強烈個人英雄色彩如此熾烈，要循「血洗臺灣」、「武力解放」途徑，「統一」中國，這是當年毛澤東個人英雄主義的構想。

透過「通商、通航、通郵」，透過「經濟、文化、科技、體育」交流，用以突破臺灣海峽，求取「合併」，這是鄧小平口號轉於柔和，希望由此求取實效的一種新的技術性設計。

其實兩者方式不一，性質相同。毛、鄧「統一」之道陷入同一範式之中，他們以「地理的合併」與「政權的一元化」用來表示「統一」的成功，這是中國歷史反覆出現的分合型態，這也是簡單化的統一構思，他們從沒有從根本上爲全體中國人建立健全合理制度這一關鍵問題去思考，這樣就無可避免地將又陷入歷史分合的殘酷循環之中，因爲像他們這種以合併爲目標的統一，沒有解決中國問題。

中國歷史上每一個新朝代的出現，都是地理的合併，也是政權的一元化，但忽略了從制度上深思，新王朝沒有從「全民」幸福基礎上建立制度，求取「永恆的統一」，因此中國歷史上出現了那麼多「合久必分」。今日中國針對思想的對立、制度的差距，如若仍然單純的以「合併」爲「統一之道」，中國問題顯然並未解決，很難跳出「合久必分」的循環，中國人所共同奮力追求的「永恆的統一」也就無從出現。

---

⑮ David Easton 教授倡導體系理論甚力，有助於對實際政治的解釋，參見氏所著：*A Systems Analysis of Political Life* (New York: Wiley, 1965)

其實，毛、鄧可能也瞭解此義，但在個人「名垂青史」慾望支配下，希望以有生之年，完成此項「大業」；在狹隘的共黨利益考量下，過度著重「中國共產黨的領導」，理性思考也就難以出現。

中共致力統一，多顯示在「權術」運作方面，言不及理；中國國民黨對中國統一的具體構想，曾提出「以三民主義統一中國」方案，在理念意境上有所落實。

這一方案，意境甚爲開濶，是爲全體中國人作構思的一個方案。

㈡、三民主義統一中國方案的提出

中國國民黨於民國七十年（一九八一）三月舉行第十二次全國代表大會，在會中通過「貫徹以三民主義統一中國」決議案，號召海內外全體中國人共同努力，使這一個建設新中國的理念內涵獲得實現，爲中國人提供貢獻⓰。

這一方案的意願，是要求這個統一的中國，在內涵上必須是眞正獨立之中國，是眞正民主、是眞正平等、是眞正自由、是眞正均富、是眞正開放、是眞正和平之中國。

方案所主張之最主要原則，是要求取：國家、政治、經濟的自由平等。由此原則衍生爲三個綱領：

本諸倫理，求國家的自由平等，反對侵略擴張。

本諸民主，求政治的自由平等，反對極權專政。

本諸科學，求經濟的自由平等，反對集體控制。

方案的具體目標，將臺灣基地實踐的制度與成果，光大於中國大陸，重建自由化、民主化、中國化統一的

⓰中國國民黨第十二次全國代表大會通過，臺北《中央日報》，民國七十年四月二日，二版。

中國，爲全體中國人所共享。

(三)、方案的意境

在方案內，列出具體建國理想，作爲建立新社會的制度內涵，要者如下：

建設自由、民主、均富統一的新中國。

實行民主憲政，確保人民依憲法所應享有的權利與自由。

復興中華文化，恢復倫理道德，維護家庭制度，建立和諧社會。廢除爲人民所厭棄的「社會主義道路」、「無產階級專政」、「共產黨領導」、「馬列主義、毛澤東思想」等「四項基本原則」。

廢除顚覆鄰邦、赤化世界的企圖與行動，以仁愛代仇恨、以互助代鬬爭、以自由代極權、以民主代專政。

廢除「人民公社」，實施耕者有其田，厲行平均地權，節制資本，保障人民私有財產，使生產成果爲生產者所充分享有。

廢除一切壓榨勞工的制度，維護勞工權益，提高勞工待遇，改善勞工生活。健全現代生產體系，提高生產力，加速經濟發展，建立以滿足人民基本生活需要爲優先的生產次序。增加國民所得，徹底消除貧窮落後。

廢除一切壟斷經濟的控制與配給制度。恢復自由市場，發揮自由企業精神，實施有計畫的自由經濟制度。保障人民經營企業，及選擇職業之自由。

廢除下放勞動及以政治爲升學條件的一切以共黨利益爲中心之制度。保障青年升學、就業、婚姻之自由。

尊重知識分子人格尊嚴及學術研究之自由，並獎助創造發明。

推行社會福利措施，取消特權利益，達成均富目標。

依據「實業計畫」的精神與方針，以及三民主義在臺灣基地實踐經驗，與國際資本技術合作，共同開發，建設新中國，促進世界人類正義、和平福祉。

以上要點，是以中山先生三民主義理論爲依據，同時結合三十餘年臺灣地區建設經驗，並針對了目前中國大陸實施共產制度的缺失，提出有效可行的構思。

(四)、「臺灣經驗」導引功能

中華民國政府播遷臺灣四十多年來，積極從事國家建設，由於人民的勤勞努力與政策的有效導向，人民生活改善甚多。同時，面臨來自中國大陸方面中共的威脅，所以大家在這裡更加倍努力，苦幹奮鬥。四十多年前，在臺灣每人每年平均生產毛額尙不到一百美元。

執政的中國國民黨提出以三民主義統一中國，有其具體依據：

第一、在臺灣地區，四十年來依據三民主義所訂的制度功能，遠優於中國大陸中共制度的功能。推廣臺灣的制度功能，有利於全體大陸同胞。

第二、民國十二年在廣州，李大釗、陳獨秀等，曾領導共產黨人加入國民黨。李大釗的「聲明書」信誓旦旦地說：服膺國民黨總理、服膺國民黨之主義，爲國民革命而努力。

第三、在中日戰爭初，民國二十六年（一九三七），中國共產黨在毛澤東領導下於九月二十二日公開聲明他們擁護三民主義，他們稱三民主義是我們國家所必需。

第四、中國共產黨三十餘年在大陸經濟失敗，鄧小平當政後所採取若干措施，正好朝孫中山先生的三民主義方向推展。過去他們依據蘇聯經驗，主張重工業優先，現在發現錯了，所以也開始講求農業第一、輕工業其次、重工業最後的經濟政策。中共十三屆八中全會（一九九一年十一月），特別以農業問題爲中心議題。

第五、臺灣地區曾成功的建立加工出口區，中共也在廣東、福建各地建立經濟特區，而且也開始求取僑外投資。

第六、農業方面，中共在實質上改變人民公社集體化生產制度，以提高農民所得，鼓勵生產意願。

第七、中共也在開始推展九年國教。

這些都表示，中共在經濟方面，以及九年國民義務教育等，已經朝著中華民國建設經驗方向推展。但是在政治方面，中共還是高唱馬列主義。

七、中國「永恆統一」與「合理制度」基礎

跡象顯示，目前中共似乎正試圖構思一個新的途徑，它的特性是仍以馬、列、毛的教條爲基礎，但不得不以中國實際經濟狀況作配合，借用自由經濟經驗，企圖開拓一條新的道路。「四個現代化」的提出，「中國式社會主義道路」的提出，也就是三十餘年共產制度實驗失敗以後的深切體認，不得不變。

中共所面臨的挑戰是多方面的，其重要者如：政治制度不穩定、人口壓力沉重、工人生產力低落、經濟效率差、資源浪費、失業與不充分就業人口衆多、青年不滿現狀、官僚制度臃腫與腐化、糧食不足、生活水準低落，以及對所謂「社會主義優越性」失去信心等等。僅僅是「四個」現代化，顯然並不足以解決這些現存問題，不足以滿足社會需求。

(一)、列寧式政權組織功能的貧乏

毛澤東的社會主義理論曾受到很多批評，有的認爲毛澤東所推行的是「左傾空想的社會主義」或者是「絕對平均主義的農民共產主義」，是不科學、空想的、代表農民的那種平均主義的偏見；有的認爲它是「農業烏托

邦」。儘管名稱有所不同，但內容都極相似，那就是以毛澤東爲首的中共政權所要建立的「社會主義社會」，是一種農業社會主義的烏托邦，「人民公社」是一個標誌。

這種烏托邦社會主義思想的重要特徵：

第一、它缺乏雄厚的物質基礎和較高的文化水準。

第二、農業人口佔人口總數的百分之八十以上，且農業生產基本上還停留在畜力和手工勞動的水準上。

第三、利用政治運動發展經濟，忽視客觀經濟規律。

第四、輕視教育、歧視知識分子及違反分工原則。

這種做法，嚴重影響到教育文化科技的正常發展，這些特徵正是中國大陸落後的標誌，而其總根源在於列寧式政權組織的設計。

列寧式的黨與政治結構，含有硬化與僵化二項特性，這是共產黨先天性缺憾。因爲共黨堅持以單一意識型態涵蓋全人類，共黨又堅持非理性的突出黨的領導地位，一切以維護共黨政權的安全爲目的，置全民利益於不顧。

所以列寧式政府在執政者在位一代以後，就會完全暴露其固有的本質。包括黨的僵化與失去機能、官僚的頑固不靈、制度化的貪污腐化，以及達成政府施政目標效率的降低。這些本質，在蘇聯早已出現，中共政權中也已一一出現。

列寧式政權組織功能，並不是以誘發人民創造潛能爲目的，主旨只是要維持一個充分控制的一元社會。中共局限於「四化」範圍的求變方向，嚴拒「政治現代化」，正是列寧式政權特性所使然。

中國大陸青年魏京生曾提出「第五化」，要求在「四個現代化」以外必須增加「政治現代化」，正是對準了列寧式政權組織功能的缺失，是極重要的改革構思。但是魏京生的建議却爲中共政權所拒絕，且被判刑十五年。

此種排斥，使列寧式政權功能的缺失無從改善。

在三十餘年實驗中，中共不得不求變，但是在求變過程中，卻又恐懼危及共黨政權基礎，因此提出「四個原則的堅持」，而且正式將之列入「憲法」。在一九八二年「憲法」序言中，作了肯定的說明：

「中國人民將繼續在中國共產黨領導下，在馬克思列寧主義、毛澤東思想指引下，堅持人民民主專政，堅持社會主義道路。」⓱

㈡、四個堅持的困擾

「四個堅持」提出在推展「四化」以後，四「化」是求「變」，四個「堅持」是求「不變」，中共自身固然因此陷入「變與不變」的困境，對於中國人所追求的「合理制度」與「永恆統一」則更是構成嚴重阻礙。政治的全民民權、經濟的適度私有、教育的公開公平、社會的平等法治、傳統文化的尊重等，這些都是中國問題解決的重要關鍵，但共黨堅持的四個原則卻與之完全矛盾，完全對立，造成極大阻擾。

馬克思及其附從者們閉門構思，想出種種「框框」，要所有人進入這個框框，馬克思的意識框框是「主」，人民是「從」。但合理制度則是以民之好惡爲好惡，人民是「主」，其他是「從」。這是「主」、「從」之爭議，也是共黨與人類的最大矛盾、嚴重的利益對立。蘇聯大變局，說明了此種長期對立的結果，人民唾棄了共黨。

堅持四個教條，要中國人套在這四個框框中，這就形成當前追求「以中國人爲主體」的永恆統一過程中，

⓱見注❾。

最大的阻力。

㈢、「中國問題」、「中國統一」的可能誤解

當前的中國問題，並不是黨派間或少數個人的問題，不是黨派和個人的權力與利益的分配問題，而是全體中國人的生活與意識及文化型態的取向問題。繁榮與均富的生活、自由與民主的政治和社會制度，是中國人所追求的基本目標。百餘年來，不計其數仁人志士，曾爲爭取這個目標而前仆後繼，今天這個目標仍未能在整個中國土地上普遍實現。所以，在大陸、在海外，以及在臺澎金馬地區，千千萬萬中國人仍不斷的爲此目標奮鬪不懈。孫中山先生遺言「革命尙未成功」，意即在此。

有些人士可能對中國的歷史與社會情形未盡明瞭，對中國人民的意願未盡了解，以爲中國的問題只是中國內部的權力和利益衝突與爭執，只是政權層次的爭辯，可以透過兩黨談判方式，進行權益的再分配，從而得到解決。這一不甚了解與誤解，主要是囿於表象捉摸，局限在政治權力概念層面作探討，並未提升、深入到文化層面作衡量。此種誤解，對於中國統一問題的探討會產生導向的錯誤。

假如把自由中國所在的臺灣地區歸併成爲共產社會的一部份，假如以爲中國統一問題的焦點就在於統治權一元化、地理的合併，或權力的重分配，這種誤解將會使中國人失去原有的自由社會，陷入極權社會之中，這恰是一種完全倒果爲因的嚴重誤解。

㈣、中國統一必基於「合理制度」

中國統一的基礎，必須透過客觀的、理性的思考，建立在一個「合理制度」之上，由此纔能從根解決中國問題，由此纔可能促使「永恆統一」的到來。這個「合理」制度要具有滿足人類求取幸福願望的共同屬性，要

具有符合中國人需求的文化殊相，這纔是中國人統一中國的基本原則。基於中山先生統一國家的構思，基於臺海兩岸長期對比經驗，這原則至少應該包含下面五要點：

1.在政治上：以「全民民權」爲基礎，求取社會和諧；絕不可階級專政。

國家由全民組成，國家主權歸屬全民乃是天經地義。故「凡人皆民」，只有全民民權纔能把全國人民置於同一的平等基礎上，平等纔有和諧，和諧纔有團結。國家絕不可專政，更不可階級專政，使全民團結遭割裂。絕不可玩弄名辭遊戲，如「人民民主專政」之說，或自封爲「先鋒隊」等，都是愚弄人民，自作聰明，最後將是自食苦果，終必爲人民所共棄。

2.在經濟上：扶植「適度」私有財產制度，發揮私有財產制的動力功能，同時也防止量的失調；絕不可「集體所有」。

「集體所有」制如人民公社，此將造成廣大人民一無所有，而少數參與經濟政策執行者，形成特權，造成壟斷，造成控制，扼殺社會生機。中國大陸嚴重的「社會不正之風」，以及中共的嚴重「黨風」問題，皆由「特權」濫用而來。集體所有制不僅使人民的生產意願下降，而且集體所有制將轉化成爲在經濟層面控制人民的手段，形成一個僵硬的恐怖社會。一個社會宜透過私有制發展個別智慧，發揮私有制的正面動力功能；同時防止量的失調，避免私有制的負面影響。一個適度私有制的社會，一個既富又均的社會，將是人類理想社會的一個重要環結。

3.教育方面：必須受教育機會公開公平；絕不可扼制受教育機會。

讓有智慧者入學，個別智慧由此而能充分發揮，「有教無類」乃可促成社會生氣盎然，而且社會差距可循「有教無類」而自然調整。假如以「政治成份」決定入學機會，不僅會產生扼殺智慧與浪費智慧的嚴重後果，社會將因此而停滯不前，更且形成新的世襲制度，造成新階級。

4.社會方面：以法律爲共知共守的行爲準則，爲社會秩序的基礎；絕不可有專政突出的存在。人人同受法律保障，人人同遵法律約束，社會平等而且和諧，秩序基此而形成。絕不可突出、絕不能讓「專政」特權超越在法律之上，破壞社會和諧。

5.文化方面：以中華文化爲基礎，吸取外來文化長處，構成文化「融和」；絕不可以外來文化單向移植，致力於文化「替代」。

在傳統文化基礎上「融和」外來文化長處，可以使中華文化獲得創新；但絕不可以摧毀民族固有文化爲代價，全面性移植外來文化，致使中華河山爲馬列文化或其他外來文化所奴役。

「文化大革命」破四舊立四新之說，當然具有摧毀中國固有文化、「移植」外來馬列文化作爲替代之意。如今共黨將「偉大的文化大革命」改稱「十年浩刼」，本質上乃是中國人對中國文化的堅持，使得中共在文化「替代」過程中，馬列文化的移植企圖，遭遇到極大挫敗。

中國人所以爲中國人，因爲具有中國文化特質。當中國文化不再存在時，中國人也就消失了所以爲中國人的要素。

「合理制度」的提出，正是要中國社會「回歸」向一個正常的中國人的社會。這一合理制度原則，與中山思想重視全民利益精神完全相符，是在中國人努力統一中國的理性思考基礎上，求取中國「永恒統一」的基石。

歷史經驗昭彰，沒有「全民民權制度」基礎的統一，即使「政權一元化」，即使地理合併，此種勉強的狹隘的形式統一，絕難持久，絕難「合久不分」，徒然使中國多一次殘酷的分合循環而已。

八、中共統一構想與中國人統一願望之衝突

一個社會經常處在「重組」過程中，舊的社會組織解體，重新進行組合，這現象與「文化融和」常合併進行，形成社會轉化。社會轉化時，重組「取向」與社會成員「適應」轉化的能力，都成爲關鍵性課題。

中國在滿清末葉，兩千年君主政體一改而成爲共和政體，轉化幅度甚大，轉化爲時急促。於是在取向上顯現紛雜，在適應上顯現失調。當前中國問題，本質上與「取向」的爭辯，與「適應」的失調，皆具有密切關聯。

㈠、中國社會重組的取向與適應

一八四〇年鴉片戰爭以後，中國處在強烈東西文化衝擊之中，這種文化衝擊，促使中國人必須另行塑造中國社會，塑造新的文化型態，以適應此種新的情勢。但具體的社會意向，卻多半是在求取國家富強層面上著力，開濶的長程的全面性構思，並非常見。

一百四十年來，中國人經過幾個摸索途徑：

像一八六五年開始的洋務運動，以求船堅砲利、西方科技爲主；

像一八九四年開始的孫中山先生興中會革命運動與康梁維新運動，以求政治改革爲主；

民國八年（一九一九）五四運動，以求取科學、民主爲主；

民國十年（一九二一）陳獨秀等的共產運動，以模仿蘇聯，建立共產社會爲主；

民國十五年（一九二六）北伐運動，是興中會領導國民革命運動經驗總結以後的再開展。北伐運動是以孫中山先生在民國十三年完成的思想體系爲依據，以建立倫理的、民主的、科學的整體社會爲主旨。此種兼容東

方、西方文化長處的融合，使中國新的文化型態逐漸成形。民國三十六年（一九四七）中國新憲法，正是此種融合後新文化產物之一。

當前中國的分裂與統一的爭辯，也就是中國社會重組取向、文化型態的取捨問題。此種取捨應該由全體中國人共同表示意見，決定的權力在全民，決定的標準在於是否符合中國人幸福需求。孫中山先生以「全民」觀念爲基礎的構思，可用以作爲中國社會重組與文化型態重塑的有價值導向。

㈡、「香港問題」的啓示

香港民意顯示，絕大多數香港民衆都希望香港繼續維持現狀，雖然很多人對英國行政當局百餘年來的表現具有懷疑。在香港民意趨向壓力下，迫使中共不得不以「維持現狀」作爲遷就。

在香港中國人之中，國民黨員甚少，共產黨員也不多，香港人是超越在政治以外的社羣。這也是一個最客觀立場的中國人取向事例，香港人未必對英國殖民式統治有好感，但香港人對廣東那樣社會制度更懷恐懼。兩者相權，殖民政策只是著重在財政上榨取，雖無民主，但尚可保有相當程度自由；而共產社會則兼具「恐懼」與「匱乏」雙重壓力，一旦爲共產黨所統治，將使港人既無民主，也失去自由。苛政猛於虎，香港人寧願選擇受外國人統治的殖民地生活而並不歡迎一九九七以後的「回歸」。這是一個多麼可悲的選擇，這是一個多麼值得深思的現象。

香港在一九九七結束殖民地統治，原應是可慶賀之大喜事，但現在竟然形成爲一九九七「大限」的憂慮，成爲港人、中國人與國際間同所關切的「香港問題」。

一九九七年，中共當然「統一」了香港，但是香港人的問題何曾獲得解決？

香港問題，顯示人民對於生活方式眞正選擇趨向。

中國問題的解決之道，於此應可獲得啓示！

㈢、世界思潮趨勢

世界思潮趨向已逐漸明朗，二次大戰後所曾經引起的激情，已逐漸歸於理性、歸於冷靜思考。這也就是東歐與蘇聯共黨崩潰的最主要根源。

人類要追求更幸福的生活，這是人類通性，是人類共識，當然也是中國問題的關鍵。

戰後，世界若干地區曾在武力控制下被迫實驗馬列共產主義。長期實驗的「結果」，已呈現在世人之前，使世人有所憬悟：基於共產思想所構思的共產社會制度，並不能滿足人類求取幸福的願望。蘇聯戈巴契夫總統在平息八月政變後稱，「共產主義在我國的實驗已經失敗。」這句話多麼沉痛？而這一實驗所造成的傷害更是多麼沉重？波蘭與中國大陸同樣是其中顯例，這些都是使人們由激情歸於理性的主要理解因素。

波蘭工人曾以罷工手段對抗共黨政權，用以爭取合理的糧食供應、合理的自由選舉。波蘭事件說明兩重意義：其一，長時期共黨統治，人民基本生活所需糧食與自由未獲改善；其二，工人與共黨彼此間利益並非一致。

中共軍中作家白樺，在他的作品《苦戀》中，以「灰暗的天空，浮著一個蒼白的大太陽，荒漠大地上，一棵枯草隨風搖擺。」以此作爲影片的開頭與結尾，共黨抨擊他全劇充滿了灰暗、無望。白樺的消極，是體驗了三十年共產制度後有感而發；過去是「灰暗」，將來仍是「無望」。天安門學生運動，也即是由「灰暗」與「無望」的基礎而促發。

中共四個「堅持」的提出，當初目的就是在遏止悲觀趨向，這種「堅持」當然會形成對中國人的困擾。「四個原則的」提出，卻也使得中共與中國人的對立趨於明朗，中共實在未致力構思促進中國全民幸福。四項堅持是爲維護中共利益而設計，卻明顯違背了中國人的利益。

(四)、歷史終必回歸主流

宇宙間自然地存在著運行規律。自然生態的和諧與平衡，歷億萬年而依然生氣盎然，顯示出自然規律在相輔相成的互動過程中，發揮出平衡與和諧宏偉的功能。

「飄風不終日，驟雨不終朝」，中國哲學家老子名言，說明過份突出的現象，它所需要的支持因素，難以持久。當支持「飄風」、「驟雨」的因素中斷以後，一切重歸平靜，繼續在自然規律運行下向前進行。共黨統治蘇聯長達七十四年，但在人類歷史運行中，七十四年仍只屬短暫的「飄風」、「驟雨」而已。共黨崩潰後的俄國人，正在走向重歸平靜，歸向自然規律。

人類自然有其需求，求取生活品質提升，求取生存環境美化，這是人類共同具有的通性。英儒霍布斯(Thomas Hobbes, 1588-1679)稱：「即使暴君亦須睡眠」，也印證了此種通性的存在。

一個社會的領導者或領導團體，必須使社會成員自覺地出於道德上的義務感，油然產生遵從意向，這個領導權威纔可鞏固，然後形成權力的合理化。

從〈共產主義者宣言〉(一八四八)發表以還，以「鬥爭」奪取政權，以「專政」鞏固政權，乃至發展成爲「槍桿子裡面出政權」觀念，共產黨人一直偏向於「力」的途徑，漠視「全民」也有思考意識的存在，忽略了「天聽自我民聽」的自然和諧至理，這是一切與全民相對立的作爲的主要根源。共產主義者以政黨利益與職業革命家的特權，與全民相對立。欲以主觀的單一意識涵蓋寰宇，忽略了人類共有的自然需求與個別空間的特殊需求，馬克思主義者自然窮困。俄共崩潰，使中共感受沉重壓力，聲嘶力竭地高喊「反對和平演變」，但卻仍一再宣示其「堅持」，這種「愚蠢的固執」，違背了自然，也阻礙了中國問題的從根解決。

「政治的文化價值觀」並無標異之處，既非飄風也非驟雨，無非是提供以常態爲基礎的思考線索，重視人類求幸福共性，重視文化空間殊性，這觀念與自然規律完全相符，也正是中國問題解決之道，也是中國統一的方向與基礎。

中國終將統一，但中國統一不能只在技術層次遊戲，也不能只從統治權一元化與地理合併中找出路。中國統一必須以建立合理制度爲唯一基礎，這纔是中國問題的從根解決。

中國人會有智慧作明智抉擇何去何從，兩個社會對比的結果，這是客觀事實的存在。歸向正義、歸向常態，中國人會知所努力。當然，中國人也願樂見中共早日覺悟，拋棄無益的烏托邦意識，不要費精神作文字詭辯，多爲中國全民利益作思考，共同配合，使中國歷史加速出現一個「合久不分」的「永恆統一」。

中共歷屆「全國代表大會」簡析

——第一屆至第十三屆，一九二一至一九八七

段家鋒

各種資料顯示，中共將在一九九二年召開黨的「第十四屆全國代表大會」，很可能是中共歷史中最後的一屆「全國代表大會」。過去十三屆大會都是怎麼開的？對現代歷史發生些什麼影響？綜合簡析，不無必要。

一九二一年七月中共舉行第一屆代表大會，一九四五年四月舉行第七次代表大會，至一九四九年中共政權成立，經過七次代表大會的二十八年，中共稱此一時期爲「新民主主義革命時期」。一九八一年六月二十七日，中共第十一屆「中央委員會」第六次全體會議通過：「關於建國以來黨的若干歷史問題的決議」，爲「新民主主義時期」若干重大問題定位。一九八二年二月，「中共中央黨校」出版「新民主主義革命時期」的《中國共產黨歷次代表大會》，由「中國社會科學院現代史研究室」編著，重要結論，當然都遵照上項「決議」。

一九三九年十二月，毛澤東發表〈中國革命與中國共產黨〉一文，首次提出「新民主主義革命」一詞。一九四〇年一月再發表〈新民主主義論〉，於是「新民主主義時期」，被用爲毛澤東領導奪取大陸政權二十八年間的代名詞。

第一屆全國代表大會

「一大」開幕日被視爲中共誕生日，關係重大，但確切日期，一直懸疑。郭華倫《中共史論》依陳公博的碩士論文，說「一大」開於一九二一年七月二十日。王健民《中國共產黨史稿》，概定爲「七月二十日左右」。「中國社科院」所編《中國共產黨歷次代表大會》（以下簡稱《黨代會》），說是七月二十三日。開會地點先在上海貝勒路李漢俊家，因法國巡捕搜查，最後一天在嘉興南湖船上。《黨代會》記載爲「上海法租界望志路一〇六號」，後來改在嘉興南湖❶。

出席代表來自七個地區十三個人，計上海李漢俊、李達；北京張國燾、劉仁靜；廣東陳公博、包惠僧；武漢董必武、陳潭秋；長沙毛澤東、何叔衡；濟南王燼美、陳恩銘；日本周佛海。外加兩個第三國際代表馬林(Maring)、魏金斯基(Wikonsky 華名吳廷康)指導，共十五人。

兩個第三國際代表「指導」之下，新誕生的中共，完全是蘇共分部模式。大會以全國黨員僅有五十七人，暫不設「中央執行委員會」，僅選出三人組成「中央局」，分工如下：

書　記　陳獨秀
組織委員　張國燾
宣傳委員　李　達

❶郭華倫，《中共史論》第一冊（民國五十八年九月），頁九。王健民，《中國共產黨史稿》第一編，頁三六。中國社會科學院現代史研究室，《中國共產黨歷次代表大會》（以下簡稱《黨代會》），（新華書局，一九八二），頁一一—一三。

候補委員　周佛海　李漢俊　劉仁靜❷

「一大」沒有留下任何文獻，僅有的資料是陳公博一九二四年一月，在哥倫比亞大學寫的手抄英文碩士論文，《共黨運動在中國》（*The Communist Movement in China*）。一九六〇年九月，經該校東亞研究所主任韋慕庭（C. Martin Wilbur）教授發現，公諸於世，才有第一份中共誕生的「出生證」。文中說中國共產黨出生於一九二一年七月二十日，鑒於巴黎和會後弱國更無法逃出帝國主義和資本主義的壓迫掌握，所以大會出席者同意最重要的政策是「不妥協」（no compromise），在中國的具體政策，是「對南北政府一律攻擊」。「黨綱」依此政策，作如下決議：

1.以無產階級隊伍推翻資產階級，由勞動階級重建國家。

2.實行無產階級專政，以完成階級鬥爭目的——廢除階級。

3.推翻私人資本所有制，沒收一切生產手段。例如機器、土地、建築、小工業生產等，一切財產收歸社會共有。

4.從支部到中央，建立有系統的秘密組織，黨員過組織生活。

5.採用蘇維埃形式，接受第三國際領導，每月向第三國際報告，必要時得派代表前往伊爾庫茨克遠東書記處（Far East Secretariat at Irkuchika）❸。

由於開會日期的難以確定，所以中共不採取會議開幕日為「建黨」紀念日，而由毛澤東「欽定」，把紀念日

---

❷郭華倫書，頁一〇。

❸ Ch'en Kung-po, *The Communist Movement in China*, an essay written in 1924. Issued under the auspices of the East Asian Institute, Columbia University. Edited with an introduction by C. Martin Wilbur (New York: Octagon Books Inc. 1966), pp. 79-81.

訂爲七月一日❹。以上「黨綱」各點，決非當時與會的中國代表所能擬訂，當然聽命第三國際指導人。依後來中共出版的若干老人回憶錄，會上李漢俊反對最烈，所以不久被開除黨籍。毛澤東發言最少，但中共於六〇年代初期，神化毛澤東時宣稱：「一大黨的政治路線、組織路線，都是按照毛主席的思想制定的。」製造笑話❺。

第二屆全國代表大會

「二大」除去發表過一篇〈宣言〉外，唯一文獻仍是陳公博的論文。這次大會舉行於一九二二年七月十六日至二十三日，地點爲上海英租界南成都路輔德里六二五號（現成都北路七弄三十號）。毛澤東、董必武都沒有出席，與會的十二人是：陳獨秀、張國燾、李達、蔡和森、高君宇、鄧中夏、張太雷、施存統、王燼美、鄧恩銘、向警予（女）、項英❻。

中共當時在十八省中已有黨員一百二十三人，陳公博說：黨已由「兒童期趨向成人期」(from chilhood to manhood)。「二大」受第三國際指示，和「一大」在政策上有了一百八十度的大轉變。那就是由「不妥協」變爲「妥協」，由反對國會政治變爲爭取當選國會議員，擁護國會政治。陳公博說：

> 第二次大會放棄「不妥協」政策，爲的是要和國民黨合作。由於經濟條件不同，大會承認蒙古、西藏、新疆的自治權。大會採取第一次大會時所絕對不允許的國會路線。總而言之，在政策和中共歷史上都作了絕大的改變，

---

❹前揭《黨代會》，頁一一。

❺〈訪問一大代表董必武同志〉，《人民日報》，一九六一年六月三〇日。

❻前揭《黨代會》，頁三一。

有人當然會認爲中國共產黨已經變成一個溫和的社會主義者❼。

以下陳公博用很大篇幅，敍述中國當時內受軍閥蹂躪，外受帝國主義侵略的慘狀，和必須「國共合作」，掃平軍閥，抵抗強權的理由。其實眞正的理由是第三國際改變赤化東方政策，由「不妥協」的鬥爭變爲「合作」的統戰。變更此一大政略的世界局勢背景，是美國決定召開華盛頓會議，第三國際便搶先召開遠東各民族大會與美國對抗。

華盛頓九國會議召開於一九二一年十一月十二日至次年二月六日，目的在重新分配列強在遠東特別是在中國的勢力。列寧則召集遠東中國、日本、高麗、印度、爪哇、蒙古等「勞苦人民」代表，在莫斯科於同年十一月十一日舉行「遠東各民族勞苦人民代表大會」，重點是說華盛頓會議裁軍和平是騙人謊話，目的在犧牲較弱掠奪者利益，調和英美帝國主義利益。依據列寧去年六月所擬「民族和殖民地問題提綱」，決定要「援助殖民地和落後國家的資產階級民主性的革命運動」，要同這些資產階級「結成臨時聯盟」❽。

中國出席遠東民族大會的共三十七人，其中中共產黨員十四人，包括張國燾（團長）、于樹德、王燼美、林育南、瞿秋白等。「二大」時陳獨秀報告一年來共黨發展情形，張國燾報告出席遠東大會情形。大會任務主要是遵照第三國際在遠東民族大會上的指示，變成決議和宣言，重要決議如下：

1.決議案：計有工會、青年、婦女運動等決議案外，下列反帝、統戰及黨章等三決議案，最爲重要，對中國影響最大。

---

❼ Ch'en Kung-po, *op. cit.*, p. 83.

❽ 鄭學稼，《第三國際史》上冊（臺北：商務印書館，民國六十六年），頁三四七、六三九。

(1)關於帝國主義與中國：制止內戰，推翻帝國主義壓迫，承認蒙古、藏、土耳其斯坦（新疆）的自治。

(2)關於國民聯合戰線：團結一切黨派和團體，與國民黨組織聯合戰線，以實現推翻封建軍閥與帝國主義壓迫的目的，號召一切工人農民在共黨旗幟之下，共同奮鬥。

(3)通過「黨章」——中國共產黨組織章程。其中最奇怪的是第三條：「凡經本黨中央執行委員會承認爲第三國際所認可的任何共產黨的黨員，即可成爲本黨黨員。」可見其附庸性的一斑。

2.宣言：分析國內外情勢外，提出最高綱領和最低綱領。最高綱領是，「組織無產階級，用階級鬥爭手段，建立勞農專政的政治，鏟除私有財產制度，漸次升到一個共產主義社會」。最低綱領是，「消除內亂，打倒軍閥，建設國內和平，推翻國際帝國主義壓迫，達到中華民族完全獨立。」❾

「二大」給予中共「反帝」和「統一戰線」兩件武器，像巨鉗的兩翼，成爲以後發展壯大的最得力工具。在殖民地和次殖民地落後地區，共產黨取得政權的憑藉，不是馬克思的無產階級推翻資產階級革命，而是列寧的「反帝」與「統戰」。這方面中國是首先實驗成功的最大戰場。

第三屆全國代表大會

1.三大的召開背景：　中共的「一大」至「三大」，是每年舉行一次。三年中馬林是傳達國際命令，監督中共奉行的重要人物。「三大」舉行於一九二三年六月。距去年七月「二大」的一年時間裡，發生以下幾件大事：

(1)中共黨員以個人身分加入國民黨的決定：一九二二年七月「二大」後，馬林返回莫斯科向國際提報中

❾ Ch'en Kung-po, *op. cit.*, pp. 85-89.

共「二大」開會情形，並建議命令中共黨員以個人身分加入國民黨。國際採納他的主張，責成他貫徹實施。八月下旬，他命令中共在杭州西湖舉行特別會議，傳達加入國民黨的指示。他強調兩點：第一，加入國民黨，可以借助國民黨這面旗幟，聯合更多民主力量。第二，國際已經作成此一決定，如不遵從，以違抗國際紀律論處。但共產黨員必須保持自己鮮明獨立的旗幟。西湖會議後不久，李大釗、陳獨秀、張國燾、張太雷、蔡和森等加入國民黨。

(2)「孫越宣言」的發表：時爲一九二三年一月，爲聯俄容共重要關鍵。此與「個人身分加入國民黨」，爲統一戰線的初步具體實行。

(3)發生「二七慘案」：中共資料宣稱：「中國共產黨領導工人群衆，掀起京漢鐵路大罷工，吳佩孚派兵彈壓，死傷三百五十餘人。」

(4)第三國際第四次代表大會於十一月在莫斯科召開，陳獨秀率團參加。大會通過「東方問題提綱」，喊出「反帝統一戰線」口號，中國是統戰主戰場。中國代表團在大會宣布：「消滅帝國主義，必須建立反帝統一戰線。」⑩

2.三大的召開：一九二三年六月十二至二十日，「三大」召開於廣州東山恤孤院後街三十一號（現名恤孤院路三號）。出席代表三十人，依張國燾回憶錄，有表決權者十七人，代表四百三十二個黨員。「三大」選陳獨秀、李大釗、蔡和森、毛澤東、王荷波、譚平山、項英、羅章龍、朱少連等爲中委，毛首次進入「中央」。陳獨秀連選三屆爲委員長，馬林於會後回俄，未再來中國，繼任他的是魏金斯基⑪。

---

⑩前揭《黨代會》，頁四七—五六。
⑪參閱鄭學稼，《陳獨秀傳》上册（臺北：時報，民國七十八年三月），頁五〇七—五一三。

3.決議及宣言：　中共「三大」仍未留下重要文獻，直接資料一爲一九二四年六月，國民黨監察委員會彈劾案中摘錄中共的：「關於國民運動及國民黨問題的決議」，一爲陳公博的論文。決議計有九項，主要爲「遵從國際決議，加入國民黨，但不應與國民黨合併，不隱藏自己的特殊旗幟，並努力從工人團體中，國民黨左派中吸收革命分子，擴大組織，嚴謹紀律，建立強大的共黨基礎。宣言則呼籲「希望社會上革命分子大家都集中到中國國民黨，使國民革命運動得以加速實現。」中共自己則以「謀世界革命，解放全世界被壓迫的民族和被壓迫的階級」爲其特殊使命⑫。

陳公博書內依當時會議資料，把中共目的描述十分清楚，那根本是在第三國指導下的一個統戰騙局，他說：

宣言中說：「中國國民黨應該是國民革命的中心，我們希望所有社會精英分子都參加國民黨，使國民革命能立即到來。」但事實上，共產黨極清晰的說明他們的與國民黨聯合，只是爲了獲得暫時的利益，從長期看，他們一定會與國民黨決裂。共產黨警告工人無產階級，應參加並協助國民革命，卻必須團結在共產黨旗幟下，不向國民黨投降或當它的附屬品。

對中共言，兩黨終必分裂，極爲明白。這由於革命成功之後，國民黨因承襲自封建餘孽的政治權力，很自然的必定壓迫無產階級。但同時無產階級因受到組織訓練，必定會決心反抗。國民黨成功之後也必定和共產黨決裂，決裂是遲早的事，說現在就發生當然言之過早⑬。

---

⑫王健民，《中國共產黨史稿》，頁七九—八二。

⑬Ch'en Kung-po, *op. cit.*, pp. 96-98.

第四屆全國代表大會

1.過去一年半間發生大事：「四大」舉行於一九二五年一月二十二日，上距「三大」的一九二三年六、七月，計一年半。這期間發生的大事，有以下數項。

⑴容共的高潮期：一九二三年八月十六日，蔣中正先生率領「孫逸仙博士代表團」赴俄考察，年底返國後提出報告及致各常委函，首次揭出「俄人之言只有三分可信」警告⑭，效果不彰。同年九月二日，蘇政府代表加拉罕抵北京，發表第三次對華宣言，重申前兩次對華宣言原則，引起熱烈歡迎。一九二四年一月二十一日，列寧逝世，更助高國人親俄熱潮。

⑵一九二四年一月二十日至三十日，中國國民黨在廣州召開第一次全國表大會，出席代表一六五人，主席孫先生特准李大釗、陳獨秀、譚平山、于樹德、林伯渠、瞿秋白、毛澤東等十餘人參加，其中前四人且爲其所親自指定。發表宣言，通過「共產黨員和社會主義青年團團員以個人身分加入國民黨」。

⑶一月二十七日起，國父在廣東大學有系統的演講三民主義，每週一次，計民族、民權主義各六講，民生主義僅四講，至八月止。同年六月十六日，主持黃埔陸軍軍官學校開學典禮。

⑷中共「四大」前中國局勢爲，軍閥曹錕、吳佩孚倒臺，東北奉系張作霖、西北馮玉祥率軍入京，段祺瑞爲臨時執政，一九二四年九月第二次直奉戰爭爆發，馮電邀中山先生北上主持大局，商討召開國民會議及廢除不平等條約等事。中山先生乃於十一月十二日北上，並發表北上宣言。

⑭蔣中正，《蘇俄在中國》，【蔣總統集】第一冊（國防研究院、中華大典編印會合作，民國五十七年三版），頁二六九。

⑸中共年餘來努力成就，爲加強各地組織發展，出版《前鋒》、《新青年》等機關刊物，在全國各地開設書店，提高理論宣傳。爲紀念列寧死亡擴大吸收黨員，積極發展工會組織，強化工人運動，成立反帝大同盟。但此一時期中共黨員加入國民黨者，多只知努力工作，甚而主張取消共產黨，而不知「聯合中間力量與資產階級鬥爭」，更忽視執行所謂「三大政策」，即「發展中共黨的組織」、「擁護勞動階級利益」、「防止國民黨妥協政策」。中共因而於一九二四年五月十四日在上海召開「第一次擴大執行委員會」，由共產國際派魏金斯基出席指導，加強控制。

2.（四大）召開經過及重要決議：一九二五年一月十一日至二十二日，「四大」在上海閘北橫濱路六號舉行。出席代表二十人，包括陳獨秀、蔡和森、瞿秋白、張太雷、周恩來、李立三、陳譚秋、彭述之、李維漢、項英等。選出陳獨秀爲總書記兼組織部主任，陳獨秀、彭述之、張國燾、蔡和森、瞿秋白等五人組成中央局，毛澤東還摸不到權力邊沿。大會宣言及決議要點如下：

⑴支持國民會議，反對段祺瑞之善後會議：北上宣言申明，國民革命之目的，在造成獨立自由之國家，對內必須剷除軍閥，對外推翻帝國主義壓迫，廢除不平等條約。對時局主張召開國民會議，謀求中國之統一與建設之發展。全國民衆對國父主張召開之國民會議，熱烈響應，段祺瑞則企圖以「善後會議」對抗。在國際指示的「國共合作」政策下，中共自然支持國民會議。

⑵確定走列寧路線，反托洛茨基：「四大」適爲列寧逝世週年，通過紀念列寧宣言，說「明確表示要高舉列寧主義旗幟，只有列寧主義才是我們自己解放自己的唯一武器，才是消滅帝國主義和一切壓迫階級的唯一武器。」⑮蘇聯國內史大林與托洛茨基經過一年奪權鬥爭，史大林已居優勢。一九二四年十一月十九日，史大林

⑮《嚮導》第九九期（一九二五年一月二十一日）。

在全蘇工會上發表說：「托洛茨基主義還是列寧主義？」對托氏加以無情打擊⑯。所以由魏金斯基負責傳達命令，責成「四大」作成決議，對托氏加以譴責。

⑶提出無產階級專政芻形和農民是天然同盟軍說法：既是走列寧路線，當然遵照列寧主義，不敢稍違。史大林於一九二四年四月在斯維爾德洛夫大學演講：「論列寧主義基礎」，勾勒出史大林心目中應有的列寧主義，成為以後各共產附庸國建立「社會主義國家」的標竿。史大林認爲列寧主義的所謂無產階級專政，「是無產階級的革命工具、是無產階級對資產階級的統治、蘇維埃政權則是無產階級專政的國家形式。」⑰「無產階級掌握著國家權力，無產階級和千百萬小農及最小農結成聯盟，……是建成社會主義所必須而且足夠的一切。」⑱

在魏金斯基傳達指導下，「四大」的宣言和決議：「分析了中國社會各階級的現狀，明確地提出了無產階級在民主革命中的領導權問題。」「高度評價了列寧關於農民同盟軍的思想，認為這是列寧主義的偉大功績之一。進一步強調了無產階級革命同盟軍的重要性，明確提出農民是工人無產階級的天然同盟者。」於是提出許多具體有效要求，包括打倒土豪劣紳，取消苛捐雜稅，組織農民協會，建立農民自衛軍等，「這樣才能獲得最大多數農民為工人階級之革命的同盟。」⑲

---

⑯史大林，〈托洛茨基主義還是列寧主義？〉，【史大林全集】第六卷（人民出版社，一九五六），頁二八一—三〇九。
⑰史大林，〈論列寧主義基礎〉，同上書，頁九六。
⑱同上書，頁一二〇，引自【列寧全集】四版第三三卷，頁四二八。
⑲前揭《黨代會》，頁八〇—八五。

第五屆全國代表大會

1.中共積極奪取政權的兩年：「五大」召開於一九二七年四月「清黨」半個月之後，「容共」和所謂第一次「國共合作」，都剛剛成爲歷史名詞。「四大」、「五大」兩年間，中國政局發生天翻地覆的變動，犖犖大者，簡舉如下：

⑴國父孫中山先生逝世：一九二五年三月十二日，國父因肝癌遽逝北京。國民黨內部因「容共」、反共問題，發生分裂，所謂「西山會議派」者是。此一現象至一九二八年南京與武漢先後淸共之後，始在「滬寧漢合作」口號下結束。

⑵北伐與反蔣：民國十五年（一九二七）六月五日，蔣中正先生就任國民革命軍總司令，七月九日，誓師北伐，是中國現代史大事。這年一月國民黨第二次全國代表大會時，俄國顧問鮑羅廷本甚贊成北伐案。其後鮑赴俄返華，態度忽變，反對北伐，因而發生三月之「中山艦事件」。北伐軍所指之處，軍閥望風披靡，中共則區分國民黨爲左、右派，主張建立工、農、手工業者、大資本家、中小商人、學生、自由職業、機關職員等之「國民的聯合戰線」，與國民黨左派共同反對國民黨右派，反對「以剝削工、農利益爲條件」的北伐政策，對蔣公及北伐軍橫加誣衊。

北伐軍進展之速，遠出蘇俄意料之外。於是在北伐軍興半年之後，即次年初指使中共加強各種阻撓破壞。汪兆銘組成武漢左派政府之外，重慶「三三一」事件、南昌「四二」事件，南京「四九」事件。上海二、三月間之罷工暴動，復有「寧漢分裂」及日本軍閥製造之「五三慘案」，在在使北伐難以安心進行，政府無法坐視。儘管如此，兩年之間於一九二八年六月八日光復北京，十二月東北易幟，國家統一。

(3)清黨分共：民國十六年四月十二日，南京清黨，上海「工人糾察隊」被繳械，是謂「四一二」事件。南京、上海清黨後，各地相繼展開清除共產黨人行動。汪兆銘則於十六日發表通電，對清黨加以指責，造成「寧漢分裂」。

(4)北京搜查俄使館：南京清黨前七日，即四月六日，在北京之張作霖搜查俄國大使館，獲文件數百箱。迅速譯爲【蘇聯陰謀文證彙編】，於是蘇俄赤化中國陰謀，大白於世。

(5)第三國際執行委員會第七次擴大會議，於一九二六年十一月二十二日開幕。關於「中國問題決議案」，有兩大重點：其一，「無產階級、農人及城市小資產階級的結合，離開一大部分大資產階級，革命運動的領導權，將日漸落在無產階級身上。」其二，「土地問題成爲問題的中心，那一階級能徹底解答這問題，就成爲革命領袖。」[20]

2.「五大」經過及重要決議案：「五大」召開於一九二七年四月二十七日至五月九日，在武漢舉行。出席八十餘人，代表黨員五萬七千餘人。但去年底國際執委擴大會議，報告中共黨員共有一萬二千人。這次大會出席者計有陳獨秀、蔡和森、瞿秋白、毛澤東、劉少奇、張國燾、張太雷、李立三、李維漢、陳延年、彭湃、惲代英、項英、董必武、顧順章、向忠發、彭述之、向警予等。陳獨秀作「政治與組織報告」，第三國際派印度人羅易(M. N. Roy)率團出席指導，並作有關國際執委第七次擴大會議中，「中國問題決議案」的報告，指出中國共產黨今後發展的任務。同羅易前來中國出席「五大」的團員，有鮑羅廷和魏金斯基。

大會選舉：陳獨秀爲總書記，中委三十一人，包括陳獨秀、張國燾、李維漢、瞿秋白、陳喬年、陳延年、周恩來、劉少奇、張太雷、項英等，毛澤東僅當選爲十四名候補中委之一。陳家一門父子三中委，爲共黨歷史

[20]鄭學稼，《第三國際史》中册，頁一一〇五。

所僅見㉑。

大會通過的決議案，最主要的有以下二項：

(1)政治形勢與當前任務決議案：雖然中共已受「清黨」打擊，但仍不敢做出和國民黨斷然決裂的提議。因爲在執委擴大會議中，堅決主張與國民黨決裂的是托洛茨基，「托派」的主張，國際代表羅易和鮑羅廷、魏金斯基們是要傳達命令，堅決反對的，中共自然不敢說半個不字。所以通過此一提案說：「大會絕對否認，因爲大資產階級脫離革命，和帝國主義的干涉，會使革命運動停止或降低。」「工人階級在革命運動中，站在最主要的領導地位上，和農民及城市小資產階級組成聯盟。」

(2)土地問題決議案：同樣是依國際執委傳達指示辦理。關於土地政綱，包括以下幾點：

①沒收一切公有的田產，以及祠堂、寺廟、教堂、學校的土地，交給耕種的農民。

②無代價的沒收地主租給農民的土地，經過土地委員會，將土地交給農民。

③取消地主和紳士所有一切參政權利。

④建立農民鄉村自治政府，組織農民自備軍，保障革命的勝利㉒。

第六屆全國代表大會

「六大」是一九二八年在莫斯科舉行的，從六月十八日起舉行二十四天，於七月十一日閉幕。這次大會既

㉑鄭學稼，《陳獨秀傳》上册，頁六八一、六八八。

㉒參閱郭華倫，《中共史論》上册，頁二三七—二四一。

批判八年來的「右傾投降主義」，也批判「清黨」後的「左傾盲動主義」，等於是把過去五次代表大會所有的成就，一律予以清算否決。一年來國內變動如下：

1.容共時期終止，中共盲動主義登場：這一年的大事，主要是清共、分共之後，中共召開「八七會議」，掀起盲動主義的暴動燒殺，奔往贛南井崗山割據叛亂。遠赴莫斯科開「六大」，說明當時中國沒有一個地方允許他們召開「全國代表大會」，也說明中共是第三國際螟蛉子的眞切性。

⑴武漢分共：一九二七年三月至七月，武漢完全陷入赤色恐怖之中。鮑羅廷跋扈，共黨及左派囂張，汪兆銘在半傀儡狀態下，與南京中央政府對抗。五月六日，駐守宜昌之鄂軍獨立第十四師師長夏斗寅，獲四川第二十軍軍長楊森支持，「班師東下，進襲武漢」，揭起反共大纛。五月二十一日（電報代字馬），駐守長沙的三十五軍三十三團團長許克祥，聯合附近駐軍，發動「馬日事變」。江西的第三軍軍長朱培德（兼江西省主席），亦於五月二十九日，遣送共黨人員出境。以汪兆銘爲首的武漢政權，亦不得不於七月十五日，宣告「分共」。實質意義是下令「保護共產黨人身體，歡送出境」。

⑵「八七會議」：武漢分共後，鮑羅廷等回俄，國際另派羅民那直(Besso Lominadze)和紐曼(Heirz Neumann)，前來中國指導。八月七日，在國際代表指導下，於九江召開「八七緊急會議」，應付清共、分共後局勢。出席會議者有瞿秋白、向忠發、李維漢、蔡和森、鄧仲夏、蘇兆徵、張太雷、任弼時、彭公達、陸沈、以及候補中委毛澤東等十一人。重要決議：

①清算陳獨秀右傾機會主義，把一切失敗責任歸因陳獨秀的「投降」。（其實陳執行的，完全是國際的指示）。改選瞿秋白、向忠發、李維漢三人爲中央臨時政治局常委，瞿秋白爲中央總書記。

②通過「政治任務與策略決議案」，認爲中國革命仍爲資產階級民權革命。規定當前總方針是掀起各省之秋收武裝暴動，採用最嚴厲之鎮壓政策，實行革命獨裁。

⑶三大暴動的失敗：南昌「八一暴動」，於八月初「八七會議」前迅即失敗。四省秋收暴動，「八七會議」後立即在湘、鄂、贛、粵展開，到處燒殺，至十月底失敗。十二月廣州暴動，亦徹底失敗。這是中共一再樂道的「三大暴動」。廣州暴動曾成立「蘇維埃政府」，故國際給予高度評價。毛澤東於十月間率武漢警衛團和湘東秋暴失敗殘餘，抵達井崗山。

2.「六大」經過及重要決議：　中國共產黨的代表大會在俄國召開，說明它是「俄國的」而非「中國的」。出席代表人數依周恩來〈關於黨的六大的研究〉，是七十五人。大會選瞿秋白、張國燾、李立三、向忠發為主席團，周恩來為秘書長。在國際書記布哈林為首，東方部部長米夫等為團員的國際代表團指導下，進行會議。會後全體代表立即參加第三國際第六次代表大會，以確立雙方最親密關係。

大會選出向忠發、李立三、周恩來、項英、張國燾、瞿秋白、蔡和森、毛澤東等數十人為中央委員，七個政治局委為向忠發、李立三、周恩來、項英、瞿秋白、張國燾、蔡和森。向忠發為總書記，瞿秋白因盲動主義錯誤，指導三大暴動失敗，張國燾因指導南昌暴動失敗，均被留置莫斯科擔任中共駐國際代表。毛澤東未出席大會，因在井崗山與朱德擁有一支所謂「紅軍第一軍」而被看重，當選中委。

重要決議案共有四個：

⑴政治決議案：認定中國革命為資產階級民權革命，革命動力是農工。提出十大政綱，包括驅逐帝國主義、推翻地主階級私有財產制度、沒收外國企業和銀行、掃除軍閥，統一中國等。

⑵組織蘇維埃政權問題決議案：在一省或數省革命高潮下，建立蘇維埃政權。

⑶土地問題決議案：制定土地政綱，規定不付任何代價沒收豪紳、地主階級財產和土地，沒收後交農民代表會議（蘇維埃）處理。

⑷農業問題決議案：關於農民運動問題，著重階級分化與鬥爭。聯合中農，鬥爭富農，貧、僱農則處於

領導地位。

第七屆全國代表大會

「七大」召開於一九四五年四月二十三日至六月十一日，在延安舉行，上距一九二八年的「六大」，停開已經十七年。這期間變化太多太大，只能摘要舉述。

1.十七年間與中共最有關的幾項大事：這十七年是中國在中華民國政府領導下，北伐統一國土，八年抗戰打敗日本軍閥，廢除不平等條約，中國成爲戰後四強之一艱苦而光榮的十七年，也是導致中共坐大，大陸赤化的十七年。史實多到難以舉述，茲簡舉與中共和中國最有關的幾件大事。

⑴江西蘇維埃的生和死：毛澤東於一九二七年九月八日至十五日兩湖秋收暴動失敗，一度被民團捕獲脫逃，率殘部七百餘人向南逃竄，經茶陵於年底前入江西，踞寧岡縣井崗山上。其後與朱德部千餘人會合後，建井崗山「蘇維埃政府」，毛自封「主席」，儼然一方老大。

「六大」選船工出身之向忠發爲總書記，向頭腦簡單，只是畫押傀儡，實際負責者爲驕狂而自許是「中國列寧」的李立三。他自一九二八年七月「六大」獲得領導權，至一九三〇年間企圖奪取武漢，到處殺掠暴動，實爲瞿秋白盲動主義的延長，此兩年間稱爲「立三路線」。一九三一年四月「四中全會」，「立三路線」被徹底清算終結，中共組織在各地亦被破壞殆盡，不得不將「中央」自上海遷至江西瑞金。一九三一年九月奉國際命令改組，秦邦憲出任總書記，毛澤東被剝奪決策領導權，直至一九三四年十月西竄，江西蘇維埃死亡。

⑵遵義會議以後：一九三五年一月五日，佔領貴州遵義，召開爲期三天的政治局擴大會議，這是毛澤東在中共中央眞正掌權的開始。「遵義會議」重要決定如下：

①免除秦邦憲中央總書記職務，由張聞天繼任。
②免除周恩來的中共中央軍委會主席職務，改由毛澤東繼任。
③補選毛澤東爲政治局委員及政治局常委。
④派陳雲經港赴俄，向國際報告西竄及中共中央改組情形。

⑶抗戰勝利前夕，中共已然坐大：朱毛軍西竄，起自一九三四年十月十四日，止於一九三六年十二月十二日，歷時兩年兩月，經江西、湖南、廣西、貴州、雲南、四川、西康、甘肅、陝西、寧夏、山西凡十個省，中共自詡爲「二萬五千里長征」。開始時裹脅民兵伕役，號稱十萬人，到達陝北時，不足三萬㉓。抗戰勝利前夕，中共在「國共第二次合作，共赴國難」「抗日民族統一戰線」口號掩飾下，運用「一分抗日，二分應付，七分發展」戰略，已成爲擁有百萬大軍的龐然大物，自稱有黨員一百二十萬人。

2.「七大」的準備工作：　中共資料顯示，「從籌備召開七大到七大的正式舉行，經過七年多的時間。」中共在一九三七年十二月二十三日，「中央政治局作出了關於召集第七次全國代表大會的決議」。一九三八年「六屆六中全會」，繼續討論以召開「七大」爲主的籌備工作問題。一九四一至四三年，中共通知華中局書記劉少奇、南方局書記周恩來、北方局書記彭德懷，以及彭眞、陳毅、羅瑞卿等赴延安參加召開「七大」籌備工作，並且「選出一個路線正確、思想上、政治上團結一致的新的中央委員會。爲此，七大代表都參加了延安整風學習運動，有一部分代表還參加了黨的高級幹部關於黨的歷史問題的討論。」籌備會議決定起草「關於若干歷史問題的決議」，交給大會通過，作爲統一思想教育的基礎。「七大」所有決議案，都是經過會前多年籌備決定的。有關「歷史問題的決議」一案，毛澤東在一九四五年四月二十一日的「七大預備會議」上講話甚而指示：「這個

㉓參閱王健民，《中國共產黨史稿》第二編，頁六三二以後。

決議不再交大會討論，使大會開成爲團結的大會，勝利的大會。」可見毛澤東所強調「不開沒有準備的會，不打沒有把握的仗」的實質意義㉔。

3.「七大」的經過和重要決議：一九四五年四月二十三日起的「七大」，共計舉行五十天。出席代表五四七人，後補代表二〇八人，共七五五人。大會選出新的領導機構，書記處書記：毛澤東、朱德、劉少奇、周恩來、任弼時。政治局委員：以上五人外，陳雲、康生、高崗、彭眞、董必武、林祖涵、張聞天、彭德懷。秘書長任弼時，一中全會選毛爲中央委員會主席兼政治局、書記處主席。

「七大」三大決議依三大報告而成。這三大報告是毛澤東的政治報告；朱德的軍事報告；劉少奇的黨綱報告。

(1)毛澤東的政治報告決議案：就是他四月二十四日發表的〈論聯合政府〉，大會以這個文件爲學習主題，討論只敢歌頌，不敢發表其他意見。他說中共的政策有兩個綱領，一個是一般綱領，「主張在徹底打敗日本侵略者之後，建立一個以全國絕對大多數人民爲基礎，而在工人階級領導之下的統一戰線的民主聯盟的國家制度，我們稱之爲新民主主義的國家制度。」㉕

另一項政策是「放手發動群衆，壯大人民力量」，要求取消一切鎭壓人民的言論、出版、集會、結社、思想、信仰和身體等項自由的反動法令，使人民獲得充分的自由權利。要求承認一切民主黨派的合法地位，要求釋放一切愛國政治犯，要求撤退一切包圍和進攻中國解放區的軍隊㉖。

(中共)這個革命的措施，不是一般的廢除私有財產，而是一般的保護私有財產。在一個相當長的時期內，

㉔前揭《黨代會》，頁一四七－一四九。

㉕毛澤東，〈論聯合政府〉，【毛澤東選集】第三卷（一九六四），頁一〇五六。

㉖同上書，頁一〇六四。

仍將使資本主義獲得相當的發展。「耕者有其田」，是把土地從封建剝削者手裡，轉移到農民手裡[27]。

⑵朱德〈論解放區戰場〉的軍事報告決議案：吹噓所謂「解放區抗戰經驗」，就是「人民的軍隊、人民的戰爭和人民的戰略戰術的結合。」當然也遵照毛澤東以上指示，要「放手發動群衆，壯大人民力量」[28]。

⑶劉少奇〈關於修改黨章的報告〉決議案——毛澤東定於一尊的決議案：「新黨章」以毛澤東思想爲最突出的主要內容，爲過去黨章所絕無。「總綱」說：

> 中國共產黨，以馬克思列寧主義的理論與中國革命實踐之統一的思想——毛澤東思想，作爲自己一切工作的指針，反對任何教條主義或經驗主義的偏向[29]。

劉少奇的〈關於修改黨章的報告〉，長六萬六千字，共九節，會後爲中共黨員必讀文件。他說：「毛澤東思想是中國的馬克思主義」，「是中國的東西，又是完全馬克思主義的東西」，「是中國共產主義的理論與實踐」。劉少奇不怕臉紅的諂譽毛澤東說：「我們的澤東同志，不僅是中國有史以來最大的革命家和政治家，而且是中國有史以來最大的理論家和科學家。」[30]鼓吹毛澤東思想，爲毛澤東作造神運動最賣力的，劉少奇是主要推動者之一，仍逃不過被鬥慘死的命運，可嘆。

---

[27] 同上書，頁一〇七五。
[28] 前揭《黨代會》，頁一七三。
[29] 錄自王健民書，第三編，頁一六一。
[30] 同上書。

第八屆全國代表大會

1.中共政權建立後第一次黨代表大會：這次大會舉行於一九五六年九月十五日至二十七日，中共政權建立已經七年，上距「七大」已十一年。十一年中經過的大事和大陸同胞嚐受過的災難，難以罄書。舉出幾項代表性事件，說明「八大」召開的背景。

⑴大陸淪陷：「七大」閉幕不到三個月，日本無條件投降，中共立即全面掀起叛亂。經過四年兩個月戰亂，大陸終告淪陷。

⑵抗美援朝：一九五〇年六月，北韓向南韓發動攻擊，中共於同年十月二十五日參戰。一九五一年七月十日開始停戰談判，至一九五三年七月二十七日始在板門店簽訂停戰協定，此一戰爭聯軍共死亡五百餘萬人，其中有中國人一百餘萬。

⑶完成「三大改造」：中共經過七年統治，自稱基本上已經完成所謂「三大改造」，即已完成所謂的「農業、手工業、和資本主義工商業的社會主義改造，進入社會主義。」這個時候大陸上工商業已經經過「三反」、「五反」的清算鬥爭，農民已經經過分到土地卻又被沒收併入「農業合作社」的失望，社會上充滿對中共的痛恨和反抗情緒。這情緒中共統治者們把它一律歸入「右派」，因爲只有知識分子能表達出不滿情緒，所以以知識分子爲主要迫害對象。一九五七年二月掀起「毛澤東稱之爲『陽謀』的大鳴大放」運動，繼之以「反右派鬥爭」，實際是一次「言者有罪」和「不滿者有罪」的運動，「八大」可說是爲展開此一運動而召開的。這次運動究竟迫害了多少人？無從計數，一九八〇年一月，鄧小平說：「這三年內已經得到平反的，據不完全的統計，已經有二百九十萬人。」可見誅羅之廣。

鄧小平是「反右鬥爭」參加者，所以迄今贊成「反右鬥爭」。一九八〇年一月他說：「一九五七年的反右是必要的，沒有錯。那個時候出來一股思潮，它的核心是反對社會主義，反對黨的領導，有的人是殺氣騰騰的啊！當時不反擊這種思潮是不行的。」[31]

(4)經過「六大整風」：「八大」前中共經過六次大整風。

第一次，克服驕傲自滿和官僚主義：毛澤東在一九五〇年六月「七屆三中全會」指示，要在這年夏秋冬三季，完成第一次整風。任務是「克服以功臣自居，驕傲自滿情緒和官僚主義，改善黨與人民的關係。」一至十一月，因韓戰停止。

第二次，整頓基層組織：一九五一年三月「第一次全國組織工作會議」，決定以三年期間整頓「黨的基層組織」，主要是針對土改和第一次整風所引起的基層幹部「退坡思想」，以及不再關心政治，只願發財致富思想。

第三次，「三反、五反」：中共取得大陸政權後，幹部貪污官僚之風，無所不在。一九五一年冬，發起「三反」運動——反貪污、反浪費、反官僚主義。一九五二年一月展開，但上中級幹部互相包庇，政策無法貫徹，運動於三、四月間，草草收場。改個理由說幹部貪污由於中了「資產階級糖衣砲彈」的毒，罪在工商界。於是把「三反」變成「五反」，加上兩條爲「反行賄、反偷漏」，向工商業者大開殺戒。

第四次，農村整黨及建農業合作社：由於農村幹部人人只想當富農，基層組織鬆懈，中共於一九五二年九月掀起農村整黨，反對富農思想、反對違法亂紀等口號，預定爲期三年。一九五五年「七屆六中全會」，在其「關於農業合作化的決議」中規定：「農村基層組織，應結合建社整社工作，展開建黨整黨工作，並把它作爲經常性的重要任務之一。」又強調：「應結合本鄉農業合作化的情況，著重檢查黨員對農業合作化運動的態度，支

[31] 鄧小平，〈目前的形勢和任務〉，《鄧小平文選》（一九七五—一九八二），頁二〇六。

部對農業合作化運動的領導作用。」從此等文字看出中共裹脅農民「打土豪、分田產」之後，再以「初級農業合作社」、「高級農業合作社」名義予以沒收，所引起民間反抗的激烈程度。

第五次，「新三反運動——反官僚主義、反命令主義、反違法亂紀」：這次起於毛澤東一九五三年二月在「政協全國委員會」上的指示，緣於「三反五反」運動對大陸同胞雖造成千古未有災難，對各級幹部風氣改變和貪污腐化的遏止，卻收效極微。「新三反」的新方式是「鼓勵人民來信檢舉」，並且規定爲「經常性運動」。各地從二月間開始，五、六月間即消聲匿跡，原因是問題太多，牽扯太廣，不得不以「經常性運動」不了了之。

第六次，反宗派活動，整肅高饒事件：中共於一九五三年十月，宣稱「國民經濟恢復時期」已經結束，「新民主主義革命」已經完成，因而提出「過渡時間總路線」，解釋說「就是實現國家的社會主義工業化，實現對農業、手工業和資本主義工商業的社會主義改造。」這宣布引起中共高層幹部的嚴重歧見和不滿，中共於是於一九五四年召開「九屆四中全會」，通過「關於增強黨的團結的決議」，要整肅反中央、鬧獨立的「獨立王國」。經過此次大整風，將高崗、饒漱石加以「反黨聯盟」罪名，一律處死，並廣爲誅連，斯謂「高饒事件」㉜。

⑸毛澤東的「削藩」和「釋兵權」：兩者本爲一事。中共叛亂期間，需要各野戰軍支持，鼓勵放手發展，用分封方式，劃分六大軍區、六個分局。一九五四年底，在強化中央權力藉口下，兩種大機構完全撤消，達到「削藩」目的。一九五〇年韓戰發生，爲消滅各軍區實力最好時機，「志願軍」司令員歷經林彪、彭德懷、陳賡、楊得志、楊勇等多人。四個野戰軍精銳消耗殆盡，毛澤東則乘機發展保衛中央之直屬部隊，行憲改制後，分設主管軍政、軍令之國防部、國防委員會，分由粟裕、彭德懷負責。另封十大元帥，計有朱德、林彪、彭德懷、劉伯承、賀龍、陳毅、羅榮桓、徐向前、聶榮臻、葉劍英等等，令這些人「安富尊榮」，實則沒有任何實權。

㉜參閱《中共八全大會決議案之綜合研究》（司法行政部調查局緝印，民國四十五年十一月），頁二〇—二五。

2.「八大」經過及重要決議： 一九五五年六月底，中共黨員為八、五四五、九一六人。同年十月舉行「七屆六中全會」，決定召開「八大」辦法。經一年籌備，始於一九五六年九月十五日開幕，舉行十二天。計出席代表一、〇二六人，候補代表一〇七人。另外有來自世界各國的共產黨代表團五十一個，團長包括蘇聯中央主席團第一副主席米高揚、東德第一書記烏布里希、和阿爾巴尼亞第一書記霍查，可謂「極一時之盛」。毛澤東致開幕詞，劉少奇作「政治報告」。重要議程如下：

⑴毛、劉的共同口號：在毛澤東的「開幕詞」和劉少奇的「政治報告」裡，有以下幾句志得意滿而頗為雷同的口號：「團結全黨，團結國內外一切可能團結的力量，為了建設一個偉大的社會主義的中國而奮鬥。」「在國際的範圍內，我們勝利的獲得，是依靠了以蘇聯為首的和平民主社會主義陣營的支持。」「我們的革命和建設的勝利，都是馬克思列寧主義的勝利。把馬克思列寧主義的理論和中國革命的實踐密切地聯繫起來，這是我們黨的一貫的思想原則。」劉少奇更具體的指出：「在去年下半年和今年上半年，我們又領導人民取得了農業、手工業、資本主義工商業的社會主義改造的全面的決定性的勝利。」㉝毛澤東和劉少奇當年所極力肯定讚揚的，也正是全世界共產主義失敗和造成中共無法解決經濟困難的直接原因。四十多年後回顧中共的政策，除去「走俄國的路」已因吃虧上當而停止外，其他依然故我。

⑵周恩來報告「第二個五年計畫」：中共「第一個五年計畫」為一九五二至一九五七年，「八大」提前一年多宣布一九五八至一九六二年的「第二個五年計畫」。主要內容為：繼續進行以重工業為中心之工業建設；繼續完成「社會主義改造」，鞏固、加強「全民所有制」和「集體所有制」；以及增強「國防」力量和科學研究。

⑶鄧小平報告修改黨章：舊黨章十一章七十條，新黨章十章六十條，主要刪除「地下組織」等規定和迷

㉝《中共八全大會報告與決議彙編》（陽明山莊印，民國四十五年十月），頁二—六。

信「毛澤東思想」字句。史大林於一九五三年死亡，一九五六年二月俄共召開第二十次大會，淸算史大林個人崇拜和殘暴罪行。這一年中共還不敢和赫魯雪夫鬧翻，毛澤東心理不服，卻不得不「走俄國人的路」，所以「八大」黨章中沒有「毛澤東思想」字句，但充滿毛澤東獨裁精神。鄧小平報告中，強調「集體領導必須與個人負責相結合」、「領袖對於黨的重要」，強調「民主集中制」和「中央」的最後決定權。「黨綱」中規定：「反對任何降低黨的作用和削弱黨的統一的分散主義傾向，在黨內不容許有分裂黨、進行小組織活動、向黨鬧獨立性、把個人放在黨的集體之上的行爲。」「八大」對毛澤東定於一尊的作用，只有加強。

⑷羅瑞卿報告「關於鎭壓『反革命』肅反鬥爭的情況和經驗」：這是中共以「反革命」罪名迫害中國人最具體的一次告白，也是抗戰以來軍公教和所有抗敵反共愛國志士被迫害最慘的一個階段。羅瑞卿他如何「掌握肅反鬥爭規律，停止左右偏向」。如何「堅持嚴肅與謹愼相結合的方針，不把反革命徹底肅淸，決不罷手」。以及如何區分骨幹分子、一般分子、脅從分子等三種人。對第一種反共、反革命骨幹分子，殺勿赦。對第二、三種人一般分子和脅從分子，依「坦白從寬，抗拒從嚴，立功折罪，立大功受獎」規定，加以勞動改造或管制。劃定人民階級成分，打入「黑五類」，造成中華民族最大災難，羅瑞卿當居「首功」。

羅瑞卿於三十年代即負責中共全軍特務網，一九五〇年任中共「公安部隊司令員」。這次報告中，強調如何「加強對公安機關的領導與監督」。現在中共嚴密的公安特務系統，羅瑞卿當是主要建立者。一九六六年三月，「文化大革命」被鬥，跳樓自殺未死，脚骨折斷。病死於一九七八年。

⑸人事安排：一九五六年九月二十七日，大會選出中委九十七人，候補中委七十三人。「七屆」中委尙餘四十一人，全部連任，所以「八屆」是「七屆」的延續。次日中委「一全會議」，選出中央機構如下：主席，毛澤東。副主席四人，劉少奇、周恩來、朱德、陳雲。總書記，鄧小平。以上六人亦爲常務委員。中央政治局委員十七人，以上六人外，有林彪、林伯渠、董必武、彭眞、羅榮桓、陳毅、李富春、彭德懷、劉伯承、賀龍、

李先念。候補政治局委六人：烏蘭夫、張聞天、陸定一、陳伯達、康生、薄一波。書記處書記六人，彭眞、王稼祥、譚震林、譚政、黃克誠、李雪峰。候補書記三人：劉瀾濤、楊尙昆、胡喬木。詳列三十五年前中共當權人物，或可對照三十多年來紅朝高幹間的鬥爭浮沈㉞。

第九屆全國代表大會

1.在血淵骨嶽上召開的一次大會：　一九六九年四月一日至二十四日，中共舉行「九大」。上距一九五六年「八大」已十三年，「八大」時意氣風發的發表「政治報告」的劉少奇，已經從「國家主席」貶跌成「叛徒、內奸、工賊」，慘遭鬥爭三年，於一九六九年十一月被折磨死於開封。這次大會在林彪「團結的大會、勝利的大會」喊聲中閉幕，是一次爲「文革」而舉行的「毛林聯合黨大會」，也是一次暗藏著兩年後毛林殊死鬥「玄機」的一次大會。過去十三年中的大事實在太多，檢其最重要者，綜述如下。

(1)「三面紅旗」的掀起與失敗：一九五八年毛澤東召開北戴河會議，決定推行「三面紅旗」——社會主義建設總路線、大躍進（全民煉鋼、全民皆兵、大興水利等）、人民公社。結果如他的自供：「總路線是要修改的，大躍進得不償失，人民公社搞糟了，大躍進和人民公社都不過是小資產階級狂熱性的表現。」㉟到同年冬天，誰都認定「三面紅旗」倒了，十一月中共在武昌召開「八屆六中全會」，諷刺地決定：毛澤東此後專心從事馬列主義的理論工作研究，解除「國家主席」職務，但仍保有黨中央主席職位。一九五九年四月舉行「二屆人大」，

㉞同注㉜，參閱頁八〇—一六四有關各部份。
㉟鄭學稼，《從文革到十一大》（臺北：黎明，民國六十七年），頁二五，取材自《毛澤東思想萬歲》。

決定由劉少奇任「國家主席」，鄧小平任總書記，毛澤東自稱要「退居第二線」。這當然不是毛所能甘心的。

(2)與蘇聯的決裂：（略）。

(3)「文化大革命」：

①「文革」序幕——「二月逆流」與「五一六通知」：一九五九年，毛澤東鑒於「三面紅旗」失敗，人人只講假話，於是要求人人應當效法魏徵精神和海瑞精神，因爲唐朝的魏徵和明朝的海瑞講眞話。當時的北京市長是彭眞，副市長是研究明史專家的吳晗。吳屬於劉少奇、彭眞、鄧小平派，寫成國劇「海瑞罷官」，於一九六一年一月由北京京劇團馬連良演出。把海瑞影射成在剛剛結束的廬山會議上敢講話的彭德懷，深受歡迎。毛澤東認爲「海瑞罷官」是給彭德懷翻案，大爲震怒，下令批吳，但一時無法如願。

一九六二年召開「八屆十中全會」，毛指示「千萬不要忘記階級鬥爭」，江青找「中宣部、文化部」批「海」劇，遭到反對。直到一九六五年初，江青秘密到上海，在市長柯慶施支持下，才找到上海市委宣傳部長張春橋合作，開始「借上海攻北京」。於是由張授意上海《解放》雜誌編委姚文元執筆，寫〈新編歷史劇海瑞罷官〉，秘送毛親自修改九移其稿後，十一月十日在上海《文滙報》刊出。經過兩週命令堅持，才在「上面壓下來」的情勢下，自十一月二十九日起，在《北京日報》、《解放軍報》、《人民日報》上轉載，並把「海」劇定性爲「是一株反黨反社會主義大毒草」，掀起對吳批判。劉、彭爲阻止毛澤東已經著手而來勢洶洶的「文革」，特在黨中央成立「中央文化革命五人小組」，由彭眞主持。二月十二日下達著名的「二月提綱」，指示批吳限在學術領域內進行。毛、江因而把「提綱」定名爲「二月逆流」。毛指示江青拉攏林彪成功後，由林出面在上海舉行「部隊文藝工作座談會」，作成「座談紀要」，取得槍桿子支持。五月十六日「中央政治局」擴大會議，通過毛親自制定的中央委員會通知，是爲「五一六通知」。「通知」宣布：撤銷「二月提綱」和彭眞的「五人小組」，設立以陳伯達爲組長，江青爲副組長的「中央文化革命小組」。五月二十五日，北大開始鬥爭校長陸平，作爲紅衛兵鬥當權派「樣板」，「文革」鬥爭，正式上場㊱。

②爲文革而舉行「九大」：一九六六年八月五日至十二日，毛召開「八屆十一中全會」，通過毛的「關於無產階級文化大革命的決定」十六條，明白揭示主旨是：「文革目的爲鬥垮走資本主義的當權派，批判資產階級的反動學術權威，批判資產和一切剝削階級的意識型態，改革教育、改革文藝、改革一切不適應社會主義經濟基礎的上層建築。」一九六七年二月六日，東京《朝日新聞》報導，劉少奇、鄧小平已被免除一切職務。一九六八年十月十三日召開「八屆十二中全會」，慶祝「文革勝利」，通過決議，永遠開除「叛徒、內奸、工賊」劉少奇黨籍。通過新黨章草案，指定林彪爲毛澤東的「親密戰友和接班人」。對毛而言，等於前門送走虎（劉少奇），後門引進更陰狠的狼（林彪）。

2.「九大」的重要決議：共有三項，一爲通過毛澤東親自起草，林彪宣讀的「政治報告」，二爲通過新的黨章，其中特別強調毛澤東的「偉大」思想，和林彪的「接班人」地位。三爲選舉新的「領導班子」。

(1)林彪報告：林彪只是「政治局委員」和「國務院副總理」，現在以勝利者姿態提出「政治工作報告」，充滿殺機。他用冷酷的鬥爭口吻說：

> 我們這次代表大會，是在毛主席親自發動和領導的無產階級文化大革命取得了偉大勝利的時刻召開的。這個偉大的革命風暴，摧毀了以叛徒、內奸、工賊劉少奇爲首的資產階級司令部，揭露了以劉少奇爲總代表的黨內一小撮叛徒、特務、死不悔改的走資本主義道路的當權派，粉碎了他們復辟資本主義的陰謀，大大地加強了我國的無產階級專攻，大大地加強了我們的黨。

㊱參閱嚴家其、高皋，《十年文革史》，頁一一二—一一九。

劉少奇和其他在「文革」時被鬥的高幹，都是經過四十五年以上的「同志」，共過患難，流過血汗。林彪對劉少奇，只是最高職位幹部間咒罵鬥爭的文明「樣板」，等而下之的，當然更爲殘酷。這種殘暴情況，共產世界以外的人類，是根本無從想像的。例如林彪部隊控制北平後，逮捕「總參謀長」羅瑞卿拷打遊街，這個特工頭子自知殺人太多，苟難倖免，所以跳樓自殺，不死傷腿。賀龍雖貴爲「元帥」，仍被自四川押解北平，於「九大」後兩個月的六月九日，被紅衛兵凌辱折磨而死。

⑵通過新的黨章：黨綱中有關林彪的一段話是：「林彪同志一貫高舉毛澤東思想偉大紅旗，最忠誠、最堅定的執行和捍衛毛澤東同志的無產階級革命路線，林彪同志是毛澤東同志的親密戰友和接班人。」有很多「活學活用毛澤東思想」的奉承話。另外關於阿諛毛澤東的話，舉如下一段，以見一斑：

毛澤東思想是在帝國主義走向全面崩潰，社會主義走向全面勝利的時代的馬克思列寧主義。半個世紀以來，毛澤東同志在領導中國完成新民主主義革命的偉大鬥爭中，繼承、捍衛和發展了馬克思主義列寧主義，把馬列主義提高到一個嶄新的階段。

⑶選舉新的中央機構：當選中委和候補中委二七九人，內八屆連任者僅九十三人，落選者一一五人，新中委中軍人一一九人。二十八日召開一中全會，選出「中央」機構，這是一張林彪派佔優勢，毛澤東極不滿意的名單：

主席：毛澤東。　副主席：林　彪。

政治局常委：毛澤東、林　彪、陳伯達、周恩來、康　生。

政治局委員：毛澤東、江　青、張春橋、姚文元。(毛派)
林　彪、葉　群、陳伯達、李作鵬、吳法憲、邱會作、黃永勝（林派）。
周恩來、葉劍英、劉　承、朱　德、許世友、陳錫聯、李先念、康　生、董必武、謝富治（中間派）。

候補局委：紀登奎、李德生、汪東興（毛派）。李雪峰（林派）。

八屆政治局委被整肅者，有劉少奇、鄧小平、陶鑄、賀龍、李井泉、譚震霖等六人。落選者有李富春、陳雲、陳毅、徐向前、聶榮臻等五人。後三人對中共政權建立，都有汗馬功勞[37]。

第十屆全國代表大會

1.爲「批林整風」而召開：「十大」舉行於一九七三年八月二十四日至二十八日，爲期僅五天，是歷屆最短而詭密的一次會議。距一九七三年九月十三日林彪事件，已經兩年。距一九六九年四月「九大」，不過四年。

(1)毛、林關係：從中共公開的官方文件看，林一直跟在毛的背後，對毛的政治路線從未反對過。一九五九年林彪繼彭德懷爲國防部長後，毛就把中央軍委日常工作交林處理，林爲討毛信任，則在軍中宣傳「讀毛主席的書，聽毛主席的話，照毛主席的指示辦事。」由於這一淵源，當毛布置反劉、鄧時，遣江青與林接洽，毫無困難，展開「文革」。一九六六年三月二十二日，林給「中央軍委常委」信，推崇江青文藝路線正確，建議部隊「必須堅決貫徹執行」，又在檢閱紅衛兵時，手持《毛語錄》，狀似毛的勤務兵。毛派也宣傳：「林彪最忠實

[37] 同注[35]，頁三一。

於毛主席和毛澤東思想，林彪是毛主席最好的接班人。」

(2)林彪死亡：毛、林鬥爭經過及死亡內幕，仍難全部明白。依中共一九七一年所發第六十號文件公布經過，說林彪於九月十二日趁毛到南方巡視機會，企圖在上海附近把毛乘坐的列車炸燬。陰謀敗露，林彪與妻葉群、子立果於九月十二日下午倉促離開北平，乘坐英製三叉式軍用運輸機，「投敵叛國，飛離國境，在蒙古溫都爾汗附近墮毀，林家三人及一駕駛員全被燒死。」遲到一九七二年一月十三日，中共又發表「中央四號」文件，公布林彪政變綱要「五七一工程紀要」，證明林的陰謀[38]。奇怪的是，據說洩露林彪機密計畫，向毛派告密的，竟是林彪的愛女立衡（豆豆）。共產世界大事，實在難以常理忖度。

2.「十大」召開經過及重要決議：林彪派垮臺後，經過兩年整頓，毛澤東才認爲布置就緒，於一九七三年八月二十四日至二十八日，舉行第十次代表大會。依中共軍事問題專家黃震遐估計，中共戰鬥英雄共二八三個，因林彪案被整肅者約八十個。這些人之所以對毛不滿，可能如林彪「五七一工程紀要」下面一段話，打動了他們的心：

> 用「民富國強」代替「國富民貧」，使人民安居樂業，豐衣足食，政治上、經濟上得到眞正解放。用眞正的馬列主義，代替社會封建主義。

兩年中利用「文革」，大量吸收毛江派黨員，「八屆」時黨員爲一千零七十三萬，「九大」數字不詳，此時舉行「十大」，號稱黨員二千八百萬，出席代表一、二四九人，據稱工農兵黨員代表，佔總數的六七％，並稱「臺

---

[38]同上鄭書，頁四八。

灣省在全國各地的黨員所選出的代表，是第一次參加黨的全國代表大會。」重要決議案有三：

⑴通過周恩來的「政治報告」：「九大」林彪報告二萬六千餘字，周報告僅一萬餘字。報告重點分三部分，一為頌揚「九大路線」的正確性，因為那是毛澤東所指導核定的。二為關於粉碎林彪反黨集團的勝利，三為關於形勢和任務，主要是反對美、蘇兩個超級大國的霸權主義，並繼續宣布要「解放臺灣」。報告的最重要部分在批林，可以綜合為三點。

第一為林彪一貫陰謀反對黨的政治路線，說「九大」前林彪就曾伙同陳伯達草擬了一個政治報告，「反對無產階級專政下的繼續革命，認為九大以後的主要任務是發展生產，是修正主義謬論。」第二為說明林彪發動反毛政變經過，周說：

> 一九七〇年八月在九屆二中全會上，林彪發動政變未遂，一九七一年三月，制定「五七一工程紀要」及革命武裝政變計畫，九月八日發動反革命武裝政變，妄圖謀害偉大領袖毛主席另立中央。陰謀失敗後，九月十三日私乘飛機，投奔蘇修，叛黨叛國，摔死在蒙古溫都爾汗㊴。

第三，周恩來公然指責，說「林彪事件出於蘇俄的顛覆陰謀」，說「一九六七年布列茲涅夫即曾瘋狂反對文化大革命，公開宣布他們站在劉少奇一邊。」「林彪就是要過慮國內外階級敵人的需要，跟著蘇俄的指揮棒，妄圖說出自己決定性的話。」㊵

㊴參閱《中共十大專集》，(國防部情次室，民國六十三年)，頁一三。

㊵同上書，頁一三、一四。

跟著周恩來的報告，大會作成「處理林彪反黨集團」決議：

永遠開除資產階級野心家、陰謀家、反革命兩面派、叛徒、賣國賊林彪的黨籍；一致擁護黨中委會對林彪反黨集團其他主要成員的處置和所採取的全部措施（節錄）㊶。

⑵通過王洪文的修改黨章報告：與「九大」黨章比較，其基本精神和組織形勢相同，但刪除有關林彪的文字，歌頌毛澤東的話也稍爲淡化，因爲有許多肉麻話是出自林彪之口。總綱部分，肯定「文化大革命」是「鞏固無產階級專政、防止資本主義復辟的政治大革命」，強調「要搞馬克思主義，不搞修正主義；要團結、不要分裂；要光明正大，不要搞陰謀詭計。」提出「老、中、青三結合」，作爲提拔「文革派」依據。大喊「反對大國沙文主義」，是反「蘇修」的另一藉口。

⑶通過「中央委員」和重要負責人：

主席：毛澤東。

副主席：周恩來、王洪文★、康　生、葉劍英、李德生★。

政治局委：毛澤東★、王洪文★、葉劍英、朱　德、李德生★、張春橋★、周恩來、康　生、董必武、韋國清、劉伯承、江　青★、許世友、華國鋒★、紀登奎★、吳　德★、汪東興★、陳永貴★、陳錫聯★、李先念、姚文元★。以上董必武九名以前，爲政治局常委。

候補局委：吳桂賢★、蘇鎮華、倪志福★、賽福鼎。

㊶同上書，頁六。

以上有★符號者，當時屬毛江派。[42]

第十一屆全國代表大會

1.鄧小平的起落：「文革」初期稱為「劉鄧司令部」第二號頭子的鄧小平，被解除黨副主席、總書記、副總理日期不詳，下放江西南昌附近工廠當幹部。一九七三年四月十二日，周恩來歡宴柬埔寨施哈努克，鄧突然由毛姪女王海容摻扶出席，算是「復出」，恢復原職。「十大」時他被選為中央委員，並未入政治局。但一九七四年一月，他已以政治局委身分出現。依黨章，局委須由中全會推選，其時「十屆二中」尚未召開，當然是經過毛澤東的特許。由罷官至再上臺，蟄居長達七年。

鄧小平復職後，周恩來經常多病，「國務院」實際工作由鄧以副總理身分代行，周鄧和毛江派形成無法妥協的局面。一九七六年一月八日周恩來死亡，四月五日清明節，有五十萬群眾主動聚集在天安門悼念，有標語和詩說：「打倒慈禧太后！打倒一切企圖攻擊周恩來總理的反動派！」「欲悲鬧鬼叫，我哭豺狼笑，灑血祭雄傑，揚眉劍出鞘。中國已不是過去的中國，人民也不是愚不可及，秦始皇的封建社會一去不返了。」軍警毆打殘殺群眾，王洪文在大會堂指揮，由事後派部隊用水沖洗血跡，可知死傷甚多。七日毛澤東主持政治局會議，認為鄧小平是禍首，作成以下處分鄧的決議：

(1)中共中央政治局討論了發生在天安門廣場的反革命事件和鄧小平最近的表現，認為鄧小平問題的性質已變為對抗性的矛盾。根據偉大領袖毛主席提議，政治局一致通過，撤銷鄧小平黨內外一切職務，保留黨籍，

---

[42] 前揭鄭學稼書，頁七三。

以觀後效。

⑵根據偉大領袖毛主席提議，政治局一致通過，華國鋒同志任中國共產黨中央委員會第一副主席，中華人民共和國國務院總理。

2.毛澤東死亡與清除「四人幫」：周恩來死亡八個月後，毛澤東於九月九日死亡。毛死第四星期的十月七日華國鋒在葉劍英等支持下，召開政治局擴大會議，通過華國鋒繼毛澤東爲中共中央主席和中央軍委會主席，會議上決定，立即逮捕「四人幫」江青、王洪文、張春橋、姚文元和其他附從分子。「四人幫」於十月七日被捕後，遲至二十二日「新華社」才發布消息，公布罪狀，罪名和劉少奇、林彪幾乎可以互相通用：

陰謀家、野心家，進行篡黨奪權活動，肆意篡改馬克思主義、列寧主義、毛澤東思想，在國內一系列問題上反對毛主席的無產階級革命路線，反對毛主席的「三要三不要」的基本原則，打著馬克思主義的旗號，搞修正主義，進行分裂黨的宗派活動，大搞陰謀詭計，妄圖篡奪黨和國家領導權㊸。

3.「十屆三中全會」做善後工作：一九七七年七月十六至二十日，中共召開「十屆三中全會」，清理毛江派垮臺後留下的爛攤子。全會由華國鋒主持，「十屆政治局常委」九人，已死毛、周、康、朱、董五人，被整肅者張春橋、王洪文二人，剩下僅有葉劍英、李德生二人，加上毛澤東特准加入的鄧小平和繼承毛的華國鋒，是四人當家過渡時期。「十屆三中」以下幾項決議，算是給「四人幫」後措施的「合法化」。

⑴通過關於追認華國鋒同志任中央委員會主席、中央軍委會主席的決議。

㊸同上書，頁一七〇。

(2)全會一致通過「關於恢復鄧小平同志職務的決議」。即一致決議：「恢復鄧小平同志中共中央委員、中央政治局委員、常委、中共中央副主席、中共中央軍委副主席、國務院副總理、中國人民解放軍總參謀長的職務」。

(3)全會一致通過「關於王洪文、張春橋、江青、姚文元反黨集團的決議」。

(4)完全同意中央政治局關於提前召開中國共產黨第十一次全國代表大會的決議。

4.「十一大」的召開與主要決議：一九七七年八月十二日，中共召開「十一大」，十八日閉幕，共舉行七天。華國鋒作「政治報告」，葉劍英作修改黨章報告，全部重點放在對「四人幫」的批判上。出席代表一千五百一十人，代表黨員三千五百多人。大會決議依然可分為以下三部分。

(1)華國鋒作「政治報告」：說明以「大無畏的革命風慨，發動了以蘇修叛徒為中心的現代修正主義的偉大鬥爭。」推崇「毛主席是當代最偉大的馬克思主義者，把馬列主義的普遍眞理，同中國革命和世界革命的具體實踐結合起來。」另外就是指責「四人幫」的罪惡，「早在文化大革命初期，就同林彪反黨集團勾結，破壞文化大革命，反對十大路線，妄想煽動亂黨、亂軍、亂國。」使人不得不懷疑，「英明偉大」的毛澤東何以會讓野心叛徒們在自己身邊長達四、五十年？

「十一大路線」的基礎，是一九七七年二月七日，華提出的「兩個凡是」。那一天的「兩報一刊」（《人民日報》、《解放軍報》、《紅旗》）社論，〈學好文件抓好綱〉強調：「凡是毛主席作出的決策，我們都堅決擁護，凡是毛主席的指示，我們都始終不渝的遵循。」華的「政治報告」充滿著「兩個凡是」精神，原以為是最安全的避風港，想不到卻成為鄧小平攻打他的最大把柄，造成他的致命傷。

(2)葉劍英報告「關於修改黨的章程的報告」：他首先恭維華國鋒是「英明領袖」、是「毛主席親自選定的接班人」。說「毛主席的旗幟，是我們黨團結奮鬥，爭取勝利的偉大旗幟。」強調「要堅持三要三不要的基本原則」，說「四人幫破壞民主也破壞集中，要加強恢復黨的民主集中制。」

⑶「中央委員會」的人事安排：選出中委二〇一人，候補中委一三二人，共三三三人。「十大」中委一九五人，死亡十六人，留任一一五人。

主　席：華國鋒。

副主席：葉劍英、鄧小平、李先念、汪東興。（以上五人均政治局常委）

政治局委員：華國鋒、葉劍英、鄧小平、李先念、汪東興、韋國清、烏蘭夫、方　毅、劉伯承、許世友、紀登奎、蘇振華、李德生、吳　德、余秋里、張廷發、陳永貴、陳錫聯、耿　飆、聶榮臻、倪志福、徐向前、彭　眞。（二十三名）。

候補局委三人：陳慕華（女）、趙紫陽、賽福鼎。

以上二十六人中，十六人連任，十人新任㊹。趙紫陽首次在中央露面。

第十二屆全國代表大會

1.「十一大」、「十二大」間重大變動：「十一大」應該算是「鄧小平時代」的開始，因爲他已經恢復一切職位，不過工於心計的他，深藏不露，一九七八年二月二中全會，華是中央委員會主席、國務院總理，提出龐大的「十年經濟規劃」，被指爲「兩年失誤」。以後成爲實質的「鄧小平時代」。

⑴「十一屆三中全會」：一九七八年十二月十八日至二十二日舉行，它的重要在於：

㊹同上書，頁三〇〇—三〇二。

①把中共過去一切罪惡和錯誤都歸罪「四人幫」、宣布「四人幫」的群衆運動基本結束，開始社會主義現代化建設。

②增選陳雲爲政治局常委，鄧穎超、胡耀邦、王震爲局委，另增中央委員若干人，均屬鄧派。

③肯定鄧小平「實踐是檢驗眞理的唯一標準」理論，把毛思想、功過「一分爲二」，即肯定是「偉大的馬克思主義者」和他領導叛亂的功勞，但也犯有「文化大革命」製造中國大災難的錯誤。死守毛的教條，將會「亡黨亡國」。這是給華國鋒「兩個凡是」的致命打擊，並使毛的神化偶像地位大受貶抑，相反的使鄧小平地位立於不敗之地，所以，「十一屆三中全會」被認爲是鄧小平的「遵義會議」。

④提出「解放思想，實事求是，團結一致向前看」爲會議主題，喊出「民主是解放思想的重要條件」，雖是空泛口號，卻能贏取人心。

(2)「四中全會」：一九七九年九月二十五日至二十八日。增趙紫陽、彭眞爲局委。

(3)「五中全會」：一九八〇年二月二十三日至二十九日，決定提前召開「十二大」，增選胡耀邦、趙紫陽爲政治局常委，恢復設立中央書記處，選胡耀邦爲總書記。爲劉少奇平反，免除「凡是派」汪東興、紀登奎、吳德、陳錫聯職務，華國鋒完全被孤立。鄧宣布：止人民「大鳴、大放、大辯論、大字報」等四大權利。

(4)「六中全會」：一九八一年六月在北平舉行，十五至二十五日是預備會議，二十七至二十九日是正式會議，可見其「不開沒準備的會議」的愼重情形。這次會議重大成就如下：

①通過「關於建國以來黨的若干歷史問題的決議」，實係鄧派的評毛、批華、崇鄧。在此決議中，第一次見「社會主義初級階段」一語。

②逼使華國鋒辭去中共中央主席、中央軍委主席，改任中央第六名副主席（最後一名）。

③改選胡耀邦爲中共中央主席，鄧小平爲中央軍委主席，趙紫陽爲中共中央副主席，政治局常委排名

次序爲：胡耀邦、葉劍英、鄧小平、趙紫陽、李先念、陳雲、華國鋒。

六月二十九日，鄧小平在「六中閉幕會」上致詞說：

我們這次把胡耀邦同志選作黨的主席，我們這個選擇是正確的。當然，趙紫陽同志提到比較重要的地位，我們相信，也是選擇得正確的。

幾年後證明，這些話又是「走到自己的反面」，可嘆！

2.「十二大」的主題和人事安排：「十二大」舉行於一九八二年九月一日至十一日，議程仍爲「政治工作報告」、修改「中國共產黨章程」(草案)、通過人事決議案等。實際上前兩項可以鄧小平的「開幕詞」涵蓋。鄧小平的開幕詞，重點摘要如下：

我們這次代表大會主要議程有三項：(1)審議第十一屆中央委員會的報告，確定黨爲全面開創社會主義現代化建設新局面而奮鬥的綱領。(2)審議新的黨章。(3)選舉新的中央委員會、中央顧問委員會和中央紀律檢查委員會。

我們的現代化建設，必須從中國的實際出發，無論是革命還是建設，都要注意學習和借鑑外國經驗。但是，照抄照搬別國經驗、別國模式，從來不能得到成功。這方面我們有過不少教訓。把馬克思主義的普遍眞理同我國的具體實際結合起來，走自己的路，建設有中國特色的社會主義，這就是我們總結長期歷史經驗得出的基本結論。

八十年代是我們黨和國家歷史發展上的重要年代。加緊社會主義現代化建設，爭取實現包括臺灣在內的祖國統一，反對霸權主義，維護世界和平，是我國人民八十年代的三大任務。這三大任務中，核心是經濟建設，它是解決國際國內問題的基礎。今後一個長時期，至少是到本世紀末的近二十年內，我們要抓緊四件工作進行機構改革和經濟體制改革，實現幹部隊伍的革命化、年輕化、知識化、專業化；建設社會主義精神文明；打擊經濟領域和其他領域破壞社會主義的犯罪活動；在認眞學習新黨章的基礎上，整頓黨的作風和組織。我們黨已經是一個擁有三千九百萬黨員……㊺

在開幕詞中，鄧小平特別推崇「七大」、「八大」的成就。他說一九四五年的「七大」，「使全黨的認識在馬克思列寧主義、毛澤東思想的基礎上統一起來，爲新民主主義革命在全國的勝利奠定了基礎。」至於一九五六年的「八大」，他認爲「分析了生產資料私有制的社會主義改造基本完成以後的形勢，提出了全面展開社會主義建設的任務，路線是正確的。」這因爲他是那時候政策制訂的參與和執行者，以後迭被撤黜，現在回述表揚，有爲「劉鄧鳴冤」的不平之氣在。

3.「十二大」的選舉：共選出中央委員會二一〇人，候補委員一三八人，中央顧問委員會委員一七二人，紀律檢查委員會委員一三二人。

中央政治局常委：胡耀邦（中委會主任）、葉劍英、鄧小平（中央軍委、顧委、國家軍委主席）、趙紫陽（國務院總理、經濟體改主委）、李先念（國家主席）、陳雲（中紀委會第一書記）。共六人。

中央政治局委員：萬里、習仲勛、王震（中央黨校校長）、韋國清、烏蘭夫、方毅、鄧穎超（政協主席）、李德生、楊尙昆（中央軍委秘書長、國家軍委副主席）、楊得志（總參謀長）、余秋里（總政治部主任）、宋任窮、張廷發、胡喬木、聶榮臻、倪志福、徐向前、彭眞、廖志。以上十九人，連常委共二十五人。

㊺《鄧小平文選》（一九七五—一九八二），頁三七〇—三七二。

中央政治局候補委員：姚依林、秦基偉、陳慕華（女）。共三人。

總　書　記：胡耀邦。

書記處書記：萬　里、習仲勛、鄧力群（中宣部部長）、余秋里、谷　牧、陳丕顯、胡啓立、姚依林。

候補書記：喬　石、郝建秀（女）。

第十三屆全國代表大會

1.「十三大」前後鄧胡趙體系的形成與解體：一九八七年十月，中共舉行「十三大」，上距一九八二的「十二大」，已經五年。五年中鄧小平大力實踐他「十一屆三中全會」所說的「改革開放」，提拔胡耀邦和趙紫陽爲接班人和執行者。八〇年代初期至「十三大」前後，是鄧胡趙體系的高潮期。

胡耀邦於一九八〇年二月「十一屆五中」，當選總書記。一九八六年底，安徽科技大學發生學潮，擴及全大陸。胡未大力鎭壓，引起元老派不滿。一九八七年元月，中共發動「反對資產階級自由化」運動，一月十六日胡被迫辭職，距「十三大」召開還有九個月，在權力中心共計七年。

同一時期，趙紫陽於一九八〇年二月出任政治局常委，九月出任「國務院總理」。一九八七年一月胡耀邦下臺，代理總書記，兼任總理。「十三大」當選總書記，辭去總理，由李鵬代理。一九八八年四月舉行「七屆人大」，由楊尚昆提名，眞除「國務院總理」，自此加強對趙紫陽經濟政策的抨擊。

一九八八年，中共進行之價格改革失敗，通貨膨脹，物價飛漲，九月下旬「十三屆三中全會」，趙被剝奪經濟上之發言權。一九八九年「六四」後下臺，在權力中心十年。這期間他們的重要措施也是最耐人尋味的，是一九八五年九月中、下旬，鄧小平玩的一次「三合一」會議，逼退老幹，起用新人。這三個「一次解決」的會議是：「十二屆四中全會」、「中國共產黨全國代表會議」和「十二屆五中全會」。三個會議的同一任務是令鄧小平不喜歡的老幹部退休，加一個花絮是趙紫陽報告「七五計畫」，成為趙以後被李攻擊的參考資料。

⑴「十二屆四中全會」，推動老幹部退休：此次「全會」舉行於一九八五年九月十六日。幹部「四化」，重點在「年輕化」，逼退老幹部退休，一方面使胡、趙工作較少牽制，另一方面使鄧胡趙體系更趨堅固。是八十年代初期最大努力之一，成效表現在「四中全會」上。中共做任何事都善用那套老辦法，私下勸導強制，讓被強制者公開表示是出於自動請求。簽名發公開信向「四中全會」請求退休，不要再擔任職務的，有中央委員會委員、候補委員六十四人，包括葉劍英、鄧穎超、徐向前等。顧委三十七人，紀委三十人。

⑵召開「中國共產黨全國代表會議」：幾乎一套人馬，兩種說法，此會召開於九月十八日。中共會議成災，這是「黨全國代表大會」外的另一種。胡耀邦致開幕詞，說出席中委、顧委和各部門代表共九百九十二人。他說：「黨的全國代表會議這種制度，在我們黨的歷史上早就有過。七大黨章規定中央可以召開全國代表會議，解決重大問題。」什麼重大問題竟要召開等於黨的臨時代表大會？依胡耀邦報告，是要解決兩個問題。一為通過「七五計畫」，一為「補選退休高幹的缺額」。在這次會議上，通過「趙紫陽主持起草的七五計畫」，並增選中央委員六十五人，其中有丁關根、王兆國、王忍之、遲浩田等。候補中委三十五人，顧委五十六人，有王震，紀委三十一人。鄧小平、陳雲都在會議上講話。對會議成就，讚揚備至。

⑶制定「七五計畫」：趙紫陽報告的「第七個五年計畫的建議草案」，他說是他長期研究準備後全力以赴的成果。他指出：「這個文件是經過書記處和國務院一年多來反復醞釀、討論制定出來的。主要內容包括：①七五期間經濟工作的指導思想和奮鬥目標；②經濟和社會發展的戰略方針和主要政策措施；③經濟體制改革的設想和實施步驟。他希望「七五」能解決兩大困難，一為大力提高企業經濟效益，一為積極增強出口創滙能力。

⑷「十二屆五中全會」，敲定新的領導成員：「五中」緊接在「四中」一星期後的九月二十四日舉行，任

務就是選出新的領導班子。九月二十四日「五全會議公報」作如下記載：

中央政治局常委胡耀邦、鄧小平、趙紫陽、李先念、陳雲同志主持了會議。全會增選了田紀雲、喬石、李鵬、吳學謙、胡啓立、姚依林同志爲政治局委員。政治局由二十二位同志組成，胡、鄧、趙、李、陳五位常委外，局委是萬里、習仲勛、方毅、田紀雲、喬石、李鵬、吳學謙、胡啓立、姚依林、郝建秀、楊尚昆、楊得志、余秋里、胡喬木、倪志福、彭眞。候補局委秦基偉、陳慕華。總書記胡耀邦同志，書記處由十一位同志組成㊻。

2.鄧趙體制盛極而衰的大會：

⑴趙紫陽「政治工作報告」：報告題目是「沿著有中國特色的社會主義道路前進」，全文三萬五千餘字，重點是他邀請專家們討論甚久才提出的「社會主義初級階段論」。報告充分表達出，以鄧小平爲首的現代修正主義的思想路線。

⑵黨章修正案：（略）。

⑶選舉中央委員會領導機構：「十三大」選出中央委員一七五人，候補委員一一〇人，平均年齡五五點二歲，較上屆平均少三點九歲。胡耀邦下臺，鄧小平極力提拔趙紫陽，保任總書記，且保任軍委第一副主席。

「十三大」選出之領導班子名單如下：

中央政治局常委：趙紫陽、李　鵬、喬　石、胡啓立、姚依林。

㊻參閱《中國共產黨十二屆四中全會、全國代表會議、十二屆五中會議文件滙編》（北京：人民出版社，一九六五）。

中央政治局委員：萬　里、田紀雲、江澤民、李鐵映、李瑞環、李錫銘、楊汝岱、楊尚昆、吳學謙、胡耀邦、宋　平、秦基偉。候補局委：丁關根。連常委共十八人。

總　書　記：趙紫陽。

書　記：胡啓立、喬　石、芮杏文、閻明復。候補書記：溫家寶。

中央顧委會主任：陳　雲。

中央紀委會書記：喬　石。

中央紀委會主席：鄧小平。第一副主席：趙紫陽。常務副主席：楊尚昆。

「亞細亞生產方式」論戰之研究

吳安家

從一九二三年到一九三七年間，中國思想界先後有數起影響深遠的思想論戰，如一九二三年至一九二四年的科學與人生觀的論戰，一九二七年以後的中國社會性質和中國社會史的論戰、一九三四至一九三五年的農村社會性質的論戰。其中以中國社會性質和社會史的論戰持續最久、涉及的問題最廣也最複雜。論戰的重點包括帝國主義者入侵中國前的中國社會是封建社會抑是「亞細亞生產方式」的社會，以及中國古代有無奴隸社會這個階段等。本文着重分析三十年代國內外學者對「亞細亞生產方式」的論戰。分析的重點包括論戰的背景，馬克思對「亞細亞生產方式」的看法、蘇聯學者的觀點、中國學者的觀點及論戰的意義。

一、論戰的背景

馬克思於一八五九年在《政治經濟學批判．序言》中提出「亞細亞生產方式」這個名詞後，國際上已出現過兩次討論「亞細亞生產方式」問題的熱潮。第一次是一九三〇年代，這和俄共指導中共革命有關。第二次是一九六〇年代以後，至今仍在繼續。一九三〇年代的論戰是由馬加爾(L. I. Mad'iar)的《中國農村經濟研究》這本書引發的。在這本由蘇聯中國問題研究所於一九二八年出版的書中，作者指出，帝國主義列強在中國所破壞的是馬克思所說的「亞細亞生產方式」。馬加爾的這本書發表後，在蘇聯、日本和中國都引起了廣泛的注意，從而展開了關於「亞細亞生產方式」的熱烈論戰。在蘇聯，這場論戰於一九三一年落幕。這是因爲一九三一年時，蘇聯在列寧格勒舉行的「亞細亞生產方式討論會」上作出了不承認有所謂「亞細亞生產方式」的結論，並對主張「亞細亞生產方式」的理論家進行了批判和迫害。後來，史達林在一九三八年出版的《聯共黨史》第四章第二節中說，歷史上只有五種生產方式，硬把馬克思說過的「亞細亞生產方式」取消掉。從那時起，「亞細亞生產方式」問題就成了禁區，沒有人敢說，一說就是托派，或至少是托派的觀點❶。

有關「亞細亞生產方式」的論戰起源於蘇聯，由蘇聯學者的論戰影響到中國和日本學者的論戰。論戰的主要的原因有三：

第一、蘇聯指導中國革命的需要。一九一七年俄國「十月革命」成功後，列寧認爲只有掀起世界革命，才能保障俄國革命的勝利。爲了掀起世界革命，俄共於一九一九年三月在莫斯科成立了第三國際。在第三國際的策動下，西歐爆發了革命，但很快地都失敗了。歐洲革命的失敗，使俄共和第三國際不得不轉變戰略，把進攻的方向，由西方轉向東方，企圖在東方打開一條出路，並以東方包圍西方。其實，史達林早在一九一八年就認爲：「一分鐘也不能忘記東方，至少因爲它是世界帝國主義『取之不盡』的後備力量和『最可靠的』後方，……共產主義的任務就是要打破東方被壓迫民族數百年來的沉睡。用革命的解放精神來感染這些國家的工人和農民，喚起他們去反對帝國主義，……誰想要社會主義勝利，誰就不能忘記東方。」❷於是，如何來組織中國共產黨及策動中國革命，便成爲第三國際和俄共的重要課題了。從一九一八年到一九二八年間，第三國際先後提出

❶吳大琨，〈從廣義政治經濟學看歷史上的亞細亞生產方式〉，《中國史研究》（季刊）第三期（北京：中國社會科學出版社，一九八一年九月二十日），頁二一。

❷史達林，〈不要忘記東方〉，【史達林全集】第四卷（北京：人民出版社，一九五六年八月），頁一五二—一五四。

許多指導中共革命的方針。其中以一九二七年八月七日共產國際代表羅民那直(Besso Lominadze)所主持的「八七會議」確定的暴動政策對中共影響最大。根據「八七會議」的決議，中共決定於湘鄂贛粵四省領導農民舉行暴動。然而中共在隨後的一連串暴動均失敗了，使史達林和布哈林不得不重新檢討中共的革命路線。當時俄共內部對國共關係破裂後的中共走向存在着三個派別：一是一九二八年掌握實權的史達林派，認爲中國是封建社會，中共應實行土地革命。該派不但認爲共產國際指導的盲動主義路線有誤，而且認爲「取消中國革命所具有的作爲半殖民地革命的最大民族特點」是錯誤而有害的❸。二是反對史達林的托洛茨基派認爲中國已是資本主義社會，中共應爭取關稅自主並準備無產階級革命；三是以蘇聯馬克思恩格斯學院院長梁山諾夫(D. Riazanov)和由匈牙利入蘇聯的匈共黨人瓦爾加(E. Varga)及馬加爾等學者爲主的一派，認爲中國不是封建社會，而是馬克思所說的「亞細亞生產方式」或「東方社會」，所以中共不當以土地革命爲任務，而當以反帝、反官僚爲主❹。該派的主張曾引起蘇聯學者的熱烈討論。當時蘇聯的「中國問題研究所編輯局」收集了不少論文編輯成《亞細亞生產方法討論集》(當時「亞細亞生產方式」均譯成「亞細亞生產方法」)。這一論文集的前言明確地指出，「亞細亞生產方式」的論爭是一九二六年到一九二七年間關於中國革命性質的論爭所引起的❺。

第二、共產國際指導中國革命失敗引起知識分子對中國前途的關切。爲了探索中國何去何從的問題，中國

❸〈共產國際執行委員會第九次全會關於中國問題的決議〉(一九二八年二月)，【共產國際有關中國革命的文獻資料】(一九一九—一九二八)第一輯(北京：中國社會科學出版社，一九八一年三月)，頁三五〇。

❹胡秋原，《一百三十年來中國思想史綱》(臺北：學術出版社，民國六十五年九月)，頁一二四。

❺盧開萬，〈簡析『亞細亞生產方式』第一次大論戰〉，《武漢大學學報》(社會科學版)(雙月刊)(武漢：武漢大學出版社，一九八四年三月二十八日)，頁四五。主張「亞細亞生產方式」的梁山諾夫及馬加爾於三十年代被史達林所整肅，從此以後，「亞細亞生產方式」被解釋爲奴隸制和封建制的變種。

知識分子紛紛投入中國社會史的論戰。當時參加論戰者可分爲四派：一是中共中央幹部派，以李立三、郭沫若、沈澤民、潘文郁、王學文、劉夢雲（張聞天）、伯虎、思雲、鍾恭等人爲代表；二是托洛茨基派，以劉仁靜、李季、任曙、王伯平（平一）、李麥麥（劉胤）、陳邦國（來燕堂）、杜畏之（屠慶祺）、嚴靈峯等人爲代表；三是非共、中立或馬克思主義的同情者，以孫倬章、熊得山、王宜昌、戴行軺、周紹溱、汪馥泉、周谷城、梁園東、白英、沙蘇民、鄭學稼、胡秋原等人爲代表；四是支持國民黨者如陶希聖、王禮錫等人❻。他們共同關切的問題如共產國際指導中共進行土地革命的理論是否正確、當時中國社會是封建社會還是「亞細亞生產方式」的社會、中國歷史有無「亞細亞生產方式」社會及「奴隷社會」這兩個階段等。本文着重分析他們對「亞細亞生產方式」的觀點。

共產國際曾認爲中國是個「亞細亞生產方式」的社會，並用它來指導中共的土地革命。一九二六年十一月至十二月，共產國際執行委員會在第七次擴大全會上作出的「關於中國形勢問題的決議」中一方面強調土地革命的意義，另方面指出中共應把「土地國有化」的要求提爲無產階級土地綱領的基本要求❼。一九二七年中共中央委員會十一月全會所通過並交各地黨部討論的土地綱領中，曾把當時的中國社會經濟結構規定爲「亞洲式的生產方法」。這個綱領說：

「歷史情況之某種滙合，造成了中國的社會經濟結構，馬克思恩格斯和後來的列寧曾稱這種結構爲『亞洲式的生產方法』……。王侯封地和等級的土地佔有，基本上在中國歷史底古時代（在紀元前三世紀時代）已經破壞，

❻炎炎，〈社會史論戰五十週年訪嚴靈峯先生〉，《中華雜誌》（月刊）第一九卷第二一九期（臺北：中華雜誌社，民國七十年十月），頁一九。

❼同注❸，頁二八一、二八二。

經過長久的混亂時期以後，在最殘酷的階級鬥爭以後，畢竟形成了所謂亞洲式的生產方法……。農業與農民家庭手工業（紡織底生產）底結合使亞洲式的生產方法得到了很大的內部的穩固性……。趨於新生產方法的過渡，國內生產力底發展，農業之轉於更高的技術程度，現時都碰着這種制度底殘餘之阻礙。」❽

從這段引言中可以看出，中共中央委員會十一月全會，在土地綱領的理論部份內容，採取了「亞細亞生產方式」的觀點，同時認爲中國土地革命的任務，在於消滅這種制度的殘餘。中共的土地綱領顯然是在共產國際代表羅民那直指導下制訂出來的。在第十五次聯共（布）代表大會上討論聯共駐共產國際代表團所作的報告時，羅民那直就中國革命問題發言，他說：

「我認爲，可以把中國農村現存的那種社會關係稱爲封建主義，不過要附帶說明，這裏的社會關係與中世紀歐洲的很少有共同之處。最恰當不過的是把中國這種獨特的封建主義稱爲馬克思所說的亞細亞生產方式，這種獨特的中國封建主義殘餘，也是中國農村中產生最激烈的階級鬥爭的原因。」❾

顯然地，羅民那直把「亞細亞生產方式」解釋爲封建主義的觀點被納入上述中共的土地綱領中。這個土地綱領未曾公佈，因爲它只是個草案。後來，這種理論遭蘇聯共黨的反對。一九二八年七月九日在莫斯科召開的

---

❽米夫，《中國革命》（莫斯科：外國工人出版社，一九三三年），頁二五一。
❾M．戈杰斯，〈亞細亞生產方式問題討論總結〉，《外國學者論亞細亞生產方式》（下）（北京：中國社會科學出版社，一九八四年八月），頁五七。

中共第六次「全國代表大會」正式否決了這個土地綱領草案❿。「六大」通過的土地問題的決議案中否定現代中國存在過「亞細亞生產方式」的觀點。該決議案強調，如果認爲當時中國的社會經濟制度以及農村經濟，完全是從「亞洲式的生產方法」進入資本主義的制度是錯誤的。該決議案認爲「亞洲式的生產方法」有下列主要特點：⑴沒有土地私有制度，⑵國家指導巨大的社會工程建設（尤其是水利河道），這是集權的中央政府統治一般小生產組織（家族公產社或農村公產社）的物質基礎，⑶公社制度穩固地存在（這種制度下，工業與農業是以家庭聯合爲基礎）。而這些條件，尤其是第一個條件，是和中國的實際情形相反的⓫。

中共由肯定「亞細亞生產方式」轉變爲否定「亞細亞生產方式」主要是基於當時革命的需要。如果中共肯定中國不存在土地私有制度，土地革命便無法展開。然而值得注意的是，中共在同一個決議案中指出，土地國有乃是消滅國內封建遺跡的最堅決和最徹底的方法，並主張由國家幫助辦理土地工程和改良擴充水利⓬。這種說法和主張無異於想實現「亞細亞生產方式」。換言之，中共一面否認當時的社會經濟制度是從「亞細亞生產方式」過渡到資本主義制度，一面卻又以消滅土地私有制度以實現「土地國有」爲最終目標。

明顯地，中共並未完全拋棄「亞細亞生產方式」理論，它只想在經歷一連串農民暴動失敗後尋求理論出路。關於這一點，《讀書雜誌》的編者王禮錫曾說：

「現在已不是單純的陳勝吳廣揭竿而起式的農民暴動可以奪取統治權的時代。同時現在也不是焚書坑儒獨夫專

---

❿同上注，頁五八。

⓫《中國共產黨第六次全國大會議決案》（一九二八年），頁一五〇—一五一。此書因破損的關係，出版地點模糊不清，全書包括十二個重要文件，現藏於政治大學國際關係研究中心。

⓬同上注，頁一七三—一七四。

暴式的統治可以鎮壓革命的時代。現在是盲目的革命已經碰壁，而革命的潛力又不可以消泯於暴力的鎮壓之下，正需要正確的革命理論指導正確的革命的新途徑的時候。『沒有革命的理論，就沒有革命的行動』，這句名言指出了『革命理論』在這革命茫無前途的時候是如何地重要！要探索革命的正確前途，有一個先決問題應當解答：『中國社會已經走上了一個什麼階段？』這個問題得了解決，正確的革命前途的探索，就不費多大氣力了。」⓭

中共黨員何幹之在評估蘇聯學者對「亞細亞生產方式」的爭論時亦指出理論與行動結合的重要性。他說：

「用一句話來說，亞細亞生產方法問題的爭論，就是爲了再進一步來估計中國社會的性質，認識中國改造的方向，使理論和實踐，有很好的配合。」⓮

王、何兩人的觀點反映出當時的知識分子懷疑蘇共用來指導中共革命的理論是否正確。換言之，蘇共在未充分瞭解中國社會性質的情況下盲目指導中共革命，使得許多知識分子因關心中國應何去何從的問題，而參與中國社會史的論戰。

第三、學者懷疑馬克思所提「亞細亞生產方式」理論的正確性。「亞細亞生產方式」問題之所以成爲問題，主要在於其本身有許多地方足以引起爭議。例如，馬克思提出的「亞細亞生產方式」的諸特徵是否足以用來說明東方國家的歷史發展，有待史料印證。

⓭王禮錫、陸晶清編，【中國社會史的論戰】第一輯（上海：神州國光社，民國二十年十一月三版），〈卷頭言〉。

⓮何幹之，《中國社會史問題論戰》（上海：生活書店，民國二十六年七月），頁一七。

究竟「亞細亞生產方式」的內涵是什麼?中國曾否出現過這樣的時代?帝國主義者入侵中國以前的社會是否是「亞細亞生產方式」的社會?這些問題都是三十年代國內外學者爭論的重點。而欲回答這些問題，必須先瞭解馬克思對「亞細亞生產方式」的基本觀點。

二、馬克思的基本觀點

馬克思雖然沒有正面論述「亞細亞生產方式」的具體內容，但曾對「亞細亞社會」、「東方社會」、「東方國家」、「印度社會」、或者「亞細亞的基本形式」、「亞細亞和印度的公社所有制」等相近的概念做過專門闡述，可以由此探討「亞細亞生產方式」的原意。從一八五三年六月馬克思和恩格斯之間的通信和馬克思同期發表的〈不列顛在印度的統治〉、〈不列顛在印度統治的未來結果〉兩篇，一八五七年至一八五八年《政治經濟學批判》中的一節「資本主義生產以前的各種形式」以及《資本論》有關的章節中，吾人可以瞭解到「亞細亞生產方式」的主要內容可概括為下列幾點：

1.在「亞細亞生產方式」中，不存在土地私有制度，只有土地公有或國有制度。換言之，在這種生產方式中，存在着雙重的土地所有制，一方面是農村公社的公有制，一方面是淩駕於公社之上以專制君主爲代表的國有制。以專制君主爲代表的國家是「更高的所有者或唯一的所有者」，而公社只不過是「世襲的佔有者」。國家是最高的地主。雖然人民以個體或集體形式對土地享有佔有權和使用權，但沒有土地的所有權。這個觀點可從一八五三年六月六日，恩格斯於英國曼徹斯特寫給馬克思的信中看出。那封信指出四個要點：一是要瞭解東方，必須認清東方沒有土地私有制度這回事。東方全部政治史和宗教史的基礎就是沒有土地私有制度。但是東方各民族爲什麼沒有達到土地私有制，甚至沒有達到封建的土地所有制呢?恩格斯認爲主要是受了氣候和土壤的影響，尤其是受了大沙漠地帶的影響。這個地帶從撒哈拉經過阿拉伯、波斯、印度和韃靼（指十九世紀對中亞細亞和土爾克斯坦的一部分地區），直到亞洲高原的最高地區。二是在東方，農業的第一個條件是人工灌溉，而這是村社、省或中央政府的事。政府總共只有三個部門：財政（掠奪本國）、軍事（掠奪本國和外國）和公共工程（管理再生產）。在印度的英政府成立了第一和第二兩個部門，而把第三個部門完全拋開不管，結果是印度的農業完全衰落了。三是在東方，自由競爭被看成極丟臉的事⑮。一八五三年六月十日，馬克思在倫敦撰寫〈不列顛在印度的統治〉一文時曾引述恩格斯上述的觀點⑯。一八九四年，他在《資本論》第四十七章中談及資本主義地租的產生時提出這種看法。他還認爲，在亞洲，國家就是最高的地主、地租和賦稅合爲一體⑰。

2.農村公社或村社制度是東方社會的基本細胞，是「亞細亞生產方式」的基本結構。而印度農村公社是東方公社的典型。馬克思所述印度農村公社的主要特徵有幾：

(1)一個村社就是一片佔有幾百到幾千英畝耕地和荒地的地方。雖然在某些這樣的村社中，全村的土地是共同耕種的，但在大多數情況下是每個土地所有者耕種自己的土地。在這種村社內部實行奴隸制和種姓制。荒地作爲公共牧場。婦女從事家庭紡織業。這些像田園共和國的村社常懷着猜忌的心情防範鄰近村社侵犯自己村社的邊界。馬克思認爲，很難想像亞洲的專制制度和停滯狀態有比這更堅實的基礎⑱。

---

⑮〈恩格斯致馬克思〉（一八五三年六月六日），【馬克思恩格斯全集】第二八卷（北京：人民出版社，一九七三年三月初版），頁二六〇—二六三。

⑯馬克思，〈不列顛在印度的統治〉，【馬恩全集】第九卷（北京：人民出版社，一九六五年十月），頁一四五。

⑰馬克思，《資本論》第三卷，【馬恩全集】第二五卷（北京：人民出版社，一九七四年十一月），頁八九一。

⑱〈馬克思致恩格斯〉（一八五三年六月十四日），【馬恩全集】第二八卷，頁二七一—二七二。

⑵印度公社建立在土地公有、農業和手工業直接結合以及固定分工之上，而且這種公社皆為自給自足的生產整體。產品主要是為了滿足公社本身的直接需要，而不是當作商品來生產的，因此，生產本身與整個印度社會以商品交換為媒介的分工毫無關係。變成商品的只是剩餘的產品，而且有一部份到了國家手中才變成商品，從遠古以來就有一定數量的產品作為實物地租流入國家手中[19]。

⑶從政治上看，它很像一個地方自治體或市鎮自治區。它通常設有下列官職：總管村社的事務，調解居民糾紛，行使警察權力，執行村社裡的收稅職務的帕特爾或村社首腦；負責督察耕種情況，登記一切與耕種有關的事情的卡爾納姆；搜集關於犯罪和過失的情報，護送從一個村社到另一個村社去的行人的塔利厄爾；保護莊稼和幫助計算收成的托蒂；負責保護村社邊界的邊界守衛員；負責分配農業用水量的水庫水道管理員；主管村社祭神事宜的婆羅門；教村社兒童在沙上唸書和寫字的教師以及管曆法的婆羅門或占星師等[20]。

⑷這種農村公社在經濟上的職能一方面是它本身的再生產，另方面是向以專制君主為代表的國家交納租稅和提供徭役。馬克思在《政治經濟學批判》中談及資本主義生產前的各種生產形式時指出，在東方專制制度下，雖然從法律觀點看沒有私人的財產，但卻有以部落或以公社為單位所擁有的財產。這種財產大部份是在一個小公社範圍內通過手工業和農業相結合而創造出來的，因此，這種公社完全能夠獨立存在，而且在自身中包含着再生產和擴大生產的一切條件。公社的一部分剩餘勞動用於貢賦和頌揚專制君主及神[21]。

3.在東方「亞細亞生產方式」的社會中，政治制度是一種專制制度。而這種專制制度是以農村公社為基礎。馬克思在〈不列顛在印度的統治〉一文中曾說，這些田園風味的農村公社使人的頭腦局限在極小的範圍內，成

---

[19] 馬克思，《資本論》第一卷，【馬恩全集】第二三卷（北京：人民出版社，一九七二年九月），頁三九五—三九六。

[20] 馬克思，〈不列顛在印度的統治〉，【馬恩全集】第九卷，頁一四七—一四八。

[21] 馬克思，《政治經濟學批判》（草稿前半部分），【馬恩全集】第四六卷（上冊）（北京：人民出版社，一九七九年七月初版），頁四七三。

為迷信的馴服工具，成為傳統規則的奴隸，表現不出任何偉大和任何歷史首創精神。馬克思認為這種小小的公社身上帶着種姓劃分和奴隸制度的標記。在這種制度下，人們過着失掉尊嚴的、停滯的、苟安的生活㉒。

此外，由於這些自給自足的公社不斷地按照同一形式把自己再生產出來，當它們偶然遭到破壞時，會在同一地點以同一名稱再建立起來。馬克思便據此判斷亞洲各國社會始終沒有變化。這種社會的基本經濟結構，不為政治領域中的風暴所觸動㉓。馬克思以印度和中國為例說明只有外力的入侵才使它們的社會有了變化。他認為，直到十九世紀初，無論印度的政治變化多麼大，可是它的社會狀況卻始終沒有改變。直到英國把紡工安置在郎卡郡，把織工安置在孟加拉，或是把印度紡工和印度織工一齊消滅，才破壞了這種小小的半野蠻半文明的公社，因為這破壞了它們的經濟基礎；結果，就在亞洲造成了一場最大的也是亞洲歷來僅有的一次社會革命㉔。在中國，公社的解體工作比較晚，因為它受外力衝擊的時間較晚㉕。在馬克思的眼裡，中國是塊「活的化石」，它經常存在着社會基礎不動而奪取到政治上層建築的人物和種族不斷更迭的情形。直到英國人從印度輸入鴉片後，才使這個古老的帝國從麻木的狀況中清醒過來。鴉片沒有起催眠作用，反而起了驚醒作用㉖。馬克思特別強調英國帝國主義的入侵打破了中國野蠻的、閉關自守的狀態㉗。不過，馬克思認為古老的中國停滯不前的看法後來卻引起學者的爭論。

4.在「亞細亞生產方式」下，中央集權政府的主要職能之一是舉辦人工灌溉的水利工程。前面講過，恩格

㉒同注⑳，頁一四八—一四九。
㉓同注⑲，頁三九六—三九七。
㉔同注⑳，頁一四六—一四八。
㉕同注⑰，頁三七三。
㉖馬克思，〈中國記事〉，【馬恩全集】第一五卷（北京：人民出版社，一九六五年十月），頁五四五。

斯在給馬克思的信上曾說，亞洲國家自古以來只有三個政府部門，卽財政、軍事、及公共工程三個部門，而氣候和土地條件，特別是從撒哈拉經過阿拉伯、波斯、印度和韃靼區直至最高的亞洲高原的一片廣大的沙漠地帶，使利用渠道和水利工程的人工灌溉設施成了東方農業的基礎。無論在埃及、印度、或美索不達米亞和波斯以及其他國家，都是利用河水的泛濫來肥田，利用河流的漲水來充注灌溉渠。節省用水和共同用水是基本的要求，這種要求，在西方，例如在佛蘭德斯和意大利，曾使私人企業結成自願的聯合；但在東方，由於文明程度太低，幅員太大，不能產生自願的聯合，所以就迫切需要中央集權的政府來干預。因此亞洲的一切政府都不能不執行一種經濟職能，卽舉辦公共工程的職能。這種用人工方法提高土地肥沃程度的設施靠中央政府辦理，中央政府如果忽略灌溉或排水，這種設施立刻就荒廢下去。這就是爲什麼有些大片土地先前耕種得很好，現在卻都荒蕪不毛㉘。

5.馬克思所說的「東方社會」或「亞細亞生產方式」在地理上不僅包括中國、印度、波斯、土耳其、阿拉伯等亞洲國家，而且也包括埃及㉙。

上述這些內容可簡單地歸納爲六點：一是東方社會在經濟發展水準上，以灌溉農業爲基礎；自然經濟佔主導地位，農業與家庭手工業牢固結合，生產的目的主要不是爲交換，商品生產處於從屬地位。二是在社會組織

㉗馬克思，《中國革命和歐洲革命》，【馬恩全集】第九卷，頁一一〇—一一二。馬克思指出：「滿淸王朝的聲威一遇到不列顚的槍炮就掃地以盡，天朝帝國萬世長存的迷信受到了致命的打擊，野蠻的、關閉自守的、與文明世界隔絕的狀態被打破了。……英國的大炮破壞了中國皇帝的威權，迫使天朝帝國與地上的世界接觸。與外界完全隔絕曾是保存舊中國的首要條件，而當這種隔絕狀態在英國的努力之下被暴力所打破的時候，接踵而來的必然是解體的過程，正如小心保存在密閉棺木裏的木乃伊一樣，接觸新鮮空氣便必然要解體一樣。」

㉘同注⑳，頁一四五—一四六。

㉙同注⑮，頁二五六、二六〇、二六三。

上，存在着帶有原始性的、規模小的農村公社；村社是專制制度的基礎，其特點是孤立、分散、閉關自守。三是在所有制上，存在着雙重土地所有制：一方面是農村公社的公有制；另一方面是凌駕於公社之上的體現於專制君主之身的國有制，國家是最高的地主，而不存在土地私有制。四是在人與人的關係上，形成了以專制君主爲首的統治階級，廣大公社農民與專制君主的關係是統治和被統治、剝削與被剝削的關係。在公社內部，已打上了種姓劃分和奴隸制度的標記；同時也分化出了地位高於一般公社成員的官員和上層人物。五是在稅收與分配制度上，大部分剩餘產品通過賦稅和徭役，落入以專制君主爲首的統治階級之手，地租和賦稅合爲一體。六是在時間範圍上，「亞細亞生產方式」從遠古一直延續到十九世紀的最初十年。印度和亞洲社會自「古」以來始終沒有改變，沒有發生過一次眞正的社會革命，一直處於「亞細亞生產方式」這一階段上。

一八五九年馬克思在《政治經濟學批判》的〈序言〉中首次提出「亞細亞生產方式」的概念並把人類社會經濟型態演進的幾個時代分爲亞細亞的、古代的、封建的和現代資產階級的生產方式㉚。這種把亞細亞當做人類歷史演進的第一個階段的方法顯然受黑格爾的影響，因爲黑格爾在一八四〇年出版的《歷史哲學》一書中把世界歷史分爲 ⑴東方世界：包括中國、印度、波斯、埃及等地；⑵希臘及羅馬世界；⑶日耳曼世界。爲了論證人類歷史起源於亞細亞洲，他特別強調世界歷史是從東方到西方發展的，歐洲絕對是歷史的終點，亞洲是起點。他認爲人類精神的光明從亞洲昇起，所以世界歷史也就從亞洲開始㉛。

馬克思所持東方社會盛行專制制度的觀念也源自黑格爾。黑格爾在《歷史哲學》中曾說：

㉚【馬恩全集】第一三卷（北京：人民出版社，一九六五年），頁九。
㉛黑格爾著，王造時譯，《歷史哲學》（臺北：里仁書局，民國七十三年十二月二十五日），頁一五六、一六一。

「在東方國家雖然具有一切理性的律令和佈置，但是各個人仍然被看作是無足輕重的。他們圍繞着一個中心，圍繞着那位元首，他以大家長的資格——不是羅馬帝國憲法中的君主——居於至尊的地位……。因此，在我們西方完全屬於主觀的自由範圍內的種種，在他們東方卻自全部和普遍的東西內發生。東方觀念的光榮在於（唯一的個人）一個實體，一切皆隸屬於它，以致任何其他個人都沒有單獨的存在，並在他的主觀的自由裡照不見他自己……主觀的自由根本就埋沒在它當中。它只能在那絕對的對象中、不能在它自身內覓得尊嚴。……中國人既然是一律平等，又沒有任何自由，所以政府的形式必然是專制主義。」㉜

這段話的涵義是說在東方社會中專制君主代表一切，宰制一切，以致在他的統治下，任何人都沒有單獨的存在，都不能維持獨立的生存。黑格爾曾一再重複使用「專制主義」、「神權專制政體」、「君主的專制政體」等名詞來形容中國和印度的政治。他認爲「東方從古到今知道只有（一個）是自由的；希臘和羅馬世界知道（有些）是自由的；日耳曼世界知道（全體）是自由的。所以我們從歷史上看到的第一種形式是專制政體，第二種是民主政體和貴族政體，第三種是君主政體。」㉝他指出：

「假如中國是一種道德的專制政體，在印度……就是一種沒有一個原則、沒有什麼道德和宗教規律的專制政體，因爲道德和宗教（就宗教對於人類行動有關的方面來說）都以（意志）的自由爲它們的必要的條件和基礎。所以在印度，那種最專橫的、邪惡的、墮落的專制政治橫行無忌。中國、波斯、土耳其——事實上，亞洲全部——都

㉜同注㉛，頁一六三—一六四、一八六。

㉝同注㉛，頁一六二。

是專制政體，而且是惡劣的暴君政治的舞臺，但是這種政治都是被看作是違背常理，而且爲宗教所不許，爲個人的道德意識所譴責。在那些國家內，虐政激起人民的公憤；他們憎恨虐政，感覺是一種沉重的壓迫。對於他們，虐政是一種意外偶然的事情，是不尋常的，是不應當存在的。但是在印度虐政卻是經常的；因爲在這裏沒有可以和專制政體相比較的個人獨立的意識來引起心靈的反抗；只剩下肉體上的痛苦、絕對必需品和快樂的缺乏，從而包含一種否定的感覺。」[34]

明顯地，黑格爾這種觀點正是馬克思的東方專制論的源頭。馬克思的東方社會「停滯論」亦受黑格爾的影響。黑格爾認爲中國的朝代屢經變更，但新朝代不能使國內有什麼變更[35]。他始終把中國和印度當作一個靜止的、固定的、抽象的、十足閉關自足的國家[36]。換言之，黑格爾認爲東方各國的政治不斷變動而社會基礎卻始終不變。

三、蘇聯學者的觀點

在一九二〇年代前半期，蘇聯學者曾以下述幾個基本特徵來描述中國農村社會關係：⑴中國不存在土地私有制；⑵宗法制關係在農村居統治地位，因此，中國似乎還沒有成爲眞正意義上的國家；⑶沒有大地產和大地主統治階級；⑷在封閉自治的公社基礎上形成的「非常獨特且對歐洲文化毫無所知」的統治階級，也

[34]同注[31]，頁二二九－二三〇。
[35]同注[31]，頁一八〇－一八一。
[36]同注[31]，頁一七五－二〇三。

就是「紳士」階級，同地產似乎沒有聯繫；⑸人工灌溉是國家起特殊作用和產生超階級官僚制的條件；⑹中國社會具有穩定性，其表現是在歐洲殖民者入侵以前，中國似乎從未發生過社會經濟形態的更替，只是在歐洲人到來以後，這個停滯不前的社會才走上資本主義發展的道路；⑺現代中國的國家上層建築物是帶有某種資產階級性質的機構，是超階級的力量㊲。這些基本特徵離不開前述馬克思的理論架構。而從二十年代下半期到三十年代初期是蘇聯歷史學界進行方法論大討論的時期。在這個時期的討論中，中國歷史問題佔有相當重要的地位。直到一九三一年，中國歷史問題仍然是「亞細亞生產方式」論的擁護者和反對者的主要鬥爭舞臺之一。在這段期間，蘇聯學者對中國社會經濟結構的主要看法有兩派：一派認為資本主義入侵中國以前的社會形態是「亞細亞生產方式」，以瓦爾加及馬加爾等人為代表。另一派認為東方社會並非「亞細亞生產方式」的社會，在帝國主義入侵中國以前，中國為封建社會。這一派以杜博洛夫斯基(L. Dubrovsky)、戈杰斯(M. Godes)等人為代表。

主張資本主義國家入侵中國以前的社會為「亞細亞生產方式」的那些學者大都相信「地理環境決定論」。也就是說，他們相信東西方兩種社會經濟類型、兩種不同的生產關係的形成，是由於「地理環境的影響」。在蘇聯，最早以地理環境的差異說明東西方歷史發展道路的馬克思主義專家要算是普列漢諾夫(Georgi Plekhanov)。一九〇七年，他在〈馬克思主義的基本問題〉一文中指出：

「我們可以斷定，當馬克思後來讀到摩爾根的《原始社會》一書時，他大概改變了他對於古代生產方式同東方

㊲ B・H・尼基福羅夫，〈蘇聯歷史學界對中國社會經濟制度的討論〉（一九二五—一九三一年），見郝鎮華編，《外國學者論亞細亞生產方式》（下）（北京：中國社會科學出版社，一九八四年八月），頁三〇—三一。

生產方式的關係的觀點。實際上，封建生產方式經濟發展的邏輯，導致標誌資本主義勝利的社會革命。但是像中國或古代埃及的經濟發展的邏輯並沒有引導到古代生產方式的出現。前一種情形是指兩個發展階段而言，其中一個接着另一個，而爲另一個所產生。後一種情形我們認爲毋寧是兩個並存的經濟發展的類型。古代社會代替了氏族社會組織；同樣，東方社會制度產生以前的社會組織也是氏族社會組織。這兩種經濟制度的類型，每一種都是生產力在氏族組織內部增長的結果，生產力的這種增長最後必然要使氏族組織解體。如果這兩種類型彼此有着很大的區別，那麼它們的主要特徵是在地理環境的影響之下形成的。在某種情況下，這種環境支配那生產力已發展到某種程度的社會的生產關係，在其他情況下，便支配另一種生產關係，這種關係和第一種關係大爲不同。」㊳

普列漢諾夫在俄國，被人稱爲新思想運動的鼻祖。不論在哲學上、文學上、經濟學上，他都有極大的支配力。因此，他這種觀點，必然會引起很大的反應。一九二五年，蘇聯經濟學家瓦爾加在〈中國革命的經濟問題〉一文中，提出了一個挑戰性的論點，認爲中國社會不存在封建結構，從而揭開了「亞細亞生產方式」第一次大辯論的序幕。在他看來，在中國不是由地主而是由「士大夫」（讀書人）通過氏族的土地公有而佔有勞動者的土地、通過對水利工程的管理而實行統治，這是一個非階級的「和平性」的國家，非私有的「宗法制」社會。一九二六年，他的最早追隨者A．康托諾維奇曾在〈前資本主義時代的中國社會關係體系〉一文中指出：「首先要肅清中國存在着封建主義或者不久前存在封建主義這種非常流行的、但是完全錯誤的看法。中國不但不存在封建主義，甚至連封建主義的遺跡也沒有。……由於中國不存在封建結構，農民暴動具有明顯的土匪性和破壞

㊳ Georgi Plekhanov, *Selected Philosophical Works*, Vol. III (Moscow: Progress Publishers, 1976), pp. 153-154.

性」。一九二八年六月，瓦爾加又在共產國際機關報《國際通訊》上著文指出：「在理解中國土地問題時，用『封建主義』一詞來表示中國的特點，利少弊多。」[39]他在〈中國革命的根本問題〉一文中提出下列看法：

1.眞正的封建制度在中國曾否有過，仍是一個疑問，所以「封建殘餘」這一名詞是非常不妥當的。

2.要稱呼中國社會爲封建社會，就必須把封建制度視爲前資本主義，才合乎邏輯。

3.中國社會構成（在帝國主義入侵之前已經成立，或大部分在當時依然存在）是前資本主義。雖然它也包含着許多封建要素，但是缺了土地支配制和農奴制，決不能與歐洲封建制度相提並論。在這一點上，中國社會比封建制度是進步多了。

4.外國資本未入侵之前，中國社會是在「亞細亞生產方法」的支配下，以同一的技術水準而反覆生產着[40]。

與瓦爾加觀點類似的馬加爾在一九二八年發表的《中國農村經濟研究》一書中認爲自氏族社會解體到帝國主義入侵中國之前，中國社會是一個混合體，它既不是奴隸社會，也不是封建社會，而是特殊的「亞細亞生產方法」的社會。他說：

「馬克思是否以爲中國在帝國主義入侵以前，就存在有亞細亞生產方式呢？卽帶有東方社會特點的各種關係居統治地位呢？或者馬克思以爲古代亞細亞社會的結構和巴比倫、亞述和波斯的一樣呢？據我們看來，毫無疑義，馬克思還認爲，殖民地政策在中國破壞的正是此種亞細亞生產的經濟基礎。毫無疑義，馬克思主義思想的偉大

---

[39] 宗樹聲，〈馬克思與東方學及其他〉，《社會科學戰線》（季刊）第三期（吉林：人民出版社，一九八三年），頁一二〇。

[40] 何幹之，《中國社會史問題論戰》，頁九—一〇。

人物，如列寧及普列漢諾夫不僅承認亞細亞生產方式之存在，而且，如下文所述，還發展了馬克思的這個學說。」[41]

馬加爾始終以馬克思所述東方社會的基本特徵來論證他的觀點。他指出，馬克思有關「亞細亞生產方式」的基本觀點源自黑格爾的《歷史哲學》，但是，有些地方超越了黑格爾。一九三〇年，他在爲柯金(M. Kokin)和巴巴揚(G. Papaian)合著的《井田：古代中國的土地制度》一書作序時曾把馬克思和恩格斯的亞細亞社會觀歸納爲四個特徵：(1)不存在土地私有制度；(2)需要人工灌溉及與此相適應的大規模公共事業組織；(3)農村公社；(4)政府的形式是專制主義[42]。這些特徵正是柯金和巴巴揚解釋中國古代社會的指標。他們兩人認爲中國的周代是個「亞細亞生產方式」的社會。他們的主要論點包括：

1.東方農業的第一個條件是水利灌溉。沿黃河兩岸的堤埂及在黃河流域的極大的灌溉網等，都可作爲中央政府從事於巨大工程的證明。

2.農業依賴灌溉，而灌溉又依賴中央政府，這就會使政府成爲專制的政府。在周代，公社彼此孤立，但爲了灌溉之故，而有創立中央政權之必要，以實現一切與灌溉及農業之調整有關聯的工作。所以，周代並不是「古典的封建制度」時代，而是集中的亞細亞國家的時代。

3.國家是土地的最高所有者，一切土地都屬於國家。周代的井田制度便是一例。

4.在中國，生產方式一直不變。雖然朝代不斷更換，但是農民一樣的耕種土地，所改變的只是收取租稅的

---

[41] 馬加爾，《中國農村經濟研究》（上海：神州國光社，一九三〇年），頁六－七。

[42] L.I. Mad'iar, "The Legitimacy of The AMP," Anne M. Bailey and Josep R. Llobera(ed), *The Asiatic Mode of Production*(London: Routledge & Kegan Paul Ltd,1981), pp.76-94.

人。因爲所有這些朝代對農民羣衆內部社會生活影響不大，因此，不管在「政治的上層」有如何大的暴風雨，農村公社的生活照着確定了的道路過着㊸。

這些論點只用來論證中國古代存在過「亞細亞生產方式」的時代而已，充其量它們只是馬加爾學說的註脚。馬加爾的著作對「亞細亞生產方式」論作了最充分的論證，他的影響力很廣，而且受到的批評也最大。因爲他的觀點與蘇聯官方指導中國革命的理論抵觸，所以在《中國農村經濟研究》一書的初版上，蘇聯「中國問題研究所編輯局」寫了一篇序附在書前，提出下列許多批評意見：

1.否定馬加爾所說，西方資本主義在中國所遇見的是亞細亞社會，以及「現代中國社會，是亞細亞生產方式進入資本主義的過渡期」，認爲「現代中國社會是帶着濃厚的封建色彩的初期資本主義」。

2.不同意馬加爾所說，亞細亞社會的特點是人工灌溉、官僚制度、土地國有，只同意地租採賦稅形式這點是「亞細亞生產方式」的特質。

3.不同意馬加爾以爲中國的租佃關係是永佃制的說法，認爲永佃制不是支配的形態，又說這一現象只是農奴制的特質，並不是亞細亞社會的特有形式。

4.不否認中國曾有過以土地國有爲基礎的「亞細亞生產方式」，但是商業資本早已分解了這生產方式，中國早已有土地私有的現象了㊹。

一九二九年，杜博洛夫斯基出版了《『亞細亞』生產方式、封建制度、農奴制度及商業資本之本質問題》一書。他批評馬加爾不應當把「亞細亞生產方式」當作一種獨特的社會經濟形態。他認爲在亞洲的不同時代及不

㊸柯金等著，岑紀譯，《中國古代社會》（上海：黎明書局，一九三三年四月），頁六九、八八、一八五。

㊹同注㊶，頁四—一四。

同區域中，曾經有過不同的社會形態，不同的社會結構要素。按照他的意見，對農民進行封建式和農奴式的剝削，構成亞細亞社會的基礎，就是這種剝削決定亞細亞社會中統治與被統治的關係㊺。對於這種批評，馬加爾認爲杜博洛夫斯基對於馬克思的社會形式學說和在資本主義前期的形式下的馬克思地租論，沒有一點概念。他指出，杜博洛夫斯基所謂封建制度與農奴制度爲兩種不同的社會形式，以及封建制度與農奴制度的差異在於勞役地租不同於物品地租的說法，過份大膽㊻。

一九三一年一月，曾經到中國考察農業問題的約爾克(E. Yolk)發表了〈論『亞細亞』生產方式〉的論文。他認爲馬克思從來沒有講到任何特殊的「亞細亞生產方式」，而把這種觀點強加給馬克思，是因爲對馬克思原著的理解有誤。約爾克認爲，在《政治經濟學批判・序言》中，馬克思講了各種依次更替的生產方式，其中也包括「亞細亞生產方式」。但馬克思在上述書中所列舉的生產方式不是指「封建主義」和「資本主義」這樣的「社會經濟形態」，而是這些形態內部的「勞動的社會技巧方式」如「手工工場方式」和「大機器方式」之類。因此，對「亞細亞生產方式」這一術語，應該理解爲公社生產和小農生產。他認爲東方各國的前資本主義生產關係是奴隸制和農奴制的混合物，地租採取賦稅的形式是這種生產方式的特點㊼。一九三一年二月，約爾克在蘇聯馬克思主義東方學會和列寧格勒東方學研究所聯合主辦的列寧格勒討論會上宣稱：「亞細亞生產方式在理論上是站不住脚的，因爲它是和馬克思列寧主義關於階級與國家的學說相對立的。」㊽戈杰斯在同一個討論會上的報告宣判了「亞細亞生產方式」論的死刑。他在「亞細亞生產方式問題討論總結」的報告中提出幾點否定「亞細亞生產方式」

㊺杜博洛夫斯基著，吳清友譯，《『亞細亞』生產方式、封建制度、農奴制度及商業資本之本質問題》，(上海：神州國光社，一九三三年)。

㊻同注㊸，〈馬加爾序〉，頁七三—七四。

㊼E・約爾克，〈論『亞細亞』生產方式〉，《馬克思主義旗幟下》第三期（蘇聯：一九三一年），頁一四三。這段文字轉引自《外國學者論亞細亞生產方式》一書（下），頁四二。

產方式」論的結論：

1.就東方問題著書立說，並接受了「亞細亞生產方式」概念的人，並非都出自馬加爾學派。但是，所有這些人都自然地被這種理論主張者拉過去了。這個學派的特徵是，把馬克思論「亞細亞生產方式」及東方問題的個別詞句不加分析地利用，常常是斷章取義，把這些詞句同馬克思關於社會形態的一般學說完全割裂開來加以利用。把馬克思的話湊在一起不見得就是馬克思主義學說，引用馬克思的話的人不見得能正確地運用馬克思的方法。

2.他同意普列漢諾夫的看法認爲，摩爾根的《古代社會》一書起了很大的作用。「亞細亞生產方式」只是馬克思在讀到摩爾根的著作之前的一種假說。馬克思對資本主義以前的所有其它社會結構都明確指出了它們所固有的剝削制度，儘管他並沒有做出有系統的說明。就「亞細亞生產方式」而言，馬克思並不認爲它是和資本主義以前其它社會結構不同的剝削制度。馬克思發現，在東方，一方面，原始社會關係的殘餘以公社的形式被保存下來；另一方面，又存在着表現爲階級統治的專制國家。在摩爾根的發現以前，馬克思有必要做這種研究上的假設，因爲，如果沒有這種假設，就不能很好地描繪出歷史進程的規律性。通過對氏族社會崩潰過程的研究，私有制的產生才得到了說明。

3.封建主義的定義是：土地所有制是佔有剩餘產品的基礎，直接生產者經營獨立的經濟。支配着生產資料所有者和直接生產者之間各種關係的是超經濟強制。政治權力的世襲同土地所有制的世襲是一致的。如果認爲封建主義的這個定義是正確的，那麼東方封建主義問題的解決顯然就要看能否從這些國家的社會制度中找出具

㊽E．C．瓦爾加，〈論亞細亞生產方式〉，郝鎮華編，《外國學者論亞細亞生產方式》（上）（北京：中國社會科學出版社，一九八四年八月），頁五七。

有封建主義特徵的各種關係。根據上述的定義，戈杰斯認爲「亞細亞生產方式」是封建主義。東方走過了一條非常獨特的道路，但它仍然經歷了和歐洲同樣的社會發展階段。不承認東方存在封建主義的人，不是他們的眼睛被托洛茨基的迷霧蒙住了，就是因爲對封建主義的本質根本不理解。

4.馬克思在一些場合提出了三種對抗的生產方式，即：奴隸制、封建主義和資本主義，而在另一些場合，馬克思則把「亞細亞生產方式」列進來，把它看作是最初期的社會結構。然而，馬克思在他晚期著作中已經不再重覆這四種生產方式，而恩格斯在所有著作中僅僅強調了「亞細亞生產方式」之外的三種生產方式[49]。

戈杰斯把反「亞細亞生產方式理論」理論與反托洛茨基主義聯繫在一起，使得主張「亞細亞生產方式」的蘇聯學者噤若寒蟬。在他看來，「亞細亞生產方式」理論，不僅被用來研究周朝的土地所有制，而且也被利用來反對共產國際對殖民地革命性質的看法，此後還可能被用於這個目的。在這一點上，亞細亞生產方式概念正在成爲托洛茨基主義的理論溫床。」[50]同時，他還認爲強調東方社會具有特殊性的「亞細亞生產方式理論」，可能被東方的一些民族主義分子利用，因爲這些民族主義分子企圖利用東方特殊性爲借口宣稱馬克思和列寧的學說對東方沒有現實意義。且東方特殊理論會使帝國主義感到滿意，因爲它勢必要承認東方社會的停滯性，從而認爲歐洲資本主義對東方起了救世主的作用。他進一步得出結論道：把「亞細亞生產方式視爲東方所特有的獨特社會形態的理論，不僅不能成爲一把打開東方天國大門的鑰匙，而且如今正在轉化爲蘇聯繼續前進的障礙。」[51]

面對上述的批評，馬加爾曾先後兩次修正了他的觀點。一九二九年九月，在馬克思主義者土地問題專家大會上，他放棄關於現代中國存在「亞細亞」關係的舊觀點，按照馬加爾的新觀點，「亞細亞生產方式」應當在遙

[49] M．戈杰斯，〈亞細亞生產方式問題討論總結〉，郝鎮華編，《外國學者論亞細亞生產方式》（下），頁五六—一〇一。
[50] 同上注，頁一〇〇。
[51] 同上注，頁一〇一。

遠的過去去尋找。換言之，他雖否認現代中國存在「亞細亞生產方式」，但他仍堅持在人類社會史中，亞細亞社會是存在過的[52]。一九三〇年，他爲柯金等人合著的書作序時還認爲，馬克思一直到生命的終結時，並未改變對於東方社會的見解和《政治經濟學批判・序言》中提出的四種社會經濟形態的學說[53]。一九三一年馬加爾重版自己的著作《中國農村經濟研究》時，刪去了有關「亞細亞生產方式」的章節[54]。顯然地，馬加爾是在政治壓力下認錯的。瓦爾加曾回憶道：

「這個問題（指亞細亞生產方式的論戰）對於中國具有科學的和政治的戰略意義。亞細亞生產方式的反對者宣稱，誰不承認二十年代中國的社會制度爲普通封建主義，誰就是政治敵人（其中包括我）。正是他們阻礙了對這些重要問題的研究。」[55]

綜觀三十年代蘇聯學者對於「亞細亞生產方式」的爭論，有幾點值得一提：其一、反對「亞細亞生產方式」論的學者以教條主義的態度，亂扣帽子。這種教條主義的態度後來在三十至四十年代，由於史達林的個人崇拜而到處出現[56]。其二、這場論戰進一步鞏固了「反封建主義」和「反帝國主義」的革命理論，蘇聯繼續應用這套理論指導中共革命，使中共成爲「反封建」和「反帝」的先鋒。其三、這次論戰並未眞正解決問題。「亞細亞生

[52]同注[37]，頁五四。
[53]同注[43]，頁二一。
[54]同注[37]，頁二三。
[55]同注[48]，頁五七。
[56]同注[37]，頁四九—五〇。

產方式」的反對者在下面一點上是一致的，即他們認爲馬克思的說法是個謬誤。戈杰斯解釋說，馬克思不太了解事實；杜博洛夫斯基說，馬克思只理解資本主義生產方式，而不理解封建主義的生產方式；約爾克解釋說，馬克思本人並不理解他自己創立的馬克思主義。他們雖都引用馬克思的著作來證明自己的看法，但對論戰所遺留的一些問題如以「亞細亞生產方式」爲「封建制」，它與「奴隸制」的關係如何？中國是否存在過「奴隸社會」階段？都未曾解答。直到一九三三年，蘇聯古代東方史家司特魯威發表了〈古代東方奴隸社會的產生、發展和瓦解問題〉一文才提出「東方是奴隸社會」的看法。一九三四年，科瓦列夫在〈關於奴隸社會的幾個問題〉一文中也指出「亞細亞生產方式」是「奴隸制度的變種」57。這種把「亞細亞生產方式」當作「奴隸制度」的看法，正是史達林欽定的五種社會階段模式（原始社會、奴隸社會、封建社會、資本主義社會、社會主義社會）的邏輯發展。

四、中國學者的觀點

最早把「亞細亞生產方式」這個名詞介紹到中國來的學者是李達。在一九二六年六月出版的《現代社會學》一書第十一章第二節，他指出：

「馬克思依據亞細亞的、古代的、封建的、及現代資本家的四種生產方法，列成經濟的社會構造之四大時期。……第一期爲生產力尚屬幼稚之時期。馬克思的所謂亞細亞生產方式，即指古巴比倫之狀態而言。巴比倫之生

57呂振羽，《中國社會史諸問題》（北京：三聯書店，一九七九年十二月），頁三八。

產狀態殆已由半開化時期而踏入文明時代之初期。此（期）之經濟組織，尚無文明社會階級之區別，故無奴隸制存在也。」58

一九二八年後，又有許多學者如郭沫若、杜畏之、王志澄、李季、胡秋原、王宜昌等人討論到「亞細亞生產方式」。他們根據不同的史料論證自己的觀點。爲了瞭解論戰的全貌，筆者將他們有關「亞細亞生產方式」的觀點介紹如下：

1.郭沫若的「原始共產社會」說。一九二八年八月五日，郭沫若在他寫的〈詩書時代的社會變革與其思想上之反映〉一文中引用了馬克思《政治經濟學批判．序言》關於幾種生產方式的那段話後，接着指出馬克思所說的「亞細亞的」，是指古代的原始共產社會，「古典的」是指希臘羅馬的奴隸制，「封建的」是指歐洲中世紀經濟上的行幫制，政治表現上的封建諸侯，「近世資產階級的」是指現在的資本制度。他特別強調「大抵在西周以前就是所謂的『亞細亞的』原始共產社會，西周是與希臘羅馬的奴隸制度時代相當，東周以後，特別是秦以後，才眞正地進入了封建時代。」59郭沫若的觀點曾受到杜畏之和李季等人的嚴厲批評。杜畏之批評道：

「可是讀者不要忘記，前一句話（筆者按指「亞細亞的是指古代的原始共產社會」）是莫爾甘《古代社會》發表之前十八年寫的，而郭氏的話卻寫於《古代社會》出版的五十一年之後。馬克思於不曉得氏族社會的時候把亞

58 盧開萬，〈簡析『亞細亞生產方式』第一次大論戰〉，《武漢大學學報》（社會科學版）（雙月刊）（武漢：武漢大學出版社，一九八四年三月二十八日），頁四七。

59 李季，《中國社會史論戰批判》（上海：神州國光社，民國二十三年七月），頁一三一—一三二；郭沫若，《中國古代社會研究》（北京：人民出版社，一九五四年九月），頁一三三。郭沫若在再版的書中曾將「原始共產社會」改爲「原始公社社會」。

細亞的社會放在古社會的前面原不足奇。可是中國的昂格斯（筆者按郭沫若曾自稱）在熟讀莫爾甘之（書）後還硬要把亞細亞放在古代的前頭就未免太愚不可及了。幸而郭先生自己也覺察了這一點，他知道古代世界也直接與氏族社會相續，所以他對於亞細亞的理解就大大地不同於馬克思，他大膽地，無常識地修正了馬克思（的看法），說亞細亞是指古代的原始共產社會。這眞是天字第一號的荒唐，空前的名辭混淆！結果是亞細亞的社會就是氏族社會！又是原始共產社會！」[60]

李季認爲郭沫若用來說明西周以前的社會爲原始共產社會的理由不充分。郭沫若在《中國古代社會研究》一書中爲他自己的論點提出三個主要理由：

(1)中國的古物屬於有史時期的只出到商代，是石器、骨器、銅器、青銅器，在商代的末年可以說還是金石並用的時期。

(2)商代已有文字（三十年前在河南安陽縣有龜甲骨板上鍥刻着的貞卜文字出現），但那文字百分之八十以上是象形圖畫，而且寫法不一定，於字的構成上或倒書或横書，或左或右，或正或反，或數字合書，或一字析書。而文的構成上亦或横行或直行，横行亦或左讀或右讀，簡直是五花八門。可以知道那時的文字還在形成的途中。

(3)商代的末年還是以牧畜爲主要的生產，卜辭中用牲之數每每多至三、四百以上，卽其證據。農業雖已發明，但所有的耕器還顯然停留在用蜃器或石器的階段，所以農業在當時尚未十分發達[61]。

針對郭沫若所提出的理由，李季提出三個理由加以駁斥：

[60]杜畏之，〈古代中國研究批判引論〉，王禮錫、陸晶清編，【中國社會史的論戰】第二輯（上海：神州國光社，民國二十一年四月），頁一六。

[61]郭沫若，《中國古代社會研究》，頁八。

⑴中國出土的殷代古物只有石器、骨器、銅器和青銅器，當然是事實，不過我們的學術團體對於殷代版圖所及之地從來沒有過大規模的掘發，以致出土的器物寥寥無幾，郭沫若怎能根據這少數器具，斷定殷代確實只有銅器而無鐵器呢？土裡面出來的器具沒有經過人們的粉飾和改竄，固然是硬憑據，但應用它們作證時，須十分謹愼，並須和古代的典籍互相參證，否則其不可靠的程度較經過粉飾和改竄的古代典籍還要高出千百倍。

⑵我們曾說唐虞時代已有文字，證據還不甚充分，但決不是瞎猜。中國的文字本來起於指事象形，殷代文字有「百分之八十以上是極端的象形圖畫」，絲毫不足爲奇。最奇的是有百分之二十或十幾已脫去「極端的象形圖畫」，非經過長期的發展，焉得有此？可見唐虞時代已有文字，是信而有徵。然郭沫若偏要以此爲理由去斷定殷代是氏族社會，這不但和中國古代史開玩笑，而且也和自己的「先史民族進化階段」表有矛盾。

⑶郭沫若竟把卜辭當作一部完整的歷史，評判古代社會的狀況，全以此爲標準，便是絕對錯誤。因此所得出的結論，其虛僞不可信，比經過後人放大、改竄或增加的古籍還要高出千百倍。其因：一、不獨卜辭的本身殘缺不全，不足爲據，卽使完備，而牠的紀錄大半僅表現社會狀況的某幾方面，而沒有表現全體，故只能作爲立論時的參考，而不能作爲立論的出發點。二、卜辭既已殘缺不全，而眞能完全認識這種文字的人至今還沒有，以王國維的精博，猶自認只懂得五六成，他人更不足道。試問一個最有能力的治古文字學的人還沒有完全懂得卜辭，而一般竊其餘緒的人在那裏高談濶論，視爲鐵一般的證據，不是過於滑稽麼[62]？

面對多人的批評，郭沫若於一九三六年發表的〈社會發展階段之再認識〉一文中修正了自己的看法。該文指出幾個要點：

⑴他認爲馬克思和恩格斯在〈德意志意識型態〉中列舉了家長制、奴隸制、身份、階級四種經營方式（卽

---

[62] 李季，《中國社會史論戰批判》，頁一三六—一四〇。

生產方式），都有其相適應的財產形態，卽氏族財產、古代的公社財產和國家的財產、封建的或身份的財產、近代有產者財產。這四種經營方式和四種財產形態，亦卽是家長制、奴隸制、封建制和資本主義制四種生產方式。

(2)他認爲馬克思所說的「亞細亞的生產方式」或「東洋的社會」實等於「家長制」或「氏族財產形態」，而「古代的生產方式」便明確地指示着「希臘羅馬的奴隸制」。

(3)家長制生產還未發達，大抵是漁獵民族、牧畜民族，或頂多只知道一些農耕。未開墾的地面自然是很多的。分工在這階段上尙未發達，僅是家族中自然出現分工的延長。因而社會的編制也僅僅是家族形態之延長，有家長式的族長，其下是族員，最後是奴隸。在家族中潛在着的奴隸制隨着人口和需要之增加，隨着戰爭與貿易之延長，才逐漸發展起來。

(4)馬克思認爲族長制是在奴隸制以前的一個社會史的階段，這種階段不限於古代希伯來人，在希臘羅馬人的較古的時代也經歷過。但在十數年後，由於馬克思對族長制社會的知識更加豐富，他覺得由古代希伯來傳說所得來的概念不能含蓋一切，「族長」那個名詞不足爲奴隸制以前一個階段的特徵，故而放棄了「族長制」那個名詞，而採取了「東洋的社會」或「亞細亞的生產方式」這樣含混的用語[63]。

從上述這些內容可以看出，郭沫若認定「亞細亞生產方式」是族長制，先於奴隸制而存在。他的看法顯然受到日本史家相川春喜和平野義太郎的影響[64]。儘管郭沫若想突破理論上的困境，但他一方面承認「亞細亞生產方式」是一種在家族中潛在着奴隸制的氏族財產形態，另方面又堅持「亞細亞生產方式」是奴隸社會以前的原始共產社會階段，這在理論上不免使自己陷入矛盾。因爲按照馬克思的理論，原始共產社會是不存在階級鬥爭

[63]《文物》（月刊）第一卷第二期（一九三六年七月）。
[64]何幹之，《中國社會史問題論戰》，頁六五。

的，「亞細亞生產方式」既然是原始共產制，便不可能同時是「奴隸制的氏族財產形態」。雖然郭沫若的觀點充滿着矛盾，但他的《中國古代社會研究》一書却成爲史達林派的一大支持。他的中國「奴隸社會」史觀正是史達林史觀的翻版。

2.杜畏之的「無東方社會」論。杜畏之引用了馬加爾所歸納的「亞細亞生產方式」的幾個特徵如土地國有、社會事業是中央政府的職務、農村公社、專制政府、永佃制和地租採取賦稅的形式等，認爲這些特徵在中國歷史上都未曾存在過。他認爲中國沒有劃然的奴隸社會這一階段，更無東方社會這一階段。他的主要理由有三：

⑴從馬克思、普列漢諾夫、瓦爾加和馬加爾等人對於中國歷史的瞭解都是模糊而錯誤的。因爲他們對中國歷史瞭解不夠充分，在談到中國問題時，往往取材於歐洲資產階級所編的、歪述的、塗改了的、眞僞雜陳的中國史，結果是因襲舊說而把中國史毫不經意地裝進了「東方社會」這個神秘的魔術袋裏。

⑵西人眼中認爲東方社會死板而不發達，好像三千年來的中國直睡到鴉片戰爭之前都未曾動彈過一下。甚至有人把中國當作一個單純再生產之標本國。其實，氏族社會解體之後不一定產生東方社會，也不一定產生古代社會，在他的廢墟上亦有建立封建社會的可能，這要看氏族社會的內部發展與氏族間的關係如何而定。氏族社會可以生育一個亞細亞的社會，如在古代的近東；亦可生育一個古代社會，如在希臘與羅馬；又可以生育一個封建社會，如在紀元前十二、十三世紀之中國；還可以生育一個特殊的社會組織，如南美洲印加帝國下的社會系統。中國的歷史實際指出，在氏族社會的內部懷育了封建的生產方法，因此在氏族組織的廢墟上所建立的新制度既非東方，又非古代的，而爲道地的封建社會。

⑶治水問題爲歐人研究中國歷史者所最重視的問題。自來歐洲學者以人工灌溉爲瞭解中國史之鎖鑰，馬克思學派亦所不免。其實治水問題不但沒有作了瞭解的鎖鑰，反而作了誤解之鎖鑰。很多天才的學者被水所困，因而走上偏邪之途徑，引至糊塗之泥沼。中國的情形與埃及的不同：第一、因爲埃及每年必有氾濫，使防水的

工作成爲經常的工作，而且沒有氾濫，就沒有飯吃，所以使埃及人不得不希望它氾濫，又不得不設法駕馭這發怒的洪水，所以才起了大規模的河工。第二、尼羅河谷只有窄窄的一條，東西都是沙漠，南邊是荒山，北邊是海，僅一土腰可通亞洲大陸，而那裡卻住着強悍的遊牧民族。這樣，凡是可耕種的地方都有洪水，凡是沒有洪水的地方都無法謀生，使埃及人無法擺脫這可愛而又可畏的洪水，結果不得不以高度的技術，詳密的計畫，把沿尼羅河的一切居民都組織起來，以集體的勞動來防範洪水。或者是在這上面建立了統一的國家，或者是在這種紀律勞動的基礎上發生了專制主義。這與古代中國的情形毫無共同之處[65]。

杜畏之指出一個令人信服的觀點，那就是馬克思等人對中國歷史並不瞭解，不能因爲他提到「東方社會」或「亞細亞生產方式」這個名詞，便將之視爲「放諸四海而皆準的眞理」而加以套用中國歷史上。換言之，每個國家都有其各自的歷史條件和發展道路，並無共同的發展規律可循。

3.王志澄的「封建制度」論。王志澄在〈亞細亞生產方法說〉一文中指出，中國從前所存在及目下猶存在中的社會制度，實是封建制度，卽本質爲「亞細亞生產方法」的封建制度。他以馬克思《資本論》所說的「國家是最高的地主」這句話來論證他的觀點。他認爲在中國確乎是沒有私人土地所有制，所以一見猶似沒有地主；但實際上，地主是以國家的形式而存在，以租稅的形式強制地徵收地租。還有，因爲中國的灌漑農耕方式特殊，雖然也有某些土地是由共同體所有。但地主對小農的強制榨取關係，並沒有改變。王志澄特別指出建立於封建的榨取關係之上的「亞細亞生產方式」與歐洲的封建制度有些不同的性質：

(1)中國沒有歐洲那樣的土地支配制。在歐洲，領主由君主分受土地，以後代代世襲而支配所領之土地。但在中國，是由國家來支配土地。國家支配土地的結果，就有了這種支配以盡種種職能的特殊階級，卽官吏的存

---

[65] 杜畏之，〈古代中國研究批判引論〉，頁一九—三五。

在。他成爲具有封建性質的、有學識的官僚貴族階級。這種官僚貴族階級散處各地，以後有許多人逐漸變成土皇帝，支配鄉村的政治行政，形成爲所謂家長制支配之基礎。他們卽由這種家長的支配，向農民刼奪，變爲特殊的、封建的土豪，這種封建的家長制實爲中國農村所特有。

(2)在中國土地被零碎地割裂，用貨幣買賣土地，故只要稍有貨幣就可成地主。因此，地主與商人階級及高利貸階級就發生了密切的關係。這種事情，在歐洲封建制度下是全然不可能的。

(3)在中國沒有歐洲的農奴制。在歐洲因勞動力異常缺乏，故土地支配者卽領主要用暴力把這種勞動力緊縛在土地上。但在中國恰恰相反，勞動力是過剩的，只爲貧窮與缺乏土地，須向地主借錢，遂隸屬於地主而變爲農奴。這種事情同時又使得地主像個放高利貸的人。

(4)中國的農業是灌溉農業，而歐洲的農業大都是乾燥農業。這對於中國社會制度，有非常特殊的影響。在中國，因爲大河流多，而且這種河流的河床常比耕地爲高，故容易發生大洪水。一個堤防的潰決，卽會使養活幾千萬生命的耕地旦夕之間化爲泥土，所以爲維持大堤防起見，常需要非常大的力量，因此，須有國家的力量，或者說，需要有以許多農民共同維持的制度。此外，由於常有雨水過多或不足情況，故運河的開鑿及貯水池等的設備，就有必要。而從此等設備的關係中，更發生共同經營或國家經營的形態。這種國家經營或共同經營的形態在歐洲的封建時代，是完全不存在的。而由於中國這種情形，那些負責直接管理的人就受人迷信的尊崇，以至具有特殊的權力。如中國特殊的家長制度之發生，蓋與這種迷信力有密切的關連。而這類情形，在歐洲的封建時代中就不容易見到㊴。

王志澄這些看法深受馬加爾的影響，他所論述的中國無土地私有制以及政府在水利建設中所扮演的角色

㊴王志澄，〈亞細亞生產方法說〉，陶希聖編，《中國問題之回顧與展望》（上海：新生命書局，民國十九年五月十五日），頁二四三—二五五。

等，可以說是馬加爾理論的翻版。

4.李季的〈自殷至殷末爲亞細亞的生產方式時代〉說。李季是著名的馬克思傳記專家。他在〈對於中國社會史論戰的貢獻與批評〉一文中，引用普列漢諾夫的說法，指出馬克思在一八七七年摩爾根的《古代社會》出版以後，便改變了他從前對於「亞細亞生產方式」和「古代生產方式」互相銜接的意見。他以產生方式爲標準，把中國史劃分爲五個時代：一是自商以前至商末爲「原始共產主義的生產方式」時代（至紀元前一四○二年止）；二是自殷至殷末爲「亞細亞生產方式」時代（紀元前一四○一年起至一一三五年止）；三是自周至周末爲「封建的生產方式」時代（紀元前一一三四年起至二四七年止）；四是自秦至清鴉片戰爭前爲「前資本主義的生產方式」時代（紀元前二四六年起至紀元後一八三九年止）；五是自鴉片戰爭至現在爲「資本主義的生產方式」時代（一八四○年起）。他認爲自殷至殷末爲「亞細亞生產方式」時代的主要理由是：

(1)盤庚遷殷以後，已經組織成國家的專制君主，將民族共有的土地轉變爲國有的土地。他還引用孟子所說：「殷人七十而助」這句話證明殷代的土地非私人所有，乃國家所有。

(2)周朝太王建國在盤庚建國後一百多年，這在時間上不能算是相差很遠。這兩個國家都因自然的、地理的環境關係，於「原始共產主義的生產方式」崩潰之後，同達到「亞細亞生產方式」。也就是說盤庚和太王所處的環境均適於農業的經營，而四周又沒有強悍的遊牧人的侵略，因此無法從戰爭中取得大批的俘虜爲奴隸，形成一種奴隸制的生產方式。所以中國古代的氏族社會崩潰後，生產方式的發展，不取希臘羅馬式，而取亞細亞式。而周武王滅殷後，就是「亞細亞生產方式」告終和「封建的生產方式」開始的分界點[67]。

李季的這些論點離不開馬克思、普列漢諾夫及馬加爾的理論框框。他以「土地國有」爲標準判斷殷代是「亞

---

[67] 李季，〈關於中國社會史論戰的貢獻與批評〉，【中國社會史的論戰】第二輯（上海：神州國光社，民國二十一年四月），頁一四—四○。

細亞生產方式」時代的分法是否恰當，值得進一步研究。

5.胡秋原的「東方專制主義的農奴制」。胡秋原在〈略覆孫倬章君並略論中國社會之性質〉一文中，引用了馬克思、恩格斯和約爾克等人的論點論證下列看法：

(1)「亞細亞生產方式」決非馬加爾等人所說的與封建制度不同，而是馬克思所說的，兩種是在同一的經濟基礎上產生的「亞細亞生產方式」自然是存在的。後來他在爲吳清友譯的杜博洛夫斯基的《『亞細亞』生產方式、封建制度、農奴制度及商業資本之本質問題》一書所作的〈序言〉中指出：如果要應用「亞細亞生產方式」這名詞，那麼，就是指中國（或印度）之先資本主義制的複合方法（農村公社與封建農奴制之結合），就是指亞洲的專制主義。中國東周的封建主義，因商品經濟之分解，發生變質而爲專制主義，自秦至清末，就在這一個階段[68]。

(2)中國農村經濟之基礎（在帝國主義未入侵以前），還停滯在封建制度半封建制度之殘骸中，中國之亞細亞專制主義政治之基礎，還是建築在農村經濟之上。中國的商業資本，依然歸結到亞細亞式封建經濟。

(3)他自謂以前主張「亞細亞生產方式」，經過了一番研究以後，不主張了。但他仍認爲「亞細亞生產方式」社會，不是指與封建社會本質不同的社會形態，而是指東方封建社會之一特殊形態，則這名詞還是可以成立的。他還指出社會發展的幾個段落爲原始共產主義、氏族社會、封建社會、先資本主義社會、資本主義社會及帝國主義時代[69]。

6.王宜昌的「封建社會」論。他認爲「亞細亞生產方式」不是在社會史階段上成爲包括一切階段的東西，

---

[68]胡秋原，〈亞細亞生產方式與專制主義〉，王禮錫、陸晶清編，【中國社會史的論戰】第三輯（上海：神州國光社，民國二十年八月三十日），頁二二。

[69]胡秋原，〈略覆孫倬章君並略論中國社會之性質〉，【中國社會史的論戰】第二輯，頁一九—四一。

而只是屬於某一社會史階段的一種變異形式。也就是說，由地理條件而變異的形式。因此，如應用「亞細亞生產方式」的理論解釋中國社會史時，應注意它的應用範圍，只限於封建社會。他指出：

「假如我們說，『亞細亞生產方式』是指整個的東方社會史。那我們只是不理解這一理論提出的時間和空間的限制。馬恩等人的這一理論，其材料是由東印度公司及後來的貿易者供給的。而其材料的範圍，正是限於封建社會。他們不會有材料和時間來研究印度或中國的全部歷史，馬克思所謂亞細亞生產方式，只是指的印度和東方的封建社會。……我們又會發現封建社會在五胡亂華以後開始，中國自然也要跳出『亞細亞生產方式』的口袋。」⑩

除了蘇聯學者和中國學者的論戰外，在日本也有有關「亞細亞生產方式」的討論。根據何幹之的分析，日本學者對「亞細亞生產方式」的看法，可分爲四派：一是主張「亞細亞生產方式」是階級社會以前的一種社會形態，以森谷克己、伊藤藏平、佐野利一等爲代表。二是主張「亞細亞生產方式」是奴隸制和農奴制的混合體，以羽仁五郎、伊豆公夫等爲代表。三是主張「亞細亞生產方式」是先於奴隸制的第一個階級社會，以平野義太郎、相川春喜等爲代表。四是主張「亞細亞生產方式」是一種「貢納制」，並非獨立的社會經濟形態，以早川二郎等爲代表。有些中國學者曾受到上述觀點的影響，例如何幹之同意早川二郎的「貢納制」觀點。他指出現代中國社會的特點，都可以由這種「貢納制」得到說明。根據日本學者的觀點，他提出下列幾點：

(1)有了進貢的關係，農村公社長期存在於中國社會裡，公社雖然朝着應走的方向前進，但跑起來卻如龜步，

---

⑩王宜昌，〈中國社會史論史〉，【中國社會史的論戰】第二輯，頁四八—五三。

如爬行。

⑵有了進貢關係，奴隸勞動就不大容易改動以公社爲生產基礎的制度。中國或東洋的奴隸制度，雖由國有奴隸制發展到家內奴隸制，但家內奴隸制不能發展到成熟的勞動（或古典）奴隸制。換句話說，中國古代不能靠着奴隸勞動來消除公社的生產關係以確立私有制度，爲封建社會另闢新路。

⑶公社生產關係留在封建經濟中，各地的農村一個個孤立起來，死守着閉關自守的生活。所以地租不能正常地收取，手工業也不能正常地進入工廠手工業時期。等到外國勢力侵入時，中國已失了「自力更生」的資格了。在那時候，儘管民族資本有些許生機，而中國仍難免於殖民地的刼運。同時，封建社會雖然是瓦解了，而封建勢力却改頭換面，盤據在國土裏；這一切形成了新舊勢力決鬥的社會基礎[71]。

五、論戰的意義

「亞細亞生產方式」的論戰是中國社會性質論戰的延續，也是中國社會史論戰的重要內容。這場論戰起源於蘇聯、再由蘇聯傳到中國。在中國，參與論戰者各自擇取馬克思、恩格斯、普列漢諾夫等學者的言論，爲自己的觀點辯護或攻擊別人。他們的言詞頗多情緒性字眼，且各說各話，未能產生一致的結論。儘管這場論戰未能得到共同的結論，但它仍具有幾個重要的意義：

第一、參與論戰者有人發現馬克思對於中國歷史並不瞭解。例如季雷在〈馬克思的社會形式論〉一文中指出，馬克思在早期很少從事於東方問題之研究，不甚知道東方，且在讀到黑格爾有關東方社會的見解後，尚不

[71] 何幹之，《中國社會史問題論戰》前記及本文，頁三—四、三〇—四九。

能尋出理解東方的鎖鑰[72]。這種看法甚為正確。因為馬克思、恩格斯所據以瞭解東方各國的歷史與現狀的，都是十七、十八世紀以來西方旅行家、外交官、傳教士、以及殖民地官員的著作，而不是東方本身的文獻、文物資料；這些旅行家、外交官、傳教士以及殖民地官員所提供的資料本身就不很可靠，馬克思和恩格斯也就很難由此做出確切的判斷。換言之，馬克思、恩格斯的知識和見聞受到地理、文化、語言、時代及其它自然條件和歷史條件的限制。他們雖對西洋歷史有深刻的研究，但對於佔地球一大半的東方史、特別是中國史却沒有留下和對西洋史一樣地同質同量的著作。因此，參與論戰的學者不能只應用他們已發表過的意見或論說來解釋一切他們未研究過的事物，尤其是與歐洲歷史文化絕然不同的新事物[73]。

第二、這場論戰使參與論戰者不但瞭解到東西方歷史發展道路極為不同，而且發現馬克思的「唯物史觀」的階段論，並不是普遍性的規律。換言之，他們對於中國是否存在過「亞細亞生產方式」這個問題的爭論，正表示馬克思所說的人類歷史發展由原始社會而「亞細亞生產方式」、而封建社會、而資本主義社會的公式有問題。儘管參與論戰者都引述馬克思、恩格斯有關「亞細亞生產方式」的特徵，他們對於如何運用這些特徵來解釋中國歷史的問題，仍然存在着相當大的歧見。這種歧見並未因史達林把「亞細亞生產方式」欽定為「奴隸社會」而消除。史達林的欽定雖然中止了「亞細亞生產方式」的討論，但他所提出的人類歷史發展的「五種基本類型的生產關係」(原始社會、奴隸社會、封建社會、資本主義社會和社會主義社會)，却仍受到懷疑。例如胡秋原反對由奴隸社會而封建社會的說法[74]，他認為東周是中國的封建社會時代，不是什麼奴隸社會。春秋戰國時，中

---

[72] 王禮錫、陸晶清編，【中國社會史的論戰】第四輯（上海：神州國光社，民國二十二年三月二十日），頁二八。

[73] 李麥麥，《中國文化問題導言》（上海：辛墾書店，一九三六年），頁六—七。

[74] 鄭學稼，《社會史論戰簡史》（臺北：黎明，民國六十七年），頁一一九。

國歷史發展已由封建社會的崩壞，進到先資本主義時代[75]。

第三、論戰反映出大部分中國學者的觀點受蘇聯學者的影響。他們直接或間接地引用蘇聯學者的觀點替自己辯護或攻擊別人。他們對馬克思的著作亦大都從蘇聯文翻譯過來。因此，他們對馬克思原著的領會似乎有些出入。例如在論戰的過程中經常有人引用馬克思的著作，說明馬克思主張古代印度或古代東方其他國家曾出現過奴隸社會。其實，馬克思並未這樣主張。他雖曾指出在印度農村公社的內部存在着奴隸制，但他也指出奴隸制並未改變農村公社的勞動本質[76]，因爲它不成爲主導的生產方式。馬克思也從來沒有認爲古代東方是封建社會（日本除外）。馬克思在有關中國的論著中，稱中國爲「天朝帝國」、「中華帝國」、甚至「活的化石」，但他從未說過在中國存在過封建，從未把中國稱爲「封建王朝」或「古老的封建帝國」。還有些論戰者把「地理環境決定論」歸功於普列漢諾夫或馬加爾的獨創，其實，他們兩人的觀點源自黑格爾和馬克思。

第四、這次論戰暴露出一些人對中國古史並不十分瞭解。除了少數人外，多數參與論戰者都未應用浩如瀚海的中國史料來論證自己的觀點。他們大都停留在馬克思主義理論的分析和應用的階段。換言之，這次論戰的主要特色是理論層次高、史料層次低。

---

[75] 胡秋原，〈略覆孫倬章君並略論中國社會之性質〉，【中國社會史的論戰】第二輯，頁四一。

[76] 【馬恩全集】第四六卷（上），頁四九三。

中國社會主義論戰的內容及其歷史意義

——一九二〇至一九二二年

蔡國裕

自一九一九年「五四」運動之後，在中國現代思想史中曾經發生幾次影響深遠的論戰，如一九一九—二〇年的「問題與主義論戰」、一九二〇—二二年的「社會主義論戰」、一九二三—二四年的「科學與人生觀論戰」及一九二七—三七年的「社會史論戰」等。在這幾次大的論戰中，發生於中共正式建黨（一九二一年）前後的「社會主義論戰」，不僅對中共的建黨及其而後的思想路線發生了極大的影響，還對中國現代思想史的發展，特別是馬克思主義在中國的進一步傳播，無政府主義在中國的逐步消亡，社會改良主義在中國的漸趨衰微，發生了決定性的影響；此外，這場論戰對現代中國政治發展及社會變遷也有相當程度的影響，尤其明顯地表現在現代中國的社會主義運動方面。

一、歷史背景與導火線

一九二〇年代初期的中國社會主義論戰是現代中國思想史和政治史上的一件大事。這場論戰的發生有其歷史的、政治的、社會的，和思想的背景。

自十九世紀四十年代中英鴉片戰爭後，近代中國遭遇了一連串的內亂與外患，知識分子為救亡圖存，而有

「改革」與「革命」的鼓吹和爭論。改革運動，從加強海防，經自強、維新，到立憲運動，均因淸廷腐敗及主持人的短見，而成效不著。革命運動，從興中會的創立，到擴大爲同盟會，旣有革命的主義，又有再接再厲的革命義舉，終於一九一一年推翻滿淸，建立民國。

辛亥革命雖然推翻了滿淸政府，建立了民主共和政體，但初創的民國，徒具形式，未出幾年，即發生了袁世凱的洪憲帝制及軍閥割據、南北對立等一連串的問題，政局長期動盪不安，戰禍連年，社會變亂，民生困苦。適於此時，由於日本加緊對華的政經侵略，及歐戰後中國在巴黎和會上的外交挫敗，因而爆發了「五四」的學生愛國運動和新文化運動。在「外爭主權、內除國賊」的反帝、反軍閥口號聲中，「五四」的怒吼，喚醒了國人的「政治自覺」與「思想自由」，各種新思潮因而蓬勃發展，相互激盪，造成了中國思想界空前的大變動。

就在從淸末到民初中國發生前所未有的大變局中，西方社會主義思潮逐漸傳入中國，對中國的政治發展、社會變遷和思想趨向發生相當程度的影響。由於社會主義「概說旣廣」，「派別又多」，傳入中國後，在中國先後形成了三個主要的派別，即無政府主義、馬克思主義，與社會改良主義。一九二〇年代初期的中國社會主義論戰，就是這三派根據其各自的主張，針對中國社會問題而展開的爭論。

從近代中國的變局到民初政局的動盪，及社會主義思潮在中國的傳播，係一九二〇年代初期發生中國社會主義論戰的歷史背景，至其導火線則是美國著名教育學家杜威(John Dewey, 1859—1952)和英國著名思想家羅素(Bertrand Russell, 1872—1970)於一九一九年五月及次年（一九二〇）十月先後來華講學。杜威來華講學，引發了他的中國學生胡適與被稱爲中國最早的馬克思主義傳播者李大釗之間的「問題與主義」論戰。羅素來華講學，引發了中國社會改良主義者、無政府主義者與馬克思主義者的爭論，即中國社會主義論戰。「問題與主義」論戰和社會主義論戰，前後時間相連接，論戰內容也相似，兩者關係十分密切，甚至可以說社會主義論戰乃是「問題與主義」論戰的延續，不過社會主義論戰的參加者增加了，論戰內容也擴大了而已。

二、社會改良或階級革命

一九二〇年代初期的中國社會主義論戰包括社會改良主義者與馬克思主義者的論戰，及無政府主義者與馬克思主義者的論戰。依馬克思主義者的立場來說，前一個論戰是梁啓超、張東蓀等人打着「社會改良主義」的旗幟，從「右」邊來攻擊馬克思主義；後一個論戰則是黃凌霜、區聲白等人打着「無政府共產主義」的旗幟，從「左」邊來攻擊馬克思主義。中共史家蔡韋在《五四時期馬克思主義反對反馬克思主義思潮的鬥爭》一書中指出：「如果說梁啓超、張東蓀之流的進攻主要是針對着馬克思主義關於無產階級革命的理論，那麼，無政府主義者則集中地反對了馬克思主義關於無產階級專政的學說。」❶由此可知，一九二〇年代初期的中國社會主義論戰，主要是關於社會改良或階級革命，以及階級專政或絕對自由的爭論。

早在一九一九年十二月張東蓀在《解放與改造》一卷七期上發表〈我們爲甚麼要講社會主義？〉一文，提出其「渾朴的社會主義」觀點，主張「普汎勞動」、「互相扶助」、「共同生活」與「社會幸福」❷；次年（一九二〇）三月甫自歐返國的梁啓超在《時事新報》上發表〈歐遊心影錄〉，主張中國應走「生產組合」、「消費組合」、「勞資互助」、「勞動自治」及「公平分配」的「坦坦平平的大路」❸。此即社會改良主義者與馬克思主義者在一九二〇年底爆發社會主義論戰的前奏。

❶蔡韋編著，《五四時期馬克思主義反對反馬克思主義思潮的鬥爭》（上海：上海人民出版社，一九六二年二月二刷），頁一—七。

❷張東蓀，〈我們爲什麼要講社會主義？〉，《解放與改造》第一卷第七號（民國八年十二月一日），頁三—一四。

❸梁啓超，〈歐遊心影錄〉（節錄），蔡尚思主編，【中國現代思想史資料簡編】第一卷（杭州：浙江人民出版社，一九八二年一月初版）頁二三三—二三四。

一九二〇年十一月六日，張東蓀在《時事新報》上發表〈由內地旅行而得之又一教訓〉的時評，主張「救中國只有一條路」，即「開發實業」，「增加富力」，而「空談主義必定是無結果」❹。張文發表後，立即引起馬克思主義者的批評，如次日，即十一月七日，李達（署名江春）及陳望道在《民國日報》副刊「覺悟」上發表了〈張東蓀現原形〉及〈評東蓀君底『又一教訓』〉二文；再次日，即十一月八日，邵力子又在「覺悟」上發表〈再評東蓀君底『又一教訓』〉一文❺。彼等反對張東蓀的意見，強調只有社會主義才能救中國，只有用社會主義的方法去開發實業，增加富力，才能使一般人都得着「人的生活」。從此，正式揭開了一九二〇年代初期中國社會主義論戰的序幕。

參加社會主義論戰的社會改良主義者，其主要人物有張東蓀、梁啓超、藍公武、蔣百里、彭一湖、藍公彥、費覺天、楊端六及張君勱等人，他們以《解放與改造》（後改名為《改造》）為主要陣地，與馬克思主義者進行針鋒相對的爭論。社會改良主義者在這場論戰中所提出的根本意見，要言之，有以下四點：

1.社會主義革命的產生要先具備兩個條件，一是資本主義工業發達，二是工業發達結果造成無產階級隊伍，並且他們由於感到「貧富不均」，從而有迫切的革命要求；中國資本主義工業不發達，工廠很少，勞動階級人數在全國總人口中所佔比例微乎其微，中國的勞動者既沒有社會主義革命的要求，也沒有革命的本領；因此，中國尚未具備社會主義革命的物質基礎和階級基礎。

2.中國問題的癥結是「太窮」，為了救「窮」，為了使人人都得過「人的生活」，其「必由之路」，就是「開發實業」，「增加富力」；資本主義是「利於目前」，它能開發實業，增加富力，使中國人都得過「人的生活」，它

---

❹張東蓀，〈由內地旅行而得之又一教訓〉，新青年社編輯部編，《社會主義討論集》（廣州：新青年社，一九二二年九月初版），頁三二一—三三。

❺李達、陳望道、邵力子三人當時均為上海「馬克思主義研究會」的成員。

還能創造將來社會主義革命的條件；對中國而言，社會主義在目前只不過是一種「理想」、一種「趨向」而已，社會主義的實行是遙遠將來的事。

3.社會主義雖是中國未來的理想，但社會主義者須有自知之明，一要知道「自己沒有打消軍閥的能力」，二要知道「我們對於應付貧乏病，以增加生產力，救不得食不得衣的人，雖有方法，卻不及人家來得有速效」；就中國現在的環境而言，社會主義「尙是不合宜」，現在只能「在靜待中擇幾個基礎事來做」，如從事文化及教育事業以救濟「無知病」，創辦消費的及生產的協社以救濟「貧乏病」。

4.馬克思主義和中國的現狀，「簡直是牛頭不對馬嘴」，「除作裝飾品之外，不能合於用的」；中國現在離勞動階級的完成與自覺尙早，除了靜待以外，黨組織是無法發展的；因此，不要「趕時髦」，不要「瞎宣傳、亂提倡」馬克思主義，不要急於組織馬克思主義政黨，若勉強行之，則必發生「半生不熟的」，甚至是「僞」的勞農革命。

爲了反駁社會改良主義者的意見，馬克思主義者陳獨秀、李大釗、李達、蔡和森、李漢俊、周佛海、李季、許新凱及施存統等人，以《新青年》雜誌爲主要陣地，同社會改良主義者進行激烈而尖銳的論戰。馬克思主義者在論戰時着重於論述中國「不應該」也「不可能」走資本主義道路，強調只有走社會主義道路才能使中國人得著「人的生活」，只有建立無產階級政黨，採取無產階級革命的方法和無產階級專政的形式，才能在中國實現社會主義。他們的基本論點和意見，大致可分爲以下四點：

1.他們反對張東蓀、梁啓超等人所謂中國沒有階級、沒有貧富不均，「社會主義不妨遲遲」的說法，他們認爲中國不但有階級的對立，而且還有貧富懸殊的現象；他們指出，中國勞動人民得不到「人的生活」，正是軍閥的強暴、政治的腐敗和外國資本壓迫的結果；中國無產階級要獲得眞正的自身解放，應該建立無產階級的革命黨，爲在中國實現社會主義和共產主義而鬥爭。

2.他們認爲，爲開發實業、增加富力而發展資本主義，不但不是解救中國的道路，反而會因資本私有、生產過剩而造成兩極分化，一方面固然增加了富力，一方面却又增加了貧乏；爲了解決中國現有的社會問題和勞動問題，他們主張「最大的根本解決方法，就是社會主義」。

3.他們指出，中國應該走社會主義道路，不僅因爲社會主義比資本主義有優越性，而且因爲社會主義在全世界已成爲社會發展的必然趨勢；他們說，在世界已進入帝國主義和無產階級革命的時代，中國人民在世界經濟上的地位，已立於勞工運動日盛一日的風潮中，想行保護資本家的制度，無論「理所不可」，抑且「勢所不能」；因此，他們強調，今日在中國想發展實業，非由純粹生產者組織政府，以剷除國內的掠奪階級，並抵抗世界的資本主義，依社會主義的組織經營實業不可。

4.他們依據馬克思主義關於無產階級革命和無產階級專政的理論，批評社會改良主義者所提出的基爾特社會主義、國家社會主義及修正主義的社會主義等意見，都是與資本主義妥協的改良的、進化的方法，根本不可能解決社會問題；他們指出，無產階級只有通過革命鬥爭，推翻有產階級的政權，建立無產階級專政，才能達到自身解放的目的。

三、階級專政或絕對自由

一九一九年五月，無政府主義者黃凌霜在《新青年》六卷五號，即馬克思研究專號上發表〈馬克思學說批評〉一文，著重於批評馬克思經濟論及政策論的錯誤。黃氏之文發表後，由「北大」學生組織的無政府主義社團——「奮鬥社」於次年二月及四月在他們出版的社刊《奮鬥》旬刊第二期及第八、九期合刊上刊出〈我們反對『布爾札維克』〉及〈爲什麼反對布爾雪維克？〉二文，從無政府主義的觀點指責俄國的布爾什維克利用強權手段，束縛人民自由❻。無政府主義者對馬克思學說及布爾什維克的批評，正是一九二〇年底爆發的無政府主義者與馬克思主義者關於社會主義問題展開大論戰的前奏。

有了前奏後不久，上海《民國日報》副刊「覺悟」於一九二〇年五、六月間發生了「強權衛公理」的爭論。有無政府主義傾向的一方，從「人道」和「和平」的觀點來理解「強權」這個概念，指出一切強權都是壞的，公理只能用公理來加以衛護；有馬克思主義傾向的另一方，從「唯物」的觀點來解釋「強權」的意義和作用，認為強權就是一種實力，一種物質的力量，「強權衛公理」的意思，就是指公理必須有物質的力量去衛護它，才能實現❼。同年九月，陳獨秀在《新青年》八卷一號上發表〈談政治〉一文，從理論和事實兩方面駁斥無政府主義者反強權、反國家、反政治及反法律的論點。陳氏之文發表後，隨即引起無政府主義者鄭賢宗的反對，鄭氏致函陳氏，駁斥陳氏的論點，陳氏也函覆鄭氏，為自己的意見辯護。鄭、陳二人一來一往的書信原文刊於同年十一月出版的《新青年》八卷三號上。從「強權衛公理」的爭論到鄭賢宗與陳獨秀的爭辯，正式揭開了一九二〇年代初期無政府主義者與馬克思主義者大論戰的序幕。

以黃凌霜、區聲白等人為代表的無政府主義者，從極端的個人主義出發，主張個人的「絕對自由」，反抗一切權威，反對國家，反對專政，反對組織和紀律，反對集中和領導，猛烈攻擊馬克思主義不僅束縛個人的自由生活，也束縛了自由思想的發展。無政府主義者在論戰期間以《民聲》雜誌作為他們的言論機關，他們所提出的意見，主要有以下四點：

❻AD（即易家鉞），〈我們反對『布爾札維克』〉，張允侯等編，《五四時期的社團》第四冊（北京：三聯書店，一九七九年四月初版），頁一九五。

❼中共中央馬恩列斯著作編譯局研究室編，《五四時期期刊介紹》第一集（北京：人民出版社，一九五八年十一月初版），頁一九〇—一九一。

1.一個人生活在世界上，應該是自由自在的，不受任何一點來自個人以外的力量之束縛，個人的絕對自由不容侵犯；人類的進步全憑「自由意志」，沒有個人的「絕對自由」，社會就不能進步。

2.任何強權都必須反對，因爲它同「個人自由」立於相反的地位；國家是所有權威的總滙，它不僅造成了人類的不平等，也妨礙了人類的自由，所以一切國家都是壞的，都必須反對。

3.國家的強權既是萬惡之源，那麼，權位所從出的政府，同樣是萬惡之源，必須反對；尤其是俄國革命後所實行的無產階級專政，濫用強權，壓制自由，剝削和迫害勞動者，造成社會上的不平等，更要全力反對。

4.任何組織和紀律、集中和領導都是外來的強加於人的「自由意志」之上的東西，因而是不應該存在的；只有人人同意，個個贊成，才算眞正的自由，只有贊成的實行，不贊成的不實行，才算眞正的自由。

無政府主義者反對一切國家、政府、專政，反對一切組織和紀律、集中和領導的理由，據他們說是由於這些東西與「絕對自由」相對立。他們認爲，只有取消這些東西——廢除國家、推翻政府、去除一切強權，才能實現「無政府共產社會」，人人都能充分發揮其「絕對自由」，人人都能「各盡其所能」、「各取其所需」。

以陳獨秀、李達、施存統及周佛海等人爲代表的馬克思主義者，運用馬克思主義關於無產階級革命和無產階級專政的理論，同無政府主義者進行激烈而尖銳的爭論。馬克思主義者的意見主要發表在《新青年》及《共產黨》月刊上，綜合他們的意見，主要有以下四點：

1.他們認爲，個人的「絕對自由」是根本不可能存在的，因爲如果實現了個人的「絕對自由」，那就只能意味著消滅了自我以外的任何別人，只要有另外一個人存在，那麼，一個人的「絕對自由」就不可能實現；他們指出，強權不一定就是罪惡，強權之所以可惡，是它的用法不當，而不是它本身的性質使然。

2.他們認爲，在人類歷史發展中，國家並不是從來就有的，國家是階級矛盾不可調和的產物，是執行統治階級意志，對被統治階級實行專政的工具；他們表示，他們的最終目的也是沒有國家的，不過在階級沒有消滅以前，他們卻極力主張要國家，而且是主張要強有力的無產階級專政的國家。

3.他們指出，無政府主義與馬克思主義之間的最重要的分歧點，就在於無產階級究竟用不用「強力」，該不該奪取政權，要不要建立專政；他們認爲，資產階級是不可能自動讓位的，要推翻資產階級的統治，要打破資產階級的國家，無產階級就必須採取革命的手段，用「強力」來奪取政權，並且建立「強有力」的無產階級專政。

4.他們指出，爲了進行革命和建設，必須加強人民羣衆的組織性和紀律性，加強集中和領導；以生產爲例，他們認爲，整個社會的生產必須有組織、有領導，才能使社會生產不致成爲盲目的，才能使社會上的供求相適應，不會出現危機現象。

他們批評無政府主義者所提出的理想社會——沒有國家、沒有政治、沒有法律、沒有一切強權的「無政府共產社會」，只是一種「脫離實際的幻想」，只是一些「動聽的名詞」和「美妙的幻影」而已。以分配的原則而言，他們主張革命後先實施各取所值的「按勞分配」，俟新社會發展到一定程度時再實施各取所需的「按需分配」。他們指責無政府主義者所主張的革命後立即實施各取所需的「按需分配」，是「絕對辦不到的」，如若強行之，社會經濟秩序就要被「弄糟」了。他們還批評無政府主義者爲實現其理想而主張採取的「個人暴動」、「衆人起事」或「總同盟罷工」等手段，是不可能獲得革命的成功；他們強調，只有採取階級鬥爭、奪取政權的直接行動，才是社會革命的「最有效力的手段」。

四、社會主義者的分化及其不同的發展

一九二〇年代初期的中國社會主義論戰在現代中國歷史的發展上有十分重大的意義。從思想史方面而言，

近代西方社會主義思潮於十九世紀末傳入中國時，各種形形色色的社會主義派別攪和在一起，被統稱爲社會主義新思潮，在中國社會流傳著，當時的青年對於社會主義的意義及其流派的認識，如同「隔著紗窗看曉霧」一般，既模糊又紛亂❽。經由這場論戰後，社會主義的各個派別豎起了鮮明的旗幟，如社會改良主義、無政府主義、馬克思主義，彼此間壁壘分明，中國青年們從此對於社會主義的意義及其各家各派的不同主張有了較爲清晰的認識。這場論戰對馬克思主義在中國的進一步傳播，起了大的作用，它爲中共的建黨及其發展，提供了思想的條件。無政府主義，經過這場論戰後，勢力開始衰落，到一九二〇年代末就逐漸消亡了。至於社會改良主義，從一九二二年九月《改造》停刊後，沉寂了一段很長的時間，直到一九三四年，張東蓀、張君勱等人才組織「中國國家社會黨」（後改組爲「中國民主社會黨」），揭櫫「民主社會主義」，主張以漸進的、改良的、民主的方法，實現社會主義。但此時，他們的活動與作用，主要在政治層面，而非思想層面。

就政治史方面而言，中國社會主義論戰的重大意義是導致中國社會主義者的分化，此後社會改良主義者、無政府主義者、馬克思主義者，各行其是，其遭遇與發展各有不同。早期由無政府主義者與馬克思主義者合組的「社會主義者同盟」，後因雙方爲是否改組爲共產黨，是否採行俄國革命策略及布爾什維克化，發生尖銳爭論，而宣告瓦解。在中共醞釀建黨的過程中，無政府主義者還曾與馬克思主義者有過短期的合作，如北京及廣州的共產主義小組，就有著名的無政府主義者黃凌霜、區聲白及梁冰弦等人參加，後爲組織問題及階級專政問題，雙方發生激烈爭論，無政府主義者退出共產主義小組。從此，馬克思主義者與無政府主義者各行其是，前者建立了以馬克思列寧主義爲指導思想，以階級鬥爭爲革命方法，既有嚴密組織，又有鐵的紀律的「中國共產黨」，

---

❽瞿秋白，〈餓鄉紀程〉（一九二一年十月脫稿），瞿秋白文集編輯委員會編，【瞿秋白文集】第一册（北京：人民文學出版社，一九五八年一月五刷），頁二四。

在中國進行其民主主義革命和社會主義革命，對現代中國政治史的發展，發生了深刻的影響。而後者自與馬克思主義者分手後，就個人而言，「政治化者有之，資本化者有之——惡化軟化，氣息奄奄」；就團體而言，則「漫無組織」❾，「形同散沙」，因而使無政府主義運動「日歸寂靜」❿，逐漸衰落，至抗日戰爭發生後，「中國現實的政治狀況決定了無政府主義的空想只能是全部幻滅」⓫，從此在中國的政治和思想舞臺上，「已沒有無政府派的踪跡」⓬。至於社會改良主義者張東蓀，於一九二〇年夏雖曾與馬克思主義者陳獨秀、周佛海及維丁斯基（G. N. Voitinsky）等人在上海討論過組織共產黨之事，但因意見不同，張並未參加當時成立的共產黨組織。社會改良主義者在社會主義論戰期間雖將他們的刊物《解放與改造》更名爲《改造》，並提出彼等「公定之趨向」十六條，作爲他們的共同主張，爲日後正式組黨提供了思想的、理論的及政綱的基礎⓭。但遲至一九三四年，張東蓀與張君勱等人才正式組立「中國國家社會黨」。一九四六年，該黨與「民主憲政黨」合併，更名爲「中國民主社會黨」。他們在一九三〇到一九四〇年代，即抗日戰爭期間及抗戰勝利後的中國政治史上確曾扮演了相當份量的角色，並發揮了相當程度的影響。

中共史家特別強調社會主義論戰的歷史意義是繼「問題與主義」論戰後，促使「五四」運動初期形成的新文化統一戰線發生了進一步分化。胡華在《中國革命史講義》中對這個新文化統一戰線的形成有如下的解說：

---

❾民鋒社同人，〈我們的藥石〉，原載《學滙》第二〇四期（一九二三年五月二十三日），引自張允侯等編，《五四時期的社團》第四冊，頁二九四。

❿〈民鐘社全體社員啓事〉，原載《民鐘》第一三期「特載」（一九二五年九月），引自張允侯等編，《五四時期的社團》第四冊，頁二六三。

⓫周子東，〈無政府主義在中國〉，《社會科學》，一九八二年第二期（上海，一九八二年二月十五日），頁二八。

⓬鄭學稼著，《中共興亡史》第一卷下冊（臺北：中華雜誌社，民國五十九年一月初版），頁九〇三。

⓭社會改良主義者的這十六條「公定之趨向」，詳見《改造》第三卷第一號（一九二〇年九月十五日）所載的〈發刊詞〉，頁五—七。

「五四運動在其開始是具有初步共產主義思想的知識分子、革命的小資產階級知識分子和資產階級知識分子三部分人的統一戰線的革命運動。」他接著指出：這三部分知識分子在「提倡科學、民主和新文學，反對封建主義的文化中」，互相合作，形成了新文化統一戰線⑭。依胡華的說法，社會改良主義者是資產階級的知識分子，無政府主義者是小資產階級的知識分子。這個新文化統一戰線分化後，社會改良主義者提倡「勞資協調主義」，認爲中國可以經過發展「協社」，逐漸蛻變爲社會主義，因而反對暴力革命，反對建立馬克思主義的政黨；無政府主義者主張摒棄一切國家政權，主張絕對自由，否認無產階級建立政黨的必要，反對無產階級專政⑮。馬克思主義者在與社會改良主義者和無政府主義者展開激烈的理論鬥爭之後，中共另一史家蔡韋說，它不但對中共的黨在其一開始建立就成爲一個「有嚴密組織和鐵的紀律的無產階級革命政黨」有著「很大幫助」，而且通過這場論戰，馬克思主義者不僅與社會改良主義者和無政府主義者在思想上劃清了界限，還從組織上「清洗了無政府主義者」，從而「純潔了共產主義者的隊伍」。他強調說，這就是一九二〇年代初期中國社會主義論戰的「重要的歷史意義」⑯。

五、中國社會問題的解決之道

綜上所述可知，一九二〇年代初期的中國社會主義論戰，就是當時中國的社會主義者分別從社會改良主義、無政府主義及馬克思主義三個不同的觀點來解釋中國社會問題，並提出解決中國社會問題的不同意見，而發生

⑭胡華主編，《中國革命史講義》上冊（北京：中國人民大學出版社，一九八〇年四月二刷），頁四〇。
⑮同上注，頁四三—四四。
⑯蔡韋編著，《五四時期馬克思主義反對反馬克思主義思潮的鬥爭》，頁一一七—一一九。

的爭論。社會改良主義者主張以社會改良的方法，如開發實業，增加富力，從事文化及教育事業，並創辦生產及消費的協社等，來解決中國社會問題，至於「社會主義不妨遲遲」；馬克思主義者主張以社會革命的方法，組織無產階級的革命政黨，從事無產階級革命，建立無產階級專政，實現社會主義，最後再過渡到共產主義；無政府主義者主張以「平民大革命」或「總同盟罷工」的方法，廢棄國家、推翻政府、去除一切強權，立即實現「無政府共產社會」，使人人都能充分發揮其「絕對自由」。中國社會問題的解決，究應採取何種方法，社會改良抑或階級革命？階級專政抑或絕對自由？要尋求這個問題的答案，筆者認爲應從兩方面著手：一方面要探討中國社會的性質及中國社會問題的癥結所在；另方面要把中國問題與世界問題相結合，瞭解世界問題及世界潮流。唯有既能順應世界潮流，又能適合中國需要的方法，才能眞正解決中國的社會問題。

首先，筆者認爲近代以來中國社會的性質，一方面是列強侵略下的半殖民地或次殖民地社會，另方面又是從封建社會向資本主義社會過渡，或從農業社會向工業社會過渡的變動中的社會。而自民國成立以後的一九一○到一九二○年代的中國社會所遭遇的問題，主要是反帝國主義侵略及軍閥專橫的民族問題和政治問題，其目的在求中國民族的獨立、國家的統一和政治的民主。至於生產衰敝、民生困厄的經濟問題，必待民族問題和政治問題解決後，有了獨立自主的民族國家，有了民主自由的民權政治，我們的民族工業才能發展，經濟才能發達，民生才能富足。因此，筆者認爲，帝國主義的侵略、軍閥的割據與專橫，及經濟衰敝、民生貧苦，就是中國社會問題的癥結所在。

瞭解了中國社會性質及社會問題的癥結所在之後，進而可以探討解決這些問題所當取的方法。惟自近代東西交通以來，一國閉關自守的時代已經過去了，每一個國家或多或少都要與其他國家發生關係，因此，在尋找解決自己國家所遭遇問題的方法時，亦要瞭解當前的世界潮流是什麼，必須是既能順應世界潮流，亦能適合自己國家社會問題之所需的方法，才是可行的，而且有效的方法。

國父孫中山先生嘗題「世界潮流浩浩蕩蕩，順之則昌，逆之則亡。」十六個字，用以警惕國人及世人[17]。近代以來的世界潮流是什麼呢？一九〇五年十一月，中山先生在〈民報發刊詞〉中指出：「余維歐美之進化，凡以三大主義：曰民族、曰民權、曰民生。羅馬之亡，民族主義興，而歐洲各國以獨立；洎自帝其國，威行專制，在下者不堪其苦，則民權主義起，十八世紀之末，十九世紀之初，專制仆而立憲政體殖焉；世界開化，人智益蒸，物質發舒，百年銳於千載，經濟問題繼政治問題之後，則民生主義躍躍然動，二十世紀不得不為民生主義之擅場時代也。是三大主義皆基本於民，遞嬗變易，而歐美之人種胥冶化焉。其他旋維於小己大群之間而成為故說者，皆此三者之充滿發揮而旁及者耳。」[18]依中山先生之意，近代以來隨著時間的推移，世界上相繼發生了民族、民權、民生三大問題，而民族主義、民權主義、民生主義就是解決這三大問題的世界潮流。

何者才是既能順應世界潮流，又能適合中國實際需要，真正能夠解決中國社會問題的方法呢？筆者認為當中國社會一方面遭受帝國主義侵略及依附帝國主義的軍閥壓迫而淪為半殖民地或次殖民地之際，另方面又逢從封建社會向資本主義社會過渡，或從農業社會向工業社會過渡的大變動時期，改造中國，解決中國社會問題的方法，最為迫切急需的就是「革命」。一九一九年十月，孫中山先生在上海演講「救國之急務」時指出：「中國今茲，正瀕於最危之一步。所遇艱險，實前此所未嘗有。內憂現已當前，外患同時俱至。在內則有南北交爭，在外則有強鄰危我國脈。故萬不能不採一有力之方法以救吾國也。」[19]中山先生所謂的「有力之方法」，就是指「革命」。同（十）月，中山先生在上海的另一場演講，題為「改造中國之第一步」，他說，致力於教育事業，

---

[17]《中國的光明大道——三民主義》（中英文對照本）（臺北：中國大陸雜誌社，民國七十一年三月初版），頁七。

[18]孫中山，〈民報發刊詞〉（一九〇五年十一月二十六日），【國父全集】第二冊，（臺北：中國國民黨中央委員會黨史委員會，民國七十年八月再版），頁八〇—八一。

[19]孫中山，〈救國之急務〉，【國父全集】第二冊，頁三八三。

興辦實業，及推行地方自治，「固是改造中國的要件，但還不能認爲是第一步的方法」。那麼，這第一步的方法是什麼呢？他說：「在兄弟意思，只有革命。」[20]

近代以來的中國革命，尤其是辛亥革命後的一九一〇—二〇年代，爲了反帝反軍閥，建立一個眞正既獨立、又統一的民主共和國，所需的革命，不是階級革命，而是國民革命。因爲，一則當時的中國社會仍處在由封建社會或農業社會向資本主義社會或工業社會過渡的時期，資本主義尚在萌芽，初有工業社會的雛型，既無階級革命的需要，亦無階級革命的條件；二則反帝國主義的侵略，反軍閥的壓迫，爭取民族的獨立、國家的統一與政治的民主，進而發展經濟，富裕民生，是符合全民的利益，全體國民應共負革命的責任，共同參加革命的行動，因此它是「由民衆發之，亦由民衆成之」[21]的國民革命。爲順應世界潮流，適合中國實際環境與需要，中國的國民革命應包括反帝、反軍閥的民族革命和政治革命，以及追求既富且均的經濟革命。民族革命以民族主義爲原則，喚起民族意識，加強民族團結，反抗帝國主義的侵略與壓迫，爭取民族的獨立，實現民族的平等；進而致力於恢復民族固有道德與智能，並學習歐美長處，以提高民族地位，迎頭趕上歐美，在國際社會扮演「濟弱扶傾」角色，維護世界和平，使世界人類共躋於大同。政治革命以民權主義爲原則，先以革命武力結合全民力量，掃除軍閥的割據與專橫，建立統一的、民主的共和政體；實施權能區分與直接民權，既能發揮政府的功能，又能保障人民的權利；採行均權制度，既不偏於中央集權，也不偏於地方分權；貫徹執行民主法治，確實保障人民的自由平等。經濟革命以民生主義爲原則，既要開發資源，促進生產，振興實業，實現生產工業化，以求「富」；更要思患預防，以歐美爲鑒，避免在發展生產的過程中發生資本主義貧富不均的社會問題，實施平

[20]孫中山，〈改造中國之第一步〉，【國父全集】第二册，頁三八一—三八二。
[21]〈中國國民黨宣言〉（民國十二年一月一日），【國父全集】第一册，頁八五八。

均地權、節制資本，及社會安全福利政策，使社會經濟均等發展，實現分配社會化，以求「均」。唯有民生主義才能超越資本主義與社會主義，兼有兩者之利，既致力於生產工業化以求「富」，救中國之貧；又致力於分配社會化以求「均」，防微杜漸，使中國不致因富了而發生社會問題和社會革命。

中國共產主義的理論反思

姜新立

一九九一年八月蘇聯發生自一九一七年「十月革命」以來最重大的政治事件，此即蘇聯總統戈巴契夫在克里米亞渡假之際，以雅納耶夫為首的蘇聯保守派發生政變，宣佈國家進入緊急狀態。當坦克車與裝甲運兵車開進了莫斯科市區後，俄羅斯共和國總統葉爾欽在國會內號召莫斯科市民團結起來反抗此一政變。不到三天，政變失敗，戈巴契夫返回莫斯科重掌權力，次日（二十三日）戈氏宣佈現蘇聯政府全體總辭，再次日戈氏辭去蘇共總書記，並下令解散蘇共中央委員會；與此同時，蘇聯境內各共和國也都宣佈禁止共黨活動，沒收共產黨財產，以及將共黨組織排除出政府與軍隊之外。接著，波羅的海三小國宣佈獨立，戈氏也在最高蘇維埃演講，誓言加速政經民主改革，拋棄馬列主義意識型態，同意各加盟國有權決定自己命運。再下去，是各地列寧的雕像紛紛自人民廣場被移走，整個由列寧建立起來的布爾什維克共黨解體，馬列主義壽終正寢，蘇聯紅色帝國崩潰。這是二十世紀結束之前共產主義的巨變。

蘇聯共產主義死滅有其理論和實際原因。在理論上，猶如德國正統馬克思主義者考茨基(K. Kautsky)所說，列寧的政治統治是「劍的專政」，蘇聯共產主義是「恐怖主義」。「俄國馬克思主義之父」普列漢諾夫(G. Plekhanov)則指出列寧主義不是馬克思主義，而是暴力主義。在實際上，蘇聯所幹的是「社會帝國主義」，是「新極權主義」，是共黨專政的「國家獨佔資本主義」，是共黨紅色官僚的「社會法西斯統治」。在這種政治經濟體制下，權力腐化，政治黑暗，經濟落後，知識文化倒退，人民苦不堪言。如果說西方資本主義有問題尚可治療，則共產主義，如吉拉斯所言，其問題在於根本不能治療，最後必然解體。

在此情形下，中國共產主義往何處去？便成爲中國人現在應該嚴加思考的問題。本文針對理論面，由蘇聯共產主義的崩潰來探討中國共產主義的未來，到底中國共產主義是由蘇聯而來，如果蘇聯共產主義發生問題，而中共仍要堅持「馬列主義」，則中共的未來便不樂觀。

一、馬克思主義與中國問題

中國共產主義的歷史發展，其道路是崎嶇而艱困的。何以如此？這與共產主義理論在中國革命問題的具體實踐上能否相結合有大關係。

毛澤東在「論人民民主專政」中，曾經這麼說過，「中國人找到馬克思主義，是經過俄國人介紹的。……十月革命一聲炮響，給我們送來了馬克思列寧主義」。毛還說，「十月革命幫助了我們，用無產階級的宇宙觀作爲觀察國家命運的工具，重新考慮自己的問題。走俄國人的路——這就是結論。」這樣看來，中國共產主義的出現不是本土性的，而是由俄國傳入的。

現在問題出現了。「十月革命」勝利後的俄國馬克思主義是什麼？它是列寧主義式的馬克思主義(Leninist Marxism)，依柯拉可夫斯基(L. Kolakowski)的意見，列寧主義式的馬克思主義不能等同于古典馬克思主義。

先看古典馬克思主義是什麼？〈共產黨宣言〉裡有這一句話：「一個怪影在歐洲游蕩——共產主義的怪影。」這個共產主義就是馬克思主義，它是歐洲社會主義的一種，它主張在西歐高度發展的資本主義生產力，和它的生產關係有不能調和的矛盾時，就會發生社會革命，這革命會結束資本主義，經過無產階級專政，把人類社會轉入共產主義。這就是馬克思的馬克思主義。關於馬克思的馬克思主義是否是人類「眞理」或「普遍的歷史哲學」時，俄國的查蘇利奇(Vera Zasulich)特別寫信請問馬克思，馬克思在一八八一年三月八日回給查氏的信中說，他本人所說的「資本主義制度的歷史必然性只限於西歐國家。」此外馬克思在回覆俄國社會學家米海洛夫斯基(N. K. Mahailovskii)的信中也表示他根本沒有意思讓他的「理論」——指唯物史觀——成爲「普遍的歷史哲學」。如此看來馬克思主義在馬克思眼裡實爲解決西歐已開發國家（資本主義社會）問題的一種方案，而不是解決落後國家（封建主義或半封建社會）問題的方案。以上兩封信說明馬克思主義依馬克思本人的意思，只能適用於西歐工業發達國家。至于中國他認爲是「亞細亞生產方式」，連封建社會都不是。「亞細亞生產方式」的中國，按照馬克思主義的指謂，它不是工業社會，而是落後的農業社會，一個全國八〇%以上的人口屬于農民的生產力落後的農業社會，是沒有條件發生馬克思公式中的「社會革命」的，亦即並沒有實行社會主義的物質條件。落後的農業中國進入現代期後，主要問題是發展生產力問題，亦即馬克思所說的落後國家必須按照發達國家的面貌描畫出現代化的發展藍圖，換句話說，依照馬克思的「歷史公式」，中國要經過資本主義階段後才能談社會主義問題。旣然二十世紀初葉的中國不是工業發達的資本主義國家，則在中國革命與問題的解決上，平實而論，似乎馬克思主義沒有用武之地。

如果古典的馬克思主義與中國革命問題無甚關係的話，則毛澤東在〈論人民民主專政〉一文中所說經過俄國十月革命給中國送來的「馬克思列寧主義」，就不是古典的馬克思主義，而是列寧式的馬克思主義，或是毛澤東所稱的「馬克思列寧主義」。前面筆者說過，馬克思主義論定只有高度生產力發展的資本主義國家才有發生「社會革命」的可能，然而歷史的現實恰恰相反，首先發生所謂「社會革命」的國家，卻是經濟落後的沙俄。這等於說，俄國的「十月革命」是列寧式馬克思主義的勝利，而非古典馬克思主義的實踐。

二、馬列主義的問題所在

從理論上看，列寧式馬克思主義包含了許多「中年馬克思」的思想，此即在〈共產黨宣言〉中的強力革命奪取政權的主張，以及〈哥達綱領批判〉中所說的無產階級奪取政權後到建立社會主義新社會前，有一個革命轉換期——「無產階級專政」。在「無產階級專政」階段，馬克思指出，要設法廢除私有財產，實行生產資料與生產工具國有化，然後經過社會主義第一階段，再過渡到共產主義高級階段。基本上，俄共七十年來是按照以上理論去實踐共產主義的。中共既然在一九四九年起以俄爲師，也是依列寧式的馬克思主義作爲理論基礎去實踐共產主義的。因此，在共同的理論基礎上，去實踐共產主義，凡是在蘇聯出現的問題和困難，在中國大陸也可能出現，主要原因是俄共與中共都共同面臨著共產主義實踐過程中的理論困局問題。

列寧式的馬克思主義除了以〈共產黨宣言〉及〈哥達綱領批判〉作爲理論基礎外，還有列寧獨自從民粹主義(Populism)和虛無主義(Nihilism)吸收下來的「職業革命家黨」理論。列寧式的馬克思主義之所以強調落後地區可以發生「社會革命」，主要原因是有「職業革命黨」在進行革命鬥爭的運作及領導。等到以「職業革命家」爲主導的「社會革命」成功後，然後採取〈哥達綱領批判〉中所說的經過「無產階級專政」以過渡到共產主義第一階段，再經過社會主義階段而進入各盡所能、各取所需的高級共產主義社會。問題就出在列寧式的馬克思主義強調「職業革命家黨」在革命成功前的「先鋒隊」(the Vanguard)作用及革命成功後的政治領導權作用。不論是列寧還是史達林，「無產階級專政」的核心是共產黨的領導，此極容易變質爲一黨專政。只要一個社會主義國家由「無產階級專政」變質爲一黨專政，則共產黨人會因權力的異化由爲人民服務變質爲紅色官僚階級統治集團的政治獨裁，這種形式上的「無產階級專政」，依大理論家考茨基(K. Kautsky)的觀察，可以稱爲「劍的專政」，而不是馬克思眼裡的「無產階級專政」。

馬列主義走到這種地步，已離馬克思主義愈來愈遠。馬克思主義所欲社會主義革命後所要建立起來的是一個有充分自由和民主的社會主義社會，而馬列主義在俄國經「十月革命」所建立起來的蘇聯，卻是著名政治理論家阿倫泰(Hannah Arendt)所稱的世界上第一個「極權主義政權」(totalitarian regime)。即使不論戰後蘇聯的政治作爲，其所奉行的意識型態——馬列主義，是連馬克思主義理論家們如盧卡奇(G. Lukacs)、馬庫色(H. Marcuse)都不認爲那是馬克思主義。

盧卡奇與馬庫色對馬列主義的批評，可能是由馬列主義的具體實踐與馬克思主義整個思想基礎所產生的差距和矛盾出發來看問題，因此才會認爲馬列主義是馬克思主義的背離。但如果檢視蘇聯在實踐廢除私有財產和實行生產工具國有化，則不能不說馬列主義中也包含了馬克思在〈共產黨宣言〉中所提出的基本主張。可以這麼說，列寧主義或馬列主義在某種程度上是「中年馬克思」的思想在俄國的應用，亦即一八四八年〈共產黨宣言〉至一八七一年第二「巴黎公社」前的馬克思思想在俄國的實踐，但也必須指出，馬列主義也並不是對「中年馬克思主義」的全部應用，因爲，不論是「中年馬克思」抑或「老年馬克思」，其基本理論是指只有在資本主義高度生產力和它的生產關係發生不能調和的矛盾時，才有「社會革命」。而馬列主義則指出低度開發地區，如亞洲，一樣可以發生「社會革命」，而且只要有「職業革命家黨」的領導，以及廣大工農羣衆的參與，「社會革命」一樣到來。而且成功後，用以共產黨爲領導核心的無產階級專政，可以由共產主義第一階段——社會主義階段過渡到共產主義高級階段，最終進入共產主義社會，這就是史達林當年所提出的「一國社會主義」論和赫魯曉夫所說的蘇聯已進入「全民國家」開始實行共產主義的論點。但是，問題出在「職業革命家」(即共產黨人)身上，只要一個政權是由「職業革命家」所建立，並由共產黨人執政，由於「權力意識型態」作崇，這群打下江山的共產黨人，就會像毛澤東所警示的，或是鄧小平所批評的，他們會失去作爲一個共產主義者所應有的公而忘私的崇高理想，他們會爲了滿足自己的私慾和權力野心而變成脫離人民的紅色官僚統治集團。如果這些共產黨人具有共產主義理想，那由他們治理的國家又會實行〈共產黨宣言〉中的生產資料國有化。然而，事實證明這個集體所有制會變成共黨統治的物質基礎，並在這個物質基礎之上和在無產階級專政的過程中，不自覺地進行國家獨佔和社會壟斷，最後不得不變成「極權主義國家」。所謂「極權主義國家」，即一黨專政加上生產資料國有化的國家。這就是蘇聯式共產主義在實踐上超出並異於馬克思主義理想及預言的地方。

馬列主義的主要問題出在以共黨爲主導爲核心的無產階級專政和生產資料國有化。列寧早已詮釋過，「專政」就是不與他人分權，亦即享有權力獨佔。然而權力一旦獨佔，必造成權力絕對化，「絕對的權力，絕對的腐化」，此爲共產黨人最後變質爲紅色官僚的原因。這個時候，有眞正共產主義理想的共產黨人就會針對此一變質現行體制提出反對黨內官僚主義的鬥爭。此外，由於生產資料國有化，必然實行「計畫經濟」。計畫經濟建立在農業集體化和工商業國有化上，此即實踐「集體所有制」和「全民所有制」。依照共產主義的理論，「計畫經濟」可以消弭生產上的無政府狀態,是理性的生產經濟形式,而且它的生產力將高於資本主義的「自由經濟」。然而，半個多世紀的蘇聯社會主義經濟建設的實踐，經過聯合國的統計，蘇聯的工農生產力尚比不上資本主義的美國工農生產力。

蘇聯實踐共產主義第一階段時，列寧稱它爲「戰時共產主義」，其結果是官僚腐化、生產低落、經濟倒退。於是列寧改行「新經濟政策」。史達林主義時代，蘇聯奉行「史達林模式」，實行一連串的五年計畫，可是在農業集體化與工業國有化的社會主義經濟建設下，蘇俄在政治上雖是霸權國家，但在經濟上實爲國窮民困，於是才有以後的「李普曼計畫」，此計畫是以利潤刺激生產，此在本質上已經不是馬克思主義的經濟政策。赫魯曉夫以後的柯西金，以「計畫集中化，管理民主化」爲口號，仍然採取李普曼主義(Libermanism)，但不能挽救蘇聯的工業生產根本危機，此危機指生產工具國有化所造成的整個社會生產力的低落。柯西金的改革與赫魯曉夫的改革，基本形式是一樣的，只是共產主義制度內的改良，而非對共產主義制度的根本變革。蘇聯赫魯曉夫當年的改革，毛澤東及黨內文革派斥之爲「修正主義」，並且開展「反修防修」運動，以避免在中國也出現所謂「資本主義復辟」。其實赫魯曉夫的俄共在搞改革開放，在挽救共產主義，並不是在搞修正主義，當時中共黨內只有劉少奇、鄧小平們看得出來。俄共在布列滋涅夫上臺後，重新恢復史達林主義，這又使蘇聯在共產主義的實踐上走回頭路，整個經濟發展後退，生產力下降。等到戈巴契夫上臺，蘇聯共產主義才重新走上改革開放道路。依戈巴契夫的「新思維」，七十年來蘇聯在馬列主義教條制約下，政治絕對主義、文化專制主義、社會法西斯主義、經濟上的集體主義十分嚴重，在社會主義的建設和共產主義的實踐中，人的潛力遭受著教條的桎梏。他認爲，不論在思想上、政治上、經濟上、社會上，都應重新給蘇聯人民以生存空間。基於此，他認爲民主化與非意識型態化是改革開放政策中的當務之急。在政治民主化上，他在新黨綱中放棄了俄共一黨專政，改革俄共爲西方式社會民主政黨，以向人道且民主的社會邁進爲目標；在經濟改革上，採行社會主義與市場經濟並行並存的混合型經濟制度，承認所有權型態的多樣化，對私有財產制雖非全盤接受，但卻重新給予定位，容許有限度的私有財產存在。最近戈氏更公開宣稱要去除馬列主義神聖不可侵犯的教條權威，要把蘇聯建成爲一個法治、多黨政黨、三權分立、保障人民權利與自由的國家。筆者無意比較西方三權分立民主制度與共黨無產階級民主制度孰優孰劣問題，筆者只想指出，戈巴契夫原是一個忠實的馬列主義者，爲什麼他要對馬列主義進行「非意識型態化」，值得北京的中共領導人深思。

三、回返馬克思主義

毛之後的中國共產主義是在一九七八年開始轉變的。這一年中共在理論上開始「非毛化」（此爲學術用語，與「非史達林化」相似，無任何貶義），哲學語言是「實踐是檢驗眞理的唯一標準」，時間是由中共十一屆三中全會前夕到六中全會上。

中共這一時期黨內的非毛化主要是打破中共本身意識型態上的精神枷鎖，要來個「思想大解放」。所謂「實踐」指一九四九年建國以來的中國社會主義革命實踐，所謂「眞理」暗指「毛澤東思想」。當時中共報紙稱：凡實踐證明是錯誤的或者不符合實際的東西，就應當改變，不應當再堅持。凡有超越於實踐並且封爲絕對的「禁區」的地方，就沒有科學，就沒有眞正的馬列主義，而只有蒙昧主義、唯心主義、文化專制主義。這是反對「毛澤東思想」被當成禁區或教條，亦即當時中共黨內開始反對把「毛澤東思想」絕對化。

非毛化在理論內容上包括對「歷史動因」的探討，對「繼續革命」的批評，對「資產階級政權」的批評，對「巴黎公社」的批評，對「人道主義」的探討。馬克思的唯物史觀指出歷史的動因是生產力的變化，劉少奇當年因重視生產力的發展，被毛斥爲「唯生產力論」，毛認爲生產關係可「反作用」於生產力，因而提出「抓革命、促生產」的說法。因要抓革命，必然強調「階級鬥爭」，但中共在三中全會上宣佈「階級鬥爭基本結束」，這是明顯地否定毛的階級鬥爭突出論。馬克思主義指出歷史是勞動人民創造出來的，反對英雄史觀，反對神學史觀。但文革期間，林彪允許並鼓勵人民對毛作個人崇拜，並進行造神運動。三中全會後，中共批評黨內個人崇拜問題，重申馬克思主義所提歷史是人民創造的，而不是什麼英雄、救世主創造的。文革是毛澤東的繼續革命論的具體實踐。繼續革命論的基礎是指社會主義階段中有資本主義復辟的可能，有黨內新生資產階級出現的可能，有社會主義變質的可能，有階級鬥爭熄滅的可能，這些都難以使社會主義過渡到共產主義，因此毛認爲有「繼續革命」的必要。「繼續革命」在古典馬克思主義中被理解爲實現最終革命目標的手段，但毛把它當成目的，此反而成爲社會不安定的因素。中共在三中全會上將毛的繼續革命論否定，改以技術革命論，即發展生產力爲加強社會主義向共產主義過渡的手段，中共六中全會上還否定毛在文革所提「限制資產階級政權」問題。

「資產階級政權」出自馬克思的〈哥達綱領批判〉。所謂限制資產階級政權主要在防止資本主義復辟，但實際上毛誤解了馬克思的意思。在社會主義社會中，不可避免的不平等，即因勞動力的差距而造成的不平等，馬克思稱爲「資產階級法權」，但這種不平等是自然的，馬克思並不否定，只希望這個現象能最終消失。毛所採取的手法是「加強無產階級專政」，「割除資本主義尾巴」，實行「一大二公」，採取「絕對平均主義」。一九七八年中共新憲法已對「資產階級法權」有了新解釋，強調「各盡所能，按勞分配」，指出資產階級法權不會引起資本主義復辟問題，所謂「資本主義尾巴」（即自留地、家庭副業、個體經濟等事）也認爲有其必要，並指出追求社會平等，如從物質上加以限制，顯然是不實在的做法。關於人道主義與馬克思主義的關係，主要是三中全會後中共黨內理論家因批評文革之慘酷與反人道而重新反省馬克思主義問題。中共黨內對此問題的探討，其中有些理論家認爲人道主義是馬克思主義哲學中的一個組成部份，從而掀起中國大陸學界對青年馬克思的研究，尤其是著重馬克思的異化論的探討。基於此，中共黨內理論家認爲文革十年浩刼是違反人道主義的，是違反馬克思主義的。對馬克思異化論的探討，是一九七八年以後中國共產主義在理論反思上最有意義的轉變，西方學者也都認爲這象徵中共在理論上已衝破馬列主義的教條性，由馬列主義回返到馬克思主義。

四、所謂「有中國特色的社會主義」

中共在理論思想上由檢驗毛澤東思想，到省察馬列主義，到最後向馬克思主義歸位都是在結合了中國問題的實際而做的理論反思。然而，誠如筆者在前面曾經指出的，馬克思主義是解決十九世紀歐洲資本主義危機的理論，它並不是解決低度開發或開發中國家的理論，如果由馬列主義歸位到馬克思主義便以爲可以解決中國問題，顯然是不合乎實際的。關於這個問題，顯然中共領導人們，尤其是以鄧小平爲首的黨內改革派看得很清楚，從而提出「馬克思活在一百多年以前，不能要求馬克思、列寧的著作解決我們當前的所有問題」。這是不是中共在否定馬克思主義呢？不是。中共理論家的解釋是這樣的：「我們必須離開做爲教條主義的列寧式的馬克思主義，剝除它那神聖不可侵犯的『絕對眞理』的面紗，還以馬克思主義以本來面目，回返到做爲實踐的、批判的和人文主義的馬克思主義。同時，我們也要進一步發展馬克思主義。就像生命成長一樣，理論也一樣會成長。馬克思並沒有對我們當代中的許多問題給以答案；他也確實未能預見或回答它們。古典馬克思主義是早期資本主義時代貧困無產階級的理論。它的某些結論已經不再能夠適合我們當代高度發達的資本主義社會。」

既然古典馬克思主義不適用於當代和解決當代問題，則如何把堅持馬克思主義同中國問題的具體實際相結合起來一事，就成爲中共在理論思考上的一個現實的問題。中共黨內的理論思考邏輯似乎是沿著實現所謂四個現代化發展的。鄧小平說：「過去搞民主革命，要適合中國情況，走毛澤東同志開闢的農村包圍城市的道路。現在搞建設，也要適合中國情況，走出一條中國式的現代化道路。」既然中共要實現四個現代化，又要堅持四項基本原則，則可以對馬克思主義給予現代化的修正，此即所謂「有中國特色的社會主義」的提出。

鄧小平在「十二大」開幕詞中說：「我們的現代化建設，必須從中國實際出發，無論是革命還是建設，都要注意學習和借鑑外國經驗。但是照抄照搬別國經驗、別國模式從來不能得到成功。這方面我們還有不少教訓，把馬克思主義的普遍眞理同我國的具體實際結合起來，走自己的道路，建設有中國特色的社會主義，這就是我們總結長期歷史經驗得出的基本結論。」這段話內有「照抄照搬別國經驗、別國模式」一語，其中「別國」指蘇聯而言，「模式」指史達林模式而說，因爲毛澤東老早提過，「走俄國人的路—這就是結論」。

依照俄共的歷史經驗，所謂社會主義現代化就是依照「史達林模式」，先走過過渡時期總路線，對工商業進行基本改造，對農業先進行合作化，再集體化，最後完成工商業國有化和農業集體化兩大社會主義建設路線，以完成社會主義現代化。史達林模式在中國的實驗，基本上因毛在實踐上所執急進的態度，可以說是並不成功。

因此毛逝世後，才有鄧小平所領導的中共在解放思想，實事求是的基礎上，提出要「走出一條中國式的現代化建設道路」來。

自中共在延安召開「七大」起，中共所講的社會主義都是遵照史達林的定義，同時中共在一九四九年成立中華人民共和國後，也是按「史達林模式」進行社會主義建設的。現在鄧小平所說的「有中國特色的社會主義」究竟所指為何？他自己並沒有具體的說出來，只承認過去「照抄照搬別國（蘇聯）經驗」不對云云。然而，自從《鄧小平文選》出版後，中共理論工作者們討論「有中國特色的社會主義」論文日多，根據中共北京房山縣委書記李永芳的〈對在農村建設有中國特色的社會主義的一些理論——學習《鄧小平文選》體會〉一文所說，所謂「社會主義」指「堅持馬列主義原則、生產資料公有制、按勞分配計畫經濟、努力建設社會主義的精神文明、實行人民民主專政。」所謂「有中國特色」是指「按照中國的特點、具體情況來搞社會主義建設。中國是一大、二雜、三農、四窮、五古老。」「地大物博，人口衆多，這決定了我們建設社會主義能夠而且必須堅持獨立自主、自力更生的原則。中國幅員廣大，各種類型的地區都有，且有先進落後之別，這決定了我們建設社會主義不能搞一刀切，應允許發展速度有快有慢，建設規模有大有小，組織形式多種多樣。中國農業人口佔八〇%，這決定了我們必須重視農業，把發展農業放在首要位置。我們底子薄、基礎差，決定了必須集中資金搞重點建設，不能搞的太快太散。中國幾千年的封建歷史、封建殘餘影響既深又廣，科學文化落後，因此在建設四個現代化同時，還要注意實現高度的社會主義民主，建設高度的社會主義精神文明。」

如此看來，所謂「有中國特色的社會主義」是指在堅持四項基本原則下按照中國的特點、具體情況來建設社會主義。然而，如何去建設「有中國特色的社會主義」？這可從一九七五年鄧小平提出糾正「三項指示為綱」，號召「把生產搞上去」，以及十一屆三中全會指出「階級鬥爭為綱」的錯誤，以及十一屆六中全會強調黨和國家工作的重點必須轉移到以經濟建設為中心的社會主義現代化建設中來得知線索答案。具體而言，在政治體制上由過去實行「無產階級專政」，現在改爲實行由工人階級領導的、以工農聯盟爲基礎的「人民民主專政」。所謂人民民主專政早在毛澤東發表〈新民主主義〉時就已提出，爲何現在中共重申實行「人民民主專政」？因爲文化大革命時因實行「無產階級專政」造成以工農爲盟爲基礎的社會主義勞動者的廣泛統一戰線的破裂，目前既然「團結一致向前看」（鄧小平語），有必要改爲實行「人民民主專政」。在經濟措施上，史達林模式是重工輕農，鄧小平看出中國有八億以上農民，應重視農民的農業生產。由於農業的重要性，鄧小平們把它放在社會主義現代化的首位，因此在農業經營上廢除公社制，實行村鎭社政分開，採取以戶爲單位的聯產承包責任制。而在工業方面，廢除以往「吃大鍋飯」和「平均主義」的措施，改採在公有制的基礎上實行計畫經濟，同時以市場經濟爲輔助措施，並改指令性經濟爲指導性經濟，並且參考南斯拉夫經驗實行企業經營、管理的權力下放與自治。在文化生活方面，則要求以共產主義思想爲核心，同時發揚中國古代優秀文化傳統，進行五講四美，以建設出中國社會主義的精神文明。總之，「有中國特色的社會主義」可以被詮釋爲在人民民主專政下實行生產資料社會主義的公有制。如與毛澤東所行的以史達林模式爲基礎的俄式社會主義相比，鄧小平的「有中國特色的社會主義」無疑是一種轉變，這種轉變是以南斯拉夫經濟爲新典範，去除史達林模式，拋開馬列主義教條下的社會主義一元論主張，體現了社會主義多元化，從時代與社會現實出發來看問題，中共採行「有中國特色的社會主義」是一種進步，値得肯定。

五、「社會主義初級階段論」的理論意義

當鄧小平在「十二大」開幕上說今後要「走自己的路，建設有中國特色的社會主義」時候，胡耀邦在政治報告中對於中國大陸這個社會主義社會的發展實況作了如此說明：「我國的社會主義社會現在還處在組織發展

階段」。當提到共產主義運動在中國發展時，又說：「現在這個運動在我國已經發展到建立作爲共產主義社會初級階段的社會主義社會。」胡氏在「十二大」的政治報告中所指是：中國大陸於一九八二年在共產主義發展階段上講，屬於「共產主義社會初級階段」——社會主義社會階段。這是按古典馬克思主義的分析所作的結論。馬克思在〈哥達綱領批判〉和〈法蘭西內戰〉中認爲在資本主義與共產主義之間有一個中間過渡期——「無產階級專政」階段。經過「無產階級專政」階段後才進入共產主義初級階段，即社會主義階段，而後再轉入共產主義高級階段，實現烏托邦社會主義者們的理想——「各盡所能、各取所需」。列寧根據以上馬克思的意見，說由「無產階級專政」到共產主義社會有兩個階段，即初級階段的社會主義和高級階段的共產主義。此後全世界共產黨人對於共產主義的發展便以列寧的「二階段論」奉爲依據。但是列寧只提兩個階段，並未說出內容。以後史大林主政後對社會主義與共產主義作了詮釋。他以爲實行無產階級專政的國家，實現農業集體化（集體所有制）和工商業國有化（全民所有制）後就算完成社會主義。如果再進一步，實現單一所有制，即由集體所有制轉入全民所有制，就算實現共產主義。然而，據南斯拉夫馬克思主義理論家彼德羅維奇(G. Petrovic)的分析，列寧好像錯解了馬克思。馬克思眞正考慮過，認爲社會主義「高於」共產主義，因爲共產主義是私有財產的積極揚棄，是生產資料的共有和產品的共有；而社會主義是人的眞正生活、人的積極實在、人與人相互平等、人的自由的積極實現。因此，按照馬克思的意思，「共產主義」是初級階段，「社會主義」是高級階段。如果是這樣子的話，列寧所說的共產主義兩個階段，其初、高階段正好與馬克思的兩個階段相反，而胡耀邦所說的一九八二年的中國屬於「共產主義社會初級階段的社會主義社會」也是跟隨著列寧將錯就錯了。

中共由「十二大」到「十三大」不過五年時間（一九八二——一九八七），在這五年中間，中共在實現「有中國特色的社會主義」上似乎發現中國現階段的社會主義在發展程度還不夠成熟與充分。這個問題在一九八六年秋天的十二屆六中全會的決議上便已表露出來：「我國還處在社會主義初級階段，不但必須實行按勞分配，發展社會主義商品經濟和競爭，而且在相當長的歷史時期內，還要在公有制為主體的前提下，發展多種經濟成分，在共同富裕的目標下，鼓勵一部份人先富起來。」到了「十三大」，趙紫陽在會上談到中國社會現在所處的歷史階段時，除了說要建設有中國特色的社會主義作為首要任務外，還要認識到「我國正處於社會主義的初級階段」。

「初階論」的內涵可簡述如下：㈠初級階段既不同於社會主義經濟基礎尚未奠定的過渡時期，也不同於已經實現社會主義現代化的階段。現階段社會的主要矛盾，是人民日益增長的物質文化需要同落後的社會生產之間的矛盾。為了擺脫貧窮和落後，「現階段」要把發展生產力作為全部工作的中心。㈡現階段的另一工作重心是堅持「全面改革」，改革重點在於：要擺脫長期形成的僵化體制的束縛，以發展生產力，社會主義的不成熟性，需要非社會主義經濟成分作為補充。此即：在所有制方面，以全民所有制經濟為主導，以公有制經濟為主體的大前提下，允許多種經濟成分，即多種所有制形式同時並存。在分配方式上，以「按勞分配」為主體的前提下實行多種分配方式，強調多勞多得。在經濟上是社會主義計畫經濟下的市場機能經濟，即以計畫經濟為主，以市場經濟為輔。在富裕問題上，允許和鼓勵一部份人先富起來，最終實現「共同富裕」。㈢在落後基礎上建設社會主義，就要堅持對外開放，以發展對外經濟技術合作與交流。㈣必須以馬克思主義為指導，努力建設精神文明。㈤努力建設民主政治，但人民民主專政亦不能削弱。以上所有內涵可以「一個中心」、「二個基本點」概括，此即：社會主義初級階段應以經濟建設為中心：以堅持四項基本原則及改革開放為基本點。

「社會主義初級階段」有何意義與性質？趙紫陽的報告中有答案：其一是中國大陸社會是社會主義社會，不是什麼在「走資」。其二是，這是中國大陸在生產力落後、商品經濟不發達的條件下必須經歷的特殊階段，不是泛指任何國家進入社會主義都會經歷這個「初級階段」。其三，從五十年代生產資料私有制的社會主義改造基本完成開始，到社會主義現代化的基本實現為止，至少要上百年時間，都是屬於社會主義初級階段。其四，中國社會主義基本走向是社會主義初級階段，然後走入社會主義高級階段，最後走入共產主義階段。其五，是以社會主義初級階段論排除歷史發展「機械論」與歷史發展「空想論」。趙紫陽認爲，在近代中國的具體歷史條件下，不承認中國人民可以不經過資本主義充分發展階段而走上社會主義道路，是革命發展問題上的「機械論」，是「右傾」錯誤的重要認識根源；如果以爲不經過生產力的巨大發展就可以越過社會主義初級階段，是革命發展問題上的「空想論」，是「左傾」錯誤的重要認識根源。

「初階論」提出後，引起中共理論界的意見討論。有人認爲這是對馬克思主義的突破和發展，是馬克思主義在中國的重大勝利，也有人採取教條主義的說法，認爲「初階論」是「離經叛道」。其實這二種意見與趙紫陽在「十三大」會上所說的「左」、「右」傾「錯誤認識」相呼應。在趙紫陽眼中的「右傾」觀點，如果從古典馬克思主義理論上說，實際上就是正統的唯物史觀歷史公式。一八五九年馬克思在《政治經濟學批判》序言中如此說：「大體說來，亞細亞生產方式、古代生產方式、封建生產方式以及現代資產階級生產方式，可以看成社會經濟型態發展中的幾個演進時代。」既然馬克思認爲以上四個階段是人類歷史社會發展中的幾個「演進」時代，表示這幾個階段是「連續的前進的階段」，不能隨意顚倒或跳躍。因此，依馬克思的意見，社會主義生產方式應在資本主義生產方式之後，因爲唯有資本主義的生產力充分發展而造成與資本主義的生產關係不可調和的矛盾時，無產階級社會革命才會發生，人類才會進入社會主義生產方式歷史階段。如此說來，趙紫陽所說「不承認中國人民可以不經過資本主義充分發展階段而走上社會主義道路，是革命發展問題上的機械論」一事恰恰是意味著馬克思的歷史公式是「機械論」。這如果不是趙紫陽錯解了馬克思，就是準備批評馬克思的歷史公式中的「連續的前進的階段」不適合解釋近代中國的歷史現實。至於趙紫陽又指出「以爲不經過生產力的巨大發展就可以越過社會主義初級階段，是革命發展問題上的空想論」，顯然是批判黨內馬列主義急進派所堅持的只要狠抓革命，堅決進行階級鬥爭，共黨革命推翻資本主義社會後，就可建立社會主義社會，然後可以逐步過渡到共產主義社會。

中共「十三大」上所提「社會主義初級階段論」如果是用來反對黨內「左」傾的空想論而發，自然有其重要意義，此即中共終於承認生產力的巨大發展是社會轉型的物質基礎，在思想認識上逐漸遠離中年馬克思強調的「用強力推翻全部現存社會制度」或馬列主義左傾空想的唯意志論，而開始向古典馬克思主義歸位。如果是用來反對黨內右傾的機械論，則顯然是值得商榷。因爲中共對革命發展問題與歷史社會轉型階段比馬克思的歷史公式規定得還要嚴格和細緻。馬克思在資本主義之後只說共產主義社會有第一階段和第二階段；列寧也只說這第一階段是社會主義，第二階段是共產主義。現在中共在馬克思主義歷史公式中的後資本主義社會中的第一階段——社會主義階段又細分爲社會主義初級階段、社會主義高級階段、共產主義階段三種，而且還指斥凡不經過生產力的巨大發展認爲就可越過社會主義初級階段的說法是「空想論」，可見中共對於今後自身發展必須沿著社會主義初級階段→社會主義高級階段→共產主義階段的基本走向是採取嚴格的「連續的前進的階段」邏輯的。馬克思的四階段論與中共的「初階論」，既然都強調歷史社會發展應是「連續的前進的階段」，便表示馬克思與中共都注意到了歷史發展的具體條件和邏輯過程。這表示中共如馬克思一樣，都重視實事求是，都尊重客觀現實，這應是辯證唯物論，而不是什麼機械論。

平實而論，中共的「社會主義初級階段論」在理論和現實上具有如下的特別意義，此即：中共作爲世界上最大的共產黨，已用馬克思主義的理論在中國這塊廣大的土地上進行實驗。四十年的實驗後提出中國現在仍處在社會主義初級階段，因而提出「社會主義初級階段論」來補充馬克思主義的理論，這應可看作是對馬克思主義理論上的一種發展。其次，四十年後的今天，中共能坦然承認在社會主義革命發展道路上，「我國還處在社會主義初級階段」，說明中國大陸的社會發展，從「發展理論」(Development Theory)上看，還處在 under-developed stage，這一方面說明中共能實事求是，知道總結經驗，承認自己發展不足，有這種自省就是好事，就會進步；而另一方面，也說明社會主義是一條崎嶇而漫長的道路，急迫不得，不可能一夜之間進入共產主義。

社會發展是有階段的，而此階段的轉換基於客觀條件的成熟，客觀條件的成熟要靠發展生產力去完成，同時要適當地改變生產關係以適應生產力的發展，並且要在社會主義生產方式的深層結構之中去調整好「上層建築」和「下層建築」之間的功能關係，這是創造歷史社會轉型客觀條件成熟的努力方向。

六、結　語

由歷史的回顧到理論的反思，筆者對中國共產主義七十年來的發展作了一次省察。在歷史回顧上，我認爲中國共產主義的發展路程十分曲折，而且它是在黨內激烈的「左」、「右」兩種傾向的路線鬥爭以及挾雜著無可避免的權力鬥爭中發展出來的，而且今後的中共仍將面對著黨內左傾冒險主義和右傾機會主義的鬥爭中並克服這兩種傾向而發展下去；這是辯證的發展，也是前程多艱，這要靠中國共產黨人保持馬克思所說的純樸的共產主義風格和純眞的共產主義理想，才能自我完善地走將下去。

而在理論反思上，筆者覺得中共將馬克思主義的理論、馬列主義的理論與中國革命的實際相結合得頗爲吃力。這主要是中共對馬克思主義的適用性問題，中國問題的根本所在，乃至馬列主義（尤其是史達林主義）的實質，未能有較好的理解。在選擇社會發展道路上，理論、典範、模式是重要的，但如果對所採取的理論理解的深度不足，則在理論與現實要進行結合時，就會產生因難以結合而造成許多不必要的痛苦經驗，而且也會造成在發展的道路上因無意的理論誤導而產生時間的浪費，或不願見到的逆退發展的出現。所幸鄧小平的中共已經看到這一點，因而在理論上採取對古典馬克思主義的反思，對馬列主義教條左傾空想的批判，對「社會主義初級階段」理論的提出，以求在修正並發展馬克思主義的前提下，使馬克思主義的理論與中國問題的具體實際結合得更好。

然而，中共當今在蘇聯巨變之後仍然宣稱不走資本主義的道路，要正確分清「姓資」、「姓社」問題，而且強調無論蘇聯如何變化，中國必須「堅持社會主義的優越性」。假如是這樣，中共應在「四個堅持」的困局和如何發展具有中國特色的社會主義之間做出理性選擇。不論做何選擇，面對蘇聯變局以及共產主義在蘇聯的命運，中國共產主義有必要做進一步的反省、修正或重建。

論近代中國民族主義運動之曲折發展

毛鑄倫

一、近代與近代中國民族主義

歐洲民族國家在近代的興起，以及隨之而來的殖民地開拓經營、產業革命、重商主義運動等，給人類歷史的演進，添加了嶄新的與更具威力的人對人可以遂行剝削、掠奪、霸佔等罪惡的條件❶。

西方列強的東向侵略，一個明顯的結果即是它以暴力強迫中國進入近代❷。簡單的比較，人類近代史的面貌在東方、西方呈現出的最大不同，應該是西方的主動與先行的進入近代，而中國則是被動與後進者。若以鴉片戰爭做爲中國步入近代的起點來看，西方列強的主動與先行，使它在至少兩個重大關鍵上領先東方：其一，它基本上解決了國內重大政治歧見或鬥爭的不會導致內戰的政治體制問題❸；其二，它在武器與武器生產、情報技

❶〈帝國主義是資本主義底最高階段〉，【列寧全集】三版第十九卷；漆樹芬，《經濟侵略下之中國》，頁一—三六；Arendt, Hannah,《帝國主義》，蔡英文譯，頁一—五〇。

❷漆樹芬，《經濟侵略下之中國》，頁六三—七九；劉德美，〈新青年與新文化運動〉，【中國現代史論集】第六輯，頁四八一—五〇四；鄭學稼，《陳獨秀傳》，頁一四三—四一〇。

術上持續進步發展，培養了它保衛與爭奪海外利益的信心與野心❹。近代帝國主義的特色是它對被侵略、被殖民者的長期計畫或長期設計，使之在經濟、政治、文化等各方面，自覺或不自覺的、自願或不自願的爲帝國主義者的所謂國家利益服務。但是造成這一事實的主要原因，似乎仍在於帝國主義者對它所擁有的武器系統的信心，以及從這種信心衍生出來的野心。在這種野心的驅策下，帝國主義成爲一種無休止的、不饜足的、手段多樣的優勢侵略事業。

在近代歷史中，中國人至遲在十九世紀結束之前，終於在痛苦和惶恐中警覺，必須設法擁有自己的不遜於西方的武器與生產這類武器的工業和科技，也必須找到一種可被大多數中國知識分子所接受的政治制度❺，藉以解救中國出於亡國之奇禍，且此制度亦須有效於因應爾後的國家危機❻。這也就是說，中國之有了屬於自己的民族主義覺悟，係肇因自被迫進入近代之後的特殊不安全經驗，而這一民族主義意識傾向於肯定或支持一切抵抗帝國主義的自衛行爲，與尋求一套可以有助於中國在近代世界中生存和發展的政治制度。它在對外的意義上，中國在近代的工業化發展的道路，乃無可避免是應該以獨立與先進的武器系統爲戰略目標的，但此一目標直接的違礙到帝國主義者對中國的野心企圖與在中國的可能的利益，因此，如何使中國最慢的積累到必要的條件得以朝向（軍事）工業的獨立自主化發展的一切手段，便都是帝國主義者可以做和必須做的。進入二十世紀以後的中國與列強的關係史，尤其是以上述事實爲核心的角力過程，中國常常失敗，但總括來看，中國並未偏離主

---

❸羅敦偉，〈現代民治的趨勢〉，《民主主義》（帕米爾書店編輯部編），頁四七—四八。

❹Schlesinger,James R，《國家安全的政治經濟學》，鈕先鍾譯（國防部計劃局編譯室印行），頁五三—八一、頁二九三—三〇八。；Deacon,Richard, *A History of British Secret Service*, pp.21-38, pp.169-187.

❺毛鑄倫，〈試析近代中國革命的幾個歷史原因〉，《仙人掌雜誌》第十號——科學在中國，頁二〇九—二三三。

❻梁漱溟，《中國民族自救運動之最後覺悟》，頁一—二六。

要目標的方向。它在對內的意義上，中國人尋求一套新的政治制度的共同意志，卻因第一次大戰結束後，西方列強與日本的聯手侮辱中國，相對的激起中國知識分子階層對西方民主政制僞善本質之懷疑和反感，從而轉向對極右法西斯主義與極左布爾雪維主義產生興趣並寄以期望❼。中國知識分子階層在政治上的選擇這兩種極端的意識型態爲新的出路，主要係因爲它們在當代各自表現出對西方主流的反叛和打擊。但布爾雪維主義與法西斯主義分別被引爲以救中國爲無可旁貸責任的革命政黨的工作指導綱領，亦規定了近代中國的革命政黨的必然的敵對鬥爭，而且隨著政黨間的鬥爭的持續化與慘烈化，則相對的提供了革命政黨的領導階層權力集中的有利條件，也使政黨生活相當程度的軍事主義化。因此，近代中國的互相敵對政黨之克盡全力求生存發展與不被敵人瓦解消滅，乃是它高於一切的任務。這裡面包含了兩個值得重視的問題：其一，二十世紀早期以後的中國政治發展歷程，主要是由兩個進行長期的流血恐怖鬥爭的政黨所構成的。這當然不是一個正常的歷程，故不可能期望它產出正常的結果，譬如政黨間誠實的寬容、諒解，以和平方式締造政爭的遊戲規則等；其二，由於長時間的鬥爭經驗而產生的較特殊的政治社會化，使得敵對政黨習於將對手估計與描繪成極邪惡與非人的，同時又按照此種估計設計自己的防衛與攻擊行爲。如此則使政黨鬥爭泛濫爲無所不用其極者，也使無辜或無知的廣大人民受到嚴重的影響與被迫捲入互相敵對的陣營而犧牲付出。互相敵對的政黨合作製造出一種危險的生活：人民對統治他的政黨的無奈屈從與未敢信任，以及政黨對接受統治的人民全無尊重之意與以工具視之。

由上述可知，近代中國民族主義之興起，是與中國民族在帝國主義者全面侵略下的奮起反抗，以及謀求一套治國建國之可行制度的救國實踐互爲表裡的。質言之，這個民族主義運動或救國運動的基礎工作，除了喚起

---

❼民國八年的五四運動，以及此後民國十年中國共產黨的成立，民國十三年國民黨改組採聯俄容共、扶助工農路線，民國十七年北伐統一後國民政府的軍政史實可證。

國民挺身自救外，厥爲建立以民主精神爲依據的杜防內戰的政治體制，並努力朝向一個無遜於列強的國防科技、工業前進。

近百年來的史實說明，中國付出了極大的成本，終於返回到可以依靠自己的武力保衛國土人民的固有地位❽，但在建立與鞏固一個足以不虞因政爭而引爆內戰的政治體制上，卻並未成功。而這弱點，則長期的提供帝國主義者廉價的介入中國內政，從中牟取利益的機會。二次大戰結束後迄今的國共內戰與國家分裂事實的難以和解與結束，應是最好的證明。也因此，回顧中國近代歷史，中國的民族主義運動在演進過程中是有得有失的，但無人可以認爲，中國問題的仍不免於受到外力牽制和影響，以至於無法按符合中國人民意志和利益的方式得到解決，這個民族主義運動仍是成功的與無須再予深入反省檢討的。針對此點，對中國近代歷史的進行思考、分析和提出建議以供討論，應爲取得廣大中國人民的共識，而爲當代中國民族主義的復興，奠定建設二十一世紀富強文明的大中國的精神基礎的重要工作。

二、近代中國民族主義運動之曲折發展

近代中國民族主義勃興之後，它在做爲一個現實的民族自救運動的發展過程中，是經歷了一些彎曲和挫折的。檢視此一歷史過程，可有如下的分析意見：

1.十九世紀結束前的中國民族主義覺醒，是帝國主義列強瓜分運動挑戰下的反應，但清代末期中國人失敗

❽鴉片戰後，民國二十六（一九三七）年的全面抗戰，以及中共政權一九六二年的對印度戰爭、六九年的對蘇珍寶島戰爭、七九年的對越南戰爭，這些戰爭均爲獲勝的自衛戰爭。

的救國運動，似乎跟面臨與宋代末年、明代末年雷同的遭遇有關。基本上，內憂與外患併發，造成救國工作的極度困難，而專制王朝本身的腐敗惡化，使它無力甚至無心於解決危機，這也使懷抱救國心志者無法與之合作。這裡面的矛盾在於，當優勢的異族入侵，社稷面臨危亡之禍時，王朝或帝王是唯一可供愛國者擁護，高舉號召抵抗的旗幟者，然而在無由避免的追究何以國家人民須遭此劫難時，卻勢必要清算專制帝王與朝廷所犯下的各種過錯❾。事實是專制所衍生的政治或統治已嚴重的損害了國民、削弱了國力、瓦解了多數官僚的良知廉恥，應將之推翻，與民更始，但民族大義卻使得仁人志士必須放棄革命以掙扎對外，於是便只能接受既要委屈忍受惡政，又繼而要目睹國亡於異族的悲慘命運。

不過在思考上，宋末、明末與清末的愛國知識分子，都曾分別的從血淚中尋出答案，那就是須改變一姓一家專制主義政制，使之進步到符合當代條件的民主主義政體，如此方能長期的使政府是負責的和知道以改革因應變局的，如此則既不會以人民為芻狗，也不致陷國家於危亡不復。

2.但是近代之前的中國歷史也顯示了兩個可怕的事實，對近代中國的民族主義運動形成一種先天的約制，致造成它的悲劇性。

其一，宋、明末代的知識分子的民主思想，乃策源於其民族主義思想，而其民族主義的救國主張與行動的失敗，便同時亦宣告了其民主思想的失敗，因此，他們的思想就並未曾在實際上發生有助益於中國政治的民主化的功能。這也就是說，十九、二十世紀以前的中國民族主義和民主主義，對參與十九世紀末、二十世紀初的中國民族主義和民主主義革命運動的人，並不具多大的吸引力或啓示性。當代中國的革命家與知識分子階層較喜歡引用西方（人與國家）在這些方面的成功史實為範例，且大多有志於援用西方的經驗，以脫中國於西力東

---

❾毛鑄倫，〈明季知識分子的救國運動〉，《仙人掌雜誌》第三號——五四的信息，頁一一九—一三〇。

來前的歷史循環，臻中國於獨立、民主、自由之新境界。其二，與西方在同時代的進步相比較，明、清兩代的現實政治便顯得格外反動與不可理喻。無庸諱言，專制主義的實踐在中國，是恰以明、清兩代爲其發展的高峰與成熟，它也就格外的冷酷和機敏於防範、禁制、鎭壓和消滅反對它的事物。明、清的帝王與其專制政府以天下國家的象徵自許，將一切反對它的事物課以大逆不道罪名，這卻相對的摧殘掉可由官方煽動激勵廣大人民與知識分子階層的愛國主義、民主主義的能力。

歷史毫不留情的告訴我們，近代之前的中國，中國人民即或不願接受異族的統治，但似乎並不在意朝廷或朝代之亡於外人。人民從不悲憫暴政；而中國知識分子菁英源於中華文化意識進行的民族主義自衛禦外鬥爭，則至少包含了如果終能成功的驅逐侵略者，天下自將煥然一新的希望，它也意味了原專制者與腐惡政府的隨之消失或被充份的改造。

因此，近代前的這些歷史經驗，雖然在不爲十九世紀末與二十世紀初投身中國近代民族主義救國運動的人們所知或所認同的情況下，卻仍然神祕的透過當代的中國人重複的表現出來。

3.如果以鴉片戰爭，也就是爾後中國人近百年抵擋不住的西方暴力的首次入侵，做爲中國近代的起點，則戊戌變法與庚子義和團起義的壯烈失敗，應爲近代中國民族主義運動發展之前期的結束。它隨之開啓了近代中國以反政府爲主題的民族主義範疇內的民主革命時代[10]。

清政府無情而快速的砍下六君子的頭顱，標誌了當代中國菁英知識分子與其政府的斷然決裂，這便一併動搖了中國自隋朝以降通過科考而入仕的知識分子階層與皇權政府間的相互爲用的倫理關係。

十九世紀末葉中國所處的國際環境，影響到逐漸茁壯的由知識青年主導的國內民主運動。此一運動期望一

---

[10] 胡秋原，《一百三十年來中國思想史綱》，頁一一一—七七。

個更有能力與負責任的政府，而且這個政府的權力核心必須是明理、識時務的和接受制度式的監督的。而這一觀念的擴散，等於預示了經由元、明、清三朝塑造而成的中國政治專制主義的死亡。不過，這並不意味專制主義政府在全然死亡之前所仍然具有的殘酷反噬能力是已經無效的。這導致流血暴力革命的不可避免。而國家內爆發的反專制主義暴力革命，也並不保證繼起的政府必然是非專制的或朝向非專制前進的。

至於近代中國社會的另一個階層——華北地區保守的農民——之中，他們質樸的心靈和較簡單純淨的價值觀，使他們在日益赤貧化的過程裡直覺到祖國之陷入嚴重危機，要奮起救亡展開對列強侵略者的還擊。但以長矛大刀迎戰洋槍大礮的不畏死勇氣何來？基層社會古來流傳的民俗信仰適時起了打氣塡充、鼓舞士氣的作用。這當然是一種迷信，但中國人在不到四十年後之堅信可以戰勝日本帝國主義，有些人亦以之爲一種迷信。事實上，侵入中國華北後來攻入首都的八國部隊的官兵，在中國戰場上同樣是要以祈禱來支持其廝殺作戰的勇氣的。將華北農民的素樸的民族主義反帝鬥爭，粗率的描述爲迷信愚行，繼再引申誇大成凡中國人之反帝主張行爲即義和團，似乎更像是一種迷信愚行。

義和團事件給中國人的啓示是，在不同的時代須使用不同的（精神的和物質的）武器反帝。譬如在一九〇〇年代即必須使用相等於洋槍大礮的武器與洋人作戰。果能如此則中國人的反帝戰士仍以唸咒呑符爲殺敵前的儀式行爲，又何有遭人曲解醜化之虞？

十九、二十世紀之交的中國民族主義反帝運動，總的來說是慘敗的，其中尤以義和團起義失敗，直接影響到二十世紀初葉中國人的普遍失去敢與列強一戰的積極反帝意志，於是屈己崇洋竟成爲與近代中國民族主義平行的另一重要的國民精神，而此則主要是由中國社會的菁英分子表現出來。它的負面作用是複雜和嚴重的。

4.進入二十世紀的中國，有兩個明顯的特點：其一是，因反抗帝國主義列強而興起的反帝自救民族主義運動，被化約成反政府的民主革命。民族主義運動的前進，以現政府爲最主要的障礙，必須將之推翻。歷史告訴我們，在這一偉大的運動洪流中，被推翻的中國人自己的政府有：滿清政府，北洋政府和南京國民政府。很明顯的，它們是一系列的內戰的結果；其二是，主導二十世紀以後中國歷史發展的革命政黨，是以一種非中國的意識型態爲其精神武裝來遂行其救中國的事業。一九二四年到一九二七年的中國國民黨和共產黨，是二而爲一的，國民黨的「聯俄容共」，是爲吸取與仿效俄國革命成功的經驗；共產黨則可因爲與國民黨的合作，較快的吸取與增加在中國革命的教訓與經驗。一九二七之後以迄一九三七年的國民黨是以德、義的法西斯主義爲其精神武裝的，它有以法西斯主義對抗外患極右日本軍國主義、鎮壓內憂極左共產主義的雙重意義。但做爲當代最大革命力量的中共，則當然仍是以莫斯科爲中心的俄式馬克思主義爲其精神武裝，這除了標誌它與國民黨的明顯差別之外，也意味了中共對此一意識型態將有助於它在中國的革命任務，及革命成功之後的建設大業的一種堅信。但我們不能不承認，中國卻確實因此而陷入相互對立的外來意識型態的在中國的代理人的內鬥與分裂之中⓫。

5.檢視一九二四年到一九四九年的中國國民黨與中國共產黨的分合史，我們也可歸納出一個特點，即國民黨在抗日戰爭中後期的被美國有計畫的影響，而返回到它在一九二四年前的親西方的性質；中國共產黨則因其特殊的延安經驗，而發展出所謂中國化的馬列主義毛澤東思想，因而可對蘇聯的影響產生一定的過濾效果，也相對的起到了較好的藉以凝聚黨內中、下層幹部黨員的意志與力量的作用。所以，在形式上，國民黨在抗日戰爭結束後，固然因爲其領袖的色彩而依舊的被攻訐爲法西斯，但在實質上，它卻正值因爲體質的改變而處於一種空洞虛弱的狀態；相反的，中共則能夠以其團結堅實與敏銳主動，在衝突的過程中取得成就而恢復自信⓬。

⓫同前，頁一三四—一四一、頁一五二—一七一。

⓬《整風文獻》（香港新民主出版社）；《國共關係簡史》（國立政治大學國際關係研究中心編印），頁一三四—三二六。

即使如此，在回顧這一段關鍵意義的歷史時，我們必須注意的是，中國國民黨與中國共產黨在高舉各自愛國救國宗旨之同時，也都是在自覺與不自覺之中受制於外來意識型態，並執行符合外國利益的內爭，對同為中國人的敵對政黨進行殘酷非人的內戰迫害。若以宏觀角度觀察，可以發現，因為這種性質的鬥爭而受害者，除了中國與中國人而外，似乎並無其他。

近代中國民族主義之勃興係國家民族在帝國主義列強蹂躪下的自然反應，它的總目標很早即已決定，但在如何達到目標的方法上的爭執，隨著外來意識型態的逐漸深入人心，以及進而發生的外國力量的直接介入中國革命事務，而益發難以妥協，中國人反而變得極端的、公開的相互仇恨，以致無暇無心於合力對外。二十世紀二〇年代後的接受並引進自虐的階級鬥爭理論，以之取代民族抵抗外侮的鬥爭，做為當代中國革命自救運動的主體，或許有其變相的發洩中國人因長期處於惡化的痛苦無助命運中的怨忿積鬱的功用，但這確是中國人在民族主義運動中最嚴重的觀念上的誤謬，而以此一觀念為指導的實際行為，對中國造成的災害即在整部人類歷史中亦屬罕見，值得所有中國人作更嚴肅的與理性的反省。

三、近代中國民族主義在中國的前途

二十世紀初葉滿淸結束之前，主要是由知識分子領導推動的民族主義運動，已逐漸變為以傾覆現政府為主旨的，而且思想上龐雜分歧，甚至與中國的現實出現脫節的無政府主義運動。但同時，在這種環境下蘊育成長的新一代知識分子，卻開始較明確的對所謂「科學的社會主義」懷抱期望，在政治態度上則傾向於標榜組織嚴密、理論進步、堅決以武裝革命建立新政權的職業革命家黨——國民黨和共產黨。這或許意味了中國知識分子主動的讓渡了其自主性。事實上，本世紀二〇年代及爾後的青年知識分子大量的投身國、共兩黨，亦使得這兩個政黨發展成具有可觀的實力和影響力的政黨，他們可以主導中國政局的發展。

這是一個歷史性的過程，從中國知識分子階層源起的救國運動，亦即近代中國的民族主義自救運動，後來成爲由國、共兩黨包辦的事業，他們甚至否定對方在這一事業中的忠誠，並從事慘烈的互相鬥爭，而不惜將民族自救的工作置於次要的或不免受損害的地位。

國、共的鬥爭具有這些特點：

1.國、共兩黨皆認爲集權主義可以更有助於黨的工作，但兩黨自二〇年代中期以後的「國民革命領導權」之爭，使得中國的革命事業被額外的附加了一大艱鉅工作，即國民黨與共產黨的以對方爲必須消滅的反革命集團，否則即無所謂革命可言。如此造成了國、共兩黨的領導階層之必須爲此付出最大的心力，而領袖人物更必須是一個在兩黨的鬥爭與內戰中能經常獲勝的人。這種幾乎壓倒一切的對如何在內戰中取得勝利的重視，使得少數人得能過度的在黨內掌握權力，也連帶的形成人身崇拜的條件。在這種情況下，黨內民主以至於國、共兩黨的能夠主動在他們可以支配的政治環境中培養民主體制，便都不是容易的事了。

2.國、共鬥爭史上，人們可以明顯的看到外力在裡面所起的作用。蘇俄、日本、美國都曾經或仍然是國、共關係中的重要因素，由於國、共之間頑固的仇恨與猜疑，二者在實力相埒時固難有和平或合作可言，此自大有利於存心侵略之外國；而尤其在雙方鬥爭內戰至一方情勢危殆之際，則外力更可長驅直入的進行支配、控制、安排中國政局的陰謀。國、共二黨均有困居劣勢時依賴外力圖存的經驗，而卻因此失去了獨立。坦率言之，一九四九年中國因國、共內戰分裂之後，中國共產黨直到六九年珍寶島之役後始完整的恢復了中國在蘇聯虎視眈眈下的獨立主權。而居於千分之三國土部分的中國國民黨，在美國操弄之下，似乎是談不上主權的獨立和完整的。

因同爲中國人的政黨的敵對而分裂的國家，其部分的國民之不得不在外國的麻醉與優越姿態下忍辱生活，這當然是十九世紀以來中國民族主義運動並未眞正成功的證據。

簡要的說，近代中國民族主義運動的目標之落實，仍在一，中國人擁有自主的獨主的國防工業與國防科技，使帝國主義只得放棄其悍然揮軍入侵的野心；二，中國人建立屬於同胞的公平與民主的政治遊戲規則，可使同胞之間永不再以武裝鬥爭爲解決政治問題的手段。在今天，由於達成此一目標的工作，太偏重於第一方面，致第二方面的問題在不平衡之下被特別突顯出來，反而變成了嚴重的問題，它直接對大陸的知識菁英形成影響，積累了一定程度的不滿。這些不滿可以成爲外力刻意運用以使中國出現符合它的利益的情況的條件。如果在已無懼外力入侵的時期，中國爆發大規模嚴重的內亂，則長期以來通過鉅大的犧牲奮鬥而建立的有效國防能力，將失去價值。再者，如果一套公正民主的政治體制的不能比較快的建立起來，它包含了在對知識分子的尊重，以及對黨官僚的服務精神的重新振作上的不能落實，亦將相對的妨礙海峽兩岸的通過談判而完成統一。

總之，國家分裂當然是非民族主義的。而近代中國民族主義運動在歷經一百五十年的曲折成敗，在現階段當然是以結束分裂爲其最重要的工作的。

權力、路線和意識型態的互動關係
——中共「十三屆七中全會」研究

李英明

中共「十三屆七中全會」已於一九九〇年十二月二十五日至三十日召開。會議只討論通過了十年規劃和八五計劃草案。而有關高層人事調整以及審查趙紫陽的問題均未列入議程。

從表層看來，中共此次會議相當單純，但是隱藏在這個單純表象背後的深層意涵則特別值得探討。而對於這個問題的探討，將與瞭解會議後中共高層的權力格局、未來經濟走向以及意識型態運作息息相關。

一、中共高層派系權力的互動態勢

審查趙紫陽的問題在六四之後一直延宕下來，顯示這個問題的複雜性和敏感性。而其中最重要的是，無論怎樣對趙紫陽問題作出定位，都將牽動中共高層派系之間張力的激化，引起新的權力不穩定現象。事實上，趙紫陽問題的久懸不決，顯示中共高層目前現時的派系權力組合是相當脆弱的，禁不起因爲趙紫陽問題所引起的波動的衝擊；而在另一方面，中共政治局常委的人數目前爲偶數，未能恢復正常的奇數，以及書記處書記亦未有新人補充❶，這個高層人事的問題歷經五中全會、六中全會以至於七中全會都不能解決，這也顯示中共高層權力結構的脆弱性，派系之間的權力對峙已經到了臨界點，很怕人事變動打破這種臨界關係，讓高層權力運作重新陷入混亂之中。由以上的論述可知，中共將七中全會的議題規定在經濟計劃問題上，很明顯的是刻意將政治問題往後延。

不過，從去年十月北京亞運結束以至於年底七中全會召開期間，中共的政治形勢的發展可以看出，鄧小平仍然是中共實際最高領導人以及所謂的改革的「總計師」，擁有超越派系的最高仲裁者的政治角色，而且，其基本上仍然延續長期以來「經濟反左，思想政治反右」的格局，在幕後掌控中共高層檯面上的派系運作，從鄧小平一貫的經濟反左的立場出發，鄧小平迄今仍然堅持改革開放路線，並且繼續支持改革勢力，確立以江澤民爲首的第三代領導結構。而在另一方面，鄧小平在思想政治領域反右的立場，則提供了反資產階級自由化的空間。

現階段中共高層改革勢力比起胡耀邦和趙紫陽時期，是薄弱了許多，並沒有胡、趙時期的有系統班底的存在，其權力基礎幾乎就只是來自於鄧小平的支持；而且，目前改革勢力頂多只能是讓改革不致產生倒退而已，因爲實際掌握經濟執行大權的是以李鵬、姚依林爲首的保守勢力。此外，保守勢力很明顯的是想通過反資產階級自由化爲其權力奠立合理化辯護的基礎。

儘管在六四後的中共「十三屆五中全會」，鄧小平支持江澤民接替趙紫陽出任總書記，並且讓李瑞環晉身政治局常委後，中共高層新一輪的派系權力對峙就已開始；但是，鄧小平卻比過去在胡耀邦、趙紫陽時期更注意高層派系權力的平衡，而爲了維繫改革路線不致產生倒退，鄧小平在五中全會以來就經常強調要確立以江澤民爲首的第三代領導結構，力求保持高層政局的穩定，於是「穩定壓倒一切」成爲鄧小平對高層派系政治的最高指示。此次七中全會避開高層人事和趙紫陽問題，而只討論經濟問題，應該也是反映鄧小平最高指示的結果。

此次七中全會對於以江澤民、李瑞環和萬里爲首的改革勢力最有利的就是，再度讓保守勢力明確的瞭解，

---

❶李正平，〈七中全會終將召開評析〉，《明報》，一九九〇年十二月十八日。

鄧小平堅決支持以江澤民為首的領導班子。但是，保守勢力基本上則利用六四和東歐變革後，大陸內外客觀形勢，為其在思想政治領域採取強硬路線，以及在經濟領域主張治理整頓，奠立合理化辯護的憑藉。而且，基本上，保守勢力也得到中共不少元老，如李先念尤其是陳雲的支持。另外，目前李瑞環雖是中共意識型態的總管，但是實際掌握權力的卻是保守勢力，而且處處掣肘李瑞環，與他形成嚴重的張力關係。

儘管中共高層的人事由於派系關係僵持繃緊而傾向於維持現狀，但是次高層的人事變動則正在進行，例如，去年十二月二十八日中共「人大常委會」就通過了李鵬的提議，罷免了中共公安部部長王芳和、外貿部長鄭拓彬的職務。而從六四以後中共政治形勢發展來看，省級部級以及軍中軍區一級和集團軍一級甚至軍師級的將領被撤換的人數並不少，魯繼人在其〈中共要員為何紛亮相〉一文中認為，這種人事變化，反映了中共高層的權力和路線鬥爭正在打外圍戰❷。不過，改革勢力在七中全會中再度得到鄧小平明確的支持後，其與保守勢力的對抗可能將趨於公開明朗化，但其在高層權力是否會有進一步斬獲，就要看鄧小平是否繼續支持，以及能支持到什麼程度而定。

基本上，在鄧小平「穩定壓倒一切」的總構想制約下，中共高層任何一派都不可能形成一派獨大的局面，以江澤民和李鵬為主的集體領導方式則將維持下去。事實上，中共目前這種集體領導的方式，在七中全會所發佈的「會議公報」中很明顯的表露出來，公報特別強調：「全會由中共中央政治局主持。江澤民同志作了重要講話，李鵬同志就建議草案作了說明。」❸從公報所透露的訊息確實可以看出，中共高層目前是由以江澤民和李鵬為主體的政治局實行集體領導。不過，有些評論家認為，七中全會開了六天，比四中全會（兩天）、五中全會

---

❷魯繼人，〈中共要員為何紛亮相〉，《星島日報》，一九九〇年十二月三十日。

❸〈中共七中全會公報（全文）〉，香港《大公報》，一九九〇年十二月三十一日。

（五天）、六中全會（四天）都久，這說明政治局控制中央全會能力的削弱，或是連政治局本身都未取得共識，才會使會議拖這麼久；而以往這種會議，都是在政治局取得共識後才召開中央全會。中央全會基本上都會按照「等因奉此」的原則行事，只在枝節問題小修小補❹。我們雖然不能只從六四之後的中共歷次中全會開會天數的多寡來判斷中共高層政治運作情況，但從七中全會前中共高層環繞著經濟路線的激烈爭論以及中央與地方間關於收放權的論辯訊息看來，上述這種評論應該是具有一定程度的說服力。

以目前中共高層的權力結構來看，擁有超越派系的最高仲裁角色的鄧小平，基本上是以「經濟反左、思想政治反右」的格局來掌控高層檯面派系的互動運作，而陳雲、李先念等元老雖然也具有超越派系的影響力，但其地位還是略遜鄧小平一籌，位於鄧小平和檯面派系之間；因此，雖然保守勢力經常挾這些元老自重，但總抵不過鄧小平權威影響力，不過，保守勢力挾這些元老以自重所形成的態勢也會造成對鄧小平權威的挑戰。因此，鄧小平也不敢掉以輕心。

目前中共權力的接班，是由第三代接第一代，第二代政治人物已隨着胡耀邦和趙紫陽的垮臺，而基本上失去了接班的機會。而第三代政治人物和第二代政治人物一樣，其權力基礎是來自第一代元老的賜予，因此，均相當脆弱，而且必須仰賴元老的支持來穩定其權力地位，這是一種相當典型的老人政治格局。在這種政治格局的制約下，只要鄧小平還在世，中共高層政局應該會維持一個派系制衡的相對穩定局面，但是，如果鄧小平一過世，中共高層暫時維持住的穩定局面可能馬上就會瓦解，陷入一個派系權力激烈角逐攤牌的地步中。

---

❹林保華，〈會不會公開批鄧?〉，《星島日報》，一九九〇年十二月三十一日。

二、中共高層經濟路線的分歧與爭論

中共七中全會除了通過「中共中央關於制定國民經濟和社會發展十年規劃和『八五』計劃的建議」外，還發表了會議公報，表明中共高層對中國大陸目前政經形勢的基本認識和判斷，並且以五個「堅定不移」來確立其最高的指導方針：一、堅定不移地走建設有中國特色的社會主義道路；二、堅定不移地推進改革開放；三、堅定不移地貫徹執行國民經濟持續、穩定、協調發展的方針；四、堅定不移地執行自力更生、艱苦奮鬥、勤儉建國的方針；五、堅定不移地貫徹執行物質文明建設和精神文明建設一起抓的方針❺。

由上述第一、二和五項，甚至是第三項可以看出，中共是企圖繼續執行十一屆三中全會以來的方針和路線，可是第四項基本上是延續毛澤東時代的精神，就特別值得注意。至於第四項事實上是陳雲經濟路線的化身，目前被李鵬和姚依林等人奉爲圭臬，而在另一方面，七中全會公報又同時強調，必須在提高經濟效益的前提下，保持一定的增長速度，這又反映鄧小平經濟路線，而這種經濟路線長期以來被改革勢力奉爲圭臬，基本上，公報的內容體現中共高層兩大勢力的妥協❻。

另外，從會議公報也可以作出判斷，經過激烈爭論和修改過的八五計劃建議以及十年發展規劃成爲兩大勢力折衷的產物，將是可以理解的事情。這種現象當然是中共高層權力態勢的反映，但其對於未來中國大陸的經濟運作並無法給予相當明確具體的方向；而且，在目前的情況下，儘管改革不致出現倒退現象，但是在保守勢

---

❺同注❸。

❻〈七中全會提出的指導方針〉，《明報》，一九九一年一月一日社評。

力掌握經濟主導權的情況下，經改同樣也是很難有新的進展的。

根據目前所透露的有關資料得知，八五計劃的建議，一方面希望九十年代中國大陸的國民經濟年增長速度爲百分之六，讓經濟發展維持適當的速度；但另一方面又強調治理整頓，從治理經濟環境、整頓經濟秩序深入到整頓企業；中共的兩條經濟路線很明顯的同時被納入建議之中❼，但是，這兩種路線之間結構性的張力關係，將使得中共高層兩大勢力繼續環繞着經濟路線爭論下去，而這種爭論事實上涉及到社會主義道路到底如何走下去以及能否走下去的問題。事實上，中共高層兩大勢力目前環繞著經濟路線的爭論，很具體而且很具有象徵意義的反映出中國大陸目前經濟運作和社會發展正陷入膠着的瓶頸關卡之中，一方面既不能從改革倒退，重新走回過去中央集權的計劃經濟的老路去；而在另一方面要想繼續深化改革，又會受到深怕因爲改革而影響中共統治和權力基礎的保守勢力的掣肘。

以上面的論述作基礎，這幾年來一直存在的計劃經濟與市場經濟如何調和的問題，以及曾經影響趙紫陽命運的價格改革問題，仍將是七中全會後中共高層內部爭論的主要課題。另外，由於近幾年來經濟改革所延伸出來的中央與地方間爭權力的問題，使得高層經濟路線的爭論更加治絲益棼。目前，伴隨着經濟改革已經導致中國大陸經濟發展失衡的現象，其中尤其是沿海地區和內陸地區之間經濟發展失衡的對比現象更爲嚴重；另外，目前不只是各地區爲了保護自身的利益，不僅不願中共中央收回已經下放的權力，而且紛紛形成區域利益壁壘，而內陸地區更積極的要向中共中央要求更多的自主權力。在李鵬主持下，並於去年八、九月完成的「八五」計劃初稿，曾經針對這種現象，企圖借整頓爲名，有計劃的收回地方的經濟權力，但卻遭地方官員和有些經濟學者的反對，進而使得七中全會不能按照中共原先所計畫的在去年十月舉行❽。

❼〈七中全會商議發展大計〉，香港《文匯報》，一九九〇年十二月二十六日。

三、意識型態領域主導權的爭奪

就如前述，六四以來中共高層檯面上的改革派力量，事實上是開放改革以來最弱勢的組合，以李鵬、姚依林爲首的保守勢力目前顯然佔了優勢，而改革派所依賴的是鄧小平的支持，藉此來擋住保守勢力權力、路線和意識型態各方面的攻勢，並且得以在七中全會與保守勢力維持一個妥協的局面。

總的來說，在中共老人政治的制約下，中共高層檯面上派系政治的運作，無論在權力或意識型態方面都仍然相當程度反映了元老的意志和看法，亦即高層檯面的派系人物具有很明顯的元老的權力和路線代理人的政治角色；只不過是，鄧小平在老人政治格局中擁有比其他老人更高的地位。

七中全會前中共經濟路線的起伏變化，事實上可說就是陳雲和鄧小平路線的較勁，不過，最後鄧小平還是可以發揮其個人的權威影響力幫改革派擋住了保守勢力挾陳雲路線以自重的咄咄逼人的態勢。

由於鄧小平目前堅定的支持改革勢力，作爲中共意識型態總管的李瑞環，在久經保守勢力掣肘之後，終於能夠在今年一月十二日的中共《人民日報》發表其去年十一月九日的重要講話〈關於社會主義精神文明建設問題的幾點意見〉❾，這當然意味着李瑞環暫時的又獲得意識型態的發言權和解釋權。不過，在鄧小平「經濟反左、思想政治反右」的格局以及東歐、蘇聯遽變所促成的大氣候下，李瑞環的派系角色將愈發使其意識型態工作更爲難做，而且，可以預料的是，蘇聯強力鎮壓立陶宛，可能會對保守勢力產生相當程度的鼓勵作用，而這暫時

❽同注❶。

❾李瑞環，〈關於社會主義精神文明建設問題的幾點意見〉，《人民日報》，一九九一年一月十二日，四版。

將增加保守勢力「反資產階級自由化」的籌碼和聲勢，李瑞環勢必要繼續面臨意識型態領域中強大保守勢力的挑戰。總的來說，未來改革勢力除了繼續依賴鄧小平支持外，是很難希望透過對意識型態的經營來穩固其權力基礎的。

事實上，目前大陸宏觀的客觀環境是對保守勢力經營意識型態有利的，六四事件和東歐變革被保守勢力轉變成主張採取強硬思想政治路線的藉口，而鄧小平「經濟反左、思想政治反右」的矛盾格局，也不斷提供保守勢力進行意識型態反撲的憑藉，而去年十二月二十六日毛澤東生日前後所颳起的「毛澤東熱」❿，就被認爲是保守勢力在意識型態領域中打擊改革勢力的重要動作⓫，毛澤東的思想路線是否會眞正成爲保守派權力和意識型態鬥爭的武器，頗値得我們進一步關注。從這幾年來中共高層思想路線的轉變起伏看來，改革派面對保守派挾毛以自重的攻勢，頂多也只能延續過去的方式，透過捧鄧並把鄧小平說成是毛澤東思想的發展和繼承者。

本來，經過多年的改革開放，馬列主義毛思想已被鄧小平往上供，幾乎被切斷了與實際政經形勢的連繫，而鄧小平思想路線基本上取代了毛思想的地位，主導着中共現實政經的運作。不過，毛思想的幽靈，總是會在中共高層派系權力和意識型態角逐相當激烈時，若隱若現的出現遊蕩，而目前，保守派似乎已努力的想祭起「捧毛」大旗，對改革勢力予以重擊。此外，更値得重視的是，目前在中共意識型態領域中，除了毛思想的幽靈外，似乎出現了列寧主義的幽靈，因爲據稱是世界上最大的，總共有六十巨册的【列寧選集】第二版已於去年十二月二十四日出版⓬，鄧小平思想路線在列寧主義和毛思想的重新競爭和挑戰下，是否能繼續穩住其在意識型態領域的主導地位，將攸關中共高層權力和政治的發展。

❿《大陸又颳起一股『毛澤東熱』》，《中國時報》，民國七十九年十二月二十八日，七版。
⓫北京一九九〇年十二月二十六日美聯社電，《中國時報》，民國七十九年十二月二十七日，七版。
⓬《人民日報》，一九九〇年十二月二十四日。

儘管在歲末年關轉折之際，中共高層保守勢力繼續不斷的強烈抨擊資產階級滲透⑬，指責美式民主，並且疾言厲色的堅持反資路線，但據報導，北京、上海和廣州等大城市卻在反資聲中，相當熱鬧的「歡渡」耶誕節⑭，這種相當強烈對比的現象，似乎已經顯示出中共意識型態運作的侷限性，民間對於中共意識型態疏離的程度，有可能對中共政治統治基礎造成潛在的衝擊。

目前，臺片「媽媽再愛我一次」在大陸造成轟動，賺了大陸不少觀衆的眼淚⑮，而北京電視臺最近播放的電視劇「渴望」，也在北京造成轟動⑯，這兩者均着重對種種人際關係冷暖和社會心理的細膩刻劃，從而引起大陸觀衆的共鳴，這種現象是大陸民衆心態的折射，民衆宏觀社會心理的微妙變化，將會如何衝擊中共意識型態的運作，頗值得我們關注。

盱衡前年六四之後迄今的大陸形勢，中共在理論和意識型態領域最主要的工作一直是：否定八九民運以及論證以軍隊鎭壓民運的正當性和合理性。

中共的宣傳機器認爲，八九民運的出現，肇因於前幾年中共以趙紫陽爲主的領導班子，以改革開放爲名，放鬆和削弱了政治思想戰線工作，導致資產階級自由化思潮氾濫，搞亂了人們的思想，特別是搞亂了青年學生的思想。再加上國際大氣候的影響，就誘發出了去年春夏之交的民運。因此，從這個角度出發，中共在鎭壓民運之後，就必須從政治上、思想上和理論上開展反資產階級自由化的鬥爭，號召學雷鋒精神的活動，並且透過強調集體主義、社會主義和馬克思主義思想教育的重要性，用馬列主義毛思想重新占領意識型態陣地，統一人

⑬李錫銘，《光明日報》，一九九〇年十二月二十四日，頭版。
⑭《中國時報》，民國七十九年十二月二十五日，七版。
⑮香港《大公報》，一九九〇年十二月二十九日。
⑯香港《文匯報》，一九九〇年十二月二十二日。

們的思想。

中共在六四之後，一方面雖然不敢輕言放棄改革開放，但另一方面則信誓旦旦地強調絕對不會放鬆在政治思想戰線上的工作，否則稍有鬆懈，資產階級自由化思潮，以及各種「歪風邪氣」便會乘虛而入，造成對社會主義極大的危害。

六四之後，以趙紫陽爲主的改革派不只喪失了政治和經濟的主導權，而且也喪失了意識型態的領導權，在這種形勢下，一些原先已經被打入冷宮的保守理論家，諸如賀敬之和鄧力群這類人紛紛躍上檯面，有的甚至還擔任中宣部、文化部以及重要報刊的領導職位。這種現象反映在文藝領域，就是毛澤東時代相當盛行的社會主義現實主義的作品紛紛湧現，歌頌雷鋒，標榜集體主義、社會主義以及主張共產主義清教道德等條目，幾乎又成爲許多文藝作品共同的內容。

從總的形勢看來，六四之後，中共把鞏固意識型態領導權，當作是確保中共繼續統治的根本，而且從中共目前檯面上領導人所透露的講話可以看出，他們目前基本上認爲，如果中共不能在意識型態方面取得眞正領導權的話，即使掌握了政權，也很難鞏固。因此，他們不斷強調，唯有透過意識型態工作，才能調動人們的積極性，扭轉多年來被資產階級自由化腐蝕的人心，將人們重新穩定在社會主義和共產黨領導的制約之下，從而營造出社會和政治「安定團結」的局面。

上述這樣一種意識型態觀，是強調意識型態對人的絕對支配性和宰制性，人基本上被視爲實現意識型態所揭櫫的各種理念的中介橋樑甚至是工具，這與當年毛澤東的意識型態觀沒什麼兩樣。而且，在高舉意識型態旗幟的同時，馬列主義毛思想的重要性也再度被強調，這反過來勢必衝擊到鄧小平思想路線在現階段政局中的權威地位。事實上，上述的意識型態觀，與鄧小平實用主義式意識型態觀是不同的，因爲鄧小平是把意識型態當作爲政策路線辯護的工具，亦即拿意識型態來遷就現實的政策路線。就因爲如此，在六四之後，雖然由於整個大氣候的制約，一些保守傾向濃厚的理論家又紛紛躍上臺前，但鄧小平卻起用了頗能了解其意識型態的李瑞環掌管文宣大權，藉以避免中共意識型態領域的運作，重新完全落入毛思想陰影的籠罩之下。不過，從去年七八月來的資料顯示，李瑞環與中共宣傳部門保守勢力之間的關係是相當緊張的，甚至發生李瑞環的講話被更動、刪節的情況。

要瞭解近年來中共意識型態運作，也必須扣緊中共舉辦亞運來談。原先，中共爭取主辦亞運時，是爲了顯示中共改革開放的「勝利」和「決心」，但是，六四之後，由於內外形勢的嚴峻，中共將亞運會視爲打破外交孤立，改變六四形象，以及宣揚愛國主義的一項重要活動。中共希望能通過亞運會的籌備與舉行，增強民族的自尊心和信心。

此外，中共希望亞運的籌備與舉行，能對紓解六四以後的社會矛盾，理順群衆情緒，促進安定團結，發揮積極的促進作用。亦即，中共希望，舉辦亞運會，一方面既能成爲穩定社會的一種手段，另一方面則能作爲「顯示」社會穩定的標誌。

爲了讓亞運能產生中共期望的社會和政治功能，中共特別標舉亞運意識。所謂「亞運意識」，依中共的界定，簡言之，就是通過籌辦和參加亞運「振興中華」的意識，實力拼搏意識，顯示實力的意識，不僅顯示體育實力，而且要藉此顯示「社會主義的優越性」以及「改革開放的勝利」。亦即中共希望使「亞運意識」成爲動員人民、組織人民、團結人民的一面旗幟，以及一種具有「巨大感召力」和民族精神。

就因爲中共將亞運納入政治運動的範疇，所以中共在亞運期間可說是繃緊了神經，除了動員一切可用的公安特務力量嚴防戒備外，更將「亞運意識」懸爲上綱，作爲在文化意識型態領域進行整肅的藉口。「發揚亞運意識」成爲中共那個月用來壓在各個領域頭上的意識型態帽子。

而且，中共將「發揚亞運意識」和「反對資產階級自由化」直接連繫起來，因爲就中共而言，要「發揚亞運精神」的同時，就是絕不容許海內外「敵對」勢力在中國大陸進行反中共以及推翻社會主義制度的活動。按照中共《人民日報》在去年八月二十九、三十和三十一日連續三天的社論看來，中共目前已經縮小「反對資產階級自由化」的意義，將它當成一個特定的政治概念，專指反對共產黨和反對社會主義⑰。

將「發揚亞運意識」和「反資產階級自由化」結合起來，基本上也牽涉到中共黨內高層的權力路線鬥爭。「造成資產階級自由化」思潮氾濫，是中共高層以李鵬和王震等爲主體的保守派，給改革派扣上的罪名。保守派自去年八月底九月初以來就頻頻製造輿論聲勢，以便能在七中全會前先聲奪人。事實上，去年九月中旬以降，高層進行的路線鬥爭非常激烈，除了滿坑滿谷的「反對資產階級自由化」的文章外，標榜陳雲經濟路線以及強調走緩進改革路線的文章也紛紛出籠，其中尤以劉國光九月十四日在《人民日報》發表文章，大力稱讚陳雲的經濟思想，而中共「國務院」發言人袁木也在兩天後的《人民日報》上發表文章，表示八五計劃是要繼續貫徹治理整頓，並加強中央權力和宏觀控制⑱。

這顯示中共高層的保守派當時正在努力地爲自己的經濟路線造勢，並且似乎有意擡出陳雲的經濟思想，通過確立陳雲思想的指導地位，來抑制其他的改革思想路線；而鄧小平的「改革總設計師」的地位，當時也受到來自對陳雲路線標榜聲勢的挑戰。

思想路線的爭論是中共高層權鬥的先聲，而且會隨著理論鬥爭的進行，逐漸升級。改革派對於保守派頻頻

⑰〈牢牢抓住經濟建設這個中心——一論貫徹黨的基本路線〉，《人民日報》，一九九〇年八月二十九日；〈堅持不懈地反對資產階級自由化——二論貫徹黨的基本路線〉，《人民日報》，一九九〇年八月三十日；〈堅持不懈地推進改革開放——三論貫徹黨的基本路線〉，《人民日報》一九九〇年八月三十一日。

⑱劉國光，〈學習陳雲同志的經濟論著〉，《人民日報》，一九九〇年九月十四日，五版。袁木，〈關於當前經濟形勢的幾個問題〉，《人民日報》，一九九〇年九月十六日，二版。

造勢，也着手予以反擊，而從去年十月中旬以後出現了逆轉，十月十八日江澤民在《人民日報》頭版強調要加速改革步伐，而楊尙昆也發表讚揚鄧小平談話，並也強調要加速改革開放[19]，楊尙昆出面支持江澤民應該是受到鄧小平的授意，而在這種形勢壓力下，李鵬於去年十月二十四日轉而強調八五期間會有重大改革[20]，而在去年十月二十九日李鵬更發表談話肯定市場經濟的功能[21]。這些跡象顯示，中共高層的權力角逐已在激烈進行中，而在去年十二月，整個中共高層政情就趨於明朗化，李鵬曾經兩次公開表示，以江澤民爲首的第三代領導班子已完成接班[22]。而這也就蘊釀出七中全會政治妥協的局面。

亞運之後中共必須重新回到現實中來，除了經濟問題外，對於文化意識型態領域的問題更不敢掉以輕心。目前，中共重新強調中共的工人階級屬性，對知識分子階層有着明顯的不信任現象，而青年學生階層也成爲思想政治清洗的重要對象。因此，在去年十一月七日，中共「國家教育委員會」公佈一項管束大學校園內演講及政治活動的新法規，禁止在大學校園內任何非經核准的聚會活動。儘管中共宣稱該法規與去年的學生民主運動無關，但該法規顯然就是着眼於防止類似前年學生民運的再次發生[23]。

中共現在一方面再度強調自己黨的工人階級屬性，但另一方面同時加強對工人、軍隊的意識型態工作。中共領導人以及相關的媒體最近都不斷強調，去年大陸雖然發生學生民運，但因工人、軍隊陣脚未亂，事件才得以很快恢復平穩；而東歐諸國卻是從工人始亂，終於導致軍隊譁變、共黨政權的改變。就因爲中共高層對前年

[19]《人民日報》，一九九〇年十月十八日。
[20]《人民日報》，一九九〇年十月二十五日；《中國時報》，民國七十九年十二月二十七日，七版。
[21]《中國時報》，民國七十九年十二月二十七日，七版。
[22]同上注。
[23]北京《中國日報》，一九九〇年十一月七日。

大陸和東歐的動盪作了一番比較，因此才重視工人、軍隊的意識型態工作。

而與強化知識分子，青年學生和工人思想政治工作相連繫的是，中共也準備加強文藝界的思想整頓。中共「文化部」代部長賀敬之，在去年十一月初「中國作協報告文學工作討論會」結束時表示，今年大陸文藝戰線的整頓將從政治和組織上，轉到思想領域。而這樣的思想整頓將以「反對資產階級自由化傾向」作爲重點[24]。

目前中共意識型態領域左風重新當道，類似王忍之、賀敬之這樣的極左人物紛紛回朝，並且得到王震、彭眞、胡喬木和鄧力群的支持。

身爲中共政治局常委的李瑞環自從上任以來，經常遭到中共意識型態部門及保守派人物的掣肘，大有令不出京城的尷尬的景象。再加上與李瑞環私交甚篤的天津京劇團紅牌青衣雷英以及知名畫家范曾的相繼出走，李瑞環的政治處境更形尷尬。當時正値中共七中全會召開前夕，高層正在進行激烈的經濟路線的爭論，而意識型態陣地也就成爲各派系兵家必爭之地。李瑞環後來因爲繼續受到鄧小平強力支持，否則其意識型態總管的位置極有可能不保。

事實上，目前中共高層兩派在意識型態領域的分歧並不是要不要反資的問題，而是在如何反資的看法上有所爭論，李瑞環基本上不希望把反資產階級自由化拓大，而且也反對透過階級鬥爭來解決思想政治領域的問題[25]，但是，胡耀邦和趙紫陽的下臺，其中被認爲縱容資產階級自由化是主因之一，江澤民和李瑞環都背不起縱容資產階級自由化的包袱和壓力，充其量也只能從維護權力基礎的角度和保守勢力在意識型態領域討價還價。因此，在七中全會後，儘管李瑞環努力地想在意識型態領域確立其主導權，但是整個思想政治工作基本上不可能

---

[24]《中國時報》，民國七十九年十一月三日，九版。

[25]《國際及中國大陸情勢發展與評估（民國七十九年）》（臺北：國際關係研究中心編印，民國七十九年十二月）。

回復到趙紫陽階段的方式上去，而且反資產階級自由化將一直是高層保守勢力相當重要的籌碼和憑藉。

事實上，檢討趙紫陽階段思想政治工作的缺失，是六四之後中共「重建」思想政治工作的重要任務。而一九九〇年第一期的《求是》雜誌所發表的署名黃宏的〈評思想政治工作『改造論』〉一文，頗能凸顯這種轉折的意涵。在此文中認爲，過去趙紫陽在「改造」思想政治工作的藉口下，造成了縱容和鼓勵資產階級自由化氾濫的嚴重後果，因此，現階段中共必須進一步清除趙紫陽「改造論」的影響，重建思想政治工作[26]。

文章中並指出，趙紫陽時期認爲中共的思想政治工作不能再搞「左」的一套作法，必須加以撥亂反正，清除左的影響。但文章中強調，事實上，中共「十二大」就已經宣稱中共已經在思想領域完成撥亂反正的艱巨任務，儘管在思想政治工作領域，要完全肅清左的影響必須持續下去，「但作爲具有特定歷史內容的指導思想的撥亂反正，已經從根本上得到解決，這是一個全黨公認的客觀事實。」[27]

其次，文章指出，趙紫陽曾不斷認爲，改革開放以來中共的思想政治工作已經不能適應深化政治、經濟體制改革和發展商品經濟的需要，因此必須徹底加以改造；文章中強調，事實上，中共的思想政治工作在改革開放以來爲了因應需要，已經更新某些觀念，變革某些工作內容和方式形成了「優良」的傳統，文章中指出，「這十年中，我們黨傳統的思想政治工作也隨著改革開放的深入而不斷豐富發展，這是一個統一的發展過程，怎麼可以說在改革開放深入的今天，思想政治工作都過時了，需要徹底加以改造呢？」[28]

文章中指出，趙紫陽的「改造論」，事實上是削弱乃至取消黨的思想政治工作，而且更重要的是要全盤改變和否定中共多年來行之有效的思想政治工作的傳統和方式：㈠趙紫陽的改造論，在思想政治工作的黨性原

[26]黃宏，〈評思想政治工作『改造論』〉，《求是》雜誌，一九九〇年第一期，頁二一—二三。
[27]同上注，頁二二。
[28]同上注，頁二三。

則㉙；㈡趙紫陽的改造論，在思想政治工作的價值問題上反對堅持共產主義、社會主義的先進思想體系；㈢趙紫陽改造論，在思想政治工作的內容問題上，淡化思想政治工作的政治性質㉚；㈣趙紫陽的改造論，在思想政治工作的方法問題上，取消系統的馬克思主義的正面教育㉛。㈤趙紫陽的改造論，在思想政治工作的體制問題上，瓦解思想政治工作的基本制度和工作隊伍㉜。

從上述文章對於趙紫陽「改造論」的思想政治工作觀的批評，基本上可以歸納出六四之後中共（尤其是保守勢力）思想政治工作的基本原則：㈠思想政治工作首先是黨的工作，直接爲黨的事業服務，它是要以馬列主義毛思想作指導，用共產主義的思想體系去教育人、培養人，堅持用無產階級思想反對各種非無產階級思想，所以它有很強的階級性和作爲階級性集中體現的黨性㉝。㈡必須在繼續堅持四項基本原則的前提下進行思想政治工作，堅持進行反對資產階級自由化和諸如個人主義等思想的教育㉞；㈢必須把解決政治方向作爲思想政治工作的中心內容，思想教育工作必須聯繫政治，不能只做一些心理健康、人格完善、人際關係調整的工作㉟；㈣不能將協商對話或其他軟性方法，視爲思想政治工作唯一有效的方法，而必須重視以系統的馬克思主義進行正面灌輸的方法；㈤思想政治工作絕對不能往兼職化和業餘化的方向去發展，必須確立思想政治工作的專業

㉙同上注，頁二三—二四。
㉚同上注，頁二五。
㉛同上注，頁二五—二六。
㉜同上注，頁二六。
㉝同注㉘。
㉞同上注，頁二四。
㉟同注㉚。

性[36]。

以上所歸納出的有關中共思想政治工作的基本原則，從日前中共高層的政治和意識型態領域的形勢來看，應該還是會主導七中全會以後，中共思想政治工作；不過，中共的思想政治工作將因爲以下幾種因素而使其功能作用受到嚴重影響：

㈠逆反心理對思想政治工作造成障礙，並且產生負效應。所謂逆反心理是指受教育者在接受教育的過程中，因爲自身種種的心理因素和固有的思維模式與思想政治工作出現摩擦，從而產生排斥、牴觸情緒的心理過程。大陸一般民衆，甚至中共的一般黨員幹部經歷了中共長期強制的思想政治工作，基本上對思想政治工作形成了一根極爲敏感的神經，因此只要一接觸到思想政治工作，長期以來內心難以撫平的歷盡滄桑的烙印，便會使本已傾斜的心理徒增對思想政治工作的厭煩感和否定感，進而產生逆反心理。在另一方面，由於中共的思想政治工作習慣於因襲舊的內容和方法，而且許多思想政治工作者本身無法以身作則、言行不一，這自然引起人們對於思想政治工作的厭惡。此外，由於對外開放，人們有了比以前多的心理參考架構，可以藉以與思想政治工作進行對比性體驗，從而對其失卻信任感，並且產生逆反心理；再而，這幾年來，人們自我意識的昂揚，在面對中共思想政治工作仍然著重強調集體主義和臣服於馬列主義、毛思想，甚至是當權者的路線政策的灌輸，自然就產生逆反心理。以上種種的逆反心理不但降低了中共思想政治工作的正效應，而且削弱了思想政治工作所能產生的凝聚力[37]。

㈡社會價值觀念的世俗化，凸顯了人們「非意識型態化」的心態。隨著大陸商品經濟的發展，一般社會大

---

[36]同注[32]。

[37]彭文揚，〈當前思想政治工作的一個難題——關於逆反心理的幾點思考〉，上海《社會科學》，一九八八年第五期，頁三四—三六。

衆對物質利益顯得格外的關注。社會活動，尤其是經濟活動基本上都是從對經濟效益的追求出發，在文學、藝術領域內爲追求個人利益而不擇手段的現象相當普遍，甚至在學術界功利思想也相當流行㊳。每個人都希望能夠成爲各行各業的「個體戶」，對功利的追求成爲許多人生活的主要原則。換句話說，中共八年所進行的改革、開放政策營造了一個使民衆可以不理會政治口號的社會環境，而且基本上改變了人們的心理結構，形成經常被中共批評爲「一切向錢看」的功利心態。在這樣一種世俗化的過程中，很自然地就會使思想政治工作的效應和功能減退。

㊂派系利益掛帥，使得人們對於改革的認識出現不一致甚至混亂的現象，而且這種混亂隨著對每個重要改革政策所產生的社會效應的爭論而更形嚴重，這就使得思想政治工作陷入窒礙難行的地步之中。

㊃由於改革、開放的許多政策、措施事實上與馬列主義和毛思想背離，因此，如何把這政策構思融入意識型態結構內，與馬列主義和毛思想相結合，就是一個相當困難的問題。如此一來，思想政治工作本身的主體、工作讓人們能夠把中共當權者的政策構思與馬列主義、毛思想連繫起來，認爲其具有「合法性」，事實上是很難開展的。

㊄中共內部至今仍存在著森嚴的金字塔式的等級結構，這種結構使得權力成爲最重要的東西，所有領域的運作都被人格化㊴，黨內仍然只承認同志關係，這種關係是基於某種政治上一致的假定所產生的互助合作關係㊵，它基本上使得思想政治工作成爲黨同伐異的鬥爭工具。

㊅中共當權者對於改革和開放政策的推展，一直處在摸著石頭過河以及前述兩種路線的糾葛中。因此，就

㊳楊曉榕，〈世俗化：激變中的社會價值觀念〉，香港《潮流》月刊，一九八八年七月十五日，頁八。

㊴不著者，〈政治領域的封建病疫〉，香港《文匯報》，一九八六年十月十日。

㊵不著者，〈中國現代化的重大課題——以契約取代身份〉，香港《文匯報》，一九八六年十月七日。

使得人們的行為參照標準變動頻率相當大。尤其是在經濟活動領域中，中共中央與各地方之間、各組織之間，甚至是每一年或一定時間的政策界限和具體辦法都會出現差異[41]。這樣一來，從事思想政治工作的教育者本身心中就充滿困惑感，存在著心理障礙，根本無法指出什麼才是改革行為或者什麼才是正確的改革政策，更遑論思想政治工作的推動了。

中共中國政治手册編輯部曾於一九八七年組織實施了中共建政三十八年首次公民政治心理調查，透過實證調查的政治文化研究途徑，對大陸各階層民衆的政治認同、政權取向、政治信任、政治能力與政治效能等深入瞭解，獲得一百五十萬個數據資料，其中部份數據收進《中國政治手册》〈政治心理〉篇，而該手册主編閔琦曾以這些調查資料為依據寫成《中國政治文化—民主政治難產的社會心理因素》一書[42]，該書第二章有關大陸民衆政治認同中對「發展經濟和堅持原則的關係」的看法，有五六．〇三％的被試者表示，對中國大陸而言，重要的不在於堅持什麼原則，而在於儘快發展經濟，提高人民生活水平，什麼原則適用就用什麼[43]。這顯示大陸民衆「非意識型態化」心態的普遍形成。

而在這本書中所透露的調查資料顯示，大陸民衆在「黨的形象」、「黨員模範作用」、「黨風與政紀」等三項，不滿意的程度分別是六一．八八％、七七．九七％和四六．六〇％[44]，這樣高的比率應當有助於上述第一項由於民衆逆反心理對思想政治工作造成障礙的瞭解。

此外，在同書中有關大陸民衆「政治信任」感調查中，同意「不要隨便議論政治問題，小心有人整你」、「對

[41] 王格，〈改革與社會控制〉，上海《社會科學》，一九八七年第九期，頁三六。
[42] 閔琦著，《中國政治文化——民主政治難產的社會心理因素》（雲南人民出版社，一九八九年二月初版）。
[43] 同前注，頁二二，三五—三六。
[44] 同前注，頁五六—五九，一〇六。

討論政治問題我很謹愼」和「對政治上的事還是少介入爲妙」等三個問題的程度分別是五〇・六五％、六二・四一％和六三・六九％㊺，這種現象也有助於上述有關逆反心理對思想政治工作造成障礙的理解。

四、結　論

基本上，正如有些西方分析家在七中全會後所認爲的，由七中全會公報顯示，中共高層派系目前陷入對比僵局之中，而且保守派自六四以來已能阻延改革的進展，保守和改革兩個派系將在七中全會後環繞著經濟路線繼續爭吵㊻；事實上，就算撇開八五計劃的妥協色彩不管，但如果目前中共高層的政治氣候和人事結構不變的話，新的經濟改革幾乎是不會出現的；而且，六四事件不翻案，政治氣候不轉變，經濟改革絕無單獨挺進的可能㊼。

對於七中全會後中共高層權力、路線和意識型態互動關係的評價，可以歸納如下：

㈠在鄧小平支持下，雖然所謂以江澤民爲首的第三代領導班子已形成；但是，另一方面，中共高層派系在七中全會後從目前的對比僵局出發，繼續環繞著經濟路線進行爭論，爲下一波權力攤牌作準備；不過，在六四和東歐變革後的大氣候以及鄧小平「經濟反左、思想政治反右」格局的制約下，改革路線在鄧小平支持下雖然不致逆轉，但改革勢力也不可能以這條路線使其權力獲得穩固的基礎；而保守勢力基本上則會繼續以六四和東歐變革後的大氣候以及陳雲路線作憑藉，繼續掌握理論陣地，打擊改革勢力的權力和路線運作，李瑞環充其量

㊺同前注，頁一二二。

㊻香港《明報》，一九九一年一月一日。

㊼同注❷。

只能在意識型態領域獲得形式上的領導權。

㈡儘管江澤民獲得鄧小平支持，並且擁有槍桿子的最高職位，但江澤民的權力基礎與胡耀邦、趙紫陽並沒有兩樣，都是來自於鄧小平的賜予，這種由老人政治所形成的權力格局，基本上是相當脆弱的，只要江澤民牴觸鄧小平「思想政治反右」的基本原則，或者鄧小平健康與壽命出了問題，江澤民的權力運作馬上就會出問題。

㈢七中全會後中共高層在權力、路線和意識型態領域的角逐會繼續陷入膠著狀態，改革勢力不可能形成像胡耀邦和趙紫陽時代一樣強勢領導班底，而保守勢力儘管可以阻撓改革的推展，但卻不致於使改革路線出現嚴重的倒退，當然以上這種判斷，是以中國大陸不再出現大的社會動盪以及鄧小平和陳雲等這些老人還繼續活著作爲前提的。

表一　中國大陸公民對發展經濟和堅持原則的關係的看法

百分比／態度／被試		對中國而言，重要的不在於堅持什麼原則，而在於盡快發展經濟，提高人民生活水平，什麼原則適用就用什麼。		
		同　意	不同意	樣本數
總　體		56.03	43.98	1,510
職業	工　人	54.40	45.60	307
	個體勞動者	63.33	34.67	199
	知識分子	53.12	46.88	271
	幹　部	46.01	53.99	275
	農　民	62.20	37.80	418
年齡	25 歲以下	57.82	42.18	505
	26—35	62.35	37.65	417
	36—45	51.27	48.73	334
	46—55	45.45	54.55	198
	56—65	55.23	44.77	67
	66 歲以上	66.67	33.33	9
文化	不識字	75.68	24.32	37
	小　學	68.79	31.21	173
	初　中	55.27	44.73	427
	高中、中專	52.69	47.31	501
	大專以上	55.59	44.41	377
政治面貌	中共黨員	44.04	55.96	402
	共青團員	58.35	41.65	377
	民主黨派人士	60	40	10
	社會知名人士	33.33	66.67	3
	群　衆	61.17	38.83	685
居住地	大城市	54.66	45.34	375
	中心城市	48.36	51.64	213
	城　郊	54.35	45.65	138
	縣　鎮	54.11	45.89	391
	農　村	64.22	35.78	341
	邊遠貧困地區	59.62	40.38	52

資料來源：閔琦著，《中國政治文化——民主政治難產的社會心理因素》（雲南人民出版社，1989 年 2 月），頁 35-36。

表二　中國大陸公民對中共的領導方式的意見

百分比／職業／意見	總體	工人	個體勞動者	知識分子	幹部	農民
1.黨行使用人權，決策權‧不行使行政權	17.35	19.44	18.49	13.54	20.4	16.61
2.黨既行使用人權，決策權，也行使行政權	13.54	17.46	14.29	9.12	10.03	19.54
3.黨只起精神領袖作用，提供指導性思想和理論	16.18	15.08	15.97	17.40	8.36	23.13
4.黨只管黨組織和黨員	9.52	7.94	14.29	13.54	6.35	7.49
5.上層黨政合一，下層黨政分開	6.73	5.95	5.88	4.97	9.36	6.84
6.黨無條件直接管理國家，管理社會生活	9.81	15.08	7.56	5.25	6.69	13.68
7.黨只管大政方針，監督政府，但不直接管理	26.87	19.05	23.53	36.19	38.80	12.70
樣本數	1,366	252	119	962	299	307

資料來源：閔琦著，《中國政治文化——民主政治難產的社會心理因素》（雲南人民出版社，1989 年 2 月），頁 105。

表三　中國大陸公民的政權取向

評價項目與領域		滿　意	不滿意	比　值
對總體形勢的評價和預測	中國近十年來的總體形勢	69.59	7.51	9.27
	中國目前政策和局勢的穩定狀況	70.04	19.32	3.63
	今後形勢的發展	67.71	23.84	2.84
	今後民主化的進程	32.44	49.62	0.65
	近十年民主化進程	32.28	23.42	1.38
中國共產黨	黨的宗旨	64.61	28.98	2.23
	黨提出的社會發展目標	51.89	41.60	1.25
	黨制定的各項方針政策	57.48	38.15	1.51
	黨的形象	30.26	61.88	0.49
	黨員模範作用	17.94	77.97	0.23
	黨的農村政策（農民的評價）	82.41	17.60	4.68
	黨內民主	40.24	28.29	1.43
	黨風與政紀	20.52	46.60	0.44
政治體制（廣義）	對政府的監督機制	40.24	18.29	2.2
	人大的立法作用	49.17	14.81	3.32
	選舉制度	42.70	23.18	1.8
	政治公開化	33.09	25.13	1.82
	行政與司法關係	24.48	26.47	0.92
	行政機構設置	31.72	29.92	1.06
	幹部人事制度	32.11	29.44	1.09
	行政效率	15.11	54.66	0.28
	黨政關係	45.79	11.54	1.37
	決策科學化、民主化	31.47	27.06	1.16
	政企關係	28.15	22.54	1.25

（續）

公民自由與權利	思想言論自由	46.01	17.25	2.67
	言論自由	63.23	32.51	1.95
	人身自由	60.76	10.40	5.84
	人身自由與人格尊嚴	73.84	22.72	3.25
	新聞出版自由	47.02	17.51	2.69
	出版自由	49.96	39.71	1.26
	選舉與被選舉權	60.37	35.96	1.68
	批評、控告、申訴、檢舉權	61.4	33.45	1.84
	結社自由	34.47	48.37	0.71
	集會遊行自由	23.52	62.31	0.38
	宗教信仰自由	69.94	22.75	3.07
	隱私權	51.70	32.72	1.58
	對政府的批評權	35.82	56.65	0.63
	住宅不受侵犯	80.88	16.49	4.90
	通信自由	90.99	7.62	11.94
	勞動就業權	70.84	25.79	2.75
	受教育權	84.24	13.68	6.16
傳播媒介的作用	作爲黨的喉舌	47.02	17.51	2
	反映不同政見	76.78	5.69	13
	反映群衆呼聲	30.65	30	1
	干預社會生活	35.01	23.51	1
知識分子的評價	生活水平與經濟收入	28.17	71.83	0
	社會地位	31.20	68.80	0
	發揮才幹的機會與條件	29.18	70.82	0
	政治地位	30.50	69.51	0
	自由表達思想與要求的機會條件	31.45	68.55	0
	參與國家與社會管理的機會與條件	30.94	69.06	0
工人的評價	工人的社會地位	29.63	23.70	1
農民的評價	農村政治形勢	85.11	7.88	10
	農村的發展與改革	68.73	13.32	5
	平　均　數	47.61	33.04	1

資料來源：閔琦著，前揭書，頁 106-108。

第二輯　中共政治

「六四」以後的中共外交

尹慶耀

提　要

中共外交靈活多變，常在弱勢基礎上進行強勢外交。然外交爲國際活動，自應受國際局勢變化的影響，外交爲內政的延長，爲內政服務，亦受內政制約。

中共當前面臨的內外環境與問題爲：冷戰結束後中共國際戰略地位低落；波灣戰爭後國際格局重組，中共如何爲自己定位；「六四」天安門事件後遺症影響未除；蘇聯、東歐劇變後，中共意識型態孤立；社會主義影響消褪，第三世界國家紛紛轉向。

中共在國際間強調「和平與發展」是當代世界的兩大戰略主題，要在和平共處五項原則基礎上，建立國際政治新秩序和國際經濟新秩序。綜合其理論內容，是強調緩和與多元化，對國際事務，不論大小國家都有權平等參與。發達國家有援助開發中國家在和平環境中發展經濟的義務，但沒有過問其內部事務的權力。這是中共的基本立場，也是其致力追求的國際新秩序。

在國內，江澤民提出外交工作「兩點論」，既要講經濟，又要講政治；既要講友情，又要講鬥爭；既要講原則，又要講策略。實即在爭取經濟利益的同時，不忘政治警惕；歡迎西方的資金與科技，而排拒其思想與制度。也就是在「又聯合，又鬥爭」的原則下，突破困境，搏取實利。

中共高階層官員密集出擊，企圖突破外交困境。然須向西方取得無可代替的資金與技術，又懼其「和平演變」之侵蝕；在和平共處五項原則基礎上與蘇聯、東歐交往，又懼其資本主義化的影響；在第三世界雖仍有若干影響力，但無力支付其亟需的經濟援助。至於中華民國，其經濟實力已非國際間所可忽視。中共阻擾其他國家與中華民國發展關係，從長遠觀點看來，將產生若干負面效果。

前言

中共在外交上不是弱者，縱橫捭闔於國際間，對國際形勢、利害矛盾、心理因素，善加利用以搏取實質利益。妥協中不失原則，且能在弱勢基礎上從事強勢外交。

外交爲國際活動，自應受國際形勢變化的影響。外交是內政的延長，在視外交爲「革命工具」的中共尤其如此。因而中共的外交往往能替其內政提供充分的服務。反之，內政的失誤也會影響外交。六十年代文革期間的造反外交，是出自內政的要求；一九八九年六月四日的天安門廣場慘案，使中共陷入國際孤立，又需要外交以「補破網」的手法重塑形象，突破難關。

一九七九年中共喊出「對內搞活，對外開放」。一九八二年九月中共「十二大」就制定「獨立自主」的對外政策，一方面開創和平的國際環境以利其經濟改革，一方面廣闢開放路徑以增加資金與科技的來源。一九八四年九月一日，中共外交部文章〈三十五年的中國外交〉提出：「當前世界有兩大問題，一是擁護和平，二是促進發展。」❶一九八五年四月二十二日出版的《瞭望》周刊第十六期紀念萬隆會議三十週年的文章標題爲〈高舉和平與發展的旗幟〉，文章聲言「中國奉行的獨立自主的和平外交的政策，同萬隆原則完全一致」。一九八七年十月，趙紫陽在中共「十三大」的報告中，提出中共十一屆三中全會以來的十二個觀點，其第十二個就是「關於和平與發展是當代世界的主題」。

中共認爲「和平問題主要是東西政治關係問題，發展問題主要是南北經濟問題。」❷針對這兩大「主題」，中共強調爲建立國際政治、經濟新秩序而努力。這項戰略性構想，並未因「六四」慘案後國際制裁而改變，改變的只是策略運用的形式。

一九八九年下半年起，國際局勢變化頗速。蘇聯、東歐發生巨變，東西兩德統一，美蘇冷戰結束，波灣戰爭後世界秩序重組。面對此複雜情形，中共不得不對國際格局重作評估。強調國際緩和而非太平，由二極走向多極，霸權主義與強權政治抬頭。然和平與發展兩大戰略主題不變，其外交亦僅作重點及技術的調整。

中共的外交是現實主義(realism)的純經濟觀點，企圖與其政治及意識型態分離。正如同「經濟反左、政治反右」。然而，經濟與政治不可分，外交終須受內政影響，在政治民主化、經濟自由化、社會多元化的世界潮流中，中共如執意逆水行舟，單靠靈活的外交技巧，實難「挽狂瀾於既倒」。

本文將從此一角度，對「六四」後的中共外交，作綱要式的重點析述。

---

❶《光輝的成就—慶祝中華人民共和國成立三十五週年文集》下册（一九八四年九月一日），頁一三三。

❷甘肅省委黨校王文學、郭保珠，〈對建立國際政治新秩序戰略主張的思考〉，《現代國際關係》，一九八九年八月三十日第三期，頁一二。

一

一九八九年初，中共外交正漸入佳境。二月間，美國總統布希訪問中國大陸。五月間，蘇共總書記戈巴契夫赴平與鄧小平舉行高峰會議，使雙方關係完全正常化。兩個超級的領袖先後往訪，會提高中共的國際地位。更重要的是，這顯示即使美蘇接近、戰略三角形勢逐步改觀，中共仍是美蘇雙方拉攏的對象，使北平不致受到冷落。然而，天安門廣場上隆隆的坦克，不僅壓碎了民運人士的屍體，也壓低了中共在國際間的聲望與地位。「六四」慘案使中共陷入國際孤立，經濟制裁更使中共大受打擊。而當時中共的言行，更造成外交上的困境。

「六四」之後，《人民日報》海外版，於一九八九年七月十一日發表署名吳戈的〈『美國之音』的表演與『和平演變』策略〉一文，那是新的國際階級鬥爭論；七月廿六日發表解犀、施路的〈平暴『備忘錄』—兼答『戒嚴部隊不入城是否會發生反革命暴亂』等疑問〉一文，可稱之爲反自由化宣言。中共把大陸的自由化、民主運動，歸咎於國際資本主義的「和平演變」陰謀。

在共產黨的辭典裡，和平演變是帝國主義不使用武力，而用和平手段促使社會主義國家和平演變成資本主義。換言之，它與顚覆同義。〈美國之音〉一文說：

（西方資本主義國家）使用經濟援助和技術轉讓作爲手段，想引誘社會主義國家上當，或者借以施加壓力，促使它們在經濟上和政治上搞「和平演變」。

〈平暴〉一文則說：

近十年來，國際資本主義的反動勢力認爲，利用社會主義國家的暫時困難和改革開放，是實行「不戰而勝」、「和平演變」戰略的最佳時機，因而加緊進行政治、思想上的滲透和從內部的顚覆。

這幾句話出現在〈平暴〉一文「從杜勒斯的預言到『美國之音』的謠言」那一節裡，可知文章的攻擊矛頭主要是指向美國。而「十年」時間，剛好與中共改革十年相同，倒是一個值得注意的有趣的「巧合」。

中共於大屠殺後繼之以「秋後算帳」，引起國際譴責與制裁。不少大陸民運人士流亡國外，「天安門廣場」、「民主女神像」也在歐、美、澳幾個不同地區重現身影，「民主中國陣線」在巴黎成立，逃亡的中共外交人員獲得當地政治庇護等等，都被中共斥爲西方國家粗暴地干涉中共內政而予以反擊。誠如宦國蒼在香港《九十年代》月刊一九八九年八月號發表的〈十年對外關係付諸東流〉一文裡所說：

1. 最高領導人（以總理李鵬爲代表）頻頻露面，用「眞朋友」「假朋友」之類的空話與廢話來威脅國際社會。這種愚蠢的做法除了說明最高領導人對國際事務一竅不通之外，還會干擾職業外交官的正常業務。
2. 出於自欺欺人的政治需要，不斷要求外交、新聞部門編造、傳播連他們自己也不相信的謊言去欺騙世界輿論，並且對國際新聞媒介以及國外官方機構進行所謂「反擊」。其結果是使得駐海外的外交人員的處境更爲困難。
3. 鑑於中國在海外的近十萬名留學生和訪問學者對國內的政治倒退反應強烈，一些駐外機構開始調查、監控、騷擾留學人員，並且在護照延期等方面刁難他們，這種做法的實際結果不但使得留學人員更加反感，而且進一步惡化與當地政府的關係。

這篇文章如實地道出了「六四」後中共的作爲及其影響。老實說，「六四」後中共眞有一段外交黑暗時期，對其外交人員來說，那是一場夢魘！

二

「六四」剛過後，鄧小平曾說：

> 這次事件以後，國際反應，法國做過了頭，蘇、日還不錯，美國雖然調整了政策，但是他們早晚會回來的，中國是塊大肥肉❸。

然而，國際制裁的時間卻出乎意料之外的漫長。儘管中共的領導階層，如總書記江澤民說：「一些西方國家對我們施加壓力，這嚇不倒我們。」❹中共政權副主席王震對陳香梅說：「中國決不怕外國的制裁。」❺但李鵬卻不能不公開承認西方國家的經濟制裁，對中國大陸的經濟有「一定的影響」❻。

❸臺北《聯合晚報》，民國七十八年六月十三日，三版。
❹香港《文匯報》，一九八九年七月七日，二版。
❺香港《文匯報》，一九八九年八月二十四日，一版。
❻一九八九年十月十一日李鵬在「全國生產工作會議」閉幕時的講話。《香港時報》，一九八九年十月十三日，四版。

近十年來，中共利用外資總額逾六〇〇億美元，其中「直接投資」額一六七億美元。外商在大陸建立了一二、〇〇〇多家「三資企業」，僱工二五〇萬人，一九九〇年出口額可達六〇億美元，約佔全大陸出口總額的一一．六％。

外資企業多屬外銷型和先進科技。除「直接投資」外，餘為對外借款，內中「外國政府貸款」主要投在交通運輸、能源等「國家重點建設」項目上。總之，對外開放所吸取的資金及科技，對其經濟發展有不可忽視的助益。因此，在前引一九八九年七月十一日〈美國之音〉一文中，一方面說西方的經濟援助和技術轉讓是搞「和平演變」的手段，一方面指方勵之：

他就是想借助西方的經濟壓力，來達到他們夢寐以求的，在中國搞「和平演變」亦即實現「全盤西化」的目標。

但跟著就說：

當然，在中國與外國的經濟國際關係上，我們決不能因噎廢食，在平等互利和平不附加任何政治條件的前提下，我們仍應擴大對外經濟交往，仍應儘可能多一些地引進外資和加強技術合作。但同時，對蓄意玩弄「和平演變」陰謀的人們，我們則應保持必要的警覺。

一九八九年九月九日，李鵬對捷克國家銀行代表團說：

關上大門對我們發展不利，放鬆警惕則是危險的，今後要處理好這兩方面的關係。

中共從未想過要放棄對外來資金和科技的爭取，只是「六四」後更多了一層警惕。如何處理好李鵬所說兩方面的關係，又不能不藉助外交的努力。一九八九年七月六日至十二日，中共駐外大使、總領事、商務代表、國際組織代表一五〇餘人，在中南海參加第七次駐外使節會議。十二日，江澤民對代表們講話時指出：

對外開放是我們一項不可動搖的基本國策，但對國際間複雜的政治鬥爭，要保持應有的警惕。處理對外關係，既要講經濟，又要講政治；既要講友好，又要講鬥爭；既要講原則，又要講策略。

這外交工作的「兩點論」，就是中共賦給外交人員的任務。那是說，要不失立場的改善國家形象，以突破孤立的困境；要在高度警惕下擺脫制裁，爭取外援的恢復以利經濟發展。

三

一九八九年七月六日，江澤民會見印度國大黨（英迪拉派）總書記阿札德時，宣布了五個不變，即：堅持社會主義制度不變；堅持共產黨的領導不變；堅持改革開放政策不變；奉行獨立自主和平外交政策不變；在和平共處五項原則基礎上同各國發展友好關係不變❼。

這些「不變」迄今仍然不變，不時反覆重申。中共仍然強調「和平與發展」是當代世界兩大戰略問題，要

---

❼香港《文匯報》，一九八九年七月七日，二版。

在和平共處五項原則基礎上建立國際政治和經濟新秩序。這些是當前中共外交的主題曲。

中共認爲和平與發展互相促進，而核心是發展中國家的發展問題。

國際經濟新秩序早在六十年代即由第三世界國家提出，中共予以支持，鄧小平並於一九七四年四月率團出席專門討論建立國際經濟新秩序問題的聯合國大會第六屆特別會議。新秩序是要打破南方發展中國家同北方發達國家之間的不公平和不平等的、不利於發展中國家的舊經濟秩序，根據平等互利的原則處理國際經濟關係。加強南南合作，促進南北對話。已開發國家應爲改善國際經濟環境，特別是解決發展中國家的外債問題作出貢獻；各國人民有權決定本國的經濟模式和發展道路，並根據需要對各項經濟政策作必要的調整。

一九八九年第三期的《現代國際關係》雜誌，刊有甘肅省委黨校王文學、郭保珠的〈對建立國際政治新秩序戰略主張的思考〉一文，文內說：

不久前，鄧小平志意根據戰後世界格局變化對國際形勢的深刻分析，對和平共處五項原則的國際普遍適用性作了進一步的強調和發揮；提出了在和平共處五項原則基礎上建立國際政治新秩序的主張。

鄧小平一經提出，中共就不斷加以鼓吹。一九九〇年三月二十日，李鵬在第七屆全國人大三次會議上的報告中強調：

急劇變化的國際形勢，把建立國際政治新秩序的問題進一步提到全世界面前❽。國際政治新秩序的內容，經

❽李鵬，〈爲我國政治經濟和社會的進一步穩定發展而奮鬥——一九九〇年三月二十日在七屆全國人大三次會議上的政府工作報告〉，《新華月報》，一九九〇年第四號（五月三十日出版），頁二〇。

中共在一九九〇年聯大會議上提出，即：

每個國家都有權根據本國國情選擇自己的政治、經濟和社會制度；世界各國特別是大國必須嚴格遵守不干涉他國內政的原則；國家之間應當互相尊重，求同存異，和睦相處，平等相待，互利合作；國際爭端應通過和平方式合理解決，而不應訴諸武力或以武力相威脅；各國不論大小強弱都有權平等參與協商解決世界事務❾。

在和平與發展兩個主題之下，建立國際政治、經濟兩個新秩序，主要意義就是要大國、強國、已發達國家在經濟上支持和援助發展中國家（包括中共）發展，但不得附帶任何條件；在政治上平等相待，不得干涉對方內政（中共是把政治制度、人權等等都列入內政範圍），已發達國家是不得「以『民主、自由、人權』爲旗號，兜售資本主義的議會制和多黨制」的❿；對國際事務則都有平等參與權。這是第三世界所歡迎的，也是中共當前努力的標的，或者說是外交的神髓。

一九九〇年末，中共外長錢其琛在《求是》雜誌第二十四期爲文分析國際形勢，就強調當前世界正處在舊格局已打破，新格局未形成的過渡時期。聲稱由超級大國主宰世界，由幾個大國或者「富國俱樂部」來主導世界，都不能算什麼新秩序。國際新秩序應當建立在各個獨立自主的國家，不分大小、貧富、強弱，一律平等的基礎上，眞正按照和平共處五項原則來建立相互之間的政治關係和經濟關係⓫。

一九九〇年十二月，美蘇馬爾他高峯會議，象徵着雅爾達格局即冷戰體制的結束，這使得中共在「戰略三角」中的重要性降低。一九九一年二月波灣戰爭，蘇聯在外交及武器方面均屬慘敗，美國大有獨霸世界之勢。

❾中共外長錢其琛曾在《求是》雜誌一九九〇年第二四期撰文分析當前的國際形勢，經《光明日報》轉載，本文所引，見香港《大公報》，一九九〇年十二月十二日第二版摘要文。

❿參見〈平暴〉一文。

⓫同注❾。

中共對國際格局分析基本未變，惟重提霸權主義與強權政治，愼防美國獨霸。強調世界由二極走向多極，凸顯自己擁有核武器，爲聯合國安理會常任理事國，在國際事務中主持正義，反對霸權主義，代表着一大批發展中國家的利益。凡此種種分析，均可暗示其未來外交動向。

四

「六四」慘案後，西方國家對中共不僅在經濟上予以制裁，並禁止政府高級官員與中共接觸，且在民運、人權等問題上，與中共不斷發生齟齬，於是中共外交詞彙上又屢次出現「強權政治」「霸權主義」以及「和平演變」陰謀等字樣。中共原擬增進與蘇聯、東歐的關係以資彌補西方杯葛與制裁後的空隙。然而，一九八九年下半年以來，東歐和蘇聯的劇變，使中共有所顧忌。現今中共與蘇聯在邊界談判、裁減邊界兵力方面有所進展，經貿關係亦有增進，然因蘇聯國內困難且雙方意識型態已有差距，絕難恢復五十年代的親密關係。中共與東歐各國仍維持相當友好關係，中共副外長田增佩曾於一九九〇年九月初訪問東歐五國後轉往義大利訪問。東歐各國的政治多元化，經濟自由化取向，使中共存有戒心，而東德首屆經自由選舉產生的國會於一九九〇年六月七日決議，對上屆國會於一九八九年六月八日讚揚中共血腥鎭壓大陸民運一事表示遺憾。新國會決議說：「我們對於喪生於天安門廣場上的英魂，有著深深的哀思」。統一後的德國已納入西方陣容，其他東歐國家多已不在共黨執政下，中共也只能在「互不干涉內政」的前提下與之往來。

中共與亞洲共黨國家關係較佳。江澤民曾於一九九〇年三月訪問北韓，金日成則於九月十一日前往瀋陽，與江澤民秘密會談了三天。中共仍然支持北韓，但中共已與南韓互設貿易辦事處，彼此將建交之說，也時有所聞。據中國大陸傳出消息，江澤民在瀋陽面告金日成，此後中共將不對北韓提供援助。且爲改善中共對外經濟關係，大陸將爭取南韓前往投資⓬。根據中共與北韓的五年協議，中共每年供應北韓原油一五〇噸，交換無煙煤和水泥。據《日本經濟新聞》一九九〇年十二月十四日報導，由於北韓欠款未淸，中共已告知北韓，今後將減少對北韓的原油供應。

外蒙國家主席（大人民呼拉爾主席團主席）歐奇巴特於一九九〇年五月四日訪平，七日與中共發表聯合公報，強調在和平共處五項原則的基礎上加強合作。據「新華社」報導，中共和外蒙在（一九五九年）斷交三十一年後，於七月十日正式恢復領事關係。同年八月二十九日中共「經濟參考」透露，中共已在烏蘭巴特開設貿易辦事處，協助建立合資事業，以及在勞工市場上進行雙邊合作。另據「新華社」報導，外蒙國防部長夏格林於同年九月三十日會見了由中共國防部外事局長傅加平率領的訪問團，雙方並舉行了會談。此外，歐奇巴特五月間訪平時，已在公報中說明將邀請楊尚昆、李鵬在適當時機訪問外蒙。蒙方願與中共加強軍事合作。

中共與越南都想關係正常化，中共外交部亞洲司長徐敦信於一九九〇年六月訪問河內，越南副總理武元甲則於九月訪平。十月間雙方簽署協定，使旅行團可以互訪。一九九一年八月，雙方舉行外交次長級會議，越共總書記有於年底前訪問大陸之說。

「六四」後中共外交，最值得注意的是，北平再度加強曾被冷落一時的對第三世界外交，而第三世界若干國家與中華民國復交或建交，更使中共不敢在這方面有所怠慢。

中共對第三世界的外交活動，是頗爲着力的。如一九八九年十二月中共國家主席楊尙昆曾到埃及、阿曼、阿拉伯聯合大公國與科威特訪問。一九九〇年一月底至二月初中共中央軍委秘書長楊白冰訪問了泰國。三月下旬中共國務院副總理吳學謙往訪那米比亞、加彭、奈及利亞。同月間錢其琛訪問阿拉伯聯合大公國、印度、巴

⓬臺北《工商時報》，民國七十九年十二月十四日，十一版。

林、伊拉克、北葉門、南葉門與卡達。五月間中共人大常委會委員長萬里到巴基斯坦、伊朗、伊拉克訪問。同月間楊尚昆訪問墨西哥、巴西、烏拉圭、阿根廷、智利和斐濟。六月間中共國防部長秦基偉訪問埃及、巴基斯坦和孟加拉。中共國務總理李鵬，則先於八月間訪問印尼、新加坡及泰國。復於十二月十日至十九日訪問了馬來西亞、菲律賓、寮國和斯里蘭卡。另一方面，在同一時期內，中共也接待了不少往訪大陸的第三世界國家的領袖及政治人物。進入一九九一年，錢其琛於一月五日啓程前往衣索比亞、烏干達、肯亞和坦尙尼亞訪問。進入一九九一年，中共高級官員仍密集出擊，突破外交困境，行方仍以第三世界爲多。

中共的努力是有相當成就的。一九九〇年七月二十一日晚中共外交部長錢其琛與沙烏地阿拉伯外交大臣紹德、費薩爾簽署建交協議。八月八日起，中共與印尼恢復凍結了二十三年的外交關係。十月三日中共與新加坡宣布建交。這些成就使得鮑信迫不及待地在即將與新加坡建交前夕，於九月十六日致書《瞭望》雜誌海外版，聲稱「北京又進入外交繁忙季節」⓭。

據悉鄧小平於一九九〇年七月中旬，召見中共領導人時說：

過去幾年，我們只顧抓一頭，卻丟了另一頭。一些老朋友對我們失望了。去年下半年，我們下了決心，調整了方向，不到一年，就出現了成果。美國等西方大國制裁我們，眞正同情和支持我們的不是一些發展中國家的老朋友嗎？這個教訓不能忘。我們國家的情況決定了我們必須和發展中國家站在一起，這個方針二十年不能變！

鄧小平又說：

⓭《瞭望》週刊海外版，一九九〇年九月二十四日，頁一。

不要許願，不要搞金錢外交，那樣子搞，我們也搞不起。

可是，時代已變，「社會主義道路」不再具有吸引力，不少過去走這條「道路」的第三世界國家已紛紛轉向。像中共那樣「堅持社會主義道路」的作風，不搞金錢外交，恐怕也不具有吸引力。其實，中共對第三世界一直在實施金錢外交。根據中華民國外交部的統計資料，從一九五三年至一九八五年，中共的雙邊援助承諾累積總額達九三億二、〇〇〇萬美元。

據統計，中共對外援助最高峰為一九七〇年的約六億美元，到一九八二年就下降到不足五、〇〇〇萬美元，這顯示中共開放政策是希望別人援助它，而不是它援助別人。儘管如此，李鵬於一九九〇年十二月訪問菲律賓時，承諾贈送馬尼拉市一〇〇輛公共汽車，并同意提供三〇萬噸原油。訪問寮國時宣布，將向寮國提供一筆無息長期貸款，贈送一座地面衛星接收站。在斯里蘭卡則提供五、〇〇〇萬人民幣的長期無息貸款。不過，中共目前外債四二〇億美元，內債一七四億美元，九十年代正逢償債高峰期，這就正如鄧小平所說，搞金錢外交，是「搞不起」的。

五

中共重視第三世界，表示本身並不孤立，藉以向西方國家示威。可是，中共發展經濟的資金和科技，第三世界都幫不上忙。不管它心裡願不願意，都必須求助西方，特別是美國和日本。「六四」後立即宣布改革開放政策不變，就是想以「現代化」和廣大的「市場」為餌繼續招徠西方，而且中共從未中斷過對美接觸的管道。至於中共計畫委員會主任鄒家華於一九九一年一月十四日抵巴黎訪問四天，除商談合作事務外，亦可能與法工商部長訪問中華民國有關。

一九八九年六月四日天安門廣場慘案爆發，五日布希總統就宣布暫停美國與中共的所有軍事交流與武器交易。二十日，布希下令暫停與中共之間高級政府官員的交流。美國的態度至關重要，因爲其他西方國家會陸續跟進。美國且可影響國際金融機構對中共的貸款。到一九八九年七月初，世界銀行和日本已凍結對中共援助計畫中的一〇〇多億美元。七月七日在巴黎舉行的七個工業國家高峰會議，重申對中共制裁的立場。而對共黨國家輸出管制委員會(COCOM)進一步放寬對中共輸出敏感性、雙用途科技（包括高級電腦、雷射、微電子及具有反潛用途的裝備等）的計畫也被取消。單只這些制裁，已是中共所不能長期忍受的，何況其他制裁又繼之而來。因此，中共一方面抨擊西方干涉內政，聲言它不怕制裁；另一方面又不斷設法，促使西方緩和那些制裁措施。

中共慣於利用對方的言論與心理弱點，例如布希總統極可能受尼克森、季辛吉等人的影響，認爲中共在全球及亞洲事務上仍有其重要性，維持與中共的關係對美國有利，因而聲稱孤立中共無益，幷於宣布禁止政府高級官員與中共接觸僅僅一個月後，即派遣國家安全顧問史考克羅(Brent Scowcroft)和副國務卿伊格柏格(Laurence Eagleburger)於一九八九年七月與十二月兩度秘密訪問北平。於是，北京除重複孤立中共無益等詞句外，並以「解鈴還需繫鈴人」成語，暗示關係惡化責在美方，須由美方踏出第一步，解除制裁以改善關係。當然，中共對於美國的善意也有相當的回應。一九九〇年五月二十五日，布希宣布延長予中共的最惠國待遇。同年六月二十五日，方勵之就離開美國駐平大使館前往英國。七月七日上海市委書記、市長朱鎔基（中共候補中委）率團訪美。九月二十八日，錢其琛在紐約會晤美國務卿貝克，雙方關係就已開始恢復。

一九九〇年九月二十二日至十月七日在北平舉行的第十一屆亞洲運動會，對於中共凸顯內部安定及改變形象突破國際孤立，是頗有幫助的。而海灣（波斯灣）危機，更賜予中共一個外交活動的良好機會。十一月二十八日，錢其琛在中共外交部美大司司長張毅軍、亞非司司長王昌義、國際司司長秦華孫等人陪同下在紐約會晤了貝克，主要討論海灣問題。二十九日錢其琛參加聯合國安理會討論武力制裁伊拉克的六七八號決議案，表決時中共投下棄權票。對中共來說，棄權對美國、伊拉克及第三世界都算有了交待。而中共主張伊拉克從科威特撤軍，卻反對軍事解決海灣危機，也是兩面討好的做法。本來，一九九〇年七月九日在休士頓舉行的七國高峰會議，就準備尋求在環境等問題上，由世界銀行及其他方面給予中共融資的可能性。由於中共在海灣問題上的「合作」，原本是因爲中共違反人權、鎮壓民運而對中共實施制裁的西方國家，卻文不對題的放鬆制裁，已凍結的援助又逐漸恢復。

前引錢其琛在《求是》雜誌第二十四期的文章說：

中國同日本、歐共體、美國及周邊國家的關係得到恢復、改善和加強。今年下半年以來西方國家陸續鬆動對華關係，特別是美國和其他西方國家看到，中國在海灣危機和柬埔寨問題上起著重要的作用，作爲聯合國常任理事國在國際事務中是有分量的。

最後兩句話在炫示中共的強勢地位。從鮑信於一九九〇年十一月十日致《瞭望》海外版「北京書簡」的標題「西方的制裁被打破」來看，中共至少在表面上還是要擺「強」的姿態的。

可是，中共亟需外援。一九九〇年七月十一日七國高峰會議閉幕，當天李鵬在國務院全體會議上表示：我們注意到七國在最近的首腦會議上表示要放寬對中國的制裁這一事實，但是這一步不夠大。

同年九月七日至九日季辛吉訪平時，中共副總理吳學謙稱贊他爲促進「中」美雙方關係的貢獻，強調中共一貫重視對美關係，雙方之間存在着廣泛的共同利益，聲稱中共已爲關係的恢復和改善做出很大努力，寄望「美方的步子邁得更大些，更快些」。

日本解除了對中共的制裁，全面恢復了經濟援助，但李鵬就對往訪的日本大藏大臣橋本龍太郎要求給予更多的貸款。由此可見，中共外交絕不能忽視對西方的關係。一九九一年八月海部俊樹訪問中共又爲後者帶來一批禮物。

中共要求伊拉克退出科威特，同時反對武力解決海灣危機的立場，爲中共外交拓寬了前路。但它趁海灣危機審判、懲處「六四」案學生及民運人士的作法，卻不能使西方國家毫無警惕。此外，一九九〇年十一月二十五日，中共駐雪梨領事館文化參事周華（音）夫婦留下辭呈而後失踪。澳洲參議院通過譴責中共在西藏侵犯人權的動議，招致中共駐澳大使館嚴重抗議，作爲干涉中共內政。十二月十四日，中共外交部西歐司約見挪威駐中共大使，抗議挪威國會議長和外交大臣接見大陸民運人士柴玲。一九九一年一月二日，瑞典外交部宣布中共駐斯德哥爾摩大使館三名外交官從事與身分不符的活動與違反瑞典法律，已於上月底被瑞典當局驅逐出境。北平則下令瑞典駐中共大使館一等秘書貝瑞塔・金馬克蘭德及其夫婿於一月十日前離開中國大陸。瑞典驅逐中共外交官，是因其監視、騷擾和迫害從事民運的大陸留學生，但中共外交人員在美國、加拿大、日本、法國、澳洲等國都有類似情況，而美國國會對中共人權等問題也依然關注。看來，中共將可獲美國允予最惠國待遇延長一年，但人權、軍售、貿易，將長期是其對美關係的阻礙。

中共外交的另一重點是打擊中華民國的務實外交，但中華民國的經濟實力在國際間已不容忽視。最近，澳洲、加拿大、法國乃至蘇聯，都在增進與中華民國互利的實質關係，中共如過分阻擾，亦將引起多方面的反感。

六

中共外交的未來展望如何呢？且看中共如何看這個世界。

一九九〇年八月二十七日《人民日報》刊登仇啓華的〈科學認識當代資本主義〉一文，其主旨在說明帝國主義改變了形式，不曾改變剝削本國人民、掠奪第三世界財富的本性，當代資本主義其實就是當代帝國主義，它的相對穩定發展，改變不了必被社會主義所代替的歷史命運。

同年十月十七日《人民日報》重刊了胡繩不久前在「近代中國與世界」國際學術討論會上的發言，題爲「關于近代中國與世界的幾個問題」。文章說帝國主義列強武裝侵略中國，在經濟上掠奪中國，在政治上支配中國。中國處於被侮辱、被損害、被宰割的地位。這從一八四〇年算起，持續了一〇九年之久。在這一前提認識下，文章內有三段文字，摘錄如下：

近代中國，因爲落後，所以挨打；因爲不斷挨打，所以更落後。這是一個惡性的循環。歷史經驗證明，只有首先解決民族獨立問題，才能改變中國所面臨的惡性循環的命運。而中國爭取解放獨立，根本的問題在於要把中國一切反帝的力量動員和團結起來。在中國共產黨領導下，中國人民經過長期的艱苦奮鬥，終於完成了這個歷史任務，從而爲中國的近代化、現代化開闢了寬廣的道路。

近代中國的貧窮落後是帝國主義造成的。帝國主義一方面打開中國的門戶，迫使中國對外開放，但他們的掠奪和剝削又使中國貧窮落後，處於沒有能力正常地對外開放的地位。中國人民用自己的力量爭取民族的獨立，恢復國家的主權，才能發展自己的經濟，並作爲獨立自主的國家發展正常的，即平等互利的對外開放。

帝國主義的侵略和壓迫，並把中國這樣一個占全世界人口五分之一至四分之一的大國變成了一個貧窮衰弱的半殖民地國家，就在遠東造成了一個國際矛盾和鬥爭的焦點。一個貧窮、落後的中國成爲世界不安定的因素之一。中國人民用自己的力量使中國成爲一個獨立自主的、內部安定的、經濟逐步發展的社會主義國家，對世界的和平與安定是一個重大貢獻。

綜合上述兩篇文章的論點，可知中共認爲資本主義或帝國主義的本質不變⓮。中共要在「反帝」的立場上要求西方援助其發展，否則，中共貧窮落後就成爲世界不安定的因素。但援助不是恩惠，因爲帝國主義侵略、壓迫了中國一〇九年。中共就從這樣的角度來分析當前的國際形勢。

綜合錢其琛文章、《瞭望》週刊海外版、《現代國際關係》及《半月談》等有關文章⓯，可知中共對當前國際形勢的分析，大致如下：

世界走向多極化（半）、國際局勢將持續趨向緩和，但不穩定因素和局部性的動盪也在發展（現）。國際力量的對比、平衡、組合在繼續變化（半）。國際形勢的急劇變化孕育着新的動盪因素，新的矛盾已經形成並趨於急化（錢）。

雅爾達體制趨於瓦解，蘇聯實力地位明顯下降，美國的全球地位相對削弱（現）。西方的一個趨向是，企圖以美歐日三極體系替代原來的美蘇兩極體系，來建立「世界新秩序」；另一個趨向是，隨着西方內部力量對比發生的新變化，美國在西方的領導和控制能力削弱，西歐特別是聯邦德國和日本的力量和影響迅速增長，西方內部矛盾和鬥爭加劇（瞭）。美、蘇、中大三角關係，已不足以概括和包容更廣泛的國際關係。美蘇關係緩和，又

⓮《半月談》雜誌，一九九〇年第二一期，刊有該刊資料室〈怎樣看待現代資本主義〉一文，其各節小標題爲「資本主義國家的發展，是與對第三世界的剝削相聯繫的」；「現代資本主義出現相對穩定發展，但其本質未變」；「資本主義制度不會永世長存」，與《人民日報》文章完全一致，乃中共官方觀點。

⓯有關文章指：萬光，〈西方要建立怎樣的『世界新秩序』〉，《瞭望》週刊海外版，一九九〇年九月十日第三七期，頁二四—二五；黃庭煒、汪于麟，〈急速變化中的國際形勢〉，《現代國際關係》，一九九〇年八月三十一日第三期，頁三—九；「新華社」副總編輯姚云，〈怎樣看當今世界格局的變動〉，《半月談》，一九九〇年第一七期，頁三〇—三四；「新華社」主任編輯唐天日，〈怎樣認識新的霸權主義和強權政治〉，《半月談》，一九九〇年第二二期，頁一六—一八。

互為主要對手，且都希望借助中國來平衡正在迅速崛起的日本，這一大三角的作用仍不可忽視（半）。在亞太地區，美、蘇的影響在縮減，日本、中國的影響則在增長（半）。

西方企圖建立西方資本主義占主導地位的「世界新秩序」。當前的做法是，在保持軍事實力的基礎上，着重運用經濟、政治和意識型態手段。對各類國家具體使用這些手段時，以西方價值觀為標尺進行區別對待。西方對第三世界國家提供援助，以是否實行西方的「民主化」、「多黨制」、改善人權紀錄、進行經濟結構調整等作為前提條件。這實際上是要把西方的價值觀念、社會制度和政治經濟模式強加給別的國家。這是在新形勢下推行霸權主義和強權政治的典型表現（半）。

世界上還有中國、廣大第三世界國家和其他許多國家，它們堅持各國的內部事務應由各國獨立自主處理，別國不應干涉；主張國際上的事務應由有關各國平等協商解決，不能由少數國家主宰。第三世界雖然出現矛盾和衝突，會削弱自身力量，但是第三世界形成和加強更多的地區性合作組織，仍是世界多極化發展中不容忽視的一個方向（瞭）。

在上引各項對國際形勢的分析下，中共就不斷強調它是世界和亞洲和平與穩定的重要力量，同時提出要實行「全方位外交」的宣告。

在錯綜複雜的國際環境中實行「全方位外交」，就必須放棄對意識型態的固執。然而，中共迄今仍堅持四項基本原則，它的全方位外交就只能是表面的、經濟的、功利性的，而不是實質的。

對美國，一九九〇年十一月七日的《人民日報》形容美國期中選舉是「一大諷刺」，把美式民主說成是資本主義的工具。在接受美國國家資金和科技援助的同時，強調要堅持社會主義。對其他西方國家也是如此。

一九八九年十二月二十八日，江澤民會見往訪的蘇共中央國際部部長法林(V.M. Falin)時表示，改革是社會主義的自我完善，中共要堅持黨的領導和社會主義道路。又說：

中國是社會主義國家，毫無疑問，我們對社會主義國家形勢的發展不能不表示關切，但中國人民尊重各國人民的歷史抉擇，從不去干預他國的事務，也反對別的國家干涉我們的內政。

江澤民言外之意，是要和蘇聯「井水不犯河水」。一九九一年五月，江訪問蘇聯大致仍維持此一立場。雙方在經貿、外交和其他方面進行合作。

一九九〇年十二月十五日，李鵬在馬尼拉表示，東歐的情況並不值得中共羨慕。他認爲對東歐和蘇聯，中共都像對其他國家一樣願在和平共處五項原則基礎上保持正常關係。至於它們採取什麼樣的社會制度，什麼樣的意識型態，應由這些國家的人民自己決定。這些話顯示在社會制度和意識型態方面，東歐、蘇聯和中共已不相同，大家只好「井水不犯河水」地在和平共處五項原則基礎上保持關係。

對第三世界，中共可能還有一些影響力。但反帝、反殖、反霸主義、反強權政治等口號，不再像先前那樣有力。社會主義道路也不再有魅力，中共更缺少實行金錢外交的實力，長期跟中共空喊口號，第三世界國家將失掉興趣。

中共或許有興趣於亞洲區域組織，但事實上困難重重，中共的意識型態與經濟實力都將是一種障礙。堅持四項基本原則的中共，在國際間眞正陷入孤立。其外交尙能活動一時，同它善於把握時機、運用矛盾有關。或許也像有些美國人所說，美國的政策，是基於和中共有共同戰略利益及中共在世界上影響力的誇大式判斷有關，因而使得中共深爲獲益。

中共現今是「內緊外鬆」，這是說中共內部收緊意識型態，對外則來自任何方面的資金與科技援助都會接受；內部在經濟上繼續治理整頓，使改革放緩脚步，對外開放則大敞門的來者不拒。可是，如果我們認爲外交是內政的延長這句話具有某些眞理，則中共的外交終將受內政制約，其前途並不光明。

中國大陸：一個解體中的新型封建社會

張煥卿

一、前　言

從資料和最近探親所見所聞，使吾人深信：中國大陸是個正在解體中的新型封建社會。說它是個封建社會，它具備那些封建社會的特質？說它是個新型封建社會，當與周朝及歐洲舊型封建社會有所不同，它們的不同點何在？說它是個解體中的封建社會，其解體的徵兆或因素是什麼？凡此，都是企圖解析的問題。

二、三種形式的封建社會

一九四九年中共佔據大陸之前，歷史上曾出現過兩種較為精密的封建制度，一為中國周朝時代，一為歐洲中古時代。茲分述其大要如下：

㈠、周朝封建社會大要

周氏族（或曰部落）原爲今陝西岐（今咸陽一帶）的一個商朝諸侯，到了商紂王時，因爲政無道，周武王結合其他諸侯推翻了商朝的統治，成爲天下的共主（約當紀元前一一一一年）。武王爲安撫商的原住民，爰封紂子武庚於殷（安陽），並以其三弟管叔鮮（武王行二）、五弟蔡叔度及八弟霍叔處爲「三監」，就近監視武庚，以防其叛變，而以四弟周公旦留在中央以助國政。武王在位二年駕崩（一說五年），其子成王年僅十三，不克治理國政，由周公攝政，管蔡霍三監不服，聯合商族等十七國叛變，周公親自東征殺領頭叛變的管叔度之後，乃繼武王的遺緒，實行更爲精密的封建制度。大致上說，在其版圖之內共封姬姓及異姓七十餘國，其中姬姓約三分之二。這些姬姓之國與異姓之國犬牙交錯，既可收同姓監視異姓之效，又可共同將商朝原住民加以分割統治，如此周朝中央統治地位得以鞏固。至於同姓之族，係用宗法制度加以維繫，即周室（中央）爲大宗，同姓諸侯爲小宗；小宗對其所封次級諸侯而言爲大宗，該次級諸侯爲小宗，依次類推。社會階級細分爲帝王、公、大夫、士、皁、輿、隸、僚、僕、臺十等，不過大略分爲三等，即大夫以上爲貴族階級；士爲自由民；皁以下爲奴隸及農奴階級。貴族世代爲貴族，永遠不變其階級地位，也永遠是統治階級；奴隸或農奴永遠是被統治階級；自由民有功可升爲貴族，有罪可降爲奴隸或農奴。農奴及奴隸因係爲貴族階級耕種田地或服勞役的工具，所以他們沒有行動的自由，農奴世代永遠固定在其所耕種的田地上，且不能擁有那塊田地的所有權；奴隸世代固定於他所服勞役的貴族家庭。貴族控制奴隸農奴的辦法，是制定禮制以束縛其心靈；製作刑罰如劓、刖等上百種辦法以控制其行爲。貴族階級內部，又分王、公、侯、伯、子、男各種爵位，王即周天子（中央），其他爲各級諸侯，王擁有地方千里；公侯百里；伯七十里；子男五十里，不足五十里者爲附庸。小諸侯對大諸侯有稱臣納貢的義務，大諸侯對小諸侯則有善盡保護的責任，形成一種社會有貴賤的階級，官場有尊卑的等級，其最終的目的在保證周室中央統治權的鞏固❶。這一封建社會至周平王（紀元前七七〇年）開始式微，經過東周、春秋、戰國五百餘年的苟延殘喘，至秦統一天下（紀元前二二一年）而告終。

㈡、歐洲封建社會概況

歐洲封建社會，萌芽於西元四七六年至九〇〇年，全盛於九〇〇年至一三〇〇年，一三〇〇年以後逐漸式微。

自四七六年西羅馬皇帝羅墨勒斯．奧格斯泰拉(Romulus Augustulus)爲日耳曼人所敗後，西羅馬中央統治權即告瓦解。西歐原住民在異族統治下雖然痛苦，但日耳曼人對原住民的語言（拉丁語）及宗教（天主教）尚稱寬容，加以日久相互通婚，彼此大體相安無事，所以封建制度還沒有成熟的條件。西元七八六年，在今法國境內建國的法蘭克人（亦爲日耳曼的一支），出現一位文武兼備的領袖——查里曼大帝，他尊崇羅馬教廷，並征服來自東方的回教入侵者撒拉遜人，將整個西歐納入法蘭克版圖。

查里曼大帝爲酬庸隨其征戰的功臣，常把某一地區分封給這些功臣作爲食邑，受封功臣宣誓效忠皇帝，並自稱爲皇帝的附庸。附庸在其轄區內擁有審判、收稅及徵兵各權。這種君臣關係在查里曼大帝威望隆盛之秋，自然可以正常運作，惟其後裔缺乏他那種豐功偉績，局勢便大爲改觀。一方面他所建立的帝國陷於分崩離析，中央統治權失去共主，各附庸變爲各自爲政的領主；另一方面，另一批北方蠻族挪威及瑞典人乘機入侵，而潛伏在西歐的撒拉遜人又趁勢崛起，再者來自東方的馬札兒（匈牙利人）也蜂擁而入，歐洲社會可謂亂成一團。

---

❶錢穆，《國史大綱》上册第三章（臺北：國立編譯舘，民國五十六年十一版）；薩孟武，《中國政治社會史》第一章第二節（臺北：民國五十九年九月）。

各大領主為求自保，乃將周圍的附庸用類似契約方式團結起來。領主對附庸履行安全保護責任，附庸對領主克盡接受指揮、繳貢品及服宮廷勤務的義務，大領主通常將其土地分封給附庸以換取他們的順從，但有時附庸亦將其土地獻給領主以博取其歡心與保護，然後領主再將該土地封給該附庸。附庸再將其土地授給更小的附庸，又形成另一層次的保護與服務封建關係，依次類推。

社會大體分為貴族（各級領主）、自由民（騎士）與農奴奴隸等三種階級。貴族依領主層階分公、侯、伯、子、男等爵位；農奴及奴隸不得擅離其耕種的土地及所服務的莊園；騎士有功得升為貴族，有罪亦得降為奴隸❷。

(三)、中國大陸的封建社會面貌

筆者所以把中國大陸的社會定為封建社會，是因為從大陸的社會結構與人們的思想觀念及行為，皆與周朝及歐洲中古時期的封建社會，有諸多類似之處。筆者之所以說中國大陸是個「新型的封建社會」，是因為這個封建社會也有與前兩種封建社會相異的地方。

甲、中國大陸的社會結構

中共最高黨政領導階層，包括退而不休的第一代革命老人、中央政治局、國家主席副主席、人大常務委員、

❷參見 Lawrence Levine 等著，顏錫琦譯，《歐洲封建時代》（臺北：廣文書局，民國六十五年五月再版）；又見【雲五科學大辭典】，第一冊「社會學」（臺北：商務印書館），頁一二〇。

國務院、最高人民法院及最高人民檢查院、各部會等成員，相當於周朝王室及歐洲封建大領主，他們擁有幾乎全部的生產資料決定權；其餘大約五千萬黨員與非黨員幹部，也頗類似前兩種封建社會的各級領主；大約四百萬軍隊及大約兩千萬個體戶小商人和幾百萬知識分子很像前兩種封建社會的自由民❸；而大約九億農民和大約數千萬工人也與前兩種封建社會的農奴和奴隸相彷彿。

領導階層和各級幹部，是屬於「吃商品糧」的貴族階級❹，他們對全部生產資料，擁有計畫、生產、分配的壟斷權力；也對國家政治擁有絕對的專制權力，不容其他階級置喙與質疑。領導階層在物質和精神享受方面，極盡窮奢極慾之能事❺。各級幹部的生活享受雖不若領導階層，但因他們有職有權，皆可利用職權之便，謀得較其他階級高得多的生活水平。

領導階層同各級幹部的關係，正如舊封建社會（周朝及歐洲中古，下同）大領主與各級附庸的關係類似，幹部以效忠、順從換取領導階層恩賜（包括職權與生活享受）；領導階層則以職權及生活享受換取幹部的效忠與順從。換言之，領導階層要求的是統治權的鞏固，那麼幹部就使用各種辦法來鞏固領導階層的統治權威，例如利用媒體宣傳來樹立統治者的形象，甚至用憲法、法律及各種文字來神化他們，務使他們的統治地位不發生任何動搖的現象。幹部所要求的是職權、地位和生活享受，那麼領導階層就用「幹部政策」來培養幹部群，並賦予職權與地位。至於生活享受，領導階層則定各種積極的和消極的優惠措施，包括：

(1)幾等於免費的住居——中共幹部絕大多數居住城鎮地區，他們都配有幾乎免費居住的房屋。筆者所見一

---

❸參閱鄭竹園，《中共經濟的診斷》（臺北：聯經出版公司，民國六十九年十二月），頁二〇三。數字是現今的大約數字，鄭氏文主要是用於階級劃分之狀況。

❹筆者所見的幹部皆如此說。

❺見康淑銘，《中共特權階級的生活》一書，（臺北：時報文化出版公司，民國六十六年）。

位科長級幹部，配有兩房一廳厨廁俱全並有太陽能熱水器的一棟公寓，據稱該棟公寓造價約六萬人民幣，但每月租金只有兩元人民幣。像這樣的優惠條件是全世界所少見的❻。

(2)保險、養老及退休——中共在職幹部固然享有免費醫療設施，即年老退休幹部的醫療、退休俸給、喪葬撫卹等，也都照顧得十分周全。例如一九四九年前參加中共的縣級以上幹部年老「離休」，可以享受在職時的一切待遇和福利，包括座車在內；其生活照顧由原單位或所在地政府單位，設立專責機構處理❼。至於一九四九年以後參加中共的幹部則適用「退休」規定，退休幹部除座車不能享用、薪資稍微打折外，其餘特權也繼續享有。一般國家的公務員保險，是從薪資中扣除一定比例，並由政府補助其餘部分支應醫療費用的，或雖然免費醫療，但要繳納極重的所得稅。中共幹部則是完全享受免費醫療❽。

(3)免費教育——中共教育從幼稚園到大學研究所完全免費，這種免費教育制度雖然適用一切階級，但是農工階級子女能受正常教育者，必與城鎮幹部子女有極大差距❾。換言之，免費教育的眞正受惠者，仍然是「吃商品糧」的貴族階級。筆者胞妹所居農村，農戶數百家，人口數千人，受大學教育的只有外甥一人，而退休幹部姑媽一家五口大人，有四口大學畢業——(表弟表妹夫婦)，此種情況雖不普遍，但可以說明城鄉受教機會自然有不均等的趨勢。

---

❻參見柯春共，〈大陸城鄉居住問題〉，載《中國大陸研究》(臺北：國立政治大學國際關係研究中心出版)，民國七十七年十月號，頁七七。

❼參見「中共人大常會」一九八〇年九月批准的〈國務院關於老幹部離職休養的暫行規定〉，載法律出版社編印之《中國法律年鑑》(一九八七年出版)，頁一七三—一七四。

❽陳一諮等著，《中國大陸的改革與發展》(臺北：桂冠圖書公司，民國八十年六月)，頁一五。

❾周祝瑛，〈家庭背景與學業成就之關係〉，載《中國大陸研究》，民國七十八年十月號，頁六二—六九；又見劉勝驥，〈中國大陸留美學生背景之分析〉，表八，載《中國大陸研究》，民國七十九年一月號，頁五九。

(4)工作保障——目前大陸貴族階級子女只要有相當教育程度，其就業即由政府統包[10]。而且一旦就業之後，除非犯了階級立場或嚴重的瀆職罪，工作地位一律是捧「鐵飯碗」。以筆者在鄭州購買機票爲例：先在上午十一時多一點到二七街去買，售票員即已下班，下午三點半才上班。又趕到一家省府賓館售票處，售票員還在，但收款員早已下班，只劃了機位卻不能繳款取票，還需等到下午三點半。苦熬到下午三點半時，收款員駕到了，但卻在櫃臺裡面曇花一現，既不坐下來處理業務，也不向坐在櫃臺久等的筆者望一眼，竟自離此他往一去不返，直等到四點半尚不見人影，筆者忍無可忍，即將大發雷霆之際，幸而與售票員閒聊的青年見苗頭不對，才到裡間將穿制服的主管請出，代爲收款交票了事。事後問幾位大陸人士，假若筆者控告這位不盡職的售票員，她會受到何種處分？他們皆謂：「頂多扣她一個月的獎金，薪水和工作都不受影響。這還是你是臺胞的關係，要是我們告她，連獎金也不會扣。同時我們也根本不會去告，因爲我們這兒的幹部都是這樣的嘛！」

(5)生活補貼——前述幹部幾乎免費的住居、完全免費的醫療，數量異常龐大，這筆巨額經費就需中共政權編列中央預算予以補助。以一九九〇年爲例，中共政權用於這方面的補貼經費爲四〇五點八〇億元（人民幣），佔當年財政支出三二三六點五三億元的一三％[11]，加上離退休幹部的生活福利費補貼四七〇億元[12]，共佔中共政權中央總預算的二七％。

(6)縱容違法——大陸幹部的貪污腐化之風異常熾烈，以致成爲「八九民運」示威群衆的改革訴求口號之一[13]。

---

[10]同注[8]。

[11]王丙乾，〈關于一九八九年國家預算執行情形和一九九〇年國家預算草案報告〉，見國防部情報局編，《一九九一年中共年報》，頁四—一〇八。

[12]香港《文滙報》，一九九一年七月十八日。

中共幹部的腐化現象中，以「官倒」最爲嚴重。「官倒」現象源於經濟制度中的「價格雙軌制」。在雙軌制之下，重要物資的分配，分「計畫內」和「計畫外」兩類。凡計畫內的物資，按官定平價供應；計畫外的物資，採市場議價。由於平價與議價往往相差數倍，即平價低議價高。有職有權的幹部，即能利用職權套取平價物資到市場上以議價出售，轉手之間即可獲取暴利。因此廣東生意人把發財的竅門概括爲「條子、面子和票子」，條子是指幹部的批條或批文，票子是指用錢賄賂能夠套取平價物資的幹部，面子是指運用人情關係結交有職權的幹部⑭。

第二種腐化案件是中飽私囊。這類腐化現象也極普遍，但法律處罰卻很輕。例如江西省長把十萬美金（五十萬人民幣）花在一個姘頭身上，結果僅判徒刑兩年⑮。大約是貪污案件太多的關係，檢審單位工作量不勝負荷，因此中共「人民檢查院」索性於今（八十）年九月三日宣佈：凡挪用公款在三七〇美元至九四〇美元之間的案件，一律不予起訴。今年前八個月計有一三、二〇〇名官員因盜用公款而遭受檢舉，結果即有一〇、〇〇〇名以不起訴處分結案⑯。據中共「反經濟犯罪」的一項成果展覽顯示，十年來被發現的經濟犯罪案件共有六十一萬一千件，其中涉及黨員的佔四分之一⑰。這數字恐怕是表面文章，老百姓那有那麼多經濟犯罪的機會？

其次，如幹部收賄⑱，利用公款大吃大喝⑲，以公地建私房出售的「以權謀房」⑳，幹部子女考不取公費大

---

⑬見〈『八九民運』各示威團體宣言〉，載《天安門一九八九》（臺北：聯經出版公司，民國七十八年八月再版），頁三三〇。

⑭鄭竹園，〈大陸物價問題的癥結及影響〉，《聯合報》，民國七十七年八月二十七日。

⑮千家駒，〈物價、教育、社會問題——一九八八年四月三日在七屆政協上的發言〉，載《中國大陸》月刊，民國七十七年五月號。

⑯見〈一群貪官污吏無罪開釋〉一文，《青年日報》，民國八十年九月九日。

⑰見香港《明報》，一九九〇年五月二十五日。

⑱《明報》，一九九〇年六月九日；又見《星島日報》，一九九〇年八月二十九日。

學讀成人學校的「自費公報」㉑等等，可謂名目繁多，不勝枚舉。

以上是大陸領導階層和幹部之間的關係，這種關係與舊封建社會的朝廷和諸侯、領主與附庸之間的關係，並無實質上的差異，都是以在上的分封及優惠，換取在下的效忠與服務；在下則以效忠和服務來鞏固在上的統治地位，從而獲取本身的榮華富貴。

大陸封建社會的第二個階級，是包括軍人、知識分子和個體戶，他們約略相當於舊封建社會的自由民，但也有頗多差異。筆者所以把這三種人定爲「自由民」，是因爲軍官在職期間的待遇、地位和文職幹部並無二致，此外尙有文職幹部所沒有的榮譽㉒。國民當兵也有許多優待㉓。惟因軍人服務單位常有變動，在營期間生活也相當苦㉔，又不能同一般文職幹部相比，因此只能把他們列爲舊封建社會的自由民；知識分子雖一向遭受中共的鎭壓與改造，但他們畢竟是社會的中堅和菁英，中共又不能不對他們加以懷柔與團結㉕，何況知識分子只要肯做中共統治階層的順民，大可經由培訓和提幹政策，逐漸進入中共這個新型封建社會的貴族階層。同時由於知識分子無論就學或就業，中共都難以把他們固定在一成不變的環境中，因此筆者也把他們列入自由民階級；至於個

⑲上海《文滙報》，一九八五年八月十七日；又見《一九九一年中共年報》，頁七—一五；又見「中共中央紀律檢查委員會」發出〈立即刹住請客送禮，吃喝請送禮的歪風通報〉，載中共《重要法律彙編》（一九八七—一九八八），頁一〇四八。

⑳香港《大公報》，一九九一年四月十五日；《中國時報》，民國八十年九月十八日。

㉑香港《文滙報》，一九九一年四月二十日。

㉒參見〈中國人民解放軍軍官軍銜條例〉功勛榮譽章的規定，載中共《重要法律彙編》（一九八七—一九八八）。

㉓參同上，〈軍人撫卹優待條例〉。

㉔參見中共問題原始資料編委會，《共軍生活實錄》一書，（臺北：黎明文化事業公司，民國七十五年）。一個士兵第一年只有月薪十八元人民幣，見王紓，〈中共軍隊薪資制度的改革〉，載國防部情報局，《匪情月報》，民國七十八年十二月號，頁一〇二。

㉕參見唐勃，《中共與知識份子》第四章第三、四節，（臺北：幼獅文化事業公司，民國七十八年再版）。

體戶，或者係生活在城市中的居民，行動原較自由，或者原在行動不自由的農村，但由於中共允許個體經濟作爲公有制經濟必要的和有益的補充而存在㉖，當然就不能不允許他們有較大的活動空間，故爲較爲典型的自由民成份。

大陸封建社會的第三個階級，是工人和農民。中共政權雖然號稱是以共產黨爲領導以工農爲聯盟的人民民主專政的「國家」㉗，但是工農階級的狀況，基本上並不脫離舊封建社會奴隸和農奴的本質。

舊封建社會奴隸和農奴的狀況，是行動的不自由、物質生活的貧困和精神生活的痛苦㉘。今天大陸工人及農民的狀況，也具有這三項特徵。首先就行動不自由來說，中共在佔據大陸初期，即規定人民來往各村探親或往他鄉經營生意，都需要當地村幹或農會以上機構的核准後發給通行文件。通行文件的核發手續繁複困難，除經幹部再三審問外並需鋪保或連保，並規定依限回來，否則下次連通行文件也不發給㉙。一九五一年中共政權公安部公布「城市戶口管理暫行條例」，一九五五年國務院發佈「國務院關於建立經常戶口登記制度的指示」，一九五八年人大常委會通過並經國務院公佈的「戶口登記條例」，一九八五年的「居民身份證條例」及「關於城鎮暫住人口管理的暫行規定」，均規定凡人民的出生、死亡、遷徙、轉業、受刑、變更、婚姻、領養等行爲，作嚴格的管制，而負這項管制之責的則是人民心目中形同毒蛇猛獸的公安機關㉚。通過戶口管制手段，農民遷往城市幾乎成爲不可能，因爲遷往農民一方面必須取得原住地公安機關的核准，另一方面又必須持有移住地勞動部門的

㉖參見中共《重要法律彙編》(一九八三—一九八四)，頁二一〇。
㉗中共一九八二年「中華人民共和國憲法」第一條。
㉘陳錫琦譯前揭書及薩孟武前揭書。
㉙曹佑龍，《論中共社會控制》，政大東亞研究所碩士論文，頁二一〇。
㉚杜陵，《中共公安制研究》(中央警官學校出版，民國七十六年)，頁一九四。

錄用證明、學校錄取證明或戶口單位的核准㉛。這等於說，一個「吃農品糧」的農民要想變爲一個「吃商品糧」的城市貴族，單憑戶口管制這一關就難以渡過，何況中共憲法根本就沒有保障人民「遷徙自由」的條款㉜，其用意不外在爲限制階級流通預留伏筆。至於工人階級除與農民一樣受戶口管制喪失行動自由之外，同時也沒有擇業的自由㉝。依據中共政權歷次公佈的「關於招工問題的規定」，明定各企業、事業部門和機關、部隊、團體、學校等一切用人單位，一律不得擅自招用工人或臨時工，各單位所需工人或臨時工，必須通過當地勞動部門（按即「勞動人事部」及其分支機構）的統一調配㉞。近年來由於中共履行城市經濟改革，深感過去由國家勞動部門統一調配辦法，雖然達到社會控制的目的，但亦形成普遍捧鐵飯碗的弊病，使得企業生產缺乏效率，故將工人招募權力下放給企業單位，惟仍制定各種相關法令㉟，圖對企業的招工措施加以限制，間接達到限制工人擇業自由的目的。

其次論及工農物質生活的貧困問題。就農民來說，根據粗略統計，大陸華北、華中及華南農業精華地區的農民，月均收入約在八十至一百元人民幣之間㊱。必須說明者，這個數字只是按農民收穫量的市場估計，事實上農民必是以此爲食用之本，根本沒有多餘的糧食換取現金。同時這個數字是中共官方所公佈的個案，是否與實

㉛江振昌，〈論中共的社會控制〉，國際關係研究中心《匪情月報》，第二七卷第四期，頁二九。

㉜參見中共一九八二年憲法第三十九條。

㉝劉師誠：〈論中共經濟體制的改革〉，七十五年革命實踐研究院講義，頁二一。

㉞參見國防部情報局編印，《匪中國勞動生產資料滙編》（民國七十九年九月出版）。

㉟例如「國營企業實行勞動合同制暫行規定」、「國營企業招用工人暫行規定」、「國營企業辭退違紀職工暫行規定」及「國營企業待業保險暫行規定」等等。

㊱參閱羅健先，〈大陸農民收入知多少〉，載法務部調查局《共黨問題研究》，民國七十九年五月號，頁九二—一〇〇。

際農民平均所得相符不無疑問。筆者曾問過一個農民，他說他每月平均收入大約八十五元左右，但必須向國家納稅五分之一，向集體納稅五分之一，剩下每月不足五十元人民幣。稍微偏遠地區農民的生活，其艱苦狀況實令人難以置信。以毛澤東發跡的革命聖地——江西興國、永新、井崗山爲例，農民年收入均在百元人民幣以下[37]。至於更爲偏遠的雲南、貴州、廣西、青海等省農民之苦，就更不堪設想了。據筆者親赴農村探親所得印象，農民生活狀況基本上與四十年前沒有什麼兩樣，住的是漏雨的房屋，有等於沒有的電力（因電力緊張不能用家電設備，當然也買不起這種設備），沒有自來水，沒有柏油路，穿的像叫花子，解手用茅坑，家徒四壁……。筆者預算中每戶親人給人民幣三百元，有人說太多了，一百元即可，誰知照此數分發下去，接受者那種興奮之情實在難以形容。

農村經濟基本上仍是傳統式的自給自足形式，收入多寡是由自然決定，並不受市場的影響。但是工人收入就有所不同。依據一九八七年統計資料顯示，全民所有制及集體所有制職工月均現金收入合計爲六十七元人民幣，較城市居民的九十元[38]相差幾達三〇%，何況幹部有職有權，利用職權的暗盤所得可能是實際收入的若干倍，而工人則是無職無權的勞動者，僅靠這個收入過活，已經非常貧乏，一旦遇到通貨膨脹或人民幣貶值，那眞是苦不堪言了。凡到過大陸的人都知道，城市公私商店、旅館、機場都喜歡美鈔、外滙劵、甚至新臺幣（沿海城市），而不喜歡人民幣，究其原因不外中共經常出其不意地將人民幣作大幅度地貶值，拿了人民幣不啻在冒降低生活水平的危險。

第三談到農工階級精神的痛苦。人類精神生活的好壞，是個抽象概念，不是可以用數字表達的問題。即是

---

[37] 任水，〈被貧困終身釘在地上的中國人〉，載《中國大陸》月刊，民國七十九年三月號，頁五五—五七。

[38] 見中共「國家統計局」編，《一九八七年全國城市居民家庭收入調查資料》，頁九。平均數字係筆者所計算。

先進社會的公民精神上也有苦悶，這與人的慾望永遠不能滿足有關。但是先進社會公民的精神痛苦，是自發的而非來自社會特別是政治系統的壓力，而中國大陸農工階級精神痛苦，卻是來自中共官僚體系的壓迫。因爲大陸城市經濟體制是以全民所有制和集體所有制佔主要成分，所以工人階級的老闆自然是中共各級政權機關，所以工人階級的精神痛苦也來自中共各級政權的不合理措施。這些措施包括㈠工作環境的的惡劣，例如太原鋼鐵工人一個月之內，因勞動條件太差，工人傷殘疾病者竟佔五四%；㈡男女工人的差別待遇，企業單位分房以男性工人爲主，女性工人懷孕即行解雇等等；㈢工人發明創造常受黨幹壓制；㈣幹部侵吞工災補助費用；㈤不論技術高低與工作勤惰平分獎金；㈥同性質工作的國營工人待遇高於集體工人，例如一九七九年由國營企業調來集體企業單位，集體工人每月三十五元五角，國營則得四十一元五角㊴。若按一九八七年全民所有制職工和集體所有制職工平均所得，相差更懸殊了，前者平均月薪五十五元，後者只有十二元㊵。

乙、大陸官民的觀念與行爲

從官、民的思想行爲上來看，最足以說明大陸社會的封建本質。思想是行爲的指導，行爲是思想的實踐。有什麼樣的思想，就會產生什麼樣的行爲。古語說：「成於中形於外」，就是這個道理。就思想的角度來看，毛澤東就懷有濃厚的封建帝王思想。他那首極有名的「雪詠」詞寫得極好，而且也證實出自他自己的手筆，並非如傳說經柳亞子的潤飾㊶。詞中說到：「北國風光，千里冰封，萬里雪飄。望長內外，惟餘莽莽；大河上下，頓

㊴以上資料均見中共問題原始資料編委會編，《中共對待工人農民婦女的眞相》，（臺北：黎明文化事業公司，民國七十二年二月）。該書爲中共各報章所刊之農民婦女工人讀者投書滙集而成。

㊵同注㊳。

失滔滔，山舞銀河，原馳蠟象，欲與天公試比高。須晴日，看紅裝素裹，分外妖嬈。江山如此多嬌，引無數英雄競折腰。惜秦皇漢武，略輸文采；唐宗宋祖，稍遜風騷。一代天驕，成吉思汗，只識彎弓射大雕。俱往矣，數風流人物，還看今朝。」毛未留過學，只讀了不少中國古典文史線裝書，要他品評盧梭、孟德斯鳩、洛克、米爾、潘恩等民主思想家，似嫌刻責，但近人所熟知的華盛頓、哲佛遜、佛蘭克林、威爾遜、老少羅斯福、中山先生、甘迺廸等民主干城，他竟不置一詞，證明他對民主政治根本不屑一顧，銳意做個文治武功遠邁歷代雄主的封建帝王。老實說，生活在民主社會的知識分子，無不欣賞他這首詞的文字之美，但對他這種封建帝王思想的野心，卻不敢領教。

中共竊據大陸之後，毛澤東確實發揮了歷代封建帝王那種「率土之濱莫非王土，天下之民莫非王民」、「皇帝英明，臣該萬死」，以及「順我者昌，逆我者亡」的威風。他的愛將彭德懷，只不過替億萬「三面紅旗」中愛害的黎民請命而已，他就把彭作屈打成招式的認錯（承認參加高饒反黨集團）之後罷官，而且還不許自殺㊷。彭德懷眞不愧是封建王朝的忠臣，不僅誓言不自殺以免有損「明主」的形象，並且總認爲是爲君側小人林彪及四人幫所害，臨死還要上書向毛求救呢㊸。曾經把毛定爲一尊的劉少奇，也只用「三自一包」等措施，彌補他三面紅旗所造成的傷害，他也把劉鬥死，而且還死得不明不白（指夜裡運屍出去）㊹。

曾經兩度遭毛整的鄧小平，其封建思想的濃厚，也絕不亞於他的「先皇」毛澤東。君不見，知識分子只不過求「朝廷」恩賜一點民主自由而已，他竟然下令軍隊血洗天安門。最近蘇聯發生劇變，他深感封建統治有累

㊶柳無忌，〈毛澤東作『沁園春』詞的眞相〉，載臺北《海峽文摘》，民國八十年七月號，頁三三。
㊷羅德里克・麥克法夸爾著，魏海生等譯，《文化大革命的起源》第二卷第十一節，（求實出版社，一九九〇年二月）。
㊸何定，〈罷官後的彭德懷〉，載中共中央文獻研究室編，《中共黨史風雲錄》（人民出版社，一九八九年），頁四九—六三。
㊹陸鏗，《風雲變幻的鄧小平時代》（臺北：前進出版社，民國七十七年八月），頁七五—八六。

卵之危，乃決定愼選第四梯隊接班人，主張把若干貴冑子弟在最短期間（明年十四大時），提升到最高統治地位㊺。這等於一改「紅朝」過去「傳賢不傳子」的繼承傳統，變成「子孫相傳」的宗法制度。

在舊封建社會中，由於社會結構未經分化，人們的價值觀就是「萬般皆下品，唯有作官高」，因官在那時有無上的權威，有了官位，也等於同時有了榮譽、地位和財富。筆者曾與一位年輕幹部談話，他大學畢業，爲人精明強幹，儀表、口才都屬上乘之選。在言談中吐露了他在政府單位有志難伸的情景，乃勸他趁年輕有爲的時機，退下來做個體戶，相信以他的才幹，不消幾年定可發財致富，有了錢不僅可以爲嘉惠那貧窮的社會㊻，也可以照樣受人尊敬云云。他卻大不爲然地說：「您別看我官小（科長級），在周圍幾十里沒人不羨慕我的，我下鄉業務視察，幾十個下級單位沒有不擺酒席招待我的！在我們這兒，個體戶雖有錢，卻被一般人視爲賤民，況且他們不走官方的門路，那兒會有錢呢？我要是退下去搞個體戶，豈不被人看作下三賴了？」筆者問他，目前單位把他卡死的情況下，該如何衝破現狀呢？他說：「目前我母親身體不好，等有一天她好了，或者萬一老（死）了，我就去考研究所，畢了業，一定有比現在好的職位，努力奮鬥幾年，不愁沒有出頭的一天：您不知道，在我們這兒，能做到縣級主管，那就要什麼有什麼……。」筆者只好說：「那也好！」心想這年紀不三十出頭的人，居然有這種封建意識！足見「紅朝」那封建的政治文化，居然社會化得如此徹底，年輕幹部竟然以國家民族的命脈爲賭注，來求取個人的功名利祿。

筆者一位同事回山東老家探親，有一天他約表弟一同赴濟南拜望一位長輩。這位表弟在一家公營客運汽車公司當管理員。他倆坐上一部滿載乘客但非以濟南爲目的地的公車出發。當車行至距濟南不遠的地方，表弟居

㊺葉知秋，〈中共高幹子弟接班潛伏危機〉，《中央日報》，民國八十年六月二十七日。

㊻根據中共自己透露：目前大陸共有一千三百萬個體戶，不花政府一文錢，竟爲國家創利四八二億人民幣，並創造就業機會二千萬個。見《聯合報》，民國八十年七月四日大陸版。

然把所有乘客趕下車，僅他倆連司機共三人開向濟南。同事很生氣地說：「你老弟怎麼能這樣幹呢!?在臺灣是要坐牢的呀！」表弟很泰然地說：「沒關係！我們這兒權力就是法律！」

在舊封建或半封建社會，讀書只是做官的楷梯而不是目的，讀書而不能做官，等於沒能贏得功名利祿，並不能提升讀書人的社會地位。目前大陸一般觀念亦復如此。兩岸開放後，筆者與家人雖常有書信往返，但從未透露自己的身分。這次回去探親，姑媽一家問說：「你到底在臺灣是幹啥的?」筆者說：「是在大學教書的。」「噢！原來如此！我們一直認爲你是在政府當大官呢！」言下頗有失望之情。

從上述的資料分析和具體事例中，可知大陸封建社會的本質，異常顯著。中共一向標榜反封建，結果自己建立的社會，却變成相當典型的封建社會，這大概就是大陸社會異化的結果吧。

丙、三類封建社會的比較

就封建社會形成的原因而言，周朝封建和歐洲中古封建，大體上出於有意識的人爲設計成分居多，自然演化的成分較少。中共的封建則是自然演化的成分居多，出於有意識的人爲設計成分較少。蓋因周朝滅商之後，管蔡霍三監聯合商朝原住民公然反叛，周公輔佐年幼的成王，爲鞏固中央的權威，乃設計了這套以宗法爲基礎的封建制度，來屏藩脆弱的中央統治權；歐洲中古異族逐波侵擾，貴族平民皆失去生活保障，大領主爲社會安全，乃與次級領主訂契，規定雙方權利義務，相互支援共通有無，次級領主又與更次級領主做相同的安排，終而成爲與周朝某些方面不同的封建系統；中共向以反封建相標榜，但是它却將社會生產資料收歸公有，而佔有這些生產資料的又屬幾千萬黨員幹部和一批技術官僚，因而使這批幹部及官僚取代理論上社會主體的無產階級，成爲社會的特權階級，因此中共的封建制度可說是異化的結果，而非出自有意識的設計。綜而言之，周朝封建制度的建立原因，是以政治的原因居多；歐洲中古封建社會的形成，是以社會安全的原因居多；而中共封建社會的形成，則是由於政治與經濟兩種原因的混合，其中以政治（鞏固中共黨的領導權）爲主，以經濟（變私有爲公有）爲副。

三種封建制度中央與地方的關係，周朝封建盛期（西周），大致以地方分權色彩較濃，可說是相對的地方分權制，即關係國家大政方針，中央自有號令各封國遵行之權，各封國內部事務中央允許自治不加干涉。但至東周封建制衰敗期，中央權威逐漸喪失，乃形成絕對的地方割據。歐洲中古封建制，是絕對的地方分權制，各封建領主除納稅服勞役外，中央概不干預各諸侯內部事務。中共封建制則係絕對的中央集權制，從政治、經濟、社會、外交等各層面，中央一律嚴加操縱，各級地方單位僅奉命執行而已。不過自中共實行經濟改革以來，北京中央「放權讓利」的結果，由「諸侯經濟」的形成，頗有走向地方分權的趨勢。

就社會階級區分而言，三類封建社會大體上均可區分爲貴族、自由民與農奴及奴隸三種階級。在社會資源的分配上，皆以貴族階級享受最大利益，自由民因服務貴族階級而獲得報酬；農奴及奴隸則均貢獻勞動力，除僅留有活命之資外，餘皆爲貴族階級剝削而去。三類封建制度之中，周朝建立時間最早，求知工具尚極缺乏，除貴族具有求知能力外，其他階級大體上並無求知條件，因而知識階級恐不存在，換言之，知識分子那時不能成爲一個獨立的階級或階層；歐洲中古封建制的成熟，已經到了公元十世紀，中產階級已經獨立於貴族階級之外，成爲一個獨立的階層，封建晚期的知識分子，就是由這個階層孕育而來，成爲近代資本主義社會的締造者；㊼中共封建是現代社會的異化現象，知識分子已成一個龐大的勢力，它也和歐洲中古封建社會知識分子一樣，必然成爲改造中共封建社會的主導力量。周朝封建貴族怎樣對待知識分子似不可考，不過就求知工具稀少知識難

㊼威爾杜蘭，《世界文明史》第十二冊，（臺北：幼獅翻譯中心編印，民國六十三年十月），頁三三八。

得來推測，知識分子一定是極受尊重的，孔子時代已經是封建制度的衰敗期，求知工具較前進步，至少刻竹簡的技巧已大爲進步，由於王公貴族流落於民間，播種傳播，製造了大量「士君子」知識階級，知識分子已經不是「稀有動物」，然而各諸侯尙且「禮賢下士」呢。以孔子爲例，雖然他的仁政陳義過高，除宋襄公之外，未爲各諸侯所採納，但是孔子之極受尊重，則是不爭的事實。歐洲中古封建社會中的知識分子，在封建盛期，只要不違反教義，大致是受貴族尊重的，除了教會迫害過知識分子之外，至少沒有政治迫害知識分子的紀錄。歐洲封建晚期，知識分子的母體中產階級，因物質生活有凌駕貴族之勢，而遭貴族忌妬，但貴族在經濟上依賴中產階級，也對之莫可奈何，至於脫胎於中產階級的知識分子，更是睥睨貴族而革其命了，貴族已經成爲待宰的羔羊，不尊重知識分子勢不可能。

如果說只有對國家民族富有使命感的讀書人才算知識分子，那麼中共幹部也有相當比例㊽具有中專以上學歷，這批共幹只在黨的領導利用下，求取功名利祿，根本不算是知識分子，這樣說來，只有不順從中共統治，渴求民主自由、關心國家民族前途的讀書人才算知識分子。在這個界定之下，中共封建制度中的知識分子遭遇最慘，受迫害的程度，不僅人類歷史上是爲空前，恐怕也是絕後。從反右到文革，從文革到消除精神汚染，最後到天安門慘案，中共政權短短四十一年的歷史，可說是由知識分子的血和淚所寫成！中共何以如此苛待知識分子呢？道理很簡單，因爲中共所建封建社會的各個因素，包括政治、經濟、社會、文化等各種體制，都與國家民族的前途牴觸，知識分子基於歷史的使命感，自不能緘默，於是與中共政權尖銳對立，中共乃在「安定」、「團結」的謊言之下，爲鞏固其統治權，只有對知識分子下毒手。

㊽根據統計，中共十三屆中委受過大學教育的佔七三・三％。見朱新民，《中共政治體制改革研究》（一九七八—一九九〇）（臺北：永然文化出版公司，民國八十年五月），頁一九八。

就三種封建制度的社會控制而言，周朝封建社會是靠「禮制」控制人民的心靈，並靠「刑罰」控制人民的行爲。「禮」之成爲「制」，是經過漫長的社會化過程，換言之，禮遠在周之前代就已形成爲一種風俗習慣，如君臣、父子、夫婦、朋友間的對等關係，都早已流行於社會，周公制禮作樂，只不過下一番整理、修飾和系統化的工夫而已，絕不可能是出自周公的匠心獨運。禮在當時是道德與法律的揉合，「刑」只是用來制裁不守「禮法」的刑具，當時似尚沒有一套完備的法典，這個法典要到秦朝的法家大行其道時才開始着手理論的鋪路工作，然後形成條文式的「律令」（法典）。禮的作用是一種積極的內心涵化，禮發揮了作用，根本用不着太多的刑罰。禮的內涵是風俗習慣，人民極易遵守。同時當時人民生活簡單，「日出而作，日入而息，帝力於我何有哉？」哪還用得着繁雜的法律？

歐洲封建社會係羅馬帝國蛻變而來，羅馬法典是人類文明的偉大創造之一，中古封建社會不可能完全塵封不用。因此，羅馬法律加上封建系統本身的作用，就是控制那個社會人民行爲的規範；至於人民的心靈，則由超越法律效力的教義和教規來控制。

綜而言之，周朝和歐洲中古封建制度的社會控制，皆甚簡單。但是中共封建的社會控制系統，則是空前複雜而極度嚴密的，筆者說它是「新型封建社會」，主要是指此而言。中共的社會控制系統，是結合了歐洲封建社會的教義、近代的心理學原理、當代法西斯及納粹的社會控制系統、蘇聯的社會控制系統、現代化的科技，加上中共獨創的社會控制技巧。所採歐洲中古教義部分是指意識型態的灌輸，這種方法適用於全大陸各個階級，亦即將馬列毛鄧的言論著作，當作教義教規，利用幹部的嘴和筆，以及現代化的傳播工具，無休止地向各階級人們的腦海裡灌輸，務使每個人變成社會主義社會的「新人」；近代心理學部分，是說用心理學者對人格的分析結論，把握人性的弱點加以利用，某人愛榮譽好面子，就給他榮譽和面子，然後加以掌握利用，對魯迅就是如此。某人好漁色，就給負有任務的美女供他享用，一旦入了圈套，就想脫身也勢不可能，對付國軍將領就用這套方法。青年知識分子好民主重自由，就承諾得改後實行民主自由制度，以騙取他們的熱情。中國百姓一向重視土地，「有土斯有財」，中共就實行「打土豪分田地」，並承諾「耕者有其田」。這套方法在其「革命」時期用得最多，得政後也用於人與人之間的分化與監視；當代法西斯納粹控制部分，是指特務系統的控制，和黨務的系統控制。中共特務系統在世界首屈一指，包括軍中過去的「八三四一部隊」，現在的「武裝警察部隊」；政權組織的公安系統、國家安全系統，黨務控制系統，包括中央調查部和中央統戰部，對人民和敵人來說，中共每個黨員皆負有特務任務，沒有一個是吃閒飯的。這些特務系統都運用各階級中的積極分子作爲線民，在大陸甚至港澳臺閩地區，佈下天羅地網，凡是中共的敵人沒有人能逃出這個羅網的；蘇聯的社會控制系統部分，是指「古拉格群島」（勞改營），它是抄襲納粹的集中營，不過納粹的集中營是對付猶太人的，而「勞改營」則是對付國內的階級敵人，中共的「古拉格群島」則是抄襲蘇聯的勞改營，名曰「勞改隊」[49]，它是用勞動改造的方法，把不馴的知識分子下放勞改隊去勞動，名爲要犯人透過體力勞動，養成無產階級的世界觀，實則是消滅犯人的反抗意志，並附有經濟的目的，亦即不花一文工資，叫幾千萬個犯人生產賺取外滙的大量產品，此一問題已經引起全世界的注意，美國國會正利用最惠國待遇和「三〇一」貿易法案，加以抵制；現代化的科技，是指報張、雜誌、廣播、電視、擴音器（喇叭）、照相機、洗印術、監聽器等宣傳及監視系統；獨創的控制技巧，是指「洗腦」、「交心」、「坦白」和「扣帽子」、「群衆鬥爭」、「公審大會」等等，務叫人民從外在行爲到內心思想，皆逃不出中共的掌握。至於一般國家的「法律」，中共也不落人後，短短六、七年就制定了上千萬言的「法律彙編」，所不同的是，中共法律之前不能人人平等，黨員幹部往往重罪輕罰，一般百姓則輕罪重罰[50]。此外，軍隊也是中

[49] 吳弘達，〈我自黑洞來——中國的古拉格群島〉，《聯合報》，民國八十年三月十四日。

[50] 康淑銘，前書。又見千家駒，前引文，謂一個哄搶西瓜的「壞分子」，居然判處無期徒刑。

共經常使用的控制武器，文革時曾以「三支兩軍」的辦法，用軍隊支持擁毛左派紅衛兵來打擊反毛右派紅衛兵，及左派紅衛兵囂張過甚難以控制時，又用軍隊予以鎮壓。兩次天安門事件中，都是用軍隊血洗廣場，足見中共鞏固政權目的，是不擇手段的。最後，中共一項最厲害的控制辦法，是控制老百姓的肚皮，這就是社會生產資料，從計畫、生產、分配到消費，無不由中共政權一手包辦，這種控制方法所產生的副作用，是生產效率低落，人民陷於貧窮，但貧窮却反而發揮了社會控制的積極作用和消極作用。消極方面是使百姓吃不飽，無力反抗中共的極權統治；積極方面是稍微改善一點，百姓就感覺非常滿足，加以中共用「憶苦思甜」的宣傳手法，叫百姓同一九四九年以前比，和文革時代比，這樣老百姓就產生滿於現狀，並對當前中共政權懷有感恩之情了，即使少數知識分子仍有不滿而發起如「八九」民運，也難獲多數百姓的響應，中共政權即可確保無虞。

總之，周朝封建社會的控制，目的固爲政權的鞏固，但周朝統治的原則是行仁政；歐洲中古的社會控制，目的以社會安全爲首要，至於貴族統治權的鞏固爲次要；中共社會控制，目的幾全爲確保統治權的鞏固，爲此，中共佈下天羅地網，任何人皆逃不過這個羅網。政權無虞鞏固之後，社會安全自然也就不成問題。

三、新型封建社會的解體徵兆

從許多跡象來看，中共封建體制的瓦解，已經到了「不以人的意志爲轉移」的階段。以下，我們就國際環境和大陸內部各項因素，分別加以分析。

甲、不利新型封建社會的國際大氣候

今天的國際環境，已與舊封建社會時代有非常大的差異。周朝和歐洲中古時代，人類文明尚距今天太遠，交通工具落後，資訊全無，社會與社會之間，雞犬既不能相聞，不同社會的人類老死也不相往來，封建社會大可以在閉關自守的情況下，常保社會的安定，封建貴族的統治權也就易於鞏固。今天的情況迥異，交通發達，資訊快速，社會與社會之間，已經沒有距離。同時人類經濟生活也不同於往昔，任何社會皆難以自給自足，都必須與其他社會互通有無，統治者要想閉關自守已不可能，外來的影響多半難以抗拒。馬克思就說過，無產階級必然在交通發達、教育加強的情況下，由不具權利意識的自在階級變爲有權利意識的自爲階級[51]。中共又怎能關起門來，安享他封建主的尊榮呢？

㈠、現代化社會的引力

毛澤東實行「三面紅旗」的基本動機，就是企圖在今後十五年內，將中國的生產力趕上先進國家的水準[52]。顯然的，毛的動機是在追求中國的現代化，只可惜他實現目標的「總路線」，是堅持社會主義的公有制，這與現代化私有制路線是矛盾的；他實行「人民公社」的目的固然複雜，不過主要在於拆散家庭，便於動員人力，投入建設行列，這與現代化以科技爲基礎的規律，也是相牴觸的；至於「大躍進」的政策，也與現代化的經濟規

[51]見馬克思、恩格斯，〈共產主義宣言〉。
[52]見羅德里克·麥克法夸爾，前書，頁三一。

律不符。最可歎的，是毛澤東既想追求現代化，又怕大陸人民受資本主義文化的感染，而採取閉關自守的政策。鄧小平一九七八年掌權後，意欲糾正這些缺點，乃一方面採取對外開放對內改革，另一方面選送大批學生出國留學，學習西方科技，圖走現代化的正確道路。包括對外國及港澳臺灣開放的結果，使得人民特別是知識階層，深切體會到現代化社會的精神及物質文明的可貴與可愛[53]，更對他們被灌輸的「社會主義優越性」及資本主義「自我埋葬」論，有理智而認眞地反思[54]。連鄧小平一九八〇年初訪問日本、美國時，所見所聞也對之產生莫大影響[55]。因此，現今中共雖然懼怕「資產階級自由化」的思潮氾濫，但包括鄧小平在內的中共改革派，仍然堅持改革開放路線[56]，其原因在此。這說明現代化的吸引力，已經緊緊地抓住大陸的人心，特別是終將接班的知識分子。

只要中共堅持改革與開放路線，那麼大陸的「和平演變」[57]就是不可避免的。和平演變的過程完成了，大陸的封建社會也就完成了它的「量變」過程，而發生「質變」。

(二)、同型社會的解體

「新型封建社會」並非中共社會的專利標籤，凡是號稱「社會主義」國家的社會，皆屬同一類型，而其所產生的政治、經濟及社會問題，也皆屬同一性質。而今，波蘭、羅馬尼亞、匈牙利、南斯拉夫、阿爾巴尼亞、

---

[53] 據筆者探親的經驗，大陸人民即是受過高等教育的，皆不會說「謝謝」、「對不起」等禮貌話，但他們確認爲這樣說比較文明。至於對於吾等富裕之羨慕，自不在話下。

[54] 千家駒，〈一封給陳雲、薄一波的公開信〉，《聯合報》，民國八十年十月二十二、三、四日連載。

[55] 鄧小平於一九八〇年初訪美時，參觀一家工廠，得知該廠工人的每日生產量爲大陸同型工人的三十餘倍，不禁喟然歎曰：「我們太落後了。」筆者當時在美留學，在電視新聞中得知此情。

[56] 見《聯合報》，民國八十年十月十九日報導。

捷克斯拉夫、東德、蘇聯等歐洲新型封建社會紛紛解體，已對中國大陸社會產生莫大影響，而其近鄰的外蒙及高棉的變化，更令中國大陸封建社會失去最起碼的憑藉和奧援。看來，新型封建社會一如歐洲中古封建社會一樣，已經發現了新航路和新大陸[58]，它解體的命運，似已回天乏術了。

乙、不利於新型社會的小氣候

國際環境既如上述，那麼大陸社會的內部環境怎樣呢？筆者以爲後者比前者更不樂觀。僅就其犖犖大者加以分析：

(一)、思想灌輸和政策宣導的失靈

前述中共社會控制方法之中，以思想灌輸爲基礎，如果這個方法確實產生效果，那麼馬列毛鄧的思想就如歐洲中古天主教義一樣，爲大陸人民所篤信不疑。不幸的是根據馬列毛的教條所建立的體制，都讓老百姓吃盡苦頭，怎能使他們再產生盲目的信仰呢？所以大陸人民只要提到馬列毛思想，就是一片嘲笑譏諷之聲[59]。根據馬列毛思想所建立的社會主義體制，在大陸人心目中的地位怎樣呢？正如老百姓的順口溜所說：「今年盼着明年好，明年還穿破棉襖，三十多年吃不飽，叫人怎說社會主義好？」「辛辛苦苦幾十年，一夜回到解放前，社會主義眞可憐，受災受難一百年。」[60]這說明大陸人民對社會主義根本失去了信心。再者，共產黨的許多政策，都是

[57]「和平演變」在自由世界人士看來，是一種自主演化的過程，但中共則認爲是以美帝爲首的民主國家，刻意用種種手段企圖推翻共黨統治的陰謀，他們認爲東歐及蘇聯的共黨的垮臺，皆爲此種陰謀的結果。

[58]歐洲中古封建社會的中產階級因新航路的發現，外來因素影響內部變化，封建制度遂逐漸解體。見威爾杜蘭，前揭書。

用欺騙的手法，來激起人民的熱情。前述「革命」時期欺騙知識分子及農民固無論矣，即使建立政權後的許多政策，亦莫不如此，例如一九五〇年代煽動貧下中農鬥爭地主富農，使貧下中農分得田地，可是不旋踵又以「增加糧食生產」爲餌，鼓勵農民建立「互助組」、「初級社」、「高級社」，到了「高級合作社」建立完全，農民基本上已失去了土地所有權，到了一九五八年的「人民公社」建立完成，農民不但失去了一切生活憑藉，連家庭也失去了。其他政策亦多如是，不遑枚舉。中共的政策宣導，眞如頑童大喊「狼來了」一般，已經到了不受信任的地步。根據中共「北京社會經濟科學研究所」副研究員閔琦的一項民意調查：認爲共產黨是「好的」僅佔三〇%；認爲「不好的」則佔六二%[61]。所謂「三信危機」風行大陸[62]，已經舉世皆知的事實。思想灌輸與政策宣導，譬如社會控制的網繩，網繩已斷，再補破網已是惘然。

(三)、幹部優惠難以爲繼

中共領導階層的確想對某些不合理的體制，特別是經濟體制，加以改革[63]，例如「黨政分離」、「黨企分離」、「政企分離」、「企業招工」、「價格改革」等等，以提高生產力，但是任何一項改革一旦落實，無不與幹部的既得利益相衝突，因此某些項目雖然已經有了改革的法令依據[64]，但因各級幹部抱持「你有政策我有對策」的消極對抗態度，以致領導階層投鼠忌器，不敢冒然貫徹。

---

[59] 例如「提到共產主義就冷笑，提到馬列主義就譏笑，提到社會主義就失笑，提到爲共產主義奮鬥就哈哈大笑。」又如譏諷「四個堅持」曰：「無產階級沒對象，共產主義沒方向，共產黨的政策愛變向，共產主義思想太抽象。」等等。見國防部總政治作戰部編印，《一九九〇年中美中國大陸問題簡報》（民國七十九年十一月），頁三八。

[60] 同注[59]

[61] 見蔡萬助：《中共決策情境析論》（臺北：華泰書局，民國七十九年十月），頁一一二。

上述各種體制維持現狀，頂多保持目前的物質生產水平，尚不致使幹部的生活水平下降，但有幾項幹部的優惠措施，如在職或離退休幹部的免費醫療、福利照顧、超低房租、全面免費教育等等，都使得中央預算的補貼，到了不勝負荷的地步，勢非改革不可㊺。這些制度的改革也像上述各項體制改革一樣，「只聞樓梯響不見人下來」還在罷了，一旦堅決貫徹，立刻會降低幹部及一般大衆的生活水平，他們不滿的情緒可知，此種不滿積壓心中，一旦「八九」民運再度發生，幹部將可能結合一般大衆予以聲援，屆時中共政權將如羅馬尼亞式的垮於一旦，封建社會的即形解體。

(四)、城市包圍農村的危機

中共佔據大陸的戰略，是「農村包圍城市」，今天大陸的形勢，是「城市包圍農村」。蓋因中共爲縮小城鄉經濟的差距，乃將城市周圍的農村，分別劃歸城市，例如原來的北京市方圓不過數百方公里，可是四周農村劃歸的結果，現在的北京市將近六萬方公里。如此一來，城市不只領導農村的經濟發展，亦將影響農民的心理走向。城市居民知識水平較高，可說是一群權利意識強烈的「自爲階級」，農民則是一群無知的「自在階級」，後者跟著前者跑，乃是中外古今的鐵律。那麼城市居民對中共政權的態度如何呢？以「八九民運」爲例，參加的分子，包括學生、社會知識分子、幹部、軍人、新聞記者、公務員、老少男女各個階層。上百萬示威者的飲食

㊷「三信危機」實例甚多。見甘棠編著，《中國大陸的三信危機》一書，（臺北：中國大陸月刊社，民國七十二年）。

㊸見中共一九八四年十月「十二屆三中全會」所通過的「關於經濟體制改革的決定」。

㊹例如〈中華人民共和國價格管理條例〉、〈關於解決公司政企問題不分的通知〉等等。均見中共《重要法律彙編》（一九八七－一九八八）。

㊺幹部醫療福利負擔問題，見《中央日報》，民國八十年二月八日；住居問題，見民國八十年十月八日《聯合報》；教育經費問題，見汪學文，〈當前中共教育改革之構想與難題〉，載國際關係研究中心《匪情月報》，第二三卷第五期，頁四七。

問題，並不如中共領導者所說，是趙紫陽等同情民運人士所供應的，更不是外國人及臺灣當局所供應的，而是北京全體市民所支援的。關於這個問題，筆者特別問過北京一位計程車司機（黨員），他說：當時家家戶戶把能吃的，全部提到天安門供示威者食用，他的夫人是個開飯館的個體戶，就動員左鄰右舍的家庭主婦，利用她的炊具，日夜不停的做飯菜，而用他的計程車載往天安門。這種景象的熱烈，實令中共群酋膽顫心驚！客觀地說，如不用武力鎮壓，中共政權恐怕就在那時結束。但是，誰都清楚，鎮壓並不等於消除危機，中共自己所埋下的定時炸彈，隨時都會爆發，那時城市結合農村，就非鎮壓所能爲力了。

或許有人說，只要中共軍隊和特務忠於那些共酋，人民的反抗運動就不會成功，但是軍隊和特務就必然可靠嗎？根據民運刊物《自由論壇》摘發中共軍方的一份秘密文件，透露中共年輕軍官秘密結社意圖反叛而遭破獲的，已達三十五件，涉及校尉級軍官四百餘名，而未破獲的尚不知凡幾[66]。從天安門事件中共第八軍拒絕鎮壓民運來看，上述報導恐非完全空穴來風。至於特務，民運結束後，中共大肆搜捕民運分子，但是仍有衆多民運領袖逃出魔掌。一般相信，若非中共特務暗中護航，以中共那樣嚴密的社會控制，要想逃脫是不可能的。

(五)、超級領袖的凋謝

依照共黨「以黨領政」、「以黨領軍」的原則，中共黨政最高領導機構應屬中共中央政治局，惟封建社會的一項特徵是人治而非法治，所以像鄧小平、陳雲、彭眞、李先念、王震、楊尙昆等第一代「革命元老」雖然多數業已退休，在中共大政方針的決策過程中，仍然扮演決定性的角色，特別是鄧小平、陳雲二人，往往對中共重要政策起着決定性的影響。中共中央政治局的成員們，似乎已經養成倚賴這些超級領袖的習慣，大凡重要決

[66] 見《聯合報》，民國八十年三月八日，八版。

策不經他們的「拍板」就不能「定案」。然而這些超級領袖都是坐八望九之年了，見馬克思的時間已不在遠。他們一旦去世，可能發生的情況不外是：㈠總書記江澤民不孚衆望，與李鵬等領導階層發生內鬥；㈡軍隊不服江、李之領導而發生動搖；㈢大陸內部反抗勢力結合海外民運領袖揭竿而起。任何一種情況發生，都將動搖共黨的統治基礎。

四、結　論

從上面的分析，可知中國大陸這個新型封建社會的價值體系已經瓦解，人們對馬列毛思想根本失去了信仰；對社會主義體制已經喪失了信心；對共產黨領導已經失去信任。而「封建主」（共黨領導階層）所依賴各級附庸（幹部）也都腐化不堪；封建貴族階級所依存的工農階級，也都不堪忍受壓迫與蹂躪，亟思「與汝偕亡」，揭竿而起；封建主一支最後的憑藉——軍隊與特務，也發生了不穩與動搖；當年擁護中共的知識分子，如今業已與它勢不兩立，國際同型封建社會也已紛紛瓦解……。大陸這個新型封建社會，已經具備了一切崩潰的條件，它的解體已經「不以人的意志爲轉移」。如何在新型封建社會瓦解後的廢墟上，塑造一個政治民主化、經濟自由化和社會多元化的現代社會，將是一個極爲嚴肅的課題，有待我們及早作前瞻性的規劃與設計。

臺海兩岸交流之檢討

趙春山

一、前　言

關心兩岸關係發展的人士，對於一九七九和一九八七這兩個重要的年份，都不會覺得陌生。一九七九年元旦，中共「全國人大常委會」發表了一分被稱爲〈告臺灣同胞書〉的文件。中共學者認爲這是兩岸關係改變的轉捩點，此後，「海峽間封閉狀況逐漸被打破，兩岸關係有了較大的緩和與發展，出現了交流領域越來越多、接觸範圍愈來愈廣的新局面。」❶從兩岸交流的觀點而言，這份文件最重要的部分是，它提出了「雙方儘快實現通航、通郵，以利雙方同胞直接接觸、互通信息、探親訪友、旅遊參觀、進行學術文化體育工藝觀摩。」以及「相互之間完全應當發展貿易，互通有無，進行經濟交流。」❷

兩岸交流不是任何一方可以單獨進行的，連中共官方都無法否認的是，造成兩岸交流成爲事實並獲進展的

❶陳建武、吳木春，〈十年來兩岸關係發展之分析〉，《台灣研究》，一九八九年三月二十日第一期，頁一七。

❷《人民日報》，一九七九年一月一日。

臨門一脚，則是中華民國政府於一九八七年十一月，正式開放臺灣民衆赴大陸探親的措施。從此以後，兩岸民間的互動關係日益頻繁，涉及的領域包括文化、體育、經貿等項目。爲了處理因交往而衍生的問題，兩岸在缺乏政治接觸的情況下，也分別設置或重組一些專責機構，並且進行了若干形式上不具官方色彩的談判活動。

如果我們撇開兩岸在現實環境中的特殊關係型態不談，轉而借用國際政治用以形容兩國關係的「衝突」(conflict)和「合作」(collaboration)這兩個概念，則過去十餘年的兩岸交流，並沒有使北京和臺北的關係，由「衝突」走向「合作」的狀態。中共方面指責臺灣把交流當作「政治籌碼」，認爲是「人爲的障礙」，延緩了交流的進展；臺灣方面則將此一現象，歸咎於缺乏來自中共的善意回應。如果此各執一詞的情況持續下去，我們並不期望交流對於兩岸實質關係的改善，會產生積極性的影響。最壞的情況是，雙方爲了政治上的考慮，甚至會限制交流活動的進行。

本文撰寫的目的，是從分析促動兩岸交流的背景因素，進而檢討交流過程中產生的問題，最後展望一下雙方未來關係可能的發展。

二、促動兩岸交流的背景因素

中共視兩岸交流爲其實施對臺政策的工具。在一篇討論「中共對臺政策的歷史發展及其趨向」的文章中，一名大陸學者把一九四九年以後的中共對臺政策，大致區分爲「武力解決」與「和平統一」兩個時期，其間以一九七九年發表的〈告臺灣同胞書〉作爲轉折點❸。在「和平統一」這個時期內，中共對臺政策的基本方針就是

❸程金中，〈中共對台政策的歷史發展及其趨向〉，《台灣研究》，一九八九年三月二十日第一期，頁一。

「和平統一，一國兩制」，以中共的話說，就是「通過國共對等談判，實現第三次合作，共同完成祖國統一大業。國家統一後，臺灣仍搞它的資本主義，大陸搞社會主義，『你不吃掉我，我也不吃掉你』，實現『一個國家，兩種制度』。」❹

中共〈告臺灣同胞書〉中把統一和交流相提並論，並且這項文件的宣布，又正值其對臺政策的轉變以及兩岸交流的開始，其目的和手段之間的關聯性，即十分明確了。就以衆所關注的經貿關係而論，中共雖然從互利、甚至對臺灣比較有利的說法，強調雙方交流的重要性，認爲「兩岸在自然資源、科學技術、資金、市場和人才等方面，各有所長，各有所短。通過發展兩岸經貿關係，取長補短，發揮各自優勢，共同提高、促進兩岸經濟的發展、可以造福於兩岸人民。」❺但另一方面，中共也不諱言，在「保障在大陸從事探親、旅遊、投資、經商和其他一切合法活動臺胞的人身、財產安全和正當權益」等方面，中共必須以堅持「四項基本原則，進一步改革開放，一切有利於實現和平統一、一國兩制等方針的政策法規，作爲依據。」❻

中共推動兩岸交流的目的，主要爲了配合其對臺政策的轉變，而影響中共政策轉變的因素，則是中共七〇年代末期面臨的內外環境變動。在內部環境方面，一九七八年十二月中共召開的十一屆三中全會，確定了改革開放的路線，同時爲對臺方針政策的轉變，奠定了基礎。爲了內部的現代化，中共需要一個穩定的外在環境，包括臺灣海峽某種程度的穩定狀態，以吸引外來的資金技術。於此同時，中共與美國的「關係正常化」，也使北京認爲必須在「臺灣問題」上採取較低的姿態，以取信美國之外，並圖獲取來自美國的其他讓步。當然，從中共的觀點看，美「中」關係的改善，以及臺海局勢的穩定，將杜絕美國軍售臺灣的藉口，並且可以運用美國對

❹同上，頁二。

❺方生，〈新跡象顯示著新突破——評兩岸經貿關係的最新發展〉，《人民日報》海外版，一九九〇年二月二十四日，二版。

❻〈北京權威人士談有關臺灣問題〉，《瞭望》週刊海外版，一九八九年九月十一日第三七期，頁二。

臺施壓，使臺北被迫接受中共的「統一」模式。

在中華民國政府這方面，蔣故總統經國先生所主導的開放探親措施，並非全然基於人道主義的考慮。在經國先生晚期，臺灣內部因政黨政治伴隨著解嚴措施，發生了實質的改變。臺灣的民主政治發展步入新的階段，老兵返鄉問題屢被反對勢力用作群衆運動的訴求。臺灣內部的壓力也非唯一的因素，整個國際環境因蘇聯戈巴契夫的「新思維」外交，進入一個後冷戰的和解時代。中華民國無法自外於國際社會，政府長期堅守的「三不」政策，顯然受到考驗而必須有所調整。除此之外，國際上的貿易保護主義，以及臺灣和國際經濟體系的互賴關係，使臺灣商人在尋求國外市場時，把注意力投向長期被政府政策所凍結的大陸市場。

上述的因素只是消極性地說明政府開放大陸探親的背景。最重要的積極因素是政府在改變大陸政策時，已經更具有信心地來面對因開放探親而難以避免的兩岸交流。中華民國政府的信心是建立在下列的基礎之上：第一、經過四十年的比較之後，臺灣的社會制度和生活條件優於中國大陸；第二、蘇聯和東歐的民主化運動，證明共產主義已爲世人所唾棄，中共政權必將面對衝擊而發生變化。中華民國政府的信心，明白地反映在李登輝總統的重要政策談話中。例如，李總統於民國七十八年三月十三日在新加坡接受《國際前鋒論壇報》的訪問時指出：「我們鼓勵接觸的目的在使國人知道在中共統治下的生活，並使大陸人民知道在臺灣的狀況，透過這種方式，他們將會了解兩者之區別。」❼七十九年四月，李總統接受日本《文藝春秋》訪問時表示：「本人確信共產黨政治即將衰退滅亡。」❽

經國先生過世後，政府推展兩岸交流的動機，除了繼續維持人道主義的考慮外，已逐漸賦予它政策方面的

❼《迎接未來，任重道遠》，《李總統登輝先生言論選集》（中央文物供應社，民國七十九年二月），頁二一六。
❽《落實民主、長治久安》，《李總統登輝先生言論選集》（中央文物供應社，民國八十年二月），頁一五七。

意涵。誠如李總統在《亞洲華爾街日報》刊出的文章中所說：「在和平競爭的過程中，我們願與中國大陸繼續各項間接交流，以消除雙方的敵意及推廣臺灣經驗。」❾換言之，交流是爲了消除敵意，增加互信，並使大陸同胞分享臺灣的建設經驗，以實現國民黨「十三全會」通過的「現階段大陸政策案」所揭示的目標：即促使中國大陸的「政治民主化、經濟自由化、社會多元化、文化中國化」，以重建一個自由、民主、均富、統一的新中國。

上述比較兩岸推動交流的背景因素顯示，不但形成交流的個別主客觀環境有所差異，雙方對交流所要達成的政策目標，也有明顯的不同，這就爲兩岸的交流，添加了不穩定的變數。

三、兩岸交流的過程與問題

單純就統計數字來看，兩岸交流的發展速度是相當驚人的。根據來自中共方面的估計。自我政府開放國人赴大陸探親以來，臺灣民衆赴大陸探親旅遊者已達二百萬人次，去大陸採訪的臺灣記者已有七百多人次。大陸獲准赴臺探親、奔喪的人員有八千多人❿。此外，以中共所關心的「三通」而言，實質的進展，也是十分可觀的。在通郵方面，根據不完全的統計，一九九〇年兩岸互寄信函達二千一百多萬件，大陸打到臺灣的電話達四百七十多萬次，發往臺灣的電報有四萬二千多張；在通商方面，一九九〇年兩岸間接貿易額達四十多億美元。一九九〇年臺商到大陸投資額達二十億美元（協議額）；在通航方面，儘管臺灣嚴禁飛機、輪船直航，規定兩岸任何航行器必須經第三地往來，但兩岸間接通航運載的貨物已達數百萬噸⓫。

❾〈迎接未來，任重道遠〉，頁二三二—二三三。
❿楊遠虎，〈直接『三通』此其時矣〉，《瞭望》週刊海外版第一二期，引自《人民日報》海外版，一九九一年三月二十一日，五版。
⓫同上。

雖然臺北和北京都透過不同的形式，表達他們已從交流的過程中，獲取了某種程度的政治利益。例如，臺北認為交流已使大陸民衆受到臺灣經驗的影響，心生嚮往；北京則強調交流增加臺灣民衆對「統一」的期盼。實際的情況則是，兩岸交流並未改變雙方的「零和對局」(zero-sum-game)狀態，因交流而衍生的爭議，更增加了雙方關係的複雜性。

海峽兩岸交流最大的障礙是缺乏互信。雖然雙方都強調和平統一，但不同社會制度形成的認知差異，以及長期缺乏溝通的結果，臺北和北京對於對方的意向，始終存有相當的顧慮。中共一直認為臺灣推動交流的目的是以時間換取空間，希望達到推翻共黨統治的目標。在蘇聯和東歐的政局發生改變之後，「促進大陸和平演變」幾乎成了北京批判臺北大陸政策的一個代名詞。基於此一假定，中共指控臺北對於三通採拖延策略，雖然「當前兩岸交往存在許多問題，而臺灣當局絕口不提兩岸交往中極需解決的現實問題，如『開放』、『三通』、『直接』、『雙向』等，仍然把兩岸關係定位在『間接』、『單向』、『民間』、『漸進』的層面上，這將嚴重阻礙兩岸關係向正常化方向發展的進程。」⑫

雖然李登輝總統在去年五月二十日就職演說中提到兩岸交流的主張；今年二月二十三日，政府在「國家統一綱領」中，也把「三通」放在其中程實施的階段，但中共仍指責這兩項聲明文告預設了中共「難以接受的高價條件」，此即：「要求大陸推行民主政治及自由經濟制度」，「放棄在臺海使用武力」，以及「不阻撓臺灣在一個中國的前提下開展對外關係」。

中共顯然刻意忽視，臺灣因需要發展生存政治，而必須具備足夠的國際活動空間；中共不排除武力犯臺的可能性，也使臺灣認為中共仍不斷運用武力威脅，來配合它對臺灣進行的和平統戰攻勢。自從伊拉克入侵科威

⑫劉國奮，〈以理性的態度對待兩岸關係〉，《人民日報》海外版，一九九〇年六月十一日，五版。

特事件爆發後，有關中共以武力奇襲臺灣的可能性問題，在臺灣引起廣泛的關注。更重要的是，最近在香港出版的一本雜誌，刊載了一份來自中共內部的機密文件，其中透露了下列三項要點：

第一、中共「總參三部」在一九八八年曾派了七十多名處長級幹部，分批秘密潛赴臺灣偵察。「總參三部」的報告認為「臺灣軍隊的戰鬥意志不強，人民缺乏戰備觀念，只要有七個空降師配合海、空軍，在八十小時內就能把臺灣問題解決」；

第二、廈門大學臺灣研究所的一份研究報告指出：「只要讓利二〇%，就可徹底衝毀國民黨的三不政策。待時機成熟再通過臺商形成利益集團，向國民黨施加壓力」；

第三、近年來，中共利用漁航已經測到了臺灣海峽的全部水文地質資料，並繪製了臺灣的雷達、海空軍兵力配備圖。中共通過菲律賓新人民軍從海上偷運入臺灣的槍械，至少可以裝配兩個加強師的官兵⑬。

無論上述的資料是否屬實，中共利用兩岸交流對臺進行統戰的說法，已在臺灣日益獲得共識。在缺乏互信的情況下，雙方都要求對方以行動代替語言，來證明其交流的誠意；但雙方都不願意把對方的行動，解釋為一種善意的表現。這樣的認知差距，更因缺乏制度化的官方溝通管道，而避免不了其擴大的趨勢。

一個制度化的官方溝通管道，很容易被視為雙方政治接觸的開始。站在中華民國政府的立場，這樣的接觸是違反現行三不政策的，即使臺北樂於見到其中隱含著承認雙方對等政治實體的意義；另一方面，除非帶有深度的「中央對地方」色彩，中共不會同意這樣的接觸發生。

在缺乏政治接觸的情況下，兩岸交流幾乎是在漫無控制的狀態下發生的。其發展的過程，充滿了嘗試錯誤的現象。許多新的爭議都是因為解決善後問題而陸續出現。在中國大陸，處理兩岸交流的機構，帶有「黨、政、

---

⑬《潮流》月刊，一九九一年三月十五日第四九期，頁二六—二七。

群」一條鞭的色彩，但這些人不熟悉臺灣的政治社會背景，在很長一段時期是以「摸著石頭過河」的態度，處理交流衍生的複雜問題；在臺灣，處理大陸事務是一門「新興的行業」，一度被相關行政部門視為「燙手山芋」。雖然政府先後成立了專責機構，但在時機上已稍遲緩。

四、兩岸交流的評估與兩岸關係的展望

客觀地評估兩岸交流的得失，必須擁有經驗調查的基礎。但如果比較兩岸期望從交流達成的政策目標，我們仍舊可以勾勒出雙方的利弊得失。

首先，就臺灣這部分而言，其「得」的部分可歸納為下列幾點：

1.透過交流使臺灣民眾認識到中國大陸制度上的缺失。「實踐是檢驗眞理的唯一標準」，「行萬里路勝讀萬卷書」。臺灣民眾從訪問探親中獲取的資訊，非單向的「匪情」教育所能比擬；

2.使臺灣民眾更具有中國觀，瞭解臺灣與中國大陸之間的紐帶關係；

3.經貿互動獲取的貿易順差，為臺商打開新的市場；

4.在國際上，一掃過去消極被動的印象；

臺灣「失」的方面亦可歸納如下：

1.兩岸交流出現「事實走在政策之前，政策走在法律之前」，以及「民間走在政府之前」的特殊現象，使政府的公權力遭到挑戰；

2.極化統、獨間的爭執，危害到社會安定與團結；

3.敵我意識模糊，因為心防的鬆懈而影響國防的需求；

4.雙方經貿發展不平衡，商品結構發生變化，容易造成臺灣對大陸的經濟依賴；

至於中共這方面，兩岸交流對其造成的利弊得失也可歸納如下。在「利」的方面，除了屬於臺灣「失」的部分外，尚包括：

1.「三通」、「四流」，逐步獲得實現；

2.透過交流，間接影響臺灣的政治發展。

至於中共「失」的部分是：交流的結果，使大陸民衆接觸到「臺灣經驗」，對共產主義更加失去信心；中共「一國兩制」的口號，也因接觸而失去對臺灣民衆的吸引力。

上述的利弊分析顯示出，短期內，兩岸交流對於臺灣是比較不利的；但長期而言，中共則處於比較不利的地位。值得重視的是，決定未來得失異動的主要因素在於臺灣能否維持其生存的條件，以及中國大陸的內部發展狀況。基於此一假定，臺灣內部的團結、憲政改革的成功，則處於關鍵性的地位。從安內爲先的戰略考慮，臺灣未來在兩岸關係中的策略應是「以靜制動」，不能因推動大陸政策而耗費太多的寶貴資源。另一方面，在影響大陸內部發展的過程中，臺灣也應步步爲營，避免因刺激兩岸既存的敏感關係，而遭到中共強烈的反應。

今年五月臺灣宣布終止「動員戡亂時期」後，兩岸關係不可避免地會因臺灣的政治發展的步入新階段，而產生連帶性的變化。但從本文的全面分析判斷，臺北和北京之間的關係，仍舊無法從「衝突」轉變爲「合作」的型態。如果現行的交流步伐繼續向前，臺灣海峽也未出現突發性的事件，則雙方的關係可能出現「兩個固定對手間的不穩定共存」(the unstable coexistence of two stable adversaries)狀態。其特色是雙方都不會在基本政策上輕易讓步，但爲了本身的生存和發展，雙方都承認必須進行某種形式的接觸，甚至作出必要的妥協。

五、結　語

雖然兩岸統治當局，基於各別政策的考慮，對於雙方交流所欲達成的目標有所不同，因而產生本文所作的不同利弊得失判斷。但基本上，維持一個暢通的交流空間和管道，應該有助於兩岸民衆的共同利益。我們希望透過持續的交流，能促使雙方的實質關係，由衝突逐步地走向和解，甚至合作的狀態。在此之前，建立下列的共識，是有其必要性的：

第一、推動兩岸交流的動力來自政治面，阻礙交流發展的因素也是來自政治面，最後，促進兩岸交流的助力，必然也來自政治面。因此，我們應該認識到，兩岸問題，或是整個中國問題，根本上是屬於政治問題。解決問題的辦法，需要兩岸中國人，運用高度的政治智慧，去思考、去規畫、去整理一番頭緒。我們當然不認爲，任何問題都必須加以泛政治化的考慮。但是，今天中國人最需要的可能是培養政治藝術，學習如何從妥協中獲利的時刻。政治絕非一種零和遊戲，中國人應在極端之間營造更大的空間。

第二、兩岸關係錯綜複雜，誠如李總統所說的那樣，在海峽兩岸的分裂狀態持續了四十年之後，「許多臨時問題，變成長期問題，許多非常時期的問題，變成平常時期的問題。」[14]因此，我們不應期望，若干歷史性的爭議，會在旦夕間化爲烏有。實際上，「時間」、「自然」和「耐心」這三個西方常常形容爲治療百病的良醫，可以提供作爲處理兩岸關係的藥方。其中，耐心最爲重要，欲速則不達，兩岸的中國人都必須具有耐心。

第三、耐心是以信心爲基礎。除了自信之外，更應培養互信，這是目前兩岸最缺乏的共識。而互信的建立

[14]引自許倬雲等著，《站在歷史的轉捩點上》（臺北：正中書局，民國七十九年九月），頁一七八。

則有賴於雙方的展現誠意。我們在此遺憾的指出，中共到目前爲止，仍舊沒有承認兩岸政治現實的勇氣，處處戴上有色眼鏡來看待我們政府的言行。這樣只有增加彼此的不信任感，使存在已久的相互猜忌，雪上加霜。

第四、爲了建立互信措施，使交流能在一個良性的互動關係中邁進。我們認爲中國的統一應有一個過渡階段。這個階段的中心任務是促使雙方的關係正常化。我們認爲，只有在兩岸關係獲得釐淸之後，統一才有進入工作議程的可能。

總之，在檢討兩岸的交流過程中，我們有太多的感觸，其中有悲觀，也有樂觀的情愫。中華民族已經歷經太多的苦難，在人類即將進入廿一世紀的前夕，難道我們還要增加新的問題？目前應是兩岸中國人徹底自省的時候了！

中共「一國兩制」理論體系之拆解與超越

趙先運

中共「一國兩制」概念的意涵，原初提出時，只涉及實務層面的事物，並且只是單純的爲着處理收回香港和統一臺灣的問題❶。根本沒有理論可言，更說不上什麼體系。惟到一九九〇年十二月中共「十三屆七中全會」總結其自「十一屆三中全會」以來，「建設有中國特色社會主義的基本理論和基本實踐」，正式把「一國兩制」提昇到社會主義初級階段的國家建構層級，換言之卽提昇到如何把中國建構成爲一個統一的、單一的、一國兩制的社會主義共和國的總體理論層級，它便不再是一個單純處理特定地區問題的方針政策，而成爲中共社會主義初級階段和建設有中國特色社會主義總體理論的一個組成部分。中共對「一國兩制」認識的飛躍，要求這一問題的研究者，必須相應提昇他們的研究層級和擴大他們的研究領域：大陸政策的制定和操作，也須從這一高度來考量。

---

❶岳崇、辛夷，《鄧小平生平與理論研究滙編》（北京：中共黨史資料出版社，一九八九年十二月初版），頁一三四：「鄧小平同志指出：近幾年來，中國一直在克服極『左』的錯誤，堅持從實際出發，實事求是，來制定各方面工作的政策。經過五年來，現在已經見效了。正是在這種情況下，我們才提出用『一個國家，兩種制度』的辦法來解決香港和臺灣問題」。另見王功安、毛磊，《國共兩黨關係史》（武漢出版社，一九八八年五月初版），頁六七七：「一九八二，鄧小平第一次提出了『一國兩制』的概念」。

一、「一國兩制」的國家總體建構

一九九〇年十二月廿五日，李鵬在中共「十三屆七中全會」作關於制定十年規劃和「八五」計畫建議的說明，提出建設有中國特色社會主義的基本理論和基本實踐十二條，強調它們是中共黨和人民智慧的結晶，其中凝結了鄧小平同志在新的歷史條件下繼承和發展毛澤東思想的卓越貢獻❷。次年三月廿五日，李鵬根據中共「十三屆七中全會」的決議，在中共「七屆人大四次會議」作「關於國民經濟和社會發展十年規劃和第八個五年計畫綱要的報告」，再次說明這十二條主要原則的發展形成過程：強調自「十一屆三中全會」以來，經過「十二大」和「十三大」，在深刻總結歷史的和當前的實踐經驗基礎上，形成了黨在社會主義初級階段以經濟建設爲中心、堅持四項基本原則、堅持改革開放的基本路線，以及一系列行之有效的方針政策；「十二條」則是對建設有中國特色社會主義的基本理論和基本實踐的「精闢地概括」❸。

李鵬所提的十二條，第一條有關中國特色社會主義的政治；第二至七條有關中國特色社會主義的經濟；第八、第九條有關中國特色社會主義的文化；第十一條有關中共對外政策；第十二條有關中共黨的建設。「按照『一個國家、兩種制度』的構想和實踐，促進祖國統一大業的逐步實現；」列爲建設有中國特色社會主義主要原則第十條。江澤民繼後在中共建黨七十週年大會的講話中，對於中國特色社會主義的經濟、政治、文化再加具體的說明❹，中共《瞭望》週刊再繼之於七月底發表專文，綜合提出「一國兩制」統一臺灣的十項基本內容❺。

❷李鵬，《關於制定十年規劃和『八五』計畫建議的說明》（一九九〇年十二月二十五日在中國共產黨第十三屆中央委員會第七次全體會議上），頁十一。

❸香港《文滙報》，一九九一年三月二十六日，五—七版。

中共社會主義初級階段的國家建設框架，至此，最起碼在形式上，已經配套成爲一個粗糙的體系如附表。

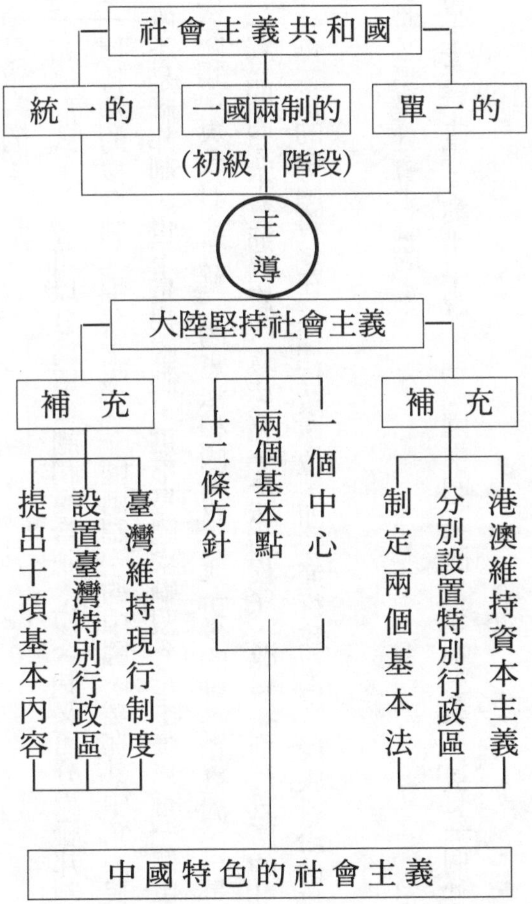

把中國建構成爲一個統一的、單一的、一國兩制的、社會主義中華人民共和國，這一命題，包涵五個要項：

第一，這個中國必須是統一的：

❹香港《文滙報》，一九九一年七月二日，六—七版。

❺吳大業，〈略談一國兩制的內涵和特徵〉，《瞭望》週刊海外版，一九九一年七月二十九日，頁三—五。

中國現實處於分裂狀態，由於政治立場之不同，稱中國者一指在臺灣的中華民國，一指在大陸的中華人民共和國；在這一意義下，中國是「一國二名」。兩個名號的中國政府都主張擁有全中國主權，都主張中國必須統一，都主張中國統一必須走和平道路，因而現實情境的正確描述，應該是一個中國，兩個名號，主權重疊，治權分隔，兩個對等政治實體──兩府兩區。中華民國政府在臺灣已經採取務實的立場，一九九一年五月終止動員戡亂時期後，承認中共在大陸的政治實體地位；惟中共對中華民國的立場則堅持不變，其對臺政策的基礎仍建構在中華人民共和國建立、中華民國滅亡這一虛假的前提上。

第二，這個中國必須是單一的：

目前世界上的國家結構形式，一般可以分為單一制和複合制；複合制又可分為聯邦制、邦聯制；蘇維埃社會主義共和國聯盟是一種特殊的複合制。中共主張「一國兩制」的中國，是在其中華人民共和國的單一制國家結構條件下實行的，既不是聯邦制，也不是邦聯制，更不是國家聯盟。它主張只有一個單一的中華人民共和國，全國只有一個立法機關和中央政府，有統一的憲法和國籍❻；統一後的香港和臺灣，只是這個單一國家的一個特別行政區。「在規定的時間內，不會通過修改憲法或基本法的程序，改變特別行政區的社會、經濟制度和生活方式」❼；因而由中共統一後的中國將存在三種行政單位，即普通行政單位，民族自治行政單位，和具有高度自治權的特別行政單位。

第三，這個中國主體必須是社會主義的：

「一國兩制」，社會主義為主體。鄧小平說：「一國兩制」，除了資本主義，還有一個社會主義，這是中國

❻❼遲福林、黃海主編，《鄧小平政治體制改革思想研究》（北京：春秋出版社出版，新華書店北京發行所發行，一九八七年六月初版），頁二七〇。

的主體。主體地區是十億人口，是個很大的主體；社會主義是在十億人口地區的社會主義，可以容許自己身邊、在小地區內和小範圍實行資本主義。沒有這個前提，資本主義就要吃掉社會主義❽。以社會主義為主體，以資本主義為補充；這種「社」「資」主從結合的「一國兩制」，不能也不會影響中國作為一個社會主義國家的政治屬性，正如目前大陸經濟所有制結構一樣：以社會主義公有制經濟為主體，以各種形式的非社會主義包括資本主義和個體私有經濟為補充，不能也不會影響中華人民共和國作為一個社會主義國家。換言之卽由中共統一後的香港、澳門和臺灣，只不過是實行較之珠海、深圳、海南這些經濟特區更為特殊政策的「經濟特區」，而港、澳、臺的資本主義經濟，也就像「經濟特區」的資本主義經濟一樣，由於它們從屬於社會主義經濟「主體」，其政治屬性，將被視同中共社會主義國家的「國家資本主義」經濟。

第四，這個中國的社會主義必須是馬列正統的：

社會主義思想，諸子百家，馬克思是其中的一家；馬克思主義學說，諸子百家，馬列主義是其中的一家。馬列正統社會主義與其他各派社會主義的根本不同之處，在於馬列主義有一套社會主義向共產主義過渡和在過渡時期實行無產階級專政的理論，而其他派別的社會主義則或者把社會主義作為一個運動，認為運動本身便是目的，例如柏恩斯坦；或者把社會主義建構成為一套以社會為本位的民主制度，例如北歐的社會民主主義；中共的「四項基本原則」和初級階段的理論，都須用馬列主義的「過渡」理論來解釋；「過渡」理論也是中共主張無產階級經由它的黨來實施專政的經典依據。

第五，這個中國的無產階級專政採取人民民主專政的形式：

中共號稱人民民主專政，是中國式的無產階級專政。在大陸，是四大階級在中共黨的領導下實行專政；受

---

❽鄭蘭蓀、劉鵬主編，《鄧小平的思想理論研究》（中國書籍出版社出版，新華書店北京發行所發行，一九八八年十二月初版），頁三二七。

中共領導的「四大階級」成員屬於「人民」的範疇。如何把人民民主專政的政治制度延用到收回香港、澳門和統一臺灣以後的「一國兩制」全中國?中共採取兩步走的作法:首先解決對外的民族矛盾,實現國家的統一,然後在「港澳臺回歸祖國以後的相當長時間內,在國家內部逐步和平解決兩種社會制度的問題。」❾

五個要項把中國建構成爲一個統一的、單一的、一國兩制的中華人民共和國;在此總體建構內,沒有中華民國的立足之地。楊尙昆一九八四年十二月在「全國對臺宣傳工作會議」上說明對臺灣實行「一國兩制」有四個必須堅持的基本點:

第一,只能有一個中國。不管是「一中一臺」或者是「臺灣獨立」都不行。只能有一個中國;首都在北京,不是在臺北。特別行政區是在中央政府管轄下的,不能是什麼「完全自治」的自治區。自治是有限度的,首先必須承認,中華人民共和國是包括臺灣在內的,臺灣是中國的一部分;可以叫特別行政區,可以有些特別的權力,但必須要換旗;代表國家的是五星旗。

第二,堅持和平解決不能保證不用武力。

第三,統一後,臺灣成爲特別行政區。國際上代表中國的,只能是中華人民共和國。

第四,要採取適當方式。國共兩黨談判,實現國共第三次合作。不是臺灣地方政府同中央政府談判❿。

一九九一年七月《瞭望》週刊發表專文,綜合中共領導人歷年相關的講話和中共的相關主張、建議等,提出「一國兩制」的十項基本內容,強調「一國」以「兩制」爲基礎,「兩制」以「一國」爲前提;兩者是前提和基礎的關係。既不可以離開「一國」談「兩制」,不然就不是統一而是分離;也不可以離開「兩制」談「一國」,

❾高光、李眞等主編,《中國社會主義初級階段階級結構研究》(中共中央黨校出版社,一九八九年三月初版),頁一九七。
❿楊尙昆,在全國宣傳工作會議上的講話(一九八四年十二月×日)。

不然就不是長期共存而是一方吃掉另一方⑪。非常明白，楊尚昆所概括的「四個基本點」，《瞭望》所概括的「十項基本內容」，都沒有商談的餘地，所能商談的將是採取什麼形式，經依由什麼程序，取消中華民國，建立臺灣特別行政區。

《瞭望》所提的「一國兩制」十項基本內容是：

1.在「一個中國」的原則和架構下，大陸實行社會主義制度，臺灣實行資本主義制度，誰也不吃掉誰。

2.設置臺灣特別行政區，並採取一系列特殊政策，使這個地區繼續保持穩定和繁榮。

3.臺灣作爲特別行政區，享有高度的自治權；中央不干預特別行政區的內部事務。

4.臺灣人民的各種合法權益，一律給予法律保障。外國人和僑胞在臺灣的私人投資，也一律給予保護。

5.臺灣成立特別行政區後，可以保有軍隊及從外國購買必要的武器，但不能損害統一的國家利益。大陸不派軍隊駐臺，也不派行政人員赴臺。

6.中央政府可以給臺灣留出一定比例的名額。臺灣當局和各界代表人士可以出任全國性政權機構的領導職務，參與國家管理。

7.臺灣作爲特別行政區，在對內政策上可以搞自己的一套，在中央授權下也可有一定程度的外事權，但不能在國際上代表國家。

8.兩岸的和平統一問題，應由兩岸的執政黨協商解決，也可吸收其他政黨及有關人士參加。統一以後，中國共產黨和中國國民黨及其他黨派將持久合作，長期共存，相互監督。中共不干預島內各黨關係的運作。

9.以和平方式統一中國，但不承諾放棄使用武力。這主要是針對外國勢力干涉中國統一，針對「臺灣獨立」

---

⑪同注❺。

的，絕不是針對臺灣人民的。

10.解決臺灣與大陸的統一問題是中國的內政，必須由中國人自己來解決，堅決反對外國勢力干預插手，阻礙中國的和平統一事業，但歡迎外國友好人士和政府對此做出積極有益的貢獻。

二、馬列主義詮釋途徑的困難

中共詮釋其「一國兩制」的社會主義國家總體建構，在理論上必須根據馬列主義的立場、觀點和方法，處理下列基本問題：

1.依馬克思列寧主義的普遍原理，社會主義是在資本主義內部發生、成長、取代資本主義而誕生，何以唯獨在中國，社會主義能夠與資本主義並存而建構統一的、單一的、「一國兩制」的社會主義共和國？

2.何以大陸必須堅持社會主義道路作為主體，而臺、港、澳卻又必須在相當長的特定時期內，繼續走資本主義道路？

3.用什麼價值標準或政法制度來規範「資」「社」二制在一個中國內部的互動關係，以確保大陸社會主義的主體地位？

4.在這統一的、單一的社會主義共和國內部，大陸主體內部一定範圍的階級鬥爭和港、澳、臺特別行政區內部的階級鬥爭，將表現為何種形式？大陸、港澳、臺灣這三個地區的階級鬥爭，又將形成何等的互動關係？

5.在這統一的、單一的社會主義共和國內部，作為主體的大陸社會主義是否還要向共產主義過渡？作為附從或補充的港、澳、臺資本主義，是否還要進行社會主義革命或社會主義改造？是否可以直接向共產主義過渡？所有這些基本問題，都不是正統馬克思主義或馬列主義所能解決的；為着詮釋「一國兩制」在馬列主義的理論合法性，中共必須發展馬克思主義。他們說：

> 人類歷史進入二十世紀八十年代，一個嶄新的政治思想在中國誕生，這就是鄧小平同志提出的「一個國家，兩種制度」的戰略構想。它不僅是和平統一祖國的偉大戰略決策，而且是對科學社會主義理論寶庫的重大貢獻，對和平解決國際爭端也將產生重大而深遠的政治影響⓬。
>
> 「一國兩制」這一構想，不僅爲建設有中國特色的社會主義豐富了嶄新的內容，而且也爲和平統一大業奠定了理論基礎。它爲馬克思主義的總寶庫做出新貢獻，是對科學社會主義理論的重大發展⓭。

關於「資」「社」二制何以唯獨能夠在中國並存而把這個國家建構成統一的、單一的、「一國兩制」的社會主義共和國，中共的思想理論工作者從哲學、國家觀和政治體制改革等各個層面，發展馬克思列寧主義，提出他們的詮釋：

1.哲學層面：他們詮釋「一國兩制」是對馬克思哲學「對立統一」規律中矛盾的同一性的運用和發展。列寧談「對立統一」規律，認爲「辯證法是一種學說，它研究對立面怎樣才能夠同一，是怎樣同一的——在什麼條件下它們是同一性的、是相互轉化的」。毛澤東談矛盾的同一性，認爲它包括兩個內容，一是矛盾雙方互爲自己存在的前提，共處於一個統一體之中；二是矛盾雙方依據一定條件，各向着其相反方向轉化。「一國兩制」的構想，把社會主義的大陸和資本主義的臺灣，統一而使其處於中華人民共和國這個「同一體」中，便是對「矛

⓬同注❶，頁一三四。
⓭同注❶，頁一四四。

盾同一性」規律的運用和發展。此處所說的「發展」，實際是原本不適用，而加上主觀的詮釋，使它能夠自圓其說；但這是徒勞的。

第一，依據馬列主義的矛盾同一性規律，統一在一個矛盾同一體之中的矛盾雙方是互相轉化的；然而在「一國兩制」這個「矛盾同一體」內部，何以大陸社會主義不會也不能向資本主義轉化？臺灣資本主義在特定的相當長的時期內，又何以不會也不能向社會主義轉化？辯證動變的過程更何以能夠按照中共黨的意志，在其規定的時間內，停滯而成靜止狀態？

第二，依據馬列主義的矛盾同一性規律，決定一個「矛盾同一體」發展方向的是「矛盾的主要方面」，「矛盾的次要方面」則將在發展過程中被揚棄。但是，「矛盾的主要方面」和「矛盾的次要方面」都不是由人的意志決定的，人只能認識「主」「次」，按客觀規律辦事。然而中共憑什麼規定「一國兩制」這個「矛盾同一體」的「矛盾的主要方面」，必須是社會主義的？

第三，依據馬列主義的矛盾同一性規律，矛盾雙方在一定條件下向對方轉化是一個漸變的過程，這種漸變的過程是和平的量變；「和平演變」是事物發展的自然規律；量變到最後引起質變，是突變的飛躍，突變則是事物本質的革命性提昇。量變質變都是自然法則。一個「矛盾同一體」的發展，首先要經歷「和平演變」的過程。由此可見中共一方面對臺灣要求「和平統一」，而以社會主義爲「主體」，另一方面在大陸反對「和平演變」，而以人爲的力量堅持社會主義道路，都是要求唯物辯證法按照中共黨的意志辦事，而不是中共這個黨按照唯物辯證法辦事。

2.國家理論層面：傳統馬克思主義國家觀，認爲「國家是一個階級統治的機器（【列寧選集】第四卷，頁四八）」。根據這一馬列主義的普遍原理，一個國家便只能是由一個階級對另一個階級實施專政。然而「資」「社」二制豈能「和平共存」於中國？爲着突破這一理論困境，「一國兩制」論者詮釋傳統馬列主義的國家定義，是從國家起源的角度說的；若從國家職能的角度說，則「這一定義卽使對於剝削階級國家來說，也只是其特徵中的一個，不是它的全部。國家還有其他方面的職能，如組織、管理經濟和文化教育的職能」⑭；「一國兩制」方針的實施，則將「突出的表現爲國家對階級鬥爭的調節作用，而不是階級的壓迫作用，換言之卽國家還有調節階級鬥爭的職能」⑮。但是，卽令承認這一理論發展的合法性，它也不能完全擺脫其理論的困境。

第一，連提出這一詮釋的人，也知道它對中共黨員幹部基於馬列主義傳統國家觀念建立起來的有關政治體制和道德的觀念，「無疑是一次嚴重的衝擊」⑯。可見這種強詞奪理的發展馬列主義，反而更能突顯「一國兩制」的理論，與正統的馬列主義國家觀之間，存有極難攏合的差距。

第二，國家作爲階級統治的工具，其組織、管理經濟和文化教育的職能，不能不打上階級統治的烙印。中共憑着專政手段，鎭壓「八六」民運和「八九」民運，反對「和平演變」，也說明中共仍以「國家」作爲無產階級進行階級鬥爭和階級專政的工具。實踐證明中共不能把國家「調節階級鬥爭的職能」同它「實行無產階級專政的職能」，劃分開來。

第三，「國家調節職能」論，還將造成下列的理論的困境：

就世界範圍言：如果「剝削階級國家」也有調節階級鬥爭的職能，則在「剝削階級國家」內部，剝削階級和被剝削階級之間的階級矛盾，便不必經由階級鬥爭的途徑來解決，而可以經由國家調節的職能來解決，從而也就使階級革命和階級專政成爲多餘；這就從根本上推翻了馬列主義傳統的社會主義革命理論。

就中國範圍言：中共既已承認「國家調節階級鬥爭的職能」，便應該對大陸社會實行政治開放，讓中國社會各階級在中國大陸政治舞臺上都有自我證明其社會存在價値的機會，而國家則處於中立地位，居間發揮其「調

---

⑭⑮⑯同注⑥，頁二六九。

節」的職能，不應再由其一黨壟斷，判定要以社會主義即以無產階級爲主體。

就「一國兩制」言：這種設計只是擱置而不是調節「兩條道路」兩個階級的鬥爭。它把「資」「社」二制拉到「一國」的政治舞臺上，反而將使「二制」的衝突更少迴旋餘地，殊不利於其「反和平演變」的鬥爭。

三、雙重價值的訴求語言系統

關於在中國這個統一的、單一的、「一國兩制」的社會主義共和國內部，爲何大陸必須堅持社會主義道路而臺、港、澳卻又必須在相當長的特定時期內，繼續走資本主義道路的問題，從邏輯上說：中共首先必須處理這一問題的前半段，卽必須首先解決大陸何以必須堅持社會主義道路，從而確立社會主義在中國的主體地位，然後它才能有立場處理這一問題後半段，卽港、澳、臺的現行制度，只能作爲社會主義「補充」的問題。但就中共的立場說：這一問題的前半段是勿庸再議的。它在大陸堅持社會主義，對港、澳、臺允許在其認爲必須的相當長時期內維持資本主義，兩套語言系統，決定它不能不陷入雙重價值的自我矛盾。

但是，無論如何，中共當前在這一方面的首要難題是：大陸社會不能認同中共關於大陸應該堅持社會主義道路以作爲中國主體的主張，特別是青年一代認爲「革命靠老毛，建設靠走資」⑰，主張把毛澤東思想當作「左」的錯誤來拋棄⑱。

上海復旦大學的理論工作者，把近年來群衆中的種種疑問，蒐集整理，圍繞着中國社會主義道路問題，歸納成一百個思考題，從理論分析、事實論證和思維方式等方面，力圖解答這些問題⑲，此事從一個側面反映大陸

---

⑰⑱周作翰，〈毛澤東思想——我心中的明燈〉，《人民日報》，一九九一年九月九日，五版。

社會對於中共主張的社會主義，百思莫解的精神面貌。

東歐的「八九革命」和大陸的「八九民運」，把一系列的問題，提到「中國共產黨人和中國人民」面前，使他們不能自已的要「思考」⑳：

爲什麼在中國發生了那麼大的政治風波？

爲什麼有些社會主義國家出現了政局動蕩甚至逆轉？

爲什麼西方敵對勢力能夠發動那麼猖獗的和平演變的攻勢？

爲什麼社會主義國家的資產階級自由化思潮能夠那麼肆虐和氾濫？

爲什麼西方和平演變戰略能夠在一些國家得手？

世界社會主義是否眞的要遭到大失敗？

社會主義中國是否眞的需要全盤西化？

社會主義制度究竟有沒有優越性和生命力？

社會主義的紅旗究竟能不能在中國大地上永遠飄揚？

社會主義是二十世紀的「政治與理性畸形物」，已經「開始衰落」，遭到大失敗㉑；「社會主義是烏托邦，「社會主義的嘗試及其失敗」是二十世紀的一大遺產㉒；中國爲什麼選擇社會主義道路㉓；馬克思、恩格斯都曾說過：「資產階級在它的不到一百年的階級統治中所創造的生產力，比過去一切世代創造的全部生產力還要多，

⑲「社科書訊」，林克主編，〈通向理想境界之路——中國社會主義百思集〉，《人民日報》，一九九一年七月一日，五版。

⑳盧之超主編，《關於社會主義若干問題的思考》（北京：科學出版社，一九九〇年六月初版），〈前言〉，頁一。

㉑㉒辛夷，〈社會主義的歷史發展和中國的光明前途〉，前引書，頁一一一—一一七。

㉓㉔劉欣，〈中國選擇社會主義道路是歷史的必然〉，前引書，頁一三一—一四二。

還要大。」既然馬、恩都這樣講了，當初中國先搞一段資本主義，然後再搞社會主義，不是也很好嗎㉔？這些議論和上列「思考」的問題，總括成一句話來說：便是中國選擇馬列社會主義道路，犯了歷史的錯誤；而今是「往者已矣」，「來者可追」，應該撥亂反正，至少應該補上資本主義這一課。

為着回答「中國應往何處去？」這一歷史遺留的老問題，確立社會主義在「一國兩制」的中國主體地位，中共別出心裁的詮釋中國近代史，製造一種論調，把中國選擇社會主義道路，說成是因為封建主義不願走，帝國主義不讓走，國民黨想走沒走成，中共繼之走社會主義道路，是「逼上梁山」㉕，並且舉出文獻證明說：中共建黨以後，原也曾有意於發展民族資本主義，例如一九四〇年毛澤東在〈新民主主義論〉中，曾提出「新民主主義共和國」的概念，表明這個共和國並不沒收其他資本主義（卽除官僚資本以外）的私有財產；一九四五年又曾在〈論聯合政府〉中表明現在中國「不是多了一個本國的資本主義，相反的，我們的資本主義是太少了」；只是由於國民黨不接受中共的「聯合政府」主張，才使得中國的民族資本主義，又失去一次在和平民主環境中發展的機會㉖。值得質疑的是：

第一，中共原來是把馬列主義作為「普遍眞理」來信仰，強調建設社會主義是為着創造向共產主義過渡的物質條件，因而走社會主義道路應該以實現共產主義作為終極目標，與發展中國民族資本主義是風馬牛各不相及的兩碼事。至於反對帝國主義，雖然似乎與解決中國淪為「半殖民地」的問題有關，但是根據馬列主義，中共之「反帝」也主要是把帝國主義作為發展到最高階段的，從而也就是走到「無產階級革命前夜」的資本主義

㉕袁木，〈社會主義代替資本主義仍然是世界歷史發展的大趨勢〉，袁木等主講，當代思潮雜誌社主編，《社會主義若干問題講座》（北京：紅旗出版社，一九九〇年八月初版），頁一—四一。

㉖劉欣，〈中國選擇社會主義道路是歷史的必然〉，盧之超主編，《關於社會主義若干問題的思考》（科學出版社出版，新華書店北京發行所發行，一九九〇年六月初版），頁一三一—一四二。

來反對，求中國民族之解放，則是將之作為世界無產階級革命的一個組成部分。然而中共今日之改腔換調，不再強調「社會主義道路」通往共產主義，而詡誇其將通往獨立、富強的中國，換言之即把馬列社會主義作為替中國獨立、富強辦事的工具。這種意識型態層面的大滑落，無疑是一個值得稱許的現象。但是，中共既已把馬列主義降為發展中國的工具，何以在東歐、蘇聯和它自己的實踐，都已經證明社會主義是從封建主義到資本主義最為漫長艱苦的道路，之後，而還繼續抱怨封建主義、帝國主義和國民黨，把它逼上社會主義道路，並且寧願為「馬列社會主義」這一毀損不堪使用的工具而犧牲？

第二，中共的官方語言系統也還沒有徹底拋棄共產主義的價值體系，這就使它陷入再一個困難。為着堅持社會主義道路，中共建構馬克思主義在中國的發展史。

江澤民一九九一年七月一日，在中共建黨七十週年大會的講話中，鋪陳這一歷史發展的脈絡，首先強調馬克思主義「揭示了社會主義必然代替資本主義和建設社會主義、最終實現共產主義的普遍規律，是無產階級和勞動人民認識世界和改造世界的強大思想武器。中國革命和建設必須以馬克思主義為指導。馬克思主義不是教條而是行動指南」㉗，繼之肯定「毛澤東思想是馬克思列寧主義基本原理和中國革命具體實際相結合的產物，是中國共產黨人集體智慧的結晶」，毛澤東是偉大的馬克思主義者㉘，再繼之肯定「鄧小平同志是捍衛、堅持和發展馬列主義、毛澤東思想的傑出代表」㉙，從而建構了一個馬、列、毛、鄧一脈相傳的馬克思主義在中國發展的「歷史道統」。

共軍總政治部和中共中央宣傳部先後於七月二日、四日發出的、要求全軍全黨認眞學習「講話」的「通知」，接續寫完馬克思主義在中國發展歷史迄至當日為止的篇章。它們推崇「講話」是中共「第三代黨中央帶領全黨

㉗㉘㉙《人民日報》，一九九一年七月二日，一—三版。

向新的目標進軍的政治宣言，是一個重要的馬克思主義的文獻」㉚；是以江澤民同志爲核心的黨中央領導全黨和全國各族人民沿著建設有中國特色社會主義道路繼續前進的綱領性文件」㉛。

此處相關的問題是：中共在實踐層面已經把「社會主義道路」的指向，調整到通往獨立、富強的中國，但在意識型態層面，則仍堅持這一道路通往共產主義的導向；兩套相互糾扯的價值體系，使人不能明確中共以之作爲「一國兩制」主體的社會主義，究竟是中國人應該爲其實現而獻身的理想，還是其應該爲中國人建設獨立、富強國家而服務的工具。

第三，中共用歷史原因來論證今日之中國必須堅持社會主義道路，還犯有畫錯「變遷基線」的謬誤。今日大陸社會的「變遷基線」應界畫於馬列社會主義體制建立之時的一九五六年，或中共政權建立之時的一九四九年，而不必也不應該再界畫到一八四〇年的鴉片戰爭。中共爭論說：「新中國」建立後既不能停留在新民主主義也不能發展民族資本主義；今日如果走資本主義道路，讓一億人富起來，其餘十多億人就要重新革命；退回走資本主義道路要經歷一個長時期的資本原始積累過程，勞動人民要遭受國內和國際資產階級的雙重壓迫，變成他們的雙重奴隸；國際壟斷資產階級決不允許擁有十一億人口的大國，自由自在地去發展資本主義，必然要強迫中國成爲它們的附庸㉜；這種爭論的說詞，恰好從相反的方向說明今日應該追問的，不是造成中國落後的歷史原因，而是應該尋找新的起跑線。

第四，「六．四」以來，中共全面深入、積極開展「新三反鬥爭」——「反顛覆、反滲透、反和平演變」。所謂「和平演變」，依中共的特定界說，就是西方壟斷資產階級利用非戰爭的方法，使社會主義國家逐步演變爲資

㉚《解放軍報》，一九九一年七月三日，一版頭條。
㉛《人民日報》，一九九一年七月五日，一版。
㉜同注㉕，頁二一〇——二一一。

本主義國家的「戰略」；「和平演變是社會主義國家的主要危險，是兩種社會制度鬥爭的主要形式」[33]。「西方資本主義國家，尤其是美國，利用世界形勢出現和平發展趨勢和社會主義國家實行改革開放的時機，通過各種渠道，運用各種理論武器和價值觀，向社會主義的各個領域進行滲透和侵蝕，使社會主義國家逐步在經濟上私有化，政治上多元化，文化和價值觀上西方化，最終把社會主義國家變成西方資本主義世界的成員」[34]。對中國，這一「和平演變」的「目的是推翻中國共產黨的領導，顛覆社會主義制度，使中國變成資產階級共和國，重新淪爲西方資本主義大國的附庸」[35]。東歐諸共之潰敗，則主要是他們自己在理論上和實踐上背離科學社會主義原理的結果；是它們內部出了問題，致令外因透過內因起作用，而決不是社會主義本身的失敗[36]。

中共基於其對大陸內外環境的這樣認知，作出「反和平演變」的決策，是勢所必然。但其不能認識或不願認識「發生演變的社會主義國家內部和共產黨內部」，之所以普遍出了問題的根本原因，端在於科學社會主義本身；更不能明白「爲人民服務」首先應由人民決定自己所需的「服務」，而強迫推銷其社會主義的「服務」，壟斷政治市場，終將無助於「堅持社會主義道路」。

綜上可見中共要把中國建構成「一國兩制」的、統一的、社會主義單一共和國，基本難題是它已不能合法說明何以大陸要維持社會主義制度以作爲中國的主體。因此，它向國民黨提出「第三次合作」、「對等商談，和平統一」的訴求，便必須使用另一套語言系統和價值標準，從「民族大義」和「兩岸實際」詮釋其「一國兩制」的統一主張。

就「民族大義」言：中共強調「實現祖國的統一和富強，是二十世紀中華民族的歷史任務」，『「一國兩制」

[33][34][35]中共北京市委研究室編，《和平演變與反和平演變》（中國人民公安大學出版社，一九九〇年四月初版），頁五五—六三。

[36]袁木，前引書，頁三五。

是對中華統一和振興的未來歷史的最佳設計」㊲，而「臺灣和大陸分裂狀態，是外國侵略和國內戰爭的遺留，給國家和人民帶來痛苦、損失和恥辱，是中國人民不能長久忍受的」㊳。諸如此類的訴求，語意之中都含有必須拆解的吊詭。

首先，所謂「祖國的統一」，首先必須彰明「祖國」一詞的意義。中共政權自稱它是中華民族的「祖國政府」，其所謂的「祖國統一」實際是它中華人民共和國的統一，而這種「統一」對中華民國而言，便是宣告她的「最後滅亡」。中共把這樣的「統一」規定爲二十世紀中華民族的歷史任務，是它「一黨專政」的武斷；對於中華民族是否接受這一「歷史任務」，或是否接受這樣的「統一」，中共拿不出任何民意的證據。

其次，所謂「一國兩制」是「最佳設計」，就中共而言，這一「設計」如果能實現，一方面可以把持它在大陸的既得特權利益；另一方面還可以取得它四十年來未能取得的事物；當然可以說是「最佳」。惟就中國人民而言，則應另當別論。至少鄧小平已經承認「八九民運」這場政治風波的口號和目的：「一是要打倒共產黨，一是要推翻社會主義制度。他們的目的是要建立一個完全西方附庸化的資產階級共和國」㊴。

其三，鄧小平強加給「八九民運」的罪狀也是極值商榷的。即令「八九民運」的目的，是要在中國大地上，建立一個資產階級共和國；這個資產階級共和國也不當然就等於西方附庸化。中共在全世界殖民地都已先後獨立的今日，而仍強調擁有十一億人口的中國，會淪爲什麼國家的附庸，其目的顯然是要用外來的威脅，整合內部的反抗勢力。

其四，中華民國政府在臺灣，對「祖國統一」也已明確提出自己的主張，她在一九九一年三月十四日制定

㊲㊳龔育之，〈現實可能的最佳設計——談『一國兩制』〉，見於岳崇、辛夷主編的《鄧小平生平與理論研究滙報》（中共黨史資料出版社，一九八八年十二月初版），頁一三〇—一三三。

㊴鄧小平，〈在接見首都戒嚴部隊軍以上幹部時的講話〉（一九八九年六月二十七日），北京市委研究室，前引書，頁一〇九—一一四。

的國家統一綱領中，明確表示「海峽兩岸應在理性、和平、對等、互惠的前提下，經過適當時期的坦誠交流、合作、協商，建立民主、自由、均富的共識，共同重建一個統一的中國」[40]，並且提出具體的原則和進程。中共雖然承認此一綱領具有積極意義，但是對於綱領的具體主張，則對大陸社會加以全面的封鎖，不容流傳、討論和認同。這種對中國前途不容他人置喙的霸道行徑，才是「祖國統一」的最大障礙。

就「兩岸的實際」言：中共列舉四點自以爲是的「充分的理論根據」。這種理論之一首先強調「臺灣是中華人民共和國領土不可分割的一部分」，統一「純屬中國之內政，只是由於美國的插手而變得複雜起來」；之二提出兩岸物質和文化的差距：「臺灣長期以來實行的是資本主義制度，尤其近三十年來，經濟有了迅速發展，人均收入也提高了許多。(但) 對社會主義制度還很不熟悉。他們渴望祖國的統一，但一般地又不願意改變現行的社會、經濟制度和生活方式」；之三是從統一的方式，強調「和平解決臺灣問題，對各方面都有好處」；之四是說明它是「根據中國共產黨同國民黨曾有兩次合作的實際，提出實現祖國統一的方式是舉行兩黨平等談判，實行第三次合作，而不提中央與地方談判」[41]。

四點理論根據，總括起來就是這樣的一句話：中華人民共和國便是臺灣的祖國；國民黨應與中共實行第三次合作，協力最後「消滅」國民黨執政的中華民國！對於這麼一廂情願、主觀武斷、蠻橫霸道的主張，任何理性的探討，似乎都嫌多餘了。

---

[40] 國家統一委員會印製單頁。

[41] 同注[37]前引書，頁一三七—八。

四、顧此失彼的體系內部矛盾

關於在中國這個統一的、單一的、「一國兩制」的社會主義共和國內部，用什麼價值標準或政法制度來規範「資」「社」二制的互動關係，以確保大陸社會主義在統一後中國的主體地位？中共處理這一問題的途徑，初步展現於其「香港基本法」的制定和實踐。香港「九一」立法局議員選舉，已經具體表現「香港基本法」將不能保證中共政權與「香港特別行政區」之間的和平互動關係。港人在此次選舉中，強烈表現其冀圖在「九七大限」之前，儘可能建構一種較爲理想的政治制度環境，以謀爾後在此較爲理想的政治制度上，與中共實行「一國兩制」的統一之後，能夠繼續維持其現在享受的生活方式。中共則強烈冀圖在「九七大限」之前，儘可能建構一種較爲合於它自己心意的制度，以求爾後能夠較爲有效的，把香港納入其「人民民主專政」的總體政治架構。就此一意義而言，此次香港立法局議員選舉，實際是「一國兩制」矛盾統一的期前鬥爭；然而「一國兩制」的陸、港統一，無論就港人或中共而言，其前途都將是充滿荊棘和坎坷的。

關於在中國這個統一的、單一的、「一國兩制」的社會主義共和國內部，大陸地區的階級鬥爭和港、澳、臺三地區的階級鬥爭，以及大陸與這三個地區階級鬥爭之間的互動關係，中共認爲大陸已經進入社會主義初級階段，因而大陸地區的社會主要矛盾，已經是落後的生產力和人民日益增長的物質文化生活需要之間的矛盾；階級鬥爭雖然沒有熄滅，並且在特定範圍和特定時期，還有激化的可能，但已不是主要矛盾。狂風暴雨式的階級鬥爭已經過去，所以應該把發展生產力作爲主要任務[42]。

「港澳地區和臺灣地區，仍然分別保留著外國殖民地制度和資本主義制度，既存在著資產階級和無產階級兩個階級的矛盾，又存在著殖民主義、國際壟斷資本主義和中國人民之間的民族矛盾。」[43]就港、澳、臺地區的殖民制度和港、澳、臺地區存在的國際壟斷資本主義來說：大陸地區與港、澳、臺地區之間，一方面存在著「資」「無」兩個階級之間的矛盾，另一方面也存在著共同對外的民族矛盾；應該首先解決共同對外的「民族矛盾」，再謀解決大陸與三個地區之間「階級矛盾」。「一國兩制」的「統一」，「正是以解決民族矛盾爲前提，恰當地把民族矛盾和階級矛盾結合起來解決的最好辦法」[44]。

這一大段解說詞，不能說服港、澳、臺地區居民接受「一國兩制」的「統一」：因爲港、澳、臺地區居民，特別是知識階層，不必藉助於這種毛澤東思想方法，都能明白中共的「一國兩制」，是先求主權、治權的統一，再由「兩制」走向一制，爭取實現其社會主義制度的統一；而這也正是港人視「九七」爲「大限」的主要原因。中共也不會不明白此時再對港、澳、臺作此說，無異是「火上加油」。然而它仍然建構這一論點的目的，便只能是爲著答覆大陸地區湧現的這一問題：「何以大陸三十個省市區，在『一國兩制』的社會主義國家建構內，不能就社會主義和資本主義二者之間，作出自己的選擇，而像港、澳、臺那樣，走資本主義道路？」中共對於這一問題的預感反應，恰巧可以從一個側面，說明中共要維持社會主義以作爲「一國兩制」統一後的中國主體制度，基本的難題在大陸。

關於在中國這個統一的、單一的、「一國兩制」的社會主義共和國內部，作爲主體的大陸社會主義制度，是否還要向共產主義過渡的問題，中共的社會主義初階論，雖以馬列「過渡理論」爲基礎[45]，但已在其特定的時期內，擱置這一「過渡」的實踐。循著社會主義道路走到共產主義，究應劃分幾個階段？社會主義制度的各個階段，將以什麼特點而與其前一個和後一個階段有所不同？中共不僅沒有具體的說明，甚至沒有模糊的概念。它

---

[42][43][44]高光、李眞等主編，《中國社會主義初級階段階級結構研究》（中共中央黨校出版社，一九八八年三月初版），頁一九三—二一〇。

[45]關於「過渡理論」，參閱馬克思的《哥達綱領批判》，列寧的《國家與革命》。

迄今為止還只能說這一「初級階段」從一九五六年算起大約須走一百年，到下一個世紀的五十年代，可能走到下一個較為高級的階段。然而我們至少可以說中共從現在算起，將有六十年不談「向共產主義過渡」問題。中共不搞「向共產主義過渡」雖然是一個值得歡迎的表現，但是它作為一個共產黨而不幹共產主義，還有什麼立場主張社會主義在「一國兩制」統一後的中國總體建構中，應該佔據「主體」地位？

關於港、澳、臺的「資本主義制度」，在「一國兩制」統一後的社會主義共和國體制內，是否還需要進行社會主義革命或接受社會主義改造，是否可以直接向共產主義過渡的問題，如前所言（注釋⑦⑧），中共雖然對港、澳、臺承諾它將「在規定的時間內，不會通過修改憲法或基本法的程序，改變特別行政區的社會、經濟制度和生活方式」，但是它也教導大陸社會，特別是教導其黨員幹部，將「在國家內部逐步和平解決（社會主義和資本主義）兩種制度的問題」。延伸這一理論邏輯便可以知道：至少是在中共的理念和在它的官方語言系統中，港、澳、臺三地區在統一之後，還是應該進行社會主義革命，接受社會主義改造。至於港、澳、臺三地區的資本主義是否可以直接向共產主義過渡，就中共而言，恐將是絕對不可以！

第一，馬列主義規定從資本主義到共產主義之間有一個過渡時期，這個過渡時期的「共產主義低級階段」的社會形態，稱為社會主義；港、澳、臺不能違背這一教條而直接向共產主義過渡。

第二，如果港、澳、臺任何一個地區居然能夠直接進入共產主義，則「一國兩制」的中國，便不應再以大陸社會主義制度為主體，而應以中國這一更為先進地區的共產主義為主體，中共也應該接受這一先進地區政治實體的領導；這種事情，是它絕對不會同意的。

五、「統一」與「振興」都要超越馬列社會主義

中國只有一個，分裂是「歷史遺留的問題」；中國必須統一，統一應走和平道路而不應走戰爭道路；二十世紀最後十年和二十一世紀初期幾十年，將是中華民族振興的關鍵時期，因而中國應該儘早實現統一，實現民族大團結，共同致力於振興中華的大業；這些口號和主張，都是勿庸爭議的問題。問題是中共對於「歷史遺留」這一問題的義涵，對於和平協商統一的基礎條件、適當時期、參與實體，以及對於統一應採的模式和振興中華應走的道路，都頑固堅持其不同於國人的主張。但是，今日中國大陸的「變遷基線」，已經不能再畫到一八四〇年的鴉片戰爭，因爲中共既然已經宣告近代史上阻礙中國進步發展的「三座大山」，已經被它推倒，則今日應該檢討的問題，便是它自己堅持的「四項基本原則」。

1.中共政權建立四十多年來，黨內每過幾年便有一場「兩條道路」的大鬥爭，而它又或者「把社會主義事物當作資本主義來批判」，例如毛澤東之批鬥鄧小平；或者「把社會主義事物當作極『左』錯誤來糾正」，例如「資產階級自由化」之糾正毛澤東；一直到現在既不能說淸什麼是社會主義，又不能肯定其「十年改革」究竟是在搞社會主義還是在搞資本主義。所有這些折騰，歸根結柢都是由於中共以中國作爲馬列社會主義的祭品，因而「統一」和「振興」，都必須超越馬列社會主義。

2.中共黨與大陸社會之間，四十年來也始終存在「兩條道路」的抗爭。五十年代的「反右」，六十年代的「文革」，七十年代的大批「右傾翻案風」，八十年代的「反對資產階級自由化」，九十年代的「反和平演變」，都是中共爲著堅持其所說的社會主義道路，而在大陸進行的「沒有硝煙的內戰」；海峽兩岸軍事對峙，在本質上是這種「沒有硝煙的內戰」的一部份。爲著實現國家的統一和中華的振興，首先必須熄滅這場「沒有硝煙的內戰」；

而要熄滅這種「內戰」的火種，又必須超越馬列社會主義，以拔除「兩條道路」鬥爭的禍源。

3.毛後的中共已經意識到必須超越正統馬克思主義即馬列社會主義才能夠發展中國。它能提出「建設有中國特色社會主義」這一命題，便是已有幾分清醒的表現。就其對待正統馬克思主義而論，中共也已經超越史達林而回歸於列寧——中共官方語言系統幾乎已把史達林除名；另有一些跡象更可被初步認爲中共正在自覺或不自覺之間，試圖超越列寧而回歸於馬克思，猶如一九六〇年代東歐諸共黨內若干高級知識分子那樣，冀圖重新解讀馬克思「經典著作」，發展馬克思主義，從而鬆動馬列教條框架，開拓其黨的理論與實踐活動空間；這也是中共的一大進步，具有啓蒙的意義。可惜它依然自我設限於「發展」，不敢更進一步大膽思考「超越」的問題。中共需要更多的實踐教訓和善意幫助，才能夠正確總結東歐「八九革命」的經驗，從而跨上超越馬列社會主義的道路。

4.中共要把中國建構成爲統一的、單一的、「一國兩制」的社會主義共和國，基本難題首先是大陸社會不願走社會主義道路，中共只能憑著專制、暴力來維持這條路；而且，由於中共的體制及改革還在深入發展中，社會主義在大陸，還不是一個定型的制度；即令承認鄧小平的「有中國特色的社會主義」，是「馬克思主義普遍原理與中國相結合」，但是這種社會主義，主要還靠他自己及其同輩老人親自掌舵來維持，其本身尙無「自我存活」的能力，豈能作爲「一國兩制」統一中國的主體？

其次是蘇聯七十年、東歐四十年建設社會主義及其社會主義體制改革的失敗經驗，已經證明社會主義是封建主義到資本主義之間的最遠道路，中國若要發展民族資本，實現現代化，理所當然不能再走這條漫長而又前途茫茫的道路。

再者，中共進行社會主義體制改革，著眼於「累積資本」以發展社會主義經濟，實現社會主義現代化。事實已經證明社會主義的「資本原始累積」，剝削勞動人民的嚴酷程度，較之資本主義的「資本原始累積」對於勞動人民的剝削，可說是有過之而無不及；共黨幹部在社會主義國家中，因爲普遍扮演資本主義社會中的資產階級分子角色，從而形成的共產官僚資產階級，對於民族資本發展的障礙，更非封建官僚資產階級所能望其項背。發展民族資本，實現中國現代化，或堅持社會主義道路，是二者只能擇一的問題，而正確的選擇，應該是超越馬列社會主義。

5.中共使用社會主義和民族主義兩套價值標準、兩套語言系統，爲其「一國兩制」主張，建構理論基礎。對大陸強調世界範圍內，社會主義取代資本主義，仍是人類社會發展的歷史規律，只有社會主義才能救中國、發展中國；對港、澳、臺標榜民族主義，承諾統一後維持三個地區的資本主義制度不變，強調儘早實現「祖國統一，共振中華」。從而把這三個地區，擱置在其政治上永遠落後的地位。由此可見中共「一國兩制」論，兩套價值標準、兩套語言系統，交相糾纏，忽而社會主義、忽而民族主義；忽而理想信念、忽而實踐標準；勢必將其「一國兩制」的總體理論，弄得支離破碎，矛盾重重。在馬列學理上說不通，在中國事理上不可行，在政治法理上不可能；中共要想突破其理論和實踐的困境，唯一的出路還是應該超越馬列社會主義。

6.東歐各國與中國的國情相比較，不同之處是東歐各國由於歷史原因，族國建設迄未完成，因而只有在境外帝國主義和境內專制政權的聯手控制下，才能夠維持國家的統一：蘇聯帝國與東歐共黨的專政，聯手維持東歐各國的統一數十年，一旦蘇聯帝國鬆手、當地專政解體，東歐各國乃又陷入分裂、內戰。中國的情形恰巧相反：中國各民族早在數千年前便已凝聚建成大一統國家；最近的這次分裂是由於中共引進馬列主義，從而導生「兩條道路」之爭的內戰；「一國兩制」不能解決歷史遺留的「兩條道路」選擇問題；這一問題的解決，尤賴於超越馬列社會主義。

最後必須強調鄧小平「一國兩制」的設想，已被中共炒作成爲其「社會主義共和國」建構的總體理論。作爲一個總體理論來分析，雖然支離破碎，矛盾重重，不能成立，但其個別單元作爲一論點來運用，卻也各有其在一個特定政策問題上的詮釋功能。有鑒於此，大陸政策的制定與操作，也應該提高到全中國總體的高度來考量。如何從國家總體的高度著眼，綜攬全局，發展和推動大陸政策，一方面確保中華民國治權所及地區二千萬人民的福祉，一方面整合此二千萬人民，善盡其振興中華的義務，與大陸和港澳融通，建構「三位一體」的中國市民社會，促致中共超越馬列社會主義，排除統一障礙，而由國民實現國家的統一，乃是當前亟值研究的新課題。(中華民國八十年雙十節)

兩岸關係與中國前途

陳力生

一、前言

對於中國的歷史發展，以前的章回小說有個分析：「天下大勢，合久必分，分久必合。」一頗近事實，也有道理。夏商周三代，天子君臨天下，諸侯分治，類似「邦聯」。自秦漢形成大一統的國家，綿延至今。雖常有分裂，而終歸統一。分裂情況最嚴重者，多爲邊疆民族的逐鹿中原。在分裂的苦難之中，反而擴大了民族血緣與文化的融合。乃有此偉大的中國，偉大的中華民族。當前臺灣海峽兩岸的分裂對峙之局，當然是中國歷史的一個變局，而這個變局又是史無前例的。其分裂的前因後果，不只是政治權力之爭；而是兩種不同的意識型態、社會制度、生活方式之爭。分久必合固然是中國歷史發展的規律，海峽兩岸也都在致力謀求中國的統一；但是，統一是長期而又艱鉅的政治工程，非一朝一夕之功。統一的方式，是和平還是武力？統一的模式，是「一國兩制」還是聯邦制？未來海峽兩岸關係的發展，充滿變數和不確定感。如果和平統一無成，而訴之武力，而出現更嚴重的分裂，則國家民族受創更重。在此國脈民命危疑震撼之際，海峽兩岸朝野都應發揮民族智慧，爲改善兩岸關係、和平統一以及國家的長治久安共同奮鬥！

二、國民黨的大陸政策

臺灣海峽兩岸的分裂對峙，始於民國三十八年（一九四九）。中共在北平建立共產政權。中華民國政府自南京遷廣州，再遷臺北，以臺灣爲復興基地。當時，臺灣的當務之急，是防止中共的渡海作戰，武力「解放」；故有「保衛臺灣」的口號，突顯政策的防禦性。又有「反攻大陸」的口號，乃是攻勢的大陸政策；也有宣示長期目標的作用。

海峽兩岸處在對峙僵持的局面。國際國內的各種因素，使得兩岸雙方的「反攻」與「解放」都停留在口號階段。一般論者，以爲在「三面紅旗」失敗與「文化大革命」的動亂中，國民黨失去反攻大陸的時機。驟聽之下，言之有理；如果付之行動，就成敗難卜了。在中共方面，八二三金門砲戰，確是渡海作戰的前奏。但因是役失敗，也就不敢在臺灣海峽輕燃戰火。因此，兩岸關係才不戰不和的僵持下去！

(一)、以三民主義統一中國

民國七十年（一九八一）四月二日，中國國民黨十二全大會通過「貫徹以三民主義統一中國案」❶，放棄「反攻」口號，宣布以和平方式統一中國。七十六年（一九八七）十一月二日，中華民國政府開放臺灣地區民衆前往大陸探親。從此海峽兩岸結束了將近四十年的隔絕狀態，兩岸關係發生既速且大的變化。蔣總統經國先生晚年，做了臺灣地區解除戒嚴與開放大陸探親的兩大決策。前者使中華民國的民主憲政進一步落實；後者使海峽

---

❶〈貫徹以三民主義統一中國案〉，臺北《中央日報》，民國七十年四月三日，二版。

兩岸向和平統一跨出劃時代的腳步。

七十七年（一九八八）七月，中國國民黨十三全大會以「現階段大陸政策案」爲五項中心議題之一。這是經國先生逝世前的指示，由中央大陸工作會主任蕭昌樂主持幕僚作業，筆者忝爲主稿。本案易稿達二十次，參與審議的中央常委有俞國華、林洋港、沈昌煥等九人，提中央常會審議兩次，再提十三全大會全體代表分組討論，最後於七月十二日的大會通過。於是，「現階段大陸政策」誕生了。雖然幾十年來朝野高呼「光復大陸」的口號，而事實上以「建設臺灣」爲要務。於今開放大陸探親使兩岸關係進入一個新的境地。經國先生在開放大陸探親不久之後逝世，對大陸政策的發展並無具體的遺言。一個有崇高威望的領袖人物不在了。倉卒之間，對此重大而又生疏的大陸政策，輕重緩急之處，就難以期望少數人的決定。所以，十三全大會對黨中央反覆審議過的幕僚作業單位提出的大陸政策，經過集思廣益的討論，稍予修正，通過公布。本案決定在執政黨中央成立大陸工作指導小組，在行政院成立「大陸工作會報」。大陸事務也因海峽兩岸關係的發展，而受到重視，並進入一個新的階段。

(二)、「現階段大陸政策」

「現階段大陸政策」首先強調建立共識。大陸政策應有前瞻性，但不是浪漫的憧憬；應有開放性，但不可撤除安全防綫。對大陸，有吾土吾民的民族情感；對中共，不能忽視其堅持敵我鬥爭的政治現實。必須將中共與中國分開，將大陸同胞與中共政權分別對待。在現階段應堅持「不接觸、不談判、不妥協」的政府立場。這個文件強調「立足臺灣，放眼大陸，胸懷全中國」的精神。在謀求和平統一的過程中，更應鞏固心防，加強國防，以禦敵海峽之外，掌握攻守之勢❷。到今天看起來，這些共識還是必要的！並且有待努力的！

1.這個文件舉出了大陸政策的基本政策如下：

⑴維護中華民國憲法。
⑵反對馬列共產主義。
⑶確保臺灣基地安全。
⑷支援大陸民主、自由、人權運動。
⑸強化三民主義統一中國行動。

2.這個文件又指出大陸政策的最終目標與現階段目標。最終目標是：消除馬列主義共產制度的專制統治，建設民主、自由、均富、和平、統一的新中國。現階段的目標是：擴展臺灣經驗，支援大陸民主運動，發揮政經影響，爭取大陸民心。現階段目標也是近程戰略，最終目標就是遠程戰略。這表示大陸政策是有階段性的，國家統一須分階段的達成❸。

3.現階段大陸政策又提出促進大陸「新四化」的口號，即：政治民主化、經濟自由化、社會多元化、文化中國化。因為中共較早提出的工業、農業、國防、科技四個現代化不能在這個世紀實現，甚至到下個世紀的中葉也不可能，故不再高唱「四化」。這「新四化」可取而代之。此中的「文化中國化」曾引起議論。因為中共在大陸推行馬列主義中國化，目的在使中國馬列主義化，故以「文化中國化」對應。「社會多元化」是針對大陸的封閉社會，「政治民主化」、「經濟自由化」是當代世界潮流，也是大陸人民奮鬥的目標，「新四化」是有前瞻性的。

4.「現階段大陸政策」又制訂十九項重點措施。包括政治、經濟、社會、文教等四個方面。例如社會方面

❷《中國國民黨現階段大陸政策》，（臺北：中央文物供應社，民國七十八年四月，初版。）
❸同前注。

的第三項「繼續開放大陸探親，並酌情放寬限制。」以「放寬」爲走向，如何放寬？政府主管部可「酌情」處理。所以先有一般民衆的探親，後來放寬到公立學校教職員❹。又如在文教方面，允許「參照國際奧會等國際組織的規定，處理海峽兩岸參與國際性體育技能競賽事宜。」在當時是有前瞻性與突破性的。有人批評大陸政策「模糊不清」，那是不了解其彈性可使政府部門擁有決策的空間；有人說大陸政策跟不上民間脚步，倒是事實。因爲有些人脚步太快、「大陸熱」熱過頭了！至於說「沒有大陸政策」，那是抹殺事實的空話。最受人批評的是「三不政策」，但「三不」只是「現階段」的「政府立場」，不妨礙民間往來；而且到「國家統一綱領」的中程階段就過時了。

(三)、「國家統一綱領」

執政黨「現階段大陸政策」公布之後，七十七年八月，在執政黨成立「中央大陸工作指導小組」。行政院則設置「大陸工作會報」，以協調各部會處理有關大陸事務。因爲開放大陸探親在臺灣引發了「大陸熱」，民間與論對大陸政策的礙手礙脚毀多譽少。而中共的和平統戰攻勢因海峽兩岸民間往來頻繁更有可乘之機。我政府所受的壓力與日俱增，大陸工作的組織與政策都有待調整。

1.七十九年五月，李總統在就職演說中談到了大陸政策：「如果中共當局能體認世界大勢之所趨及全體中國人的普遍期盼，推行民主政治及自由經濟制度，放棄在臺灣海峽使用武力，不阻撓我們在一個中國的前提下開展對外關係，則我們願以對等地位，建立雙方溝通管道，全面開放學術、文化、經貿與科技的交流。期於客

❹民國七十八年四月十九日，行政院大陸工作會報通過開放公立學校教職員赴大陸探親，公布申請作業規定。《大陸工作法規彙編》參—十三（行政院大陸委員會八十年六月編印。）

觀條件成熟時，依據海峽兩岸中國人的公意，研討國家統一事宜。」❺這是執政黨「現階段大陸政策」之後，政府部門在大陸政策上又跨出一大步。有人將這段話所提改善兩岸關係的前提，歸納爲「三前提」或「三原則」。

2.七十九年七月，李總統主持的「國是會議」以「大陸政策與兩岸關係」爲五大議題之一。朝野人士對國家統一與大陸政策各抒己見，但未有具體的決議。國是會議結束之後，政府即着手規劃大陸工作機構的建立；並在執政黨的「現階段大陸政策」的基礎上，結合海峽兩岸關係的發展，擬訂「國家統一綱領」。七十九年十月七日，總統府的「國家統一委員會」召開第一次會議，作爲總統的諮詢機構宣告成立。同時，行政院大陸委員會亦先依暫行組織規程成立院內特種委員會，開始運作。八十年一月二十八日，總統公布「行政院大陸委員會組織條例」後正式成立❻。又因爲當前海峽兩岸關係以民間交流爲主，仍維持「三不」的政府立場，政府又結合民間力量，成立「財團法人海峽交流基金會」❼，委託此中介機構辦理兩岸交流及涉及公權力的大陸事務。

3.「國家統一綱領」經國家統一委員會八十年二月二十三日第三次會議通過，再經行政院三月十四日院會通過❽。這個綱領分：前言、目標、原則、進程四個部分。「前言」提出：海峽兩岸應在理性、和平、對等、互惠的前提下，進行交流、合作、協商。「目標」是：建立民主、自由、均富的中國。「原則」方面首先聲明「大陸與臺灣均是中國的領土」，以宣示堅持一個中國，反對「兩個中國」、「一中一臺」、「臺灣獨立」。「原則」又指

❺李登輝總統五月二十日就職演說「開創中華民族的新時代」，《中央日報》，民國七十九年五月二十一日。

❻「行政院大陸委員會組織條例」公佈後，大陸委員會正式成立，同時撤銷行政院大陸工作會報及港澳小組。《大陸工作法規彙編》貳—三（行政院大陸委員會八十年六月編印）。

❼民國七十九年十一月二十一日，財團法人海峽交流基金會第一屆董監事會第一次會議，通過該基金會捐助及組織章程。《大陸工作法規彙編》貳—二十一（行政院大陸委員會八十年六月編印）。

❽「國家統一綱領」，經行政院三月十四日第二二二三次院會通過，成爲政府政策方針。見《大陸工作法規彙編》捌—三。

出：「中國的統一，其時機與方式，首應尊重臺灣地區人民的權益並維護其安全與福祉。」這表示在謀求中國和平統一的過程中，決不允許損害臺灣的安全、自由。在統一的進程方面，分三個階段逐步達成。近程—交流互惠階段，「在交流中不危及對方的安全與安定；在互惠中不否定對方為政治實體」。這段話最重要的是提出「政治實體」的問題。以前是漢賊不兩立，現在則承認海峽兩岸的分裂現實。「不否定對方為政治實體」，是默認中共政權的存在。到了「中程—互信合作階段」，才可以建立對等的官方溝通管道，並開放兩岸直接通郵、通航、通商。「推動兩岸高層人士的互訪，以創造協商統一的有利條件。」到這個階段，「三不」的政府立場自然過時了！至「遠程—協商統一階段」，經過近程、中程階段的交流、合作，已水到渠成。故建議「成立兩岸統一協商機構，共商統一大業。」

4.國家統一綱領的制訂，提昇了大陸政策的層次。大陸政策就是國家統一政策。對照執政黨兩年多前的「現階段大陸政策」，這又是一大突破。對於國家統一的進程，作了三個階段的規劃。對中共方面所提的三通、和平談判，都有具體的回應；但有緩急輕重的分歧。這個綱領的可議之處，主要的是對國家統一的模式避而不談。中共提出的國家統一模式是「一國兩制」，這是中華民國政府及執政黨堅決反對的。但是，國家統一綱領在遠程協商統一階段，只說「共商統一大業，研訂憲政體制」。到底統一之後採取什麼樣的憲政體制？卻未涉及。這不僅是美中不足之處，而且在因應中共的「一國兩制」統戰攻勢上，處於被動。在另方面，對臺灣地區日益嚴重的國家認同危機，也無肆應之力。

總而言之，國家統一綱領有前瞻性，也有可行性。中華民國臺灣地區朝野人士應以此建立共識，而因應中共的和平統戰與武力威脅。論者或以為國家統一是兩岸雙方的事，不能單方面制訂這個綱領。這有其道理。但在事實上由兩岸雙方共同制訂一個統一綱領，在目前是不可能的！猶如中共的對臺政策，也是中共單方面制訂的。國家統一綱領是中華民國及執政黨的大陸政策，應該可以肯定。

三、共產黨的對臺政策

(一)、武力解放

中共在席捲大陸之後，即欲乘勢渡海作戰，「解放臺灣」。以結束國共兩黨二十多年的鬥爭與悲歡離合，完成中國的「社會主義革命」大業。當時擔負攻臺任務的是陳毅、粟裕統率的「三野」部隊，先鋒是葉飛兵團。三十八年十月二十五日，共軍發動金門登陸戰，乃是攻臺前奏。金門國軍奮勇抵抗，造成古寧頭大捷。自中共渡江作戰以來，京滬一戰之後，東南半壁江山，長驅直入，多以「局部和平」招降納叛，幾乎兵不血刃。至這次金門之戰始嘗敗績。古寧頭大捷穩定了國軍的軍心士氣；臺灣海峽阻隔了中共的宣傳統戰，維持了臺灣社會的安定。國軍握有海空軍的優勢，可以憑海峽天塹以守。中共既不能在金門之役重挫之後再次發動攻勢，又不能越過金門在臺灣海峽渡海作戰。國共不戰不和，乃形成臺灣海峽武力對峙之局。其後，韓戰爆發，國際局勢不利於中共的武力犯臺。至四十七年（一九五八），毛澤東有意試探「中美共同防禦條約」，發動金門砲戰—八二三砲戰，其火力之猛烈與密集，似有摧毀這小島之勢。但是，金門堅固的地下工事，旺盛的戰鬥意志，粉碎了中共攻取金門的野心；也保衛了臺灣海峽的和平。中共在金門砲戰挫敗之後，又因「三面紅旗」失敗，天災人禍，民不聊生；一度採取守勢，防止國軍反攻。再至「文化大革命」，十年浩劫，黨內殘酷鬥爭，社會動盪不安，更無力「解放臺灣」了！

武力解放不了，中共又施展和平統戰的策略。民國四十四年（一九五五）七月，周恩來在「人大」會議上宣稱：「願意在可能的條件下，爭取用和平的方式解放臺灣。……願意同臺灣當局協商和平解放臺灣的具體步驟。」雖然用了「和平方式」的詞彙，但不改變「解放」高調。這是「武裝鬥爭」與「統一戰線」兩手策略的運用。六十七年三月，中共五屆「人大」修訂的「憲法」「序言」中還說：「臺灣是中國的神聖領土，我們一定要解放臺灣，完成統一祖國的大業。」❾華國鋒在向「人大」提出的「政府工作報告」也號召「解放軍要爲解放臺灣做好充分準備」。可見「解放」以武力爲主，「和平方式」是「招降」而已。

六十四年（一九七五）四月八日，「福州軍區」司令員皮定鈞在一篇內部講話中分析：「我們認爲臺灣有可能出現三種情況。第一種情況，和平解放。大概經過三個階段。第一階段，統一的祖國，一個中國，臺灣是在中央領導下的一個省或自治區。在社會主義國家裡，保存資本主義因素和體制，只求達到國家的形式上的統一。第二個階段，在臺灣實行有限度的民主改革。第三個階段，實行社會主義改造，讓臺灣這塊已經落在全國各省市自治區後面的一個省，跑步跟上社會主義大家庭的隊伍。」❿這是西藏模式的運用，也還是「毛澤東思想」的產物。鄧小平的「一國兩制」構想就是在這個基礎上發展出來的。

㈡、和平統戰

六十七年（一九七八）十二月，鄧小平在中共十一屆三中全會的權力鬥爭中獲勝。雖然華國鋒還擁有黨主席的頭銜，但已進入「鄧小平時代」。三中全會公報說：「全會認爲：隨着中美關係正常化，我國神聖領土臺灣回到祖國懷抱，實現統一大業的前景，已經進一步擺在我們的面前。全會歡迎臺灣同胞、港澳同胞、海外同胞，本着愛國一家的精神，共同爲祖國統一和祖國建設的事業繼續作出積極貢獻。」⓫這段話不提「解放」，而言「統

❾〈中華人民共和國憲法〉，北平《人民日報》，一九七八年三月六日，一版。

❿陳力生，《中共的統戰策略》（中國大陸雜誌社，民國七十五年六月十日初版）。

⓫〈中共十一屆三中全會公報〉，北平《人民日報》，一九七八年十二月二十四日，一版。

一」，是中共「對臺政策」的大轉變。

1.六十八年（一九七九）元旦，中共以「人大」常務委員會的名義，發表〈告臺灣同胞書〉，表示「殷切期望臺灣早日歸回祖國，共同發展建國大業。……在解決統一問題時尊重臺灣現狀和臺灣各界人士的意見，採取合情合理的政策和辦法，不使臺灣人民蒙受損失。」「希望雙方儘快實現通航通郵，……進行經濟交流。」「我們寄希望於一千七百萬臺灣人民，也寄希望於臺灣當局。臺灣當局一貫堅持一個中國的立場，反對臺灣獨立，這就是我們共同的立場，合作的基礎。」中共藉此宣布「已經命令解放軍從今天起停止對金門等島嶼的砲擊」；建議「通過中華人民共和國政府和臺灣當局之間的商談」結束臺灣海峽的軍事對峙狀態。開始對臺灣發動和平統戰攻勢⓬。

2.六十九年（一九八〇）一月十六日，鄧小平提出「八十年代的三大任務」，即「四化」、「統一」、「反霸」。強調「實現臺灣回歸祖國，完成祖國統一大業。」「力爭八十年代達到這個目標。」

3.七十年（一九八一）九月三十日，葉劍英以「人大」委員長身分（當時等於國家主席）向新華社記者發表談話，「進一步闡明關於臺灣回歸祖國實現和平統一的方針政策」（俗稱「葉九條」）。其要點是：1.建議舉行國共兩黨對等談判，實現第三次合作。2.建議兩岸通郵、通商、通航及學術、文化、體育交流。3.統一後，臺灣可作爲特別行政區，享有高度的自治權，並可保留軍隊。4.臺灣現行社會、經濟制度不變；生活方式不變；同外國的經濟、文化關係不變。其它幾點都是泛泛之詞，最受人嘲笑的是「臺灣地方財政遇有困難時，可由中央政府酌情補助。」⓭顯示中共當權人物的狂妄與無知。

⓬〈中共『全國人民代表大會常務委員會』『告臺灣同胞書』〉，北平《人民日報》，一九八一年元月一日。

⓭〈關於臺灣回歸祖國實現和平統一的方針政策〉，北平《人民日報》，一九八一年十月一日。

4.七十一年（一九八二）十二月，「人大」修訂「憲法」，其第三十一條規定：「國家在必要時得設立特別行政區，在特別行政區內實行的制度按照具體情況由全國人民代表大會以法律定之。」[14]雖然充滿矛盾，也算為「一國兩制」製造了法律基礎。

5.七十二年（一九八三）六月二十六日，鄧小平在北平會見美國新澤西州西東大學教授楊力宇，談「中國大陸和臺灣和平統一的設想」（俗稱「鄧六點」）。鄧小平說：「和平統一已成為國共兩黨的共同語言。但不是我吃掉你，也不是你吃掉我。」鄧小平不贊成「完全自治」的提法，說：「完全自治就是兩個中國。」「臺灣特別行政區可以有自己的獨立性，可以實行大陸不同的制度。臺灣還可以有自己的軍隊，只是不能構成對大陸的威脅。」[15]鄧小平的談話，多是舊調重彈。「司法獨立，終審權不須到北京。」算是新的意見。

6.七十三年（一九八四）二月十二日，鄧小平在會見美國喬治城大學戰略與國際問題研究中心高級顧問布熱津斯基時說：「中國統一以後，臺灣可以搞它的資本主義，大陸搞社會主義。可以實行一個中國，兩種制度。雙方互不傷害。」一開始使用「一國兩制」的詞彙。五月十五日，趙紫陽在六屆「人大」第二次會議的「政府工作報告」說：「鑒於歷史的經驗和臺灣的現實，我們提出了祖國統一之後可以實行一個國家兩種制度的設想。」這是中共官方文件首次提及「一國兩制」。

7.七十三年（一九八四）六月二十二、二十三日，鄧小平在會見香港人士時談「一個國家兩種制度」，表示對香港的政策五十年不變。並談臺灣問題，說：「是社會主義吞掉臺灣，還是臺灣宣揚的三民主義吞掉大陸？誰也不好吞掉誰。如果不能和平解決，只有用武力收回，這對各方都是不利的。」[16]在和平統一戰之外，又有武力

[14]《中華人民共和國法規彙編》（北平：「國務院法制局」編印，一九八六年七月）。

[15]鄧小平，〈建設有中國特色的社會主義〉（香港：三聯書店，一九八五年一月），頁一五。

[16]鄧小平，〈建設有中國特色的社會主義〉（香港：三聯書店，一九八五年一月），頁一四。

威脅。是年九月二十六日，中共政權與英國草簽「關於香港問題的聯合聲明」，乃有「一國兩制」的香港模式。

8.中共的「對臺政策」，至目前已以「和平統一，一國兩制。」兩句口號，代替了過去的武力解放。歸納其要點如下：

(1)統一的模式：一國兩制。此一國之國不是中國，更不是中華民國，而是中華人民共和國。中共假統一之名，行兼併之實，中華民國將在統一之中消失了！

(2)統一的方式：以和平統一爲主；但是，不承諾放棄武力解決臺灣問題。其理由是防止外國侵略與臺獨叛亂⓱。

(3)統一的步驟：統一無時間表⓲。九〇年代是推進和平統一的重要時期⓳。三通是當務之急。儘快舉行國共兩黨的黨對黨談判，可以談和平統一，也可以談其它關心的問題。兩岸「有關部門」應急舉行三通、交流的商談。

四、　兩岸雙方政策的異同

對照國民黨的大陸政策與共產黨的對臺政策，兩者有同有異。

⓱楊尙昆，〈會見台北中國時報採訪團談話〉，臺北《中國時報》，民國七十九年九月二十五日。

⓲〈中共『國務院台灣事務辦公室副主任』孫曉郁談話〉，臺北《中國時報》，民國七十九年九月二十日。

⓳楊尙昆，〈一九九〇年十二月六日在『全國對臺工作會議』的講話〉，中共中央中發字一九九一第三號文件。臺北《中國時報》，八十年四月十四日。

㈠、相同之處

1.堅持一個中國。

2.反對臺灣獨立。

3.和平統一。

4.統一沒有時間表。

㈡、相異之處

1.在堅持一個中國方面：雙方都在爭「一個中國」的正統、法統及代表權。中華民國在退出聯合國之後，在這場鬥爭中處於劣勢，中共則居優勢。因此，中共的「一國兩制」統一構想，堅持中華人民共和國爲中國唯一合法的政府；臺灣只能是其治下的「特別行政區」。中華民國的國家統一綱領對此已作讓步，在近程階段「互不否定對方爲政治實體」，即有承認政治現實之意。至於未來的統一模式，則存而不論。

2.在反對臺灣獨立方面：兩岸雙方都有共同的語言。但中共批評國民黨有「獨臺」傾向及縱容「臺獨」之嫌。臺灣民間及在野黨派確有少數臺獨分子；國民黨亦在維護臺灣安全自由的前提下謀求中國的和平統一。被中共斥爲「獨臺」，被民進黨譏爲「不獨不統」。而臺灣朝野都堅決反對臺灣統一於共產政權之下，共產制度是助長臺獨的主要原因，這是中共所應該反省的！

3.在和平統一方面：中共一方面強調和平統一；一方面不願放棄武力犯臺。國民黨在終止動員戡亂時期之後，無意也無力武力反攻。已以和平統一爲唯一的統一方式。

4.在統一的時間方面：中共雖說沒有時間表，但表示緊迫感。以前以統一爲八十年代的三大任務之一。現在以九十年代爲推動統一的重要時期。國民黨的國家統一綱領規畫了近程、中程、遠程三個階段，但無時間表。水到渠成的遠程協商統一階段，可望而不可即。

如何求同存異？如何走向和平統一？只有寄望兩岸當局、國共兩黨以至兩岸的中國人。這是考驗民族智慧的時機了！

五、臺灣的進退興衰

當前海峽兩岸的分裂對峙之局，史無前例。臺灣在這個歷史時期所扮演的角色，亦史無前例。臺灣的命運與中國的命運不可分，故臺灣的前途與中國的前途亦不可分。

臺灣，是中國的海上邊陲。當祖國衰弱備受帝國主義侵略的時候，「宰相有權能割地，孤臣無力可回天！」臺灣被清廷割讓，成了日本的殖民地。當祖國歷經辛亥革命、北伐統一、抗日戰爭三大歷史時期，臺灣處在「化外」受日本帝國主義的殖民統治。但抗日戰爭的勝利，不平等條約的廢除，使臺灣重歸祖國懷抱。而抗戰勝利之後，中共發動武裝鬥爭，四年之間，席捲大陸。臺灣却以一水之隔，免於這場戰火。中華民國政府播遷臺灣，臺灣乃成爲反抗共產主義的民族復興基地。從海上的邊陲躍爲中國的樞紐。

有人問：如果民國三十八年從大陸播遷來臺灣的，不是國民黨，而是共產黨，今天的臺灣會是什麼樣子？答案應是：臺灣的歷史由中共來寫，今天的臺灣，當然跟今天的大陸一樣。可惜，有些人認爲這種說法美化國民黨。對照海峽兩岸的發展與亞洲許多國家的情況，不能不承認執政黨及其政策方向，可以決定一個國家的興衰。臺灣之有今天的成就，當然是全體民衆的努力奮鬥；但不可抹殺執政黨的政策及其領導作用。中國大陸之淪於共黨統治，與臺灣之免於共黨統治，成敗得失，事實勝於雄辯。臺灣的吉凶禍福，於此可見。

中共控制中國大陸的廣土衆民，以爲今日臺灣的分裂對峙之局，猶如明鄭時代，歷史會重演。故中共以完成統一大業自許。但今日歷史不會重演，因當前兩岸形勢不似昔日。例如：明末鄭成功本來是福建臺灣邊陲勢力，雖欲延續明祚，但格局不大。而中華民國以中央政府播遷臺灣，發憤圖強，乃蔚成中興氣象。又如：鄭成功父子英年早逝，後繼無人。而蔣公及經國先生，得享高壽，有利於經濟建設與政治穩定。尤以經國先生逝世之後政權的和平轉移，使天時、地利、人和俱備。臺灣在中國歷史上必然寫下新的一頁！

當然，中共的和平統戰與武力威脅，兩手策略交相運用，臺灣海峽很難像過去四十年一樣的風平浪靜。朝野之間，應深悉進退存亡之道，以趨吉避凶，退可以守，進可以攻。

㈠、化解統獨之爭

或統或獨，都不是當前可以解決的問題。但是，最近民進黨以「臺獨條款」列入黨綱[20]，已昇高統獨之爭。這使執政黨的處境艱難，面臨國家存亡的關鍵時刻。如果任由民進黨以建立「臺灣共和國」爲其奮鬥目標，這不僅是違反「國家安全法」不得主張分裂國土的規定，且以消滅中華民國爲職志，中華民國政府及其執政黨怎能容許這種叛國活動呢？民進黨主席黃信介宣稱民進黨與國民黨是「同志關係」，與共產黨才是「敵對關係」，這種說法站在反共的立場上，應該是對的。可惜言不顧行，民進黨矢志建立「臺灣共和國」，消滅中華民國，這不僅與國民黨爲敵，也與中華民國爲敵，與中華民族爲敵。已使「內部矛盾」變爲「敵我矛盾」了，如果這種矛盾再激化下去，政府堅持依法處理，而臺獨勢力以群衆運動或暴動抗爭，那就出現嚴重的政治危機，不僅可能兩敗俱傷，臺灣前途也將凶多吉少了！臺獨爲民族大義所不許，也是政治現實所不可能。如果眞愛臺灣鄉土，

[20]〈民進黨『台獨條款』內容〉，臺北《中央日報》，民國八十年十月十四日，二版。

就不應使臺灣陷於動亂不安、玉石俱焚的地步。臺獨言行可以懸崖勒馬了！

㈡、能戰才能謀和

中共高唱和平統一，而不放棄武力犯臺。以中共的歷史爲證，如果搞和平統戰，正因武力不能解決問題，而欲以和平手段不戰而屈人之兵。故在與中共和平競爭甚至將來和平談判之時，必須懂得文鬥，亦必須有武鬥的條件，爲了保衛臺灣的安全自由，應有不惜一戰的決心與信心。但臺獨叛亂不能與此相提並論。中共宣稱對臺用武的原因：一是外國侵略；一是臺獨叛亂。有些在野政治人士到大陸訪問，感到大陸民衆爲臺獨出兵平亂是萬衆一心的。但也有人認爲這是喊「狼來了！」嚇唬人的！當然，中共的武力犯臺，不單是臺獨的問題。但是臺獨叛亂必然招致中共武力犯臺。因爲沒有臺獨叛亂，中共師出無名，難以動員民衆。且臺獨叛亂，關閉了和平統一之門，兩岸勢必兵戎相見。而這種戰爭對臺灣而言是不利的！

㈢、從速探討中國統一的模式

「國家統一綱領」有前瞻性也有可行性，美中不足的是：在遠程協商統一階段，沒有提出國家統一的模式。這是迴避重大問題。既不能反擊中共「一國兩制」的統一構想；也無力消除統獨之爭所引起的國家認同危機。我們堅持一個中國，就應澄清海峽彼岸「兩個中國」、「一中一臺」、「臺獨」的疑慮。一個單一制國家不可能實行兩種制度。中共政權既然是「社會主義國家」，如何容許資本主義制度？但中共已製造了香港模式，並希望運用於臺灣。這是非常荒謬的存在！從最近新蘇維埃聯邦及朝鮮半島上高麗聯邦的倡議，可以看出：「聯邦兩制」將是被共產主義分裂國家可行的統一模式。外國人能夠嘗試解決這個大問題，海峽兩岸中國人爲何不能？在堅決維護臺灣安全自由與中華民國國號兩大原則下，我們不妨探討組成「中華聯邦」，實行「聯邦兩制」的統一模式。

六、中共應破繭而出

在有形的「國力」上，中共政權控制中國大陸的廣土衆民；又藉此擁有聯合國安理會常任理事席位，在國際上舉足輕重。與在臺灣的中華民國比較，大小、強弱，都有懸殊之勢。但是，中共當權人物也應冷靜的面對現實。馬列主義共產制度在中國的實踐，功不抵過。東歐民主浪潮所引發的一系列社會主義國家和平演變，連「無產階級祖國」蘇聯亦發生巨變。國際共產主義運動由盛而衰，乃大勢所趨。中共逆流獨行，前途暗淡！而臺灣，在中華民國政府的治理之下，經濟建設成爲亞洲四小龍之一，政治民主化又邁出一大步。國共兩黨的成敗得失，以及對中華民族的功過是非，歷史自有評價。於今，中共既然謀求國共第三次合作，就應面對現實，與中華民國政府及國民黨共謀和平統一。

中共的當務之急，應從「一國兩制」破繭而出。「兩制」當前有可行性，「一國」則必須有符合政治現實的解釋。中共當權人物應擺脫成王敗寇的心態，放棄正統、法統、中國代表權之爭。從「互不否定對方爲政治實體」開始，在堅持一個中國的大前提下，處理海峽兩岸關係，尋求國家統一的模式。如果以「中華人民共和國」代表中國，以「臺灣特別行政區」兼併臺灣，企圖消滅中華民國，這是武力解放所追求的目標。搞和平統戰而有此前提，如何令人接受？如果「一國」之「國」爲「聯邦」，在中華聯邦的架構下，有兩個對等的政府，兩種不同的制度，「你不吃掉我，我不吃掉你。」先求中國的統一，以消除「一中一臺」、「臺獨」的危機。至於兩種制度的並存，時間多久，也可以審愼研究。中共當權人物曾說：香港的一國兩制五十年不變，海峽兩岸的「聯邦兩制」也可以五十年不變。兩制既可並存，中共「反和平演變」的鬥爭就不必如此熱火朝天！姓社還是姓資？

也可以留給後代子孫解決了！

七、結語

海峽兩岸的分裂，是國家的不幸；中國的統一，是全民族的願望。兩岸雙方都強調和平統一，但戰爭的陰影仍揮之不去。未來海峽兩岸關係的發展，應該是：和平統一是上策，武力統一是下策，和平共存是中策。在和平統一之前，和平共存是過渡時期。統一雖然沒有時間表，過渡時期也是有限的。至於武力統一，非兩岸中國人所願見。臺灣已無反攻大陸的作戰準備，頗寄望於和平演變。大陸在中共統治之下，民意無法表達，和戰大權操於少數當權人物之手。但願海峽兩岸及海外中國人，爲中國的和平統一而共同奮鬥。務期深切體認：一場戰爭可至玉石俱焚。假統一之名而訴之武力者必成中華民族的歷史罪人！只有發揮血濃於水的民族情誼，改善兩岸關係，破除海峽風浪。待水到渠成，中國的和平統一，就爲期不遠了！

中共對內與對外戰爭性質之比較

張　虎

一、前　言

中共的戰爭思想和毛澤東個人的發跡，有長遠的過程與複雜的因素。毛澤東的軍事思想和戰爭思想，在中共這個「槍桿子政權」裡面，始終有主導作用。毛澤東的軍事和戰爭思想的演變約可分爲兩大階段：第一階段爲一九四九年以前奪取政權階段，亦即叛亂階段；第二階段爲一九四九年「建立政權」以後，亦即對外戰爭階段。

毛澤東在叛亂階段號稱發明了「游擊戰」和「人民戰爭」的戰略戰術。而這些戰略戰術確實在其奪取政權的過程中發揮相當的作用。但是這些內戰的戰略戰術之特質是什麼？能否應用到對外戰爭上？本文將於以下先介紹中共戰略戰術之演變，中共對內戰爭的戰略戰術之特質；然後介紹中共的對外戰爭，以及對外戰爭的特質。最後試就中共對內戰爭與對外戰爭的性質作一比較。

二、中共的對內戰爭

一九四九年以前中共第一階段的戰爭又可分爲兩個時期。茲先介紹第一階段的兩個時期如下：

第一時期（一九二七至一九三六）：游擊戰時期

從一九二七年至一九三六年的十年之間，中共以朱德、毛澤東、彭德懷和黃公略爲首，結合王佐、袁文才等土匪山寨思想，先在湘贛邊區的井崗山會合，隨即竄據贛南，建立「蘇維埃政權」。一九二九年初，當井崗山失守，紅四軍轉向贛南、閩西、粵東一帶流竄。此時中共已有游擊戰的思想。據毛澤東說：「一九二八年五月開始適應當時情況的帶有樸素性質的游擊戰爭基本原則，已經產生出來了，那就是所謂『敵進我退，敵駐我擾，敵疲我打，敵退我追』的十六字訣。這個十六字訣的軍事原則，立三路線前的中央是承認了的。」❶

一九三〇年至一九三二年，紅一方面軍遵照共產國際指示，「六大」決議與中共「中央」指示，在贛南、閩西創造蘇區根據地。國軍對蘇區紅軍進行了三次圍剿，毛澤東把「三國」、「水滸」戰爭論點揉合游擊戰爭原則，採取「誘敵深入」，「擊破一方」的作戰方針，打破了國軍的圍剿。

此時毛澤東曾自豪地說：

「我們三年來從鬥爭所得的戰術，眞是和古今中外的戰術都不同。……任何敵人是奈何我們不得的。……我們的戰術是游擊戰術，大要說來是：分兵以發動羣衆，集中以應付敵人；敵進我退，敵駐我擾，敵疲我打，敵退

❶毛澤東，〈星星之火可以燎原〉，【毛澤東選集】第一卷，頁四九—八六。

我追。」❷

「到了江西第一次圍剿時，誘敵深入的方針提出來了。……這時是軍事原則的新發展階段，內容大大地豐富起來了。……然而基本原則，仍然是那個十六字訣。十六字訣包舉了反圍剿的基本原則，包舉了戰略防禦和戰略進攻的兩個階段，在防禦時又包舉了戰略退却和戰略反攻的兩個階段，後來的東西只是他的發展罷了。」❸

一九三一年十一月，中共召開蘇區黨代會及蘇代會，建立蘇維埃「中央政府」，作戰地區日益擴大，毛澤東「誘敵深入」的作戰方針被斥爲退却逃跑、游擊主義、三家村學究與諸葛亮式的錦囊妙計。一九三二年八月寧都會議，討論反四次圍剿作戰原則時，毛澤東因堅持「誘敵深入」方針，幾乎被開除黨籍❹。

從一九三二年起，共軍全力學習與運用蘇俄紅軍內戰經驗，尤其在軍事思想、軍事制度與建軍原則方面，幾乎是蘇俄紅軍的翻版。這時共軍採取「先發制人」的作戰方針，雖在反四次圍剿中獲勝，但是在一九三四年轉取「短促突擊」進行反五次圍剿時失敗而撤離贛南，開始流竄。共軍在流竄途中損失慘重，毛澤東利用軍事上的失敗與幹部的不滿，在遵義會議掌握了軍權，即中共「中央軍委主席」，並仿效中國歷史上流寇竄擾的戰法，在國軍統治力量薄弱的山區流竄，終於一九三五年十月率殘部逃抵陝北與土共會合❺。

第二時期（一九三七至一九四九）：人民戰爭時期

一九三七年前後，中共接受共產國際關於在中國建立抗日民族統一戰線的指示，向國府輸誠。抗日戰爭開

---

❷毛澤東，〈星星之火可以燎原〉，【毛澤東選集】第一卷，頁一〇〇。

❸毛澤東，〈中國革命戰爭的戰略問題〉，【毛澤東選集】第一卷，頁一八八。

❹毛澤東，〈在會報上的講話〉。此項資料引自郭華倫：〈毛澤東軍事思想之研究〉，《東亞季刊》，民國六十二年一月一日第四卷第三期。

❺郭華倫，《中共史論》第三册（民國五十八年九月國際關係研究所編印），頁九四。

始後，毛澤東認爲：「在抗日戰爭的全體上說來，正規戰是主要的，游擊戰是輔助的，因爲抗日戰爭的最後命運，只有正規戰才能解決。」「在戰爭問題上，抗日戰爭中，國共兩黨的分工，就目前一般的條件說來，國民黨擔任正面的正規戰，共產黨擔任敵後的游擊戰。」❻此時毛澤東的作戰方針是「獨立自主的游擊戰」，其策略是一分抗日、兩分應付、七分發展❼。強調建立敵後根據地，擴大「解放區」；全力壯大中共武力。至一九四五年四月，共軍已由抗戰初期的一萬餘人發展到紅軍九十一萬，民兵二百二十萬❽。並參照蘇俄紅軍內戰經驗，正式提出「人民戰爭」的戰爭構想。照毛澤東的解釋，所謂「人民戰爭」，就是在共黨的領導下，依靠人民羣衆，把廣大民衆動員起來，組織起來，直接間接地參加作戰，實行主力兵團與地方兵團相結合，正規軍與民兵相結合，武裝的羣衆與非武裝的羣衆相結合，正規戰與非正規戰相結合，即充份調動羣衆力量參加作戰❾。

毛澤東正式提出「人民戰爭」論時說：

「這個軍隊之所以有力量，是因爲所有參加這個軍隊的人，……是爲著廣大人民羣衆的利益，……而結合而戰鬥的。」

「這個軍隊之所以有力量，還由於有人民有自衛軍和民兵這樣廣大的羣衆武裝組織，和它一道配合作戰。……自衛軍中的精幹分子，除加入軍隊和游擊隊者外，則組織在民兵的隊伍，沒有這些羣衆武裝力量的配合，要戰勝敵人是不可能的。」

❻毛澤東，〈戰爭和戰略問題〉，【毛澤東選集】第二卷，頁五四〇—五四一。
❼蔣中正，《蘇俄在中國》（臺北：黎明文化事業公司，民國六十七年四月五日），頁六九。
❽毛澤東，〈論聯合政府〉，【毛澤東選集】第三卷，頁一〇三九。
❾毛澤東，〈關心羣衆生活，注意工作方法〉，【毛澤東選集】第一卷，頁一三一。

「這個軍隊之所以有力量，還由於它將自己劃分為主力兵團和地方兵團兩部份，前者可以隨時執行超地方的作戰任務，後者的任務則固定在協同民兵，自衛軍保衛地方和進攻當地敵人方面。」「這就是眞正的人民戰爭。只有這種人民戰爭，才能戰勝民族敵人。」[10]

一九四五年抗日戰爭勝利後，由於中共獲得蘇俄的全力支持，運用在抗日時期壯大的兵力和「解放區」，乘國軍八年抗戰疲憊之際，發動反戰、反徵、罷工、暴動、破壞等都市游擊戰。毛澤東總結其歷年武裝鬥爭經驗，提出「集中優勢兵力，各個殲滅敵人」及「十大軍事原則」，作為進攻國軍的作戰指針，歷經四年，終於佔領中國大陸。

三、中共對內戰爭的特質

據已故中共軍事問題專家周自強將軍的分析，毛澤東在江西時期所提出的「游擊戰術原則」，在抗戰時期所提出的「游擊戰略問題」、「持久戰」、「運動戰」、「集中兵力與各個殲滅」、及後期的「人民戰爭」與「十大軍事原則」等，在純軍事方面確有其特色。茲摘述毛澤東的戰略戰術中周氏認為可取之處如下：

1. 游擊戰術十六字訣「敵進我退，敵駐我擾，敵疲我打，敵退我追。」[11]
2. 「戰略退却，是劣勢軍隊處在進攻面前……採取的一個有計劃的戰略步驟。」[12]

---

[10] 同上注，頁一〇三八—一〇四三。
[11] 同注[1]。
[12] 同注[3]，頁一八七。

「戰略退却的目的，是爲了保存軍力，準備反攻。」⑬

「戰略退却最後一個要求，是造成和發現敵人的過失。」⑭

3.「主動地靈活地有計劃地執行防禦中的進攻戰，持久的速決戰，內線作戰中的外線作戰……正規戰爭是如此，游擊戰爭也是如此。」⑮

4.「怎樣具體地進行持久戰呢？……在第一和第二階段即敵之進攻和保守階段中，應該是戰略防禦中的戰役和戰鬥的進攻戰；戰略持久中的戰役和戰鬥的速決戰；戰略內線中戰役和戰鬥的外線作戰。」⑯

5.「打得贏就打，打不贏就走，這就是今天我們運動戰的通俗的解釋。一切的走，都是爲著打。」⑰

「中國軍隊要勝利，必須在廣濶的戰場上進行高度的運動戰，迅速地前進，……後退，……集中，……分散。」⑱

「我們說運動中的敵人好打，……即是以戰爭的不確實性給予敵人，而給自己以盡可能大的確實性，用以爭取我之主動。」⑲

6.「集中優勢兵力，各個殲滅敵人的方法，不但必須應用於戰役部署方面，而且應用於戰術的部署方面。

---

⑬同注❸，頁一九〇。
⑭同注❸，頁一九三。
⑮毛澤東，〈抗日游擊戰爭的戰略問題〉，【毛澤東選集】第二卷，頁三七七。
⑯毛澤東，〈論持久戰〉，【毛澤東選集】第二卷，頁四五一。
⑰毛澤東，〈中國革命戰爭的戰略問題〉，【毛澤東選集】第一卷，頁二一四。
⑱毛澤東，〈論持久戰〉，【毛澤東選集】第二卷，頁四一二。
⑲同上，頁四五九。

……即集中六倍或五倍或四倍的兵力，至少也要有三倍於敵的兵力，於適當時機，首先包圍殲擊敵軍的一個旅或團。這個旅或團，應該是敵軍諸旅（團）中較弱的，或是較少援助的，或者其駐地情形和民情對我最爲有利而對敵不利的。……這種方法的效果，一能全殲，二能速決。集中兵力各個殲敵原則，以殲滅敵軍有生力量爲主要目標，不以保守或奪取地方爲主要目標。」⑳

7.「先打孤立分散之敵，後打集中強大之敵；不打無準備之仗，不打無把握之仗。」㉑

據周氏的分析，毛澤東這樣通俗透徹的說法和做法，其可取之處有以下幾個特點：一是深入淺出容易領會，如游擊戰十六字訣。二是意義明確，執行簡單，如戰略退却的目的和要求，持久速決，攻擊防禦，外線內線的轉換。三是富於彈性的行動準則最便於發揮，如運動戰的大踏步前進後退，一切走爲打。四是一致性的部署方法與作戰目標，如集中優勢兵力的至少三倍，以殲滅有生力量爲主要目標，使戰略、戰役、戰鬥的作爲上下一氣。這些東西雖算不上原理和法則上的創見發明，確能使它和實施間的距離縮至最小。

但是中共以上的最大軍事特色是，這些戰略戰術都是應用在國內戰爭上。八年抗日戰爭中的所謂紅軍，除平型關之役外，中共從未和日本軍隊交過手。所謂游擊戰、持久戰、運動戰，所謂戰略反攻擊、集中、殲滅，從未對日軍施展過；而只是一九四六年以後，對國民政府作戰時才大顯身手。換言之，毛澤東的這些戰略戰術，雖有其優點，但畢竟是內戰的產物，僅能使用於對付自己同胞，造反有餘，禦外不足。毛澤東的一套軍事思想，只能稱之爲「馬上主義」，下了馬以後，便無用武餘地。這可以證諸於以下中共對外戰爭的實例上。

⑳毛澤東，〈集中優勢兵力各個殲滅敵人〉，【毛澤東選集】第四卷，頁一〇九三—一〇九五。
㉑毛澤東，〈目前形勢和我們的任務〉，〔毛澤東選集〕第四卷，頁一一四三—一一四四。

四、中共的對外戰爭

中共對外進行過幾次戰爭？誠如上述，在一九四九年以前中共不曾對外進行過戰爭。那麼一九四九年以後對外進行過幾次戰爭呢？筆者認爲中共從一九四九年以後，曾對外進行過六次戰爭。但是由於認定的標準不同，因此也有些學者對於中共對外發生過幾次戰爭，持不同的看法。例如艾倫・懷丁(Allen. S. Whiting)在其《中共對嚇阻的盤算》(*The Chinese Calculus of Deterrence*)一書中認爲中共對外從事的戰爭計有一九五〇年的朝鮮戰爭，一九六五年的印度支那戰爭，以及一九六二年的對印度的邊界戰爭㉒。麥文・哥托夫(Melvin Gurtov)和黃炳懋(Byong-Moo Hwang)在其合著《中共在威脅下》(*China Under Threat*)一書中，以中共的安全是否受到威脅爲標準，舉出一九五〇年的朝鮮戰爭，一九五八年的臺海「八二三」砲戰，一九六二年的對印度邊界戰爭，一九六五年的印度支那戰爭及一九六九年的珍寶島衝突等五次作爲中共對外發動的戰爭㉓。儘管各學者從不同角度認定中共對外戰爭的次數有所不同，但是筆者仍認爲，如果純從中共直接對外使用武力的標準判斷，則應有六次，亦即：一九五〇年的所謂「抗美援朝」戰爭，一九五四年的第一次臺海戰爭，一九五八年的「八二三」砲戰，一九六二年的對印度戰爭，一九六九年的珍寶島衝突，以及一九七九年的中越共戰爭。

至於一九五四年和一九五八年的兩次臺海戰爭是否對外戰爭？也許有人認爲這兩次的戰爭是發生在中國的

㉒ Allen S. Whiting, *The Chinese Calculus of Deterrence*(University of Michigan Press, 1975).

㉓ Melvin Gurtov and Byong-Moo Hwang, *China Under Threat*(The Johns Hopkins University Press, 1980).

領土上，對象又是中華民國，不是外國，故不能以對外戰爭視之。不過如果仔細觀察這兩次戰爭的過程和戰爭性質，可以看出，中共發動這兩次戰爭的主要動機在迫使美國放棄協防金馬，其表面上的戰爭對象固然是中華民國，其眞正意圖則是美國。更何況美國亦已實際介入了這兩場戰爭，所以筆者認爲這兩場表面似爲內戰的戰爭仍然是兩次對外戰爭㉔。

至於爲何筆者不認爲一九六五年的印度支那戰爭是中共的對外戰爭？主要理由是，中共並未直接介入作戰，儘管中共在此期間曾經給予越共大量援助，但是並未直接的使用武力介入戰爭之中。印度支那戰爭和兩次臺海之役最大的不同是在臺海戰爭中，中共直接使用了武力，而眞正對象又以美國爲目標，所以臺海戰爭屬於中共的對外戰爭。而印度支那戰爭，使用武力的是美國和越南，中共並未直接使用武力，所以只能說是美國的對外戰爭，不能認定爲中共的對外戰爭㉕。

此外，或許有人認爲，一九五四年和一九五八年的臺海戰役，以及一九六九年的珍寶島衝突，不能以戰爭視之，但是筆者之所以將之視爲戰爭，主要是以對外使用武力作爲界定標準。原因是無論對外戰爭(War)、對外戰役(Battle)或對外武裝衝突(Conflict)，都以使用武力爲基本條件。儘管此三次的武力衝突或戰役規模不大，但仍可以戰爭視之。因此，筆者在此所謂戰爭、戰役和武裝衝突，如按此一標準解釋，中共的對外戰爭應有六次。

㉔張虎，〈一九五四—五年臺海情勢之分析〉，《匪情月報》，民國七十四年六月第二七卷第一二期；張虎，〈中共的武力刺探〉，《匪情月報》，民國七十四年九月第二八卷第三期。

㉕張虎，〈中共的外交試探戰爭——析一九七九年中越共之戰〉，《中國大陸研究》，民國七十五年五月第二八卷第一一期。

五、中共對外戰爭的特質

如果根據筆者以上所界定的中共對外六次戰爭的目的、動機和過程加以綜合歸納，中共對外戰爭有以下七種特質，亦即七項要件。換言之中共在這些情況之下可能發動對外的戰爭。當然並不是每次戰爭都必須具備此七項要件的每一件之後中共才會發動戰爭，只要具備其中的某幾項，中共便可能發動戰爭。這七項要件分別是：

㈠、必須所追求的利益無法透過戰爭以外其他方式而獲得或加以維護

戰爭的目的在追求利益，如果從事一場戰爭而不能預期所要達到的目的，或所追求的利益可以用其他非戰爭的方式達到目的，則沒有戰爭的必要。

例如中共介入韓戰的動機究竟爲何？一般西方學者咸認中共介入韓戰是因爲安全受到威脅。但是筆者認爲，中共介入韓戰固然有安全的因素，但主要還是爲了經濟的利益。蓋當聯軍越過三十八度線繼續向鴨綠江畔推進時，中共的安全固然受到影響，但是蘇聯的安全更受到威脅。以當時的情況，中共政權初建，內部一片混亂，安內猶恐不及，何有餘力他顧。但是蘇聯的情況則大不相同，它的政權已建立有年，內部已趨安定，自然對邊疆安全特別敏感。史達林可以置中共的安全於不理，但卻不能置蘇聯的安全於不顧。當時毛澤東所急迫需要的不是東北的安全，而是內部的安定與建設。要安定與建設，必須有外來的援助。當時中共已宣佈「一邊倒」向蘇聯的外交政策，故不可能從西方獲取經濟支援，唯一的希望便是從蘇聯獲得援助。但是欲從蘇聯獲得援助，必須爲史達林服務。既然史達林十分關心聯軍的北上，如果中共能介入韓戰，爲蘇聯擋住聯軍，史達林當然願意援助中共。如果中共不介入韓戰，史達林的援助便不可能到達毛澤東之手。所以，毛澤東要想從史達林手裡

套取援助，只有硬著頭皮介入韓戰。毛澤東曾說：「史達林相信我們從什麼時候起呢？是從抗美援朝起。」換言之，中共在一九五〇年代急需援助，這種經濟上的利益，無法從介入韓戰以外的其他方式獲得滿足。至於其他五次對外戰爭所追求的利益，亦不例外地是無法從戰爭以外的方式獲得滿足，茲不贅述㉖。

㈡、必須在對手沒有強烈作戰決心和準備之下進行

毛澤東在「十大軍事原則」中說：「不打沒有準備之仗，不打無把握之仗」。所以要想透過戰爭獲取某種利益，必須在敵方無作戰決心和準備的情形下始有獲勝把握。至於對方有無作戰決心和準備，完全靠中共單方面就客觀形勢所作的一種主觀認定。如果認定有瑕疵，亦即誤認有決心和有準備的對方為無決心和無準備，則必不能達到原先預定的作戰目的。總之，只要中共在主觀上認為對方無作戰決心和準備即足。因為一旦中共主觀認定對方無決心和準備，當然便相信對方無決心和準備。如果認定正確則可達到目的，否則將得不償失。例如，在韓戰過程中，毛澤東判定美國無作戰之決心和準備，因此如果中共作出介入姿態，美國勢將妥協。無奈毛澤東對美國的作戰決心和準備認定錯誤。毛澤東本只想作個姿態，結果適得其反，弄假成眞，變成了持久的消耗性對抗，沒有達到預期的目的。

但是一九五八年的「八二三」砲戰，中共則判斷正確。因為儘管在一九五七年美國國務卿杜勒斯曾說過：「國際共產主義的強求一致的統治，在中國和在其他地方一樣，是一種要消逝的，而不是一種永久的現象。我們認為，盡一切可能使這種現象消逝，是我們自己、我們盟國和中國人民的責任。」但是毛澤東並不認為美國確有決心要使中共在中國消逝。當時毛澤東即曾說過，美國要中華民國政府「不要衝動。把希望寄托在我們（中

㉖張虎，〈析中共對外戰爭之要件〉，《中國大陸研究》，民國七十五年八月第二九卷第二期，頁七四。

共）內部出亂子上。」可見毛澤東並不認爲美國有決心支持中華民國反攻大陸。事實上，美國也只不過故作姿態，期收對中共嚇阻之效。美國當時的政策完全建築在「讓敵人去猜」的策略上。所以當中共在一九五四年發動第一次臺海戰爭時，美國迫使我從大陳撤退；在一九五八年發動「八二三」砲戰時，美國迫使我裁減在金馬的駐軍㉗。

㈢、必須經過反覆表示追求利益的決心和準備

艾倫・懷丁認爲要想有效地嚇阻敵人，只是空口警告尙嫌不足，必須配合軍事行動，令敵人相信來者不善。但是行動要有彈性、靈活運用外交，並爲敵人預備餘地，誘迫敵人知難而退。一次嚇阻不成，應反覆進行㉘。例如毛澤東在韓戰爆發前率團親訪莫斯科，意即作出姿態，表示中共介入韓戰絕非單獨的行動，有蘇聯在背後支持，預先警告美國自我約束。當韓戰爆發，中共便開始把部隊由南北移，表示中共不僅有作戰決心，而且已有準備。俟美國支持南韓軍隊越過三十八度線繼續向北推進時，中共便透過各種管道提出強烈警告，一再表明「抗美援朝」的決心。最後當美國不理會中共警告毅然北上時，毛澤東才下達「中國人民志願軍的命令」，命中共軍隊「迅即向朝鮮境內出動，協同朝鮮同志向侵略者作戰。」㉙毛澤東下達命令後，並未立即開入戰場作戰，直到不能有效嚇阻聯軍北上，中共軍隊才於一九五〇年十月底至十一月初正式與聯軍發生首度衝突。這一切都是故作姿態藉收嚇阻之效。

又如一九六三年中共對印度發動戰爭前，曾透過各種方式表達其對邊境安全的重視，除推出各種強烈警告

㉗同上注，頁七五－七六。

㉘Whiting, *op. cit.*, pp. 202-3.

㉙【毛澤東選集】第五卷（人民出版社，一九七七年四月），頁三二。

外，並透過外交表示願以東段邊界的讓步交換印度在西段邊界的妥協。儘管中共作出各種姿態，表示保衛阿克塞欽高原之藏新公路的強烈願望，但並未能收到嚇阻印度的效果。終於被迫升高嚇阻層次，訴諸武力解決。

綜觀中共的六次對外戰爭，儘管每次都經過了反覆表示追求利益的決心和準備，但是均未收到嚇阻效果，最後被迫升高嚇阻層次而發動戰爭。

㈣、必須所追求的利益是對手可以妥協的非主要利益

所謂主要的國家利益，亦即不可妥協的利益，任何國家均將不惜代價予以維護。如果兩個國家所衝突的利益都是主要利益，則必然發生決死大戰。如果一方的利益是非主要利益，另一方是主要利益，一旦主要利益的一方抱定拼命的強硬態度，非主要利益的一方則可能妥協避免力拼的損失。

例如在韓戰過程中，如果聯軍越過三十度線後繼續向鴨綠江畔推進，中蘇共的安全均面臨威脅，尤其史達林基於蘇聯安全的威脅。自不能坐視。而中共當時的安全又視蘇聯的安全為要件。所以當聯軍北上至中韓邊境時，中共受史達林之命，不得不力拼。反觀美國的情況，自從中共佔領中國大陸以後，美國在東方圍堵蘇聯的防線已後撤到日本，以日本作為圍堵的據點。因此，美國在亞洲的戰略重點在日本而不在朝鮮半島。換言之，美國在朝鮮半島無主要戰略利益。如果以美國與中蘇共在朝鮮半島的利益相比，顯然美國無主要利益。所以當中共作出力拼的姿態時，照理美國應會妥協。但是中共所做各種姿態有瑕疵未能令美國相信其眞有作戰決心。結果在雙重判斷錯誤(Double Miscalculation)的情形下發生了戰爭。

㈤、必須能使對手相信妥協後不致一無所獲

如果妥協的結果，一方是大贏家，另一方是大輸家，大贏家全勝，大輸家一無所獲，則妥協很難達成。必

須輸家承認失敗後尚不致一無所獲，否則輸家必將力拼到底。

以臺海戰爭為例，美國在臺灣和澎湖固有重要戰略利益，但對金門和馬祖等外島，至少在主觀上美國不認為有重要戰略利益。所以在兩次臺海戰爭中，美國對協防外島並不十分積極。中共固然企圖掠取臺澎，但是那將與美國在臺澎的重要戰略利益矛盾。故中共不直接攻打臺澎而攻打金馬，即等於暗示美國，放棄金馬不會損害美國在臺澎的利益。換言之，如果美國能在臺海戰爭中與中共妥協，美國不致一無所獲，仍可維持在臺澎的利益。

又以一九七九年中越共之戰為例，中共事先說明不要越南一寸土地，只要越南不再向柬埔寨擴張，停止在中越邊境的滋擾，讓中共找回面子，中共便立即收兵，對越南而言沒有多大損失。更何況以當時越南的情況，如果與中共耗下去，對中共固然不利，對統一後的越南重建工作更為不利。所以雖然經過一場戰爭，如果越南願意妥協，並非一無所獲。

㈥、必須有予對手考慮和作出反應的機會

如果從事一場戰爭，其目的不是為了追求軍事征服與佔領，而是為了透過戰爭達到某種政治性目標，則戰爭只是一種手段，戰爭本身不是目標。因此，當戰爭開啓前或過程中，其一切行動均以追求政治目標而設計。如果不予敵人對本身的行動有認識和反應的機會，則戰爭可能變成一場實力的較量，兩敗俱傷，不能達到追求的利益。故從事一場以政治為目標的戰爭，應先使對手了解本身的意圖，然後再配合軍事行動，讓對手作出反應，再看對手的反應可否接受，以決定戰爭的進行、擴大、縮小或結束。

韓戰爆發之初，中共便聲稱支援北韓以警告美國。當美國對中共的警告不予理會後，中共開始動員北上，但是美國並不認為中共的動員即表示有介入的決心；於是毛澤東乃下達命令介入韓戰。但是，當毛澤東下達介

入命令後，中共軍隊仍未與聯軍正面衝突，直到聯軍攻克平壤直逼鴨綠江畔時，中共軍隊才首次與聯軍衝突。從中共介入韓戰的過程可以看出，中共每採取一項行動，均暫時停下來，等候對手的反應，然後再採取下一步的行動，其用意無非是給對手一個考慮和反應的機會，以免把情勢弄僵失去迴旋的餘地。

中共在兩次臺海戰爭中所表現的行動也是打打停停，打的目的即在試探對手的虛實，停的目的在靜觀對手的反應。一九六二年中共的對印度戰爭，一九六九年的珍寶島衝突，以及一九六九年的對越戰爭，在戰前，中共均先直接或間接表明了意圖。在對印和對越戰爭前，中共已直接而明確地擺明意圖，在珍寶島衝突前，中共雖未直接而明確地說明意圖，但在捷克事件後，中共對蘇聯的侵捷言論已間接說明了中共對中蘇邊境的關切與不安。中共在此三場戰爭中，都是採取閃電戰爭，打上去，馬上撤回來，靜觀對手的反應。

(七)、必須能採取可以主動控制的戰爭型態

如果發動一場戰爭之後，而不能主動的停下來，這種戰爭不是可以主動控制的戰爭型態。不能主動控制的戰爭，一旦戰爭的發展對自己不利時，不僅陷入被動，而且將蒙受損失。可以主動控制的戰爭，當戰爭的發展有利時可以繼續，當戰爭發展不利時可以立即停止。

中共在介入韓戰過程中，之所以遲遲不與聯軍正面衝突，其目的即在保持主動。因爲一旦介入戰場，要想再抽回來則不容易，亦即失去主動。所以當毛澤東下達了參戰命令後，共軍一直在等待，遲遲未予介入，其用意即在盡量保持對戰爭的主動控制。

在兩次臺海戰爭中，中共只動用了海空武力，而未派兵登陸，其用意亦在保持對戰爭的主動控制權。因爲使用砲擊或空襲，要停隨時可停。如果在陸地上接觸，一旦戰爭發展於己不利時，則無法立即停止。

中共的對印戰爭，珍寶島衝突，以及對越戰爭，雖然中共所使用的是地面部隊，而且面對面的接觸，但是

中共所採取的是閃電戰術，打上去以後，宣佈目標達成，立即撤回來，絕對避免持久地陷入戰場。如此才可以主動控制戰爭的發展。

六、結 論

毛澤東曾把戰爭區分為三種不同層次，即戰爭、革命戰爭、中國革命戰爭。因此戰爭的規律也有：戰爭的規律、革命戰爭的規律、中國革命戰爭的規律三種。戰爭是一般的戰爭，戰爭規律也是一般的戰爭規律。「革命戰爭──革命的階級戰爭和革命的民族戰爭，在一般戰爭的情形和性質之外，有它的特殊的情形和性質。因此，在一般的戰爭規律之外，有它的一些特殊的規律。」㉚那麼什麼是革命呢？毛澤東在〈戰爭和戰略問題〉一文中說：「革命的中心任務和最高形式是武裝奪取政權，是戰爭解決問題。」㉛那麼什麼是中國的革命戰爭呢？毛澤東又說：「中國革命戰爭──不論是國內戰爭或民族戰爭，是在中國的特殊環境之內進行的，比較一般的戰爭，一般的革命戰爭，又有它的特殊的情形和特殊的性質。因此，在一般戰爭和一般革命戰爭的規律之外，又有它的一些特殊的規律，不懂得這些特殊的情形和性質，不懂得它的特殊的規律，就不能指導革命戰爭，就不能在革命戰爭中打勝仗。」㉜那麼中國革命的特殊性質又是什麼呢？毛澤東說：「中國的特點是：不是一個獨立的民主的國家，而是一個半殖民地的半封建的國家，在內部沒有民主制度，而受封建制度壓迫；在外部沒有民族獨立，而受帝國主義壓迫。因此，無議會可以利用，無組織工人舉行罷工的合法權利。在這裡，共產黨的任務，

㉚【毛澤東選集】第二卷，頁四一六，（一九三六年，〈中國革命戰爭的戰略問題〉，第一章第一節）。
㉛同上。
㉜同上。

基本地不是經過長期合法鬥爭以進入起義和戰爭，也不是先佔城市後取鄉村，而是走相反的道路。」㉝即經常從事革命戰爭。總之，毛澤東認爲：「所有這些，表示了中國和資本主義國家的不同。在中國，主要鬥爭形式是戰爭。」㉞「離開了武裝鬥爭，就沒有無產階級和共產黨的地位，就不能完成任何的革命任務。」㉟而中國革命戰爭的具體內容就是本文前述「中共對內戰爭的特質」中所列舉的各項。

綜上所述可見，中共的對內戰爭，其最高目標是奪取政權，因此其武裝鬥爭的型態是戰爭，是純軍事性的戰爭。其戰爭的一切手段是爲了在戰場上爭取勝利，殲滅敵人，攻佔地盤，奪取政權。所以從其叛亂戰爭的各種戰略與策略性質看，中共的對內戰爭是軍事性的征服。至於其他非軍事性的因素，例如政治、社會、文化種種手段，都是爲配合軍事行動而設計。所以毛澤東說：「著重武裝鬥爭，不是說可以放棄其他形式的鬥爭。相反，沒有武裝鬥爭以外的各種形式的鬥爭相配合，武裝鬥爭不能取得勝利。」㊱綜合本文前述各節，吾人可以得到一個認識，即中共的對內戰爭是以軍事征服爲主，非軍事性手段爲輔的戰爭。

至於什麼是中共的對外戰爭？毛澤東說：「戰爭情況的不同，決定著不同的戰爭指導規律，有時間，地域和性質的差別。從時間的條件說，戰爭和戰爭指導規律都是發展的，各個歷史階段有各個歷史階段的特點，因而戰爭規律也各有其特點，不能呆板地移用於不同階段。」㊲又說「一切戰爭指導規律，依照歷史的發展而發展，

㉝〈戰爭和戰略問題〉，【毛澤東選集】第二卷，頁五三〇—五三二。
㉞同上。
㉟同上。
㊱【毛澤東選集】第二卷，頁六三〇，（一九三九年，〈中國革命和中國共產黨〉，第二章第二節）。
㊲【毛澤東選集】第一卷，頁一六六，（〈中國革命戰爭的戰略問題〉，第一章第一節）。

依照戰爭的發展而發展，一成不變的東西是沒有的。」[38]因此，中共在一九四九年以前的對內戰爭和一九四九年以後的對外戰爭，因爲時間和空間的不同而異。

在一九四九年以前，中共的目標是爲了奪取政權，所以其戰爭的特質是爲了征服和殲滅敵人，其性質是純軍事性的戰爭。迨一九四九年以後，其戰爭的性質已不是爲了奪取政權，而是爲了創造和維護某種利益。所以其戰爭的性質已不是純軍事性的戰爭。

如果綜合本文上述所列中共對外戰爭的七項要件，不難發現，每次對外戰爭，都是先從政治和外交的試探著手，然後再配合軍事的行動，促使其政治和外交手段達到目的。一旦目的達到，立即停止軍事行動。所以中共對外戰爭的特質主要表現在嚇阻和試探之上。因此吾人可以得到一個概念，即中共的對外戰爭是以政治外交爲主，軍事行動爲輔的非純軍事性的戰爭。

此外，由於中共的對外戰爭均發生在中共建立政權之後，而作戰空間不在中國領土之內，作戰對象又都是其他國家，其在叛亂時期所發展出來的一些戰略戰術，受到時空的限制，儘管在對外戰爭上亦有運用，例如在韓戰，中共使用了「人民戰爭」，在對印和對越戰爭中使用了「短促突擊」；但是均未能像在國內叛亂時得心應手。因此，中共的戰略戰術可謂造反有餘，禦外不足。這可能正是在對外戰爭中，中共只能以軍事爲輔佐手段的主要原因。

---

[38] 【毛澤東選集】第一卷，頁一六七。(同上)

中共當前的對臺政策

張榮恭

一、七中全會與對臺會議

一九八七年十一月中共召開了「十三大」並成立新一屆的「中央委員會」，其後「十三屆一中全會」到「六中全會」在會議公報中，都沒有提到中國的統一問題，只有一九九〇年十二月下旬舉行的「七中全會」例外。十二月三十日發佈的「七中全會」公報寫道：「九十年代將按照一國兩制的原則，實現香港、澳門回歸祖國，積極發展兩岸的交往，促進祖國的和平統一。」❶

這段話應該理解為：中共一方面將「一國兩制」原則施加於港澳，另方面按此一原則來推動海峽兩岸的統一。但是臺灣某些媒體和學者在作分析時，卻將「七中全會」的這段話割裂開來，認為九十年代的中共將對港澳實施「一國兩制」，而對臺灣則是發展交往、促進統一——亦即避提「一國兩制」；這顯然是誤解。因此，一九九一年一月二十八日中共公佈的全文兩萬八千字的「七中全會」關於未來第八個五年計畫和十年經濟規畫的

❶「新華社」，北京一九九〇年十二月三十日電。

「建議」中，對於統一問題的文字便寫得較爲明確：「九十年代，中國將按照一國兩制的原則，在實現香港、澳門回歸祖國的同時，積極推動海峽兩岸實現三通，促進祖國和平統一。」❷這段話與前引公報有兩處不同，首先是「同時」兩字的嵌入，清楚表明了「一國兩制」不僅針對港澳，同時針對臺灣；港澳與臺灣的差異則是中共已確定九十年代中，可在港澳實行「一國兩制」，對臺灣只能朝此一原則加以推動，而非必然於九十年代也在臺灣實行「一國兩制」。其次，前引公報裡的「積極發展兩岸的交往」，修訂爲「積極推動海峽兩岸實現三通」，顯示由於「交往」用語較爲籠統，所以改爲較具體的「三通」——這也是中共設定的兩岸政治談判之前應該完成的程序。

同時，上述「建議」在所列擧的「建設有中國特色的社會主義」的十二條原則中的第十條寫道：「按照『一個國家、兩種制度』的構想和實現，促進祖國統一大業的逐步實現。」可見「七中全會」的主題雖是對八五計畫和十年規畫的「建議」，但與前六次中央全會相較，仍凸顯了對統一問題的重視。將此點和早於「七中全會」兩週召開的「全國對臺工作會議」結合起來看，更可了解中共在統一問題上用心日亟，按其語言就是把統一問題「擺到議事日程上」。

一九九〇年十二月六日到十二日，中共召開了規模空前大型的「全國對臺工作會議」，由「國務院副總理」吳學謙主持，「總書記」江澤民、「國務院總理」李鵬、「國家主席」楊尙昆到會發表講話；第一線權力核心「政治局常委會」六名成員中的五人——江澤民、李鵬、喬石、宋平、李瑞環，曾共同會見了與會人員。這次會議的重要性毋庸贅言，目的在於定下九十年代中共對統一問題的綱領。其後的「七中全會」之提及對臺政策，即是爲了呼應這次對臺會議。會議宣稱：「爭取早日解決臺灣問題，實現祖國的完全統一，是全黨全國九十年代

❷「新華社」，北京一九九一年一月二十八日電。

的重大政治任務」；「堅定不移貫徹執行『和平統一、一國兩制』方針，紮紮實實做好對臺工作，積極主動地促進兩岸關係發展，加速祖國統一進程」；「對臺工作是全黨的大事、全國的大事。應動員全黨、全國各方面的力量，團結一切可以團結的人，調動一切積極因素，多層次、多渠道、積極主動地開展工作」；「當務之急是要加強兩岸的聯繫，盡快實現雙向的、直接的三通。」❸此處強調的儘快實現「三通」，便反映到其後「七中全會」通過的「建議」中。

總之，可以預見中共於九十年代會在統一問題上施展更多動作，並對我增加壓力，從而使我面臨更大的挑戰。

二、統一時間表問題

由於「對臺工作會議」提出「爭取早日解決臺灣問題」，是中共「全黨、全國九十年代的重大政治任務」，故有一些論者認爲，中共定出了九十年代要完成統一的時間表❹。

其實，鄧小平也曾於一九八〇年一月十六日表示，統一是中共在八十年代的三大任務之一❺。這並不等於中共決定非在八十年代完成統一不可。鄧講此話時是八十年代的開端，自然是要說統一爲八十年代的重大任務。如今，一九九一年是中共第八個五年計畫和十年規畫的頭年，即一九九一到二〇〇〇年爲中共經濟尋求再「翻一番」的十年，對中共而言極爲重要。所以中共在此刻強調統一是九十年代的重大任務，猶如鄧小平於八十年

❸「新華社」，北京一九九〇年十二月十二日電。
❹見民國七十九年十二月十三日臺北各報。
❺鄧小平，〈目前的形勢和任務〉（一九八〇年一月十六日），《鄧小平文選》（三聯書店香港分店，一九八三年八月），頁二〇四。

代開端表示統一爲八十年代重大任務一樣，屬於政治宣示性質，而非確切的時間表。

中共在公開的說法中，也都否認有統一時間表。一九八五年五月十日，海外報人陸鏗針對旅美學者撰文指中共「總書記」胡耀邦說，中共計畫於一九九一年完成統一一事，向胡耀邦求證，被胡否認；胡耀邦說：「臺灣問題」「不明朗」，「怎麼可能說是一九九一年解決呢！」❻一九八六年九月二十三日，胡耀邦會見美國華盛頓郵報記者團時，該報記者問：「大陸方面是否有個（統一）時間表？」胡答：「時間表定不出來，但是統一必須實現；必須實現統一就是時間表。」❼一九八九年九月二十六日，「總理」李鵬在記者會上明確表示：「關於統一祖國的時間，沒有時間表，因爲我們都是現實主義者。」❽

從相反的角度來看，如果中共承認有統一時間表，必將升高兩岸的緊張關係，反而不利於由中共來統一；中共若不斷強調沒有統一時間表，或可降低臺灣一些人士的戒心，以及減少國際間對臺海安全形勢的關切，從而爲中共製造由它來完成統一的條件。因此，中共實無可能單方面地公開提出統一時間表。

但是，表面上沒有統一時間表，並不等於中共願意無限期等待和平統一，況且中南海的老人們還經常流露出不耐於遲遲無法統一的態度。例如鄧小平於一九八三年六月二十六日向旅美學者楊力宇表示：「如果說不急，那是假話。我們上了年紀的人，總希望早日實現統一。」❾當時鄧爲七十九歲，現在他超過八十七歲，應是更急於統一。一九八八年四月十三日，楊尚昆提出所謂「統一緊迫感」❿；一九九〇年九月二十四日，楊說希望國共

---

❻陸鏗，〈胡耀邦訪問記〉，香港《百姓》半月刊，一九八五年六月一日，頁八。

❼〈胡耀邦會見『華盛頓郵報』記者團〉，北京《瞭望》週刊海外版，一九八六年十月二十日，頁五。

❽「新華社」，北京一九八九年九月二十六日電。

❾「新華社」，北京一九八三年七月二十九日電。

❿「新華社」，北京一九八八年四月十三日電。

老一輩人物有生之年，進行雙方的溝通⑪；一九九〇年十二月二十日，楊文強調「希望早日實現國家統一」⑫；十二月三十一日，他重申「海峽兩岸應儘快統一，實行一國兩制」⑬。這都反映中南海老人們隨著年歲增長，其「統一緊迫感」也與時俱增。

因此，中華民國朝野不能由於中共沒有公開發佈統一時間表，就鬆弛對中共的警覺，否則將有助於中共的野心。吾人愈高的警覺性，應是愈能維持臺灣的安全，此點並不因兩岸擴大民間交往而變化。除非中共就和平統一做出令人信服的行動，例如不在國際官方場合對我排擠，不以武力對我威脅等。

三、八字方針的內涵

八十年代以來，「和平統一、一國兩制」就是中共尋求中國統一所鼓吹的口號，而類似此一口號的說法，在一九七八年十一月二十七日就出自鄧小平之口。當時鄧對美國華盛頓郵報記者羅伯瓦克表示：中國經由和平統一後，臺灣可以保留其原來的經濟和社會制度⑭。

中共關於統一的這八字方針，直到一九九〇年十二月的「全國對臺工作會議」，仍然受到肯定，並自認爲近年兩岸關係的緩和，以及兩岸之間開始民間交流，都是由於「和平統一、一國兩制」的號召奏效。因此，這八字方針繼續成爲中共在九十年代處理統一問題的最高指導原則。但實際上，「和平統一」並非中共遂行其統一設

⑪「新華社」，北京一九九〇年十一月九日電。
⑫香港《紫荆》月刊，一九九一年一月，頁一〇。
⑬「新華社」，北京一九九〇年十二月三十一日。
⑭行政院新聞局，《中共重要問題參考資料》。

想的唯一手段或途徑，「一國兩制」也不是永不變化的原則。

㈠、關於「和平統一」

中共在高唱「和平統一」的同時，始終強調不能宣佈放棄對臺動武。鄧小平所選定的第三任接班人江澤民，於一九八九年六月的「四中全會」出任「總書記」後，即於同年九月二十六日率領第一線的六人新領導班子，在一項公開的記者會上宣稱：「我們的方針是和平統一，但是在這裡我們不能承諾不使用武力，我想不承諾，這更加有利於和平統一。」⑮表露了所謂「以江澤民爲核心的第三代領導集體」，依循老人幫的做法，一方面繼續樹立「和平統一」招牌，另方面保留對臺動武的可能。此種「和、戰」兩手策略，乃中共建黨七十年來尋求勢力發展所賴的基本策略，所以中共將之運用於對臺政策上，實屬必然。只是按階段的不同而對「和」或「戰」有不同的側重。

目前，中共對臺政策的核心組織「中央對臺工作領導小組」中，軍方人員佔了重要的比例。小組組長爲楊尚昆、第一副組長江澤民、第二副組長喬石、第三副組長吳學謙，其中楊尚昆即以「中央軍委第一副主席」身分主持這個小組，江澤民本身又兼「中央軍委主席」，喬石乃特務系統首腦；小組的其他成員還包括「中央軍委副主席」劉華清及「中央軍委秘書長」楊白冰⑯。可見中共在統一問題上，強烈存在必要時或有機會時，採取軍事解決的想法。

歷來關於中共伺機對臺動武的報導，早已汗牛充棟，而僅就近幾個月間而言，有關的消息也不在少數。例

⑮「新華社」，北京一九八九年九月二十六日電。
⑯何伯施，〈對台工作小組新班子〉，香港《當代》周刊，一九九〇年十二月二十二日，頁二〇。

如中共針對「全國對臺工作會議」所公開發佈的情況，充斥了「和平統一」的氣氛。但據經常揭露北平高層內幕的香港《爭鳴》雜誌指出，楊尚昆在該會議上表示：「軍隊的擔子不是輕了，而是更重了。」[17]尤其值得注意的，根據可靠敵後消息，「全國對臺工作會議」結束當天的十二月十二日下午，江澤民在中南海召集了參加該會議的首級首腦，擧行更高層次的秘密會議，他在會上宣稱：「要善於用革命的兩手。我們講和平統一，並不意味放棄武力統一的權力，這一原則永遠都不能放棄。」「統一沒有強大的軍事力量作後盾，只能是空想，最近中央軍委、總政（治部）、總參（謀部）都分別開了會，統一了認識，在當前的國際、國內形勢下，軍隊和國防只能加強，戰鬥力必須提高；海、空軍更應優先考慮。」「我們必須用軟、硬兩手功夫對付臺灣當局。」[18]

經過江澤民等新領導班子重申了中共的立場後，遂有中共「海峽之聲」電臺在一篇評論員文章中表示，中共「絕不作任何時候都不使用非和平方式解決臺灣問題的承諾。」[19]與此同時，中共「和平統一促進會執行會長」錢偉長在香港活動時說，當臺灣獨立、外國勢力干預臺灣、統一問題久拖不決時，中共會採取武力方式解決（此話與鄧小平於一九七九年一月對美國參議員訪問團的談話如出一轍）[20]。

今年，具有中共「國家電臺」性質的北平「中央電臺」也一再作出表示，它露骨地說，中共將保留對臺動武的「權利」，來「影響臺灣當局大陸政策的走向。」[21]它先後在評論中說，中共不承諾放棄對臺動武，有助於臺灣的安全與穩定（據稱是可防止臺獨勢力擴張、臺灣分裂與外國的覬覦）[22]。這都清楚說明了中共意圖運用武

---

[17]賀少明，〈對台工作會議制定新政策〉，香港《爭鳴》月刊，一九九一年一月，頁一〇。
[18]中央大陸工作會，《大陸情勢周報》，民國八十年元月九日，頁一五—一六。
[19]「海峽之聲」電臺，一九九〇年十二月三十日。
[20]「中新社」，香港一九九〇年十二月九日電。
[21]「中央人民廣播電臺」，一九九一年二月九日。

力來迫我在統一問題上向中共讓步。

因此，儘管近年中共在兩岸關係上降低姿態，一些措辭也變得緩和，但是，這並非中共對臺政策的全貌。若把中共在特定場合的溫和表態，當作其對臺政策的本質，就會使我對兩岸關係的研判出現嚴重誤差，從而危及國家安全，這是中華民國朝野所不能不防的。

㈡、關於「一國兩制」

中共在宣傳其「一國兩制」的統一原則時，總是強調此一原則對兩岸而言，是「我不吃掉你，你不吃掉我」，以示兩岸可以和平共存。例如前任「總書記」趙紫陽曾說，大陸「不吃掉臺灣」[23]；又如現任「總書記」江澤民宣稱：「我搞我的社會主義，你搞你的資本主義，井水不犯河水。」[24]楊尚昆也說：「你實行你的三民主義，我實行我的社會主義，互不干預。」[25]

從以上說法可知，中共有意使人相信「一國兩制」不會使臺灣現狀遭到任何改變。問題是其所指的「一國」並非抽象的、地理的、文化的中國，而是具體的、政治的「中華人民共和國」，易言之，當實行「一國兩制」時，臺灣就不只是目前的地理上或文化上的中國的一部分，更不再是中華民國的臺灣省，而將隸屬「中華人民共和國」，這就使中華民國完全被「吃掉」了。因此，所謂「我不吃掉你，你不吃掉我」，最多也只是就雙方的制度而言，亦即讓兩岸現行的不同制度在由北平政權完成國家統一後，可以並存不變。若進一步分析，此種不

---

[22]「中央人民廣播電臺」，一九九一年二月二十三日、二十七日。

[23]「新華社」，舊金山一九八四年一月十二日電。

[24]「新華社」，北京一九八九年七月十一日電。

[25]「新華社」，北京一九八九年九月二十四日電。

變是否爲永遠的？又是否具有絕對的保障？其答案都與「兩制」的說服力息息相關。

首先，在中共的設想中，「兩制」乃屬過渡性質，不是永遠不變的原則。以香港而言，根據一九八四年九月二十六日中共和英國簽署的「關於香港問題的聯合聲明」所載，香港從一九九七年七月一日成爲北平政權之下的特別行政區後，其原來的資本主義制度可以維持五十年不變，意謂五十年後香港的資本主義制度仍須改變，並且當然是變成和大陸一樣的社會主義制度。此種概念也運用在中共的對臺政策上，只是表面上的過渡期限可能長於中共給予香港的待遇，以求達到統戰效果。但當過渡期限過後，中共還是會設法改變臺灣的制度。

顯然中共也感到「兩制」的過渡性質不利於對港澳和臺灣的統戰，遂又提出掩飾之詞。鄧小平於一九八七年四月十六日宣稱：「香港收回後，現行制度五十年不變，往後更沒有變的必要。這個精神同時適用於澳門、臺灣。」❷❻一週之後，楊尙昆也說：「港澳主權回歸祖國後，（制度）五十年不變，五十年後更沒有變的必要。這個精神也適用於將來按一國兩制方針解決統一問題的臺灣。」❷❼如此言論的可信度如何？也就是所謂五十年不變或者比五十年更長的期限都不變，靠什麼來保障？此爲探討「兩制」時另一個不可忽略的問題。

中共所設計的「兩制」的法源，是其「憲法」第三十一條規定的——「國家在必要時得設立特別行政區。在特別行政區內實行的制度按照具體情況由全國人民代表大會以法律規定。」但其「憲法」第一條明白指出：「社會主義制度是中華人民共和國的根本制度，禁止任何組織或者個人破壞社會主義制度。」其「憲法」序文則寫道：「中國人民對敵視和破壞我國社會主義制度的國內外的敵對勢力和敵對分子，必須進行鬥爭。」加諸一九八九年六四事件後，中共大力進行「反和平演變」的思想教育，猛烈抨擊資本主義國家意圖顚覆大陸的社會主

❷❻「新華社」，北京一九八七年四月十六日電。
❷❼香港《文匯報》，一九八七年四月二十四日。

義制度，又稱社會主義最終將取代資本主義。可見無論在中共的意識形態裏，或其「憲法」條文中，「兩制」均處於敵對狀態，所以第三十一條便有可能和第一條形成矛盾，甚至連大陸最有名的法學家張友漁也提出此一質疑。那麼一旦中共認爲這兩則條文確有矛盾時，無疑被犧牲的是第三十一條而不會是規定北平政權根本制度的第一條，「兩制」中的非社會主義那一制遂將因而不保。

況且中共「憲法」本身的效力也大有疑問。在民主國家中，憲法的保障性至高，在大陸則不然。因爲中共於一九五四年公佈其第一套「憲法」，一九七五年公佈第二套「憲法」，一九七八年公佈第三套「憲法」，一九八二年公佈第四套「憲法」，其平均壽命僅十年，最短的只有三年多；加上一九四九年時中共公佈過具有「憲法」性質與地位的「政協共同綱領」，以及一九七〇年有一套流產的「憲法修改草案」，可見中共的「憲法」完全隨當權派的更迭而作大幅度易動，變換頻率極高。其本身就無法保障自己的長久效力，如何能夠保障「兩制」的長久甚至永遠存在？

中共之所以未能像中華民國提出「三民主義統一中國」、向大陸推展「臺灣經驗」一樣，而提出「社會主義統一中國」、向臺灣推展「大陸經驗」，原因在於社會主義在大陸的績效與「大陸經驗」，都極貧乏且成爲中華民族現代的苦難記錄，無以據此對臺灣作號召，只好藉「一國兩制」爲統戰口號，希冀透過允許臺灣在統一後保留原狀來平撫臺灣民衆對中共的排斥。惟如前所述，「一國兩制」的不合理本質，使得此一原則無法爲中華民國朝野接受，當然也就促進不了統一，反而構成統一的障礙。

四、外力介入統一問題

一九九一年八月六日到九日，中共在北平召開有臺灣和海外學者參加的「兩岸關係研討會」，多位大陸學者在會上針對美國人士關切中華民國的地位，施以強烈抨擊，指稱美方有意阻撓中國統一。大陸學者據此認爲，夜長夢多，應儘早統一，以免臺灣落入外國之手。

此種言論乃是呼應中共官方的看法。在以下中共和美國簽署的重要文件中，也都聲明不容外國插手中國統一問題：

——「上海公報」（一九七二年二月二十七日）：「解放臺灣是中國的內政，別國無權干涉。」

——「建交公報」（一九七八年十二月十七日）：「解放臺灣回歸祖國，完成國家統一的方式，這完全是中國的內政。」

——「八一七公報」與「外交部聲明」（一九八二年八月十七日）：「臺灣問題是中國的內政。」「在這個純屬中國內政的問題上，不容有任何曲解或外來干涉。」

鄧小平於一九八三年六月二十六日會見旅美學人楊力宇時，也說：「萬萬不可讓外國插手，那樣只能意味著中國還未獨立，後患無窮。」㉘

到一九八四年九月二十六日中共與英國簽署「關於香港問題的聯合聲明」，得以用「一國兩制」解決香港問題，於是中共進而企盼以此種方式來完成兩岸統一，遂在關於外力介入統一問題的態度上，起了變化，即從要求外國不要插手，轉爲希望美國促成兩岸「三通」和支持以「一國兩制」施加於臺灣。

因此，鄧小平於一九八四年十二月十九日會見英國首相柴契爾夫人時，託他帶口訊給雷根，要求雷根在「一國兩制」之上盡些力。鄧小平的此一新態度似乎來自其個人決定，因爲海外新聞界人士陸鏗於一九八五年五月十日會見當時中共「總書記」胡耀邦時，問胡爲何中共一向堅稱不容外國干涉中國內政，卻又希望美國促成兩

㉘同注❾。

岸和解？胡答道：「我不很清楚。」㉙

一九八六年九月二日，鄧小平接受美國哥倫比亞廣播公司訪問，他指「美國歷來是介入（中國問題）的」，據此進而要求美國的進一步介入。他說：雷根應在中國統一問題上「有所作爲」，「可以鼓勵、勸說臺灣首先跟我們搞三通──通商、通航、通郵。透過這種接觸，能增進海峽兩岸的相互瞭解，這就爲雙方商談統一問題，實現統一問題創造條件。」㉚其後，北平高層有關希望美國促成兩岸和解的言論，均以鄧小平此次談話爲基調。

又據中共駐美「大使」朱啓禎於一九八九年十月十四日表示：「如果這一問題（指美國促成中國和平統一）能順利解決，那將從根本上消除『中』美關係發展中的一個重要障礙。」㉛顯示朱啓禎就任後，將加強向美遊說，以促美向我施壓。

從上述觀察可以獲得以下幾點看法：

──中共認識到在美國對臺軍售問題上做文章，並不能達到阻止美國對臺軍售的目的，便減少在這個方面的糾纏，轉而力勸美國對中國問題「有所作爲」。即北平高層認爲如此能比糾纏軍售問題更可收效；而且一旦兩岸「三通」，倒過來又給中共在反對美國對臺軍售上，提供有力材料。

──中共在要求美國介入中國問題的同時，仍然高唱不容外國干涉內政，指的是其所決定的任何對臺舉動，不容外國有異議或阻撓，所以中共在強調不能承諾不對臺動武之外，另一句話是不向外國承諾不對臺動武。易言之，假如中共要對臺動武，便會以內政爲由而反對外國干涉。中共「外交部長」錢其琛於一九八九年十月二日在紐約就六四鎮壓說：「『中國』對純屬自己國內的事務實行什麼政策，採取什麼行動，這完全是『中國』的內

㉙同注❻，頁七。

㉚「新華社」，北京一九八六年九月七日電。

㉛「中新社」，華盛頓一九八九年十月十四日電。

政，不容外國干涉。」㉜此話自然也適用到對臺政策上。——中共無論是要求美國介入或反對外國干涉，均從其角度作最有利的解釋，即外力的作爲合乎中共所願時，便予歡迎，否則指斥爲干涉內政。其總的目的均在於達成「一國兩制」。

這就無怪乎中共「新華社」主辦的《瞭望》週刊海外版於一九九一年七月出版的一期中列舉「一國兩制」的十項內涵時，其第十項又曖昧地寫道：「解決臺灣與大陸的統一問題，是中國的內政，堅決反對外國勢力的干預插手，阻礙中國的和平統一事業。但歡迎外國友好人士和政府對此做出積極有益的貢獻。」㉝基於同理，中華民國政府何嘗不能爭取外國人士和政府支持其大陸政策？中共又何以能動輒指責此爲把「臺灣問題」國際化？

五、結　論

(1)中華民國政府開放大陸探親政策的四年來，兩岸民間交往已日益頻繁，並且涉及各個層面，中華民國的大陸政策也隨之趨向彈性和不斷地開放。經由兩岸的交往，必然有助於國家的統一，此種形勢自爲海內外中國人所樂見。但是，中共卻將此歸因於「一國兩制」的號召產生效果，這完全是其主觀的臆測或一廂情願的幻想。中共並進而堅持在九十年代中繼續推動「一國兩制」，以致與兩岸的現實明顯脫節。一九九一年五月中華民國已結束動員戡亂時期，面對兩岸擴大交流和中共定位變化之際，中共有必要檢討其以中央自居的身段，並對「一國兩制」的框架給予鬆動，以配合兩岸關係的新形勢。

㉜「新華社」，紐約一九八九年十月二日電。

㉝吳大業，〈略談一國兩制的內涵和特徵〉，《瞭望》週刊海外版，一九九一年七月二十九日，頁三。

(2)兩岸都認爲交流可以產生共識，然而意識形態、政治生活、經濟水平的差距，使得共識的達成絕非短時間所能實現。特別是臺灣民衆若透過交流而了解到中共排斥民主、自由，自然會對與中共統治下的大陸進行統一感到不安和抗拒。因此中共在大陸的所作所爲，與國家統一進程的速度息息相關。如果中共也能順應一九八九年秋冬以來東歐、蘇聯民主改革的潮流，摒棄利用「憲法」維持一黨專政的特權，必能顯著改善其形象，而爲民主、自由的統一創造條件，否則阻撓統一的責任便在中共。因爲實行民主政治的中華民國不能不尊重民意，而此一民意肯定不會接受中共的極權專政體制。

(3)中共不斷指中華民國發展對外關係是在「搞兩個中國、一中一臺」，甚至誣稱這是「獨臺」或「實質臺獨」。其實，中華民國在國際上開拓官方的立足空間，不是追求「兩個中國、一中一臺、獨臺、臺獨」，因爲中華民國的國家最高目標始終是兩岸統一。中共應該了解東、西德之能完成統一，以及南、北韓之展開政治接觸——包括總理級會談，與其分裂的雙方均在國際上擁有對等的地位有不可分的關連。中共一味打壓中華民國在國際上的官方角色，只會激起臺灣民衆反感，並惡化兩岸官方的敵對關係，這對和平統一氣氛的形成只有負面作用。況且國家統一綱領明白指出，中共接受兩岸爲對等政治實體後，兩岸的政治接觸即可展開而有助於商討統一。

(4)中共所稱的不放棄對臺動武的理由，不外乎外國勢力覬覦臺灣、臺獨活動猖獗、統一問題久拖不決。然而事實上，中華民國政府反對臺獨和主張統一的立場已再明白不過了，所以中共「動武三條件」實無成立的可能。中共須知統一乃爲一個相當的過程，況且中華民國的大陸政策必是繼續擴大開放範圍。因此中共毋庸操之過急，尤其不能企圖「以戰迫和」，否則反而不利於統一。如果中共在和平統一上表現出突破性的誠意，對於兩岸加速良性互動的效果是可以預見的。

(5)國家的統一不應只具有形式上的意義，而應能使全體中國人享有民主、自由、均富。因此，何種方式、何種時機、何種制度可以達此理想，應透過實踐來尋求答案，並訴諸全民公意。亦即兩岸當局在堅持一個中國的理念下，應分別致力於所轄地區的政經建設，爲全體中國人提供未來中國最佳發展模式的選擇機會，而非勉強地按「一國兩制」來統一。畢竟此一原則隱含着兩岸官方權力分配的性質，排除全體中國人對中國往何處去的自由抉擇，既不是國家統一的唯一方案，更非良好的方案。

兩岸談判模式之初步分析

楊開煌

一、前　言

自從一九八一年十月一日當時中共人大常委會委員長葉劍英提出建議「舉行兩黨對等談判實行第三國共合作」以來，力促兩岸之間的「和談」，便成爲中共對臺工作中十分急迫的任務之一，「談判」本來是政治運作中極重要的手段，假如兩岸的當權者都不願意輕啓戰端的話，那麼爲了結束敵對邁向和平共存，「談判」是不得不用的手段。那麼站在臺灣的立場，究竟有幾種型式的「談判」可以選擇呢？而各種類型的利弊得失又是如何，這應該是我們思考臺灣前途中十分重要的課題，本文希望站在此一假設的基礎上，依據目前的臺海形勢，作出適當的推論，以便對未來的「談判」有所認知和準備。既然本文假設了「談判」的必要性，則應進一步理解中共的談判行爲，作爲分析未來「談判」的基礎。

二、中共談判作風的分析

大多數與中共有過直接談判經驗的人，都感覺中共是非常難纏的談判者，根據他們的回憶或學者對他們的訪談，其中大部份的著作都提出他們的看法：

1.林邁可(Lord Lindsey Birker)這位先早熱衷中共「土改」事業的爵士，在其《和平共存?》一書中對中共的談判作風提出以下的看法：

(1)費時：中共的談判第一個作風是有耐心，使得談判對手往往花費遠較預計爲更多的時日去談，因爲共黨代表常常漫天要價。

(2)代表無權：任何共黨的代表均無自由裁決之權，是以會議中任何的變動，均須俟共黨代表請示之後，才能作答。

(3)不遵守協議：中共遵守協議的記錄是十分不良的，特別是在政治性的事務上❶。

2.費正清(John K. Fairbank)於一九六〇年在康乃迪克大學演講時，曾提出中共談判作風之特點爲：

(1)利用友誼做爲韁繩。

(2)徵求外人的建議，以便了解其目的及價値觀點，然後再博取其同情與支持。

(3)告訴對方中共的一些最重大的利益，這些利益甚至比生命還重要，藉以事先警告此種利益爲不可談判(non-negotiable)者。

---

❶林邁可，《和平共存?》（臺灣：聯合書局翻譯出版，民國五十年十月初版），Chap.7.

(4)建立中國價值及行爲之特殊性。

(5)找出對方之朋友、敵人及其它消息，以便必要時加以利用，對抗對方。

(6)利用外國人本身的一些規則來控制對方，尤其如西方對「主權」的法律概念即常爲中共所利用❷。

3.季辛吉(Henry Kissinger)於一九七九年在《白宮歲月》一書裡，提及中共談判的談判作風時，他歸納爲：

(1)中共在談判之前往往利用友誼做爲韁繩。

(2)中共常常以將遭內部的批判爲由拒絕讓步。

(3)中共極爲謹慎地表現出他們的談判立場是堅定的、無法妥協的❸。

4.白魯恂(Lucian Pye)在他的名著《中共的商業談判作風》一書，舉出四點。

(1)先讓對方揭示其談判立場，以摸清對方談判底牌。

(2)要求對方先接受若干基本原則，要求先達成原則性的協議，儘量避免具體討論細節上的問題。

(3)使協議條款曖昧不清、模稜兩可，以便爾後在解釋上或履行時保有伸縮性。

(4)善於拖延談判，一方面藉以摸清對方談判之弱點和其可能讓步的限度；另方面藉此擊垮對方的耐性，挫折對方談判的毅力❹。

5.在美國大西洋理事會(Atlantic Council)對華政策的研究報告《未來十年的中國政策》的論文集中，對

---

❷Seymour M. Hersh, *The Price of Power*(N. Y.: Summit Books, 1983),p.374，轉引自丘宏達、任孝琦主編，《中共談判策略研究》（臺北：聯合報社，民國七十六年八月）頁一二九—一三〇。

❸Herny A. Kissinger, *White House Years*(Boston: Little Brown and Company ,1979),p.1056.

❹Lucian Pye, *Chinese Commercial Negotiating Style*，饒祖康譯，《中共的商業談判作風》（臺北：風雲時代出版社，民國八十年三月初版）,p.61—83.

於中共的外交談判行爲亦做了概括性的研究報告，文章裡羅列出中共主要的談判作風如下：

(1)中共總是試圖影響進行談判的環境，使局勢儘可能對它有利。

(2)談判時中共把重點放在一些有助於達成一般概略性的協議問題，對許多次要問題的解決持模稜兩可的態度。希望達成關於某一基本原則的一般性協議，或是關於某個次要問題的概括性協議。

(3)依據中共的觀點片面解釋協議內容，並要求對方加以踐履。

(4)採用拖延談判策略，以使性急的談判對手失去耐心。

(5)中共總是試圖先在其認爲重要的問題上先達成協議，以取得有利的談判地位，然後以中斷會談或退出談判作威脅，並把不能進一步達成協議歸咎於對方的頑固態度。

(6)找出對方的弱點，藉此來控制談判的步伐並作爲槓桿以撬動對方最堅持不讓的立場❺。

6.索羅門(Richard Soloman)根據美國與中共建交談判過程的經驗，歸納了中共談判的作風爲：

(1)利用談判對手的內部矛盾，找出同情中共觀點的外國官員，先設法建立友誼，再利用此種「關係」，向對方施加壓力，以達成其談判目標。

(2)談判開始之前，堅持對方要接受若干基本原則做爲談判基礎，並在以後談判中引用這些原則，迫使對方接受中共的談判條件。

(3)中共談判立場極受內部派系的影響，既定立場常因內爭而被撤回或變得僵化，談判者立場之僵硬或不合理常是其內部反對派系增強批判所致。

(4)期望談判在其境內舉行，如此不僅有利於內部決策的溝通，而且有利於製造談判氣氛及影響談判的報

❺轉引自《美國關係未來十年》，(北京：中國社會科學院譯印，一九八三年十月),pp.161—169.

導。

(5)善於利用第三者來傳遞其談判立場，以增加對方研判及作業困擾，或必要時作爲卸責的藉口。

(6)中共善於製造「你有求於我，我無求於你」的假象，使對方在談判上處於下風，

(7)中共善於以夷制夷、利用敵對之雙方來達成目標，亦善於利用對方官僚政治之矛盾來達到目標。

(8)中共常設定談判時限，故意拖延談判過程，迫使對方做出讓步。

(9)當中共已充分試探出對方彈性之限度，察覺對方不再讓步時，它有時會採取非常彈性的立場，與對方達成協議。

(10)在執行協議時，中共常常重提對方認爲已解決之問題，爲本身利益要求修改，或不斷施加壓力要求對方依照中共的解釋遵守協議❻。

而中國學者，有許多具有實務的談判經驗的學者，他們也做了歸納：

7.張九如：歸納了十五種中共慣用的談判手法爲：欲取姑與，力爭重點，巧獲主軸，虛構事實，慣佈煙幕，倒栽贓證，得寸進尺，無限鬥爭，擴吸外圍，威脅辱罵，鑽隙奇襲，玩弄諾言，僞裝讓步，化整爲零，分合運用，將計就計❼。

8.一九八二年九月香港問題突出檯面，中共主動與英國接觸商談有關問題，香港學者齊辛就歸納出中共對英國談判的作風是：先宣示大原則，「主權以外，其他都可以談」「中共要管香港」「香港可以是特別行政區」；這樣英國在談判中完全處於被動，而港人的意願則完全被忽視❽，丘宏達則進一步歸納出「原則不變」「具體彈

---

❻ *Far Eastern Economic Review* (June.21.1984),pp.44—45.

❼張九如，《和談覆轍在中國》(臺北：聯經出版公司，民國五十七年四月初版)，頁二五五—二八五。

❽齊辛，〈香港前途——中共的意向〉，《七十年代》，一九八二年九月，頁二八—三〇。

性」「利用輿論」三個原則❾。

9.尹慶耀：在一篇〈談共黨的談判〉的文章中指出中共在談判中慣用的策略是：一、把談判視爲中共可以利用的講壇；二、利用談判在對方陣營中，進行統戰、挑撥、分化、製作矛盾、聯多打少等；三、得寸進尺，共黨在談判中總是不斷昇高自己的要求，層層加碼，令其對手難以忍受；四、馬拉松式的耐力，中共善於利用疲勞談判來軟弱對方，以便有機可乘❿。

三、從談判策略檢證兩岸關係

從以上各家的分析，我們可以歸納出幾個比較重要的中共談判行爲，對比目前的兩岸互動關係，加以檢證：

第一、確立大原則：　有五位學者都確認爲中共在談判時，最擅長是確立大方向，而不願意從具體事務入手，比對兩岸情勢來看，中共屢次宣稱的大原則，就是「一個中國」，一切只要在一個中國的原則下，都可以來談，然而一旦此一原則確立，則以下的解釋就會完全以中共的解釋爲準，結果在具體的問題只要不如其意，他們就有可能提到原則的高度來批評我方。因此我方原本希望撇開政治性、原則性的大問題先從功能性與事務性問題著手協商的建議，看來正好與中共的設計相反，由一角度去理解中共的回應和對待「海基會」的冷淡，實在也就不難理解了。不過這也不表示中共在大原則未確立之前，將凍結兩岸關係，畢竟在客觀環境——我方的堅持、人民的主動、臺獨聲浪的高漲——的壓迫下，中共還是做了策略性的轉變，如今年七月王兆國透過「新

---

❾同注❷書，pp.151—152.

❿尹慶耀，〈談共黨的談判〉，《匪情月報》，民國六十九年十月第二二卷第七期（臺北：國際關係研究中心出版），頁六四—六六。

華社」所發表的共同打擊海上不法行爲的宣佈，就可以視爲一種變化。當然這並不是原則的改變。

第二、利用對方原則：　這也是多位學者共同的建議，大致而言，又可以具體區分爲利用友誼爲韁繩：此點在白魯恂的《中共的商業談判作風》一書中，描述的十分詳細⓫，其次是利用對手的矛盾，以便中共能獲知最多有關對手的一切資料，或是利用對手的弱點，攻其不備，迫使對方讓步，其三是利用對方團體中同情中共者爲其造勢、說話。以此對比目前的中共對臺工作，可以說一切手段都已經開始，例如早期赴大陸的訪問者，絕大多數都接受過中共熱情的招待，在酒酣耳熱、熱烈擁抱之際，把自己的底牌不經意地一張一張亮給對方，最後所有希望都會落空。這就是我們「亞運經驗」，凡是去過大陸的團體，中共總是派出大量的人馬從全陪到地陪、一個人陪一個，然後中共就開始從個別了解入手，分別把全團的資料加以綜合整理。以增進對臺灣各階層的認識與了解。其四中共最擅利用臺灣的多元性來作自我攻擊，以便擴大矛盾、利用矛盾。換言之，兩岸關係中，從中共的角度來看，現在已經進入「准談判」的階段，他們的工作已經展開，而且客觀地講也有了一定的成效了，我們實在不可不急起直追，更不可掉以輕心。

第三、利用情境原則：　這是指中共在具體的談判開始之後，他們就會利用主場之便，營造各種他們所希望的氣氛，以配合他們的需求⓬，不然縱使不在中國大陸，他們也會利用各種場合來控制會場，例如他們常常使「談判」會場變成充滿敵意的氣氛⓭。有關這一點，我們只要回顧「海基會」初次造訪北京，陳長文秘書長與唐樹備見面時，雙方除了禮貌性的寒暄之外，唐樹備就以嚴肅的表情談它的「五原則」，而且一談就是四十分鐘，

⓫同注❹，p.50,51,53.

⓬同注❹，p.47.

⓭Kenneth Young, Negotiating with the Chinese Communists, *The United States Experience 1953—1957* (N. Y.: McGraw—Hill Book Corp, 1968) p.343—350.

似乎完全忘了待客之道的作法得到印證⓮。然而從「談判」的角度來解讀的話，事實上唐樹備是利用主場優勢，刻意將會面的機會當作講壇，以便臺灣的記者將中共的「五大原則」再一次宣達到臺灣來而已。

第四、拖延原則：這也是多數學者所注意的，中共善用對方急躁、急於求成的心理，利用冗長的發言，無謂的爭執，甚至是重複的詞句，弄得對手精疲力竭，百般無奈，加上輿論的期待，上級的壓力，常常使得非共產國家的談判對手，不得不讓中共佔到便宜。這一點在兩岸關係中，似乎還沒有出現，然而以後的接觸會談中就難保不會出現。

第五、不遵守協議：由於中共在「談判」一開始就不是爲妥協而上談判桌，因此對中共而言，遵守協議是對方的義務，而對中共自己而言，只要在局勢轉爲對自己有利時，破壞協議是理所當然之事，他們還可以在文字上，以辯證邏輯來保護自己的行爲，這又和中共在訂定協議時常常以模稜兩可的字眼，以便未來可以做有利於中共的解釋有關。

有關最後的二點，主要發生在正式「談判」的場合，和「談判」之後的行爲表現，是以目前無從了解。

然而，吾人若進一步反省，則可以發現絕大部份的中共談判作風，在其他的「談判」場合中，如中共與其他國家，或在國際組織中的談判也是常見的行爲，雖然他們善於利用談判的策略和技巧但並不是無往不利的。所以我們若因此以爲中共的「談判技巧」特別高明，我們決不可以與之談判，則是不正確的推論。因爲「談判技巧」在整個事件中只是充分條件，而必要條件是做爲談判者本身的實力，沒有實力不可能純憑「談判技巧」而獲勝。簡單的說，如果是中共有求於我們，則我們就能掌握必勝的契機，反之必然事與願違，以下我們舉兩個例子：

⓮《中國時報》，民國八十年四月三十日。

一是一九八六年五月的「兩航」談判，最後我們如願以償地帶回飛機的事件，正是因爲我們十分了解中共爲了政治的理由，一定會將飛機還給我們，以便成爲他們很好的政治宣傳材料，是以在談判中，中共雖曾多方刁難，但是當華航表示我們可以不要飛機時，中共就不得不做讓步⑮。

二是今年六月的「鷹王號事件」爲例，在遣返的作法、方式上，我們沒有一件按中共的要求——人船並遣、中共偵察及海上交人——來做，特別在送回中共的「六關員」的問題上，在香港的交接，幾乎破裂⑯，但是只要我們熟知中共是把人員帶返大陸視爲此一事件的最低原則，那麼我們就可以以原機帶回中共的人員作爲威脅，來達成我們要求，最後，中共駐香港的代表不得不以權宜的方式來處理。

本文舉出這兩個八〇年以後的例證，目的是說明中共雖然擁有熟練的談判技巧，但是並非每談必勝。只要我們擁有實力，一定可以獲勝。當然有人會認爲以上兩例均屬於事務性的糾紛，層次低，是以比較容易成功，而有關兩岸政權的談判是屬於政治性，原則性的談判自然要困難千百倍、複雜千百倍，自不可同日同語，然而我們以爲事有繁簡，其理則一，現在的問題是面對大陸而言，臺灣除了現有的有形力量之外，仍應具備那些實力呢？也就是說，如何營造我們面對「談判」時，獲勝的必要條件，便是我們的當務之急。

四、營造臺灣面對「談判」的實力

依據高韓(Herb Cohon)的說法，決定談判有三個變數：權力、時間、情報⑰，綜合而言就是「實力」，目

⑮《中國時報》，《聯合報》，民國七十五年五月四日—六月一日報導。

⑯《星島日報》，一九九一年六月十八日。

前臺灣所擁有的一切是否就足以面對「談判」我們姑且不論，不過大家都知道「實力」是不嫌多的，尤其是面對比我們實力超過甚多的中國大陸，更必須全力營造，才能立於不敗。

第一、建立最低的共識——臺灣自主性：依目前臺海的形勢來看，暫時停止「統、獨之爭」應該是不得不有的作法，不過所謂「停止」，是指「統、獨」兩方面都體認到目前既無法立即實現「統一」，也不可能馬上「獨立」，那麼我們就不必為將來的事而現在就分裂，假如「統」不是投降，「獨」不是意識型態或權力鬥爭，那麼「統、獨」就應該冷靜地尋找出兩者的「交集」所在，我們以為此一交集則在於大家都有以臺灣安全為重，以二千萬民衆福祉為先的考慮，但是面對上述問題如果又是從未來的大方向上去思考，則又將陷入「統、獨」的困境之中，本文建議從基礎面去思考，如何加強和擴大我們的安全基礎，我們以為提昇臺灣的自主性才是安全的基礎，臺灣處在今日的世局之中，由於是臣屬於資本主義經濟體系之中，又長期肩負反共，對抗共產世界的「重責大任」，是以養成依賴性格——在經濟上依賴資本主義經濟，在政治是依賴「反共」的合理性。因而在自我肯定與自我定位也呈現「依賴性格」的。我們陶然於外人誇稱的「奇蹟」，卻無法因「奇蹟」，而培養出受人尊敬的「國民性」，在另一方面「自主性」的意義，在於使臺灣民衆在面對大陸時能自覺地為臺灣安全盡力，把擴大臺灣安全視為每一個人切身的義務，只有我們能將「統、獨」的情結昇華成為「自主性」的追求，我們才能脚踏實地的為充實今天臺灣的實力而努力，提高了臺灣人民的「自主性」，才能使「安全」不成為偏安，而「福祉」也不是盲目的逐利，如此才能為我們的後代子孫建立一個可進可退的堅強實力、可統可獨的議價空間。

第二、營造臺灣的「試誤空間」：就是使臺灣處理涉及大陸事務上具有嘗試錯誤的可能性，由於臺灣與大

---

⑰ Herb Cohon, *You Can Negoticate Anything*，謝瑤玲譯，《談判的技巧》（臺北：桂冠圖書公司，民國七十三年七月二十五日三版），p.45—114.

陸在各種條件的對比上都十分懸殊，因此在處理相關大陸的政策必須步步爲營，謹慎行事，在這一方面臺灣承受不起任何錯誤的衝擊，任何的閃失都可能帶來不可知的危險，這使得臺灣的當政者在政策上不得不保守、小心。然而保守和小心也可能失去我們扭轉劣勢的契機，遠的如一九六〇年的大陸發生三年的大飢荒，一九六六年大陸發生爲期十年「文化大革命」的大動亂，這都可能是臺灣的機會，然而臺灣並沒有因此而獲利，近的如「六四」事件也可能是機會，臺灣也表現得一樣保守。當然我們舉出上述的例子，並不意味著一定是機會，只是說在可能性面前，臺灣幾乎沒有表現；所謂「表現」自然不一定是「打回大陸」，而是借中共的錯誤，增加自己的資產。總之，今後臺灣必須營造一個「試誤」的彈性空間，使我們敢於比較放手地處理問題，那麼如何營造呢？我們以爲在經濟上，必須要使我們有承受失去大陸市場的能力，所以使東南亞成爲臺商的另一個投資，經貿的熱點是十分必要的。在政治上，如何促使大陸民衆培養出與中共政權不同的「臺灣印象」，或是大陸的精英階層有不同於中共政權的「臺灣印象」，有不同於中共中央的「統一」觀。我們與大陸各階層交流、邀訪、開放大陸人士來臺、接待大陸留學生等大陸政策，都能可以秉持此一理念有計劃地加以推動，假以時日相信一定能有所收穫，而後能進一步促使中共內部在「對臺政策」轉變爲「行政政策」從而產生路線的分歧⓲，這樣我們才能將臺海的緊張轉爲中南海的緊張，臺灣才有了安全的「試誤空間」，才能安全而大膽地推定出新的政策，來增加臺灣面對「談判」的資產。

第三、精確地研究「中國大陸」：　目前臺灣的「大陸研究」多半是整體，通盤性的研究與了解，所以對中共的認識，可以說只有粗略的「常識」，這些「常識」有助於使我們認識共產主義的錯誤、中共的過失，但不足以眞正有助於我們理解中共的行爲、熟知中共的「作法」，更不足以爲中共提建議。然而不論中共是我們強鄰或

⓲此種不同不能只是對臺用武或不用武的差別，而應該是「一國兩制」或「一國兩府」的差異。

強敵，更精確、更細密的研究是不可或缺的，因此本文建議將國內現有的研究機構重新整合，使得每一研究機構或團體，具有一或二種特長，特別加強對各省以至各地方的研究，整合所有探親者的見聞，感受製成資料輸入電腦，定期與投資大陸的臺商和記者交換心得與資料，同樣整理、貯存以供研究者研究參考。從學科研究建立大陸研究的可預測性，從個案研究整合大陸的全面圖像，國家可以依此釐定方針，政府可以據此製定政策，這樣的方針才能眞正獲得大陸民衆內心的贊同，這樣的政策才能使大陸得其現實利益，而臺灣獲得長期的利益⑲，在此研究的基礎，臺灣才有可能精確地規劃出有利於臺灣的大陸政策，才能檢證大陸政策積累的效果。

假如我們能逐步營造上述的實力，然後輔以對中共談判策略的了解，則臺灣在談判的過程中，才成立於不敗，有了這樣的實力和信心，再來推演將來兩岸「談判」可能的類型，並比較其優劣之處，以供參考。

五、未來「談判」類型簡析

1.可能談判「類型」：

有關談判的類型化分的方式也很多，高韓將談判分爲二種⑳：

一是衝突型談判：他名之爲「不計一切代價取得勝利─蘇維埃型」：在此類型下她們通常採取的手段是最初的極端地位、有限的權力、情緒的策略，將對方的讓步視爲軟弱，吝於讓步，對限期置之不理等步驟，以便在

⑲以「七月分大陸華中地區洪水爲患」爲例，我們如能著眼於人道精神，臺灣安全，從而思考到這是轉變大陸「反臺熱」的良好時機，則我們救援行爲，就應該既快又多，造成大陸民衆都知道臺灣是最先送來救濟的印象，使得大陸人民獲得經濟實惠，而我們就贏得政治好處，類似的事件愈多效果也愈容易積累。

⑳同注⑰書，pp.121—122,p.169.

衝突中擊敗對方。

二是合作型的談判：主要的方法是找出衝突的原因，尋找雙方都能接受的方案，使雙方均因談判而獲勝。

另外也有學者從策略的角度，將談判區分爲六種類型：即安全瓣式、保溫杯式、緩兵計式、轉移戰場式、退卻與統戰式、多目標的貿易式等[21]。

而海峽兩岸的談判，本文以爲宜從參與者多寡來區分，因爲這是未來臺海「談判」比較實用的方法，即臺灣在必須「談判」時，究竟是直接面對中共，或是與其他方面一起面對中共呢？依此我們以爲區分的「雙邊談判」式和「多邊談判」兩種，進一步思考時，我們可以發現，每一種類別又可以細分出許多不同的方式：

「雙邊談判」：以大陸爲一邊，以臺灣爲一邊，依目前兩岸政權或民間的提議來看，可以有下列幾種：

(1)黨與黨：主要是指兩岸的執政黨，具體而言就是共產黨與國民黨，這是中共在一九八一年十月一日所提的建議[22]。

(2)政府對政府的談判：主要是指兩岸的政權互派代表舉行談判[23]，事實上就目前的海峽情勢而言這又可以分爲二類，一是事務性、功能性的談判，一是政治性、結構性的談判，此處主要是指後者，因爲前者的談判，現在就已經有展開的可能。

(3)一黨對多黨：由於國民黨一黨對中共及大陸八大民主黨派的談判，事實上不存在，故略。此處單指共黨對國民黨及臺灣其他的在野黨和有代表性的團體及人士參加，這是中共在近一年多來提及的建議[24]。

---

[21]同注[10]。

[22]葉劍英，〈建議舉行兩黨對等談判，實行第三次國共合作〉，《人民日報》，一九八九年十月一日。

[23]具體的建議在「國家統一綱領」的中程階段，不過文字描述不同，民國八十年二月二十三日。

[24]中共中央臺辦負責人發表談話，《人民日報》海外版，一九九一年六月八日。

(4)多黨對多黨：這是由目前大陸的各黨各派和臺灣的各黨各派聯合組成政治協商會性質的談判㉕。

(5)另外還有一類的可能性是由大陸、香港左派與臺灣、香港民主人士類型的兩邊談判。

(6)或是臺灣、香港、民運人士與大陸之間的兩邊「談判」。

以上是雙邊談判的部份，大致可以有六種類型。

「多邊談判」：以大陸、臺灣各爲一邊，另外有外國介入談判的情況，依臺灣目前的存在情況來看，也可能有以下幾種：

(1)美國介入：形成大陸、臺灣和美國三邊的談判。

(2)日本與美國同時介入：這是四邊談判。

(3)聯合國介入：這也是另一種三邊談判。

(4)新加坡介入：這就成爲華人政權間的談判㉖。

大致而言，不外是上述的四種方式。

「臺海談判」關係著我們二千萬人民的福祉，也間接影響到大陸十一億多的同胞選擇其前途的可能性，是以對上述的模式實在有必要依據現實的情況、依據合理的假設，一一的做出推論，以便尋求我們最佳的策略，推論結果如附件二。

2.初步分析：

(1)就中共的角度而言：中共可能同意的談判方式順序爲「黨對黨」、「共黨對臺灣各黨派、團體」、「大陸

㉕楊傳榮，〈『一國兩制』同其它統一模式之比較研究〉，《統一論壇》，一九九〇年三月，頁一〇—一六。

㉖鄧小平，〈不打仗就坐下來談〉，《鄧小平言論集》（補編，1957—1980），《共匪原始資料彙編》，國防部總政治作戰部編印，民國七十二年十二月五日），頁一六三。

各黨對臺灣各黨」和「以新加坡爲魯仲連的多邊」。以上的類型，對於中共而言，可以具有下列的好處：

一是對國際上：以行動表示了海峽兩岸的問題是純粹中國的「內政」，外人沒有干預的理由。

二是對海峽兩岸的人民而言：顯示了中共和平統一、平等待人的誠意。

三是在談判時期：中共可以以其獨大的優勢，利用我方的矛盾、利用外界的傳播媒體製造有利於中共的宣傳，操控談判的成敗，而推卸談判失敗的責任。

四是一旦談判失敗中共可以將失敗的責任完全推給我方，以便進一步動員在大陸的民衆、教育大陸民衆、也可以利用臺商進一步壓迫政府、利用在臺灣的代理人製造不安、緊張、增加臺灣在談判失敗後的壓力。

當然所謂有利、不利也不是絕對的，假如臺灣能有足夠的「實力」，則至少在上述三、四項上不會處於不利的地位。因爲我們的媒體、外國的媒體、香港的媒體將公允的報導此一事件，同時即使在談判失敗的情況，我們的共識可能反而更形堅強。而第二項「好處」則是一般性的，對我們不具威脅，所以問題在於第一項，事實上這就是前面所說的「確定原則」的策略,因而我們現在應該要努力的是不能在中共所解釋的『「一個中國」』的原則」進入談判桌，我們必須堅持有自己對「中國」的解釋權，堅持目前是「分裂的中國」的現實，如此在原則上作出明確的宣示，才能爲我們自己的未來作爲預留空間，紓解談判成敗的壓力，才能使談判的技巧充分的發揮。

(2)就我方角度而言：我們可以同意的談判方式順序爲「政府對政府」、「美國介入」、「美、日介入」、「聯合國介入」、「新加坡介入」顯然這些類型，對於我們的好處是：

一提高我們的地位，現實眞正的平等談判。

二同時也因此迫使中共承認我爲「政治實體」地位，而有利於日後我們拓展務實外交。

三在外國與海峽兩岸政權同時參與的情況下，我們等於是被參與國給與實質承認。

四在外國介入的情況下，雙方的協議，具有國際法的效力，便於各方對中共履行協議的監督。

當然在上述的情況下，中共無論是站在「民族」或「政治」的立場均不可能接受，所以問題也在於我們政府是否敢於貿然提出類似的主張，因爲我們一方面必須考慮中共可能作出的強烈反應；二方面此種提議也無疑是向對方示弱；三方面如果他國答應在此一問題幫助我們，則我們日後的政治將更受制於他國，或成爲他國的「保護國」。這是我們不得不審愼考慮的後果判斷。總之，想要與對方「和平共存」求得我們的安全保障，希望「中共的善意」和「外力的介入」均是十分危險的僥倖心理、投機心理和依賴性格的具體表現，所以本文在前強調了「臺灣自主性」的建立，是增強我們實力的第一要務。

3.進一步分析：

根據以上的分析，我們大致可以確定在兩岸「談判」中，有可能爲雙方所接受的方式是「雙邊談判」類，因此問題就集中在究竟其方式是「黨對黨」或是「政府對政府」，就臺灣而言，目前不論以任何方式立即與大陸從事政治性談判都涉及談判代表的「代表性」問題，假設雙方的政體是相似的則雙方的爭執就比較小，因爲就中共的政治哲學來看「黨的利益就是人民的利益」所以黨代表一切但是臺灣的政治社會已經不理解類似的說法，所以目前在臺灣不論是黨或政府都不可能與中共談判，但是在憲政改革工作完成之後，透過一段時日的運用，新的統治能贏得臺灣人民的尊敬和信任，此時的執政黨或政府均有了一定的代表性，才有可能考慮接受「談判」與否的問題。若以「黨與黨」的名義去談，究竟是代表黨去談或是代表全體人民去談，這又是一個政治哲學不同的問題。從中共來看，黨大於政府，黨去談才有決定權。比之前面專家、學者的分析，以中共對談判的思考模式來看，中共願意提出「黨對黨」的談判已經是對臺灣的「優待」了，所以中共也不理解我們爲什麼不能接受，從而有許多中共領導人對臺灣的拒絕，自然迭有微言，以至惡言相責、威脅動武也都是一種自然的反應，[27]白魯恂稱之爲「潛在性的誤會」[28]，而黨在臺灣已經逐漸被社會眞正定位爲一政治性民間團體，所以黨不能代表人民去談，因此在我們看來中共的優待我們無法接受，這是臺灣必須慎重注意的危機。

在此種情境下，我們應該思考著一立即面對「談判」，可否採以「政對黨」的方式——即在我方以政府名義爲代表而對方以何種名義我們不介意，因爲我方爲政府名義故而可徵召各黨各派，而以政府爲首，當然這是在原則、名稱等問題均已有所妥協的情況下，我們以爲這是比較可行的方式，因爲在此方式下，我們可以保留了以「政府」名義參加的優點，而減少了以「黨」的名義所造成的困擾。至於在中共方面接受此一模式的可能性如何？主要在於我們如何解釋其效力。以目前的兩岸互動關係來看，促成「談」是中共要求目標，則技術層面的障礙是有可能克服的，癥結之二在談判一旦開始中共不可能使之完全破裂，也就是說中共可能會有若干具體的讓步，以換取我們在原則的讓步，在此情況下，我方必會受其困擾，屆時因各方利益不同，各人觀點不一，於是意見必然不能妥協，內部就有可能分裂，談判無法進行，則有可能發生的情況是因談判破裂，媒體、輿論因而不支持臺灣，從而增長了中共的力量，使臺灣陷入極不利的情況，另一種情況也可能是中共採取以部分代整體的方式，在各種意見中，尋找一黨或數黨重開談判、強行協議，而誇稱這是臺灣愛國人民與大陸達成的協議，爲中共統治臺灣尋求一個合法的基礎。總之，在談判中，中共必然以各種方式製造我方（包括談判者及臺灣全體人民）的困境，因此本文建議針對此一形勢預作評估，精確核算我方的短期利益和長期利益，中共最可能的方式是以短期利益逼迫我放棄長期利益。則我方將若何因應；反之，又將如何因應？若能羅列各種情況，擬就腹案，則臨時就不會生疏而失去應變的時效，這是十分重要的。

㉗關業成，〈中共煽動全軍反臺〉，《爭鳴》，一九九〇年十月第一五六期，頁一九—二〇。

㉘同注❹，p.32.

六、結論

綜合以上的分析，吾人以爲在面臨必須與中共「談判」時，就長程而言，自然是充實臺灣「實力」，就短程而言，以熟習中共談判策略，技巧地利用外力，妥擬破解之道是最重要的工作。

就熟習中共談判策略而言：以目前的兩岸情勢而言：若有政治性、結構性的談判，則必屬「衝突型談判」㉙，針對此一類型的談判，中共常常採用侵略型的談判方式，談判的氣氛必然緊張，是以目前仍宜避免；而功能性、事務性的談判不但我方早就有所呼籲，最近中共臺辦主任王兆國也提出要求，希望協商共同打擊海上不法行爲的直接要求㉚，是以我們有理由相信，類似的談判理應是屬於「合作型談判」，我方實應有較積極的回應。從未來政治性談判而言，此種功能性談判未必有完全的參考價值，然而多有接觸，則至少有助於吾人檢證學者所提出的中共策略。而更重要的是大家過去都接受過中共善於利用談判的觀念，若能在事務性的問題上見面過招，至少在心理上就不再怯場，這是應該值得投資的直接經驗。

就技巧地利用外力而言：包括了外國力量和參與會議以外人士的力量。就前者來看，我們反對直接要求外力介入海峽兩岸事務，因爲其最後的成本是我們必須承擔，但是我們也確實需要外力的支援，是以巧妙地利用，以避免中共以民族主義的責難，有效地將外力轉化爲中共的壓力。當然這種情況，一般不是我方設計就能成功，是以如何善用時機，利用偶發事件，便是我方談判人員十分重要的訓練。除了外國力量之外，媒體的力量亦不

㉙同注⑰，p.119.

㉚《聯合報》，民國八十年七月二十二日。

可忽視，大陸的媒體自然聽命於中共，但是其他的媒體則不受其控制，是以一旦「談判」開始，如何有計畫的運用各國媒體和臺灣媒體的力量，形成有助於我的氣氛，也是預作準備之事。

就妥擬破解之道而言：白魯恂曾推就九個原則：要有耐性、克制的堅定態度、防止期望過高、抗拒對方的羞辱攻勢、重視大原則、熟讀會議紀錄，採取限制破壞範圍的措施，了解中國文化的特色㉛。白魯恂認爲這些原則不僅適於商業談判，也適用於政府對政府的談判㉜，本文也贊同其策略。然而單從個人心理的角色擬訂破解之道，未必完全有效，是以除了上述的方法之外，熟悉中共的「辯證法」和中共幹部的集體行爲模式、思考模式，應該可以增加對中共談判者行動預測的能力。最後我們還要清楚一點，談判策略技術本身是中立的，中共可以用，我們也必須學會使用，以子之矛攻子之盾，相信有時會發生意想不到的效果㉝。

海峽兩岸的關係已經明顯的轉變，我們除了努力維持和平的氣氛和關係之外，更重要的是我們必須有實力保障和平，然後才能以「談判」進一步確保和平、促進繁榮。

㉛同注❹，pp.159—167.

㉜同注❹，pp.167.

㉝ a. Reymind F. Smith, *Negotiating with the Soviets*（王桂森譯，臺灣中華書局，民國七十九年十月），頁一九九—二一〇。

b.同注❿，頁六四。

大陸政策之回顧與展望

葉明德

提　要

自從一九八七年底，政府開放大陸探親措施是爲政府大陸政策轉變的起點。大陸政策制定之基本原則必須以臺灣地區之安全爲前提，並須致力於以臺灣經驗對大陸發揮政治影響力。

未來大陸政策之制訂，除了以維護安全、保障全民福祉兩原則之外，應再益以推廣臺灣經驗、促進大陸變遷以爲更具積極意義的遠大目標。

「政治民主、新聞自由、經濟開放」，是爲推進大陸變革的主要號召與目標，爲避免中共對此一政治號召之反彈，似可作先後次序調整，有如「經濟開放、新聞自由、社會多元化、政治民主」。事實上，社會多元化已經涵蓋了政治民主。因此「政治民主」這一項似可從略。因爲如能做到了「經濟開放」、「新聞自由」與「社會多元化」之後，自然是走向了民主政治的道路了。

大陸經濟問題不在於經濟發展策略的錯誤，而是其經濟「結構因素」所造成，主要原因：一、政府權力過於膨脹。二、私有企業萎縮。三、家庭勞動力受政府的嚴格管制，降低工作意念。基於此，若想觸發大陸經濟開放，宜從促其改變經濟結構入手。此外，有關「新聞自由」與「社會多元化」方面，應以「資訊」及「結社」開放爲重點。

新成立的「大陸委員會」，應該具備「政治預警系統」的三項主要條件：一、迅速準確反映的能力；二、完備的資訊網；三、開放的作業系統。

總之，「大陸政策」涉及到個人或團體利益相當廣泛，但是主要工作方向，應從確定目標、更新政策方案與步驟做起，同時更須加強運用研究人力資源，提昇規劃政策能力，惟有如此，大陸政策才有重點，不僅可以爲臺灣地區民衆營造一個更安全、寬濶的活動空間，還能夠爲整個中華民族長遠的福祉作出貢獻。

一、前　言

一九八七年十二月迄今，中華民國政府逐步推動對大陸開放的措施。臺灣地區民衆、企業界人士、商品與資訊前往大陸者絡繹不絕、日益增加。同時，國人亦期望中共方面能消除敵意，促進海峽兩岸交往正常、持續地發展。然而，事與願違，中共全無誠意作善意的反應；中共仍然堅持一貫的原則，企圖將主權強加於臺灣方面，消滅中華民國在國際社會的法人地位，限制中華民國自主的外交關係。基於此，中華民國方面不得不對大陸開放的措施，重新檢討。從維護國家安全利益及全民福祉的立場來看，這項重新檢討「大陸政策」的決定，無疑的是一項忠公愛民的應有的措施，當然是可以理解的。亦因此，社會各界人士似也可以暫時冷却一下「大陸熱」，一起來檢討思考，集思廣益，共同爲下一階段的「大陸政策」籌謀新的舉措。

本文目的卽在於，以若干理性決策的原則爲標準，檢視兩年半以來「大陸政策」形成過程之特徵，評量其得失，進而爲未來「大陸政策」提出一些思考的方向，期能締造更完善的「大陸政策」，維護臺灣地區民衆利益，造福整個中華民族。

二、「大陸政策」之過去

一九八五、八六年間，中華民國政府面臨的環境已經產生變化，不同於昔日。環境因素主要的變化包括：中共從事「經濟改革」、中共「三通四流」及「一國兩制」的「統一」建議，國際暨國內人士期待中華民國政府的反應❶，海峽兩岸民間活動衍生的糾紛事件❷，國內政治反對勢力形成並積極地批評政府的施政❸。

面對這些環境因素的變化，中華民國政府有如下的回應：1.突出海峽兩岸政經社會生活之重大差距，回拒立即「統一」之建議；2.以臺灣的各項建設成就提供中共「經濟改革」的範例❹；3.宣示「以三民主義統一中國」的決心。

中華民國對中共「統一」訴求之反應或可疏解政府面臨的民意壓力，但是，很顯然的，中華民國政府對大

---

❶例如，Jeff Bradley,"Antagonists won't come to terms," *Hongkong Standard*,Dec.18,1985,p.11; Peter Fong,"A proposal for Unifying China," *The Christian Science Monitor*,Oct.29,1985;"Allow Taiwanese to visit Mainland", *Hongkong Standard*,May 9,1986,p.24.

❷例如，「金鴻輪」與大陸漁船碰撞，遭大陸漁船挾持至厦門十三天，賠款了事：《中央日報》，民國七十四年五月三日，三版；基隆港漁船「宏志一號」脫逃中共武裝漁船刧持事件，詳見《中國時報》，民國七十四年年六月七日，五版；另一艘臺籍「嘉華號」撞沈福建漁船，經由英國「海事保險賠償協會」出面賠償：香港《大公報》，一九八七年六月十六日，頁三；另參見《人民日報》，一九八七年六月十六日，四版。

❸〈立法委員江鵬堅質詢〉，《自立晚報》，民國七十五年五月二十九日，二版。

陸的「三不」立場，似已不甚符合現實情況之發展。一九八七年底，前總統　蔣經國先生決定允許榮民返鄉探親，這是中華民國政府對大陸政策轉變的起點。

兩年半以來，中華民國政府對大陸政策的目標，大致包含三項要素：1.蔣總統經國先生係以「人道」目標爲大陸政策的依據。經國先生逝世之後，大陸政策之制定則增加兩點考慮：2.以臺灣地區安全爲前提。防止中共侵犯臺灣❺，不允許中華民國安和樂利的社會遭到破壞，維護臺灣地區民衆利益係大陸政策的前提❻；3.致力於以「臺灣經驗」爲依據，對大陸發揮政治影響力。前行政院長李煥先生在擔任中國國民黨秘書長任內，曾經發表談話指出，中國國民黨向大陸展開政治反攻，不是要取代中共政權，而是要促進中國大陸的政治民主、新聞自由與經濟開放，解除共產主義之桎梏❼。

上述，第二、三兩項「大陸政策」的前提，性質不一，方向亦不同。第二項「安全」的考慮，乃是「大陸政策」之主要基礎。

和其他國家文官系統一樣，中華民國政府的行政部門亦多少具有保守穩健的傾向。因此，在推動對大陸開

---

❹〈蔣總統經國接受《讀者文摘》訪問談話〉，《中央日報》，民國七十五年元月二十四日，二版；〈俞國華院長談話〉，《中央日報》，民國七十五年三月五日，二版；一九八五年下半年，國內主要報紙先後以比較「海峽兩岸」爲題報導，例如，Arnold Beichman, "How the two Chinas Compare," *Washington Times*, Oct.15,1985,p.3D;鄭漢良，〈海峽兩岸『政治風險』對比〉，《中國時報》，民國七十四年十二月十一日，二版；另見《中央日報》，民國七十四年六月十一日，八版。

❺中國國民黨、民進黨與工黨對大陸政策的「共識」是，反對中共侵犯臺灣。詳見黃輝珍，〈政治團體分別發表大陸政策，顯現多元思考兩岸關係角度〉，《中國時報》，民國七十六年十月十七日，二版。

❻前行政院長俞國華表示，「三不」——不妥協、不接觸、不談判，不是「恐共」，而是「防共」；詳參〈俞院長國華談話〉，《中國時報》，民國七十六年三月七日，二版；《青年日報》，民國七十六年十月十三日，一版；《中央日報》，民國七十六年十月二十四日，二版。

❼《聯合報》，民國七十六年九月五日，一版。

放措施方面，當然應以「安全」爲優先考慮，以「漸進」(incrementalism)的方式逐步進行。先以「個案」試行，才累積「個案」事實作爲擬訂政策之參考。可從放寬大陸中藥材進口、允許臺灣民衆直接赴港澳地區、及放寬大陸書刊進口開始，直至最近選擇性進口大陸工業原料、默許兩岸間貿易、及允許部分大陸同胞來臺探病奔喪等措施，在在顯示出中華民國政府大陸政策之特徵，主要是以臺灣地區「安全」爲第一，並以民間層次交流爲範圍，逐漸予以擴大。擬議中的「海峽兩岸關係條例」，及中介機構「海峽兩岸交流基金會」之設置，亦以「安全」爲出發點，以規範現有的兩岸民間活動爲主。

一九八八年中期，中國國民黨「大陸工作會」所制訂之「現階段大陸政策案」，強調，「以國家安全爲前提，擴展臺灣經驗，建設自由民主均富和平統一新中國。」❽一九八七年初，中國國民黨「大陸工作會」與行政部門共同研擬之「現階段大陸政策綱領」，主張在官方仍堅持「三不」政策，民間交流則大幅度開放❾。一九八八年初，中國國民黨專案討論「大陸政策」，大都仍主張，在確保「國家安全」的前提下，適當規範民間交流行爲，並考慮開放國際性學術與體育交流活動❿。由此可知，中華民國政府基本上，一直僅在「安全」考慮之下，逐步執行對大陸開放的措施，似乎未採取「以『臺灣經驗』推廣於大陸」作爲大陸政策之目標。

回顧兩年多以來，中華民國政府制定與執行「大陸政策」之過程，吾人大致可以獲致兩點印象：1.大陸政策並無明確目標；2.大陸政策之制定與執行深受行政部門保守、漸進習性之影響。過去這幾年之中，政府大抵任由民間人士行走海峽兩岸活動，凡民間活動不危及臺灣地區安全者，行政部門即採納爲措施，並着手規範。嚴格來講，維護「臺灣地區安全」是否可作爲大陸政策之目標，有待斟酌。另外，「以推廣臺灣經驗從事政治反

❽《聯合報》，民國七十七年七月九日，三版。
❾《聯合報》，民國七十六年元月十五日，一版。
❿《中國時報》，民國七十七年二月二十五日，二版。

攻」的建議，則似未形成目標，亦未見具體的步驟。

明白言之，現行大陸政策似乎缺乏明確目標與前瞻性，並且執行步驟不一。大陸政策之推行逡巡不前，措施零星不整，執行步驟又急徐不定，主要原因中共政權動向不明所致，亦可能是中華民國領導階層事權不統一造成的結果。

以長遠的觀點來看，「大陸政策」對中共而言可能只是個小問題，但是，對臺灣而言，則無疑的是個「大問題」，此言當非虛假⓫。是故，爲了確保臺灣地區長治久安，及爲了中華民族整體福祉，大陸政策應重新檢討，針對兩岸現實情況、未來局勢發展，規劃出具有可行性、前瞻性的政策，既能保障安全與全民福祉，又能適應各種情勢的發展的多功能政策。

三、「大陸政策」之未來

(一)、目標之釐清

純就政策的觀點而言，「目標」之確定是爲首要工作。政策的「目標」確定之後，才能據以擬定政策實施方案。同時，有了具體的目標之後，才能確定以何種標準評估政策方案執行的結果，而可以修正與調整⓬。「目標」

⓫齊辛，〈大陸政策與對臺政策〉，《中國時報》，民國七十六年十一月二十一日，，二版。

⓬Garry D. Brewer and Peter deleon, *The Foundations of Policy Analysis* (Homewood, Illinois: The Dorsey Press, 1983), pp. 48–49.

不僅是一項政策的基本要素，也是評估政策的標準。

「大陸政策」原本依據兩項目標而設計：1.人道因素；2.維護臺灣地區利益與安全。未來的「大陸政策」是不是僅以此作爲制訂政策之依據，或是益以「推廣臺灣經驗、促進大陸變遷」作爲更有積極意義的遠大目標。目標之抉擇，必須從政策目標之性質考量。政策目標主要包含兩項要素：1.就規範性質而言，一項政策目標涵蓋的「價值」，須與相關個人、組織暨整個社會的「價值」相脗合；2.就政治性而言，政策目標亦會影響到相關人民與組織之不同目的⓭。

以「政治民主、新聞自由、經濟開放」作爲推進大陸變革的主要號召與目標，但仍有兩項問題須予解決。1.臺灣地區民主政治必須更進一步發揮化解社會衝突的功能，並使民主程序「制度化」。換言之，若以「政治民主」爲「大陸政策」號召，須加速臺灣地區「民主化」；2.這項號召可能擊中中共之要害，不易爲中共當局所接受。基於此，爲了避免中共既得利益人士之反彈，或可考慮，將這項號召之先後順序調整爲「經濟開放、新聞自由、社會多元化、政治民主」。事實上，社會多元化就已經涵蓋了政治民主，因此，政治民主這一項似乎可以從略，因爲如能做到了「經濟開放」、「新聞自由」與「社會多元化」，自然會促成「政治民主」，則「政治民主」或可斟酌，似可不必提出，以免使中共對「大陸政策」有所反感或杯葛⓮。

⓭ *Ibid.*

⓮國內經濟學者侯家駒有此顧慮，參閱侯家駒，〈大陸政策缺乏『胸懷中國』理想〉，《聯合報》，民國七十七年七月十六日，二版。到目前爲止，中共領導階層對「兩岸關係」之「共識」大約包括三點，值得注意：1.以「民族主義」及「主權」爲考量，不放棄以「非和平」手段達成收復臺灣的目標；2.一方面預防「武裝暴動」造成的「臺獨」，另一方面則擔憂，自由選舉會造成「獨臺」；3.維持中共政權性質不變，不放棄「四項堅持」。中共領導人這三點「共識」也是吾人釐清「大陸政策」目標，須予考慮的因素之一。

㈡、執行方案之建議

「大陸政策」目標確定之後，即可依據「目標」訂定執行方案暨步驟。經濟方面，大陸經濟問題不在於其經濟發展策略錯誤，而主要是經濟「結構因素」所造成。其經濟結構因素之主要障礙包括：1.「政府」(the state)權力過度膨脹，其干預經濟活動權力太大；2.私有企業萎縮，或根本不存在，人民的生產力長期停滯不前。其背後原因主要在於，「私有財產權」及「契約」之執行，從未獲得「政府」暨法律肯定之保障；3.家庭勞動力受「政府」管制嚴格，人民（勞動力）自由抉擇權極爲有限，導致民衆工作意念及「創造力」的低落，人民消費能力受到限制，整體經濟活力受到約束⑮。設若中共以意識形態理由，不改變其「統制經濟」體制，則再多的貿易、科技轉移、投資或經濟援助往大陸投資，也起不了什麼作用。基於此，若想觸發大陸「經濟開放」，宜從改變大陸經濟結構入手。較可行的方式似在於，支助大陸理論工作者及研究工作人士，前往自由世界進行考察及研究，以使中共經濟決策人士瞭解「市場經濟」機制特徵及「生產力」增加之原動力。由「觀念」突破做起，才是促使大陸「經濟開放」的有效方式。

在「新聞自由」與「社會多元化」方面，「大陸政策」實施方案之制定，應以「資訊」(information)及「結社」(association)開放爲重點。極權政體不但嚴格管制「資訊」之流通，也嚴格禁止民間個人或團體進行「橫」的聯繫，大陸社會團體（「群衆組織」）即使有橫的聯繫，也係由「中國共產黨」居間以「聯合會」的形式加以組織及控制。本乎此，「大陸政策」或可斟酌，允許海峽兩岸宣傳幹部、新聞從業人員、新聞教育人員及大衆傳播事業單位互相訪問交流，促進海峽兩岸資訊往來暢通無阻。其次，在民間文化體育交流方面，宜積極鼓勵海

⑮ John C. H. Fei, "Political-Economic Foundations", *Asian Affairs*, Vol. 16, No. 3 (Fall 1989), pp.128—131.

峽兩岸地方政府、民間社團擴大交往，經由臺灣地區省市鄉鎮暨民間團體爲媒介，增進大陸民衆橫向聯繫，刺激大陸民間社會朝多元化價值演變⑯。海峽兩岸人民交往頻繁，彼此瞭解深，感情融洽，則海峽戰事的危險或可降低，對臺灣地區之安全不無助益。

如上所述，從「大陸政策」目標之釐清，至政策方案之制定，以至執行、評估及修正，莫不需要一個有效率的組織作後援，否則上述目標無異於「空中樓閣」，「大陸政策」之目標很難實現。事實而言，在「大陸政策」之制定及執行方面，缺乏一個事權統一的組織機構，也一直是我們「大陸政策」較脆弱的一環，有待改進。

(三)、「組織」之調整

政府在「大陸政策」執行方面，大致是，先推動開放措施半年多，才在民國七十七年八月設立臨時編組的機構負決策功能。先於行政院設「大陸工作會報」，爾後，並在中國國民黨內部成立「大陸工作指導小組」⑰。此種因事而設機構的行爲，與文官文化有關，也是臺灣政治變遷劇烈造成的有趣現象，或可忍受於一時，但終非長久之計。

理想而言，已經設立的「大陸委員會」應該具備「政治預警系統」的三項主要條件：1.迅速準確反應的能力。必須有堅強的研究能力，能有效觀察大陸、臺灣暨國際環境之變動，迅速認出隨時可能出現的「問題」所在；2.完備的資訊網。必須有能力分辨資訊之好壞、正確與否，作爲擬定各項政策方案之根據；3.開放的作業

---

⑯有關海峽兩岸文化交流之重點與方向，參見 William T. Liu, "Sociocultural Relations," *Asian Affairs* (Fall 1989), Particularly pp.138—140.

⑰《中央日報》，民國七十七年八月十八日，一版；《中國時報》，民國七十七年八月二十五日，一版。

系統。必須建立不同的管道，廣泛諮詢「大陸政策」方案相關的個人及團體，制定周延且不模糊之政策方案⓲。

由於「大陸政策」面對的是，一個「不確定」的大陸社會，因此，未來主持「大陸政策」之決策機構、「大陸委員會」或總統府的「國家統一委員會」都應該將工作重心針對在「研究」功能及總體策略設計兩方面。長期以來，國內大陸研究機構對於大陸整體趨勢之描述、及「中共政經情勢發展之預估」，一向有卓越的表現，將來，主持「大陸政策」之政府部門應主動善用這項寶貴的研究人力。當然，國內大陸研究人員亦應該進一步在「狀況之分析」及「設計政策方案」兩方面，撥出時間貢獻心力，則對「大陸政策」之整體規劃能力，必當有所幫助。

四、結　語

二次世界大戰之後，中華民國政府暨人民，在廢墟之中另起爐灶，累積四十年的經濟、社會與文化的成果，激盪形成八〇年代末期的「民主化」改革。在這樣一個內部環境及東西冷戰結束的國際潮流衝擊之下，臺灣地區亦改弦易轍，主動開始改變對中國大陸政策。易言之，臺灣地區係在從事內部政治「民主化」改革的情況之下，同時試行嶄新的「大陸政策」。在這種革新過程之中，臺灣地區政治領導階層亦在劇烈變動之中。因此，在兩年多以來「大陸政策」試行階段之中，「大陸政策」之制定與執行顯得零亂、步驟不定、且較偏向於維護臺灣地區的利益與安全之考慮，較欠缺前瞻性、積極主動的態度，亦未曾對「大陸政策」進行整體的規劃。

⓲ Garry D. Brewer and Peter deleon, *op cit.*, p.40.

事實而言，若以臺灣地區實際政治急遽變遷的情況來衡量的話，上述所言「大陸政策」之缺失，未嘗不可容忍。但是，展望二十一世紀的中國，一方面必須維護臺灣地區人民的利益，一方面又必須促進大陸的進步，兩者相輔相成，提高所有中國人的福祉、尊嚴與文明，則在這樣一個前提之下，吾人不能不重視「大陸政策」之調整與改進。

當然，「大陸政策」涉及到的個人或團體利益相當廣泛，但是，主要改進的方向，似可從確定目標、更新政策方案與步驟做起，同時更須加強運用研究人力資源，提昇規劃政策的能力。唯有如此，我們主動推行的「大陸政策」才可能有重點，不僅可以爲臺灣地區民衆營造一個更安全、寬濶的活動空間，還能夠爲整個中華民族長遠的福祉作出貢獻。

社會主義民主化理論探討

——東歐與中共經驗比較研究

趙建民

……〔中共領導人〕他們想阻擋〔東歐和蘇聯的〕歷史演進吧！我可以看到蘇聯、東歐的今天，一定就是中國的明天。共產主義在二十世紀結束前，不僅要從東歐、蘇聯消失，也要從中國大陸消失。

——嚴家其❶

一、引　言

在人類歷史上，從來沒有一個政治制度能夠與二次大戰後的共產主義制度般，享有如此絕對的控制和龐大的政治機器與信仰者，但是卻如此迅速的崩解。一九八九年的「東歐革命」(包括蘇共的解體)，不僅在認識上和地理上徹底地改變了二次大戰後國際政治的體系形態，更標示了一個時代的結束和另一個時代的來臨。

共產主義是否將自地球上消失？在目前而言，這仍是一個相當爭議的問題，但是發生於蘇聯和東歐各國的變遷，已使得二次戰後兩極體系中的「社會主義陣營」難以再以「陣營」自稱。自從波蘭共黨政權在一九八九

❶嚴家其在一次訪問中，作了以上表示。見《中國時報》，民國七十九年八月十五日，六版。

年六月舉行有史以來第一次公開選舉，選出部分國會議員以來，東德（已於一九九〇年十月正式與西德統一）、匈牙利、羅馬尼亞、捷克、保加利亞、蘇聯、甚至外蒙古都已舉行過類似選舉活動。幾乎上述每一個國家都已宣告放棄共產黨「一黨專政」的神聖使命，引進某種程度的市場經濟的競爭機制，解散或重組共黨賴以專政的秘密警察組織，並給予被治者較多的言論與遷徙的自由。就連延用了數十年的「共產黨」名稱，在許多國家都被迫交出政權。

種族主義和地區性的民族主義，在過去一直被刻意的壓制或因封鎖新聞而不見於外人，近來也告併發，使得共產政權的超級強權——蘇聯，有分崩離析之虞。前波羅的海三小國——愛沙尼亞、拉脫維亞、立陶宛，和蘇聯其他加盟國的亞美尼亞、喬治亞、和亞塞拜然均已（或試圖）宣告獨立於莫斯科的主權之外。就連蘇聯最大且最重要的俄羅斯共和國，和兩個最主要的城市——莫斯科和列寧格勒——的市長，也都宣告放棄共產黨籍。

針對如此劇烈的變遷，學術界有關「共黨研究」(Communist Studies)既未能洞察其之所以要變，爲何要變，也就無法提出變局以後的重建問題，充分顯示此一方面研究的嚴重缺失。首先，由於其政治結構的獨特性以及意識型態的重要性，「共黨研究」在西方政治科學領域裡，始終被排除於主流研究之外。雖然政治學上所發展出來的概念與理論，偶爾也會在經過適當的修改後，用以描述、分析、或解釋發生於共產世界的現象，以塡補此一理論上的空洞。不同的研究方法也被用以與共產政權的交替與變遷相聯繫，不過，這些方法上的努力，只不過是試圖將不同國家的「共黨研究」（姑不計其名爲克里姆林宮學 Kremlinology 或北平學 Pekinology），維繫於不至過分落後於西方比較政治學的主流發展罷了。是以，西方研究共產主義國家的教科書裡，散見利益團體、政治參與、政治文化、決策理論、和政治社會化等理論。更常見的，是不斷衝突(constant conflict)、派系政治(factional politics)、意識型態、官僚體系、和極權模式(totalitarian model)等理論或模式的應用。這些理論或模式的共通性，大體皆著重於共產政權的僵固性質，基於這種政體在組織方面的特長，因而認定其在政治上穩定而免於劇烈變遷的本質❷。是以，對於「後革命時期政權」(post-revolutionary regime)政治變遷之研究，大抵集中於意識型態的凡俗化(deradicalization)❸、合理化(rationalization)、社會運動與動員的減弱以集中心力於內政與經濟方面的建設，亦即是政權建立(state-building)的工作，一改以往革命時期所從事的「國家建立」(nation-building)的工作。雖然學者對於共產政權內部存在有衝突一事深感共識，而這種衝突有時甚至足以引爆而爲不同政府部門間(inter-agency)的爭執，但對於這些衝突的方式，一般卻認爲是純屬社會主義式的，與西方社會的衝突形態具有本質性的不同。

共產主義研究在方法上缺少創新與多樣性，在面對東歐民主化運動時，也無法提出有效的理論根據。在上述衆多理論當中，最能解釋共產社會多元化問題的，莫過於利益團體理論了。但是以該理論適用於共黨統治地區充其量只能將之稱爲團體理論(political group theory)，處理的是不同政治團體的活動，而非西方政治學中所謂的利益團體(political interest group)❹。至於其他模式，包括極權主義、列寧、史達林、毛澤東模式、以及毛澤東統治(Mao-in-command，或鄧小平統治)模式，或本身先已否定社會主義體制內存在民主的可能性，或者強調一種理念上完全不同的民主方式——社會主義民主❺。

學者對現實政治的研究，似乎受制於現實上意識型態的兩極分化，分爲資本主義與社會主義兩種範圍。部分地受到了共產國家自我封閉的影響，「共黨研究」並未探討共產政權轉化爲一非共產政權的可能性，也未曾研

---

❷西方學者布里辛斯基(Zbigniew Bzezinski)與韓廷頓(Samuel Huntington)認爲科技進展和社會、經濟的日趨複雜，均不足以造成共產國家中之功能性團體與社會勢力政治自主性的增加，見 Bzezinski and Huntington, *Political Power: USA／USSR*(New York: Viking, 1964).

❸見 Robert C. Tucker, "The Deradicalization of Marxist Movements," *American Political Science Review*, 61, No. 2 (June 1967), pp.343-58.

究後社會（共產）主義時期所可能面臨的問題爲何，更沒有討論過何種形式的政治權力可能在功能上更適合於取代共產政權。造成此種理論貧困的理由，是因爲學者自身也十分僵化的制約於此一兩分法之中，因而在情緒上深爲此一兩極衝突所困，甚或自身介入或參加此一衝突所致。雖然此一兩極對抗的結果——亦即社會主義終將敗亡——早爲所料，但在衝突持續多長這一問題上，顯然並無有效預測。由於此一疏忽，下列問題乃是當前刻不容緩的課題：計畫經濟要透過什麼方式或手段才能轉變爲市場經濟？在此一轉化過程中所可能出現的問題爲何？何種方式最可行？在中央控制式經濟的轉化過程中，公、私所有權（制）的比率如何決定？轉化的理想步調爲何？政治改革與經濟改革的優先次序如何設定？各有何優缺點？

---

❹學者史基林(H. Gordon Skilling)首先將利益團體概念引進共黨研究中，見H. Gordon Skilling, "Interest Groups and Communist Politics," *World Politics* 18(April 1966),pp. 435-51. 其他有關作品可參考：A. H. Brown, "Pluralistic Trends in Czechoslovakia," *Soviet Studies* 17, No. 4(April 1966), pp. 453-72; Morton Schwartz, "Czechoslovakia: Toward One-Party Pluralism?" *Problems of Communism* 16, No. 1(January-February 1967), pp. 21-27; Joel J. Schwartz and William R. Keech, "Group Influence and the Policy Process in the Soviet Union", *American Political Science Review* 72, No. 3(September 1968), pp. 840-51; and Milton Lodge, "Groupism' in the Post-Stalin Period," *Midwest Journal of Political Science* 12, No. 3(August 1968), pp. 330-51; H. Gordon Skilling and Franklyn Griffiths, eds., *Interest Groups in Soviet Politics*(Princeton: Princeton University Press, 1971). See also, David S. G. Goodman, ed., *Groups and Politics in the People's Republic of China*(Cardiff: University College Cardiff Press, 1984).總評性文章，參見Chien-min Chao, "A Critique of the 'Interest Group Approach' to Communist Chinese Studies," *Issues & Studies*, 22, No. 2(February 1986), pp. 12-28.

❺Edward Friedman, "Modernization and Democratization in Leninist States: The Case of China," *Studies in Comparative Communism* 22, No. 2／3(Summer／Autumn 1989), p. 257; Also, Richard Baum, "'Introduction' Beyond Leninism? Economic Reform and Political Development in Post-Mao China," *Ibid*., pp. 111-23; Nina P. Halpern, "Economic Reform and Democratization in Communist Systems: The Case of China," *Ibid*., pp. 139-52.

當學界積極從事反省的工作，作爲更正確的掌握未來發展脈動之際，中共是否會步上東歐社會主義國家之後塵，開始民主化？此一問題至今仍然仁智互見，未有定論。料將是本世紀最終十年內世人所最關心的問題之一。

二、東歐與蘇聯政治變遷之動力

> 結構改革(Perestroika)是迫切而必要的，源於社會主義社會複雜之發展過程。改革時機已臻成熟，社會引頸企盼已久。假如不立即進行改革，在不久的未來，必將對社會造成嚴重的後果，不客氣地說，必將引起嚴重的社會、經濟、和政治危機。
>
> ——戈巴契夫❻

對戈巴契夫而言，改革的動力出自於此一危機感，加上曾經擠身超強地位，但卻快速喪失其發展動力的羞愧感。經濟的失敗以及社會主義體制的「刹車機制」(braking mechanism)已開始影響蘇聯社會的其他面向，腐蝕社會主義意識型態與道德價值❼。此一肇因於政、經結構不良之「國家危機感」，在一九八五年四月所召開的一項蘇共中央委員會議時表露無遺。在該次會議中，蘇共中央公開宣告蘇聯「正處於危機邊緣」，須要新戰略以圖救亡。

蘇聯改革的動力大體出自於內部，方式則爲自上而下，與一般專制政體的改革並無不同，乃由一魅力式領

---

❻ Mikhail Gorbachev, *Perestroika: New Thinking for Our Country and the World*, (London: Fontana / Collins, 1988), p. 17.

❼同前注，第一章。

袖(charismatic leader)，動員足夠群衆支持完成。以李加可夫(Ligochev)爲首的保守派在幾經爭鬥後，終於在最近召開的第二十八屆黨代表大會時全面潰敗。

相形之下，東歐革命的動力要複雜的多。東歐共產主義來自於外力——蘇聯紅軍，根基自然不如蘇聯穩固❽。爲了與美國復興西歐的馬歇爾計劃(the Marshal Plan)相抗，蘇聯在一九四九年籌組「經濟互助合作委員會」(the Council for Mutual Economic Assistance,簡稱 Comecon)。六年後，華沙公約組織成立(Warsaw Pact)，自此，東歐不論在經濟、政治、或軍事上已自成陣營。然而，強迫式的整合(forced integration)引起許多國家內部的反彈。

事實上，東歐追求民主的努力在二次戰後從未中斷。史達林與南斯拉夫狄托元帥(Tito)的紛爭始於一九四七年，當時史氏提議雙方合組公司，以利蘇聯對南國經濟操縱，是項提議爲狄托所拒，導致蘇聯發動東歐附庸國聯合制裁狄托。此外，史達林於一九五三年死後，捷克立即發生暴亂。類似暴動於一九五六年和一九六八年分別於匈牙利和捷克發生。至一九七○年代，異議團體已經在捷克和波蘭出現，其中較知名的，首推波蘭的團結工聯(Solidarity Trade Union)。示威與罷工在八○年代的波蘭更是常事。

共產主義國家並不具備韋柏(Max Weber)所謂的法制性與程序性的合法統治基礎(legitimacy)，傳統與個人魅力、尤其是社會、經濟的表現乃往往成爲共黨尋找合法性的來源❾。在二次大戰結束後的頭二十年中，資本主義與社會主義經濟制度，無不使出混身解數，爲證明優於對手而奮鬥，戰況激烈，勝負難斷。但是在此一

---

❽波羅的海三小邦——愛沙尼亞、拉脫維亞、立陶宛於一九四○年六、七月間陷共。波蘭、羅馬尼亞、保加利亞、南斯拉夫、阿爾巴尼亞等國在一九四四年八月至十一月間陸續赤化。而匈牙利、東德、捷克則於一九四五年的四、五月間淪爲共產國家。

❾Stephen White, "Economic Performance and Communist Legitimacy," *World Politics* 38, No. 3(April 1986), pp. 462-82.

競爭持續進行，資本主義經濟制度逐漸顯見其韌性，矯正其先天性分配不平與剝削的問題，改善工作環境、健全工會組織、發展社會福利。但在另一方面，社會主義經濟卻逐漸暴露缺陷，造成經濟停滯、供需嚴重失衡，使得這些政權的合法基礎受到嚴重傷害。

社會主義經濟制度的特點，表現在工業化、農業集體化、生產工具公有制、中央計畫與控制，以集中國家資源於少數戰略性工業（譬如重工業部門），是以其經濟的成長十分直接而有效。但是，隨著各該經濟體逐漸趨向成熟，計畫經濟的原始推動力反而成爲其進一步發展的最大阻礙，其所遭遇的問題，包括原料和能源的短缺、農業生產嚴重落後、缺乏效率、生產科技落後、管理方式呆滯、外債增加、以及高通貨膨脹等。長期的政治壓制、加上經濟失敗，逐漸將原已動盪的社會推向崩潰，此即梅耳(A. G. Meyer)所謂共產國家權威「原始累積」(primitive accumulation of authority)的失敗：

> 共產國家之科技革命，使得列寧主義與二十世紀末葉後工業現代化的迫切要求格格不入，這種制度上的不調和使得人們開始注意到民主在冗長的現代化過程中，可能具有不可或缺的角色。因此，原來賴魅力統治的獨裁者，勢必尋找新的合法性來源❿。

三、中共對東歐挑戰的反應

這場風暴遲早要來。這是國際的大氣候和中國自己的小氣候所決定了的，是一定要來的，是不以人們的意志爲

❿ A. G. Meyer, " Authority in Communist Political Systems, " in Lewis Edinger, ed., *Political Leadership in Industrial Societies*(New York: Wiley & Sons, 1967).

轉移的，只不過是遲早的問題，大小的問題。

——鄧小平⑪

受到天安門事件（一九八九年六月）所造成內部動盪的影響，中共對來自東歐社會主義國家挑戰的反應，毫無疑問地是必定激烈。中共立即否認其與東歐情勢有任何類似之處、批評東歐國家拋棄社會主義、重新宣傳社會主義民主的優越性、並著重加強自身（尤其在黨和軍中的）思想教育工作。

新任總書記江澤民在一九八九年十二月會見香港記者團時，表示中共和東歐情況有五點「不一樣」，不可能發生類似革命，這五點是⑫：

第一、我們黨是用馬列主義、毛澤東思想武裝起來的、與人民有血肉聯繫的黨，是偉大有戰鬥力的黨，我們覺得沒有受第二國際社會民主主義的影響。

第二、我們的軍隊是經過長期革命戰爭考驗，證明是有相當戰鬥力的軍隊，是用馬列主義、毛澤東思想武裝起來的有嚴格政治紀律、始終處於絕對領導下的軍隊。

第三、我們國家的成立是自己解放自己，靠的是自己的軍隊，不像東歐是蘇聯紅軍解放的。

第四、我們國家的文化傳統、歷史傳統、地緣關係和東歐不一樣，中華民族歷史從來不屈服於任何外國，抗日戰爭以前，中國被叫做東亞病夫、一盤散沙，抗日把四萬萬同胞團結像一個人一樣，中國不是外來壓力所能壓倒的。我們的鄰邦大部分是友好的國家，並不是處於資本主義國家的包圍之中。

第五、我們黨把馬克思主義的基本原理和中國的實際相結合，產生了毛澤東思想，現在鄧小平同志繼承和

⑪〈鄧小平在接見戒嚴部隊軍級以上幹部時的講話〉（六月九日），收錄於張京育主編，《自由之血、民主之花——中國大陸民主的坎坷路》（臺北：國立政治大學國際關係研究中心，民國七十八年），頁五三〇。

⑫江澤民於一九八九年十二月二十日談話，見香港《大公報》，一九八九年十二月二十一日，二版。

發展了毛澤東思想。

對於東歐巨變後某些人提出中共也可能跟進此一「和平演變」論調⑬，中共反應迅速，立即駁斥，聲稱東歐國家受西方資本主義毒素影響，誤認社會主義國家可以「和平演變」至資本主義。中共宣稱東歐國家所爲已非改革，而是資本主義復辟，源於東歐領袖太過軟弱所致。在天安門事件發生後，羅馬尼亞是極爲少數捍衛社會主義國家之一，但在希奧塞古(Ceaucescu)政權垮臺之後，中共卻斥之爲「拒絕改革」所致。正確之途，中共認爲，應是「既要堅持共黨領導，又要堅持改革開放。」⑭

一九九○年二月四日至七日蘇共召開了重要中央委員會議，會中戈巴契夫推動通過了驟烈的名爲「行動綱領草案」的改革方案，包括放棄一黨專政、容許多黨政體出現、將政府權力分爲行政、立法、司法三權，建立總統對議會的責任政治，允許市場經濟和個人所有制、以及依自由選舉原則改造蘇聯共產黨。就在此一中委會召開的前夕，莫斯科市出現了規模空前的二十萬人遊行。

針對莫斯科所宣示的震驚全球的「行動綱領草案」，江澤民在二月七日會見美國議員訪問團時表示：中共在任何條件下也不會走蘇聯那樣的政治徹底改革道路。《人民日報》二月八日評論文章也重申反對取消黨的領導作用，強調「若無黨的堅強領導，必然出現新的戰亂，民族四分五裂，老百姓重新遭殃。」⑮

另外，中共在一九九○年一月已首度將民主黨派的性質自「友黨」改爲「參政黨」。待蘇共中委會甫一結束，

---

⑬有關「和平轉移」理論及中共反應，見 An-chia Wu, "'Peaceful Evolution': Western Challenges and Peking's Response," Paper presented at the 19th Sino-American Conference on Mainland China, June 12-14, 1990, Taipei, Taiwan, Republic of China.

⑭蘇紹智、蕭小明，〈路標改了、中共在十字路口怎麼走?〉，《中國時報》，民國七十九年二月八日，三版。

⑮〈維護國家的長治久安是中共各大民主黨派的神聖責任〉(社論)，《人民日報》，一九九○年二月八日，一版。

中共便於二月八日發佈「中共中央關於堅持和完善中國共產黨領導的多黨合作和政治協商制度的意見」，強調實行共黨領導的多黨合作制是中共制度的特點和優點，與西方資本主義之多黨制或兩黨制不同，也和一般社會主義國家實行的一黨制有別⓰。此一文件本於一九八九年十月三十日定稿，選擇二月發佈，可見蘇共會議對中共的震撼作用。關於中國共產黨與民主黨派的最新定位，「意見」有如是說明：

中國共產黨是社會主義事業的領導核心，是執政黨。各民主黨派是各自所聯繫的一部分社會主義勞動者，和一部分擁護社會主義的愛國者的政治聯盟，是接受中國共產黨領導的，同中共通力合作、共同效力於社會主義事業的親密友黨，是參政黨。

中共在批評東歐共產政權對其軍隊的控制和思想教育不足之際，也開始加強自身對黨、軍的政治教育工作。鄧小平在「對北京戒嚴部隊軍級以上幹部講話」（一九八九年六月九日）時稱讚「解放軍」通過了一次嚴峻的政治考驗⓱。在一九八九年十一月召開的一次全軍政治工作會議上，保證「人民解放軍」的絕對領導，保證軍隊在政治上永遠合格是主要結論。爲了加強領導，軍中開始加強政治思想工作⓲。文革期間的「學雷風運動」再度受到全面的肯定。鑑於天安門事件中有指揮官拒絕武力鎮壓的傳聞，團級以上幹部必須參加馬、列主義和毛澤東與鄧小平思想的研讀⓳。

江澤民在一九八九年十二月二十九日在「黨的建設理論研究班」上講話，強調「要確保黨和國家的各級領

⓰此「意見」於一九八九年十二月三十日定稿，但中共遲至翌年二月九日才予公佈，顯見中共等候最佳時機。文件原文刊登於《人民日報》，一九九〇年二月八日，一版。

⓱同前注⓫。

⓲見香港《大公報》，一九八九年十一月十四日，一版。

⓳香港《大公報》，一九八九年十二月十五日，一版。

導權掌握在忠誠於馬克思主義的人手裡。」以前強調的「幹部四化」——亦即專業化、知識化、革命化、年輕化，在江澤民的講話中，強調「要以革命化爲前提。革命化，最主要的就是堅定忠於馬克思主義的立場。」[20]爲了抗拒東歐的挑戰，鞏固黨的領導和清除黨內異己分子的工作也較前明顯增加。

四、中共民主化可能性的探討

雖然中共極力否認大陸情勢與東歐近年發展有任何可能相似之處，事實上兩者間也確實存有相當差距，但是面對兄弟之邦一個個相繼變色，中共憂慮之情不言可喻。

首先，中共近年確實有股與蘇共相似的危機感。鄧小平在一九七八年十一月曾經有感而發地說：「如果不再實行改革，我們的現代化事業和社會主義事業就會被葬送。」[21]對於十年來所實行的改革與開放政策，中共上下已經取得相當共識，並已對僵固的政體造成鬆動的現象。一九八九年天安門的民主運動提供了居住在大陸的中國人一個難得的機會，讓他們不僅開始重新評估以前所讚譽的「鄧青天」，也對社會主義整個制度開始重新檢討。

天安門事件對大陸知識分子的影響尤其深遠。許多知識分子開始重新自我定位，重新發現並肯定人的價值，否定馬克思主義以及據以建立的政治權力型態，持有這種反省意識的知識分子中，不乏知名人士[22]。此一象徵大陸新的「文藝復興運動」，受到東歐的啓示與強化作用。事實上，此一否定與反省的運動，始於天安門事前之前。

---

[20]見《人民日報》，一九八九年十二月二十九日，一版。

[21]〈堅持四項基本原則〉，《鄧小平文選》（一九七五—一九八二年），（香港：三聯書店，一九八四年），頁一四八—四九。

[22]嚴家其在與方勵之對談時坦承，雖然他過去受到方勵之思想的指導，但是不敢完全認同。因爲馬克思主義仍然深植大陸青年思想中。

有一派學說強調和平過渡至一較佳社會，認爲經濟發展與民主政治雖然並不一定具有直接的關聯性，但卻相輔相成。這一派學者引用拉丁美洲與亞洲四小龍的例子，認爲經濟發展和威權政治可以同時並存，並不一定要相剋相違，強調當前中共最需要的，是一穩定的政治環境以利經濟發展，並予民主政治以時間以利未來成長，政府迫切需要一種新的「權威」，固稱之爲「新權威主義」。

另有一派則激烈的主張，目前中國大陸所須要的，並不是一長期的「和平演變」，而是愈快亂愈好，最好是中共政權立即垮臺㉓。

除了加強對黨員和軍隊的政治工作外，中共還採取措施，以穩定工人階級。一九九〇年三月結束的十三屆六中全會中，稱共黨爲「全心全意爲人民服務的工人階級先鋒隊」，會後所發表的公報突出階級屬性，這是十年來極爲罕見之舉。中共似乎開始重新強調工人階級，清洗知識分子和青年學生；宣傳有實踐經驗的工人，可優先進入大學。在有些地方，大學生和研究生也被送往軍隊與農村，接受教育。文革時期的強迫式動員，又有復活的跡象㉔。

經濟上而言，自一九八〇年代中期開始的價格改革，有效地抑制了通貨膨脹的肆虐，物價大幅下滑，某種程度成功地緩和了不滿情緒。懲治貪污、掃蕩「六害」的工作，也受到人民的歡迎。這些舉措都有鞏固統治的意義在內。但也有人將這些政治穩定的指標，批評爲表面現象，實際上中共正坐在活火山口上，隨時都有爆發的可能。此一體制在第一代的革命元老凋零以後，很快便會瓦解㉕。近來有關江澤民（總書記）李鵬（總理）不和的傳言，時有所聞，這些發展顯示中共未來可能改變的跡象。

㉓陳文鴻，〈中國愈快亂愈好？〉，香港《明報》，一九九〇年五月十五日，二十四版。
㉔〈中共強調工人階級屬性〉（社評），香港《明報》，一九九〇年三月十四日，二版。
㉕夏廬，〈中共會不會步羅共後塵？〉，香港《明報》，一九八九年十二月二十五日，五版。

造成東歐變革最明顯而直接的原因，是經濟改革的失敗。中共控制式經濟走向市場經濟體制的過程，是一把兩面皆利的劍，稍有不愼，便可能傷及本身，最近波蘭的經驗可爲說明。在「團結工聯」贏得選舉開始執政之後，採取了其美籍政治顧問哈佛大學經濟教授沙克斯(Jeffrey Sachs)的建議。開始就所有權、物價、利率等問題進行自由化的工作，結果造成三位數字的通貨膨脹率。高度集中與公有化的經濟制度改革不易，有些項目如物價改革、利率調整、匯率等涉及幅度較單純，但是管理方式、所有制的轉變、資訊交流、完備的法律制度、以及企業精神等，須要長時期的培養和建立，無法一蹴可幾。就中共而言，自一九八八年採行經濟調整措施以來，雖然有效地壓制了過熱的經濟成長，對工業生產也附帶地造成了嚴重傷害，引起工廠關門、工人失業增加，市場活絡受到影響㉖。中共似乎一再在孟提爾斯(John M. Montias)所謂的「集權與分權之間的惡性循環」中打轉。由於科技與研發的需要，企業自主性乃屬必要，因此，中央集權式經濟在「遭遇重大問題時，有賴集權解決問題，但在面對各別問題時，則又須要分權」，導致政府對經濟控制力的削弱。根據孟式的說法，一有危機出現，分權現象又成爲快速反應的阻礙，集權勢必重新擡頭㉗。

未來中共是否會經歷東歐式民主化的轉換過程?中國大陸是否有出現公民社會的可能?此等問題與未來中共經濟改革是否成功有十分密切的關聯㉘。經濟改革倘若失敗，必將導致民懟。間接助長了東歐由下而上式的革命的可能。經濟改革可能面臨的困難固然可能予保守派發展空間，也可能迫使領導階層進行更徹底與全面性的

㉖此爲根據美國中央情報局於一九九〇年六月所公佈的"China's Economy in 1989 and 1990: Trying to Revive Growth While Maintaining Social Stability" 資料而得。根據此一報告，中共壓制經濟過熱的結果，導致了截至一九八九年底爲止，有大約三分之二的城市工廠宣佈倒閉或裁員減產，另有約一百萬鄉村企業因而關門。此外，城市的失業率亦達到十年來之最高潮。

㉗John M. Montias, "Types of Communist Economic Systems," in Chalmers Johnson, ed., *Change in Communist Systems* (Stanford, Calif. : Stanford University Press, 1970), pp. 130-32.

表一　一九五〇年以來共產國家經濟成長（國民所得每年平均成長百分比）

	1950-1955	1956-1960	1961-1965	1966-1970	1971-1975	1976-1980	1981-1983	1980-1985[a]	planned 1985-1990[a]
保加利亞	15.6	11.7	7.7	10.4	9.1	6.9	4.3	3.7	5.4
捷　克	9.6	7.9	1.6	7.9	6.1	3.9	0.8	2.1	3.5
匈牙利	6.4	6.8	4.4	7.8	7.1	3.0	1.8	1.4	0.5 (85-86實際數字)
東　德	17.0	8.2	3.8	5.7	6.0	4.5	4.1	4.3 (81-85)	4.6 (86-90)
波　蘭	10.2	7.5	6.9	6.7	11.9	1.3	-4.0	-1.4	-
羅馬尼亞	18.8	7.5	10.9	9.0	14.4	8.1	2.9	-	-
蘇　聯	14.2	10.9	7.5	8.9	6.3	4.7	4.0	3.5	3.7-4.2
中　共[b]				8.3	5.5	6.0		9.5 (1981-1985)[c]	8.0(實際數字) (1986-1989)[c]

資料來源：Stephen White, " Economic Performance and Communist Legitimacy, " *World Politics* Vol. 38, No. 3 (April 1986), p. 466.

a. German Institute for Economic Research ed., *GDR and Eastern Europe A Handbook*, translated by Eileen Martin(Vermount: Gower Publishing, 1989).

b. Bruce L. Reynolds and Ilpyong J. Kim eds., *Chinese Economic Policy* (N. Y.: Paragon House, 1989), p. 93.

c. Department of International Economic and Social Affairs of the United Nations, *World Economic Survey, 1988: Current Trends and Policies in the World Economy* (N. Y. : UN Publication, 1988).

改革（如戈巴契夫便是）。中共的政治改革脚步遠落於經濟改革之後，但也有些進展，譬如各地的人民公社已全面由地方政府所取代，而黨政分家也是近來改革努力的方向㉙。

上述各點皆爲中共民主化的有利因素，但是也有更多的不利因素値得考慮。

中國大陸地區的經濟發展程度遠不若東歐地區先進，但與一九四九年以前相比較，目前的生活水準已有顯著改善，一般人民對此大體滿意。中共因此不斷發表言論，以印證社會主義的「優越性」。比方說《人民日報》在今年（一九九〇）二月的一篇文章中，即公開稱讚四十年來中共經濟成長的速度要比已發展國家的平均數爲高，更不用說其他發展中國家了㉚。此外，中共一再以社會主義國家起步晚，一般基礎建設較差作爲爲何蘇聯發展要落於美國之後的理由。中共也常將其各項生產指標用以與日、美、印度等國相比，用以說明社會主義實質進展不落人後㉛。

另外一項不利中共民主化的因素，是流行於中國大陸的政治文化，不但欠缺民主的元素，尚有許多封建的氣息存在，比方說許多居住在大陸的中國人至今仍有「明君」的觀念。近來大陸學者對「社會主義制度下如何

㉘波蘭的例子是，逐漸演化而生的公民社會對其民主化運動有相當助益，見Bronislow Geremrk, " Postcommunism and Democracy in Poland", *The Washington Quarterly* (Summer 1990), pp. 125-31. Geremek 氏認爲波蘭民主化的另外兩項戰略，則是放棄暴力革命以及採行一種混合式的政、經制度。

㉙有關中共的政治體制改革，見中共中央黨校政治體制改革研究組編，《政治體制改革理論探討》（北京：華夏，一九八七年）；遲福林等著，《政治體制改革基本問題探討》（北京：春秋，一九八八年）；劉河人、孫連成編，《政治體制改革的基本構想——學習鄧小平『黨和國家領導制度的改革』》（北京，光明日報，一九八八年）。

㉚筱文，〈『民主無東西之分』嗎？——駁嚴家其宣揚一個謬論〉，《人民日報》，一九九〇年二月二十一日，二版。

㉛〈社會主義能夠救中國〉由中共中央人民廣播電臺於一九九〇年一月二十三日播出。原文見於《中國大陸研究教學參考資料》民國七十九年一、二月第六四期，頁九五—一二四。

實現民主政治」頗有興趣，希望經濟自由化（透過市場機能的建立和改革所有制）促進政治民主化的實現。但又鑑於⑴目前尚無人能取代中國共產黨的地位；⑵中國須要一有力的權威穩定政局；⑶中共中央政府目前威勢有衰退現象，是故於一九八八年八、九月時醞釀了「新權威主義」。支持此一理論的，主要是趙紫陽的智囊。他們以亞洲與拉丁美洲國家爲例，說明威權式政體對個人政治自由的促成，以及國家經濟建設的發展，均有重大正面性的貢獻。「新權威主義」有下列特質：⑴主張依靠權威推動自由，並以剝削或保障自由做爲區分「新」「舊」權威主義的標準。他們深切關懷經濟發展，堅信保障自由經濟是經濟賴以發展的重要途徑，政、經可以二元化分開；⑵他們借助歷史爲其理據根據，以英國亨利二世專制君主，以及亞洲的臺灣、南韓和拉丁美洲某些國家爲例，認爲議會民主將導致效率低落與混亂；⑶「新權威主義」是在社會失序和腐敗現象叢生的背景下，尋求改革的來源㉜。

「新權威主義」也嘗試自西方學術中找尋理論支持。美籍學者韓廷頓因其著重政治制度和政治穩定的重要性，最受此派學者青睞㉝。韋柏思想的中心，是有效率的組織。韋柏學派對當前太平洋邊緣國家(Pacific Rim)之所以成爲成功典範的解釋，也傾向歸功於有效能的制度化組織、以及軟性的威權性政治控制所致，是以也是經常被提及的人選㉞。

「新權威主義」的立論基礎，是政、經二元化㉟，但如何達成此一分離目的，則有實際上的困難。名經濟學

㉜大陸有關「新權威主義」的論述不少，例如吳稼祥，〈新權威主義述評〉，上海《世界經濟導報》，一九八九年一月十六日，十二版；蕭功秦，〈權威制衡〉，《世界經濟導報》，一九八九年三月十三日，十一版；榮劍，〈『新權威主義』在中國是否可行？〉，《新華文摘》，一九八九年四月二十五日，頁一；呂嘉民，〈空想與深化危機的理論：新權威主義〉，香港《潮流月刊》（一九八九年七月十五日），頁七九—八○。

㉝Samuel Huntington, *Political Order in Changing Society* (New Haven: Yale University Press, 1977), Chapter 1.

者海耶克(F. A. Hayek)在其名著《到奴役之路》首先揭櫫社會主義政、經關係之密:「沒有經濟自由，斷不可能有政治自由。」[36]經濟與政治的關係，自洛克(John Locke)以迄李普賽(Martin Lipset)多所闡釋[37]。中央計畫與控制式經濟必將導致專制政體殆無疑問。在中共目前所大力提倡的「計畫商品經濟」概念下，仍然是中央計畫性經濟。只要中共在國家與公民社會兩個概念仍無法釐定清楚分際，經濟就必然繼續成爲政治運作的附庸[38]。亞洲四小龍與中共最大的不同，在於其經濟的自主性，因此政府的角色，只是扮演一個有效率的行政主管的工作，使得以私人所有制爲本的市場得以充份發揮此一自由。易言之，政府的功能在於導引而非全權宰制。

另外一項不利民主化的考慮，與中共政治制度的設計有關。打從中國共產黨於七○年前成立以來，權力(或路線)鬥爭便一直爲其政治文化的一部份。毛澤東於一九七○年曾經指出在中共黨史上有過十次重大的鬥爭[39]。自從鄧小平遂行改革以來，就改革的幅度與速度在中共內部已然引起廣泛爭論，造成所謂的「改革派」和「保守派」的對峙[40]。改革派認爲，馬克思主義沒有預見到當前資本主義的發展，也未預見社會主義所面臨問題的複雜性，顯然已失其時效性。歷史證明計畫經濟並非最好制度，從中共、蘇聯以及東德的實踐，已經徹底粉碎計

---

[34]Chalmers Johnson, "Political Instituions and Economic Performance," in Frederick Deyo, ed., *The Political Economy of the New Asian Industrialism*(Ithaca: Cornell University Press, 1987), pp. 136-64; See also, Friedman, "Modernization in Leninist States," p. 258.

[35]榮 劍，〈『新權威主義』在中國是否可行?〉，同前注。

[36]Friedrich A. Hayek, *The Road to Serfdom* (Chicago: University of Chicago Press, 1944), p. 25.

[37]John Locke, *Two Treatises of Civil Government* (London: Dent, 1924). Charles Lindblom, *Politics and Markets* (New York: Basic Books, 1977).

[38]見Shaomin Li, "The Road to Freedom: Can Communist Societies Evolve Into Democracies," *Issues & Studies* Vol. 24, No. 6 (June 1988),pp. 92-104.

畫經濟的種種神話，不能再依賴計畫經濟來發展經濟了。從歷史發展的角度視之，則市場經濟的韌性仍然十分強勁，僵硬的計畫經濟要轉變為較活潑的市場經濟，已是不可阻擋的歷史趨勢。至於「四個堅持」，改革派認為只要把握堅持黨的領導，其他三項「堅持」，可以少提，或者根本不提。要談改革，一些思想政治工作可以取消不談。毛澤東「階級鬥爭為綱」、甚至「無限上綱」的激烈意識型態說法，改革派認為經過數十年的階級鬥爭和學習、教育、剝削階級已基本消滅。目前所面臨的主要矛盾，是人民日益增長的物質需要，同落後的社會生產之間的矛盾，階級鬥爭已非主要矛盾。改革派認為十年改革進展非常緩慢。在改革的道路上，容或有不順遂發生，但仍應沿著既定決心加速推進，否則後果將一發不可收拾。

對於保守派，馬克思主義仍然是人類社會迄今最科學和最完整的世界觀和方法論，是偉大的認識工具。做為一馬克思主義者當前最大任務便是加強馬克思主義理論的學習、宣傳和研究。保守派認為社會主義國家中實行計畫經濟仍然十分必要，改革以來所發生的市場混亂，以及經濟層面上的不正之風，都是源自市場不按統一計畫所致。「四項原則的任何一項，都必然會掉入資產階級自由化的陷阱中。階級鬥爭是客觀地存在於人類社會中。新時期的階級鬥爭非但沒有熄滅，還會在一定範圍內長期存在，在某種條件下，甚至可能激化。天安門事件，便是一場動亂，是一場嚴重的階級鬥爭。將經濟建設提至中心地位任務，已經導致政治工作在地位上的下降。經濟上「翻兩番」的目標，只求增加速度，不顧潛在危機，因此經濟改革過熱的現象必須即刻冷卻，穩定

㊴中共黨內一直有所謂的「兩條路線鬥爭」之說，在一九四五年通過的「黨的若干歷史問題決議案」中，就此有明確說明。毛澤東於一九七一年下鄉巡視時，提出中共黨史上有十次大的路線之爭的說法，此一說法在一九七三年的第十屆全國代表大會上亦獲得通過。鄧小平上臺後，認為夠得上稱「路線鬥爭」的，只有陳獨秀和王明二次。見梁學初，〈從『鄧選』看中共權爭〉，香港《七十年代》，一九八三年八月，頁六一。

㊵陳雨晨，〈從中共內部改革理念之比較看大陸變化〉，《光復大陸月刊》，民國七十九年六月第二八二期，頁五－一七。

重於成長。

當前中共保守和改革兩派意見的強烈對立，不但影響經濟改革的進展，也使得任何開創性的政治自由化努力，勢必遭遇強大阻力。歷史證明，左派（保守）在政治上要比右派（改革）來得安全得多，劉少奇、胡耀邦、趙紫陽可爲殷鑑。

人權鬥士方勵之在論及中國大陸民主現況時稱：「這概念在我們這裡理解得很差，甚至在觀念上都談不上。」㊶自由、平等、選舉、人民、以及三權分立等概念，都被視爲是資本主義的產物。社會主義民主雖非完善，中共聲稱，但卻已成功地剷除了資本主義下生產工具私有化的最大缺陷㊷。中共當局一再反覆申述本世紀初期，資本主義在中國的試驗並不成功，社會主義證明更符合中國的國情。中共政治文化中仍存有的「明君」的觀念，也會妨礙民主化的發展。在許多居住大陸的中國人心中，一位開明的統治者能開創好的制度，因此其重要性凌駕於制度之上。鄧小平便被視爲此類統治者。在經濟上，鄧小平倡言改革。但在意識型態上，鄧小平仍然與毛澤東相似，重視政治的純化工作。自從自華國鋒手中取得絕對的主導權後，鄧小平於一九七九年關閉「民主牆」、壓制「北京之春」民主運動，提出「四個堅持」，後又陸續發起批判白樺的《苦戀》、監禁民權人士魏京生、並發動「反對精神污染」和「反對資本主義自由化」等運動。雖然這些強制性與壓迫性的事件大體出自鄧小平（或經過他的最後同意），但胡喬木與鄧力群卻成爲外界指責的代罪。「人治」觀念的深重也使得中國官員更具服從性，並處處爲上位者的情面考慮，此爲「三面紅旗」期間雖然明知政策偏頗失實嚴重，但卻少有人挺身而出以糾正毛澤東的失誤，此亦即弗里曼教授(Edward Friedman)所謂的「官方膽怯」(official cowardice)意之所

㊶方勵之，《我們正在寫歷史——方勵之自選集》（臺北：遠見，一九八七年），頁一三。

㊷同注㉚。

指㊸。

中共經常提到其所繼承的，是一「半封建」、「半殖民」社會，並常以此作爲其制度失敗與發展後人的藉口。有些西方學者也同意此一評估，認爲「五四運動」和共產政體的建立，都沒有能將列寧主義者所聲稱已將之埋葬了的封建主義清除於中國大陸㊹。發生於西方的封建主義含有民主的成份，譬如王權的限制、民權的保障、人民有反抗暴虐統治的權力、以及「自由人」得以自由意志簽署契約協定等信念皆是㊺。但是在中國，封建主義（思想）卻常常和「反動式的盲目愛國主義」（reactionary chauvinism）、「民粹式的恐外心理」（populist zenophobia）、以及種族主義（racism）相連㊻。中共處理非共黨派與民主運動的歷史經驗，充分反應了此種封建主義心態。在中共政權成立之初，「民主黨派」與中共享有地位大體相等。由「中國人民政治協商會議」通過的、具有臨時「憲法」性質的「共同綱領」，乃由各黨派基於平等原則共同簽訂。但在一九五四年憲法中，此項平等性不復存在。「民主黨派」人士在一九五七年「雙百運動」時所提出的「輪流做莊」提議，被斥爲是資產階級右派思想。文化大革命初期，毛澤東會經提出「巴黎公社」式的直接民主構想，後來也爲「革命委員會」所取代。鄧小平處理一九七九、一九八六、和一九八九年的民主運動，在方法上與毛澤東時代並無不同。東歐的民主化運動除了拜其社會內部所遭遇的各項特異問題之賜外，這些國家還有久遠的批評馬克思主義正統思想的傳統。吉拉斯(Milovan Djilas)的《新階級》(*The New Class*)便是此種批判理論的早期代表。在匈牙利共黨於一九四五年取得政權以前，盧卡奇(Georg Lukacs)對馬克思、列寧、和史達林主義已經展開嚴厲的批判。在他領導

㊸Friedman, "Modernization in Leninist States", p. 261.

㊹*Ibid*, pp. 260-62.

㊺Barrington Moore, Jr., *Social Origins of Dictatorship and Democracy* (Boston: Beacon Press, 1967), p. 415.

㊻同注㊷。

下的布達佩斯學派(the Budapest School)對匈牙利社會所造成的影響十分深遠。

在中國大陸則無此種批判理論的傳統。在方勵之於一九八五年開始有系統的批評共產主義以前，類似的舉動皆十分零星。中國大陸學者在幾十年的鬥爭洗禮下，都已學得謹言慎行、不敢輕易發表不利共黨的言論。被中共指爲八九民運主要策畫人的前「中國社會科學院馬恩列史研究所」所長蘇紹智，在一九七八與七九年訪問南斯拉夫和匈牙利之前，從未接觸過此類流行於東歐的批判學派思潮。一般知識分子和青年學生有關民主的概念皆極片斷而模糊。

五、結　論

毛澤東於一九四九年一月所發表的〈論人民民主專政〉一文中如是說：「十月革命幫助了全世界……走俄國人的路——這就是結論。」[47]一九五七年十一月十七日，他在會見莫斯科中國留學生時又說：「社會主義陣營必須有一個頭，這個頭就是蘇聯……無論什麼時候，現在、將來、我們這一輩子、我們的子孫，都要向蘇聯學習，學習蘇聯的經驗，不學習蘇聯，要犯錯誤。」[48]

這些標榜蘇聯的讚辭當然都發表於中、蘇共分裂之前。現在中、蘇雙方既已和好，中共是否仍會「走蘇聯的路子」，從事政治方面的深度改革?

許多學者都會同意趙紫陽的重要智囊、前中共「經濟體制改革研究所」所長、現流亡美國的陳一諮的意見：

---

47 毛澤東，〈論人民民主專政〉，【毛澤東選集】第四卷（北京：外語出版社，一九六七年），頁四一三。

48 此爲毛澤東於一九五七年十一月十七日向中共派赴莫斯科留學生講話。

凡屬共黨國家改革面臨二問題，一是如何自計畫經濟過渡爲市場經濟、如何解決產權問題、以及國營經濟增資由誰負責？二是自集權過渡到民主，如何有效組成獨立推行民主力量[49]？雖然此二問題密切關聯、難以強分，但本文重點集中於第二類組問題。

中國大陸未來民主化的問題在目前有積極的因素可見。自一九七九年以來所採行的全盤經濟改革方案已成功地改變了中國大陸的基礎結構以及人們的思維方式。但是中共社會仍與外界隔絕，當前的組織形態與哲學趨向也有利於專制統治。

自結構而言，中共仍然十分僵化，外力難以滲透、影響。雖然中共政權提倡黨政分開有年，但是「黨組」仍然是政府內各部門決策的主要場所。除非中共放棄「堅持黨的領導」原則，否則其徵召「民主黨派」領袖參與國務院工作的新政難以落實。相同的難題見之於「全國人民代表大會」以及其在各地的分支機構。在一九八八年所召開的第七屆「全國人民代表大會」的近三千名代表中，只有四人具有律師背景。於一九八九年四月所召開的七屆人大二次會議上，代表總共提案四一一件，其中夠得上水準而提交專門委員會審查的，只有七十四件。自一九八三年修改憲法，給予代表提案權以來，尚無任何議案列入全體會及常委會日程的前例。[50]代表水準不足，僅爲兼職性質，每年僅有半個月的時間參加工作。是以「全國人民代表大會」的監督功能幾乎完全不存在。前述問題僅是中共未來民主化過程中的少數幾項罷了。

東歐的巨變固然令人震驚，但若仔細審視其社會環境條件，則對這些變化終將來臨也就不致大驚小怪。環顧今日大陸社會，則許多相應條件並不成熟。由此觀之，中共要全面追隨東歐經驗，恐怕非短期間所可能！

---

[49]《聯合報》，一九九〇年八月六日，十版。

[50]秦朗，〈人大代表議政能力尚待提高〉，香港《大公報》，一九八九年四月五日，二版。

四十年中共外交政策實踐的評估

——自主目標的抗爭

張雅君

一、前　言

一九四九年九月，中共政權在冷戰世局下成立，自此，中共展開其所謂「社會主義新型外交」❶，以為其政權存續與壯大的利益服務。外交政策必然有具體設定的目標，綜合觀察，四十年來中共政權始終不懈所追求的外交政策目標有三，第一是安全的保障，第二是臺灣回歸祖國，第三則是對外影響力的展現，包括國際地位的提昇在內❷。

---

❶社會主義新型外交係周恩來所提出，他「要求把政治上的自主而不容任何外來干涉，經濟上自立而不依賴外援，當做我們觀察國際問題，決定外交政策，處理對外關係的基本出發點，創建我國社會主義的新型外交」，見裴光章、張光幼為中共「中央」人民廣播電臺所撰之〈新中國外交的創建與基本政策——第一部分〉一文，《中共廣播輯要》（國防部軍事情報局，民國七十八年一月五日）。

❷有關中共外交政策目標，學者有許多分析，參閱：Harold C. Hinton, *Communist China in World Politics* (Boston: Houghton Mifflin Company, 1966), pp. 107-118; Setven J. Rosen, Walter S. Jones, *The Logic of International Relations* (Cambridge: Winthrop Publishers, Inc, 1980), p.123.

目標雖持續不變，但中共的外交政策動向卻經歷多次變動。對任何國家言，外交政策根據內外環境變化而作修正，均在所難免，也是確保國家利益與目標達成的必要措施，然而中共外交在四十年間變動的幅度之大與頻率之繁，實非任何他國所及；一九四九年中共向蘇聯「一邊倒」到六〇年代中蘇共分裂，一九七二年後轉而同頭號資本主義敵人美國進行「低盪」，到一九八二年後，又開始同蘇聯霸權主義展開和解，國際注目許久的中蘇共高峯會議也已於一九八九年五月舉行。這些轉折堪稱戲劇性，不但對國際構成重大影響，也顯示中共外交政策同其內政發展一樣，具有高度的不穩定性。

個人認爲，四十年中共外交政策實踐與政策取向上的劇幅變動，實反映了中共一項最根本，最重大的對外目標抗爭，卽在國際體系中積極尋求扮演一個高度自主的(autonomous)的角色；由四十年來中共不同時期的領導人毛澤東、鄧小平、胡耀邦、趙紫陽等，均一再聲言「獨立自主、自力更生」的共同外交立場，就可得到證實。基本上，「獨立自主」、「自力更生」的中心概念就是自主，這項自主性的對外追求，明顯具體表現在中共安全，臺灣回歸與影響力的政策目標實踐上。

二、中共對國際體系的自主性抗爭

通常，「獨立自主」被視爲一項單一的外交概念，所以，一國一旦獲得獨立與國際承認，按理不應在自主上發生問題，然而權力與資源分配不均的國際社會現實，導致情況並非如此理想。外交政策研究專家蘭特（Howard H. Lentner）就提醒領土主權固已普遍接受爲政治主權的形式，但仍遭受到許多明顯的挑戰❸，所以國家在國

❸ Howard Lentner, *Foreign Policy Analysis: A Company and Conceptual Approach* (Columbus: Charles E. Merrill Publish, 1974), pp.60-64.

際體系中保持相當程度的自主，事實上是確保獨立的前提。中共屢屢強調「獨立自主」，一方面是爲明確表示獨立自主原則的重要性，但另方面實暴露其自主利益遭到明顯巨大的挑戰，這項挑戰歸根結柢導源於二次大戰後形成的國際體系。

二次大戰後的國際體系具有若干特質：1.國際成員的力量差距日益擴大，美蘇已成爲具全球影響力的超強。2.國際體系呈現了意識型態對抗，自一九四六年柏林危機後，代表資本主義陣營的美國與共產主義陣營的蘇聯之間的冷戰對抗逐漸形成，全球無不受影響。3.在兩極對抗中，美國資本主義陣營憑藉了紮實的經濟工業與優異的科技發展，仍牢牢掌握國際體系運作的主導權，頗能有效對抗蘇聯共產主義陣營向既存國際體系的穩定性挑戰❹。4.科技的突破與經濟資源的互通有無，進一步造成國際成員的相互依賴(Interdependence)，國與國之間的相互滲透性日益增大。

所以，固然獨立自主是每一個新興國家努力追求的目標，但上述特性的國際體系結構，使得大多數經濟基礎脆弱的新興國家，均不易完全自主的豁免來自於體系中強勢成員在政治、經濟、文化、意識型態各層面的滲透，致使它們的獨立僅限於領土主權的形式而已。無庸置疑，這種情勢導致中共具強烈的不安全感，由於帝國主義欺凌中國的歷史夢魘，以及經濟落後的事實，中共對西方主導的國際體系本已懷抱強烈恐懼❺，而其政權擁有的社會主義革命標誌，更使其擔憂領土可能遭致西方陣營進攻，或是其脆弱的政權可能無法抵擋資本主義意識型態的滲透而腐蝕崩潰。在這種情況下，中共因此企圖追求以隔絕外在滲透爲目標的絕對形式安全。

---

❹ Zbigniew Brezinski, "Recognizing the Crisis", *Foreign Policy*, February 1975, pp.63-65.

❺ Alan Lawrance, *China's Foreign Relations Since 1949* (London and Boston: Routledge & Kegan Paul, 1975), pp.1-5; Melvin Gurtov and Byong-Moo Hwang, *China Under Threat: The Politics of Strategy and Diplomacy* (Baltimore and London: The Johns Hopkins University Press, 1980), pp.12-14.

另外，中共擁有遼濶的領土，重要的地理位置與龐大人口，這種狀似大國的表徵使其不僅着眼防止外來的影響滲透，更進取性着眼於它在國際體系的地位與對體系結構的影響力；換言之，中共亟謀晉身成爲世局中心的角色❻，一掃自滿淸以降淪爲邊陲地位的屈辱命運；其基於馬列主義意識型態上的革命政權屬性與社會主義發展政策，原本卽負有向西方資本主義傳播滲透，並予以改造的對外擴張任務。

由上可知，中共在國際體系中的複雜特殊角色屬性，引導其外交政策企圖在體系中尋求高度的自主性，其中中共基於無產階級馬列主義理念上的革命與社會主義實踐屬性最具關鍵性❼，因爲這項屬性導致中共把自身的存續與發展同既存國際體系相互對立起來，而企圖製造一個以無產階級社會主義運作主力的國際架構，因而在追求自主的過程中，有別於多數獨立國家對既存體系的世俗化(secularization)妥協方式，而係以意識型態引導的激烈抗爭方式回應。

終毛澤東之世，中共都沒有改變這種以意識型態出發的國際體系秩序觀，毛是一意識型態狂熱分子，極端相信矛盾的運用與以多勝少的「統一戰線」，更漠視權力對比的國際現實，所以才宣稱「美帝是紙老虎」❽，並堅持推行「無產階級國際主義」的理念。在對內發展上，毛堅持實踐其極左的「自力更生」發展路線，認爲不需要仰求外在助力❾，這種內政取向反映在外交上，更強化了中共對既存國際體系的激進態度，國際也因此長期性的把中共定位於革命激進的一端。

一九七八年後，一項象徵中共劃時代轉變的事件，卽鄧小平主掌了中共政局。不同於毛的意識型態狂熱癖，

---

❻ Steven J. Rosen, *op. cit.*,p.123; Melvin Gurtov, *op. cit.*, pp.14-15.
❼ Melvin Gurtov, *ibid.*, pp.13-15; Alan Lawrance, *op. cit.*,pp.8-12.
❽ 毛澤東，〈美帝國主義是紙老虎〉，載【毛澤東選集】第五卷（北平：人民出版社出版，一九七七年五月），頁二八九—二九二。
❾ Melvin Gurtov, *op. cit.*, p.11.

鄧提出「實踐是檢驗眞理的唯一標準」，重視客觀現實規律，因此在對外政策上，鄧小平雖一再表示遵循毛的外交遺產[10]，但實際上，中共已不再視既存國際架構爲一極端對立事物，其因在於中共全力推動四個現代化，並且推展改革與對外開放政策，這種植基於務實主義上的發展路線必然性的將引導中共對其所處的強勢國際體系改以世俗化的姿態對應，如多數新興獨立國家一般。

三、抗爭目標之一：安全

安全明顯是中共追求自主的首要抗爭目標。基於美蘇超強對全球各區擁有無遠弗屆的政治、經濟與軍事影響力，中共因此在領土主權與內部整合上，不僅受到兩個超強本身的直接威脅，同時也遭到同美蘇超強聯盟合作的周圍鄰國的挑釁圍堵。所以，中共的安全政策基本上卽反映在對超強的離合關係上。

基於反帝國主義與社會主義實踐理念，中共政權在成立初宣佈對蘇聯「一邊倒」的政策，認爲保衞蘇聯的利益卽是保障自己的安全，並在蘇聯唆使下發動「抗美援朝」戰爭，同美國對抗。然而結果反刺激美國把圍堵共產主義的戰略防線，從歐洲延伸至遠東；中共希望社會主義鞏固壯大以保障自身安全的目標終成畫餅。五〇年代後，中共逐漸感受到蘇聯似已成爲中共安全上的一股新威脅來源，這表現在蘇聯明顯企圖以經濟援助指揮中共[11]，影響中共政治社會，使中共造成對蘇聯的依賴。其次蘇聯共黨總書記赫魯雪夫在一九五六年對西方提出

---

[10] 鄧小平對毛澤東外交遺產的接收，包括：自力更生政策，支持第三世界反殖、反帝的鬥爭，強調「三個世界」理論仍有效，反對超強從事核子軍備競賽、呼籲裁軍等方面。

[11] Zbigniew Brezinski, *Sino-Soviet Conflict*, 見朱雲漢、吳心健、王克文合譯，《布里辛斯基的外交觀》（臺北：黎明文化事業公司，民國六十五年十二月），頁九八—九九。

「和平共存」的建議，使中共有被蘇聯出賣之感。一九六三年蘇聯同美英二國簽署「局部禁止核子武器試驗」之舉，益使中共憂慮其安全利益可能遭到美蘇進一步勾結的損害[12]。無庸置疑，中共對蘇聯的安全憂慮是導致中蘇共最後分裂的原因之一。

一九六三年後，中共爲同時對抗美帝國主義與蘇聯修正主義，除自行研製試爆首顆核子彈外，並開始致力拉攏廣大的亞、非、拉美第三世界國家，中共認爲那些竭力爲擺脫殖民控制而同大國鬥爭的國家是「第一中間帶」，是「革命風暴區」[13]，因此毛澤東倡言「天下大亂，愈亂愈好」，並廣泛煽動革命，主要是中共認爲此有助於破壞美蘇支配的國際體系，造成國際亂勢，降低美蘇對它的安全損害。

問題是第三世界國家多數經濟無法自立，同時彼此的理念與目標差異甚大，難以團結，因而實不可能割斷同大國的臍帶關係，而形成足以同美蘇抗衡的另一國際勢力。反之，中共強烈的革命姿態與強烈的反蘇修政策，對蘇聯日益構成挑釁，迫使蘇聯不斷在緜長的中蘇共邊境增強軍力，而使中共安全在南北軍事雙重威脅下日益陷入困境。一九六八年，蘇聯軍事鎮壓捷克，並宣佈「布里滋涅夫主義」(Brezhnev Doctrine)，宣揚蘇聯干涉社會主義成員的合法性，此舉震動了內外交困的中共，爲現實安全考慮，不得不轉而同長期對峙的美帝「低盪」，因此發生了一九七二年美總統尼克森訪平的震撼。

一九七二年後中共與美國關係的日趨解凍，解除了中共長期以來擔憂可能被美蘇聯手攻擊的安全顧慮[14]。同

[12]〈蘇聯領導人背叛行爲的又一次大暴露〉，北平《人民日報》，一九六三年八月三十日。

[13]北平《人民日報》，一九六四年一月二十日，另見一九六三年六月十七日〈關於國際共產主義運動總路線的建議——中共中央對蘇共中央一九六三年三月三十日來信的復信〉。

[14]Alan Lawrance, *op. cit.*,p.6; Chün-tu Hsüeh, Robert C. North, "China and the Superpower: Perception and Policy," Chün-tu Hsüeh ed., *China's Foreign Relations* (New York: Praeger Press, 1982), pp.20-22.

時附帶的，中共同包括亞太在內的美國盟國的關係幾乎全面改善，對突破孤立大有助益。與此相對的，蘇聯對中共的壓力卻日趨嚴重，中共於是在越戰結束後積極謀組以蘇聯爲鬥爭目標的全球反霸統一戰線，一九七七年十一月中共發表「三個世界」理論分析的目的卽在此⑮，美國也基於抗蘇戰略利益而着手同中共建立安全合作關係⑯。鄧小平上臺後，急需西方國家提供資金與科技，使得美與中共戰略與經濟利益相互結合，加上越南於一九七八年底佔領柬埔寨與蘇聯在一九七九年底進攻阿富汗的軍事侵略，雙方的關係推進於是大有呈現「擬似同盟」(quasi-ally)的趨勢⑰。

然而，一九八二年九月中共宣佈「獨立自主外交政策」的前後，中共對美關係開始放慢步伐，也同時延緩了對蘇聯開始改善緊張的關係，究析其因在於：㈠中共覺悟到自七〇年代以來同美國關係進展的過於迅速，是導致蘇聯不斷擴張軍事行動的關鍵；在這種發展下，中共不僅未獲得和平安定的國際環境，卻徒然成爲西方國家反蘇的一張牌。㈡中共同美國之間體制不同，價值理念互異，並存在許多障礙，如臺灣問題。㈢最重要的是，中共擔憂在發展路線上，對西方陣營陷入依賴，違反「自力更生」原則，尤恐懼美國透過科技與資金的援助，干涉其內政，輸入資產階級意識形態，而腐蝕其社會主義政治經濟秩序。

同以往比較，中共在一九八二年以來同時與美蘇發展關係的獨立自主外交實踐，確實較大程度的跳出美蘇

---

⑮北平《人民日報》，一九七七年十一月一日一—四版。

⑯參閱：Jonathan D. Pollack, *The Lessons of Coalition Politics: Sino—American Security Relations* (CA: Rand Corporation, 1984).

⑰基於美國與中共在一九七二年的低盪，具有高度戰略意涵，故而美國不少人，尤其是國防部門人員，如前國防部長斯勒辛吉(James Schlesinger)認爲中共固然未同美國正式訂盟，但其具有的制蘇功能，實已等於是美國的盟國，See: *Washington Post* August 12, 1976.

競爭格局，化被動爲主動的創造了較廣濶的安全空間，中蘇共邊境緊張形勢日益降低，中共國防預算也得以大幅下降。非但如此，中共更利用與美蘇之間的障礙，在三角關係中，發揮了某種程度的操縱能力，而獲得不少利益⑱，如美國對中共高科技出口不斷放寬⑲，蘇聯也在「三大障礙」（蘇聯駐軍外蒙，駐軍阿富汗與支持越南佔領柬埔寨）上對中共最終採取讓步⑳。

國際政治學者雅夫達(Michael Yahuda)認爲中共歷次透過對超強政策的劇烈轉變而化解安全危機是一種成功的自主表現㉑，這種安全上的自主實踐，也同時顯示於中共支持不結盟政策㉒與「人民解放軍」對外有限目標的追求上，前者導致超強圍堵防線的鬆垮，給予中共突破的良機，後者則達成防止敵對者對中共安全危害的進一步行動。

不過，一國在相互依賴的國際體系中，是難以得到絕對安全的，中共以往的表現充其量也只是得到相對自

---

⑱Lowell Dittem, "The Strategic Triangle": A Elementary Gametheorical Analysis, *World Politics*, Vol. 33, No. 4, pp.490-499. 中共在這段時間在三角關係中的角色頗類似於美國在一九七〇年代前期同時週旋於美蘇間的軸心角色(pivot player)

⑲一九八三年五月，美國將中共購買科技的類別，從P類升至同西歐，印度與阿拉伯國家相同的「V」類，准許中共購買大部分僅需商業部批准許可執照的「綠區科技」，以及在逐項審核基礎上的「黃區科技」(yellown Zone), See: Jonathan D. Pollack, *op. cit.*, pp. 116—117.

⑳一九八六年七月二十八日，蘇聯總書記戈巴契夫(Mikhail Gorbachev)在海參威發表演說，希望加速改善中蘇共關係，並願意從中蒙邊境與阿富汗撤軍，迄目前爲止，蘇聯已實踐這項諾言，而「柬埔寨問題」障礙也因爲中蘇共高峯會議召開在即而有突破。

㉑Michael Yahuda, *Towards the End of Isolationism; China's Foreign Policy After Mao* (New York: St. Martin, 1983), p.16.

㉒中共對中立主義的支持見：周恩來總理兼外交部長在第一屆「全國人民代表大會第三次會議上關於目前國際形勢，我國外交政策和解放臺灣問題」的發言，載【中共對外關係文件集】第四集（一九五六—五七），（北平：世界知識出版社），頁七四。

主(relative automnous)程度而已，因爲中共事實上不可能隔絕外在滲透影響，例如，蘇聯對中共提供的鉅額援助，爲中共奠定了初步工業、科技與國防根基，實已對中共社會經濟發生了廣泛深遠的影響㉓，所以中共難以全面的移植性西方的科技與發展經驗。同樣的，當前中共與西方經濟關係牽連日深，中共委實不易隔絕西方思惟對中共社會，乃至政治層面的滲透力，除非再度閉關自守。

四、抗爭目標之二：統一

統一意味領土的統一與主權歸一，中共統一的對象包括港澳與臺灣，但主要的對象在於後者，因爲牽涉到海峽兩岸政權的合法性與正統問題。從一九四九年迄今，中共曾嘗試各種政治、軍事與外交的手段企圖解決這個問題，在此，僅討論中共的外交作爲。由於中共把「臺灣問題」的存在歸咎於外力的干涉，因此中共在企圖解決這項問題的自主實踐上，同外力展現了強烈的抗爭。

首項中共持續不懈的外交作爲，即迫使意圖同中共建交的國家，必須以切斷同中華民國的官方關係，承認只有「一個中國」，作爲交換代價㉔。七〇年代前，由於中共採取敵視西方陣營的激進政策，我國的合法性爲國際普遍承認㉕。於是七〇年代後，中共用盡手段，將我排出聯合國，並且廣泛爭取西方國家與第三世界之建交，迄目前，在全球一五〇多個國家中，承認我國者，不到二五個，這些承諾我國的國家多集中於中南美洲，所以近年來中共把對第三世界的外交重點轉向拉丁美洲，並對沙烏地阿拉伯國出售威力甚大的東風三型（DF-3)導

㉓ Michael Yahuda, *op. cit.*,pp.69-71.

㉔同注❶，前引文，頁外三。

㉕至一九六八年，承認中共的國家共計五十個，多數是共黨與第三世界國家，西方國家大致均承認我國。

彈，企圖誘使沙國從事外交轉向。此外，中共也不斷排除我參與各種官式國際組織，目的在於孤立我國，扼殺我國的生存空間。

其次，中共最重要的抗爭顯示於對美關係上，中共認爲自五〇年代以來美國對臺灣的政治、軍事與經濟連鎖，是導致中共無法順利統一的罪魁禍首㉖。七〇年代前，中共一再聲言要「武力解放臺灣」，一九五八年中共對金門發動大規模進攻，還發動數次空戰，但均被我方擊退，中共因而以激烈措施不斷抨擊美國的對臺政策是「干涉內政」，製造「兩個中國」，更指責美國根據中美共同防禦條約的駐臺之舉，是對「臺灣的佔領」，對「中共主權的踐踏」㉗。

因此自一九七二年尼克森訪平始，中共就開始在這項問題上對美國施壓，要求美國同我方斷交、撤軍與廢除協防條約。基於蘇聯擴張日亟，卡特政府終於在一九七八年底應允中共這三項要求而同中共建交，但國會事後亡羊補牢，於次年三月通過「臺灣關係安全法」，準備繼續對我國出售軍火，以保持臺海軍力平衡，中共與美國在「臺灣問題」上的糾紛自難以消除，一九八一年五月，中共因爲荷蘭對我國出售兩艘潛艇而把對荷蘭關係降爲「代辦級」，用意卽在警告美國。在中共連番密集式抨擊與恫嚇下㉘，美國終於屈服，不但否決對我方出售FX先進戰機，並發表八一七公報，向中共承認對我國的軍火出售將作質與量上的漸進減少，並視臺海和平情勢的發展而導致最終的解決。中共雖然並不十分滿意，但爲促使美國加速對其高科技移轉，也只有暫時妥協。

以上中共在外交上的抗爭，基本上達到了爭取國際合法地位與政權正統性的目的，但卻仍無法兼併臺灣，

㉖資中筠，〈歷史的考驗——新中國誕生前後美國的對臺改策〉，《國際問題研究》第三期（北平：國際問題研究中心，一九八二年），頁三四一—四二。

㉗同前注。

㉘北平《人民日報》，一九八一年六月十一日，中共警告美國「中共絕不犧牲主權的代價來交換同美國的戰略關係」。

實質的達成領土主權的統一。中華民國仍堅定屹立，經濟日趨繁榮，形式上國際合法地位的喪失，並未影響到我國同世界各國發展植基於互利基礎上的實質關係。對此，中共缺乏得以繼續干涉的籌碼，更缺乏干涉的合法依據，由此顯示了中共的自主性實踐受到限制。

自主性實踐更顯示在中共對臺武力使用上，基本上，中共是具有對臺用武的強烈意圖，但現實上，對臺軍事行動必然影響中共經濟建設，並破壞亞太和平安定，何況自尼克森訪平以來，美國雖一再對中共讓步，但均附上但書，即「和平解決臺灣問題」㉙，中共雖不以爲然，強硬表示用何種方式解決臺灣問題，純屬中共內政，外人不得干預，但實際上，美國的關切確對中共作爲構成影響，促使現階段中共優先選擇「和平統一」的方式解決「臺灣問題」。

基本上，中共在「臺灣問題」上的外交抗爭，只是希望排除外力干預後自主的解決「臺灣問題」，美國也一再的表示「統一」問題應在和平條件下由「中國人自行解決」，美國無意干預㉚，然而中共在鄧小平上臺後對臺提出的各種「和平統一」策略，如葉劍英的「九點和平統一方案」，及鄧小平致力推銷的「一國兩制」等，對我方絲毫未發生效力，而近一年來，我國政治改革加速，民間要求擴大外交空間，提昇國際地位，同時也出現「臺獨」聲浪，中共對統一的緊迫感頓然而生，因此，中共已一改早先希望外力不要介入的自主原則，轉而要求美國介入，對我國施壓，迫使我國加速同中共實施「三通」及與中共和談㉛，這無異與中共追求自主利益的目標相互矛盾。

㉙美國與中共關係發展的三公報，即一九七二年的「上海公報」，一九七九年的「建交公報」，一九八二年的「八一七公報」，均表達美國對臺海和平維護的關切。

㉚北平《人民日報》，一九八八年三月九日，吳學謙於三月訪美與田紀雲在五月訪美會見舒茲(George Shultz)國務卿時，舒茲均作不干涉、不介入的保證。

五、抗爭目標之三：對外影響力

中共對國際體系的自主抗爭，更進一步凸顯於它對外影響力的角逐上。其影響力的角逐具有三種層次的目標，最高層次目標是追求亞太區域的霸權，社會主義陣營的領導權及無產階級世界革命；中層目標是希望打破美蘇超強的全球性壟斷局面㉜，使世局能達成多元平衡的狀態；低層目標則是提昇其國際地位。基本上，這種進取性的外交作爲也是被中共視爲進一步確保自身安全的方式。

中共政權自成立後迄今，從未改變對亞太地區影響力的追求，主要有地理與歷史因素，更有導源於東西冷戰造成的不安全感。中共對亞太影響力的伸張表現於下列三方面：

1.武力的使用：中共曾三次對亞太鄰國發動戰爭，一九五〇年爲防止美帝進攻及實踐無產階級革命道義，而發動「抗美援朝」戰爭，一九六二年爲遏止印度實施「前進政策」對中印邊境領土的染指而攻打印度，一九七七年又爲保存越南佔領高棉下赤柬游擊隊的實力，而對越南施予小規模的「懲越戰爭」。

2.革命的輸出：爲促使鄰國普遍共產化，中共積極支持亞太各國境內的共黨組織與左傾叛亂團體，更長期支援北越共黨對抗法國、美國的「民族解放戰爭」。

3.「和平共處五原則」的提出，爲支持若干亞太國家的不結盟或中立主義政策，提升自己的威望，突破美國的孤立，一九五五年，中共「總理」周恩來在印尼萬隆舉行的亞非會議上提出了「和平共處五原則」，即「互

㉛參閱金凝，〈美國與中共對臺統戰——中美斷交十年的回顧與展望〉，《中國大陸研究》第三一卷第六期（臺北：國際關係研究中心，民國七十七年十二月），頁八——一一。

㉜ Melvin Gurtov, *op. cit.*, p.15; Michael Yahuda, *op. cit.*, p.17.

相尊重主權和領土完整，互不侵犯，互不干涉，平等互利，和平共處」，希望以此做爲國際關係的新準則。

中共在一九五六年後積極拓展對外關係，並重覆強調「和平共處五原則」，實有企圖擺脫蘇聯社會主義陣營束縛控制的意味。表面上，中共雖一再承認蘇聯對國際共產陣營的領導地位，實際上卻從不認爲自己應該接受蘇聯領導，五原則中的「互不干涉、平等互利」同樣適用於對蘇聯抗爭上。一九五八年後，蘇聯撤退對中共所有的援助，中蘇共爭執日益激烈，中共遂具有爭奪共產主義運動領導權的意圖，而不斷的宣揚其路線的正統性，在無法迫使蘇聯接受或是分裂蘇聯與東歐成員緊密關係後，一九六三年乾脆宣稱蘇聯爲「修正主義」，公開否定其領導權㉝。

同蘇聯決裂後，中共企圖發揮全球層面的影響力，以同美蘇抗衡，因而將對外影響力伸張場所從亞洲延伸到廣大的非洲與拉丁美洲，一九六三至六四年，周恩來訪問亞非十四國，周某在非洲不斷煽動各國反帝國主義與反殖民主義的革命情緒，其後，幾乎所有的亞非拉民族解放運動，以及各國境內叛亂組織均有中共插手其內，中共並積極對第三屆後的「亞非團結會議」予以操縱，以達宣傳目的。中共激烈的革命狂飈一度遭到許多亞非國家的抗拒，所以其後不久，中共改變策略，對於那些同帝國主義鬥爭，爭取獨立的解放運動採公開支援態度，但對於已獨立的第三世界各國政府，則採兩面政策，即一面公開支持既存政府，另方面則仍暗中支持左傾反政府革命組織㉞。

爲強化第三世界各解放運動及各國政府同大國抗爭的實力，以及爲具實的發揮對第三世界的領導作用，中

㉝同注⑪，前引文，頁八八—八九。

㉞參閱：Melvin Gurtov, *China and Southeast Asia–The Politics of Survival* (D. C. Heath and Company: Heath Lexing-ton Books, 1971), pp.159-166; J. D. Armstrong, *Revolutionary Diplomacy: Chinese Foreign Policy and United Front*

共除推銷毛式游擊戰爭策略與「自力更生」發展經驗外，也運用了大國普遍施用的外援作政策工具。但爲同超強互別苗頭，並證明其無產階級革命道義的無私，一九六四年，周恩來在訪馬里時，提出了慷慨的「中共對外經濟援助八原則」，其後，中共即開始廣泛的對第三世界各國、各團體等實施不同程度的援助，其中不少屬於贈與式的無息貸款。就中共對各區援助量額而言，亞洲與非洲兩區幾乎囊括了中共百分之八十以上的外援，其中又以非洲居首位㉟。

毫無疑問，以上中共的各種追求影響力策略，確實達成提昇國際地位的低層目標，但中層以上目標顯然成效不大，固然中共曾一度對非洲解放運動具較大影響力，同時也促進某些地區戰略平衡（如東南亞、南亞與東北亞），達到了防止敵對力量坐大及突破美蘇圍堵的效果，然而這些影響力往往屬短暫性而不具長期性，癥結在於中共經濟落後，缺乏足以維持長期性影響力的實力，而中共意圖使世局多元平衡與爭取霸權等中層以上目標，唯有維持長期影響力才能接近達成。以援助政策言，中共耗費了內部大量資源，犧牲了經濟建設，但仍難滿足廣大第三世界的需求，不少受援國的國民所得均大於中共㊱，美蘇超強的援外條件，固不若中共寬大，但卻能提供受援國遠超中共的數額，無論是解放運動的抗爭或是獨立國家的經濟發展，均屬現實事務，無法永久依賴革命道義的口惠方式解決，也因此，當七〇年代蘇聯插手非洲解放運動後，中共原有的影響力立即被削弱，越南也在統一後因爲鉅額蘇聯援助而導向蘇聯，並向中共挑釁，致使中共白白浪費了以往對越南付出的兩百億美元資源㊲。

㉟ John Franklin Copper, *China's Foreign Aid: An Instrument of Peking's Foreign Policy*(Lexington: D. C. Heath and Company, 1976), p.23; Also see: Wolfgang Bartke, *China's Economic Aid*(New York: Holmes & Meier Publishers, 1975), p.13.

㊱ John Franklin Copper, *ibid.*, p.3.

鄧小平上臺後，由於把從事經濟建設當作首要目標，因此現實考量已替代意識型態而作爲新階段下追求對外影響力的標準，換言之，中共僅以追求不過於耗費內部資源，並與其能力相符合的影響力爲目標。所以，雖然中共仍一而再強調「屬於第三世界」，堅持把加強和發展同第三世界國家的團結合作作爲對外工作的一個基本立足點，堅持支持第三世界國家爭取和維護民族獨立的鬥爭，支持第三世界發展民族經濟，謀求改善南北關係和發展南南合作的努力㊳，但在實踐上，中共實已將追求影響力的範圍由全球層面縮小至區域層面上。

具體透視，首先在革命輸出上，除非洲少數幾個尚在同西方帝國主義與南非種族主義鬥爭的解放運動外，中共事實上已暫時停止了對各國共黨與非法左傾團體的實質支持，雖然中共在八〇年代後不斷致力於政黨外交，但其交往的政黨均以具合法公開地位者爲對象㊴。其次，在對外援助上，中共對第三世界國家的實質援助量早不斷的銳減，一九八二年十二月，中共「總理」趙紫陽訪問非洲十一國，在阿爾及利亞，提出了取代以往經援八原則的「中共與非洲經濟合作四原則」，即「平等互利、講求實效、形式多樣、共同發展」㊵，所以現階段，中共以往的援助模式，僅施用於對其在戰略上具有重大作用的鄰近地區或團體，如北韓、泰國、赤柬游擊隊與巴基斯坦等，對大多數第三世界國家，中共改以加強經濟合作與進出口貿易的方式來彼此互利。

事實上，爲全力推動經濟發展，中共早已從援外者轉化爲受援者，惟有先進國家充裕的資金與優良的技術，

㊲「中華人民共和國外交部」外交史編輯室主編，《中國外交概覽》（北平：世界知識出版社，一九八七年），頁五五。

㊳見一九八六年中共總理趙紫陽在第六屆人大第四次會議上的「政府工作報告」有關外交政策部分，見「中華人民共和國外交部」外交史編輯室主編，同前注，頁一六—一七。

㊴北平《人民公報》海外版，一九八八年十二月十四日，一版。據中共宣稱，已同全球二百五十多個各種類型的外國政黨具有接觸與來往。

㊵同注㊲，前引書，頁一〇。

才能對中共發展有所助益，因而中共同先進國家的關係不可避免遠較同第三世界國家來的密切，中共對第三世界影響力的式微，從這裏卽可得到證實。

六、總結與展望

外交政策雖有所變，但也必然有不變的部分，對中共言，不變的部分就是提昇在國際間的自主性，以及促使國際體系結構走上多元化。只不過，中共實踐這項目標的方式，以及對安全、統一與影響力等具體目標追求的優先順序，將因主客觀的變化而有所不同。

綜合前述可知，八〇年代前，因爲毛澤東的巨大影響，中共對國際體系極端敵視，因而實踐了植基於意識型態理念上的外交政策，急躁地企圖達求高度自主的目標，但這種方式卻導致了下列三個矛盾：

第一、中共的貧弱能力無法配合其全球主義的外交取向，其安全、統一與影響力的目標實踐，反而深受美蘇超強的制約。

第二、中共意識型態主導的抗爭方式，進一步製造了國際情勢的緊張與對抗，但中共對世局的影響力並未因此提昇，反而在安全上時常陷入危機中。

第三、在能力不足與安全經常陷於絕境的情況下，中共在外交實踐上，往往必須以現實策略相對應，例如中蘇共分裂，或是中共與美帝「低盪」等，如此擴大了中共外交理念與實踐之間的差距，也進一步導致中共意識型態的危機。

這三項以往錯誤實踐的惡果，促使八〇年代後鄧小平主導下的中共，轉變對國際體系的敵視態度，並且拋棄意識型態理念，而改以務實態度來實踐外交目標。換言之，中共已把提昇自主與引導國際體系改變的目標，置於漸進追求的基礎上，因為中共瞭解到這項目標，並不可能獨立的因其主觀意志而轉移，而實質還關連到國家實力對比，以及客觀國際形勢變化等其他因素。中共這種對外交基本態度的轉變自然有助於減低外交理念與實踐之間的矛盾。

為一改以往能力不足的缺失，中共外交遂以發展經濟為優先目標，因而一方面致力減少需要耗費其大量資源的外交活動，另方面則普遍的強化同世界各國的經貿關係，尤其是同能提供中共足量發展資金與技術的西方國家發展密切關係，所以中共一再保證「對外開放」的方針不變[41]，並公然強調經濟外交的重要性。

中共既以發展經濟為優先，則勢必需要和平安定的國際環境，所以鄧主導下的中共也一改以往企圖助長國際局勢混亂的態度，而認為戰爭可以避免，國際緊張對峙可以降低，中共因此仍一貫強調美蘇應全面裁軍，以消弭國際緊張對抗的根本源頭，並呼籲以談判磋商的方式解決或緩和各地區性的衝突。中共自身也基於這種緩和的理念與需求，而自一九八二年同蘇聯進行關係正常化的談判；其目的不僅僅是為緩和中蘇共長久的緊張對抗，更希望謀致包括整個亞太區域的和平與安定。

從一九八五年迄今，客觀國際環境已因蘇聯共黨總書記戈巴契夫(M. S. Gorbachev)的上臺而有了突破性變化。同中共一樣，戈巴契夫首重內部經濟改善，並致力改革，因而也希望徹底謀求世局的緩和，這種理念終於促使蘇聯與美國在一九八七年底成功的在「廢除中程核導彈」問題上獲致協議，一九八八年五月，蘇聯又開始從阿富汗撤軍，整個國際形勢明顯趨向緩和，意識型態對立也漸行淡化，這種變化無疑進一步保障了中共的安全，有利於中共全力發展經濟，所以中共也在外交上積極的回應這種變化，這表現在中共與東歐關係的全面恢復，並加快同蘇聯關係正常化的步伐，同時，中共也現實的與南韓開展了經貿關係，並且可能同以色列建交。

---

[41] 「中華人民共和國外交部」外交史編輯室主編，同注[37]，前引文，頁二一六——二一七。

進一步觀之，面對當前內外環境，中共外交政策已明顯呈現了全方位取向，所以中蘇共關係雖即將於高峯會議後邁入新階段，但中共不會同蘇聯回至五〇年代損及西方國家利益的親密關係，中共已重行提出「和平共處五原則」，希望以之成爲包括社會主義國家在內的國際政治準則㊷。另外，中共固然同美日等國具有不少分歧，但必然會把分歧控制在不使彼此關係根基動搖的底限內，這種不樹敵的外交取向無疑是現階段中共認爲最有利其自主目標追求的有效方式。

㊷北平《人民日報》，一九八八年十二月二日，一版，香港《明報》，一九八八年十二月四日，五版。

一九九〇年代中共的對臺政策

宋國誠

一、前　言

一九八七年七月，我國政府宣佈解除戒嚴，同年十月，宣佈基於人道原則開放大陸探親❶。隔絕近四十年的兩岸關係開始出現鬆動和緩解。在此期間，中共召開了十三屆「全國代表大會」，確立中國大陸的社會發展仍處於「社會主義初級階段」，此一階段的中心任務是發展生產力，堅持改革開放，加速深化改革❷。中共「十三大」除了進一步確立「計劃爲主、市場爲輔」、「公有制爲主體、多種經濟成份併存」的經濟體制之外，另一個政策方向就是進一步對外開放，推動外向型經濟發展模式❸。趙紫陽的工作報告明確的透露，爲求有助於社會主義中國生產力的擴大，決心大力引進西方的資本、設備和技術，爲此，中共在對外政策上確立了兩個方向：一是積

❶「探親政策」首見於民國七十六年十月十五日行政院第二〇五三次院會決議。參見《大陸工作法規彙編》（行政院大陸工作會報編，民國七十九年九月），頁貳—一。

❷參見趙紫陽，〈沿着有中國特色的社會主義道路前進——在中國共產黨第十三次全國代表大會的報告〉，《人民日報》，一九八七年十一月四日，一版。

極由海外，特別是從美、日、西歐引進資本、技術和設備；二是積極創造一個和平穩定的內外環境，使開放政策能持續有效。

臺灣則自解嚴後，由於社會自主力量的急速膨脹，各種形式的勞工運動和環保運動相繼抬頭，對社會結構和經濟環境造成前所未有的衝擊。由於產業環境的變遷和調整，臺灣的剩餘資本乃逐漸向海外移轉，而隨著兩岸關係的解凍，臺商積極向中國大陸投資設廠，已有逐漸成長和擴大之趨勢。

一九八〇年代中期以後，臺灣的經濟有由邊陲朝向大陸中心發展的趨勢，大陸則有由一元封閉朝向多元開放發展的趨勢，而隨着國際經濟區域合作化的趨向日漸成熟有效，兩岸學者亦有「大中華共同市場」和「海峽兩岸經濟圈」構想的提出❹。然則，兩岸推動「互補性合作發展」的可能性，必須首先在政治上解決「衝突性體制融合」的問題，這正是兩岸互動的基本前提和目標，亦是未來兩岸關係發展的觀察重點。

本文旨在討論一九九〇年代中共對臺政策的內容、發展和目標，期能在其政策演變中，觀察中共對臺工作的方法和步驟。理解中共對臺政策的動向應是評估未來兩岸關係發展的重要環節。

二、兩岸關係的矛盾與統一

「六四」事件之後，兩岸之間首度出現自開放探親以來的緊張關係，這種緊張關係的本質來自於中共遭受

❸中共經濟開放政策之轉向及其國際經濟政策有關問題，參見董輔礽，《經濟發展戰略研究》（北平：經濟科學出版社，一九八八年）；及吳元黎，《中共國際經濟政策——『現代化』和『開放』的探索》（臺北：幼獅文化事業公司，民國七十六年四月）。

❹參見鄭竹園，〈大中華共同市場的構想〉，載《台灣經驗與中國重建》（臺北：聯經出版公司，民國七十八年五月），頁五〇七—五一五；另參見金泓汎，〈『海峽兩岸經濟圈』與東南亞經濟合作〉，載香港《鏡報》月刊，一九九〇年九月號，頁七四—七七。

「六四」之後國際社會的強烈制裁，以及連帶引起外資的退卻，另一方面，臺灣則在密集推動「務實外交」的策略下，連番突破國際交往上的孤立處境。在此期間，兩岸之間出現了如下幾項引人注目的發展趨勢：

1.「六四」事件嚴重傷害了臺灣居民共同的民族情感，激發了高昂的反共情緒，直接的影響就是兩岸政治關係的停滯和臺灣本土意識的高漲。臺灣人民對中國共產黨鎮壓民運的反感，有使民族情感進一步疏離淡化的趨向。

2.在開拓國際生存空間的強烈趨勢下，中華民國先後和四個國家（格瑞納達、貝里斯、賴比瑞亞、巴哈馬）建交和復交，此舉引起北京當局對我國「彈性外交」的大力抨擊。雙方在國際間的激烈競爭直接反映在兩岸關係的敵對和緊張態勢中。

3.一九八九年臺灣三項公職人員選舉，執政的國民黨受到相當程度的挫敗，一些以「新國家、新憲法」爲訴求的民進黨候選人，在選舉中斬獲豐碩，中共對此認定是海外臺獨勢力向島內伸展競逐，帶動臺灣本土意識高漲的結果，於是，中共黨內乃有武力攻臺的傳聞和呼聲。

4.一九八九年底，我國民間團體不斷邀請流亡海外的大陸民運分子來臺，中共見此乃批評以巴黎爲基地的「民陣」與國民黨「勾結」。這些批評十足反映北京擔憂臺北會和海外民運組織形成一條廣泛的「民主反共路線」❺。

5.臺灣最大企業集團負責人王永慶，在「兩岸人民關係條例」尚未通過立法之際，突赴閩、粵兩省訪問，並透露有意在大陸設立石化工廠。此舉不僅引起國內的巨大震盪，也引起中共對吸引臺資的高度興趣。

6.即將於一九八〇年三月舉行的總統大選，以李總統登輝爲核心的權力結構能否順利完成接班，其所主導

❺參見《星島日報》，一九八〇年二月四日。

的大陸政策將是何種局面和內容以及政治轉型的利害得失，都引起中共的高度關切。兩岸關係在此期間出現可能的突破但也包含不可確知的變數。

雖然客觀上存在上述五項緊張因素，兩岸卻出現了四十年來罕見的微妙關係，一種對立中「利益交集」的浮現以及一種既矛盾又統一的發展；臺灣正運用和推動一種逐步緩和的大陸關係來拓展國際外交，而中共雖然洞察了國際競爭中的矛盾，但卻積極運用兩岸和緩關係，加強吸引臺資並進行和平統一的宣傳攻勢。

三、從接見「統聯」到「全國統戰會議」

在中共內外環境處於低氣壓籠罩的這段時期，一支在臺灣被稱爲統派核心組織的「中國統一聯盟」，以相當可觀的陣容進入大陸訪問。在島內臺獨勢力高漲之際，「統聯」之行被稱爲是「提昇島內統一力量的絕佳時機。」❻這也意味着中共抓住了一次對臺民間團體統戰的有利時機。

中共總書記江澤民和「統聯」做了一次鄉情濃郁的懇談，順勢對臺灣做出「民族情感的號召」。江指出，中國文化是統一的基礎，應大力弘揚中華民族傳統文化，以促成兩岸的融合與瞭解。江澤民還引誦曹植的〈七步詩〉，比喻兩岸本是同根同族，兩岸應「不計前嫌」，從中華民族的長遠利益着想。江澤民特別強調，他雖不能承諾放棄對臺使用武力，但中共將努力爭取用和平方式解決統一問題，既是同一民族，沒有理由對立下去，完全可以自己和平解決，何必動干戈❼。

---

❻〈江澤民、吳學謙與台灣『統聯』談了些什麼？——台灣統聯訪北京記詳〉，香港《廣角鏡》月刊，一九九〇年三月號，頁一一。

❼同注❻，頁一二，江的談話全文見《人民日報》，一九九〇年三月十二日。

中共「副總理」吳學謙則對我國大陸政策中防止「三通」及「交流」的一些措施表示了強烈批評和不滿。諸如拒絕大陸知名教授訪臺、拒絕大陸新聞界訪臺、國民黨「反共拒和」的態度，臺灣仍稱共產黨爲「匪」，兩岸實際上已「三通」而國民黨仍堅持「三不政策」等❽。

(一)、民族情感的號召

除了官方的接見和談話之外，中共先後還發動了臺籍外圍組織，對臺進行情感號召。一九九〇年一月十八日，北京召開一次由「全國臺聯會」副會長徐兆麟主持的「在京臺籍人士座談會」，藉新春將臨之際向臺灣鄉親遙致問候。「臺灣民主自治同盟」主席蔡子民發言指出祖國和平統一是不可抗拒的歷史潮流，而臺灣當局仍然堅持的「三不」政策，在兩岸人員交往設置重重障礙；北京林業大學臺籍副教授歐國菁則認爲臺灣當局仍然奉行「人緊物鬆」、「出寬入嚴」的不對等原則，阻礙兩岸交流的進一步發展。他還熱情希望島內中青年的同仁們前來大陸，共同對感興趣的問題展開學術交流，希望有朝一日，讓兩岸炎黃子孫共祭社稷壇。北京「臺聯會」副會長魏玲則對臺灣的回臺探親規定中只能攜帶未成年子女的規定，提出了「不盡情理」的批評❾。

「中國國民黨革命委員會」中央主席朱學範，也以「國民黨老幹部」的姿態，呼籲臺灣執政的國民黨及其他黨派，能認眞考慮中共新一代領導基於中華民族的繁榮興盛而提出的「和平統一、一國兩制」的科學構想，作出積極的回應。朱還聲稱，「民革」與臺灣的國民黨舊同志，「誼屬同根、友情難忘」，他熱情邀請現居臺灣和旅居海外的國民黨元老及中靑年才俊，來大陸探親訪友，交換統一意見，共商統一大計。他還引述中山先生的

---

❽《聯合報》，民國七十九年二月十八日，十版。

❾《人民日報》，一九九〇年一月十九日，二版。

訓詞：「凡贊助和平統一者皆吾友，反抗和平統一者皆吾仇」，呼籲一切眞正服膺中山先生遺教的國民黨人，皆能三復斯言，及早做出有利於祖國統一的明智決策，參與祖國和平統一的進程[10]。

這些臺籍外圍組織並非中共對臺政策的決策單位，但卻是兩岸交流中聯繫臺胞的重要渠道，具有對來訪臺胞進行統戰宣傳的戰略優勢。中共企圖運用這些組織充當政策解釋和催化的角色，使中共的統戰宣傳產生多元滲透、多面傳播的效果。但是，這些長期居於附庸尾隨地位的組織，並不具有政策影響力，至多扮演政策傳聲筒的角色，對大陸內部人民產生政策說明的作用。

(二)、經貿利益的統戰

當「臺塑集團」擬在大陸投資設廠一事被披露時，不僅在臺灣內部造成震盪，對中共的對臺經濟統戰和吸納臺資的政策，也產生極大的鼓舞效果。中共國務院「對臺辦」在此時期加緊促進兩岸經貿發展、人員往來、文化交流、臺胞接待等工作。爲了加速臺灣資本技術加速向大陸移轉，中共加強改善投資環境、落實臺資優惠政策。一九八九年，「對臺辦」在福建設立「臺商投資開發區」，掀起自開放探親以來臺商大陸投資的高峰。「對臺辦」副主任唐樹備宣稱，未來的工作方針，將着重於提高接待工作的水平與質量，促進兩岸多領域的雙向交流，對兩岸採取「全方位」的開放措施[11]。

---

[10]《人民日報》，一九八〇年二月三日，一版。

[11]《聯合報》，民國七十九年三月二十六日，十版。

(三)、臺獨運動的恫嚇

一九九〇年三月十二日，中共召開七屆「人大」三次會議，李鵬在會中提出「政府工作報告」，聲言對當前動盪中的臺灣政局表示關切，堅決貫徹「和平統一、一國兩制」方針。李鵬所謂「動盪中的臺灣政局」其實是他報告中所指的「一些別有用心的人在島內掀起一股鼓吹臺獨的逆流，公然主張把臺獨從祖國分裂出去」⑫。李鵬對此提出了強烈的恫嚇，認爲「臺獨」主張「必然遭到全體中國人民的堅決反對，中國政府也決不會坐視不理的」⑬。

對於李登輝先生當選中華民國第八任總統，中共表現了一種「愛恨交加」和「憂喜參半」的態度。在中共看來，這位臺籍學者出身的新領袖，其所推動的大陸政策——尤其在就職演說中宣告將於九一年五月後終止動員戡亂的決定——基本上有助於兩岸關係的鬆解和開放⑭，但中共認爲李總統登輝沒有對逐年高漲的臺獨勢力，採取鎭壓或消弭的作爲，則深表疑慮。可以看出，中共對李總統登輝有着相當程度的「和平期待」，但對他「容許海外臺獨活動回到臺灣發展」，中共則表示相當的關切和憂慮⑮。然則從深層面來觀察，中共意圖塑造一種島內臺獨之高漲乃是李總統蓄意「縱容」和「姑息」所造成，藉此擴大臺灣憲政改革中「法統延續派」和「革

⑫《光明日報》，一九八〇年三月二十二日，二版。
⑬同注⑫。
⑭關於李總統登輝大陸政策的內含，參見朱新民〈李登輝時代的大陸政策——大陸政策中文化工作的定位〉，《東亞季刊》第二二卷第一期（臺北：政大東亞研究所），頁一—一五。
⑮參見〈期望李總統促進兩岸發展〉，《聯合報》，民國七十九三月二十三日，四版；及〈李總統處理台獨問題心慈手軟——訪中共『民革』副主席賈亦斌的談話〉，《聯合報》，民國七十九年三月二十五日，三版。

新保臺」派之間的矛盾和間隙，以達成分化離間的效果。

(四)、兩個「寄希望」

本世紀以來，「國共合作」一直是中共歷次統一戰線上的重要環節，「國共談判」則是中共解決重大政治爭議的策略手段。自一九八一年九月葉劍英提出「關於臺灣回歸祖國的方針政策」，呼籲國共談判，實現「第三次國共合作」以來，中共始終以執政的中國國民黨爲談判訴求的對象，但自臺灣解嚴以來，中共逐漸體認臺灣已是一個多元化的民主社會，各種社會自主團體和力量，都對政府的決策過程有所影響，因此，對臺灣內部進行多元統戰已屬必要。李鵬在前述的政府報告中特別聲稱：「完成祖國統一大業，我們寄希望於臺灣當局，更寄希望於臺灣人民。我們願意同臺灣各個黨派、團體和各界有識之士加強聯繫，交換意見，共商國家統一大事。」⑯由此觀之，擴大與國民黨外其他黨派的聯繫和籠絡，將是未來中共對臺政策上一大戰略轉向。

以當前的情勢研判，中共這種「多元統戰」策略是基於如下的考量：

1.擴大與其他黨派的接觸，將可創造一有利於靈活運用和施展「交叉壓力」的環境。

2.在臺灣政治轉型過程中，若干政治社團逐漸成長和壯大，一些在野黨派和團體累積了相當的民意基礎、政治競爭和政策制衡的力量，足以左右臺灣大陸政策的內涵與方向。

3.與其他黨派進行勾聯甚至簽訂協議，將削弱國民黨的正統地位和主導角色。在「孤立」國民黨的策略下，可以形成一種催迫國民黨走向談判的擠壓效果。

值得注意的是，這段期間中共從官方以至外圍組織，皆一致拒絕評論李登輝就任總統一事來看，中共仍然

---

⑯《光明日報》，一九八〇年三月二十一，二版。

一貫將臺灣定位於地方政府的地位上，不願承認國民政府的合法性，只願承認國民黨在臺灣的「事實統轄權」。這說明中共在未來的對臺工作上，將繼續擴大兩岸交流，但對臺灣的彈性外交則採積極的防堵政策，並擺出強硬姿態警告臺獨活動，力促兩黨對等談判。

四、「一個中心、三大塊」——求同存異的柔性攻勢

㈠、回應李總統的「統一三條件」

一九九〇年六月十一日，中共召開了「全國統戰會議」，中共總書記江澤民就臺灣問題發表談話，認為只要雙方坐下來，眞正本著「一個中國」的原則商談祖國統一，而不是搞「兩個中國」、「一中一臺」、「一國兩府」，一切問題都可以提出來討論、商量。這篇具有基本政策意味並將指導未來對臺工作方針的談話，包括如下幾項重點：

1.對李總統登輝關於兩岸關係的談話，諸如「臺灣和大陸是中國不可分割的領土」、「中國的統一和富強是所有中國人共同的期望」、「願意建立雙方溝通管道、研討國家統一事宜」，表示贊賞，並聲稱李總統登輝的談話已較「三不」政策進步許多。

2.希望臺灣當局在適當時機，派遣代表到北京或者其他適當地點，就和平解決臺灣問題進行商談。江澤民具體主張，在考慮到國共兩黨目前的地位、作用等現實狀況，國共兩黨應儘快進行「對等談判」，其他黨派團體也可共同參與談判。

3.重申「一國兩制」的適當性和可行性。宣稱在一個國家內，實行不同的政治、經濟和社會制度，「我不吃

掉你，你也不吃掉我」，相互尊重、共同繁榮。

4.重中國際法上「一國一府」的基本原則。聲言一個國家內不可能存在兩個代表這個國家的對等政府，所謂「一國兩府」，實質上是「兩個中國」、「一中一臺」，是走向分裂而不是邁向統一⑰。

從形式與內容兩方面來看，江澤民對李總統登輝的就職談話，採取了「求同存異」的回應態度，對於李總統登輝主張一個中國的認同意識和民族情感大力贊揚，對李總統願意建立溝通管道的宣示亦表樂觀其成。惟對於就職談話中的「和平統一三條件」——不在臺海用武、不阻撓臺灣的國際外交、大陸實行自由民主政經制度，則避重就輕不予置評。顯然，中共是在尋求「擴大交集面、縮小分歧面」的對話模式。

㈡、重申「國共談判」

江澤民重提國共談判的迫切性和適宜性，但採取的是一種「為臺灣設身處地」的姿態，認為此一主張乃是充分體認臺灣當局的處境和憂慮，並為解除此一憂慮和排除談判上的技術困擾而提出的。對此，《文匯報》還以代表官方的立場撰文指出，在過去歷史中，國共兩黨有過兩次合作，而合作又是兩黨對等談判而達致；國共處理兩黨平等談判已經有豐富的經驗，也有良好的成果，今天再通過兩黨平等談判來解決統一問題，不失是一個明智的方法⑱。由此看來，中共已體認如果兩岸政府之間進行談判，必然遭遇誰大誰小的問題、誰為中央、誰為地方的問題，如果一味要求雙方立即在敏感問題上交鋒，將不利於實現平等談判。未來中共將設法避免「中央壓倒地方」的對話模式，尋找一種能被臺灣接受的談判位置。

⑰《人民日報》，一九九〇年六月十二日，一版。
⑱香港《文匯報》社論：〈兩黨對等談判是現實辦法〉，一九九〇年六月十二日，二版。

所謂兩黨談判前與臺灣其他黨派團體「先行會商」的提法，顯示中共一方面在對國民黨作「催迫式警告」，一方面則企圖擴大兩岸會談的民意基礎和接觸幅度，從而產生一種「迂迴擴張」效果。這也顯示中共將避免統一大計是中共與國民黨一黨密商的結果，而是中共面向臺灣全民、以臺灣整體爲訴求對象的全民會商局面，藉此從中擴大統派意見，消除臺獨雜音，有利於開展談判的通路和環境。

㈢、「對臺工作方案」的具體作法

據臺北《中國時報》發自北京的消息指出，一九九〇年七月間，中共內部研擬了一項「對臺工作方案」，名爲「一個中心，三大塊」。所謂「一個中心」係根據李總統就職前後，臺灣政局的發展和兩岸關係新情勢，締結出「增強臺灣民衆的向心力，以消弭分離主義，加強和平統一」的中心目標。所謂「三大塊」則指三方面的實際工作範圍。包括「經貿」、「人員管制」和「交流」三個方面：

㈠經貿方面：以吸引臺資、臺商赴大陸投資、設廠、貿易爲主要重點，促成兩岸早日直接貿易和投資。爲增強對臺商之吸引力，有關投資項目、投資範圍、投資環境，宜早做規範，但以鼓勵資本、技術密集之企業爲重點，其中具體工作要點有六項：

1. 投資項目要有所選擇，以存優汰劣。一些臺灣已淘汰之高污染工業及大陸已過剩之產業，將不受歡迎。
2. 投資地區要加以限制。
3. 臺灣工商考察團過多，大陸接待單位不一，有些考察團以工商考察爲名，實則觀光旅遊，賺取接待，大吃大喝，往後若無相關之接待「對口單位」，中共將不予接待或辦理接見安排。
4. 大陸各地的臺商優惠條件將予以統一。
5. 整頓地區治安。

6.一些臺商獨資企業因受優惠待遇，尚未重視勞工及環保問題，未來中共將按規定促其成立工會。

㈡人員往來問題：迄今人員往來已達一百廿五萬人次，有關探親、觀光、採訪等事宜，仍將維持全面開放，但下列三種人將被限制入境：

1.在臺灣已通緝在案者。

2.被驅逐出境或犯罪押解出境者。

3.強烈主張臺獨人士。

㈢關於文化、體育、教育、藝術等民間往來活動，由於係屬民間交往性質，仍將維持推動開放政策，但仍以實現「雙方交流」爲目標⑲。

這項「對臺工作方案」雖然在層次上要低於政策性的綱領或指導原則，只是對臺政策的落實辦法和具體對策，但卻間接透露政策運作的轉向和變動。這可以從幾個方面來分析：

㈠過去在「新民主主義革命」時期和「解放戰爭」時期，所發展出來並具有豐富經驗的「策反工作」和「白區鬥爭」將不再用來做爲對臺統戰的方法，甚至像一九八二年七月二十四日廖承志發表「致蔣經國先生公開信」的統戰手法，也因不合時宜而必須修正。中共必須改變過去與國民黨元老或當權派進行隔海對話的宣傳模式，改採面對「臺灣人民」來思考並提出對策的工作模式。從臺灣人民的意願和現實利益，設定對臺工作的具體作爲和方法。

㈡臺商投資已形成一強大的潮流和趨勢，對大陸內部已形成相當的衝擊和影響，中共必須通盤權衡利弊得失並妥善規畫和選擇，取其精華，汰其糟粕。

---

⑲《中國時報》，民國七十九年七月六日，三版。

㈢臺灣對大陸的「單向交流」不僅使中共各級單位窮於應付，亦無助於兩岸統一的加速推展。因此一方面對人員交往應適度設限，同時則努力突破由單向擴大爲「雙向交流」。這一客觀形勢的演變，迫使中共必須調整對臺工作的組織和人事，不再以黨內資歷、權位的高低來選拔對臺工作人才，而是必須尊重專業知識和業務管理能力。

㈣由李總統登輝主導的國民黨，其黨內元老勢力將逐漸退出舞臺，出現的將是一個本土化色彩濃厚，務實作風明顯的新權力結構，其對大陸事務的認知和作法將是理智重於情感，現實高於理想。中共必須採取符合臺灣「新中產階級」現實利益的作法，取代過去諸如「振興中華」、「民族共榮」的抽象口號。

爲了使對臺工作走向專業化和務實化，中共進行了對臺人員的局部調整。一九九〇年十一月，福建省長王兆國調任國務院「對臺辦」主任。此一人事佈局，透露了對臺工作的若干走向。王兆國於一九八七年秋天由中共辦公廳主任前職調往福建，時正值我國宣佈解嚴和開放探親，幾年來實際負責閩臺交流和臺商投資業務，政績平穩，作風踏實，熟悉臺灣事務並累積相當的人脈基礎⑳。由王兆國北調入主「臺辦」來觀察，可以看出中共對臺工作的新趨勢：

1.借助任職於對臺工作第一線上的幹部，以務實、專精的方法，全面掌握臺灣內部情勢的發展和兩岸交流的趨勢，以實際的經驗和情報作爲未來對臺政策的決策基礎。

2.充分利用臺灣資金和技術，開拓臺海沿岸各省投資開發的經濟合作區，如「閩—臺投資開發區」或「粵—臺投資開發區」，以達成經濟發展佈局上「三沿戰略—沿海、沿邊、沿江」中「沿海」經濟特區的開發。自兩岸交流以來，福建是臺商、臺資首先登陸之區，閩臺之間在文化、風俗、語言有緊密的連繫關係，幾年來福建

---

⑳關於王兆國的背景和資歷，可參見香港《廣角鏡》月刊，一九九〇年十一月號，頁一一〇—一一五。

已成爲掌握臺灣政經情勢的最前哨、吸納臺資的最前線、培養臺辦人員最直接的地區。王兆國的異動，意味著「福建經驗」將成爲中共對臺政策的參考模式。

五、楊尚昆的「祖國統一問題談話」

㈠、對臺政策的全盤架構

一九九〇年十一月九日，中共「新華社」發表了「國家主席」楊尚昆於九月二十四日會見臺灣《中國時報》採訪團的談話全文。一般認爲，楊尚昆這篇談話和江澤民於六月十一日在「全國統戰會議」的談話，已成爲中共執行對臺工作的主要依據。

楊尚昆的談話在歷經一個多月之後才正式發表，顯然係經過內部審愼研究和評估後才定案，楊主要談論了六個主題，分別是對當前兩岸交流的認知和期望；對臺灣大陸政策的批評與建議；對大陸對臺政策的解說和辯護；對李登輝總統大陸觀點的回應與期許；對臺海動武的堅持和澄清；對國共會談的呼籲和重申㉑。六個主題涵蓋了中共對臺政策的整體架構和面向，堪稱是過去對臺政策的總結和一九九〇年代對臺政策的指標。

楊尚昆的談話，語辭謙遜，態度徐緩，一改過去中共官方「一把孤號獨唱高調」的訓人姿態，顯然中共領導人已逐漸體認到，一味以操急心切的高姿態來威逼臺灣，只有使臺灣更加疑慮、反感進而抗拒統一㉒。

㉑楊尚昆談話見新華社通訊，一九九〇年十一月九日，及翌日包括《人民日報》、《光明日報》在內之北京各大報。

㉒參見拙文《現階段中共對台政策亟待釐清的謎思—評楊尚昆關於中國統一問題的談話》，《中國時報》，民國七十九年十一月十四日，九版。

楊氏的談話大致可以歸納爲以下數點：

1.兩岸交流呈現「只能去陸，不能來臺」的不公平單向交流，臺灣屢設人爲障礙，搞政治歧視，要求臺灣開放直接雙向交流。

2.堅持「一國兩制」的統一模式，拒絕考慮「一國兩府」、「一國兩區」及其他任何不符合「一國兩制」的模式。對於臺灣屢把此模式視爲「統戰」，表示不解和不滿。

3.力促國共兩黨對等談判，談判形式可不拘層次或技術，其他黨派組織亦可參與或提供意見。

4.不能承諾放棄對臺使用武力，但絕不會以武力打自己同胞。武力使用是爲了顧及臺灣的安全和生存，並有一定條件的限制。

5.要求臺灣建立與大陸直接接觸的官方渠道。

6.統一雖無一定的時間表，但既不能操之過急，亦不應過於緩慢；既不宜「夜長夢多」，亦盼望「水到渠成」。

㈡、條件動武論

楊氏的談話可以看成是對李總統登輝就職演說的正式回應，並對八月二十一日行政院研擬「一國兩地區—法律衝突理論」提出反駁㉓。但其中最引人注目之處在於，楊氏對長期以來阻礙兩岸關係發展的「對臺動武論」，做了正面的解說。雖然楊氏聲明仍不能承諾對臺放棄使用武力，但却明確指出動武的三項條件，那就是臺灣走向獨立、臺灣發生內亂、國際勢力意圖奪取臺灣。這是中共近年來對臺動武「有限條件論」的明確界定，顯示

㉓中共對「一國兩區」的態度，參見唐明：〈『一國兩區』在步『一國兩府』後塵〉，《人民日報》海外版，一九九〇年十月十三日，五版；另參見周詩農，〈從國際法析論『一國兩地區』理念〉，《瞭望》週刊海外版，一九九〇年十月二十九日，頁三—四。

中共最終仍可能在民族立場上動武，但不致以武力做爲逼迫臺灣談判的策略手段。

六、「全國對臺工作會議」——一九九〇年代對臺政策指標

歷年來規模最大，層次最廣的「全國對臺工作會議」於一九九〇年十二月六至十三日在北京召開。會議由「國務院」副總理吳學謙主持。中共領導人江澤民、楊尚昆、李鵬、喬石、宋平、李瑞環會見了全體代表，陪同會見的還有吳學謙、丁關根、溫家寶、彭沖、王任重、羅幹、朱穆之、楊斯德、王兆國等。會議公報中聲明：「爭取早日解決臺灣問題，實現祖國的完全統一，是全黨全國九〇年代的重大政治任務，全黨要堅定不移地貫徹執行『和平統一、一國兩制』方針，紮紮實實做好對臺工作，積極主動地促進兩岸關係深入發展，加速祖國和平統一進程。」㉔

這次會議確立了如下幾個原則和方針：

1.實現國家統一，寄希望於臺灣當局，更寄希望於臺灣人民。國共兩黨應儘早接觸談判。談判中可以吸收兩岸其他政黨、團體及有代表性的人士參加。

2.談判可以在高層進行，也可以先從較低的層次開始。可以先談如何促進兩岸雙向交流、實現直接「三通」。

3.對於臺灣當局堅持一個中國的言論，以及緩和兩岸關係、放寬雙方交往的措施，應予熱誠歡迎；對臺灣當局推行「一國兩府」、「彈性外交」，製造「兩個中國」、「一中一臺」和姑息「臺獨」活動行爲，必須堅決反對。

4.當務之急是要加強兩岸的聯繫，儘快實現雙方向的、直接的「三通」。應當進一步擴大人員交往和各種交

㉔《人民日報》，一九九〇年十二月十三日，一版。

流，特別是加強經貿往來。

5.實現國家的統一，不是誰要吃掉誰，而是要使整個中華民族聯合起來，團結起來，使國家得到很快發展。

這次會議是在如述的背景下召開的：

從時間上來說，「全國對臺工作會議」原先計畫於十一月底召開，雖拖延僅數日，但已打破原先決定「十三屆七中全會」前不再召開全國性會議的原則，此項事態顯示中共對於臺灣問題的急迫和重視，必須及早檢討總結並謀求通盤的政策原則，以統一思想、齊一步驟。另一方面，這次會議爲歷次規模最大、人數最多、層級最廣的一次會議，爲了防止洩密，中共採取前所未有的保密行動，與臺灣事務有關的民主黨派和臺灣問題專家，都沒有受邀出席會議。顯見會議本身具有濃厚之「對敵鬥爭」的色彩，亦具有極高的戰略地位。

從兩岸關係上來說，經過一九九〇年一年的發展，臺灣在大陸政策有了明顯的進度和突破，尤其在一個月之間，陸續成立了隸屬總統的「國家統一委員會」、隸屬行政院的「大陸事務委員會」和具有半官方色彩的中介機構「海峽交流基金會」，再加上原隸屬黨務系統的「大陸工作小組」和中央黨部「大陸工作會」，臺灣的大陸政策已形成一體系完整、結構分明的架構，另一方面，民進黨也成立「臺灣主權獨立委員會」，臺獨主張再度升高。面對此一態勢，中共勢必有所調整和對應。由此研判，會議可能已對如下幾個問題進行了研討：①評估島內最近臺獨活動擴張情況；②評估國民黨最近的統一運動；③評估「國統會」和「陸委會」成立的影響；④商討如何應付新成立的「海峽交流基金會」；⑤討論「國務院」和中共中央兩個「對臺辦」合併的問題；⑥加強對臺灣人民的統一宣傳。

從會議的性質而言，「對臺工作會議」並不是一個對臺政策的決策機構，對臺工作的決策機構是中央的「對臺工作領導小組」。這次會議的目的是把「全國」從事「對臺工作」的重要幹部聚集一堂，傳達中央既定的政策準則，並且聽取各工作單位的檢討報告，重新評估或修訂中央的既定的政策。但可以預見的是，中央已把「對臺工作」提昇爲全國範圍的政治高度，必須動員組織全國性的黨政機器來推動和落實。[25]然後再根據各單位的檢討報告

七、結　語

從以上的分析可以歸納中共未來對臺政策的基本方向：

從積極方面來看，中共將更積極營造兩岸寬鬆和解的局面，改善投資環境並選擇性吸納臺資伸展進入大陸。初步以突破「三不」、開展「三通」爲目標，進則達到經貿合作與互補發展。在擴大交流中，以「和平統一，一國兩制」爲宣傳訴求，以民間合作爲基礎，催促國共談判，朝向兩岸統一。

從消極方面來看，中共在國際仍將維持「矮化臺灣」政策，最高限度維持「席位共享」層次，但堅決反對臺灣與其他國家發展官方外交關係。在對臺動武問題上，仍將維持「條件用武說」，防止分裂意識的擴張，並以軍事手段作爲兩岸統一的最後保障。

[25] 關於會議性質的評論，可參見陳力生，〈一次炒冷飯的會議——中共『對臺工作會議』〉，《中央日報》，民國七十九年十二月十四日，三版；另參見劉學民，〈評中共的統一政策——從『全國對臺工作會議』談起〉，《探索》雜誌，一九九一年一月號（復八五期），頁二二—二八。

第三輯　中共經濟

從當前大陸農村形勢探討盲流問題

施哲雄

一、前言

以鄧小平爲首的「改革派」，在一九七八年十二月舉行的中共「十一屆三中全會」上，壓倒了以華國鋒爲首的「凡是派」，掌握中共黨內實權之後，爲改善長期陷於停滯狀態的大陸經濟，以及緩和日益嚴重的社會問題，隨即採取一連串的「改革開放」政策。從一九七九年至一九九〇年的十二年期間，改革的政策大致可區分爲兩個階段，其成效差異甚大。

第一個階段是從一九七九年至八四年，改革的目標在於農村。「十一屆三中全會」一時曾通過了「關於加快農業發展若干問題的決定（草案）」，對農村經濟體制改革和發展農業的措施作出了規定，其主要內容爲：尊重農村生產隊的所有權和自主權；在基本生產資料（土地）公有制的基礎上，發展家庭聯產承包責任制；恢復和保護農民的自留地、家庭副業和開放集市貿易；實行社會主義按勞分配原則，克服平均主義；提高農副產品的收購價格等。在多勞可以多得的利潤刺激下，激勵了大陸農民的勞動積極性，因此糧食產量年年增長，一九八四年突破四億噸，人均糧食產量爲三九二公斤，創歷史的最高點。

在城市待業人數和農村剩餘勞動力日益膨脹之際，中共在所有制和經濟發展策略方面都有調整。以往只依靠全民所有制單位，作爲安置就業的單一渠道，改革後則以公有制爲基礎，允許多種經濟成份並存，實行多種渠道擴大就業的政策，充分發揮國營、集體、個體經濟吸收勞動力的作用。同時也改變過去優先發展重工業的策略，大力發展勞力密集的鄉鎮企業，以及商業、飲食業和服務業等的第三產業。這些措施吸收了大量農村剩餘的勞動力，緩和了不少失業的壓力。第二個階段是從一九八五年起至今。雖然中共中央、國務院在一九八五年發出「關於進一步活躍農村經濟的十項政策」的文件，作爲農村第二階段改革的標誌，其主要內容爲：取消農副產品統購派購制度，建立合同定購制度；調整農村產業結構，發展鄉村企業；大力發展農副產品生產等，但是此階段的改革重心已轉移到城市經濟體制的改革，因此這階段的農村改革已經和城市改革融爲一體，不可能在農業領域單獨完成。其所遭遇的問題，諸如價格體制、流通體制等，必須和大陸整個經濟體制改革同步配套進行。同時，調整農村產業結構、完善市場機制、發展農村商品經濟等，又將是一個長期漸進的發展過程，不可能一蹴而就。加上第一階段的成效，使中共又犯了急於求成的老毛病，投資過熱，造成通貨膨脹和巨大的財政赤字；減少農業基本建設的投資，以及農用的工業產品，諸如化學肥料價格飛漲，使農民生產糧食無利可圖，甚至造成虧損；加之於個體戶的苛捐雜稅，使個體戶難於生存；因通貨膨脹而採取的緊縮政策，又使鄉鎮企業告貸無門而關閉，同時一些重大工程也不得不停工，使一些農村的建築隊重返原籍。這些因素造成大陸的糧食產量，從一九八五年起連續四年因而減產，一九八七年人均糧食產量下降爲三七四公斤，而一九八八年更降爲三五九公斤。

農村經濟形勢的惡化，導致一九八九年二月初「蛇年伊始，一股至少有上百萬民工捲入的人流，沿著鐵路幹線展開了大規模的流動。這股人流恰似一條長蛇，一頭在南方糾動，另一頭奔波於東北、西北等地，所到之處，不僅嚴重衝擊著當地正常的生活秩序，而且至今仍在製造著一堆堆令人措手不及的社會問題，他們大都衣食無著，茫然不知所措者有之，靠乞討度日者有之，鋌而走險幹起犯罪勾當者有之。」❶他們都抱著同一個夢想，走出貧困的農村，到城市找活幹，賺錢回家蓋房子、娶老婆、買家具。各大城市一時間無不人滿爲患而紛紛告急，迫使中共國務院辦公室在一九八九年三月五日發出緊急通知，要求各省、自治區、直轄市人民政府和國務院各有關部門，做好嚴格控制民工盲目外出的工作。各大城市除制訂一些「暫行條例」以管理盲流外，更採取具體行動，對正要進城者攔堵，對已進城者則予以收容，並將之遣返原籍。然而，這些措施成效有限，盲流的人數仍有增無減。在中共進行了十年的改革，宣稱取得重大成就之際，卻出現爲數高達五、六千萬的盲流。何以一向安土重遷，以「三十畝地一頭牛，老婆孩子熱炕頭」爲理想的中國農民，現在卻拋妻別子，離鄉背井，走向陌生的環境謀生?本論文擬透過對當前大陸農村形勢之探討，以分析當前盲流形成的原因，並從其所造成的影響，觀察未來對大陸社會形成的衝擊。

二、當前中國大陸的農村形勢

「一做小商販，二進鄉村辦，三上建築隊，四當小保姆，地裡的活兒沒人幹」，這首「順口溜」充分反映了當前大陸農民急欲「跳出農門」的心態，他們之所以不願繼續留在農村幹活，而寧願前往陌生的城市謀生，主要原因是與當前大陸農村形勢有關，茲分以下幾方面說明：

---

❶中共「中央人民廣播電臺」，「說一說百萬民工大流動」，一九八九年三月二日。

㈠、城鄉發展差距懸殊

城市在提供物質和精神兩方面給予農民的各種利益，是大陸四十餘年來城鄉發展巨大差距必然造成的結果。大陸的城鄉發展原本即存在著相當的差距，然在一九五五年之前，大陸農民因中共的「土改」尚可擁有一塊耕地，且可維持日常的生活，所以沒有出現盲流的現象，直到一九五六年中共如火如荼地進行農業高級合作化運動，大陸農民因耕地被收歸「合作社」，生活日益艱困，大規模的盲流即如決堤似地湧現。是故從一九五六年底到一九五七年，中共「國務院」發出了一連串「關於防止農村人口盲目外流的指示」，一九五八年一月九日進而頒佈「戶口登記條例」，其中第十條規定：「公民由農村遷往城市，必須持有城市勞動部門的錄用證明，學校的錄取證明，或者城市戶口登記機關的准予遷入的證明」❷，中共以嚴格的戶口限制爲手段，以防止農民盲目流向城市，從此中國大陸形成爲城鄉二元社會結構，市民與農民的地位有天壤之別，市民變成爲高人一等的公民，而農民則成爲低人一等的賤民。市民與農民地位的懸殊，主要是表現於以下十二種具體制度上，其中除了生育制度，農民比市民享有較寬鬆的生育規定外，其餘各項農民都處於極不平等的地位❸。

1.糧食供給制度：市民享受國家低價定量供應的糧食，且不受豐歉年影響，國家爲此每年要付二百億元左右的財政補貼；農民自耕自食，倘遇災年只有自己縮食。同時，政府指定農民向市民提供低價糧。農民因此而每年減少收入在一百億至二百億的幅度間。

2.副食品與燃料供給制度：市民享受副食品現金補貼，還享受憑票供應的低價副食品；農民一靠自養自

❷〈中華人民共和國戶口登記條例〉，《人民日報》，一九五八年一月十日。

❸有關大陸市民與農民所處地位懸殊的詳情，請參照劉純彬，〈二元社會結構的實證分析〉（上、中、下），分別載於《社會》（李慶雲主編，上海大學文學院主辦）第九、十、十一期。

食，二靠以市價購買。同時國家指令農民低價向市民提供畜產品，一些地方只好以市價購買，然後再低價提供市民。市民享受國家低價供應的氣體燃料和固體燃料；農民一靠市價購買煤炭，二靠使用植物燃料。中共給予這兩項的補助金額約在三百億元左右。

3.住宅制度：國家爲市民住宅投資，房租微少得僅具象徵性意義；國家卻不曾爲農民住宅投資，即使多年來農民的收入始終不及市民的一半。

4.生產資源供應制度：中共實行計畫經濟制度，城市的國營企業可以從計畫內獲得平價的原材料；而農村的鄉鎮企業，國家不管，放任自流。在生產資源價格實施雙軌制之後，農村企業只能走高價這一軌，甚至連這一軌也因「官倒」，而買不到生產資源。

5.教育制度：城市中小學教育基本上是國家投資；農村中小學教育基本上是以攤派方式由農民自己投資；一部分大中專院錄取線，農村考生竟被要求程度不同地高於城市考生。

6.就業制度：國家負責市民的就業與培訓，並不負責農民的就業與培訓。

7.醫療制度：市民享有公費醫療；農民必須自費就醫。

8.養老保險制度：從五〇年代開始，市民的企業保險體系即逐漸形成，職工養老金全部由其退休前所在的企業負責，而農民至今仍盼望不到中共在一九五八年曾經允諾過的社會保險福利。

9.勞動保護制度：市民享有勞動保護制度，農民沒有享受到勞動保護制度之優惠。惡劣的勞動條件國家基本上不管，甚至連工傷事故致殘致亡國家基本上也不管。

10.人才制度：城市的人才高度浪費，農村的人才極度缺乏。

11.婚姻制度：市民只能與市民通婚。從法律上來說，城鄉居民可以通婚，然實際生活中之可能性極小。如果城鄉男女青年通婚，女方是農民則不能遷入城市定居，其所生育之子女只能在母親定居的農村申報「農業戶口，而無法在其父定居的城市申報「非農業」戶口。男方若是農民，則更不可能遷居城市。市民和市民婚生的子女，可以繼續保持市民的身分，世代相傳不得變更。

12.生育制度：一九七九年以來中共積極進行「一胎化」政策，在城市嚴格執行，市民只能生一個孩子，農村執行較爲寬鬆，一對農民夫妻生育一對子女已甚普遍，且實爲官方所默許。

從以上各項現存制度的比較，充分顯示出市民享有比農民高人一等的優越地位，且長期以來中共只重視城市的建設，「與農村相比，城市幾乎具有一切社會經濟方面的絕對優勢：鱗次櫛比的高樓大廈，先進發達的交通運輸和文化教育，條件優越的醫療衛生和社會福利，舒適方便的物質生活和豐富多彩的精神生活。而農村，不僅物質生活條件差，人均收入低，而且精神生活也很貧乏，低矮的住房，坎坷不平的土路，不衛生的飲水，簡陋的校舍，落後的醫療機構，面有菜色的人群……許多大陸農村的眞實面貌。」❹無論在人均的收入水平或人均的消費水平方面，農民均不足市民的二分之一。歷年來大陸城鄉居民年均消費水平，可由表一顯示出來❺。

㈡、農村過剩勞動力日增與耕地日減的矛盾

根據中共前後四次人口普查結果所公佈的數字，中國大陸的人口在一九四九年爲五億四千多萬，一九五四年達六億，一九六四年爲七億，一九六九年爲八億，一九七四年是九億，一九八一年達十億，一九八九年四月十四日突破十一億，一九九〇年達十一億四千三百多萬，四十年左右的期間人口數量翻了一番多。十一億多的人口之中，農業人口至今仍佔八〇%以上，高達約九億之衆，目前計劃生育的工作在農村推行的成效不彰，每

❹李春林，〈城市和農村：兩個社會等級〉，《社會》（雙月刊），一九八七年第二期，頁三。
❺汝信主編，《簡明中國百科全書》（中國社會科學院編，中國社會科學院出版，一九八九年八月初版），頁四〇二。

年約一千六百萬的新增人口，農村佔絕大多數，這種發展趨勢使農村過剩勞動力的問題日趨惡化。鄉村勞動者的人數，一九五二年是一億八千二百四十三人，到了一九八九年已猛增至四億零九百三十九萬人❻；以目前大陸農業的生產力估算，農村大約存有一億六千萬的剩餘勞動力，所謂農業剩餘勞動力是指「邊際農業勞動生產率爲零，或爲負數，也即如果將農業中這一部分勞力轉移出去，農業總產量不會減少，甚至略有增加，即使是不增加任何其它要素的投入。這一部分勞力形式上是就業，但實際上對農業的生產並不能發揮任何作用。」❼人口的成長如此之快速的原因是受毛澤東人口思想的誤導，因毛澤東將人口問題當作政治問題來處理。本來基於馬列主義的人口理論，中共過去的「革命」經驗，「一邊倒」的政策，這些因素都會促使毛澤東主張鼓勵人口增長的政策，加上另兩個事件，更使毛澤東堅決主張人多。其一是在中共政權成立的前夕，美國國務卿艾奇遜(Dean Acheson)提出中國因人多地少，過去沒有一個政府可以解決人民的吃飯問題，因而發生了革命，將來即使中共政權成立，也無法解決此一問題，革命仍將會發生，毛澤東則以「革命加生產」的論調來反駁艾奇遜的觀點，他說：「中國人口衆多是一件極大的好事。再增加多少倍人口也完全有辦法，這辦法就是生產。」又說：「世間一切事物中，人是第一個可寶貴的。在共產黨領導下，只要有了人，什麼人間奇蹟也可以造出來。」❽其二是一九五六年的鳴放時期，部分大陸學者，如馬寅初、陳達、吳景超、費孝通等，揭示人口問題來批評中共，而被冠上「新馬爾薩斯主義」者，打成爲「右派」，慘遭批鬥，從此人口問題成爲禁區，一九五八年毛澤東發動「三面紅旗」，又提出「人多好辦事，熱氣高，幹勁大」的論調。至於與農業密切相關的耕地，四十餘年卻是日益減少，地力也逐漸退化，中共「國家土地管理局」局長王先進在〈中國耕地的現狀發展趨勢及對策〉一文中指出：

❻國家統計局編，《中國統計年鑑》（中國統計出版社，一九九〇年八月初版），頁一一三。
❼朱鏡德，〈關於農業剩餘勞動問題的思考〉，《學習與探索》，一九九〇年第一期，頁九五。
❽毛澤東，〈唯心歷史觀的破產〉，【毛澤東選集】第四卷（北京：人民出版社，一九六四年），頁一五一四－一五一六。

一九四九年全國耕地面積為一四．六八億畝，五〇年代初的開荒，使耕地逐年增加，一九五七年全國耕地面積擴展到一六．七七億畝，此後逐年減少，二十九年間，平均每年減少耕地二、一〇七萬畝，淨減少耕地八〇七萬畝。探究耕地減少的原因，主要有以下幾方面：⑴農業內部結構調整占用耕地失控；⑵非農業建設占用耕地增多；⑶耕地自然損毀面積嚴重；⑷土地管理體制不適應土地管理工作的需要；⑸土地長期無價、無限使用，吃土地大鍋飯❾。一九四九年以後中國大陸耕地面積、人均耕地面積及未來可能的發展情形，請參照表二及表三❿。

農村勞動力與耕地之間的矛盾日漸尖銳化，使得農民務農難於維生，特別是家庭聯產承包制實施後，有些地方的耕地已完全被承包，為期長達十餘年，導致新的農村勞動力和外出又回流的原有勞動力無地可耕，唯一的出路只有流向城市，而形成盲流。以四川為例，據有關部門調查，在部分盆地丘陵區和絕大多數城鎮郊區，農村人口在三分地以下已是比較普遍的現象，全省目前無地農民占農村人口總數已達一〇%左右⓫。

㈢、農村經濟蕭條，農民收入減少

中共是推行指令式社會主義計畫經濟的制度，此制度的一個顯著特點就是「重工輕農」、「重重輕輕」，農業與輕工業向來被忽視，投資比例甚低，一九五三年到一九七八年農輕重的投資比例可參照表四⓬，就實際投資款

---

❾王先進，〈中國耕地的現狀發展趨勢及對策〉，《科技日報》，一九八九年四月二十日。

❿何博傳，《山坳上的中國》(貴州人民出版社，一九八八年十月初版，臺北國文天地雜誌社發行，民國七十九年一月臺一版)，頁二一七、二一八。

⓫杜受祜、郭曉鳴、王新前，〈四川農村經濟發展中的不穩定因素及對策〉，《財經科學》，一九九一年第一期，頁四〇。

⓬同注❺，頁二三〇。

項而言，從一九五二年到一九七九年，國家基本建設投資總額六千四百八十二億元，其中用於重工業的達三千四百九十四億元，占五三．九％，用於輕工業的只有三百五十一億元，只占五．四％，從一九五二年到一九八一年，用於農業基建投資約七百億元，數額原就偏低，更有甚者，中共同時以剪刀差形式每年從農業拿走二百億元爲工業提供積累⑬。從一九八〇年以後，這種「工農業剪刀差」有逐年擴大之勢，一九八〇年爲五百九十六億元，而一九八七年擴大爲八百五十億元，比一九八〇年增長四二．六二％，而用於農業基建的投資反而逐漸減少。一九七九年對農業基本建設投資占全國基本建設投資的比重爲一一．一％，近兩年下降到三％左右⑭。長期以來，中共在農業方面的投資原就不足，加上又以工農業產品不合理比價的「剪刀差」方式，從農業壓榨資金，爲工業提供積累，三十年來六千多億元的總投資額，幾乎完全取自於農業，農村經濟焉能不落後？農民生活又如何改善？「假如這六千億全部還給農民，農村決不會是今天這樣，假如沒有這六千億給城市輸血，城市也絕不會是今天這樣。」⑮以提高農產品收購價格來刺激農民的勞動積極性，是大陸糧食產量從一九七九年到一九八四年不斷增長的原因之一。但從一九八五年後，由於中共不斷擴大工農業產品的剪刀差，使農民的收入急劇下降，甚至不敷成本。例如農用薄膜由一九八六年每公斤四．八元上漲到一九八七年的十至十三元，僅一九八七年主要農作物平均每畝投入的物質費用便比上一年提高三〇％。實行化肥專營後，價格漲勢不落，如河南安陽市的尿素由一九八八年每噸八百二十元上升到一九八九年的一千一百十八元，上漲六．三％；蚨喃丹由每噸四千元上升到五千四百元，上漲一五％。種糧成本的急劇提高和務農效益明顯下降，使農民投入減少，種糧積極性下降。據福建省統計局對永泰縣種糧情況調查，該縣一九八四年交售萬斤糧的大戶三十二戶，一九八

⑬同注⑩，頁二九—三〇、四六。
⑭石成林，〈論農業危機〉，《經濟問題》（月刊）（山西省社會科學院主辦），一九八九年第七期，頁五九—六〇。
⑮舟蓮村，〈談農民的不平等地位〉，《社會》，一九八八年第九期，頁一一。

七年僅剩一戶。該戶一九八七年種田八十畝，總成本爲二萬一千四百元，總收入僅一萬八千七百元，虧損二千六百六十元。一九八八年與上年相比，種糧成本又提高一五%⑯。雖然中共亦調高收購價格，但是「糧食調價是一分一分地調，化肥調價是一角一角地調，農藥漲價是一元一元地漲」，因此農民實際收益日減，以種糧爲例，「一九八六年每個勞動工日值二·七元，一九八七年爲二·四元，一九八八年一·七元，一九八九年爲一·五元，呈直線下降趨勢。去年（一九九〇）農民種一畝糧食只得純收入五十·二元，與經商務工相比，相差懸殊。」⑰

由於地力的退化和對土地採取掠奪式的不當經營方式，導致使用化肥成爲大陸有些地區農業生產的唯一方法，在化肥供不應求的情況下，官倒現象猖獗，農民除必須以高價購買化肥外，有時還會受盡中共幹部的刁難和剝削，於是農民爲了糧食的生產，經常出現搶化肥的事件⑱。

在重工輕農不平衡的經濟發展策略下，大陸農村經濟一直處在停滯狀態，而一九八五年後工農產業的剪刀差又日益擴大，更使務農無利可圖，甚至還會不敷成本，這是大陸糧食產量近幾年來徘徊不前，以及當前農民急於「跳出農門」的原因之一。

(四)、鄉鎮企業大幅萎縮

鄉鎮企業的迅速發展是農村改革之後最令人矚目和關注的課題之一。改革前的社隊企業基本上是處於停滯不前的狀態，在農村經濟中所占的比重很小，改革推行之後，各地中共的領導幹部爲了追求「翻兩番」的目標，即在原社隊的基礎上盲目地發展成鄉鎮企業。在一九八六年之前發展極爲迅速，效果亦甚佳，成爲吸收農村剩

⑯解書森、陳冰，〈農業人口流動探源與對策〉，《人口研究》，一九九〇年第五期，頁八—九。

⑰何小平，〈農家憂〉，《社會》，一九九一年第三期，頁一四。

⑱陸緋雲，〈對農民搶化肥事件的思考〉，《社會》，一九八七年第二期，頁一四—一六。另〈農家憂〉一文，亦透露了農民購買化肥的遭遇。

餘勞動力的主要途徑，共安置了農村剩餘勞動力近八千萬人，其產值達到三千五百多億元（占全國社會總產值的一九%，農村社會總產值的四八%），其中鄉鎮工業產值二千四百多億元，占全國總產值的二三%；爲國家直接或間接出口創匯和勞務收入四十五億美元，占全國創匯總額的一六%，此一階段鄉鎮企業之所以如此迅速發展的根本原因有兩點：

1.發揮了優勢：其一是小規模經營靈活，對市場信息反應快；其二是利益機制約束力強，鄉鎮企業基本上是清一色的集體企業或私營企業，與國營企業相比，人浮於事、吃大鍋飯的現象沒那麼嚴重；其三是低廉的勞動力成本，有可供利用的農村無限的勞動力供給。

2.抓住了機會：那幾年政策放得較寬，鄉鎮企業在申請貸款方面相對來說容易一些，許多地方看準機會扶植鄉鎮企業上馬⓳。

一九八五年中共進行「城市經濟體制」改革，一些改革措施，加上鄉鎮企業本身存在著許多缺點，使鄉鎮企業從一九八六年後的發展，遭到嚴重地打擊。就鄉鎮企業內部的問題來看，包括：

1.人才問題：既缺乏管理人才，又缺乏技術人才，管理幹部多來自「農村幹部」，不僅年齡結構偏高，而且文化程度低，專業知識少，很不適應鄉鎮企業發展的需求。非但技術人才缺乏，技術水平也非常有限。在大陸一千多萬家鄉鎮企業中，技術人員只占萬分之九，工人文化水平低，勞動熟練程度也相當差，反映在生產上，產品結構簡單，包裝落後，成本高昂，競爭力弱。

2.技術和設備問題：大部分鄉鎮企業購買的都是國營企業淘汰的老設備，生產力低，產品質量難以保證，開發新產品能力很弱。

⓳董杰、蔡志強、管文浩著，《盲流、盲流》（瀋陽：遼寧人民出版社，一九九〇年七月初版），頁一六七—一六九。

此外，鄉鎮企業還面臨以下幾個極不利的外部環境問題：

1.市場問題：鄉鎮企業面臨的是一個不開放的生產要素市場，在資金、能源、原材料上不能享受國家計畫價格的優惠，往往在高消耗的同時付出比國營企業高得多的生產成本，這可以說是對鄉鎮企業發展極爲不利的。

2.政策問題：有些地方領導人對鄉鎮企業發展的認識還很模糊，在一定程度上妨礙了鄉鎮企業的發展。

3.地方行政部門對鄉鎮企業的管理，包括承包人員的選拔不給其自主權，而且又讓鄉鎮企業承擔過於沉重的社會負擔，束縛了鄉鎮企業的手脚⑳。

這些內外不利的因素，使鄉鎮企業紛紛倒閉。以四川省爲例，「一九八九年全省鄉鎮企業總產值遞減速度在上年四一・二％的基礎上陡降至一五・八％，遞減二五・四％。全省鄉村兩級企業倒閉一〇％左右。」㉑就整個中國大陸，「一九八九年上半年鄉鎮企業倒閉三千六百萬家」，一千多萬農民不得不「棄甲歸田」㉒。此外，因壓縮基本建設規模和區域間勞動力流動的行政性封鎖加劇，使一些農村的建築隊，不得不流回原籍，使農村剩餘勞動力再度惡化。

(五)、第三產業發展緩慢，生存困難

所謂的「第三產業」是指「非物質生產，只提供『勞務』的服務部門，主要是爲社會的產品流通，爲分配和居民消費，爲科學、文化及治安等提供的勞務」㉓，諸如從事社會零售商業、飲食業、服務業等個體工商戶。

⑳同前注，頁一七〇——一七一。
㉑同注⑪，頁四二。
㉒同注⑲，頁二〇六。
㉓同注⑩，頁六〇。

中共在認爲所有制越集中、單純，就表示越先進的思想策略誤導下，五〇年代初從事了一場「對農業、手工業和私營工商業的社會主義改造運動」，私營工商業被視爲是「資本主義的尾巴」，經過「收購經銷」、「加工訂貨」和「公私合營」等步驟，在一九五七年中共就宣布完成了「改造」，在極左思想盛行的「文革」時期，殘存的業者更進一步遭到批鬥。第三產業遭到剷除的結果，除帶給大陸人民日常生活許多不便外，諸如「吃飯難」、「住宿難」、「理髮難」等，更使大陸人民喪失了許多就業的機會。「十一屆三中全會」後，中共鑑於大陸失業問題日漸嚴重，爲了緩和失業造成的社會壓力，才允許這部分行業重新復業，據一九八四年統計年鑑資料顯示，「社會零售商業、飲食業、服務業機構，一九五二年有五百五十萬個（每千人九・六個）；一九七八年只剩下一百二十萬個，比一九五二年減少七七・二％，從業人員減少三六・二％（每千人只有一・三個）；一九八二年有三百八十三・二萬個（每千人三・八個）；一九八三年有六百六十・四萬個（每千人六・四個），至今未能趕上一九五二年的人均水平。」[24]關於大陸零售商業、飲食業、服務業人員數及機構數比較參照表五[25]。改革政策推行以來，雖然從事第三產業的人數增加不少，但是在經營方面卻遭遇不少阻力，在〈一萬多個體工商戶爲何歇業〉一文中，具體地舉出湖南省岳陽市個體工商戶所面臨的困難[26]：

1.待遇不公：由於過去中共將第三產業視爲是「資本主義的尾巴」加以割除，所以使個體戶無法在政治上、經濟上獲得平等的社會地位。當前這些個體戶的處境是(1)、政治偏見嚴重：中共各地幹部總是以有色眼光看待他們，一般群衆亦將他們與「坑哄拐騙」的「倒爺」、奸商劃等號，認爲個體戶賺的錢是不義之財。(2)、經濟待遇傾斜：雖然中共也規定個體工商戶生產經營所需的原材料、燃料及貨源，需要國營批發單位供應的，供應單

[24]同前注，頁六七。
[25]同前注，頁六九。
[26]岳陽市委政策研究室，〈一萬多個體工商戶爲何歇業〉，《社會》，一九八八年十月號，頁一三—一四。

位應當合理安排，不得歧視，但在具體執行中卻有很大偏差，因而導致經營困難而歇業。⑶、社會地位低下：以往中共對個體工商戶的劏除，使一般群衆認爲經營這方面的人是下等公民，目前這種觀念仍存在，使個體工商戶在日常生活中，遭遇參加社會活動難，求學難，戀愛結婚難，子女入托、讀書難，住院難，住房難，打官司難等問題，而且亦無法享受社會福利保險的權利，使他們發出：「這個二等公民還是當不得」的感嘆。

2.費用繁重：有些個體工商戶憑著自身的勤奮工作，經營得法和親切的服務而致富之後，中共各部門就視他們爲一塊榨取的肥肉，如果不能滿足這種榨取，刁難隨之而至，在這方面他們面臨的是⑴、「婆婆」多，服侍不起：雖然中共規定個體工商戶由工商行政管理機關管理。但實際上對個體戶管理的「婆婆」多達十幾個，從工商、稅務到城建、城管、環衛、防疫、衛生、物價、計量、公安、交通、民政、供水、供電、居委會等部門，各家「婆婆」都有權管理，處置個體戶，都需要個體戶服侍，稍有怠慢，刁難接踵而至。⑵、費種多，負擔不起：除應繳的稅和管理費外，各「婆婆」自定的土政策，收費名目繁多，高達二十幾種，收費標準且年年看漲，使他們難於負擔，不得不歇業。

3.管理失當：對於個體工商戶的管理存在著以下幾種弊病。⑴、以罰代管：各地中共幹部對個體工商戶的管理，大多以罰作爲「殺手鐗」，只知訓斥，動輒就是要「罰款、封門、吊銷執照」、「關你的店子」。⑵、消極限制：個體戶具有行業廣泛、小型多樣、機動靈活分散的特點，但中共一些幹部卻忽視這些特點，爲了方便自己管理，仍沿襲集中管理的方法，消極限制個體戶的經營活動，窒息了他們的活動力。⑶、指導乏力：當中央政策重新允許個體戶存在後，中共各地幹部就「熱情鼓勵」加以配合，但卻缺乏具體指導，結果是一哄而起，集中從事商業，造成行業結構的不平衡，彼此競爭激烈，所獲甚微，有的因此而歇業。

三、大陸盲流的發展狀況

人口的遷移和流動原是人類社會的自然現象，但導致這種流動的原因則各有不同，大陸的盲流是屬於人口流動的其中一種。

㈠、何謂「盲流」？人數多少？性質為何？

顧名思義，「盲流」原指盲目流動的人群，但中國大陸是實行嚴格的戶籍管理制度的地區，人口的流動極為不易，因此可以把「非國家指派而到外地謀生、工作而沒有當地戶口的人統稱為盲流。」㉗目前中共是將從農村到城市務工謀生的流動人口稱為「盲流」，依他們在城市滯留期間的長短和活動情形，大致可分為三種類型：

1.「暫住型人口」：原非城市居民，乃農村人口因從事「個體」或其他經濟活動，而暫時停留在城市的人口。這種人在大陸各大小城市都有，以在廣州的為最多，達一百多萬人，除如北平有七十多萬人、上海六十萬人。他們雖皆來自農村，但原本務農的只佔七八%，其餘二二%為農村無業及閒雜人員。

2.「二重生活型人口」：實即農村人口，他們農忙時在農村務農，農閒時即流入城市，從事運輸、商業、建築工或臨時工等短暫時期的工作。這一類型的人口目前約有三千六百萬人，佔農村人口四%，農村勞動力的一〇%，農村過剩勞力的三三%。

㉗同注⑲，頁二。

3.「候鳥型人口」：在農業人口中，依契約在一定的季節和一定的時限內，進入城市從事比較有專業性的工作，期滿解約後，他們仍返回農村。這種類型的人必須有一技之長，故為數不多，據統計，目前僅有約五十萬人[28]。

「盲流」一詞是大陸新聞界和市民對自發進城謀生農民的稱呼，一些大陸學術界人士深不以為然，因為進城的農民工有兩個層面的期望：「其一，謀求相應的就業機會和較高的經濟收入；其二，謀求分享城市文明和更高的非經濟收益或社會性收入。用農民工自己的話來說，一是為了掙錢；二是為見世面。」[29]這與歷史上出現過的盲流，性質是完全不同的，將「民工潮」視為是「盲流」，而「盲流」即「禍水」，也是一種似是而非的觀點。事實上，這場民工大流動的眞實內容是長期存在於農村的隱形失業現象，當前在城市公開化，其固然造成不少負面影響，但卻也發揮了若干正面的作用；因此學術界人士大多主張用「民工潮」一詞較為適當。

㈡、盲流的流向

中國大陸經濟發展的狀況，存在著許多明顯的不平衡現象，諸如城鄉的差距、工農業發展的不平衡、沿海與內陸的不平衡等，這些「不平衡」與「差距」就決定了盲流的流向，因為人總是為追求更美好的生活，而從不易生活的地方，往容易謀生的地方流動，所以大陸這次的盲流其流向是從鄉村流向城市，從農業流向非農業，從內陸流向沿海。

大體而言，這次的盲流是由大陸的幾何中心向四面八方流動，越接近位於中心的四川、陝西、甘肅、青海、

[28]《重要敵情彙報》（大陸工作會主編，民國七十八年七月十二日），頁三。
[29]穆光宗，〈民工潮：福音還是挑戰？〉，《社會》，頁八。

寧夏、湖北等省，人口外流的人數就越多。而流出的路線是就業機會較多的各大城市，主要交通樞紐，沿海各大新興的港埠爲主，如東北的大連、瀋陽、哈爾濱；華北的北京、天津、鄭州、蘭州；西北的烏魯木齊和北疆的新興城市；華中的武漢、上海；南方的廈門、廣州、深圳、珠海、佛山等。另外，海南島因剛建省不久，雖然目前仍處於落後狀態，但被認爲就業機會較多，所以也成爲盲流聚集的地區。有關這次盲流的流動方向，可從圖一明顯地顯示出來[30]，同時從這種流向更反映出中國大陸各地區經濟的發展狀況，大致上中國大陸可區分爲三個經濟地帶，如圖二[31]，此三個地帶各方面所擁有的條件差距相當懸殊，見表六[32]；盲流大都從人口較稠密，而經濟條件較落後的中部地區，流向沿海的東部地區。

四、盲流產生的影響

在大陸市民的心目中，盲流幾乎是被視爲是一群窮叫化子，到處乞討的乞丐，他們既愚笨，又骯髒，對整個社會完全是產生負面的影響。但事實上，除負面的影響外，盲流亦發揮了若干正面的作用。首先，就負面的影響而言有以下幾項：

1. 鐵路運輸不堪負荷：中國大陸的交通原就落後，中共政權成立後對交通的建設又不重視，加上人口激增，交通運輸負荷沈重，「三十五年來僅建成三萬公里鐵路。……人口佔世界總人口數二二%，鐵路長度卻只佔四%，人均密度竟排在倒數第八位。目前許多地段的鐵路客車，嚴重超載，幾乎已無立足之地。」[33]數以千萬計的盲流，

㉚游賢達，〈盲流、盲流、盲流〉，《大陸現場》，民國八十年四月，頁八八—八九。
㉛同注⑩，頁一二六。
㉜同前注，頁一二七。

在短期之間齊奔城市，絕大多數都是乘坐火車，更使鐵路客運班車大爆滿，為防止盲流搭乘，班車竟然過站而不敢停靠，門窗也緊閉，但仍然有盲流不顧生命危險跳上火車，因跳車而發生的傷死事件時有所聞，以一九八九年春節期間為例，「廣州鐵路局從一月二十二日至二月二十八日三十七天的時間內，運送旅客一千一百九十一萬人，比一九八九年同期多六十七萬人，為應付這來勢洶湧的客流洪峰，在這三十七天裡廣州鐵路局投資近八千萬元，增開臨時客車四百九十三列」[34]，而且車站又是盲流最集中的地方，晚上變成了盲流的旅館，更影響了旅客的進出，大陸各大城市無不面臨類似廣州的情形。

2.農村農業勞動力老化，影響糧食生產：在農村生存條件日漸惡化和城市多姿多彩的引誘下，農村的青年很多前往城市謀生，據一九八六年十月十五日對上海流動人口的抽樣結果顯示，「在流入人口中，最活躍的年齡段三十—三十四歲，約占總流入人數的一五・五五％，其次為三十五—三十九歲，約占一四・八四％，二組合計三九％」[35]，如加上十六歲到二十九歲的人數，勢必超過五〇％以上。另對江蘇淮安市農村青年外流的調查，七個鄉鎮的十四個村，調查三、三〇〇戶人家，總人口一、三八九九人，十四—三十五歲青年（不含在校學生）三八七人。近幾年來，外流人數逐年增加，一九九〇年外流青年三二一人，外流青年佔青年總數八三％[36]。

從這種調查結果顯示，近年來走出農村，跳出「農門」的人員，十六歲到四十歲這部分的人，佔了相當大的比例，這部分的人是農業生產不可缺少的精壯勞動力，而且文化水平也比較高，他們一離鄉出走，留在農村務農的就只剩下了一些老弱婦孺了，因而勢必將逐漸形成所謂的「三老農業」（老爺爺、老奶奶、老媽媽），必

[33] 同前注，頁一五六。
[34] 同注[19]，頁二。
[35] 張開敏、張鶴年、沈安安，〈上海流動人口結構剖析〉，《社會科學》，一九八八年第八期，頁五七。
[36] 何愛國、杜建平，〈『湧動的大潮』——江蘇省淮安市農村青年外流調查〉，《社會》，一九九一年第六期，頁二一。

然會影響農業的生產，造成農村經濟更加蕭條，大陸糧食產量從一九八五年後連續四年徘徊不前，農村青壯勞動力的大量外流也是主要原因之一。

3.城市日常生活必需用品供應緊張：大量盲流進入城市，勢必增加城市日常生活必需用品的數量，據中共有關部門一九八八年的測算，「城市每增加一萬人，每天得增加五千公斤糧食、五千公斤蔬菜、一萬度電、二千三百噸水、七十三部公共汽車，外運垃圾一萬公斤。」[37]以北京、上海、廣州這些流動人口在百萬以上的大城市，其所承受的壓力就可想而知。

4.社會治安日益惡化：在經濟採取緊縮政策，城市也存在著日漸惡化的失業現象的情況下，在城市的盲流不易找到工作，謀生困難。因而，有的人淪爲乞丐，有的年輕女性則淪爲娼妓，有的則拉幫結派，從事各種犯罪活動，導致整個大陸社會近年治安日漸嚴重。以上海市爲例，從破案抓獲的外來犯罪分子人數，一九八四年爲六五九人，一九八七年達到五、二八五人，六年中增加了七倍。外來人員中的違法犯罪分子占全市違法犯罪分子的比例也從一九八四年的一〇・八%，增加到一九八九年的三一・四%。刑事大案作案人員中的外來人員比例更高，達到三五・九%，外來人口騷擾治安問題也很突出，一九八九年上海共查處外來人口違反治安管理的有三二九九七人，占上海全部受罰人員的二二・二%，上海每年抓獲的船票販子八〇%是外地人。另外，有大約六萬七千外來人員在上海從事非法交易活動，包括販賣僞劣商品、假貨、假票證等[38]。從上海市川沙縣法院受理刑事案件與判處的被告來看，一九八八年比一九八七年分別上升一〇・五%，和二五・二%，一九八九年又比一九八八年分別上升七一・五%和七七・六%。上升原因很多，而外來人員犯罪增多是一個重要原因[39]。

---

[37]同注[19]，頁一八三。
[38]柴俊勇，〈流動人口——城市管理的一大困擾〉，《社會》，一九九〇年第十期，頁八—九。
[39]沙松，〈外地來滬人員盜竊犯罪的特點分析〉，《社會》，一九九〇年第十期，頁一〇。

5.計畫生育失控，「黑孩人數」大增：在沉重的人口壓力下，中共採取嚴厲的「一胎化」政策，但農民普遍存在著傳宗接代的觀念，又希望家中有更多的勞動力以增加家庭的收入，所以盼望能生個男孩，於是為了逃避計畫生育的管制，一些想生多胎的農民紛紛外逃，形成了一支「流動的生育大軍」，或稱之為「超生突擊隊」。另外，盲流之中十六歲至三十歲的女性人數亦不少，這些適婚年齡的女性，中共管理不易，使計畫生育難於落實。廣東人口學會學術祕書雷比穗指出，「在調查廣州市天河區計劃生育委員會的過程中，我們了解全區有兩成以上的人生了二至三胎，其中多數是流動人口超生的『非洲人』（即黑人，意指違反規定，暗中生出來的人）」㊵。據估計，大陸目前至少有一百萬的「黑孩」。

其次，就正面的影響而言，一九八九年十二月在上海舉行的「流動人口問題研討會」，從社會經濟的角度，舉出了以下四點㊶：⑴、流動人口本身集信息於一身，是商品、市場、資金、文化、科技信息和意識觀念的複合載體。沒有他們在輸出地和輸入地之間的雙向或多向流動，也就沒有後進土地經濟與發達經濟地區的共同發展。⑵、流動人口的發展變化既與農村剩餘勞動力轉移狀況有關，那麼，人口由農村向城鎮的流動、集中，不僅有利於促進農村的發展和繁榮，同時也有利於加快人口城鎮化步伐。⑶、流動人口已經滲透到城市的許多部門，尤其是工作條件比較髒、累、差的建築、紡織、化工和環衛等部門，為他們提供了大量的勞動力資源，成為城市經濟發展、城市建設、改善市容環境的一支重要力量。⑷、流動人口不僅是生產者群體，更是消費者群體，他們成為流動地商業和服務業的重要主顧，刺激商品經濟的不斷發展。除此之外，對於一向為人所詬病的大陸城市國營商店的惡劣服務態度，亦產生刺激的作用，「進城農民帶來了服務的新風尚，他們送貨上門，服務熱情，

㊵馮偉光，〈流動人口隱伏重重危機〉，香港《百姓》半月刊，一九八九年六月十六日第一九四期，頁四五。

㊶〈『城市流動人口問題探討』——上海『流動人口問題讀研研討會』綜述〉，《社會科學》，一九九〇年第二期，頁七四。

贏得了顧客，更進而打破了一些城裡人的鐵碗觀念，強化了他們的競爭意識。」[42]

五、結 論

古今中外的社會，人民爲了逃離戰爭、飢荒、瘟疫、自然災害等的危害，或爲了生活在一個更舒適的環境，曾出現盲流的現象。一九八九年年初中國大陸出現的這次大規模的盲流，基本的原因在於整個中國大陸農村經濟形勢的惡化，而導致惡化的原因，則在於中共若干政策的錯誤。除客觀農村的形勢外，盲流產生的另一個原因，是精神層面的因素。

追求生活現代化，作爲一個現代人，是大陸農民所最嚮往和憧憬的。從五十年代的農業合作化運動和人民公社推動以來，以及一九五八年一月九日制訂了「戶口登記條例」，大陸農民長期被束縛於土地上，流動極爲不易，加上交通不便、信息閉塞和文化教育的落後，使他們大多數都難於接觸也無法接受現代化的文明，在農村落後的社會環境裡，即使是少數身具特殊技能的農村子弟，亦是英雄無用武之地。自農村經濟改革推行以來，「家庭聯產承包責任制」使大陸的農民脫離了過去被限制於土地的束縛，而農村商品經濟的發展，也使一些農民從事商業、建築業和服務業等非農業性的行業。這些在各大城市進行的行業，使他們擺脫了農村閉塞的保守觀念。因此，「城市就像一所大學校，教會了大陸農民生活的智慧與現代化的觀念，使他們大開眼界。城市人的現代生活方式、婚戀觀使農民走出傳統的小圈子，逐漸成爲一個現代人，從生活節奏到擇偶方式都一步步向城市人靠攏。」同時，城市也「賦予大陸農民一顯身手的良機。農民企業家，農村的能工巧匠，都在這塊到處充

[42]同注[19]，頁一九一。

滿著現代氣息的土地上，一展雄風。他們在商品經濟的海洋中煉就得更加精明能幹，現代化的管理技術，新穎的產品設計，對這一切，進城之前，他們是那麼陌生，如今已能駕輕就熟了。」㊸城市所具備的各種優越條件和環境，除了改善大陸農民的經濟條件外，尤爲重要的是讓他們接觸到現代的文明，開拓了他們的視野，有機會可以成爲一個現代人，且因才能得以發揮，在精神上所享受到的成就感，更讓他們珍惜。所以當中共爲了解決因投資過熱而導致的通貨膨脹，採取一些緊縮政策時，使若干在城市務工謀生的農民，因而失去了工作，被迫返回農村。可是城市在物質和精神兩方面所帶給他們的種種好處，卻讓他們難於忘懷，因此他們雖身在農村，然心則在城市，終還是想方法流向城市，因而產生了「盲流」。這次的盲流是大陸社會痼疾的大暴露，也顯示了以下幾種意義：

在政治上，中共透過「人口管理條例」的手段，將大陸的人民硬區分爲市民和農民，彼此的地位懸殊，享受的權利更是天壤之別，而且兩者的身分幾乎是世襲的，市民生下來就是高人一等的貴人，而農民生下來就是低人一等的賤民，更有甚者，市民享受的種種權利，是靠剝削農民而來的。因此，這種以人爲的政治手段，將人民劃分爲兩大階級，是比因經濟地位不同而出現的階級現象，更不合理。因爲經濟因素所產生的階級，是可以憑個人的努力，改善經濟地位而提升其階級地位，而政治手段所劃分的階級差別，彼此存在著一條幾乎很難跨越的鴻溝。

在經濟上，中共長期採取的「史達林模式」——指令式社會主義計畫經濟，因這次的盲流，充分暴露了此一模式的嚴重弊病，大陸農村經濟長期陷於停滯落後的狀態，就是「重工輕農」的經濟策略所導致的後果。在目前蘇聯和東歐各共產國家，因實行此一模式失敗，共產政權紛紛倒臺之際，中共卻仍然堅持走社會道路，採

㊸同前注，頁一八八—一八九。

行「以計畫爲主，以市場爲輔」的「鳥籠經濟」，鑑於中共這十餘年的改革過程，經濟的政策仍然是呈現左右搖擺的狀態，經濟形勢也大不如前。因此，中共如不徹底改弦易轍，徹底拋棄經各國共黨政權實踐檢驗，已證明是走不通的制度，改革能否奏效，「翻番」目標能否達成，實令人置疑。只要經濟形勢不改善，盲流現象將永遠存在，且規模日益龐大。在社會上，中共宣稱「社會主義社會不會有失業現象」，以顯示比資本主義社會具有先天的「優越性」，也因爲這次的盲流而徹底暴露眞象。中共將城市中無法安排工作的人員，名之爲「待業」，但實際上就是失業，當城市「待業」問題嚴重後，又將這批人員趕往農村，這又加劇了農村隱性失業的現象，因爲農村表面上似乎每個人都在土地上工作，但實際上他們之中存在著大量剩餘的勞動力，這種農村的失業現象沒有表面化，故稱爲「隱性失業」。因此，盲流現象充分暴露了中共宣稱沒有失業的謊言，同時也令中共嘗到毛澤東錯誤人口政策的苦果，因大陸人口倍增，正是毛澤東鼓勵人口增長政策所導致的結果。人從貧困的地區流向富庶地區謀生，就如同水由高處流向低處一樣，是一種自然規律，大陸的盲流本質上就是如此，而中共卻採取「攔、堵、關、遣」的種種措施，顯示了大陸人民無法享有充分行動的自由。而大陸城鄉二元社會結構，也反映了大陸人民沒有居住和遷徙的自由。中共一九八二年「憲法」雖列舉公民享有多種基本權利，唯獨沒有規定享有「居住和遷徙」自由的權利。大陸這次盲流產生的原因主要是經濟的因素，爲了徹底防止盲流的再度出現，唯有改善經濟的條件，否則任憑中共採取強制措施，終會歸於無效，且規模也會日益擴大，社會問題也將隨之而益趨嚴重，但欲謀求經濟的改善，唯有徹底拋棄世界各共產政權「實踐檢驗」，已證明是走不通的原有制度，學習臺灣經驗。

表一

年　分	全國居民	農　民	非農業居民	工、農對比 (以農民爲1)
1952	76	62	148	1：2.4
1957	102	79	205	1：2.6
1962	117	88	226	1：2.6
1965	125	100	237	1：2.4
1970	140	114	261	1：2.3
1975	158	124	324	1：2.6
1978	175	132	383	1：2.9
1980	217	173	468	1：2.7
1985	405	323	747	1：2.3
1987	506	388	979	1：2.5

註：本表按當年價格計算，工農消費水平對比，沒有剔除城鄉價格不可比的因素。

行「以計畫爲主，以市場爲輔」的「鳥籠經濟」，鑑於中共這十餘年的改革過程，經濟的政策仍然是呈現左右搖擺的狀態，經濟形勢也大不如前。因此，中共如不徹底改弦易轍，徹底拋棄經各國共黨政權實踐檢驗，已證明是走不通的制度，改革能否奏效，「翻番」目標能否達成，實令人置疑。只要經濟形勢不改善，盲流現象將永遠存在，且規模日益龐大。在社會上，中共宣稱「社會主義社會不會有失業現象」，以顯示比資本主義社會具有先天的「優越性」，也因爲這次的盲流而徹底暴露眞象。中共將城市中無法安排工作的人員，名之爲「待業」，但實際上就是失業，當城市「待業」問題嚴重後，又將這批人員趕往農村，這又加劇了農村隱性失業的現象，因爲農村表面上似乎每個人都在土地上工作，但實際上他們之中存在著大量剩餘的勞動力，這種農村的失業現象沒有表面化，故稱爲「隱性失業」。因此，盲流現象充分暴露了中共宣稱沒有失業的謊言，同時也令中共嘗到毛澤東錯誤人口政策的苦果，因大陸人口倍增，正是毛澤東鼓勵人口增長政策所導致的結果。人從貧困的地區流向富庶地區謀生，就如同水由高處流向低處一樣，是一種自然規律，大陸的盲流本質上就是如此，而中共卻採取「攔、堵、關、遣」的種種措施，顯示了大陸人民無法享有充分行動的自由。而大陸城鄉二元社會結構，也反映了大陸人民沒有居住和遷徙的自由。中共一九八二年「憲法」雖列舉公民享有多種基本權利，唯獨沒有規定享有「居住和遷徙」自由的權利。大陸這次盲流產生的原因主要是經濟的因素，爲了徹底防止盲流的再度出現，唯有改善經濟的條件，否則任憑中共採取強制措施，終會歸於無效，且規模也會日益擴大，社會問題也將隨之而益趨嚴重，但欲謀求經濟的改善，唯有徹底拋棄世界各共產政權「實踐檢驗」，已證明是走不通的原有制度，學習臺灣經驗。

表一

年　分	全國居民	農　民	非農業居民	工、農對比 (以農民爲1)
1952	76	62	148	1：2.4
1957	102	79	205	1：2.6
1962	117	88	226	1：2.6
1965	125	100	237	1：2.4
1970	140	114	261	1：2.3
1975	158	124	324	1：2.6
1978	175	132	383	1：2.9
1980	217	173	468	1：2.7
1985	405	323	747	1：2.3
1987	506	388	979	1：2.5

註：本表按當年價格計算，工農消費水平對比，没有剔除城鄉價格不可比的因素。

表二

年　分 (A)	耕地面積 (萬畝) (B)	人均耕地 (畝) (C)
1949	146.822	2.71
1952	161.978	2.82
1953	162.793	2.77
1954	164.032	2.72
1955	165.235	2.69
1956	167.737	2.67
1957	167.745	2.59
1958	160.351	2.43
1959	156.869	2.33
1960	157.292	2.37
1961	154.966	2.35
1962	154.355	2.29
1963	154.090	2.23
1964	154.968	2.20
1965	155.391	2.14
1966	154.437	2.07
1967	153.846	2.01
1968	152.330	1.94
1969	152.190	1.89
1970	151.702	1.84
1971	151.049	1.77
1972	150.922	1.73
1973	150.319	1.68
1974	149.863	1.65
1975	149.562	1.63
1976	149.082	1.59
1977	148.871	1.57
1978	149.084	1.55
1979	149.247	1.51
1980	148.958	1.49
1981	149.556	1.45
1983	147.910	1.45
2000	136.800	1.09
	142.800	1.14

表三　1915—2000年中國人均耕地變化和預測

（按原統計數，人均耕地到2000年接近1畝，按遙感資料估計也不會超過1.4畝）

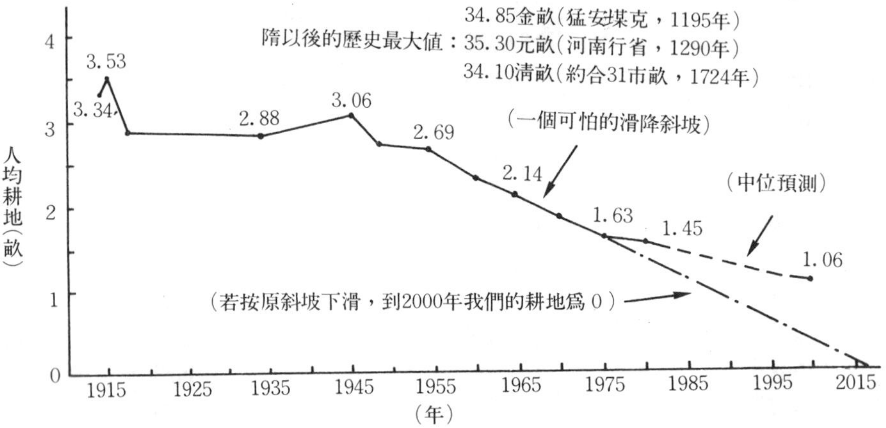

表四

1953-1978年農輕重投資比例表 (以國民經濟名部門基建投資總額為100)						
	一五時期	二五時期	1963-1965年	三五時期	四五時期	1976-1978年
重工業投資比重	36.2	54.0	45.9	51.1	49.6	49.6
輕工業投資比重	6.4	6.4	3.9	4.4	5.8	5.9
農業	7.1	11.3	17.6	10.7	9.8	10.8

表五　中國1952、1978、1983年每萬人口零售商業、飲食業、服務業人員數與機構數比較

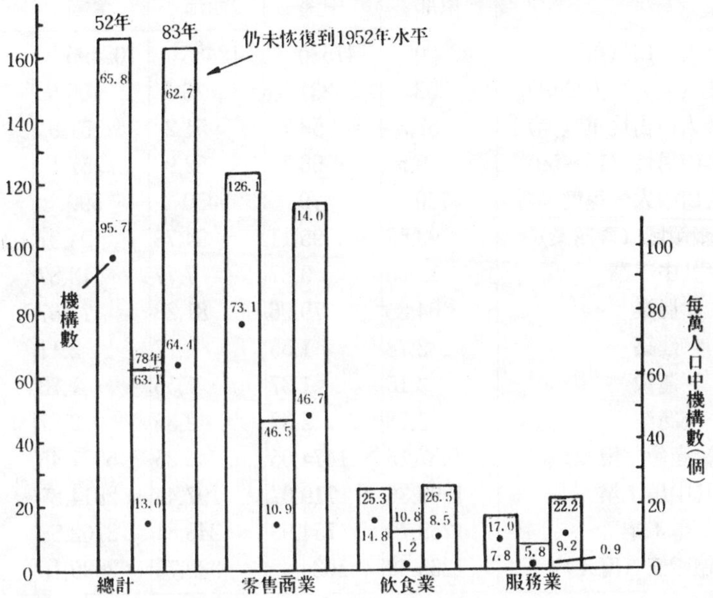

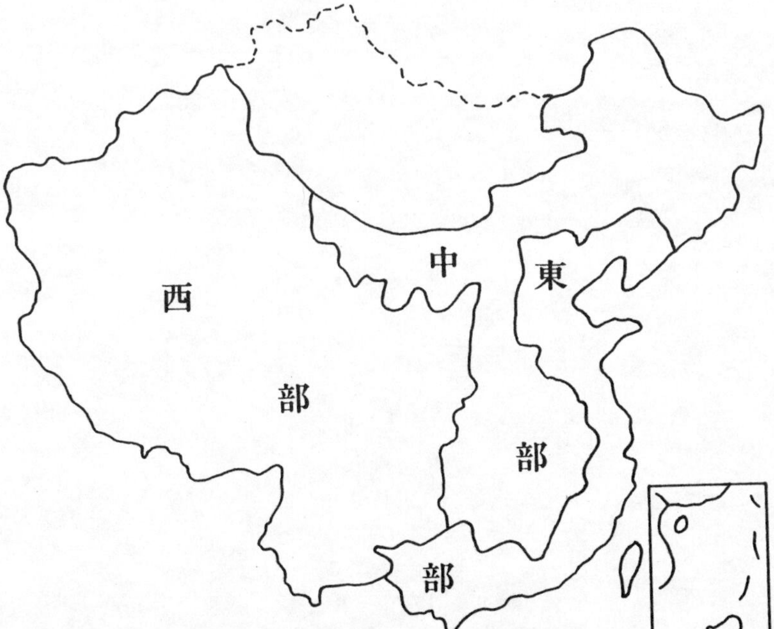

圖二　中國三個經濟地帶

表六　三個地帶基本情況比較表

	東部	中部	西部	全國	注
總　人　口（萬）	42500	47530	12465	102495	1983年
人口密度（人／平方公里）	252	231	26	105	1982年
勞動年齡人口占比重（%）	57.3	53.7	51.2	51.9	
其中男性（16～59）	59.5	56.1	52.9	57.1	
每10萬人口中大學程度人數	770	479	450	599	
物質生產領域（含商業）	93.52	95.11	94.73	94.37	1982年
其中工業	19.95	9.87	7.77	13.87	
農業	64.85	79.96	81.28	73.67	
建築	2.78	1.55	1.77	2.11	
運輸	2.15	1.37	1.56	1.73	
商業	3.78	2.37	2.35	2.97	
工業總產值（億元）	3657.15	1474.05	446.25	5577.45	1982年
其中輕工業	1898.36	719.07	197.44	2814.87	
重工業	1758.79	754.98	248.81	2762.58	
農業總產值（億元）	1265.42	1024	339.73	2629.15	

數據來源：《中國第三次人口普查資料分析》，頁313—316，其中總人口一項據1984年《中國統計年鑑》數據計算

中共的外貿體制改革：背景、問題和展望

魏　艾

一、前　言

一九九一年三、四月間中共召開的七屆人大四次會議，通過中共國民經濟和社會發展十年規劃和「八五」計畫綱要，確定了中共經濟發展的第二步戰略目標——到本世紀末，使國民生產總值再增長一倍、人民生活達到小康水平。要實現這一宏偉目標，最基本的推動力，就是要繼續深化改革，進一步擴大對外開放。因此，繼續推行對外開放政策、擴大對外貿易、開展國際間的經濟技術交流、資金融通、促進經濟發展，是中共現代化建設的必要途徑。

然而，在擴大對外開放，加強國際交流的過程中，如何建立一個能夠與國際經濟體系相融和，能夠適應國際經濟競爭的新體制，便是中共經濟體制改革的首要任務，其中，外貿和外匯管理體制的改革尤爲迫切。

事實上，對外貿易的發展與外貿體制的改革是一個整體的兩個相互制約的有機組成部份。對外貿易的發展必需外貿體制的不斷改革，而外貿體制改革的最終目的是要不斷推動對外貿易的順利發展，以發揮對外開放政策促進經濟發展的功效。本論文的目的，便是就當前中共外貿體制改革的背景，改革過程所產生的問題，以及

將來改革進程所面臨的限制因素提出簡要的分析。

二、外貿體制改革的必要性

就當前中國大陸的經濟形勢和國際經濟環境來看，中共外貿體制的改革實勢所必然。

自一九四九年以後的近三十年的歷程中，中共對外貿易體制基本上是國家外貿壟斷制。這種外貿體制是建立在單一的產品經濟和計畫經濟的基礎上。其主要特點是：國家集中管理對外貿易；通過按行業設立的專業公司直接進行進出口貿易活動；國家對出口商品的生產、收購、調撥、出口等全部實行指令性計畫；產品由外貿專業公司統購包銷，商品由國家指定的口岸公司來出口；內陸省分的外貿專業公司處於向沿海口岸調撥供應貨品的地位。這種外貿體制是與當時極端僵化的中央集權經濟體制相適應的。

但是自一九七〇年代末期，中共採行經濟體制改革和對外開放政策之後，這種舊的對外貿易體制已無法適應經濟發展和對外貿易擴展的需要，甚至於成爲阻礙參與國際經濟體系，發展對外貿易的桎梏。因此，改革舊的外貿經營體制和經濟經營模式，已是中共經濟發展的必然要求。

事實上，中共外貿體制改革是與其經濟體制改革和對外開放政策相一致的。雖然一九八八年底出現經濟成長過熱和通貨膨脹後，採取「治理整頓」經濟政策，以及一九八九年之「六四」天安門事件所引發的政治動盪，保守路線領導人士上臺，使中共的經濟改革政策因而頓挫，但是就改革開放的長期趨勢看來，這已經是個難以逆轉的趨勢。這主要在於：

第一，保守派在經濟改革和發展策略的理念上與改革派或有所不同，但是基本上並未完全否定經濟改革和對外開放的重要性，而某些改革政策給中國大陸所帶來的國民所得提高，農村經濟繁榮，人民生活改善，對外貿易擴張等積極效果，也獲得民衆的肯定，使保守派領導人在經濟決策上面臨著相當的壓力。

第二，十二年的經濟改革和對外開放，已使大陸形成了權力和利益的重分配，若要從改革的道路上退却，其所遭遇的問題，可能比繼續推進改革更爲複雜。因爲對於因經濟改革而獲取利益的個人、企業、產業和地區而言，經濟改革的退却，無異於已經得到的利益的喪失和已逐漸建立的新生產、流通和分配體制的破壞，將遭受嚴重的打擊，造成經濟的混亂。

第三，改革開放的過程中培育出許多令中央政府無法駕馭的因素，這些因素包括：國民的主體性在自我意識中得到確認；中產階級意識蔓延；相對獨立的地方政府；作爲政治附屬物的公有企業變成了相對獨立的經濟實體；以及有條件服從的新政治關係等，使中央政府的地位變得相對的脆弱，而不得不在決策上採取某種妥協的態度和立場。

在與國際經濟的互相關係上，對外經濟開放是八〇年代以來中共經濟政策的主要特色。目的在於引進外資和技術，以加速大陸的經濟發展。但是在對外開放的過程中，卻也使大陸經濟與國際經濟產生了某種程度的相互依存關係。

以一九九〇年與一九七八年相比較，中共對外貿易總額從二〇六・四億美元，增加到一、一五四・三億美元，增長了四・六倍。其中，出口貿易額從九七・五億美元增加到六二〇・七億美元；進口貿易從一〇八・九億美元增加到五三三・六億美元，分別增長了五・四倍和四倍❶。對外貿易的迅速增長，增加了中國大陸對外貿易在世界貿易額中的比重。中國大陸的出口總額佔世界出口總額的比重，已從一九七八年的〇・七五％，上升

---

❶《國家統計局關於一九八九年國民經濟和社會發展的統計公報》，《中國經濟新聞》（增刊），一九九〇年三月十二日；《中國經濟年鑑》（一九八八年）（北京：經濟管理出版社，一九八八年十二月），頁XI—八六。

到一九八八年的一・六七%，出口額在世界各國中的地位，從第三十二位上升到第十四位❷。另從中國大陸對外貿易依存度（國民經濟對國際貿易的依賴度）來看，已從一九七八年的一〇・二%（五〇年代平均爲四・三%，六〇年代爲三・六%，七〇年代爲四・六%）上升到一九八八年的二七・九%❸，一九九〇年更上升到三四%左右。這反映出與國際經濟的經貿交流日益密切的事實❹。

在利用外資方面，到一九九〇年底，中共的外債餘額約爲四二〇億美元，而吸收外商直接投資方面，從一九七九年到一九九〇年底止，中共累計批准外商投資二九、〇四九項，累計協議投資金額三八九・五億美元，實際投資金額爲一八九・三億美元❺。其中，批准海洋石油中外合作探勘開採項目有六四項，協議投資金額三三・三億美元，實際投資金額二九・二億美元❻。

另根據中共國家統計局所透露的資料，一九九〇年三資企業（中外合資企業、合作企業和外商獨資企業），已成爲中國大陸的支柱工業，其新增產值已佔中國大陸全部工業新增產值的三分之一❼。

很顯然的，中共對外經濟開放政策的推行，已使中國大陸傳統的半封閉型經濟開始向積極利用國際分工、國際交換的開放型經濟轉變，初步形成了「經濟特區——沿海開放城市——沿海經濟開放區——內陸地區」逐步推展的開放格局。同時，改革開放雖是造成外資、技術和管理知識引進的主要因素，但是大批外資湧入中國

---

❷季崇威，〈對外開放十年〉，《中國經濟年鑑》（一九八九年）（北京：經濟管理出版社，一九八九年十月），頁II—四八。

❸同注❷。

❹此項統計部分是因人民幣匯率變動換算所造成的結果。

❺*Business China,* (May 27, 1991), p.76.

❻同注❺。

❼香港《文匯報》，一九九一年四月七日，二版。

大陸之後，也對中共的經濟體制改革產生了巨大的推動作用。

國際政治經濟格局的巨變，對中共經貿的發展也產生了相當的影響。若撇開政治和軍事的因素，單就經濟領域而論，便存在著推動中共經濟體制改革的重大因素：

第一，在未來的世界貿易中，歐洲經濟一體化的出現，將對歐洲七〇年代中期以來相對落後狀況的轉變產生了巨大的推動作用，同時也將加速刺激北美經濟集團和亞太經濟合作設想的早日實現。此一區域化、集團化或統一化趨勢的進一步加強，中共將無法置身於此一歷史潮流之外，而中共外貿體制的改革將是參加區域經濟的必要條件。

第二、蘇聯和東歐的變局，對中共的對外經貿產生了複雜的影響。首先，在吸引外國直接投資方面，中共增加了一些強有力的競爭對手。其次，一九九二年「歐洲統一市場」在關稅和非關稅壁壘將增強，在此一形勢下，中國大陸產品在對外經貿關係的擴展，將遭到激烈的競爭，而外貿體制的改革則是增加經營效益的最有效手段。

第三，經互會內部現行非市場導向的經濟交流機制的逐步廢除，將改變中共與經互會成員國之間的貿易方式，以市場經濟交易取而代之，因此，中共外貿體制也需更加迅速地進行靈活性地調整。

三、八〇年代的外貿體制改革

自一九七〇年代末期以來，中共的外貿體制改革大體上經歷了三個階段：

第一階段是一九七九年至一九八三年。外貿體制改革的主要內容是允許廣東、福建兩省和經濟特區擁有較大的貿易權限，進行自定計畫、自負盈虧和自主經營；開展多種形式的「三來一補」（來樣、來圖、來料加工和補償貿易）靈活貿易；舉辦中外合資、合作和獨資企業等改革措施。此一改革探索和實驗，使原有的外貿體制發生了變化，由一種經營方式變成多種經營方式。但終因缺乏其他條件的配合，外貿管理上出現混亂的現象，中共仍在一九八三年重行加強經貿部在對外貿易的統一領導和行政管理。

第二階段是一九八四年至一九八七年。這階段中共對外貿體制改革作了新的部署，確立外貿體制改革的三項基本原則是：1.政企分開、經貿部專司管理。2.外貿經營實行代理制。3.工貿結合、技貿結合、進出結合。具體作法包括下放出口經營權、實行外匯留成制，試辦工貿進出口公司和出口代理制度。一九八七年還實行外貿專業總公司向經貿部承包的制度❽。此種改革措施，打破了國家外貿專業公司壟斷的局面，變成多家經營，並由單一渠道變成多條渠道的外貿經營方式，使出口貿易有了較大幅度的增長，並提高了對外貿易的經營效益。但是這種外貿承包經營責任，並未能根本解決企業自負盈虧的問題，國家外貿補貼的沈重負擔並未解除，同時也沒有解決外貿企業與生產企業的關係問題。

第三階段是一九八八年至一九九〇年。從一九八八年起中共開始在全大陸普遍實行以地方為主、三年為期的外貿承包經營責任制。其具體內容為❾：1.省、市、自治區和計畫單列城市按三大指標向中央承包，其基數三年不變。三大指標是出口收匯額、外匯上繳額和虧損補貼額。如有虧損，中央不再補貼；如有超收（外匯），則二〇%上繳，八〇%留作地方和企業分成。2.以輕工、服裝和工藝品三類出口專業公司作為自負盈虧的試點，其出口收匯可自留七五%，並可透過外匯調劑和進口有盈利的商品來補貼虧損。汽車、電子和新科技三大類出

❽經貿部國際貿易研究所，〈外貿體制改革的回顧與展望〉，《中國經濟體制改革十年》（北京：經濟管理出版社，一九八八年初版），頁七六五。

❾《中國對外經濟貿易年鑑》（一九八九）（香港：中國廣告有限公司），頁三三；王林生，〈外貿體制改革的回顧與反思〉，北京《科技導報》，一九九〇年一月，頁三六。

口收匯全部留成、自負盈虧。3.各外貿專業總公司和部分工貿總公司與它們的地方分公司在財務上分離，而地方分公司應與地方財政掛鉤⑩。

三年來這種外貿承包制實行的過程，雖然面臨了國際和大陸內部經濟形勢的變化，但仍然產生了相當的成效，主要表現於：

1.調動了各級政府經營外貿的積極性，增強了擴大出口創匯的意識。透過下放外貿經營權的改革，許多地方政府和工業部門及出口生產企業，都將大力發展出口、提高出口產品品質、開發新產品，以及開拓海外市場，列爲首要的工作。外貿經營體制的改革，推動了中國大陸出口貿易的發展。根據中共海關的統計，一九八八年中國大陸外貿出口值爲四七五・四億美元，一九八九年爲五二五億美元，一九九〇年高達六二〇・七億美元。一九九〇年比一九八七年的三九四・四億美元，增長五七・四％。三年承包期平均年增長率約爲一六・二％。

2.保證中央的外滙收入，減輕國家財政負擔。在實行承包制之前，出口實行統負盈虧，由於滙率高估，出口愈多虧損愈大，中央財政負擔愈重。承包制將中央財政與地方財政在外貿盈虧、外滙分配等方面加以確定，同時明定三年不變的指令性上繳中央外滙額度基數，未能完成承包基數的地區必須買調劑外滙上繳中央，並以地方財力作擔保，保證了中央外滙的來源，並且隨著外貿出口的不斷成長，中央的外滙收入也隨之增加。

3.外貿管理手段有所改善。外貿承包制不僅突破了高度壟斷的外貿體制，同時也使外貿計畫由過去全部實行指令性計畫，引進了某種市場機制的功能，增加了指導性計畫的成分。在宏觀方面，爲了適應承包，各地也

⑩在此一外貿承包經營責任制下，各省（市）又根據各自的情況，在省（市）範圍內進行發包，做法主要有三種：第一種是省（市）以下以外貿專業公司爲主的承包，即省級外貿公司向省政府承包三項基數，下級逐級向上級公司承包。第二種是省（市）以下的政府爲主的承包，即市（縣）政府向省政府承包三項基數，有出口權的外貿和工貿企業再向當地政府承包。第三種是省（市）以下實行雙軌承包。即有進出口權的外貿企業向省（市）政府承包三項基數任務，生產部門和企業向省（市）政府承包出口所需的貨源。

紛紛建立外滙留成制度、外滙調劑中心、出口退稅辦法等一系列奬勵措施。在微觀方面，承包後外貿企業在定額補貼的前提下，進行獨立核算，減少盲目進口，有利節約外滙。此外，進出口代理制度的實施，使生產企業和外貿企業雙方的利益結合在一起，使國際競爭的壓力引入生產企業，有利於企業技術改造和出口競爭能力的提升⓫。

以外貿承包經營責任制爲主的外貿體制改革，雖取得了顯著的績效，但由於此一制度的提出較爲倉促，宏觀經濟的許多配合措施並不完善，中央與地方、出口生產企業和外貿經營企業之間的利益分配關係仍有矛盾，再加上制度本身的缺失，因此出現了許多弊端。

第一、全局與局部關係上出現了明顯的衝突。以地方爲主體的外貿承包經營責任制，地方和企業以爭取利潤爲目標，基於自身利益的考慮，造成總體經濟利益的損失。這主要表現於地方觀念擡頭，「貿易保護主義」滋長。爲了多出口、創造外滙，各地對於資源採取了強硬的貿易保護主義，進行封鎖，防礙了統一市場的形成。有原料的地區和部門紛紛自行投資設廠出口低品質的產品，或者直接出口初級產品，使擁有較先進加工生產能力的地區和部門的企業因缺乏原料，開工不足，甚至於停工停產，破壞了原有的專業化分工，影響了整體的創滙能力。

第二、加深了地區與出口企業間的不公平競爭。基本上，隨著外貿體制的改革，外貿經營權的下放、自負盈虧制度的實施，也必須營建平等的競爭條件和環境，但是在外貿體制中引進市場機制的同時，中共卻也採取了地區傾斜的優惠政策，給予經濟特區和沿海開放地區包括外滙留成等多種的優惠，並允許這些地區的外貿企

⓫所謂代理制是指由外貿企業提供各種服務，代生產或訂貨部門辦理進口和出口業務，外貿企業收一定的費用，盈虧由出口商品企業和進口商品用戶自負。

業跨省區採購商品和掌握貨源。這種不公平的外貿改革措施，形成「對內擡價搶購，對外削價競爭」的現象，擾亂了市場和出口貿易的競爭環境，造成嚴重的經濟損失。

第三、誘發了企業的短期化行爲。以三年爲期限的承包制，基本上已是一種短期化經濟活動的承諾。使許多企業只注意三年承包期的利益，不顧作長遠的打算，只著重發展目前有利的短線商品，在出口貨源上則顯現出掠奪性的收購，單方面追求超額承包任務，忽視企業和商品經營的長期建設，造成出口後勁乏力，影響到外貿總體發展策略的實施。

第四、出現地方財政補貼出口虧損、增加地方財政的困難。承包基數是按一九八七年底的出口商品換滙成本制定，一定三年不變。這期間，隨著出口商品收購價格的提高，原定的財務盈虧指標將難以完成，有些地方出現必須以地方財政補貼外貿出口虧損的狀況，此種情況並有蔓延的趨勢⓬。

四、當前外貿體制改革的主要措施

一九八八年開始推行的外貿三年承包經營責任制，於一九九〇年底期滿。中共隨即發出了「關於進一步改革和完善對外貿易體制若干問題的決定」，對外貿體制改革作出了新的規定。

新的外貿體制改革，總的原則便是中共在十年規畫和「八五」計畫綱要所標示的「統一政策、平等競爭、自主經營、自負盈虧」。根據此原則所擬定的「決定」，詳細內容有十條規定。另外，中共國務院還批准了「出口收滙核銷管理辦法」及「實施細則」⓭。這三項文件構成了當前中共外貿體制改革的整套方案，主要內容可歸

⓬王紹熙，〈十年外貿體制改革的評估〉，北京《國際貿易問題》，一九八九年十二月，頁六。

納為：

1.全面取消對外貿易進出口業務的補貼，實行自負盈虧機制。

2.統一外滙分成辦法，取消地區差異，消除不平等競爭條件。新的分成辦法，即「倒二八」分成（即二〇%交中央，企業和地方留八〇%）⓮。

3.實施嚴格的出口收滙核銷管理辦法，防止企業把賺得的外滙私留在境外或挪作他用。

4.搞活外滙調劑。在保證完成上繳國家外滙額度和收購任務後，允許外滙額度進入調劑市場，並跨省調劑。各地方政府，各部門不得用行政手段干預外滙資金的橫向流通⓯。

在「統一政策」的原則下，中共對外經貿部也提出商品進出口的新措施，主要規定包括⓰：1.對部分國內差價較大，盈利較多，容易發生擡價搶購的商品，將增收出口調節稅金，用於逐步建立出口風險基金和平抑市場價格爲目的的出口貨源儲備金。2.改進進口方法，凡使用中央外滙進口商品，一律實行代理作價制，其中除糧食、化肥、洗衣粉原料和木漿外，其他商品均要限制進口。3.調整部分外滙留成比例，除經濟特區「倒二八」分成外，輕工、工藝和紡織也由「倒三七」改成「倒二八」分成。4.改進外貿管理，採取出口許可證一次發放

⓭陳一戈，〈大陸外貿體制的一項重大改革〉，《九十年代》月刊，一九九一年二月，頁三二—三三；香港《文匯報》，一九九〇年十二月二十七日，二版；北京《經濟日報》，一九九一年一月二十四日，一版。

⓮另據有關報導，新外貿體制改革的外匯留成辦法略有修正，具體辦法是：機電產品和特定科技產品出口收入三〇%按調劑價上繳中央；一般商品出口收入，上繳中央五〇%（三〇%按調劑價上繳），地方政府留一〇%，企業留四〇%；來料加工上繳中央一〇%，留成九〇%。見香港《文匯報》，一九九〇年十二月二十七日，二版。

⓯李永增，〈中國外貿體制的重大轉折〉，《瞭望》週刊海外版，一九九一年二月十一日，頁一四。

⓰香港《經濟導報》，一九九一年四月二十二日，頁一一。

一次使用的辦法，並註明結匯銀行。對計畫出口的審批、配額和出口許可證，實行總量管理，經貿部只受理省經貿部門和中央各類出口企業的申請。

為獎勵出口創滙，中共國家稅務局也調整對私營企業的稅收政策，提供如下的稅收優惠⑰：1.凡從事出口創滙的私營企業，其獲得的外滙留成額度調劑收入，通過外滙調劑中心按國家規定辦理，不徵收私營企業所得稅，但必須全額轉入生產發展基金。2.對接受外商來料加工、來件裝配業務的私營企業，凡來料、來件部分價值佔產品原材料、輔助材料和零部件總值二〇%以上的，從取得第一筆收入的月分起，經省級稅務部門批准，在一至兩年內可減徵或免徵所得稅。3.歸國華僑利用僑資新辦生產性的私營企業，如僑資佔投資總額五〇%以上，可從投產經營的月分起，免所得稅兩年。

很顯然，新的外貿體制改革措施，是在總結上一輪三年承包經驗的基礎上產生的。但是新的措施仍然無法從根本上改變承包制的基本作法，因而也不可能徹底消除現行外貿體制的缺失。首先，新的外貿改革措施雖力求給予「平等競爭」，然而基於在經濟發展上，對於重點產業和地區的扶持，在計畫、資源供應和其他政策方面給予優惠仍是無可避免的。其次，外貿管理秩序的混亂、效益的低落等問題，源於各種複雜的因素，絕非局部性的改革措施就能解決問題。

儘管如此，全部取消出口補貼和外滙分成比例的變動，仍是此次外貿體制改革的重大突破，其中出口補貼的取消，更具有相當的意義。

中共對外貿出口企業一直都給予出口補貼，主要原因有二：1.出口企業經常為完成國家的創滙指標而虧本出口，虧損部分由國家補貼。2.人民幣的官定滙率和外滙調劑市場的實際成交價有一定差距，為彌補這個差價，

⑰香港《經濟導報》，一九九一年五月二十日，頁一〇—一一。

國家一直對出口商品實行少量補貼。中共認爲，作爲一個開發中國家，爲取得進口及經濟建設所急需的外滙，這種補貼是不可少的。根據中共的統計，一九八七年補貼額約佔外貿出口總值的四%，其中給予初級產品的補貼額佔九○%以上⑱。從一九八八年開始，中共改變了外貿專業公司統收統支的管理制度，實行承包經營責任制，同時凍結了出口補貼值，不增不減，直到這次的外貿體制改革，出口補貼才完全被取消。

就長期而言，外貿補貼的取消將有助於大陸企業經營效率的提升和產品品質的提高。但在短期間可能出現如下的影響：1.大陸企業可能停產或減產以往由國家補貼出口的產品，影響了國外市場貨源的供應。2.大陸不少產品可能因外貿補貼取消，生產成本較高，因而擡高產品的價格。

至於外滙留成的問題，新外貿改革措施雖在留成比例上進行調整，但基本上仍然維持外滙「額度留成」制度。

額度留成，即任何單位的外滙收入，都應全數結售給國家，國家按規定比例，給單位分成一部分外滙指標的使用權。自一九七九年起，中共便實行此種外滙留成制度，此一制度對於調動企業的積極性，增加外滙收入有其貢獻，但隨著經濟體制改革和對外開放的推展，此一制度已不適應實際經濟形勢的需要，甚至於挫傷了企業的生產積極性。這主要是由於：1.中共對留成外滙的使用範圍和投向有著十分嚴格的控制，一般創滙企業不可能眞正自主地選擇用滙方向。2.留成外滙的使用手續複雜，從申請計劃到實際使用，往往需要相當長的時間，阻礙企業資金的周轉。3.各級政府經常採取行政手段，任意平調企業留成外滙以作他用⑲。

目前中共內部已針對外滙留成制度的問題，存在著不同的意見。有的建議以「現滙留成」制度或「外滙轉

⑱張坤儀，〈取消外貿出口補貼的回響〉，香港《經濟導報》，一九九一年四月二十二日，頁六。

⑲陳志宏，「現行外匯留成制度存在的問題及改革構想」，《國際貿易問題》，一九九○年九月，頁四五—四七。

移證」制度來取代「額度留成」制度，但是這些建議方案均需有較健全的外滙市場爲前提，恐非短期間能夠實現[20]。

五、人民幣滙率的調整

外貿體制和外滙管理體制是相輔相成的，外貿體制的改革也必然必需對外滙管理體制進行相應的改革。

自一九七九年開始，中共外滙管理體制的改革，除了外滙留成制度的實施外，便是外滙調劑市場的建立。此一市場在一九八六年成立之初，交易額十分有限，但經過五年的發展，大陸各地的大中城市紛紛設立了外滙調劑中心，使外滙調劑業務迅速發展。一九八八年全大陸的外滙調劑業務成交額爲六二・六億美元，一九八九年爲八五・六億美元，一九九〇年爲一三〇億美元。外滙調劑市場已在調整外滙供需方面扮演相當的角色。從一九九〇年十一月到一九九一年四月間，外滙調劑價格大約比官方滙價高〇・五元至〇・五二元人民幣間浮動[21]。

---

[20]「現匯留成」制度是允許出口企業在當地外匯銀行開立現匯收入戶和現匯支出戶。收入戶的外匯來源是出口商品所得的外匯，但未經外匯管理部門批准不得隨意支取。支出戶的外匯來源是經外匯管理部門批准，由收入戶轉入支出戶的企業留成外匯。支出戶的外匯，企業可按國家規定的外匯投向自主使用和調劑。
「外匯轉移證制度」是對留成外匯，單位和個人應交存指定銀行，換取等額的外匯轉移證；經核准用匯時，憑外匯轉移證和有關文件向指定銀行換取現匯辦理對外付匯。
見顧立敏、吉文秀，〈外匯留成制度改革的設想〉，《國際貿易問題》，一九九〇年十一月，頁五二—五三；陳志宏，見前。

[21]香港《大公報》，一九九一年五月五日，二版。

、但是就整體而言，人民幣幣值背離其實際價值，一直是中共外滙管理上的主要問題。人民幣滙率的偏高，一方面是由於實行國家管制的固定滙率，另一方面也是由於尙未完成開放外滙市場的結果。開放外滙市場不僅可以解決以行政手段分配外滙所帶來的不合理的狀況，而且可以通過市場調劑，根據供需關係形成比較接近實際貨幣價值的合理滙率，減少外貿出口補貼，從而準確計算進出口商的眞正成本和盈虧。然而，在中共現行開放外滙市場仍不具備條件的情況下，最近中共所採取人民幣滙率的小幅度、多頻率的調整政策，卻相當引人注意。

自中共政權成立以來，中共基本上是採取釘住各主要國際貨幣的方式來制定人民幣的滙率。但是八〇年代以來，中共開始效法西方國家的作法，以滙率的調整作爲平衡國際收支的重要措施，造成人民幣滙率的不斷貶值。

人民幣上幾次的貶值是：一九八六年七月五日，貶値一五・八％；一九八九年十二月，貶值二一・二％；一九九〇年十一月，貶值九・五％。但是自今年四月九日以來，中共卻連續將人民幣滙率進行五、六次的微幅調整，每次調整幅度大約在一％左右，目前人民幣對美元的滙率大約共跌了二％左右。相對於過去大幅貶值一至二成的情況看來，四月以來的貶值幅度可說是微不足道。但是這種微幅調整的新政策，卻引起了外界的密切注意和疑慮。

雖然中共有關當局已經對外證實新的滙率政策，是圖藉小幅調整，避免對經濟造成太大衝擊的情況下，縮短官方滙價與實際滙價間的差距。長遠看來，中共顯然要簡化中國大陸目前的三層滙率制度（官定滙價、調劑滙價和黑市滙價）。

就採取新滙率政策的時機而論，去年年底中共的外滙儲備爲二九〇億美元（包括政府所持有的外滙和中國銀行所接受的外滙存款），外貿也出現了八七・一億美元的順差，在滙率方面可容忍較大波動及彈性，因此是採取微調方式的有利時機。不過，目前美國與中共間正因貿易最惠國待遇問題而爭論不休之際，人民幣滙率的不斷貶值，將助長大陸產品對美國的出口，使雙方貿易不平衡的情況更加嚴重，針對中共的貿易保護措施必然更加嚴格，結果人民幣貶值起不了促進出口的效果。

從理論上而言，人民幣貶值將可爲中共帶來幾方面的立即影響：第一，出口產品價格相對便宜，提高國際市場的競爭力、增加外貿的出口。第二，大陸的地價、勞力、原料和管理費用相對地更便宜，可吸收更多海外投資。第三，到大陸旅遊的費用更便宜，可吸引更多的海外遊客，賺取更多的外滙。第四，外國產品進口成本增加，可以抑制進口，減少外滙的流失。但是大陸經濟本身的缺失及國際經濟環境的限制，將限制人民幣貶值所可能產生的經濟效果，這些因素包括國際保護主義的限制、其他開發中國家在國際市場的激烈競爭、中共出口商品貿易結構調整不易、投資環境不善、涉外經濟法律不健全，以及任意調高旅遊費用等。

中共試圖藉微幅調整的逐步貶值方式，來反映人民幣的眞實價值，這顯現出中共已承認了市場力量的重要性，這是中共外貿和金融政策的重大突破。不過，新的滙率政策能否產生預期的效果，進而使人民幣成爲自由浮動及可兌換的貨幣，仍存在著許多疑慮：

第一、人民幣滙率不斷的下跌，且不知底線何在，使大陸人民對其失卻信心，因此將增加消費，或購進外幣，在貨幣供應消長的情況下，人民幣黑市滙價的加速貶值，將使其與官定滙率難以拉近。

第二、人民幣若果眞能自由浮動，代表著大陸經濟承受更大外來的衝擊，以及減低了中共當局對滙率的控制，中共擔心金融制度受到破壞，必然不會接受這種情況。

第三、雖然人民幣成爲世界通行的可兌換貨幣是中共滙率政策的最終目的，但是這涉及到人民幣在國際市場上作爲交易媒介的接受程度，以及中共是否願意放寬外滙管制的主觀意識，在現階段絲毫沒有任何得以實現的條件㉒。

總而言之，中共新的滙率政策雖是在現實經濟壓力下的一種調整，但是基本上，它仍是以管理和行政手段主控的一項應變措施，在總體經濟改革形勢未能有大幅進展之前，其最終目標將是難以預期的。

六、結　論

九○年代中共對外貿易的發展正面臨國內和國際經濟的嚴重影響。在國內經濟環境方面：總供需的矛盾經過兩年多來的治理整頓雖有所緩和，但是問題不可能根本解決；九○年開始進入的還債高峰，對外滙的需求急迫，必須保持出口的持續成長；波斯灣戰後中共對國防科技發展的要求，加劇了原已負擔沈重的財政壓力，無力支援外貿的發展；經濟改革雖未終止，但基於各層面既得利益的考慮，在兼顧「穩定」和「發展」的前提下，改革的步伐必然審愼而緩慢。在國際經濟環境方面：國際經濟集團化和區域化已是必然的趨勢，將使國際市場的競爭更加激烈，貿易保護主義將趨強化；開發中國家將面臨產業結構的重新調整，將使國際貿易結構發生相應的變化。在這種內外環境的交互影響之下，既有國際經濟結構和市場擴大所帶來的發展契機，又有拓展貿易所將面臨的困難。因此，外貿體制的改革更凸顯出其重要性。

然而，中共外貿體制的改革，一方面，既必須符合中共經濟體制改革的總方向，亦即以公有制爲基礎的有計畫商品經濟體制，實行計畫經濟與市場調節相結合的運行機制。另一方面，又必須適應與國際經濟體系相結

㉒胡定核，〈人民幣國際化的構想〉，《國際貿易問題》，一九九○年六月，頁三二—三三；徐康寧，〈關於人民幣向可兌換貨幣發展的思考——兼與胡定核同志商榷〉，《國際貿易問題》，一九九○年十二月，頁三八—四二。

合的情況下對外貿易活動的規律。兩者之間，自然產生矛盾和衝突。

在這種多重的考慮因素下，中共的外貿發展和體制的改革也就面臨許多重大的限制因素：

1.新舊外貿模式交替過程中，舊模式仍占主導地位，嚴重制約著對外經濟貿易的發展。換言之，對外貿易有很大程度仍受制於行政性的直接控制，企業不能隨機應變地自主經營，缺乏參與競爭的機制。出口創滙仍然並非賴於企業的經營能力，主要是依賴國家下達的出口計畫和成本計畫內完成。

2.新舊政策無法配合，甚至相互摩擦和抵消，限制了出口的持續增長。實行出口外滙留成和其他獎勵措施，雖調動了企業生產和出口的積極性，但卻也帶來不平等競爭、擡價搶購、低價競削的問題。任何爲扶持重點產業和特定地區的獎勵措施，都造成不平等競爭的因素，致使經濟混亂的現象更加嚴重。

3.經濟結構不合理的矛盾，是限制外貿發展和外貿體制改革的重要因素。中共對外貿易長期依賴少數商品項目作爲出口創滙的依托，而進出口產品結構落後（初級產品出口仍佔出口總額的一半以上）的問題一直未獲得解決，因此近年來加工產業的發展，大陸內部的需求急速上升，使得出口貨源短缺的矛盾日益嚴重，造成原材料價格上漲，出口成本上升，經濟效益下降的現象。

最後，必須說明的是，地方政府所具有的政治和經濟的角色，也是中共經濟體制或外貿體制改革的另一制約因素。

在中共以公有制爲條件政企不分的基本特點下，地方政府具有雙重的身分：在分級管理上，地方政府的身分是國家進行經濟管理的一個層次，它要執行中央政府的各項經濟決策，維護宏觀經濟的整體利益；另一重身分——地方政府是組織地區經濟活動的主體，它有自己的經濟利益，並會根據自己的利益作出種種經濟決策。地方政府的雙重身分，無可避免地會產生一些矛盾，並在角色上造成自我衝突。但是問題卻在於，當衝突發生時，地方政府的雙重身分便會向經濟利益主體身分傾斜，謀取自身的利益。

此外，在經濟體制改革過程中，中央下放權力的對象不僅僅是企業，還包括各級地方政府。這就更強化了地方政府作爲利益主體的地位。地方政府對中央所授予企業應有的權益大量截留，企業對各級政府的依賴實質並未減少，地方政府並未在經濟運作上居於超然的調控地位，且在經濟利益上與企業結合在一起，更在信貸、稅收方面擁有鉅大的影響力，這是造成近年來地方經濟分割、經濟和外貿體制改革誤失的重要原因。

大陸東西部貧富差距之探討

江振昌

一、前言

長期以來，中國大陸的東部與西部一直是富庶與貧困的代名詞。按中共一般劃分，大陸東部包括京、津、滬三市和遼、冀、魯、蘇、浙、閩、粵，共計十省、市❶。此區自然條件優越、農業發達，加上現代化工業和現代化城市的發展，使它成爲富庶地區。一九八五年，這裡居住著三·五八億人口，佔大陸總人口的三四·三一%，卻生產著全大陸五三·〇四%的工農業總產值，人均工農業總產值比全大陸平均水平高四八·四四%❷。

大陸的西部，包括桂、寧、藏、新、內蒙五個少數民族自治區，和雲、貴、川、陝、甘、青六個省，共十一個省、區。這裡地域遼闊，佔中國領土的七〇%，然由於種種歷史和現實的原因，西部多年來是中國最貧困的地區。一九八五年，這塊生活著三億人口、佔大陸人口總數二八·五七%的土地上，卻僅生產著全大陸一七·

❶參考：郭凡生、王偉，《貧困與發展》（蕭山：浙江人民出版社，一九八八年），頁二；何博傳，《山坳上的中國》（貴陽：貴州人民出版社，一九八八年），頁一二五；陳棟生，《中國地區經濟結構研究》（太原：山西人民出版社，一九八八年），頁三九—四九。

❷王偉、郭凡生，〈中國東西部發展的實現〉，《人民日報》海外版，一九八八年三月十日。

二一%的工農業總產值。在這裡，有近五分之一的人生活在貧困線以下，約佔全大陸貧困線下生活人口的七〇%❸。

根據大陸學者從綜合、農業、工業、科技教育、人民生活等五個方面入手，對一九八一至一九八五年東西部發展情況，分別從總量指標、人均指標、發展水平的變化三個不同角度進行綜合對比後發現，在五年內大陸東西部拉大差距相當於過去三十多年的總和❹。

再到八〇年代後期，趙紫陽的智囊團提出沿海發展策略，希望藉著國際分工，以沿海地區的優先發展，進而帶動內陸地區，乃至全大陸的經濟發展。但是，此一發展策略卻造成地方經濟發展失衡的現象，引起內陸省分的不滿，一方面加強地方保護主義，另方面則積極向中央爭權，使中共領導階層在決策上面臨取捨的困境。

大陸東西部貧富差距的概況、造成差距擴大的原因、大陸學者對經濟發展策略的爭辯，以及中共的解決之道與成效評估，都是本文探討的重點。

二、貧富差距的概況

一九八七年九月二十八日香港《明報》轉載《廣州日報》一篇文章說，在中共第六個五年計畫期間（一九八一——一九八五）大陸東西部貧富程度急劇拉大，出現以下幾組數字的對比：

㈠城鎮發展水平。東部城鎮人口一九八一年比西部多三千萬人，一九八五年差距則達六千五百萬人。城鎮

❸中共把農村人均年純收入在二百元以下的人口稱為貧困人口，二百元即為貧困線。參見：評論員，〈打好扶貧攻堅戰和持久戰〉，《人民日報》，一九九一年一月二十四日。

❹郭凡生、王偉，同前書，頁四；上海《世界經濟導報》，一九八六年三月十四日。

人口佔總人口比重，一九八一年東部比西部高七%，一九八五年擴大到一三%。

㈡工農業總產值變化情況。一九八一至八五年，東西部的差額由二千五百億元擴大到四千三百億元，人均工農業總產值由六百六十九元擴大到一千多元（見表一）。

㈢大中專教育事業發展情況。以萬人中在校大學生比較，「六五」期間東西部差距由二十九萬人擴大到三十五萬人。而每萬人中中專生在校數，一九八一年西部明顯高於東部，但一九八五年東部萬人中專生在校數反而超出西部二十人。

㈣全民所有制單位自然科學技術人員變化情況。一九八一年東西部在擁有科技人員的總量上差距爲七十二萬人，一九八五年擴大到一百一十多萬。

㈤農村每人純收入變化情況。一九八一年東西部間農村每人平均純收入的差距爲七十二元，一九八五年上升到一百七十元，每人平均消費支出差額也由一九八一年的六十七元，擴大到一九八五年的一百三十七元❺。一九八九年二月二十七日《瞭望》週刊海外版在一篇探討「東西部對話」的文章上也指出，近十年大陸東西部經濟差距仍在繼續拉大（見表二）。以工農業總產值爲例，一九八一年東西部差距爲二五六一億元，一九八七年達六七八五億元，預測一九九五年高達二〇·四七七億元。另，社會商品零售總額，一九八一年東西部差距爲五九一億元，一九八七年爲一五五八億元，一九九五年預估爲五〇六八億元❻，顯見問題之嚴重性。

以西部一個典型省分甘肅爲例，在一九七八至一九八七年間，下列經濟指標和全大陸平均水平的差距是：人均社會總產值由四十一元擴大到四百九十五元；人均國民收入差距從二十三元擴大到二百一十八元；人均工

❺《明報》，一九八七年九月二十八日·香港《文滙報》，一九八七年十一月十三日。

❻楊繼繩，〈中國的『東西部對話』——大陸非均衡經濟發展戰略透視〉，《瞭望》周刊海外版，一九八九年二月二十七日第九期，頁六。

農業總產值差距由七十八元擴大到八百零四元；人均商品零售額差距從二十四元擴大到一百五十九元；農民人均純收入差距從三十五元擴大到一百六十一元。這還只是與全大陸平均水平相比，若是同東部省分相比，差距擴大要更顯著❼。

研析大陸東西貧富差距尚可從另一角度觀察，即大陸西部的赤貧人口。一九七八年，大陸人均純收入不足二百元以下的農民有六·六億人，佔當年農村人口的八四％❽，另有一·二億農民年收入亦在三百元以下。其後，到一九八五年中共官方公佈資料，收入在二百元以下的赤貧農民仍有一億二百萬❾。一九八五年六期的《北京大學學報》上，有學者指出：大陸約有五分之一（二億）人生活在貧困線以下，而一九八八年八月二十九日，《光明日報》更提到，當年僅大陸西部就有二億人生活在貧困線以下❿。今年四月一日，中共新任副總理鄒家華在提到扶貧工作時指出，迄今尚有三、四千萬人尚生活於貧困地區⓫。

值得注意的是，大陸赤貧人口除少部分位居大陸中部的井崗山區、贛南等「老根據地」外，其餘大都分佈在西部山區和農村。當十年改革、開放後，沿海經濟特區和開放城市人民紛紛湧現專業戶、萬元戶時，西部大多數人口仍處於貧困狀態，如是隨著改革進程，東西部差距就越大了。

---

❼同前注，及參考李強，《中國大陸的貧富差別》（遼寧：中國婦女出版社，一九八九年），頁三二—三三。

❽參考：《中國農村統計年鑑》（一九八五年），頁二四四；《中國社會統計資料》（一九八七年），頁五六。

❾《中國城鄉開發報》，一九八九年五月二十三日；何博傳，〈中國的發展速度與區劃戰略〉，《廣角鏡》月刊，一九八八年五月第一八八期，頁九五。

❿彭巴，〈大陸赤貧人口超過二億八千萬〉，《百姓》半月刊，一九九〇年二月一日第二〇九期，頁二一—二二；〈全國貧困縣知多少？〉，《法制日報》，一九九〇年七月二十一日。

⓫《大公報》，一九九一年四月二日。

三、貧富差距的原因

自一九四九年後，中共曾使用政策干預的方法，試圖消滅東西部地區間的收入差距。其具體作法有四：第一、由中央統一規劃，加強西南、西北地區的工業建設；第二、由中央統一調配物資，使東南沿海各省不能控制自己的工業產品；第三、實行中央統一預算的制度，使東南沿海雖有較高的工業淨產值，但並不能獲得較高的人均收入；第四、奉行全國統一的工資標準。在此一政策的制約下，東西部的地區差距曾有所縮小。

不過，依靠行政力量建立起來的產品經濟秩序，也給東西部留下種種後患。首先，由中央政府採取行政手段「注入」式的向西部投資，並沒有培養起西部經濟自我成長、自我發展的機制。換言之，先進的工廠沒有周圍相應經濟水平的烘托，脫離了市場環境，它的生產能力和經濟效益就要大打折扣。同時，中共向西部投資時，多從戰備和建立原料基地作考慮，而非以西部經濟的全盤發展作考慮。再加上，西部的工業又存在結構上的劣勢，如全民所有制企業多、重工業多等，致使西部的經濟缺乏活力。

其次，沉重的財政負擔和廉價的原材料阻礙了東部傳統工業的產業升級。一方面，用西部的廉價原料使東部得到雙重利潤：原材料轉移來的利潤和加工利潤。因此，東部就把主要精力放在傳統加工業外延式的擴大上，而無餘力和興趣促進產業升級。另一方面，沉重的財政負擔使東部傳統工業沒有喘息的餘地。因此，東部的產業升級進展甚緩。

上述格局：客觀上形成了對西部資源的無限壓榨。當東部的加工業規模越來越大，西部原料工業的壓力則越來越重。而一九七九年後中共進行的改革、開放，使過去被麻痺的地區利益意識開始覺醒，各地區開始認眞的計算著經濟效益。其後，從西部調出的廉價原料所遭遇阻力甚大，西部或全力與中央政府討價還價，或設法把原料就地加工。而在東部，因加工能力超過了原材料生產能力，故而大多數的原料要按市場價格購進，如是又使利潤大幅下降，財政收入不斷滑坡。結果造成的綜合效應是如下的惡性循環：東部財政收入滑坡→中央對西部財政投入減少→西部調出平價原料減少→東部上交財政更少⑫。

此時，東西部的摩擦逐漸加劇，於是出現如下的對話：西部說「西部把廉價能源、材料賣給東部，再買東部高價製成品，成了東部的殖民地。」東部則反唇相譏說「西部一直靠財政補貼吃飯，拖了東部發展的後腿。」⑬

東西部的利益摩擦在十年改革後問題更形嚴重，主要原因有三：

㈠中共不再用行政手段對西部進行強化投資，而是讓資金按其自身的運動規律。由於同樣的資金在東部比在西部增值要快、要多，所以，有限的資金大部流向東部⑭。

㈡西部收革的速度相對落後，這不僅僅是地域差和時間差造成的，還有其先天的結構因素，諸如，產業結構中全民企業多，農村鄉鎮企業難以發展，等等。由於改革落後於東部，商品經濟發展水平就不如東部，尤其在鄉鎮企業的發展上。

㈢是中共當局給東部以特區、開發區、開放城市、開放區四個不同等級的優惠政策，在進出口權限、外滙留成比例等方面比西部優惠的多。這也使西部的資金、人才、物質等生產要素大量東流⑮。

事實上，上述原因仍只是顯著性的、可觀察的、現階段的差異，而自古以來，中國西部惡劣的地理環境，

⑫同注❻，頁五—六。
⑬同前注。及盧斯蒙，〈中西部憂慮沿海地區經濟發展戰略〉，《明報》，一九八八年四月二十二日。
⑭馮之浚，〈對西部發展戰略的若干政策思考〉，《求是》雜誌，一九八八年八月十六日第四期，頁三三。
⑮《大公報》，一九八八年六月二十三日。

也使它無法保持和東部一樣的經濟發展速度，因而差距無法避免。

一九八八年十二月十四日北京《經濟日報》在一篇〈西部面臨挑戰〉的專文上，就指出西部雖有豐富的礦產、水利、森林等資源，但它仍存在如下的劣勢：

——西部的土地雖然寬廣，但很多地區是高原冰川、高寒凍土、戈壁沙漠，無法充分利用；

——西部草原雖廣闊，但有三分之一已經退化，現在每年又有上千萬畝草場沙化，草地產量又逐年下降；

——西部的礦產雖然豐富，但大多數尚未開採出來，西部迄今仍缺乏龐大的資金和開發的能力；

——西部的交通落後，鐵路通車里程僅達全國平均數的二分之一，公路通車里程甚至低於上述比例，而航運、通訊更明顯落後於東部沿海地區⑯。

除因地理因素造成生產力水平下降外，西部地區人口素質低、文盲過多，教育事業落後，也反過來制約其生產力。據調查，文化知識水平與富裕程度成正比，其因在有知識者可掌握新的技術並以致富，其次，無文化導致信息閉塞，產品難銷售，易造成經營失敗。例如，一項對貧困戶的致貧因素調查顯示，因不善經營而致貧，加上無技術的因素，對經濟貧困的影響最大⑰。

最後，中共灌輸的貧困文化觀念，也使西部長期處於貧困狀態。在社會主義的均貧觀念下，不少人說「現在有共產黨的領導，有社會主義，再窮也不會讓人餓死。」⑱貴州一些山區竟出現人們不是爭著致富，而是爭著當貧困戶，以爭得救濟款。凡此種種貧困文化和貧困教育，加上貧困的處境，使得西部在經濟發展上長久均落

⑯楊潔，〈西部面臨挑戰〉，《經濟日報》，一九八八年十二月十四日；麥中誠，〈中國開發西部困難重重〉，《明報》，一九八五年九月十九日。及陳棟生，同前書，頁七二—七三。

⑰李強，同前書，頁一三一。

⑱同前注，頁一四八。

後於東部地區。

四、經濟戰略的爭論

大陸的東部是發達地區，西部為欠發達地區，中部介乎二者之間，東西部如何協調發展已成為中共制訂宏觀經濟戰略的重大問題。十年改革和開放，使東西部關係發生一系列的變化，其中最大的變化有兩個：一是由中共中央憑藉行政力量統籌東西部的生產要素，轉向東西部按商品經濟原則直接平等交換，二是由均衡發展戰略轉向非均衡發展。對這兩個戰略轉變所產生的新矛盾，已成為中共中央與地方、專家與學者間爭辯的議題。

有關如何運用有效的經濟資源解決地區之間的貧富差距，大陸社會學家和經濟學家大致提出如下三個理論：

一是所謂「發展極」理論，它是由法國經濟學家佩爾魯克斯等提出的，認為經濟成長並非在任何地區以同樣速度前進的，增長最快的往往是那些聚集著創新能力行業的地區，這些地區就成為發展極(Pole)。發展極可以帶動它周圍的一批企業，成為它的追隨者、模仿者，因而形成衆多的增長中心。根據此一理論，發展中國家首先應創造發展極，並承認一段較長時間內會有地區的貧富差距，並以此代價使社會發展出現活力；否則若想齊頭並進，只會使社會陷於貧困。

二是所謂的「梯度理論」，又稱非均衡發展策略。它和前者有相似處，主要係針對大陸情況而提出的。它認為大陸的經濟發展是非常不平衡的，東部沿海地區有較強的經濟實力和先進的技術，西部內陸地區則技術力量薄弱、資金不足，發展緩慢，在這兩者之間是中間技術和中間發展的地區。因此在制定全盤經濟發展策略時，首應利用沿海地區的優勢，然後再按梯度逐漸推動中間地帶和西部落後地帶的發展⑲。近十年來中共對外開放中大體是按梯度逐級開發，第一級是經濟特區，第二級是沿海開放城市，第三級是內陸經濟腹地。

三是所謂的「反梯度理論」或「超越論」。它指出，雖然大陸東部、中部、西部的確存在三個不同水平的梯度，但此並非絕對或永恆的；其次，既然東西部經濟發展不平衡，就應把建設重點放在西部，以確保西部能以高於東部地區的發展速度，迎頭趕上東部[20]。此一理論又稱爲跳躍推進理論或地區均衡發展策略，大多由內地省分官方和專家所提出。

總之，上述理論爭辯焦點在於：中共究竟應把經濟發展的重點放在何處，是放在沿海，從而使差距在一段時間內更加擴大？還是放在西部內陸，從而縮小差距？一九八八年二月六日，中共中央政治局四次會議上確定的沿海地區經濟發展戰略，則是上述理論爭論的總爆發。

中共沿海地區經濟發展新戰略的模式，乃脫胎於「國際大循環」的構想，它係由現年三十六歲的中共國家計委會計畫經濟研究所副研究員王建提出的[21]。王建認爲，解決農村工業化問題與資金短缺的最佳選擇，是加入國際大循環的經濟發展戰略，其發展階段有三：

第一階段，重點發展沿海地區的勞動密集型產品出口，爲內地產品出口打好基礎。期間大約五至七年。

第二階段，內地產品開始走向國際市場，大力發展資金密集型產業。這一階段亦需五至七年。

第三階段，重點發展加工業。資金、技術密集型產品開始走向國際市場，勞動密集型產品出口比重開始下降，這意味著大陸產業結構高級化階段的到來[22]。

[19]田廣等，《選擇與發展》（北京：時事出版社，一九八七年），頁四六—四七。
[20]司徒惠芬，〈中國經濟發展戰略的檢討〉，《廣角鏡》月刊，一九八八年五月，頁二八—二九。
[21]參考薩公強，〈評中共沿海地區經濟發展新戰略〉，《中國大陸研究》，一九八八年五月第三十卷第十一期，頁八。
[22]王建，〈選擇正確的長期發展戰略〉，《經濟日報》，一九八八年一月五日。

王建的構想受到當時中共總書記趙紫陽的高度讚賞。事實上，早在一九八四年底，趙紫陽在長江三角洲視察時，就有關解決東西部經濟發展關係時指出：「中國總的趨勢是由沿海向內地逐步開放」、「中國經濟體制的改革，將通過特區——開放城市——內地這樣多層次的探索和實踐，滾動式地由外到內，由沿海到內地逐步推進。」㉓而鄧小平在一九八八年初也承認，「實施沿海發展戰略，要放膽地幹，加快步伐，千萬不要貽誤時機。」㉔

不過，沿海地區經濟發展新戰略在實施過程中，却遭到中共保守派和內地省分的反對。首先，中共國務院副總理姚依林在一九八八年三月二十六日的七屆人大一次會議上就警告說，實行上述戰略切忌不顧條件一哄而起，要防止只大進不大出現象的發生㉕。而當時中共代總理李鵬在人大的工作報告中，亦把「參加國際大循環」的提法，改爲「參加國際交換和競爭」㉖。

地方的反對可以中共國家民族委員會副主任趙延年的看法爲代表。他指出，沿海發展戰略使地處西部的少數民族地區感到擔憂，他說，大量的人力、財力、物力投入到沿海地區，有可能拉大大陸西部與東部的貧富差距㉗。另，中共全國政協委員在一項報告中，對國家投資及政策偏向沿海，使得地處中、西部地區的一些省分倍加困難，也表示關切之意。他們建議，在當時中共財力不能向內地提供更多投資情況下，可否先從政策上給內地的建設提供一良好的環境，以利於在全大陸形成大致平等競爭的局面㉘。

㉓《人民日報》，一九八四年十二月二十六日，一版；唐少卿，《西北開發：環境、戰略、對策》（蘭州：蘭州大學出版社，一九八八年），頁一。

㉔《大公報》，一九八八年三月二十一日，一版。

㉕香港《文滙報》，一九八八年三月三十一日，三十七版。

㉖香港《文滙報》，一九八八年三月二十五日，二版。

㉗《明報》，一九八八年四月二十四日。

一九八九年「六四事件」之後，趙紫陽下臺，其所獨倡的沿海經濟發展戰略亦告無疾而終，中共當權派憂慮大陸經濟南北分化問題，又顧忌沿海「經濟諸侯」的尾大不掉，因此大肆貶抑由東向中、西逐步發展的經濟策略，並指出過去重視東部、冷落西部，優待東部、「救濟」西部的作法是一項偏頗的政策，而亟欲修正。

五、中共的對策與問題

爲了解決大陸東西部貧富差距的現象，中共在具體作法上，除加強對西部地區的扶貧工作外，另也持「削藩」政策，有限度抑制沿海省分的經濟成長，以求達到東西經濟的平衡。

首先，就扶貧工作言。據中共宣稱，一九八九年全大陸農村人均純收入二百元以下的貧困人口，已由一九八五年的一億一千萬減到四千萬。目前，大別山、井崗山、沂蒙山、閩西南、閩東北等成片的貧困山區已基本上解決了溫飽問題㉙。

中共的扶貧措施主要有：

一九八二年，中共國務院針對甘肅定西、河西和寧夏、青海等地區農民飢寒交迫的狀況，撥出專門建設基金，要求五年解決溫飽，十年脫貧致富。

一九八四年，中共中央和國務院聯合發出通知，要求各級黨委和政府全力幫助貧困地區儘快改變面貌。

一九八六年，中共國務院成立貧困地區經濟開發領導小組，協調和統籌全大陸的扶貧工作。在作法上，改

㉘香港《文滙報》，一九八九年一月二十七日。

㉙《人民日報》海外版，一九九〇年十一月二十九日。

變過去救濟式的扶貧爲經濟開發式的扶貧，每年撥出扶貧款項、低息、貼息貸款共約四十億元人民幣㉚。一九八九年三月，成立「中國貧困地區發展基金會」，其後改名爲「中國扶貧基金會」，由項南出任會長。同年，在一些貧困地區搞科技扶貧的「溫飽工程」㉛，實施兩年後，已有四百萬戶、一千七百六十八萬人解決了溫飽問題㉜。

雖然中共大力強化扶貧工作，但中共也承認在短期內要擺脫貧困是不符現實的，因爲貧困地區多集中在自然條件惡劣、教育程度低下、工作難度大的少數民族地區、深山區和多災區。迄今，全大陸的貧困縣中，仍有近一半的農戶無電使用；有一千萬人口和七百萬頭牲畜的飲水問題沒有解決；文盲半文盲率也高達三五％。而且，貧困地區與經濟發達地區經濟發展的絕對差距仍在拉大㉝。

其次，就對付諸侯經濟言，去年五月三十日中共中新社一篇評論文章，對沿海經濟特區極盡貶抑之能事。評論說，多層次對外開放使東部沿海富起來了，但這只是得益於「政策的傾斜與優惠」，結果引起東西部的矛盾。文章說，今後對中西部重點發展工業要給予優惠政策。

事實上，自趙紫陽下臺後，深圳等特區地位的沒落已是公開的祕密。去年初，上海「浦東新區」成爲中共傳媒的新寵兒後，表明大陸的經濟重點開始轉移，其目的是爲對付失控的「諸侯經濟」，重振中央經濟聲威，用

㉚陳健，〈充滿希望的轉機——八十年代我國扶貧工作的政策及效果評估〉，《經濟日報》，一九九〇年一月三十日。

㉛「溫飽工程」的具體做法是：中共在具備條件適宜發展玉米生產的貧困地區，採取資金、技術、化肥等綜合輸入的辦法，大力推廣雜交玉米地膜覆蓋栽培技術提高糧食單位面積產量，此一做法被山區羣衆稱之爲「溫飽工程」。見〈溫飽工程簡介〉，《人民日報》，一九八九年十二月二十五日。

㉜香港《文滙報》，一九九一年二月二十八日。

㉝同注㉚。

「聯合經濟」制衡地方經濟。「六四事件」前後迄今，中共幾乎更換所有沿海省分省長，卽是表明中共「削藩」的決心。

問題是，以上海浦東開發爲例，基本上仍是以開發東部資源爲重點。去年七月三十日《瞭望》週刊海外版一篇文章在談到上海的「先天優勢」時指出，「上海經濟上去了，就會擴大到整個長江三角洲、長江中下游，乃至帶動全國經濟。」[34]但實際運作果眞能如此順利嗎？此一「地毯式」或「梯度理論」的發展，在趙紫陽時代就阻力重重，江澤民時代能否一帆風順，不受中西部省分的抗議，値得觀察。

總之，目前大陸上絕大多數人都承認東西部差距正不斷拉大的事實，然而如何看待此一問題，內地却形成兩種截然不同的意見。一種看法認爲，目前東西部差距的拉大是社會經濟發展過程中多項客觀因素綜合作用的結果，東部地區技術條件好可先發展起來再推動西部的發展。另一種看法是，東西部的差距擴大正使大陸面臨一系列的經濟、社會和政治問題，惟有盡快扭轉東西部差距拉大的局面，才能保證大陸經濟、社會的穩定發展。

問題是，中共在有限的資源下如何能同時照顧東西部，而又同時保持經濟的成長。這裏就牽連到一個「公平與發展」的關鍵問題，如今中共政策是一方面放手讓有條件的地區先富，諸如沿海地區和長江三角洲，一方面則要開發貧區經濟，達到東西部平均的境地。但這二者間是否存在不可妥協的矛盾？西部是否爲「扶不起的阿斗」？「孔雀東南飛（人才流向東部）」情況能否改善？這些都是中共在面對大陸東西部貧富差距所應認眞思考的問題。

---

[34]《北京書簡》，《瞭望》週刊海外版，一九九〇年七月三十日，頁一。

表一　1981－1985年大陸工農業總產值變化表

		全　國	東　部	西　部	東部爲全國%	西部爲全國%	西部爲東部%
總	1981年(億元)	7,490	3,879	1,317	51.79	17.59	33.96
量	1985年(億元)	12,167	6,454	2,094	53.04	17.21	32.45
比	絕對量變化情況(億元)	4,677	2,575	776	—	—	—
較	相對量變化情況(%)	70	66	58	1.25	−0.38	−1.51
人	1981年(元)	751	1,130	461	150.37	61.73	40.82
均	1985年(元)	1,164	1,799	701	154.57	60.23	38.97
比	絕對量變化情況(元)	412	668	239	—	—	—
較	相對量變化情況	54	59	51	4.2	−1.14	−1.85

資料來源：郭凡生、王偉，《貧困與發展》，頁5。

表二　1981－1987年大陸東西部經濟差距

	1981年東西部差距	1985年東西部差距	1986年東西部差距	1987年東西部差距	1995年東西部差距〔預估〕
工農業總產值(億元)	2,561.6	4,359.99	5,390.75	6,785.99	20,477.07
社會商品零售價總額(億元)	591.61	1,106.45	1,282.70	1,558.2	5,068.02
工業總產值	2,188.9	3,486.03	4,711.21	5,955.03	18,699.11
農業總產值(億元)	372.7	873.96	679.54	757.72	2,006.64
農村人均純收入(元)	72.07	170.67	259.62	381.62	1,564.3

資料來源：《瞭望》週刊海外版，1989年2月27日，頁6。

中共諸侯經濟的起源、變化與發展

傅豐誠

一、前　言

中共是一個典型的社會主義計畫經濟體制的政權，由於這一類的國家都想在短期內完成工業化，迅速脫離貧窮及落後的狀態，所採行的策略是在市場不發達的情況下，利用比較發達的國家政治組織，集中資源，使其由一種自給自足的結構轉變為社會化程度相當高的結構（楊小凱，頁三八）。在這種環境中，中央集權是必然之事。

經濟上所謂的中央集權包含兩種意義，一是中央集中的計畫，另一是指中央集中控制（Brown & Neuberger,p.237）。中央集中一方面意味著計畫中的重要決策要由體制的指導者制訂，另一方面它意味著決策是通過命令或指示下達到生產單位的。也就是說，在組織上要有一套機制來保證命令的執行。因此，中央集權既是一項重要的政策目標，也是經濟體制的一種運轉方法。

在中共政權成立的初期，整個經濟體系就按上述情形運行著，「一五」時期，中央政府掌握了大量的財政資源，以遂行其既定的經濟計畫，財政收入佔國民收入的比例從一九五二年的二九・五%提高到一九五七的三四・

二%，在財政總支出中，中央佔七五%，地方（包括省縣兩級）佔二五%；預算內基本建設撥款中，屬於中央的項目佔七九%，屬於地方的佔二一%（王紹光，頁九）。

但典型的中央計畫經濟體制並沒有持續很久，隨著一九五八年大躍進運動的展開，權力下放導致的地方分權成爲往後政治及經濟體制下的一大特色。伴隨著主客觀條件的變化及時空的推移，中央與地方的權限也產生了不同的變化，在不同的時期間，地方分權的形式和內涵也呈現不同的風貌。近年來，中共學界及傳播界將地方分權的現象稱之爲「諸侯經濟」❶。

本文將在下節中探討經濟改革以前中共地方分權的形成與發展；第三節就經改後（八〇年代）經濟管理權的新變化加以分析，除了和經改以前加以對比外，並特別著重諸侯經濟缺失的說明；最後，對中共地方分權的未來走向，以及對中共經濟體系運作的影響，作一簡要的推測與說明。

二、封閉體系下的地方分權（一九五八—一九七八）

首先發現中共具有嚴重地方分權的學者是澳洲的董育德(Audrey Donnithorne)，她觀察中共大躍進及文化大革命後各地方實況，提出了「細胞化經濟體制」(Cellular Economy)的概念。董氏認爲：中共經濟體系可分爲兩大部分，一是與軍事有關的生產企業和研究機構，二是滿足一般生產與消費的企業。比較而言，前者是由中共中央嚴格管制，後者卻呈分權化，由地方行政單位作因地制宜的規畫。

❶中共地方分權的措施始於一九五八年的大躍進時期，各種地方自立更生，拒絕其他地區影響的事件時有所聞。由於市場機能不存在，各地衝突的現象並不明顯，而各地區因經濟利益而互相封鎖市場的作法，主要還是發生在八〇年代經濟改革深化之後。而諸侯經濟一詞正式出現在一九八九年八月六日的《人民日報》中。

一九五七年以後的地方分權，實施的對象是一般企業，由於這部分企業在大陸上佔極大多數，故其表現的特色（地方分權）足可代表整個經濟體系的特點。董氏的研究指出，從：

1.國務院的部會、計委及人民銀行減少了很多任務；

2.地方政府協調個別企業的能力顯著提高；

3.中共在公社、企業及地方政府等下級單位強調自力更生及自給自足(Donnithorne,1972,pp.605—619)。基於中國大陸經濟體系是由無數獨立的小單位加以組合而成，故而將其名之為「細胞化經濟體制」。

董育德的文章主要是從經濟組織及行政方面觀察的結論，而 Helleb (1972) 及 Lyons (1985) 也分別從中共決策者的談話及省際間運輸、貿易的變化，來支持董氏的看法。也有部分學者對董氏的看法有所保留與修正。Snead (1975) 認為在行政上，中共確有地方分權的傾向，而經濟結構和行政結構則不同，是由一套關聯網所形成的，董氏所指的自給自足只是限於某些特定生產項目上，並非指一個區域普遍化的情形。

至於地方上自給自足的現象是否會降低內部貿易 (Internal Trade)，Snead 認為亦有商榷的餘地。由於中共經濟體系內存有價格僵固的現象，使其長年存在的超額需求無法紓解，鼓勵各地區自給自足可激勵地方努力開發資源，以降低供給不足的壓力，除非自給自足的政策一直無法彌補地區的超額需求，內部貿易方會持續降低，否則各地區必然會在自給自足後增加向外地的輸出，如此，內部貿易不但不減，反而會增加 (Snead,pp.303—306)。

Lardy (1975) 對中共各省財政收支的研究中發現，中共在一九五七—五八年間有將經濟權力下放的種種措施，但基本上這些均屬經濟管理權而非經濟計畫及物質配置權 (Lardy, pp. 136—137)。從各省財政收支上看，收入愈多的省分有愈大的比例上繳中央，收入較少的省分不但不必繳交收入給中央，反而從中央接受補助。可見中共透過地方預算及計畫，實行其資源重分配的任務，從各省財政和工業成長的實際資料中，看不出各地區存在明顯地自給自足的傾向。

雖然有學者對中共經濟上採互相隔離式的地方分權有所質疑，基本上，作者還是支持 Cellular Economy 的說法。因爲 Snead 的分析在理論上固然說得通，但未考慮各省間存在著諸多貿易障礙的事實；Lardy 的論證雖然看不出地區達成自給自足的成果，但中共拿先進地區的資金補貼落後地區的做法，其目的不就是想要讓這些地區走向自給自足的目標嗎？Rawski 及世界銀行用來質疑董氏的數據資料有偏差，經 Lyons 修正後結論也隨之改變；加以近年來中共與外界溝通增多，內部瞭解情況的人也承認此一事實。

海外學者論辯釐清之後，接下來，我們將說明此一地方分權發生及發展的過程，並對其背景及影響稍作說明。隨著「一五」時期中央計畫經濟的推展，毛澤東厭惡隨之而來的官僚體系，爲了打破此一制度，他要求各地建立獨立的經濟體系，又可避免可能造成不平等的市場機制(Riskin,pp.201—222)。一九五八年的大躍進中，毛大規模的下放管理權，藉以打破「條條專攻」，建立以「塊塊爲主」的體制，儘快實現各地區成爲獨立完整的經濟體系。

下放管理權的主要內容爲：

1.改變企業的隸屬關係，除和國防有關的重要工業外，中央各部所屬企業一律下放給地方管理，在幾個月之內，中央直屬企業下放了八八%；

2.下放計畫管理權，中央只控制一個大略的目標數額，除了少數特大項目的基本建設仍由中央控制外，一般項目的批審權亦交給地方；

3.下放財政權，把大部分財政收支劃歸地方掌握，只把爲數不多的中央直屬企業收入，以及不便按地區劃分的收入（如外貿、海關等），留在中央。當然，稅收管理權亦下放了，允許地方有減免稅及加稅的權力（王紹光，頁一〇—一一）。

當市場配置資源機制不存在時，又讓計畫機制失效是十分危險的，毛的經濟浪漫主義爲中國大陸帶來莫大的災害。因此，一九六〇年代初又恢復了中央集中統一管理的局面。計委的職權被大大地加強了。但這種重新強調中央集權的改變，在毛看來只是擺脫經濟困境的權宜之計，一旦經濟從危機中復甦，他又興起將中共經濟體制從中央計畫軌道中拉出來的念頭，再加上中（共）蘇交惡，美軍介入越戰等形勢的刺激，使其備戰的想法也隨之凸顯，這些都是毛重新主張建立地方自給自足經濟體系的重要原因。

文革武鬥激烈的前三年，政府功能處於停擺狀態，各地自我爲政乃必然之勢。文革武鬥停止後，經濟體制的變化和大躍進時的作法大致相同，由於文革時許多省級官員倍受迫害，在運動結束後，他們心有餘悸，在管理上的心態便顯得非常小心與保守，這給縣級的領導人有較多迴旋的空間，許多縣級單位也趁勢而起，搞起小地區自給自足的風潮，使得地方分權有再向下蔓延的情形，這種以縣爲基準的地方分權，即是董育德所謂的「細胞化經濟體制現象」。

中共地方分權的諸項措施，喚起了地方政府的自我利益意識，也加強了地方政府追求自身利益的實力，但這段時期的地方政府畢竟羽毛未豐，對中共中央尚未構成明顯的威脅，因爲地方政府雖盡量追求本身的利益，主要還是在鑽中央政策的漏洞，不敢公開地反對中央的政策和命令。由於中共中央不願意看到各地區出現太大的經濟差異，在下放財政權時，還保留相當比例於中央政府的控制之下，使其再分配的能力沒有受到太大的影響，而各地區間也沒有太大的經濟差異。

綜觀一九七八年以前的中共，雖採行地方分權的政策，但因爲毛澤東政治權威的籠罩，政治上的一元化形態仍能維持，加上中央政府保留的財政權，使得地方各行其是的傾向受到了相當程度的制約。

三、改革開放後的地方分權（一九七九—目前）

一九七八年底，鄧小平取得政治上的控制權，開始推行其「對內搞活、對外開放」的經濟改革政策，雖然毛和鄧的政策均是採取地方分權的辦法，但其構想和實際作法卻有很大的分別。基本上，毛主張權力下放是基於他對中央計畫官僚體制的不滿，而鄧是爲了讓市場機制能夠發揮作用；毛下放的主要是地方政府的行政管理權，而鄧除下放行政管理權外，又加上了企業自主權；毛希望能藉著權力下放促使各地形成自給自足的經濟體系，而鄧希望藉著「放權讓利」來提升人民的工作誘因，進一步形成全面性的專業化生產和市場機能。

鄧小平所主導的經濟改革（農業部門以外），主要可分爲企業改革和財政體制改革兩個層面，企業改革可用「讓利」兩字概括之，而財政體制改革的精神則在於「放權」，前者所涉及的是政府與企業的關係，後者涉及的是中央政府與地方政府的關係。

一九七九年七月，中共中央下達了五份有關企業改革的文件，擴大了企業負責人的決策權；一九八一年十一月，國務院下達了工業生產經濟責任制的文件，確立了「利潤包乾」的企業利潤留成制度，即企業留成不得超過利潤的四成，上繳中央不得低於利潤的六成。如此一來，引起企業以濫發奬金予以對應，導致通貨膨脹的巨大壓力。於是，一九八三年四月，又實施利改稅措施，企業由上繳利潤改爲上繳稅項，這是「讓利」的大概，一九八七年開始實行的國營企業承包制，基本上是中央保證稅收的措施，並未跳出利改稅的大範疇。

一九八〇年二月，中共中央下達了「劃分收支、分級承包」的文件，確立了所謂「分灶吃飯」的新財政體制，即中央政府與省級政府訂下了爲期五年的財政上繳額。一九八五年以後，鑑於這種粗糙的放權造成中央調控能力削弱的問題，便嘗試將「分灶吵飯」的灶劃分得精密一點，加入了稅種的劃分。當然，在財政收入分開之後，地方應有權力支配屬於自己的經費，因而也使地方政府有權批審某一程度規模以下的建設之權，一般而言，五〇〇萬元以下的計畫由省同意即可。這就是向地方政府放權的大概思路。

放權讓利給中央政府帶來什麼樣的後果呢？首先面臨的就是財政收入的減少。在一九五三—一九七八年的二六年中，財政收入佔國民收入的比重為三四・二%，其中一九七八年佔三七・二%，自一九七九年起此一比重逐年下降，至一九八三年此一降勢穩住，至一九八六年又略顯回升，達二八・七%❷，此後又急劇下落，至一九八九年時，財政收入只佔國民收入的二二・二%（參見表一）。

雖然中共財政收入的增長速度遠不及國民收入的增長，在這有限的財政預算收入中，中央政府所能支配的比重亦日趨下降，這項比例在五〇年代約為七〇%，六〇年代下降為六〇%，而八〇年代平均只有五〇%左右，一九八八年的比例只有四七・二%。一九八〇年實行「分灶吃飯」的財政體制以後，一九八〇—八六年中財政收入每年遞增五・五%，同期地方財政收入平均每年遞增八・三%，同期，地方財政支出年平均增長九・二%，中央財政支出僅增長三・六%（單欣紅，頁三二）。

在中國大陸，在政府財政之外尚存有預算外資金項目，所謂預算外資金，是根據國家財政預算管理體制的財政、財務制度的規定，由各地區、各部門、各企(事)業單位自行提取、自行使用的不納入國家的財政性質資金。根據學者的研究，愈是在分權時代，預算外資金所佔的比重愈大。目前，在二千多億預算外資金，光是國營企業及其主管部門就掌握了二千億元，主要來自於企業的保留利潤。

---

❷其實中央財政收入比重下降的一個重要的原因是財政補貼增加的幅度太大。以往，中共的財政補貼是用沖銷財政收入的辦法處理的，財政補貼在財政收支中沒有反映出來。從一九八六年起，中共將預算方法加以修改，把財政補貼中的價格補貼由沖銷收入改為同時列進收入和支出欄，但國營企業虧損補貼部分仍是暗補。這也是一九八六年財政收入佔國民收入比重突然升高的原因，雖然如此，文中所用之指標對問題之分析仍將適用，因為我們要瞭解的是中共能用於宏觀調控的財政力量，前項補貼支出是固定支出，不會因政策而變動。

許多時候，地方政府藉減免稅、縱容企業偷漏稅使企業獲得更多的利潤，地方政府之所圖利企業，主要是企業留利多了，可減少地方政府各項投資的開支，另一方面地方政府可運用管理權控制企業資金的使用，還可藉各項名目向企業攤派費用。雖然中共中央於一九八二年起即發布嚴禁攤派的命令，但收效甚微，「亂收費、亂罰款、亂攤派」的三亂之風，至今仍然十分嚴重，（《人民日報》，一九九〇年十月十六日）。中央政府要靠地方政府去制止「三亂」，但地方政府正是製造「三亂」的根源，讓作賊者去捉賊，成效不彰，可想而知。

經濟改革的一大特色是儘量將無償使用的財政撥款改為必須償還的銀行貸款，因而銀行的資金分配對企業營運日益重要。雖然各個銀行系統的掌控都在中央，實際上地方政府對銀行的影響力非常大，主要原因是：

1銀行的人事、職工福利等管理體制都和地方政府密切相關，不得不對地方政府的措施有所配合。

2基層銀行在向總行爭取貸款額度時，需要地方政府的支持，故基層銀行在運用資金時，必須顧及政府的要求。

3「多存多貸」的政策使銀行的存款來源依賴當地經濟的發展，造成銀行和地方政府利益一致（劉家祥，頁八－九）。

因此，地方政府用行政命令強迫銀行貸款時，銀行很少加以拒絕，甚至什麼項目可以取得貸款，貸款數額多少，許多時候地方政府的影響力大於放款的銀行。據基層銀行行長的調查，在貸放有問題貸款的主要原因中，首推地方領導和地方財政的要求（張少杰、趙榆江，頁一六）。除銀行貸款外，地方政府為了支持一些潛在收益高的投資項目，還直接參與高價資金的市場活動，如設立投資信託公司、開發公司，以吸收貸款，甚至有以發行地方債券集資之行為。

由上面的分析可知，放權讓利並未弱化傳統的命令經濟體制，只是一大部分公權力的執行由中央政府轉到地方政府的手中。在傳統的政治學理論中，地方分權可以分為兩大類，第一類的地方分權是中央機關將部分權力交與地方機關代爲行使，而中央仍握有最終的決定權，地方只是中央的代理而已，這種分權稱爲「分工性的地方分權」(Deconcentration)；第二類的地方分權是中央機關與地方機關權力之劃分，各有其獨立的範圍，地方機關在權限範圍內，有高度的裁量權與自主權，中央不得隨意干涉，這種分權謂之「分割性的地方分權」(Decentralization)。很顯然的，毛澤東時期的地方分權是屬於第一類的 Deconcentration，鄧小平主導的地方分權在理論上和以往是相同的，但在執行的過程中，卻有逐漸傾向 Decentralization 轉變的傾向（至少在經濟管理權方面）。

根據匈牙利經濟學家 Kornai 的分析，計畫經濟體制的財政預算制約是軟性的，造成經濟體制內普遍存在著投資飢渴症，而地方分權後，中央所控制的財政比例減少，從事宏觀調控的能力減弱，投資失控更形嚴重。地方政府財權加大之後，公用事業和住宅等非生產性建設受到普遍性的重視，因這些項目有利於改善當地人民的生活品質，也使市容獲得改觀，地方政府一舉兩得，既方便了自己，又獲得了民心。

當然地方政府也不會把所有的資金投向非生產性建設，因爲財政包乾之後，地方政府也要自籌財源，爲了增加地方收入，生產性的建設當然也是愈多愈好，這也是地方政府爲何想盡辦法動員預算內和預算外資金，另外還要瓜分銀行貸款及向企業、人民攤派費用的原因了。但在選擇投資項目上，地方政府表現的非常精明，對交通、通訊、能源、原料等基礎設施，總希望中央投資、自己受益，地方只從事投資少、見效快的民生消費品工業。由於中央財政力量已不如從前，因此，在八〇年代經濟成長快速之時，能源和原料常是絆住經濟成長的「薄弱環節」。

地方政府投資的另一個特色是區域生產一體化，即所謂的「大而全」及「小而全」，由於過度集中於加工工業，造成原料供應不足，各地只好上、中、下游產業一起建，造成各種小廠林立，這也是爲什麼近幾年工業成長速度很快，但生產效率指標卻連連下降的原因。

地區發展的趨同傾向必然引起區域間的利害衝突，在資源和市場有限的條件下，面對各地旺盛的全面投資需求，爭奪是免不了的。在市場經濟下，有效率的個體可以以較高的價格在競爭中獲勝，但在中國大陸這種地方分權的計畫經濟體制下，地方政府運用行政權力來爭奪資源及封鎖區域間的貿易。這種爭奪和封鎖表現爲，一方面禁止本地區資源外流，一方面禁止外地商品的進入。這種地區性的保護主義在經濟景氣時尚不明顯，但一九八九年以來，中共以「治理整頓」的口號實施經濟緊縮政策，以致市場空前疲軟、產品大量積壓、工人失業、工廠停工、三角債務糾纏不清，在在增加了地方提高保護主義的壓力，因而許多有關地區封鎖的新聞不斷出現❸，有心人士對這些日漸趨大的諸侯經濟現象深以爲憂。從一九九〇年十一月國務院發出「打破地區間市場

---

❸各種地區封鎖的現象可以歸納爲以下五大類：

第一，限制或禁止某些外省產品進入本區。如東北某些主管部門，下令省內農資部門不許購買外省柴油抽水泵；吉林、遼寧、湖北、河南等省的一些縣市，規定啤酒、白酒、洗衣機、自行車和彩電只准購買本地產品，有些省市還專門頒發文件，商業機購如收購本地產品可得低利貸款或獎金；又如西南某些省區於一九八九年十一月宣布對十九種本省產品採取保護措施，限制向外地採購；華北、西北、東北一些省市、自治區，亦以保護本地產品爲名，限制外省商品進口，其中新疆禁止進口的產品竟達四十八種之多。

第二，強調原料本地加工，不願向外調撥。山西的煤、新疆和河南的棉花、遼寧的鋼材、黑龍江的大豆，除中央規定指令性計畫調撥的以外，都不願向外省多調；有些地方更禁止本地緊俏商品出境，特設「准運證」來防止地區間的走私。

第三，資金准進不准出。有些地方政府要求當地企業想辦法收回外地欠款，而本地企業對外地的欠款，則儘量想辦法拖延。由於各地都限制資金外流，大陸九大城市在前幾年建立起來的資金拆借市場，名存實亡，迄今未能恢復。

第四，爲了保護本地產品，互相封鎖市場。華東地區某市對非本地產品不予保證，儘量限制外地產品的銷售；一些省分則在經營資格、工商管理、質量監督、領取牌照、電力供應等方面設置障礙，刁難外地產品經銷；一些省市在信貸、物價、財政、稅收方面採取措施，如禁用外地產品，否則銀行不予貸款；有的省規定，商業部門收購和推銷本地產品，可以收取一定回扣；凡擅自從外地進貨者，沒收全部進銷差價，並施以罰款。

第五，保障本地區勞工的就業，不允許廠商雇用外來勞工。沿海特區及經濟開發區，工資水準日漸高漲，且供應已不是十分充裕，造成其他地區勞工大量湧入，許多地區嚴禁廠商未經許可擅自僱用外勞，違者重罰。即使獲准聘用外勞，亦得向政府繳交人頭稅。

封鎖的通知」看來，此一情勢有愈演愈烈之勢（中共《經濟日報》，一九九〇年十一月二十三日）。

地方經濟實力的增強，還和地方軍隊的利益相結合，首先是派駐各地的部隊都面臨軍餉不足的問題，他們不得不把軍工企業轉作生產民間用品，由此取得更多的軍餉。這就需要地方政權的合作與協助，甚至需要通過地方政府與外資合作，使軍工企業生產出口商品，藉此取得外匯收入。此外，更有軍人復原後，需要地方政府安排工作的問題。因此，派駐各地的部隊雖由中央軍委統一指揮，但他們與地方政權的關係，更爲密切。這是近十年來的新趨向（《信報》，一九九一年二月二十五日，一七版）。

面對放權讓利所產生之負作用，中共中央不是不知，只是影響層面深廣，要走回頭路也十分困難。「六四事件」之後，刺激中共中央致力於回收權力的努力。從中共的作法看來，想藉著地方人事任命權的強化來鞏固中央政府地位，企圖以地方官員定期輪調的方式避免地方勢力因固定而坐大。因此，「六四」之後，中央對各地部隊司令、政委作了大幅調動，接著又對省級首長作了調整，今年，又將開放程度最大的兩個省—廣東、福建的省長葉選平及王兆國上調，上海市長朱鎔基也至北京升任副總理，這些人事變動雖有事實上的需要，不可否認也有貫徹強化中央領導權的考慮在內。另一方面，從上海、廣東及福建等地區繼任人選均由當地人士升任，而非由外地官員調來的情形看來，中央政府想要改變當地既有的勢力及發展方向，是不太容易的。

四、諸侯經濟的未來發展及其影響

根據上述對中共經濟管理權變化過程的分析，我們可以歸納出以下幾項特點：

1.如果我們將經濟管理權分爲行政權和財政權兩部分，當前中共的現實情況是，財政權已逐漸由地方掌握，中央掌握的財政調控權日益縮小。在行政權方面，名義上中央還是居於優勢地位，但已受地方政府逐漸的侵蝕。

未來，即使中共再走中央集權的路線，只有從強化行政權上著手，要收回已放出去的財政權較不可能。

2.放權讓利的改革方針並未使傳統的統制經濟體制消亡，而只是造成傳統體制的小型化，地方政府對企業的影響力增加，對本身利益追求的能力也較以往強化。

3.地方政府在與中央政府利益不一致時，常和企業聯合起來對抗中央，如幫助企業逃漏稅，讓更多財源留在地方；和企業聯合，共同爭取中央更多的基建投資。在中央允許地方作主的範圍內，地方政府則儘量壓榨企業以獲取本身利益，如各地流行的亂收費、亂攤派等。

展望未來，就地方上的情形看來，相信任何一個地方政權掌權者，今後都無法不站在本地區的立場與中共中央周旋。這種注重本身經濟利益以及「上有政策，下有對策」的趨勢，是很難扭轉的。「六四事件」以來，地方上多在政治上遷就中央的政策，與之交換經濟上的自主權，短時期還看不出地方在政治上能獨立自主的能力及趨勢。

隨著沿海地區繼續的開放，外資、私營及鄉鎮企業的增長，地方非國營的經濟實力會更爲增強，人民生活會繼續有所改善，爲了鞏固中央領導權，抗拒和平轉變的壓力，中央方面的行政干預肯定會增加，而地方政府會逐漸精通以「上有政策，下有對策」的方向發展地方非國營經濟，這方面的變化，雖不致立刻造成地方的分裂，但卻是未來地方爭取政治自主性的基礎。

短期來看，中國大陸的發展是中央要集中，地方要分權的「扯皮」；從長期而言，相信地方經濟實力的增長始終是不可抗拒的潮流，而這其間有可能導致地方從爭取經濟自主權到發展出政治自主性。

討論中國大陸的諸侯經濟，除了中央與地方的關係之外，地方與地方之間的關係也日加重要，在七〇年代末期之前，大陸經濟完全是走對外孤立、對內完全由計畫控制的路子，各地區間的經濟交流完全是透過中央計畫單位的調撥活動，雖然有各種上山下鄉及下放勞改的活動，但戶口管制很嚴，勞工想私自轉變工作地點是不可能的，地方和地方直接交流的機會很少，各自推展大而全、小而全的地方經濟發展政策，彼此之間發生利益衝突的機會不多，故也未曾聽到有地區之間發生對抗的情形。

一九七八年底實施經濟改革及對外開放政策以來，各種經濟管理權的下放以及自負盈虧的要求，使地方和企業追求經濟利益的誘因加強；大部分的物資也因管制逐漸消除而能在地區間移動，以追求更好的收益；經濟管理的放鬆，使過去絕對依賴配給制度的現象弱化，勞工爲追求更佳收入而嘗試非法移動的情形也有生存的空間；上述情況的變化，使地區間的互動情形增強，產生摩擦的可能性增加。

然而造成各地互相封鎖的保護主義出現，深層的原因還是地區間生產力差距的惡化。由於對外開放的政策，使東南沿海地區有機會吸引外資及拓展出口，形成持續性的高度經濟成長；而內陸地區由於缺乏發展外向型經濟的條件，生產持續停滯；而以大型國營企業爲主的東北地區，也因以往的包袱太重，效率提升不易，近年來有負成長的現象。由於地區間生產力差距的擴大，使得資源及人力都有向東南沿海移動的趨勢，而各地大而全、小而全的歷史環境又無法短期內調整過來，在地方本位主義的考慮下，各種地區間保護主義就層出不窮了。

一般而言，在經濟景氣時期，由於需求旺盛，負責生產的企業壓力不大，一旦景氣低迷，爲了照顧本地生產單位的需要，地方政府向外地關閉市場。因此，近一兩年各種諸侯經濟現象特別嚴重，主要還是「六四事件」以後中共全面緊縮經濟所致。未來，地區封鎖情況是否能減輕，要看大陸經濟景氣是否能擺脫目前的蕭條情勢。當然，如果中共經濟一直無法好轉，各種新地區保護主義的措施定當層出不窮。

從短期看，總體經濟情勢的景氣與否是決定地區封鎖現象緩解或惡化的主因；從長期而論，經濟是否進一步自由化才是解除諸侯經濟的治本之法，重新回到以往中央集權的態勢是徒勞無功的。以下將以一個簡單的例子加以闡釋。例如，部份省市爲了本身利益著想，往往不把原料如棉花、菸葉等運到生產效益高的上海工廠去，卻寧可在本地工廠加工成雜牌布、雜牌菸，結果稀缺貨源配置倒錯，影響效益。其實，上述例子的問題不在自治太多而在自治權太少，市場不完備。也就是各地方有了財政包乾，留成的自主權，卻沒有自由確定本省產品價格的權利。中央把原料價壓得很低，而製成品的價格相對地拉得很高，爲了爭取其間的利潤，有了財政留成的制度後，各省市當然願留在本地加工，即使賺得錢不多，也比送到上海去，本省不能分享利潤的情況要強。假設企業獲利全歸所在地方，菸葉產地江西省，每公斤給中央的菸葉定爲十元，運到上海後加上運輸費爲十五元，上海加工成名牌菸後可賣一百六十五元，有利潤一百五十元。上海有一百五十元利潤，江西沒有。現在江西在本省加工成雜牌菸後可賣七十元，有利潤六十元，本省留成六十元。雖然不高，但比出口原料到上海要強，如此江西當然不願賣原料到上海，結果資源沒有配置到最有效地方。但是假如市場完善，價格由市場決定，這樣的問題就不會產生。那時上海工廠將在江西產地競爭原料，使價格提高，直到超過七十元，比如說八十元。這時當地香菸工廠已不能獲利，但上海工廠仍可獲利，而假如江西省是一個自治實體，江西省政府也會樂意把原料賣給上海。因爲這樣，江西省在原料價格升高上獲得八十元減十元減五元等於六十五元，比原來從本地菸葉加工廠裡留成的六十元要強。結果資源流向效益高的地方（張欣，頁三九）。

要想讓市場的力量從政治管制的桎梏中解放出來，自由和競爭會使全民的福利增加，各地從自己的利益出發，自然會傾向撤除封鎖，讓資源作最有利的流動與配置，這才是解決諸侯經濟的根本良方，也是重振大陸經濟的不二法門。當然，我們也不否認從既有的統制經濟過渡到市場經濟的困難，不論在理論及經驗的層面，還未出現一套可以指引的方案，除了認定目標，摸著石頭過河之外，也有賴更多經濟學者投入過渡經濟學(Economics of Transition)的研究，以減少嘗試錯誤的成本。

參考文獻

1.王紹光,〈建立一個強有力的民主國家——兼論政權形式與國家能力的區別〉,《當代中國研究中心論文》,一九九一年第四期,頁一—三六。
2.李由鵬,〈關於當前地區封鎖問題初探〉,北京《財貿經濟》,一九九〇年第一〇期,頁一三—一七。
3.沈立人、戴園晨,〈我國諸侯經濟的形式及其弊端和根源〉,北京《經濟研究》,一九九〇年第三期,頁一二—一九。
4.周雪光,〈論一管就死,一亂就放〉,《當代中國研究中心論文》,一九九一年第五期,頁一—一六。
5.邱宏輝,〈中共諸侯經濟的形成及問題〉,《匪情研究》,民國七十九年十一月,第三三卷第一一期,頁三四—四〇。
6.區域經濟政策課題組,〈九十年代中國區域經濟政策研究〉,北京《管理世界》,一九九一年第一期,頁一一四—一二四。
7.陳介玄,〈關係與法令:台灣企業運作的一個傳統面向〉,《思與言》,民國七十九年十二月,第二八卷第四期,頁四七—六四。
8.張欣,〈地方分權與區域經濟自治〉,浩然基金會暑期研習營(一九九〇年)《演講討論輯》第四冊,頁三五—五三。
9.張少杰、趙榆江,〈融資:現實運行的機制及其改革〉,北京《經濟研究》,一九八七年第一一期,頁一〇—二〇。

10. 單欣紅，〈財政分配不合理是造成財政不理想的重要原因〉，北京《財貿經濟》，一九八七年第一〇期，頁三一一三二。
11. 楊小凱，〈從海外看中國的經濟體制改革〉，《知識份子》（一九八五年夏季號），頁三八一四五。
12. 劉家祥，〈現階段信用膨脹的新特點及其對策〉，上海《財經研究》，一九八九年第三期，頁八一一〇。
13. 蕭漢平，〈論經濟發展與地區均衡化〉，北京《經濟科學》，一九九〇年第三期，頁四五一四八。
14. Brown, Alan A. and Egon Neuberger, "Basic Features of a Centrally Planned Economy", in Morris Bornstein ed., *Comparative Economic System: Models and Cases* (Homewood: Richard D. Irwin Inc.), 1974, pp.235—246.
15. Donnithorne, Audrey, "China's Cellular Economy: Some Economic Trends Since the Cultural Revolution", *China Quarterly,* No. 52 (Dec. 1972), pp.605—619.
16. ——,"Centralization and Decentralization in China's Fiscal Management", *China Quarterly,* No. 66, (June 1976),pp.328—354.
17. Holleb, Doris S., "Regional Self-Sufficiency in China", *World Issues* (Feb.-Mar., 1977),pp.22—24.
18. Isard, Peter and Joshua Aizenman, "Externalities, Incentives, and Failure to Achieve National Objectives in Decentralized Economies", *NBER Working Paper*, No.3650, 1991.
19. Lardy, Nicholas R., *"Economic Growth and Income Distribution in PRC"* (N. Y. : Cambridge University Press, 1978).
20. Lyons, Thomas P., "China's Cellular Economy: A Test of the Fragmentation Hypothesis",

Journal of Comparative Economics, No.9, 1985, pp.125—144.

21. ——,"Explaining Economic Fragmentation in China: A System Approach", *Journal of Comparative Economics,* No. 10, 1986, pp.209—236.

22. ——,"Planning and Interprovincial Co-ordination in Maoist China", *China Quarterly,* No.121 (March 1990), pp.36—60.

23. Oksenberg, Michel and James Tong, "The Evolution of Central-Provincial Fiscal Relations in China, 1971—1984: The Formal System", *China Quarterly,* No.126 (July 1991), pp.1—32.

24. Riskin, Carl, *China's Political Economy: the Quest for Development since 1949* (Oxford University Press, 1987).

25. Snead, William G., "Self-Reliance, Internal Trade and China's Economic Structure", *China Quarterly,* No.62 (June 1975), pp.303—308.

26. Yang, Dali, "Patterns of China's Regional Development Strategy", *China Quarterly,* No. 122 (June 1990), pp.230—257.

表一　中共國民收入及財政收入　　單位：億元人民幣

年度	國民收入 (1)	財政收入 (2)	比重(%) (2)/(1)
1978	3010	1121.2	37.2
1979	3350	1103.3	32.9
1980	3368	1085.2	29.4
1981	3941	1089.5	27.6
1982	4258	1124.0	26.4
1983	4736	1249.0	26.4
1984	5652	1501.9	26.5
1985	7020	1866.4	26.6
1986	7859	2260.3	28.7
1987	9313	2368.9	25.4
1988	11738	2628.0	22.4
1989	13125	2919.2	22.2

資料來源：(1)《中共統計年鑑》(1990)。

中共七屆「人大」四次會議後的經濟發展動向

——兼論「十年規劃」與「八五」計畫

陳德昇

一、前　言

一九九一年三月二十五日至四月九日，中共於北京召開七屆「人大」四次會議。會議主要議題除審議十年規劃與「八五」計畫，以及今年經濟計畫、財政預算與法律修正案外，並進行人事調整（參見：表一）。由於此次會議議題與討論是以經濟發展與問題爲主，加之中共須議決未來十年之經濟改革與對外開放政策方案，因而中共「人大」會議，以至其後的經濟發展動向便備受矚目。

本文首先探討中共經濟計畫蘊釀歷程與特質，其次分析「人大」會議後的經濟發展政策取向與面臨之問題。最後，提出評估與展望。

二、經濟計畫蘊釀歷程與特質

一九八八年九月，中共召開「十三屆三中全會」後，執行治理、整頓經濟緊縮政策，期能消除通貨膨脹與經濟發展「過熱」的危機❶。迨至一九八九年「六四天安門」事件後，「保守派」的政治地位益形鞏固，並於當年十一月召開之「十三屆五中全會」通過「關於進一步治理整頓和深化改革的決定」❷，其中不僅否定市場化經濟改革取向，並強化計畫經濟功能，使得推動十年的經濟改革面臨倒退的困局。

一九九〇年初，根據中共中央的決定，勾畫未來十年政經發展戰略目標之起草工作正式展開，並確立制定計畫方案的兩大原則（參見：表二）。這分由「國家計委」起草之關於制訂計畫的《基本思路》曾歷經多次討論與修改。去年九月中旬，中共召開包括中共中央、「國務院」與各省、市負責人參加的「經濟工作座談會」，研商十年規劃與「八五」計畫綱要，結果因經濟計畫政策取向過於保守，計畫經濟色彩濃厚，且剝奪地方省分的經濟自主權，因而遭致地方首長的強烈抵制。中共中央與地方矛盾，以及「諸侯經濟」問題亦日益表面化。十月上中旬左右，鄧小平力陳推動經濟改革的決心，並批評十年規劃與「八五」計畫綱要保守、僵化後，始漸扭轉經濟改革的頹勢❸。儘管此次「人大」會議審議通過的十年規劃與「八五」計畫，其內涵保守與改革理念俱呈，但相對於上兩年的政經發展保守局面，已有了較爲寬鬆的格局。

❶〈中國共產黨第十三屆中央委員會第三次全體會議公報〉，《新華月報》總第五二八期（北京：人民出版社，一九八八年十月三十日），頁五。

❷〈關於進一步治理整頓和深化改革的決定〉，香港《文滙報》，一九九〇年一月十七日，四版。

❸陳德昇，〈中共經改政策的爭論—領導階層的言論分析〉，《中國大陸研究》第三三卷第八期（臺北：國際關係研究中心，民國八十年二月），頁三四。

三、經濟政策與發展取向

中共將社會主義現代化建設區分爲「三步走」的戰略部署。中共的設想是：過去十年（第一步）已實現國民生產總值「翻一番」的目標（增長一·二三倍），今後十年中共將實現第二步戰略目標，亦即到本世紀末國民生產總值再翻一番，期能使人民生活達於小康水平。此外，中共在計畫中亦規範未來十年經濟發展指標、重點工作、經濟體制與運行機制、基本路線、指導方針，以及經濟改革與對外開放措施（參見：表三）。

根據表三可知，中共政經發展政策取向仍將在堅持共黨專政與意識型態純潔性的前提下持續推動改革、開放政策。李鵬的「政府工作報告」中有關政治體制改革略而不提❹，僅稱要完善「人大」制度，以及共產黨領導下的多黨合作和政治協商制度❺。此外，經濟發展與政策，主要是在公有制與計畫經濟運作下推動改革與開放。換言之，未來十年中共將在固有的政經格局下進行體制內的修正和調整，而非根本制度的變革。

雖然中共在十年規劃與「八五」計畫中將經濟發展列爲當前要務，且仍將推動深化經濟改革與對外開放政策，但是其經濟改革的本質與對外開放的重點皆賦予新的涵意。就深化經濟改革而論，儘管中共在未來十年將持續開展企業、流通、價格、財政、金融、計畫、投資、工資、住房與社會保障制度等改革，但「深化經濟改革」的實質充其量僅是近年所推動的改革措施之修正與調整，並無開創性與突破性之改革內涵。而對外開放政策的重點，中共亦將由廣東與福建的東南沿海地區轉移至上海「浦東新區」，中共期能藉助此一地區的開發帶動

---

❹盧子健，〈政改不見了〉，《明報》，一九九一年三月二十八日，七版。

❺同表三，資料來源二，三版。

長江流域，以至全大陸的經濟發展。

儘管從中共經濟計畫文件本身難以窺見其政經發展的實質動向，但透過中共政治運作特質，以及鄧小平現階段積極介入經濟改革的歷程來觀察，經濟改革的加速推展顯然已漸露生機（參見：表四）。尤其是今年三月上海《解放日報》發表之評論文章頗具「思想解放」之政治意涵（參見：表四），而五月初的大幅物價調整更為近年所僅見❻。此外，中共近兩年多來強調的治理、整頓經濟緊縮政策基調已面臨微妙的轉變與調整階段❼。因此，未來中共實質經濟改革的推動將視派系政治勢力消長，以及現實需要而定。經濟計畫本身的規範力將十分有限。

四、經濟發展面臨的瓶頸與問題

在中共所通過的十年經濟規劃與「八五」計畫顯示：從制度面而論，中共並未觸及私有制與計畫經濟體系的大幅變革，因此中共經濟體制的結構性缺陷便難以根除，經濟持續穩定、提高經濟效益❽，以及調整產業結構的目標亦不易達成（參見：表五）。❾從經濟面而論，財政拮据、基礎設施不足、人口過剩與素質低落❿、失業

❻〈北京提高糧油售價再闖險關〉，《亞洲》週刊第五卷第一八期（香港：亞洲週刊有限公司，一九九一年五月十二日），頁一八；賀平，〈調整結構性不合理價格〉，《大公報》，一九九一年四月二十一日，三版。

❼李谷城，〈治理整頓在變調〉，《開放雜誌》總第五〇期（香港：開放雜誌社，一九九一年二月），頁四六－四七。

❽明麗，〈一份觸目驚心的耗損單〉，《鏡報》月刊第一六六期（香港：鏡報文化企業有限公司，一九九一年五月十日），頁三六；〈經濟效益不如人意，企業虧損繼續增大〉，《信報財經新聞》，一九九一年五月四日，七版；千家駒，〈論『第二步戰略目標』〉，《信報財經新聞》，一九九一年四月十八日，二十一版。

❾桂世鏞，〈正確實施產業政策，搞好經濟結構調整〉，《求是》雜誌總第六七期（北京：求是雜誌社，一九九一年一月十六日），頁九－一三。

加劇[11]，以及潛在性通貨膨脹惡化[12]，亦將制約大陸的經濟發展。此外，就政經互動的配套運作功能而論，中共強調意識型態，抵制西方民主、自由思想，亦將難以發揮促進經濟改革與發展的功能。

在諸多中共經濟發展的不利因素中以財政赤字惡化最爲突出。根據中共「財政部長」王丙乾的報告指出：去年大陸的財政赤字達一百五十億四千三百萬元（人民幣，下同），比預算赤字多出六十一億五千一百萬元。此外，將國內外債務計入則中共去年實際財政赤字高達五百零九點零四億元，成爲中共改革、開放政策推動以來財政赤字最爲嚴重的一年。鉅額的物價與企業虧損補貼已使中共經濟發展不勝負荷[13]。根據統計資料顯示，自一九七九年至一九九〇年，中共財政赤字已累計高達兩千五百億，成爲中共經濟沈重的負擔（參見：表四）。

五、評估與展望

根據以上的論述可知，中共十年規劃與「八五」計畫的制訂是歷經多次的爭議與修正始完成的，其中除蘊含複雜的派系與路線鬥爭之外，並涉及中共中央與地方利益的糾結。因此，中共原訂於去年十月召開的「十三屆七中全會」因計畫內涵爭論不休、意見分歧而延至年底舉行。此外，根據中共的說法，「十年規劃與『八五』計畫」的《基本思路》，乃根據「十三屆五中全會」之決議所制訂[14]，此勢必是一計畫經濟色彩濃厚、扭曲經濟

---

[10] 夏雨，〈人口膨脹制約經濟發展〉，香港《文匯報》，一九九一年四月二十二日，四版。

[11] 辛寒，〈兩億剩餘勞動力往何處去〉，《廣角鏡》月刊總第二二三期（香港：廣角鏡出版社有限公司，一九九一年四月），頁六四—六七。

[12] 〈經濟學人提醒須防通貨膨脹〉，香港《文匯報》，一九九一年四月二十日，三版。

[13] James Mcgregor, "Chinese Minister Warns of Fiscal 'Chaos'," *Asia Wall Street Journal* (March 27, 1991), p.1, 20.

[14] 參見：表二。

改革，以及強化中共調控機能的文件。明顯的，此一文件內涵與「改革派」所強調的強化市場機能與深化經濟改革理念背道而馳。同時亦與各省、市要求擴大自主權，維護既得利益產生衝突。在僵持不下之際，鄧小平顯然發揮了決定性的影響力，保守、教條的計畫內涵因而被迫修正和調整。

就政治因素而論，當前中共派系經濟路線的論爭主要在於：經濟改革與對外開放的本質、速度、幅度的認知差距。明顯的，無論是在中共制訂十年規劃與「八五」計畫的歷程，或是李鵬近月以來的言論與政策取向之修正，皆足以顯示：中共「保守派」持續推動逾兩年的治理、整頓經濟緊縮政策已受到相當程度的抑制，而「改革派」在鄧小平的支持下將加大改革的分量與加速經濟改革的步伐⑮。加之，此次「人大」會議通過鄒家華與朱鎔基的任命亦將有助於改革開放政策的執行⑯。儘管如此，中共保守勢力與既得利益階層的抵制，以及官僚體系的制約，皆將遲滯、扭曲經濟改革的進程。而中共中央與地方的矛盾：經濟自主權與既得利益的維護，亦難以在短期內有效化解⑰。

從中共採行治理、整頓經濟緊縮政策，以至於當前試圖加大改革的份量，加速經濟改革的進程，皆足以顯示：中共經濟改革政策執行的不穩定性，以及人治色彩濃厚的特質。換言之，在中共計畫經濟與公有制運作下

---

⑮ Daniel Kwan, "Zhao's Policy on Poorer State Enterprises Revied," *South China Morning Post*, (May 2, 1991), p.11; Willy Wo-Lap Lam, "Cities Launch Bold Reform Plans," *South China Morning Post*, (April 24, 1991,) p.10. 〈加大改革的分量〉，《經濟日報》，民國八十年四月二十二日，一版。

⑯ Julia Leung, "Personnel Shifts Indicate Deng is Calling Shots," *Asia Wall Street Journal*, (April 3, 1991), p.1. 8;

⑰〈地方主義對中國的挑戰〉，《信報財經新聞》，一九九一年三月二十五日，十八版；鄭竹園，〈大陸經濟現勢與面臨問題〉，《鄭竹園論集》第十五期（臺北：行政院經濟建設委員會，民國八十年二月）；James Mcgregor, "China's Premier Says Economy Is Under Fire," *Asia Wall Street Journal*, (March 26, 1991), p.1. 13.

便難以避免週期性的經濟危機與經濟調整；經濟改革的推動程度與速度除受客觀條件影響外，具政治實權的領導人，以及派系勢力的變化，皆扮演著關鍵性的角色。因此，可以確定的是：在鄧小平的有生之年，經濟改革的推展仍有相當大的迴旋空間，經濟改革持續性亦能獲致相當程度的保證。但是問題在於：經濟改革一旦失去鄧小平的有力支持，勢將面臨嚴峻的考驗。

研究社會主義經濟制度素負盛名的匈牙利籍經濟學者柯爾內(Janos Kornai)在其近著《走向自由經濟之路》(*The Road to A Free Economy*)中指陳：揚棄社會主義制度，並實行保障私有產權和自由競爭的市場經濟制度，經濟發展才會有起色。他並強調：趨於開放、民主的政治改革爲經濟成功的先決條件。換言之，社會主義國家的經濟改革必須建基於政治民主化上，而這正是共產國家通往自由世界的唯一通路⑱。明顯的，中共經濟政策取向仍堅持的社會主義的特質與基調，政治改革與發展強調專政的機能與利益，這便註定了中共政經發展的黯淡前景。

（民國八十年四月完稿）

---

⑱林行止，〈向阿當·史密斯招魂〉，《信報財經月刊》總一六六期（香港：信報財經月刊，一九九一年一月），頁八一－八四。

表一　中共七屆「人大」四次會議議程與議決要點

議　　程	議決要點
聽取、審議「國務院」總理李鵬關於國民經濟和社會發展十年規劃和第八個五年計畫的報告，並給予審查和批准。	「報告」經過一百餘處修正後批准通過。
聽取、審議「國家計委」主任鄒家華關於1990年國民經濟和社會發展計畫執行情況與1991年計畫草案的報告，並給予審查和批准。	審查、批准通過。
聽取、審議「財政部長」王丙乾關於1990年國家預算報行情況和1991年國家預算草案的報告，並給予審查和批准。	一、預算草案調整財政收入增加五億元，財政支出減少五億元。 二、審查、批准通過。
審議民事訴訟法（草案）修改草案。	審議、批准草案。
審議外商投資企業和外國企業所得稅法案。	審議、批准草案。
聽取、審議「人大」常委會副委員長彭沖關於「人大」常委會一年來的工作報告	審議、批准工作報告。
聽取、審議「最高人民法院」院長任建新關於最高法院的工作報告。	審議、批准工作報告。
聽取、審議「最高人民檢察院」檢察長劉復之關於最高檢察院的工作報告	審議、批准工作報告。
關於人事任命事項。	任命鄒家華、朱鎔基為「副總理」，錢其琛升任「國務委員」。

資料來源：〈七屆全國人大四次會議通過的決議〉，《人民日報》海外版，1990年4月10日，2版。

表二　中共制訂十年規劃與「八五」計畫歷程與修正表

時　間	制　訂　歷　程	修　正　內　容
1988 年底	「國家計委」考慮制訂十年規劃與「八五」計畫。	
1989 年 11 月 9 日	中共召開「十三屆五中全會」，並通過「中共中央關於進一步治理整頓和深化改革的決定」，此一「決定」成爲制訂十年規劃與「八五」計畫之指導原則。	
1990 年元旦後	中共中央領導指示制訂原則： 1.制訂十年規劃與「八五」計畫結合起來。 2.先研究十年規劃與「八五」計畫的基本思路。	
1990 年初	「國家計委」起草關於制訂計畫的「基本思路」。	
夏秋之交	完成兩萬四千餘字的「基本思路」草稿，並經政治局常委會與國務院辦公會議討論。	根據討論意見進行初步修改。
9 月中旬	中共中央與「國務院」召開「經濟工作座談會」，討論修改後的「基本思路」	各省市負責人對初稿意見分歧，並對初稿進行了重大修改。
10 月初	1.中共中央決定年底前召開「七中全會」，並提出關於制訂十年規劃與「八五」計畫的建議。 2.成立專案起草小組，提出「建議」草稿。 3.將修正稿再發至各部門徵求意見。	
12 月 6 日	江澤民主持政治局常委會議，再對「建議」草稿進行討論。	做了上百處修改。

（續）

12月17日	江澤民邀各民主黨派負責人，以及一些無黨派人士，聽取其對「建議」之意見。各部門、地方之修正意見陸續匯總。	對「建議」草稿做了四百多處修改。
12月22日	中共中央政治局召開會議，「建議」草案原則通過，並提交「七中全會」。	
12月22—25日	召開「七中全會」，並通過「建議」。	提出一百九十餘條修改意見。
1991年初	根據「建議」制訂十年規劃與「八五」計畫綱要。	
2月底至3月初	1.中共政治局常委會與國務院召開會議討論計畫綱要報告。 2.印發至各地徵求意見。	
4月9日	「人大」與「政協」代表審議十年規劃與「八五」計畫綱要報告。	做了百餘處修改。

資料來源： 1.李尚志，何平，〈精心繪製的藍圖〉，《人民日報》海外版，1991年4月18日，1、4版。

2.田惠明，〈歷史文件誕生記〉，《大公報》，1991年4月1日，6版。

3.鮑信，〈改革開放貫穿於終始〉，《瞭望》週刊海外版，1991年第2期（北京：新中國新聞有限公司，1991年1月14日），頁1。

4.〈人大意見廣獲採納〉，香港《文匯報》，1991年4月10日，2版。

表三　中共經濟發展目標、改革開放政策與指導思想 (1991—2000年)

項　目	主要內容	
國民生產總值	「翻一番」(成長兩倍)，達三萬一千一百億人民幣。	
人民生活	從溫飽達到小康（每人平均 GNP 八百至一千美元）	
經濟指標(每年平均成長率)	國民生產總值	6%
	農　業	3.5%
	工　業	6.8%
	國民收入	5%
重點工作	一、發展教育事業。 二、推動科技進步。 三、改善經濟管理。 四、調整經濟結構。 五、加強重點建設。	
經濟體制與運行機制	一、適應以公有制爲基礎的社會主義有計劃商品經濟。 二、計劃經濟與市場調節相結合。	
經濟建設重點	一、加強農業、基礎工業、基礎設施。 二、改組改造加工工業。 三、加強教育和科技事業。 四、改善地區經濟佈局。 五、發展經濟的同時，加強國防現代化建設。	
基本路線	一、「一個中心」：以經濟建設爲中心。 二、「兩個基本點」：堅持四項基本原則，堅持改革開放。	

（續）

經濟改革	深化農村經濟改革	一、推行、完善以家庭聯產承包爲主的責任制。 二、發展多元化社會服務體系。 三、壯大集體經濟實力。
與	深化城市經濟改革	一、增強國營大中型企業活力。 二、推動住房、社會保障制度、企業、流通、價格、財政、金融、計畫、投資、工資改革。 三、加強宏觀調控體系的建設。
對外開放	擴大對外開放政策	一、積極開發上海「浦東新區」。 二、辦好經濟特區。 三、鞏固與發展現有經濟技術開發區開放城市和開放地帶。
指導方針	堅定不移地	一、走建設有中國特色的社會主義道路。 二、推進改革開放。 三、貫徹執行國民經濟持續、穩定、協調發展的方針。 四、執行自力更生、艱苦奮鬥、勤儉建國的方針。 五、貫徹執行物質文明和精神文明建設一起抓的方針。

資料來源：1.〈中華人民共和國國民經濟和社會發展十年規劃和第八個五年計畫綱要〉，《人民日報》海外版，1991 年 4 月 16 日，2—4 版。

2.李鵬，〈關於國民經濟和社會發展十年規劃和第八個五年計畫綱要的報告〉，《人民日報》海外版，1991 年 4 月 11 日，1—4 版。

表四　中共推動經濟改革突破性言論與措施一覽表（1990・10—1991・5）

時　間	人名、刊物	主　要　言　論	說　明
1990/10	鄧小平	「當前我們正在制訂『八五』計畫和本世紀最關鍵的十年發展計畫，如何加快和完善改革的步伐，應是總的方針。一定要把改革開放搞得『更快、更好、更有實效』。今後幾十年，改革開放政策也不能變。」	鄧小平發表批判「保守派」僵化的計畫經濟體制設想，強調推動經濟改革的迫切性。
1990/12	鄧小平	「社會主義與資本主義的區別不在於有無計畫和市場……經濟建設要開創新局面，要防止陷入某種新的思想僵滯。」	12月底，中共召開「七中全會」前發表之談話被視爲「新貓論」，其目的在於：打破思想理論與經濟改革遲滯的僵局。
1991/3/2	李鵬	「通過治理整頓，現在有了相對比較寬鬆的經濟環境，要抓住時機因勢利導，加強對改革的領導，加大改革的分量。」	李鵬可能受到鄧小平的政治壓力，故於「經濟體制改革工作會議」中提出：傾向經濟改革的言論。
1991/3/2	《解放日報》(上海)	「解放思想不是一勞永逸的。就以計畫與市場的關係而言，有些同志總是習慣於把計畫經濟等同於社會主義經濟，把市場經濟等同於資本主義，認爲在市場調節背後必然隱藏着資本主義的幽靈。隨着改革的進一步深化，越來越多的同志懂得：計畫和市場只是資源配置的兩種手段，而不是劃分社會主義與資本主義的標誌。」	皇甫平是「黃浦江評論」之意，爲上海市委寫作班子的化名。此一評論據信是在鄧小平授意下所發表，且具「思想解放」之政治意涵。

（續）

1991/3/22	《解放日報》（上海）	「鄧小平同志對九十年代上海的開放寄予厚望，上海要把改革開放的旗幟舉得更高，浦東開發要更快更好更大膽。」	《解放日報》再度以皇甫平爲筆名發表〈擴大開放的意識要更強些〉一文，強調冒險意識與大膽利用外資。
1991/3	《內參選編》	「經濟體制改革在我國佔有十分重要的地位。要加強對改革的領導，加大改革的分量。……今年糧食的價格改革在適當時機就要出台。……今年還準備把煤、糧、油價都動一下。」	此一談話爲中共領導人講話內容之摘要，顯示了持續推動市場化經濟改革的決心。
1991/5/1	中共物價部門	調整糧食、食油銷售價格，提高二七～一六〇%。	爲近年來最大幅之物價調整，爲推動市場化改革的重要舉措。

資料來源：

1. 劉斌，〈鄧小平仍具決策影響力〉，《鏡報》月刊總第 160 期（香港：鏡報文化企業有限公司，1990 年 11 月 10 日），頁 35。
2. 劉必，〈鄧小平發動『北伐』解放思想〉，《鏡報》月刊總第 166 期（香港：鏡報文化企業有限公司，1991 年 5 月 10 日），頁 24-27。
3. 孫宜良，〈鄧排除干擾重用朱融基，盼改革開放開拓新局面〉，《鏡報》月刊總第 166 期，頁 30。
4. 丁望，〈第二次『南北戰爭』經改的再出發？〉，《潮流》月刊第 50 期（香港：潮流月刊社，1991 年 4 月 15 日），頁 47-52。
5. 〈加強對改革的領導，加大改革的分量〉，《經濟日報》，1991 年 3 月 3 日，1 版。
6. 〈要適當加大改革的分量〉，《內參選編》第 12 期（北京：新華通訊社，1991 年 3 月 27 日），頁 3-4。
7. 〈中共實施糧油銷售價格調整〉，《明報》，1991 年 5 月 1 日，2 版。

表五　大陸預算內國營工業企業之經濟效益指標

單位：%

項目＼年別	1987	1988	1989	1990 (1-3)	1990 (1-6)	1990 (1-12)	1991 (1-3)
全員勞動生產率	7.9	9.3	1.6	−1.8	下降	0.8	7.4
可比成增加率	6.0	12.3	22.4	—	—	7.0	4.7
銷售利稅率	20.35	19.30	17.27	−20.6	−18.6	−18.5	−1.4
資金利稅率	22.32	21.90	19.41	—	19.4	13.76	10.7
企業虧損面	14.1	6.0	19.0	—	33	—	擴大
企業虧損總額 (億元人民幣)	84.68	116.0	258.6	—	—	增長一倍	—

資料來源：1. 〈1989 年分地區重要經濟指標統計資料〉，《新華月報》總第 544 期（北京：人民出版社，1990 年 3 月 30 日），頁 98—99。

2. 《人民日報》海外版，1990 年 2 月 22 日，3 版。
3. 〈大陸市場首季仍疲軟〉，《明報》，1990 年 4 月 24 日，9 版。
4. 〈財政信貸仍須堅持緊縮方針〉，《人民日報》海外版，1990 年 7 月 9 日，1 版。
5. 〈治理整頓二十個月初見成效〉，《大公報》，1990 年 6 月 3 日，1 版。
6. 〈金融形勢依然嚴峻〉，香港《文匯報》，1990 年 8 月 31 日，3 版。
7. 國家統計局，〈治理整頓成效明顯，調整改革任務艱鉅〉，《人民日報》海外版，1991 年 1 月 17 日，3 版。
8. 國家統計局編，〈1990 年國民經濟和社會發展統計公報〉，《人民日報》，1991 年 2 月 23 日，2 版。
9. 〈我國宏觀緊縮力度調整措施見效〉，《人民日報》海外版，1991 年 2 月 5 日，1 版。
10. 〈中國經濟全面回升〉，《大公報》，1991 年 4 月 23 日，2 版。
11. 〈經濟效益不如人意，企業虧損繼續增大〉，《信報財經新聞》，1991 年 5 月 4 日，7 版。

說　　明：增長率之計算與上年同期比較。

表六　中共財政赤字（1979—90）

單位：億元人民幣

年別＼赤字	財政實際赤字	內債	外債	財政帳面赤字
1979	205.91	—	35.31	170.6
1980	170.51	—	43.01	127.5
1981	98.58	—	73.08	25.5
1982	113.16	43.83	40.03	29.3
1983	122.91	41.58	37.83	43.5
1984	121.84	42.53	34.81	44.5
1985	68.25	60.61	29.24	−21.6
1986	208.85	62.51	75.74	70.6
1987	246.17	62.87	103.00	80.3
1988	341.50	131.01	130.00	80.49
1989	366.63	140.1	134.2	92.33
1990	509.40	195.87	162.74	150.43

資料來源： 1. 陳文鴻，〈中國通脹的來龍去脈及對香港的影響〉，《明報》月刊總第 273 期（香港：明報月刊編委會，1988 年 3 月），頁 17。

2. 國家統計局編，《中國統計年鑑》（1990），1 版（北京：中國統計出版社，1990 年 8 月 1 日初版），頁 229、241。

3. 王丙乾，〈關於 1990 年國家預算執行情況和 1991 年國家預算草案的報告〉，《人民日報》海外版，1990 年 4 月 12 日，3 版。

大陸經改與兩岸關係

吳玉山

臺灣與大陸之間的兩岸關係可以從三個角度加以探討：第一個是兩岸各自的內部發展，第二個是雙方的互動，第三個是國際環境❶。本文將先用產權的角度來分析大陸內部的經濟改革❷，然後再進一步分析臺灣在大陸經改中的角色。也就是由大陸內部的發展來了解雙方互動的情形。文中將闡明中共發展外向型經濟的戰略是聯接大陸經改和兩岸經貿關係的樞紐。由於此一戰略執行成功，臺灣已成爲幫助大陸拓展外銷、賺取外滙，以平衡貿易逆差的重要據點。一九八九年天安門事件之後，此一趨勢更加明朗。在此同時，臺商赴大陸投資對中共的經改產生了兩方面的影響：一是紓解了國際經濟的壓力，鞏固了目前局部改革的體制，從而使得更進一步的結構性變革更加困難。二是擴展了沿海地區私營經濟的範圍，在一定區域內加強了改革的動力。然而從長遠及整體的角度來看，前者的影響（以開放代替改革）遠較後者（以開放推動改革）爲大。文中最後並將討論中共劃分改革區間，而在不同區間採取不同政策的一般性方法，此一方法也適用於中共的對臺經濟政策。

---

❶ Huan Guocang, "Taipei-Beijing Relations: To Survive Uncertainties in the Nineties." Paper presented at the International Conference on the ROC and the New International Order, Taipei, August 23, 1991.

❷請參閱 Yu-Shan Wu, "Reforming the Revolution; Industrial Policy in China," *The Pacific Review*, Vol.3, No.3(Fall 1990), pp.243-256.

本文是以經濟層面的討論爲主，不涉及政治、軍事或外交的部分。另一方面本文是由中國大陸內部的經濟發展推論到兩岸經貿關係，並探討此一關係形成後，反過來對大陸經改的影響。這其中未討論臺灣的經濟狀況或國際的經濟局勢。影響兩岸關係的因素繁多，其中大陸的經改顯然是最重要的因素之一。然而對海峽兩岸關係的全盤了解，必須將各種因素整體加以考慮。本文所提供的，僅僅是經濟面的探討，而且以大陸方面爲主。這是必須在文首加以說明的。

一、中國大陸的產權改革

(一)、市場社會主義之濫觴

自一九七〇年代末以來，中國大陸是繼南斯拉夫及匈牙利之後第三個實行「市場社會主義」(Market Socia-lism)的國家。市場社會主義的原則是：第一，將生產手段的使用權和所有權分離；第二，將使用權（生產及交換的權力）交由生產手段的實際使用者（如企業經理）掌握；第三，由國家或集體繼續保持所有權（收益及處分的權力）❸。在這種兩權分離的制度之下，國家一方面引進市場的競爭機制，一方面仍然是生產手段的最終擁有者。實行市場社會主義國家的共黨政權希望藉著此種混合式的產權結構，來改進統制經濟(Command Econ-omy)缺乏效率的缺點。同時由於國家仍舊對於生產手段具有最終支配權，可以不虞政權受到資產階級的挑戰

❸ Frederic Pryor, *Property and Industrial Organization in Communist and Capitalist Nations* (Bloomington: Indiana University Press, 1973), p.237.

❹。市場社會主義的圭臬是：「市場化，而不私有化」(Marketization without Privatization)。

史達林在一九三〇年代設計的統制經濟把產權（使用權及所有權）集中到國家手中，強力推動以重工業爲主的產業革命，以造就共產主義的工業強國。第二次世界大戰以後，統制經濟在東歐、中國大陸及其他社會主義國家中建立起來。這種計畫性的經濟體系具有強迫動員資源的能力，但是生產效率低落，對生產因素的配置缺乏合理的標準。所以從一九五〇年代以來，各個社會主義國家就推行各種型式的經濟改革。這些改革大致可分爲兩大類。第一類是以改進計畫機制爲目標，改革的幅度較小，遭遇的阻力較少，然而成效也低。第二類以引進市場機制爲目標，也就是市場社會主義的模式。這種改革牽動到基本的產權結構，影響深遠，對生產力的提升有若干成效❺。自一九五〇年代到一九八〇年代，以改進計畫機制爲目標的經改佔絕大多數。只有當共黨政權的統治面臨極大的困難時，才會推行結構性的市場社會主義改革。南斯拉夫在一九五〇年代獨立抗衡整個蘇聯集團，在困境中摸索出市場社會主義的新模式，用以號召人民❻。匈牙利的卡達政權爲了平撫一九五六年匈牙利人民抗暴的創痛，在一九六八年推行「新經濟機制」(New Economic Mechanism)，引進市場社會主義的原則，希望藉人民生活水平的提昇，來鞏固政權的統治❼。中國大陸在歷經三面紅旗及文化大革命等人爲災難之後，從一九七八—七九年起實行市場化的經濟改革，以改善人民物質生活，挽救共黨的政治權力❽。這三個市場

---

❹這是吉拉斯對「新階級」的基本看法。見 Milovan Djilas, *The New Class* (New York: Praeger, 1953).

❺ Támás Bauer, "Perfecting or Reforming the Economic Mechanism?" *Eastern European Economics*, Vol.26, No.2 (Winter 1987-88), p.6.

❻ Christopher Prout, *Market Socialism in Yugoslavia* (London: Oxford University Press, 1985), p.12.

❼ Wlodzimierz Brus, "Political System and Ecomonic Efficiency: The East European Context," *Journal of Comparative Economics*, Vol.4, No.1 (March 1980), p.50.

社會主義的改革是共黨政權爲了維護其政治利益，所能實行的最大程度的改革。再進一步的變動（私有化，或所有權的轉移）會侵蝕到共黨政權對經濟的根本控制。經濟上的私有化和政治上的民主化都是社會主義國家改革的禁區。事實上市場社會主義的提出就是在於以市場化代替私有化，以經濟改革代替政治改革。只是這種兩權分離的模式有其制度上的侷限性。經濟成長的動力在改革初期雖然強勁，然而很快就會耗盡，同時衍生很多困難。

(二)、農村、沿海和小企業的改革

中國大陸的產權改革始於農村。從一九七九年到一九八四年間因爲實行「家庭聯產承包責任制」（大包乾）獲得很大的成效。這六年之間農業成長率從過去的二·九%提高到八·六%。大包乾的精神是在所有權不變的原則下，將土地的使用權有條件地由集體轉讓給農戶。在完成了一定的配額生產之後，農戶可以自由決定土地的使用方式，並且保留利潤。一九八四年中共中央一號文件規定土地的使用期限爲十五年。其後又規定土地的使用權可以有償轉讓（轉包）。一九八五年的一號文件廢除了配額制度，在法律上將使用權完全交由農戶掌握。大包乾的十五年期限一方面給予農民極大的生產誘因，相當程度造成了私有財產的激勵作用。另一方面它又造成了產權的不確定性，促使農民以竭澤而漁的方式，在合約期限終止之前耗盡地力，斲傷了對土地投資的意願，鼓勵了短期性、掠奪性的生產行爲。在法理上對土地的長期租用者是否應視爲土地的所有人並無定論[9]。大陸農民在大包乾的制度之下享有長期的使用及收益權，並可將這些權利有償轉讓。這種產權分配的形式可以稱之爲

---

❽Yves Chevrier, "NEP and Beyond: The Transition to 'Modernization' in China (1978-1985)," in *Transforming China's Economy in the Eighties*, Vol.I, eds. S. Feuchtwang, Athar Hussain and Tierry Pairault (Boulder, Colo.: Westview Press, 1988), p.9.

在市場社會主義下的準私有制。

一九八四年破紀錄的糧食收成使中共高估了產權改革的成效，因而在一九八五年做出了廢止配額制度的決定。這一年穀物的收成驟降六%，中國大陸立即陷入糧食危機之中。此一危機和大包乾制度直接相關，因爲第一，分田單幹導致耕地面積的縮小；第二，農戶缺乏投資公共設施的意願；第三，國家對農民的生產行爲已喪失直接控制，只能依靠收購價格導引。但是政府預算有限，收購穀物的價格偏低，農民在追求利潤的前題下，自然轉移生產資源到經濟作物、養殖畜牧、以及鄉鎮企業、商業、及服務業。在生產條件惡化及比較利益喪失的情況下，糧食生產下跌，迫使中共不得不採取嚴格的控制措施，因而侵害到原本已經轉移到農戶的產權。在一九八五到一九八八年之間，農業成長率由前四年的九・九%下降到三・六%。這證明缺乏農業投資（農業科技、基礎設施、農會信貸組織）的小農經營，縱使一時之間可以藉生產動機的提昇而創造高成長，其勢也無法經久。從一九七九年到一九八四年，農業改革提供了整個經濟改革的動力。然而從一九八五年以後，農業卻成爲經濟成長的沉重負擔。雖然中共在一九八九年將農業提昇爲經濟建設的首要部門，提高收購價格，並提倡「科技興農」，大陸農民的實際生活水平卻在同年下降了〇・六%。證明產權改革所帶來的一次性成長衝力已經用罄⑩。

準私有制不僅在農村推行，並且行之於沿海的特區及開放城市。在這些對外開放的地區，一方面企業的所有權可以完全或部分由私人（包括外資、港資、臺資等）掌握，一方面土地的使用及收益權可以在一定期限內有償轉讓。前一政策的目的在吸收外來資本。後一政策是仿效香港政府的做法，以出售土地產權的方式來增加

---

⑨ James W. Simonton, "Austin's Classification of Proprietary Rights," *The Cornell Law Quarterly*, Vol. II, No.3(April 1926), p.266.

⑩ Dwight Perkins, *China: Asia's Next Economic Giant?* (Seattle: University of Washington Press, 1986), p.77.

政府的財政收入。沿海及農村地區的產權改革較內陸城市先進，主要是基於中共政權的一個策略性的考慮：對位於改革開放戰略地區（沿海）的生產單位，及小規模的生產單位（如農戶），允許較大程度的私有化。在這裡不僅有使用權的轉讓，更有所有權若干程度的轉讓。即使在一般城市中，小規模的生產單位也允許私有化，這就是個體戶及私營企業。另一方面，中共對於沿海開放區之外，生產規模屬於中、大型的企業，採取完全的市場社會主義的原則：兩權分離，國家下放使用權，但同時保留所有權。

(三)、經濟的骨幹——大中型企業的改革

中國大陸的經濟骨幹是大、中型的國營和集體企業。這一部門的改革在一九八四年以前只是以零星和試點的方式進行⓫。一九八四年十月中共通過了「關於經濟體制改革的決定」，確定要引進市場機制，但保持公有制，也就是要實行市場社會主義。雖然如此，這個決定所實際引進的市場機制與市場社會主義的理想有相當大的差距。從一九八四年以後，一方面計畫領域和市場領域同時並存，造成生產和流通的雙軌制，並形成官倒和通貨膨脹的主因。另一方面中共仿效匈牙利的模式，強調必須由國家調控市場。國家在此摒棄行政命令的手段，而透過對個別企業利潤率的控制來導引企業行為。也就是由經濟槓桿取代行政槓桿，以指導性的計畫取代指令性的計畫。價格、租稅、信貸和撥款都由國家控制。企業所獲得的是在由這些利潤參數所構成的生產環境之中，為追求最大利潤而自由使用生產手段的權利。一九八四年的決定最後演變成「國家調節市場，市場引導企業」的最高指導原則。這和匈牙利在一九六八年的新經濟機制如出一轍，可以稱之為「不完善的市場社會主義。」

⓫ Dorothy J. Solinger, "Economic Reform," in *China Briefing, 1984*, ed. Steven M. Goldstein (Boulder, Colo.: Westview Press, 1985), p.88.

[12]

從一九八四年到一九八八年，城市經改基本上經歷了三個階段。第一個階段是以市場化爲核心，包括一九八四—八五兩年。這個階段主要是引進經濟槓桿和指導性的計畫。由於市場化的最終要求是價格自由化，中共在一九八五年實行價格改革，將城市農產品的零售價格平均調高九%，造成當年八·八%的通貨膨脹率。由於家計所得五九%是用於購買食物，價格改革造成極大的阻力，改革派只有暫時退卻。在一九八六年由於緊縮政策收效，經改的步伐重新加快。這一階段是以厲以寧等人所提倡的所有制改革爲重心。在此同時由於鄧小平提倡政治改革及雙百政策，思想禁區開放，改革派的學者得以公開主張變革所有制。結果雖然沒有將大、中型企業私有化，卻引進了各式各樣的承包責任制及租賃制。同時溫州模式（私有制）及關廣梅現象（租賃制）也獲得了很大的宣傳及推廣。基本上國營企業在一九八七年都採行了廠長負責任的經營承包制，並以八八年通過的「全民所有制工業企業法」加以保障，這個制度等於是短期（三—五年）的大包乾。企業只要完成承包定額，可以自由使用剩餘生產能量，並保留利潤。大包乾的原則同時也推廣到財政金融部門、大衆運輸部門（如鐵道），甚至於中央與地方關係。一九八六年底的學生示威導致總書記胡耀邦下臺。一九八七年初反資產階級自由化運動使經改的步伐趨緩。但是在中共十三全大會之後，由趙紫陽接任總書記，以黨領政，跨部門推動經改，新的措施陸續推出，改革也進入第三階段。首先趙紫陽提出了黃金海岸及國際大循環的構想，基本上是希望把大陸的東海岸發展成以出口勞力密集產品爲主的外向型經濟。這個構想加強了沿海地區準私有化的傾向。一九八八年五月，趙紫陽獲得鄧小平等元老的同意，將經改轉向市場化及價格改革的方向。農產品價格大幅提高，通貨

---

[12] Janos Kornai, "The Hungarian Reform Process: Visions, Hopes, and Reality," *The Journal of Economic Literature*, Vol.24, No.4(December 1986),p.1701.

膨脹率躍昇至一八・五%。人民前往銀行擠兌，迫使改革者再一次讓步，大陸經濟由此進入緊縮期，一直到一九九〇年三、四月間才顯露若干寬鬆的跡象。在經歷了兩次的市場化改革（一九八四—八五年，一九八八年）及一次所有制改革（一九八六—八七年）之後，大陸上的大、中型企業仍保留社會主義公有制，而使用權則有相當程度的下放。由於國家仍透過各種行政槓桿和經濟槓桿來操縱企業的行爲，同時市場寡頭壟斷和地方政府的行政干預也屢見不鮮，改革者所引進的市場機制並不能有效合理地配置資源。這種情形是不完善的市場社會主義所產生的必然結果（表一）。

(四)、改革的策畧

在對外開放區域及小規模產業（包括農業）的準私有化，以及在大、中型企業中所引進的不完全市場，構成了中國大陸市場社會主義的特色。這個「帶有中國特色的社會主義」是中共的改革者遵循「摸著石頭過河」的策畧所逐漸發展出來的。他們先選擇阻力最小的改革，做出成效，再進一步推展到比較困難的領域。同時一面發現問題一面處理問題。這種策略的優點是減少改革初期的阻力，保持最大彈性，同時可藉著改革的成功，累積政治資本，凝聚社會支持，爲下一階段的攻堅做準備。這個策略在中國大陸能夠奏效，是因爲家庭農業的基礎仍舊存在，所以當集體化的桎梏一旦去除，農民的積極性可以很快地調動起來。再加上大陸的農業部門在國民經濟中的比重大，農業的振興馬上提供了改革的動力。這是在中國大陸從事經改比在蘇聯東歐等集體化根柢深、農業比重小的國家佔優勢的地方。然而「摸著石頭過河」的漸進策略不可避免地拉長了轉型期。當經改觸及城市和工業時，改革派在農業中享受的優勢不復存在。和蘇聯及東歐諸國一樣，城市經改不可避免地會帶來高社會成本。此時不能「一步到位」⑬，而採取漸進的，遇到大阻力便退却的策畧，自然會使得原先累積的改革成果、政治資本及社會支持在長期的轉型期中逐漸遞減，改革的淨效益迅速下降。其結果是一次總的退却。

一九八八年十三屆三中全會提出「整頓、治理」兩大方針，使中國大陸的經改陷於停頓。一九九〇年三、四月間開始鬆動銀根，只表示通貨膨脹已經獲得控制，而工業成長也已跌入谷底(一九九〇年第一季工業呈零成長)，不得不採取擴張性的政策。然而利率和信貸政策的變動不代表產權改革的重新起步，它只是代表一個較爲擴張性的經濟政策。事實上在經歷了實行改革以來最嚴重的經濟衰退及政治動盪之後，由李鵬、姚依林、鄒家華等人主導的經濟領導班子不會在短期之內發動新一個階段的產權改革。此一基本狀況迄今（一九九一年九月）並未改變⑭。

二、大陸經改中臺灣的地位

臺灣在中國大陸經濟改革的過程中究竟扮演什麼樣的角色？根據統計，在一九八七年到一九八八年之間，臺海兩岸的貿易有了突破性的成長(表二)。臺灣對大陸的投資在一九八八年一年之內就由一億美元躍升到六億美元，增幅是五〇〇％(表三)。很明顯可以看出，一九八七—八八年是臺海兩岸經濟關係的轉捩點。在臺灣方面，我們可以舉出許多理由來解釋對大陸投資和貿易的劇增。臺幣的大幅升值，土地及勞力價格的上漲，島內環保意識的擡頭，社會治安的惡化是一部分原因。政府開放人民赴大陸探親及放鬆外匯管制又是另一部分原因。在國際方面，強大的競爭壓力及高昂的保護主義也迫使臺灣的企業用盡一切方法來降低成本，並尋覓新市場。

⑬ Janos Kornai, *The Road to a Free Economy* (New York: W.W. Norton, 1990), Ch.2.

⑭「治理、整頓」的策略在實行三年（一九八八—九一）之後，已明顯地暴露了大中型企業缺乏效率的弊病。一九九一年九月的中共中央工作會議即以此爲討論重點，然而此舉是否代表在即將召開的中共十三屆八中全會上，將正式結束治理整頓，重新開始第二次的工業產權改革，則有待觀察。

在大陸方面，地緣的貼近，文化語言的相同，低廉的土地及勞動成本，看似豐沛的原料及廣大的市場都構成對臺商不可抗拒的誘惑⑮。不過，即使我們把所有這些有利的條件都盤算進來，仍然無法解釋一九八七—八八的貿易投資高峯。這其中最重要而未言及的條件是中共全力支持的態度。質言之，大陸需要臺灣的資金以及供生產用的中間原料來發展他的勞力密集出口工業。這個政策是基於一九八七—八八年間發展出來的國際大循環理論。其目的在賺取外匯，償付快速增加的進口。

(一)、出口擴張

中國大陸的經濟改革進行到一九八〇年代末期給大陸的對臺政策加進了一個分量極重的經濟因素。在七〇年代末八〇年代初，中共的領導人對臺灣提出的政策聲明中，政治統一的意味含括一切，很明白是統戰策略的運用⑯。一直到一九八七—八八年外向型經濟的沿海發展戰略確定之後，大陸的經濟改革才眞正和中共的對臺政策聯結起來。

在一九五〇年代，中國大陸完全仰賴蘇聯及東歐提供工業化所需的資金和技術。在六〇年代，毛澤東強調

---

⑮ Lowell Dittmer, "From Two Into One? On the Booming Economic Relationship Across the Taiwan Straits." Paper presented at the Center for Chinese Studies Annual Spring Regional Seminar, UC Berkeley, April 27, 1991.

⑯ 這些聲明包括一九七九年一月一日中共全國人大常委會〈告臺灣同胞書〉，主張兩岸通航通郵，開放探親旅遊等；一九八一年九月三十日人大常委會委員長葉劍英提出九點主張，要求三通四流，保證統一後臺灣爲一高度自治的特別行政區，並可保有武力；一九八三年七月三十日鄧小平對楊力宇的談話以及一九八四年六月二十二、二十三日鄧小平的談話，都主張對臺實行一國兩制。原文參見陳慶，《中共對台政策之研究》（臺北：五南圖書公司，民國七十九年）；並參見 Hungdah Chiu, "The New International Order and Taiwan-Mainland Relations." Paper presented at the Iternational Conference on the ROC and the New International Order, Taipei, August 23, 1991.

自力更生，擺脫了對莫斯科的依賴。這個獨立自主的路線即使到鄧小平時代仍被中共視爲圭臬[17]。在此一政策指導下，一九六九年中國大陸的實質對外貿易額比一九五八年還低[18]。此時進口的目的只是在補足計畫經濟下的生產不足。一直到華國鋒在一九七八年提出十年規畫（即「洋躍進」）之後，進口的角色才一變而爲積極地提供國外的資金及技術，來促成中國大陸的現代化。不過即使有了這個概念上的突破，在改革初期（一九七九—八三），大陸外貿佔工農生產總值的比重仍然低於一五時期（一九五三—五七）[19]。

華國鋒的洋躍進造成大量的對外貿易逆差。在鄧小平、陳雲控制住政治局勢後，旋即用「調整、改革、整頓、提高」來壓抑投資，減少進口[20]。所以在一九八二—八三年出現貿易順差。這個時候中央的緊縮政策仍能奏效。貿易逆差的問題可以控制，中共對外匯的需求仍能靠著他當時的出口能力加以滿足。

從一九八四年到一九八九年，中國大陸的對外貿易始終是赤字。這和中共的經濟改革有很大的關聯。一九八四—八五年的市場化改革和一九八六—八七年的所有制改革使得大陸上的大中型企業權力大增，卻不必憂慮破產。由於預算缺乏約束企業行爲的能力(Soft Budget Constraint)，各企業得以從事冒險性極高的投資活動[21]。另一方面，勞工的壓力及政治的考量也使得工資大幅提高，並帶動了民間對消費財的需求。在這雙重的壓力

---

[17] 參見鄧小平評毛的歷史決議："Resolution on Certain Questions in the History of Our Party Since the Founding of the People's Republic of China," *Beijing Review*, No.27 (July 6, 1981), pp. 29-35.

[18] Bruce L. Reynolds, "Trade, Employment, and Inequality in Postreform China," *Journal of Comparative Economics*, Vol.N2, No.3 (September 1987), p.483.

[19] 吳元黎，《中共國際經濟政策—『現代化』和『開放』的探索》（臺北：幼獅，民國七十六年），頁一五。

[20] 殷一昌，〈從歷史觀點看經濟調整〉，《第十一屆中、美中國大陸研討會專輯》（臺北：國際關係研究中心），頁（經四）一—一二。

[21] 關於「硬性」和「軟性」預算約制(Hard and Soft Budget Constraint)，參見Janos Kornai, *Contradictions and Dilemmas* (Cambridge and London: The MIT Press, 1986).

之下，進口於是大增。貿易赤字伴隨著城市改革在一九八四年開始浮現，並且愈來愈大。一九八六年中共力圖緊縮，抑制進口，但效果有限。貿易逆差在八〇年代末成爲非常嚴重的問題（表四），外債也不斷攀昇。在這樣嚴峻的經濟情勢之下，中共領導人開始把擴張出口視爲經濟改革的第一要務。

中共對西方的開放政策實際上始於華國鋒的十年規畫。那時候的首要目標是大規模地吸收西方的資金及技術，來快速提高生產力。鄧小平和陳雲減緩了投資的速度，但是仍然將對外開放的重心置於進口。因此在四個經濟特區設立之時，最重要的目的便是吸收先進國家的生產技術，來改善大陸落後的工業水準。這和在臺灣的加工出口區一開始就強調以勞力密集產品賺取外匯是不相同的㉒。然而八〇年代末期不斷惡化的貿易逆差及外債問題却迫使中共不得不改弦更張，倣效臺灣的經驗，以擴張出口爲首要目標。此一構想始於國家計畫委員會計畫經濟研究所副研究員王建。他在一九八七年六月提出了國際大循環的理論，就是充分利用大陸沿海豐沛而低廉的農業剩餘勞力，發展勞力密集的出口產業，賺取外匯，爲重工業取得資金和技術，然後再以發達的重工業來支援農業和輕工業。於是透過國際市場，使農業及輕重工業之間的資源得以循環，就業問題得以解決，生產力得以提高，中國大陸將一步步向產業高級化發展㉓。

國際大循環的理論很快獲得趙紫陽及鄧小平的支持。當時中共的十三全大會剛剛結束，改革派取得優勢。「社會主義初級階段論」和趙在一九八八年二月提出的兩個生產力的「凡是」都替大循環提供了理論的基礎。鄧尤其強調「千萬不要貽誤時機。」於是以勞力密集產品擴張出口便成爲經濟改革的首務，稱之爲發展沿海地區的外向型經濟。含括的地域達三十二萬平方公里，人口有一‧六億，是過去開放地區（經濟特區，開放城市

㉒關於大陸經濟特區和臺灣加工出口區的比較，參見George Fitting, "Export Processing Zones in Taiwan and the People's Republic of China," *Asian Survey*, Vol.22, No.8 (August 1982), pp.732-744.

㉓薩公強，《中共十年經改的理論與實踐》（臺北：國際關係研究中心，民國八十年），頁一〇〇—一〇二。

及三角地帶）的兩倍。中國大陸已確定往新興工業化國家之途邁進。

在這個政策之下，原先要求外商配合的種種促進產業升級的措施，中共都不再堅持。現在外商可以以獨資的方式進行投資，不必和中方組成合資公司。中共也不再要求外商採購大陸的原料及零件，或必須引進先進的生產技術。趙紫陽特別提出鄉鎮企業創匯的重要性。即使是農業產品，只要能增加出口，也列入獎勵之列㉔。過去一再標榜的大型社會主義企業，在此全未提及。所謂國際資本主義的剝削，所謂追求獨立自主的經濟路線，都不在考慮之列。現在是出口第一，創匯第一。

(二)、兩岸經貿關係

臺海兩岸的經濟關係在一九八七－八八之際飛躍成長，充分反映了中共當時經改政策的大幅變動。一九八八年七月，「國務院關於鼓勵臺灣同胞投資的規定」發佈施行。在這二十二條之中，賦與臺灣投資者比僑外投資更優惠的條件㉕。舉凡投資型態、投資地點、土地取得、轉讓繼承、產權保障、利潤匯出、進出口免稅，成立臺商協會等各方面，都做出了相當有利臺商的決定㉖（表五）。福建省並且被指定為吸收臺資發展出口的重點省分㉗（表六）。臺灣投資者在此，可享受最優惠的條件，包括可自由僱用和解退職工。臺資於是大批湧入；一九八七年底，已有總值一億美元的八十項投資計畫在進行當中。到了一九八八年底，此一數字上升到六億美元和四

㉔同上，頁一〇七。

㉕Yen Tzung-ta, "Taiwan Investment in Mainland China and Its Impact on Taiwan's Industries," *Issues and Studies*, Vol.27, No.5 (May 1991), p.11.

㉖「規定」二十二條原文，請參閱陳慶，前揭書，頁二六二－二六七。

㉗張虎，〈中國大陸地方政府之研究－福建省〉，《中國大陸研究》，民國八十年八月第三十四卷第八期，頁二九－三一。

百三十項投資，增幅為五〇〇%及四三八%。一九八九年發生的天安門事件完全沒有降低臺商投資的熱潮。到年底臺資已達一千個項目及十億美元，約佔全部外資數目的一〇・一%及金額的六・五%。臺資的分佈非常集中，僅福建一省就佔去了六〇%，而厦門一地就佔了四〇%。嗣後因為投資幾呈飽和，臺資才慢慢向廣東轉移。

臺商投資的企業多數為生產性、勞力密集、以出口為主的獨資企業。他們大多在臺灣接單，在大陸將原料或半成品加工，在香港出貨，以供應國際市場。他們的規模小而投資的期限短。不過由於下游產業大量外移，上中游也逐漸參加投資的行列。這使得臺資企業規模擴大，投資的期限也加長。喧騰一時的臺塑海滄投資案就反映了此一趨勢。

一九八八年以來的臺灣投資熱潮對大陸的出口創匯能力增益極大。投資的行業包括電工、機器零件、製鞋、紡織、塑膠製品等，都是臺灣外銷的主力。其結果是增加了大陸產品在國外市場的佔有率，對臺灣形成強大的競爭壓力。以美國市場為例，大陸產品的佔有率由一九八八年上半年的一・七三%躍升到一九九一年上半年的三・二三%，增加了一・五個百分點。然而同一時期臺灣產品在美國市場的佔有率，却由五・五九%跌落到四・四九%，減少了一・一個百分點㉘。在一九九一年大陸對美的貿易順差將達一百五十億美元左右。此一數字將超越臺灣，而僅次於日本對美的貿易順差㉙。為此，美國頻頻對中共施加壓力，而中共也師法臺灣，派遣採購團赴美，購買了十二億美元的物資。

兩岸的貿易關係和臺商赴大陸的投資是緊密相聯的。在一九八七年兩岸的貿易額首次達到十億美元。此後臺灣對大陸的出口始終是大陸對臺灣出口的四到五倍。在整個八〇年代，臺灣的出口佔兩岸貿易總額的七九・

㉘《聯合晚報》，民國八十年九月二十五日。
㉙葉章美，〈後冷戰時期美國與中共的貿易〉，《美國月刊》，民國八十年九月第六卷第九期，頁三二。

三%㉚。在這些出口中，工業原料和半成品居最重要的地位㉛。以一九八九年爲例，SITC第六類的商品（主要是紡織原料）和第七類的商品（主要是電子零、配件及機器設備等）佔了臺灣對大陸出口的七九%，或總貿易額的六六%。由於臺資廠商持續依賴國內提供原料及半成品，促成中國大陸由臺灣大量進口這類商品。因此兩岸的貿易在相當程度上繫於臺商對大陸的投資。在八〇年代末，九〇年代初，投資帶領貿易，成爲兩岸經濟關係中最重要的環節。

除了由臺灣出口生產因素到大陸之外，兩岸貿易發展的情況並不樂觀。臺灣對大陸生產的消費品需求很小。以一九八九年爲例，在臺灣進口的大陸產品當中，中藥佔了一四・五%。其次依序是羽毛（八%），魚類（五・四%）及綿紗（三%）。固然政府自從一九八四年開放間接貿易以來，迄今只允許特定的農工原料（一九八八年八月）及半成品（一九九一年九月）進口，然而即令在走私貨中，仍然以農產加工品等爲主，鮮有消費品的蹤跡。在大陸方面，對臺灣生產的消費性商品有很旺盛的需求。然而大陸缺乏外匯，購買力有限。在生產因素的貿易方面，臺灣眞正能從大陸進口的並不多。大陸的原料及半成品供應有限，並且以滿足其內部需求爲主，在品質及運輸上也有嚴重的問題。只有由臺灣出口生產因素到大陸，才能一方面滿足雙方的經濟需求，一方面獲得中共的支持，願意撥付外匯從事進口。無怪乎兩岸貿易以臺灣出口生產原料及中間財爲主。在這種狀況之下，臺灣許多因素產業對大陸市場的依賴程度大增。在一九九一年九月，臺灣生產的人造纖維有四〇%銷往中國大陸。塑膠製品、電工器材、機器及零配件平均也有一二%的依賴率㉜。

㉚ Dittmer, *op.cit.*

㉛ Ai Wei, "The Development and Limitations of Taiwan-Mainland Economic and Trade Relations," *Issues and Studies*, Vol.27, No.5 (May 1991), pp.44-47.

㉜《經濟日報》，民國八十年九月十八日。

、由以上分析，可以清楚看到，兩岸的經濟互動（包括投資和貿易）幾乎完全在幫助中國大陸進入國際大循環，發展外向型經濟。其中貿易在支持投資，而投資在出口創匯。由此一角度來看，臺灣已經相當程度地融入了中共經濟改革的戰略之中。

㈢、天安門事件後的發展

從一九八四年到一九八九年，中國大陸累積了連續六年的貿易赤字。外債也在一九八九年底達到四百十三億美元。一九八八年秋後開始的緊縮政策並不能馬上發揮作用，扼止通貨膨脹。迨天安門事件過後，中共更加強緊縮經濟，終於造成景氣大幅衰退[33]。一九九〇年第一季的工業成長率爲零，引起中共高層領導人的恐慌，當時國際的經濟制裁仍在，外資大量撤離。由一九八九年第四季到一九九〇年第一季核准外資金額減少約一半。這個嚴峻的經濟局勢使得中共的出口及償債能力大受影響。外匯儲備跌入兩年來的最低點（表七）。眼看一九九〇年便有約七十億美元的外債要償還，大陸吸收外資擴大出口的需求乃甚於以往任何時期。

在這一段經濟困難的日子裏，臺資仍然持續注入大陸。一九八九年上半年內，臺商在厦門投資了一億美元。下半年增加到三億六千萬美元，成長了二六〇%。因爲這個緣故，厦門在一九八九年第一次超越深圳，成爲吸收外資最多的經濟特區[34]。因爲有這些新資金的流入，加上中共一連串抑制入口增加出口的措施（如在一九八九年十二月及一九九〇年十一月將人民幣貶値二一・二%及九・七五%）中國大陸在一九九〇年獲得了自八三年以來第一次貿易順差，金額達八十七億美元。同時在該年（一九九〇）中，中國大陸償還外債金額約七十億美

---

[33] Wu, *op.cit.*, pp. 252-253。

[34] 方山，〈台商對閩投資之概況〉，《中國大陸研究》，民國七十九年十月第三三卷第四期，頁四五。

元。由於出口的暢旺，中共所持有的外匯不但足以支付進口，償還外債，同時還有累積。大陸的外匯存底由一九八九年第四季的一百七十億美元躍升到一九九〇年第四季的二百八十六億美元（至一九九一年第一季更達近三百六十億美元）（表八）。

在美國市場上，中共的出口於一九九〇年由一百二十億美元劇增為一百五十二億美元，增幅達二六・八%。同時期進口則由五十八億美元降為四十八億美元，減少了一七・三%。這和中共整體貿易中出口增加一八・一%，進口減少九・八%是朝同一方向變動的。然而在兩岸貿易中，一方面大陸對臺出口大幅增加三〇・四%，一方面由臺進口也增加一三・二%（表九）。這個和一般貿易走向相反的變動再一次凸顯了臺灣在中國大陸外向型經濟中所扮演的角色：臺灣是出口產業生產財的供應者，所以大陸出口愈多自臺灣的進口也愈多。由此可見兩岸的貿易和投資對中共出口擴張策略的貢獻。

由一九八九年到一九九〇年，中共主要是靠大幅增加出口來解除天安門事件後的經濟危機。因此大陸國內政治的倒退一方面迫使中共更加融入國際商品市場，強調對外開放，另一方面也促使中共加強吸收臺資，把臺灣經濟更加捲入北平國際大循環的戰略中來。

四、兩岸經濟關係對大陸經改的影響

臺海兩岸的經貿關係對大陸上的經濟改革可能產生兩方面的影響。首先臺資的湧入有助於擴大中國大陸的出口，從而紓解了北平外匯短缺的困難。由於國際上經濟壓力減輕，中共從事大規模經濟改革的動機將會削弱。現行的局部改革（不完全的市場社會主義及沿海和農村的準私有制）有可能會存續更長的一般時間。關於這一點，我們可以將中國大陸和匈牙利的經濟改革做一比較加以闡明[35]。

中國大陸和匈牙利的經改都始於農業，而且都很成功。匈牙利在一九六八年一月開始推行「新經濟機制」

(New Economic Mechanism, NEM)，把改革擴展到城市和工業，這和大陸在一九八四年十月開始的工業改革非常類似。結果二者都建立了由官僚操控的市場社會主義。在匈牙利，新經濟機制成功地運行了將近五年（一九六八—七二），但是因爲所得分配不均導致藍領工人的抗議。在一九七二年十一月匈共領袖雅諾什·卡達(Janos Kadar)乃決定暫停經改，並重新加強統制經濟。這個狀況類似鄧小平在一九八八年九月因爲通貨膨脹（經改的另一副作用）而決定以「整頓」「治理」爲最高方針，緊縮經濟，並停止推動改革。匈牙利的經改停滯了六年（一九七二—七八），在此一時期，投資及消費財的進口不斷增加，而出口擴張有限。貿易赤字持續上升，外債逐漸積累，同時貿易條件在石油危機後迅速惡化，使匈牙利在一九七〇年代末面臨前所未有的經濟挑戰。其結果便是在一九七九年開始的第二次工業改革，或稱新新經濟機制(New NEM)。在這次經濟改革中，匈共針對第一次改革的缺失，痛下針砭。由完善市場社會主義進到實行私有化，最後還牽引出民主化的政治改革。

在中國大陸，經改停滯已近三年，然而和匈牙利不同的是，大陸師法東亞新興工業化國家，已建立了頗具規模的出口產業。這些產業在大陸面臨天安門事件後經濟危機之時，化解了中共外匯不足的窘境。國際經濟壓力一旦減輕，中共便不必如匈共然，被迫步上第二次經改之途。這是因爲城市和工業的經改社會代價非常大，非萬不得已沒有共黨政權願意輕易嘗試。即嘗試也大半遇壓力而退縮。在外貿持續順差，經濟不斷成長之際，深刻的經改措施不易出爐㊱。這是大陸和匈牙利最大的不同點。在一九八九—九一年，中共一方面凍結經改，一方面厲行開放政策。結果開放的成功反而使得經改的阻力增加。尤應注意的是此一開放並非放任市場機能的開放，

㉟ Wu, *op.cit.*, p.248.

㊱ 這自然不表示中共不會因爲其他的財政困難而勉力實行經改。在一九八八—一九九一年間，國營大中型企業的效益不斷下降，迫使國家對虧損企業不斷進行貼補，政府財政赤字因而持續擴大。此種因內債而造成的財政危機，雖不如外債嚴重，但也足以令中共認真考慮經改的可行性。《中國時報》，民國八十年九月二十九日。

而是重商主義以政策擴張出口，壓抑進口的開放。

臺海兩岸經貿關係對大陸經改的另一層影響是擴大了私有財產的範圍。此地我們可以與臺灣早期的經濟發展做一比較。外資對擴大臺灣經濟中的私有部門起了很大的作用。在一九六〇年代，透過加工出口區等對外商的優惠措施，臺灣吸收了不少美商投資。這些美商公司帶動了臺灣電子工業的蓬勃發展。一時間生產零組件的廠商和其他關聯性產業紛紛成立，並在七〇年代中發展成爲電子業中的領導力量[37]。因爲這些新增的企業皆爲民營，國民經濟中的私人部門比例得以不斷擴大。在中國大陸類似的狀況也有發生，但基本上受制於兩個條件。第一是外商獨資企業一直到八〇年代末才爲中共所接受。在此之前合資及合作企業佔直接外國投資(DFI)的絕大部分（表十）。這表示外商必須尋覓大陸廠商來作爲合資或合作的對象。這些大陸廠商多爲國營或集體企業，因此造就出的合資及合作企業並非民營[38]，這和當年美商在臺投資多採獨資經營的狀況大有不同。當然在一九八八年以後登赴大陸發展的臺商多採獨資型態。他們在大陸的投資確實擴大了私有企業的範圍。第二個限制是外資在大陸帶動私人資本形成的能力有限。在臺灣外商公司和民營的衛星承包廠商訂立契約，扶助他們成長。然而大陸上外商必須和已有的國營及集體企業建立關係。唯一的例外是小型的私營企業和鄉鎮企業中實際是私營企業的部分（所謂的假集體，眞私營）。這些私營企業的規模有限，天安門事件之後又遭受強大的政治衝擊，在中共堅持以社會主義公有制爲主體的政策之下，未來的發揮空間是有限的[39]。另一方面，臺資企業對臺灣的生產

---

[37] An-Chi Tung, "Taiwan's Adjustment After the Oil Shocks, 1973-1985", Ph.D. dissertation, UC Berkeley, 1988, p.84.

[38] Jan S. Prybyla, "Mainland China's Special Economic Zones." Paper presented at the Thirteenth Sino-American Conference on Mainland China, Taipei, June 12-15, 1984.

[39] 陳德昇，〈中國大陸私營經濟發展，影響與評估〉。大陸現階段經濟形勢研討會上提出論文，臺北中華經濟研究院，民國八十年六月二十五—二十六日。

財依賴程度依然很大，這也妨礙了帶動大陸衛星工業成長的機會。

整個說起來，投資到出口部門的臺商幫助中共拓展外銷（如臺灣製鞋業的整體遷移），居功厥偉。因此強化了現存體制，使其存續的能力加強，也就是以開放代替了改革。另一方面，臺資直接間接地擴大了私有經濟的範疇，也就是以開放帶動了小規模的深化改革。在這兩個趨勢中，無疑是前者強過後者。從總體和長期的眼光來看，臺資湧入大陸將不利於中共經濟結構性的改革。

三、結　論

中國大陸的經濟改革採取了一個獨特的策略，就是將整個改革的領域依改革效益的大小和政治敏感度的高低劃分為數個區間，然後在不同的區間內實行程度不同的改革措施。依據此一原則，首先把政治和經濟分開。在政治上推動有限的行政改革，但主要還是以四堅持加強控制。在經濟上則從事影響深遠的結構性變革。然而經濟領域也被分為三個區間。其中國營大中型企業的改革收效慢，社會成本大，政治敏感度高，因此只適用由官僚操控的不完全市場社會主義㊵。在農村則由於小農式的改革收效快，阻力小，農村的政治穩定性又高，因此可以推行家庭聯產承包責任制（大包乾）。最後對城鎮的小企業及外資企業則容忍一定程度的私有財產制。這其中對小企業（個體戶和私營企業）的寬容是因其規模小，可舒緩就業、生產、流通諸問題。而對外資的鼓勵則是為了引進技術和賺取外匯。同時這二者都不構成對中共政權的威脅。區間的界限是以「摸著石頭過河」的方式逐漸由嚐試錯誤的方法來確定的。區間彼此的關係是藉著在高改革區間內獲得的效益來鞏固低改革區間的完

㊵即令在市場社會主義中也是將所有權和使用權劃分為兩個更小的區間，以市場改革代替真正的所有制改革。

整，也就是以部分改革的成果來阻遏改革的擴散。因此整個經濟改革的作用在於提昇人民的物質生活水平，藉以鞏固政權。而不是造成一股自由化的潮流以從事民主改革。在經濟領域內引進市場機制的作用在於以競爭提高效率，從而展現「具有中國特色的社會主義」的活力與生機，也就是以市場改革來鞏固公有制，而不是要私有化。同樣地對外開放和引進外資的目的在進口先進技術來提高工業生產力，不是要普遍地實行資本主義。

這個「以改革來保守」的策略也適用於大陸對臺灣和香港的政策。所謂「一國兩制」以及大陸今日對臺、港的種種措施目的都不外把二者吸納到大陸的改良式社會主義中來，做爲其中最「改革」的一個區間。一方面汲取二者的經濟資源來鞏固大陸本體，一方面嚴密臺、港和大陸之間的界限，遏阻資本主義及資產階級自由化的滲透。兩岸的經貿關係就是在這個背景下展開的。質言之，大陸需要臺灣的資金技術以拓展出口，但要求防堵臺灣經驗的流佈。在臺灣方面，其大陸政策的目標正好相反：要求約制臺灣經濟資源的外流，但希望能在制度上和平轉變大陸。雙方在互動中不斷找尋最能滿足己方要求的接觸形式。就兩岸以投資爲核心的經貿關係而言，大陸方面的所得較多。此因爲臺灣已經愈來愈成爲中共國際大循環戰略的一部分，爲之提供資金賺取外匯。而臺資和平轉化大陸經濟體制的目標，卻少有實現的跡象。

表一　大陸上工業的產權改革

財產權項目	個體戶私營企業	租賃制	承包責任制	廠長負責任制	改革前體系
使用權	完整	完整	有限；須先滿足配額，而後有生產及分配之權力	有限；須先滿足配額，而後有生產及分配之權力	極微；須依據計劃指令
收益權	完整(除課稅不固定)；硬性預算約制(hard budget constraint)	完整(除租金及不定課稅)；硬性預算約制	完整（除不定課稅)；硬性預算約制	有限；利潤分成由談判決定	極微；僅留若干折舊費用
期限	無限	由租約定之	由契約定之	不定，隨時可取消	———
規模	小型	中小型	中大型	中大型	小一大型
備註	溫州模式；1986後改革重點	關廣梅現象；1986後改革重點，類似1985後之農業聯產承包責任制	1986後著重，類似1983-85間之農業聯產承包責任制	1984-85城市經改之重點	大慶模式

表二　臺海兩岸透過香港的轉口貿易

單位：百萬美元，%

年分	臺灣對大陸出口		臺灣自大陸進口	
	金額（百萬美元）	成長百分比	金額（百萬美元）	成長百分比
1979	21.47		56.29	
1980	234.97	1,031.83	76.21	39.86
1981	384.15	81.08	75.18	9.35
1982	194.45	(-) 42.08	84.02	27.89
1983	157.84	(-) 2.84	89.85	28.00
1984	425.45	170.73	127.75	42.92
1985	986.83	131.36	115.90	(-) 9.51
1986	811.33	(-) 17.87	144.22	24.43
1987	1,226.53	51.17	288.94	100.35
1988	2,242.22	82.81	478.69	65.68
1989	2,896.49	29.18	586.90	22.60
1990（一到八月）	2,023.29	3.60	466.88	18.64

資料來源：Ai Wei, " The Development and Limitations of Taiwan-Mainland Economic and Trade Relations, " *Issues and Studies*, Vol. 27, No. 5, May 1991, p. 45.

表三　臺灣對大陸投資（累計總額）

單位：十億美元

	1987年底		1988年底		1989年底	
	項目	金額	項目	金額	項目	金額
全大陸	80	0.1	430-461 (超過350)	0.6 (0.5)	約1,000 (約539)	超過1
福建	42	0.05	222 (180)	0.232 (0.18)	about 500 (259)	0.72 (0.54)
厦門	20	0.038	100 (80)	0.149 (0.112)	238 (131)	0.629 (0.48)
深圳					154	0.13
北京			22	0.084		0.14
廣西					46	0.053
山東						0.08

備　　註：括弧内數字代表當年投資項目或金額

資料來源：Yeh Tzung-ta, " Taiwan Investment in Mainland China and Its Impact on Taiwan's Industries, " *Issues and Studies*, Vol. 27, No. 5, May 1991, p.12.

表四　中國大陸外貿統計（1979-89）

年分	按人民幣計算（億元）				按美元計算（億美元）			
	進出口總額	出口額	進口額	中共出超(+)入超(-)額	進出口總額	出口額	進口額	中共出超(+)入超(-)額
1979	454.6	211.7	242.9	(－) 31.2	293.3	136.6	156.7	(－) 20.1
1980	563.8	272.4	291.4	(－) 19.0	378.2	182.7	195.5	(－) 12.8
1981	735.3	367.7	367.6	(－) 0.1	440.2	220.0	220.2	(－) 0.2
1982	771.9	414.3	357.6	(＋) 56.7	416.3	223.4	192.9	(＋) 30.5
1983	860.1	438.3	421.8	(＋) 16.5	436.1	222.2	213.9	(＋) 8.3
1984	1,201.0	580.5	620.4	(－) 39.9	535.4	261.3	274.1	(－) 12.7
1985	2,067.1	809.3	1,257.8	(－) 448.5	696.1	273.6	422.5	(－) 148.9
1986	2,580.6	1,082.0	1,498.6	(－) 416.6	738.0	309.0	429.0	(－) 120.0
1987	3,084.2	1,470.0	1,614.2	(－) 144.2	826.5	394.4	432.1	(－) 37.7
1988	3,822.0	1,767.6	2,054.4	(－) 286.8	1,027.9	475.4	552.5	(－) 77.1
1989	5,838.2	2,745.2	3,093.4	(－) 384.2	1,116.3	524.9	591.4	(－) 66.5

註：美元折人民幣1950-1978年均按當年中共人民銀行規定的美元跟人民幣之比價計算，1979-1989年按中共中國銀行規定的比價計算。

資料來源：《1991中共年報》，頁10—36。

表五　中共給予臺胞的稅收等優惠待遇——專門爲臺胞或三胞製定之法規辦法

			企業所得稅	地方稅	工商統一稅、進口稅	土地使用費	其他優惠	備註
中央	國務院關於臺灣同胞到經濟特區投資的特別優惠辦法 (1983/4/5)	臺灣同胞到深圳、珠海、汕頭、廈門四個經濟特區投資之農工項目。	經營期十年以上,自獲利年度起四年免徵,五年減半徵收。			建設期間和投資後五年內免徵。	一、投資企業進口原材料、零配件、元器件生產的產品,凡屬國內市場有銷路又需進口者,或提供先進技術和設備的,允許三〇%內銷。內銷產品按國家規定的渠道銷售,並照章徵稅或補稅。 二、享受經濟特區現有全部優惠待遇	一、臺灣同胞在海南島投資企業也適用。 二、予以保密。 三、有關臺胞投資項目協議、合同和執行情況,廣東、福建兩省主管部門報告中央對臺工作領導小組辦公室和國務院辦公廳。
		臺胞到珠海、汕頭、廈門三市投資改造舊市區老企業,其產品以出口爲目標。	一、經營期十年以上,自獲利年度起四年免徵,五年減半徵收。 二、減免期滿,減按一五%徵收。		按國家原規定進口生產資料免徵關稅。	建設期間和投產後五年內免徵。	一、投資企業進口原材料、零配件、元器件生產的產品,凡屬國內市場有銷路又需進口者,或提供先進技術和設備的,允許三〇%內銷。內銷產品按國家規定的渠道銷售,並照章徵稅或補稅。	
	國務院關於鼓勵臺胞投資的規定 (1988/7/7)	臺灣同胞到大陸各省市自治區、經濟特區投資。			一、臺胞投資企業在其投資總額以內,進口本企業所需之機器設備、生產用車輛和辦公設備,以及臺胞個人在企業工作期間運進自用、合理數量的生活用品和交通工具,免徵進口關稅。 二、臺胞投資企業進口用於生產出口產品的原材料、燃料、散件、零部件、元器件、配套件,免徵進口關稅、工商統一稅,免領進口許口證,由海關實行監管。 三、臺胞投資企業生產的出口產品,除國家限制出口的外,免徵出口關稅和工商統一稅。		一、臺胞投資之三資企業,除適用本規定外,參照執行國家有關涉外經濟法律、法規的規定,享受相應外商投資企業待遇。 二、臺胞其他形式之投資,及在大陸沒有設立營業機構而有來源於大陸之股息、利息、租金、特許權使用權和其他所得,除適用本規定外,也可以參照執行國家有關涉外經濟法律、法規的規定。	一、由對外經濟貿易部負責解釋本規定。

資料來源:中華經濟研究院,《大陸投資指南》(一九九一),頁一一二。

表六　中共給予臺胞的稅收等優惠待遇——專門爲臺胞或三胞製定之法規辦法

地方		企業所得稅	地方稅	工商統一稅、進口稅	土地使用費	其他優惠	備註
福建省	廈門市政府關於鼓勵臺灣同胞在廈門經濟特區投資的若干規定（1988/2/1）	經營期十年以上，自獲利年度起四年免徵，五年減半徵收。（投資興辦工農項目）			一、建設期間和投產後五年內免徵。 二、湖里工業區投資之臺資企業在上述期間內免徵場地使用費。	一、臺資企業使用進口原材料、零配件、元器件生產的產品，凡屬國內市場有銷路又需進口者或提供先進技術和設備的，允許有三〇％產品內銷。內銷部分應照章徵稅或補稅。 二、享受特區外商投資企業全部優惠。	一、享受以上特別優惠待遇的臺資企業，臺胞投資比例不應少於企業總投資的二五％。 二、廈門市、同安、集美、杏林投資參照執行。 三、臺胞到廈門經濟特區投資事宜，統一由廈門市外商投資企業管理局辦理，有關部門按其批文給予享受有關之特別優惠待遇。
	國務院批准「福建省深化改革擴大開放外向型經濟發展的請示」（1988／4／11）					一、只要外匯能自行平衡，產品內銷比例由投資者自行決定。 二、除按照「國務院關於臺灣同胞到經濟特區投資的特別優惠辦法」的規定執行外，鼓勵臺胞到經濟特區、沿海開放地區和劃定島嶼、突出部，以及已批准之加工區及其祖籍地進行投資。	
	福建省福州市「臺胞投資優惠措施」。	一、臺胞投資企業從獲利年度起三年免稅，四年減半徵收。期滿按現行稅率年減徵二〇％。 二、興辦急需且短缺或知識密集型、技術密集型工業項目，和在偏遠地區興辦企業者，減免稅期滿，按一五％徵收		在其投資（包括增資）額度內進口投資所需之先進設備和建場（廠）所需材料的進口關稅和工商統一稅，按「中外合資企業法實施條例」或其他規定，實行優惠待遇。		一、稅後利潤匯出免徵所得稅，若繼續在大陸投資達五年以上者，退還再投資部份已納稅款五〇％。 二、經批准可對固定資產實行快速折舊。	

資料來源：中華經濟研究院，《大陸投資指南》（一九九一），頁一一三。

表七　中國大陸的國際準備（1981-1991・3）

（IMF儲備地位＋外匯儲備＋特別提款權）

單位：百萬美元

	1981	1982	1983	1984	1985	1986	1987	88 Q 4	89 Q 1	89 Q 2	89 Q 3	89 Q 4	90 Q 1
總額—	5058	11349	14987	17366	12728	11453	16305	18541	18637	15093	15108	17960	22272
IMF地位—	0	0	176	255	332	370	429	407	391	377	387	398	394
外匯儲備—	4783	11135	14476	16705	11913	10514	15236	17548	17691	14187	14186	17022	21352
特別提款權—	275	214	335	406	483	569	640	586	555	529	534	540	526
	90 Apr	90 May	90 Jun	90 Jul	90 Aug	90 Sep	90 Oct	90 Nov	90 Dec	91 Jan	91 Feb	91 Mar	
總額—	24114	25250	24369	25456	26123	26844	26666	26980	29586	30734	34474	36921	
IMF地位—	394	397	401	413	419	421	433	432	431	434	430	407	
外匯儲備—	23193	24330	23439	24496	25153	25869	25665	25985	28594	29733	33484	35982	
特別提款權—	527	523	530	546	551	553	568	563	562	566	561	531	

資料來源：United Nations, *Monthly Bulletin of Statistics*(July 1991), pp.202-203.

表八　人民幣對美元匯率（1985-1991・4）

1985	1986	1987	1988	1989	90 Q 3	90 Nov	90 Dec	91 Jan	91 Feb	91 Mar	91 Apr
3.201	3.722	3.722	3.722	4.722	4.722	5.222	5.222	5.222	5.222	5.222	5.287

資料來源：United Nations, *Monthly Bulletin of Statistics*(July 1991), p.182.

表九　中國大陸總體對外貿易，對美貿易，及對臺轉口貿易（1988-1990）

單位：億美元%

年度	1988	1989	1990	年度	1988	1989	1990
進口總額	552.5	591.4	533.5	出口總額	475.4	524.9	620.6
成長百分比	27.9	7.0	−9.8	成長百分比	20.5	10.5	18.1
自美進口	50.2	58.1	48.0	對美出口	85.1	119.9	152.0
成長百分比	43.6	15.7	−17.3	成長百分比	23.2	40.9	26.8
轉口貿易進口	22.4	29.0	32.8	轉口貿易出口	4.8	5.9	7.6
成長百分比	82.8	28.2	13.2	成長百分比	66.1	22.6	30.4

註：與美貿易數字是依據美國商務部統計。

資料來源：高長、王東英，〈大陸總體經濟情勢分析〉，《大陸現階段經濟形勢研討會論文》，中華經濟研究院，1991 年 6 月 25-26 日，頁 4。

葉章美，〈後冷戰時期美國與中共的貿易〉，《美國月刊》，1991 年 9 月第 6 卷第 9 期，頁 32。

表十　1979-83及1984-89年外國直接投資分類統計

	1979-83			1984-1989			1984			1985			1986			1987			1988			1989		
	項目	金額	構成	項目	金額	構成	項目	金額	構成	項目	金額	構成	項目	金額	構成	項目	金額	構成	項目	金額	構成	項目	金額	構成
	個	億美元	比	個	億美元	比	個	億美元	比	個	億美元	比	個	億美元	比	個	億美元	比	個	億美元	比	個	億美元	比
合計	1392	63.39	100%	20584	260.23	100%	1856	26.51	100%	3273	59.32	100%	1498	28.34	100%	2233	37.09	100%	5945	52.97	100%	5779	56.00	100%
臺資經營	190	3.15	5.0%	12008	122.15	46.9%	741	10.67	40.2%	1412	20.30	34.2%	892	13.75	48.5%	1395	19.50	52.6%	3909	31.34	59.2%	3659	26.59	47.5%
合作經營	1123	32.30	51.0%	7071	103.28	39.7%	1089	14.84	56.0%	1811	34.96	58.9%	582	13.58	47.9%	789	12.83	34.6%	1621	1624	30.6%	1179	10.83	19.4%
合作開發	31	24.23	38.2%	28	7.08	2.7%	-	-	-	4	3.60	6.0%	6	0.81	2.9%	3	0.05	0.1%	5	0.58	1.1%	10	2.04	3.6%
外資企業	48	3.71	5.9%	1477	27.72	10.7%	26	1.00	3.8%	46	0.46	1.0%	18	0.20	0.7%	46	4.71	12.7%	410	4.81	9.1%	931	16.54	29.5%

資料來源：邱彰，《了解大陸合資法》（臺北：故鄉出版公司），頁14。

Yeh Chang Mei, " The Three Kinds of Foreign-Invested Enterprises in Mainland China, " *Issues and Studies*, Vol. 25, No. 3(March 1989), P.62.

第四輯　中共文教

中共簡化漢字對大陸社會之影響

汪學文

一、前　言

文字不僅是記錄語言的符號、交流思想的媒介，更是發展文化的動力，中國文字與中華文化之關係尤爲密切，字形本身往往反映造字當時的社會制度、人文思想，以及知識水準，無形中成爲中華文化之象徵和結晶。而中國文字之演進，約分由兩條道路發展：

一條是繁化，又稱類化。繁化是爲了使字義更爲精密、更爲明確。例如不少假借字加上偏旁，變成形聲字，「侖」加言旁爲「論」，加車旁爲「輪」，加人旁爲「倫」等是，使其產生分別同音字的作用。

另一條是簡化，爲了便於書寫、便於普及。但是，卻不宜唯簡是從，任意改造，因爲把「後」簡成「后」，「乾隆后」就爲雙關語；把「裡」簡成「里」，「海里」就爲雙關語，意義反而更爲複雜。基於此，在歷史上的若干簡體字，紛紛恢復爲繁體字，例如孫伯繩和愈運之所編《古代的簡化漢字》❶一書，列有簡體字一千五百個，

❶中共文字改革出版社，一九五八年三月，初版。

而如今仍然流傳的僅一百一十五個，不到十分之一。

要之，簡化與繁化的交互演進，乃是漢字的發展規律，只能任其自然流傳，不宜隨便提倡，更無法全部或大部加以簡化。

然而，共產主義者卻認為語文既是「人類交際的工具」，也是「社會鬥爭的武器」。因此，中共自竊據大陸以後，即積極推行文字改革，一面陸續簡化漢字，使其紊亂，失去使用價值；一面則實驗拉丁拼音，企圖廢棄漢字，進而破除中華傳統文化，建立「共產主義文化」。四十餘年來，其實驗和試行的時間實不算短，其使用方法和手段似亦不弱，但是先後卻挫敗多次，時浮時沉。

一九八五年十二月十六日，中共「國務院」決定將「中國文字改革委員會」改為「國家語言文字工作委員會」，顯示所謂「文字改革」的脚步已告停滯，這是中共蓄意廢棄漢字和破壞中華文化陰謀重大失敗的反映。一九八六年一月六日至十三日，由「國家教育委員會」和「國家語言文字工作委員會」聯合召開「全國語言文字工作會議」，決定停止使用「第二次漢字簡化方案（草案）」，並宣稱「漢語拼音方案」並不代替漢字。其主要原因，正如中共「國務院」副總理萬里在會上所說：「當前社會用字比較混亂，濫用繁體字，亂造簡體字，甚至隨便寫錯別字，這是一個教育問題。亂造簡體字，搞得誰也不認識，只有他個人知道這個字是什麼意思，這對文明建設是很不利的，已經引起國內外各方人士的關注，紛紛提出批評意見。這種現象應該引起我們的注意，並採取切實有效的措施，加以干預和糾正。」❷但是，據說在大陸各種場合，特別是社會，亂寫字的不在少數，仍然混亂。當年七月初，北平「少年先鋒隊」隊員開展的「讓春風吹走首都街頭錯別字」活動，僅五天就查出錯別字和非正規字二十六萬多處，除確因語文水準所限而致錯外，很大一部分都是有意無意地自造或濫用簡體

❷萬里，〈加強新時期的語言文字工作〉，《人民日報》，一九八六年一月二十三日，三版。

字。與此相反的是，有些人在當用簡體字時卻又寫成繁體字❸。因此，中共「國務院」於當年九月下旬發出通知，同意並頒發「國家語文工作會」所提「關於廢止第二次漢字簡化方案（草案）和糾正社會用字混亂現象的請示」。

不過，中共於一九五六年一月公佈的「漢字簡化方案」（計簡化五一五字）及一九六四年三月公佈的「簡化字總表」（內包括「漢字簡化方案」中的五一五字，共計二二三六字），仍然推行，其對學校教育、語文教學、史地教學、以及大陸社會，都有相當的影響。

二、中共簡化漢字之基本理論

中共認為：「文字符號是不斷發展的，符號發展的一般規律主要是簡化——從繁難到簡易。」❹這種所謂「文字從繁到簡之演進論」，乃是中共簡化漢字之基本理論。其實，漢字的簡化與繁化的交互演進，乃是正確的發展規律；簡化固然便於書寫和普及，繁化則使字意更為精密和明確，也是科學的、進步的。

中共前「文字改革委員會」常務委員丁西林似乎也認繁化與簡化同樣重要。他在〈對於整理漢字字形的幾點意見〉一文中曾指出：漢字字體的演變，以殷代的「甲骨」為最早，由「甲骨」變成周秦時代的「篆」，由「篆」變成漢代的「隸」，由「隸」變成漢以後的「楷」。「楷」書從創始到現在已有一千多年的歷史，就字體說，沒有再變；就字的筆畫結構說，變化很大。那就是說，許多相同的字以前的寫法與現在的寫法不同了。一方面字的筆畫由繁變簡，另一方面，字的筆畫由簡變繁。筆畫由簡變繁的原因，主要的是由於形聲字的發展，同時也因

❸佚名，〈吹走錯別字〉，《人民日報》海外版，一九八六年七月五日，二版。
❹周有光，《漢字改革概論》（中共文字改革出版社，一九六四年九月第二次印刷），頁二。

爲漢字中有很多字除「本義」外，常有「引申義」。例如「令」作「命令」解時是它的本義，作「長官」解時是它的引申義；有的雖然本義未失，後來的爲表示意義清楚起見，也加造了新字。例如把「菓」寫成「水果」，把「蘆席」寫成「蘆蓆」。所以從大體上說，增筆字雖然「俗」，是有它們的用處的。它們的性質與簡筆字不同。簡筆字是「新陳代謝」，增筆字是「分工合作」。「新陳代謝，則老字可以廢棄；分工合作，則新舊不妨並存。」因此，他在該文中並且強調地說：「增筆字既是分工合作，假定我們認爲這種辦法是有好處的，我們在用字的時候就該體會造字人的好意，遵守這個原則，例如把『果』與『菓』分用在『結果』與『水菓』；『席』與『蓆』分用在『酒席』與『蘆蓆』；……」；「把中國字看成和中國的建築一樣，不但古美可愛，並且在建築的時候，是有系統、有計畫的；如果把字形任意的改變，你就違背了造字的原則，破壞漢字的系統。」❺

而凌源在〈也談中文的式微〉一文中則認爲：「捨簡就繁」未必就是「式微」。「簡」有兩義，一是「簡練」的簡，一是「簡陋」的簡。「語言文字是活的，是隨着人們的思維方式與生活內容而發展而演變的」，「當人們的思維方式與生活內容，趨於複雜、趨於精細的時候，語言文字也有『捨簡就繁』的需要」，「片面地追求簡單純正，是一種思想上的保守與退化。」❻

由上可見，在中共內部也有人反對其文字改革政策和理論。事實上，簡筆字雖然便於書寫和普及，但卻不宜唯簡是從，任意改造，因爲把「滿山紅葉」簡成「滿山紅叶」，其本身的意象就大不相同，往往令人別解或費解，增加認字和用字的麻煩。

---

❺「中國語文」雜誌社，《漢字的整理和簡化》（上海，中華書局，一九五四年九月初版），頁六、八、九。

❻香港《大公報》，一九七六年三月二十二日。

三、中共精減漢字之方法

中共簡化漢字，乃是減少漢字的筆畫，而精減漢字，則是減少漢字的數量。其對這兩種精簡，使用的方法頗多。茲舉主要方法如次：

㈠壓縮通用漢字——中共所謂壓縮通用漢字，就是限制和減少現代漢語用字。其壓縮之方法，計有擬定「常用字」、「基本漢字」、「音節漢字」等。「常用字」和「基本漢字」之目標在減少同義字，而「音節漢字」，又稱「代用字」，也就是提倡寫「別字」（或稱白字），例如把「外甥」寫成「外生」，把「愉快」寫成「魚快」❼。

㈡廢除異體字——中共於一九五五年公佈的「第一批異體字整理表」，計廢除了異體字一千零五十五個。事實上，異體字和簡體字很難作截然的劃分，因為某一個字的簡體也可以認為是它的異體，而異體字中筆畫簡化了的，也可以認為是簡體字。基於此，中共「第一批異體字整理表」中選用字和「漢字簡化方案」中簡化字，互有分歧，混淆不清。

㈢淘汰生僻字——在一萬個通用漢字中，地名專用字和人名專用字，共計約有二千個。中共認為其中生僻字應予淘汰，以致改換者頗多，例如江西省的尋鄔縣改為尋烏縣，姓氏的蕭改為肖，戴改為代等。不過，大陸人民對此非常不滿，紛紛反對，以致改換的地名和姓氏，並未普遍地推行。

㈣合併同音字——同音合併就是同音代替、同音假借，也就是使用別字。其範圍如果盡量擴大，結果就會將漢字變成「音節漢字」。因此，「同音合併」與「音節漢字」之間，只是程度上的差別而已。

---

❼「中國語文」雜誌社，《中國文字拼音化問題》（上海，中華書局，一九五四年一月初版），頁三一。

同音合併的作用，既可簡化字形，又可精減字數，因此，中共特別重視這一方法，企圖使其達成「簡化漢字」和「精減漢字」的雙重任務。中共指出：常用字中筆畫在十畫以上的約佔一半，群衆簡化這些繁難字的方法之一，就是用筆畫簡單的同音字來代替。而一九五六年公佈的「漢字簡化方案」中，被簡化的五百四十四個繁體字，就有一百零四個是用這種方法簡化的。當「方案」公佈後，群衆亦紛紛用這種方法簡化漢字，例如以「太」代「泰」、以「元」代「圓」、以「午」代「舞」等。中共並認爲：「漢字的發展規律之一是由表意趨向表音，群衆的這種簡化方法是符合這個規律的。」❽

不過，大陸上亦有人對於「同音代用」紛紛地加以批評，其要點約爲：

1.不能使漢字面目大變。文字究竟不是能發音的留聲機，而是通過視覺來領會的線條形象，一串串的詞語連珠似的反映到大腦成爲我們視覺的習慣。所以不能使漢字忽然地「面目大變」。

2.對待漢字不能完全砍掉形義結構。漢字裡的形義成份造成「望文生義」的特點，如果不考慮這個特點，就會產生意義上的混亂。如：「沒有心干的人」，「是沒有心肝還是沒有心幹活的人」？

3.要從精簡兼備出發，不能爲壓縮而壓縮❾。

但是，中共一貫地堅持其政策，甚至坦白指出：「同音替代乃是爲漢字走向拼音化做準備的一措施❿。」

㈤減少分化字——分化字的產生，乃是漢字精密化的表現；很多假借字因爲加上偏旁，變成形聲字，而起了分別同音詞的作用。分化也就是字數或字形的繁化。因此中共主張減少分化字，以配合字數的精減和字形的簡化。例如，中共認爲「菠菜就可以寫成波菜，菠字就可以淘汰掉；鯊魚就可以寫成沙魚，鯊字就可以淘汰掉；

❽中共文字改革出版社，《漢字的整理和簡化》（一九七四年十月初版），頁四六。
❾《光明日報》，一九六五年四月二十八日。
❿《光明日報》，一九七四年十月二十五日。

蘿蔔就可以寫成羅卜，玻璃就可以寫成波离，蚯蚓寫成丘引，蘋果寫成平果，葡萄寫成卜桃，獅子就寫成師子，……」⓫

事實上，減少分化字就是減少字的部首和偏旁，勢將影響漢字的精密性和明確性。例如「芙蓉」若寫作「夫容」，難免令人誤解爲「丈夫容貌」。

⑥整理形聲字——中共除主張減少分化字外，並主張進一步整理形聲字，以淘汰更多的漢字。其「總原則」約爲：「每一字只能有一個規定的形式。如果現行的漢字中一個字有幾種不同的寫法，選擇其中最通行的一個作爲規定的形式，把其他的形式或刪除、或歸入備刪之列。」而「細則」約有二：一是刪去形聲中的「形」和「聲」的駢枝字，例如「形」的駢枝字有「鷄」和「雞」，「聲」的駢枝字有「濱」和「浜」，類此駢枝字，可各刪去其中之一；二是「禁止字中結構分子移位（如將『够』寫成『夠』），已有多種形式的，保留其中的一種，把其餘的一律取消。」⓬

其實，形聲字駢枝體的整理，本有必要，但若施以壓縮和破壞，則失去其整理的意義和價值。

⑦統一翻譯用字——中共對於外來詞翻譯用字的統一，原有兩種具體辦法：一爲譯音不用冷僻字或多音字，應在同音字中選擇一個筆畫簡單的作爲譯音專用字，如「蘇彝士」（運河）可改爲「蘇伊士」或「蘇衣士」；二爲譯音專用字應避免使用容易誤解的字，如「伊爾闊夫」可譯爲「伊爾可夫」，不可譯爲「一二可夫」；某某「斯基」不可譯爲某某「司機」。後來，中共則進一步主張：音譯外國人名和地名的專用字，改用拼音字母來轉寫，使其自然消失，如妮(*ni*)、莎(*sha*)；而音譯外來語的專用漢字，則改用拼音來代替，如「咖啡」寫成*kafei*⓭。

⓫張芷，《論中國文字改革的統一戰線》（上海：東方書店，一九五〇年七月初版），頁二六。

⓬同注❺，頁二一—五、一二。

⓭同注❽，頁六三。

其實，如此音譯，勢將使外來語面目全非，比用漢字所譯者難以認識。

四、大陸社會用字混亂現象

近幾年來，大陸社會應用漢字，普遍地出現濫用繁體字、亂造簡體字，以及常寫錯別字等現象，相當混亂，已經到了橫行成災的程度。

㈠基本原因──大陸社會用字混亂現象之產生，約有兩項基本原因，一爲方案簡化離譜；二爲語文教學欠當。

在方案方面，中共於一九五六年一月三十一日公佈「漢字簡化方案」，計簡化五一五字；一九七七年十二月二日公佈「第二次漢字簡化方案（草案）」，計簡化八五三字，其第一表收列之一九三個簡字，在出版物上先行試用。由於簡化得離譜，爲簡化而簡化，以致大陸上很多知識分子、甚至工農分子，紛紛表示不滿，提出批評：

1.以「旦」代「蛋」，那麼「元旦」會使人誤會爲「完蛋」；

2.以「元」代「園」，那麼「公元」二字是指「公曆紀元」，還是指「公園」，就很難理解；

3.以「浧」代「澡」，顯有資產階級色彩，因爲他們有的早晨洗澡，而工農分子勞動一天，都要到晚間才能洗澡。

「二簡方案」雖於一九八六年九月業已廢止，但大陸社會用字混亂現象卻難以干預和糾正。

在教學方面，據基達在〈上海語文教師座談簡化漢字和拼音教學問題〉一文中指出：「學校語文課教師把沒有公佈的簡化字作爲錯別字，可是別課的教師卻在黑板上大寫這一類的簡化字，而且各課有各課的簡化字，數學教師一般把『數』寫成『攵』，物理或化學教師一般都把『量』寫成『旦』。還有的教師仍舊念念不忘繁體字。同是教師，寫字的規格不一致，學生不知所從，經常以此責問語文教師。」「學生經常對語文教師有這樣的意見：『外面用的字，老師不教；老師教的字，外面不用』。社會用字不規範化，學校的正字教學就變得脫離實際了。」⑭

這種語文教學，不僅對學生識字有影響，而且難免引起社會用字的混亂。

(二)混亂現象——當中共公佈「漢字簡化方案」後，大陸社會上一般用字，不僅繁體字和簡體字並用、正體字和錯別字混雜，甚至出現亂造或新造簡體字。有的字造得十分離奇，一般人沒法認識，如「凨」(凰)、「疞」(癒)等；有的乾脆用象形代字，如「月○(餅)」、「山△(峰)」等⑮。而大陸大學生，甚至文科大學生還經常寫錯字，如把「韭菜」寫成「艽菜」、把「花椒」寫成「花交」的例子並不罕見。即使有一本「新華字典」，也總是束之抽屜，遇有不會寫或提筆忘了的字，寧可信手揮個「似乎彷彿」的字，也不願費點氣力去查一查⑯。

近幾年來，大陸社會陸續地、普遍地出現用字混亂現象，其主要事實大約如次：

1.創造簡體字：中共《光明日報》於一九八六年九月二十八日在社論〈努力糾正社會用字混亂現象〉中指出：最近一個時期，社會用字比較混亂，已經被簡化了的繁體字重新出現，有少數電影、電視片，字幕都是繁體字，致使青少年看不懂；某城市的一條街道，新修飾門面的商店有四十家，其中三十五家的招牌用繁體字。另一種情況是亂造簡化字，某地一條街的店舖，一個「富」字，就有「実」、「交」、「守」三種寫法，而「旅社」二字則被寫爲「侶社」。群衆紛紛議論說：「我們中國人看自己的文字，還得邊看邊猜，懂漢語的外國人看了恐怕更不知道這是什麼了。」因此，如果再推行新的簡化字，對社會應用勢必造成不便。

⑭《光明日報》，一九六四年七月二十二日。

⑮陳章太，〈談社會用字的規範〉，《光明日報》，一九八五年三月十八日，四版。

⑯劉雪慧，〈淺談學生寫錯字的原因〉，《光明日報》，一九八五年四月十六日，四版。

而所謂「邊看邊猜」，已相當普遍。中共《人民日報》（海外版）於一九八六年十一月十九日刊載的江帆在漫畫「秀才認字」中的四幅畫，分別所註之漢字爲「此站不仃」、「旅客之⿱宀大」、「仐堂」、「⿸厂欠所」。這就是說，將「停」、「家」、「食」、「廁」四字分別簡化爲「仃」、「⿱宀大」、「仐」、「⿸厂欠」，使得「秀才」去認，也得猜一猜。

2.使用異體漢字：宣博嘉在短文〈救救漢字〉中指出：文字謎語使人費猜，現代倉頡頗不乏人，錯別字俯拾皆是，不免使人憂心忡忡！我們經常見到的「異體漢字」，多數是以「音」「形」害「義」。更有甚者，是文字的「創造發明」，錯別字屢見不鮮，試分別舉例如下：

一類是諧音錯字：如「仝」（童）、「介」（解）、「伙」（貨）、「刁」（雕）、「反加」（番茄）。

二類是省略錯字：如「吅」（器）、「虫」（蟹）、「⿱宀山」（密）、「⿱木心」（想）、「⿱宀一」（宣）。

三類是杜撰錯字：如「⿰忄乇」（帽）、「⿰忄冬」（懂）、「⿱大正」（整）、「⿱乙心」（意）、「⿱艹才」（菜）。

四類是純錯別字：如「弗」（費）、「氿」（酒）、「卜缶」（葡萄）。

宣氏並謂：記得數年前，有一下鄉知識青年給家中寫信說「有些同學上吊了，我也想上吊」，父母接信後急得要死，趕到鄉下問他爲何要上吊，原來他把「調」字簡寫成「吊」字，一字之訛，幾乎送掉父母的老命⑰。

3.亂寫錯別字：據王仁偶在短文〈錯別字淺談〉中指出：廣州市將軍路小學的學生，暑假中開展有益的校外活動，在街頭查找錯別字的情景。然而，也有對錯別字採取「寬大」政策的，且多爲成年人。少數編校人員任錯別字大搖大擺「過關」，堂而皇之地出現在報紙雜誌上，流風所及，害人不淺。「中央電大」一九八七年第六期《文科園地》上刊載的〈中國古代文學學習輔導〉一文，錯字滿篇，不堪入目。例如：文中把南北朝「謝靈運等人的山水詩」錯爲「樹靈運等人的山米詩」。謝與樹，水與米，不論是讀音還是字形，相去甚遠。字義更

⑰北京《團結報》，一九八八年二月二十七日。

是風馬牛不相及。而「南北朝」變成「南北早」;「思想內容和藝術特色」竟成了「思想內容平藝術特色」。王氏更強調:「世界上,歷史最悠久,一直被當作書面語使用的,要算漢字了。埃及的聖書字和古美索不達米亞的楔形文字都已不再使用了。我們應該繼承和發展漢字這一寶貴文化遺產,不能讓錯別字到處泛濫。錯別字屢屢見諸報紙雜誌,無異於給漢字的規範化幫倒忙。街頭巷尾更會『大斥』(大廈)林立,『氿宊』(酒家)遍地,我們的『紅領巾』(按指小學生)暑假裡更會忙得不亦樂乎了。」⑱

4.濫用繁體字:倪鎭封在〈關於當前繁體字使用問題〉一文中指出:中共公佈「漢字簡化方案」和「簡化字總表」以後,「簡化漢字」成爲大陸上的「規範正字」,並且也是爲聯合國所接受的文字。但由於「書法藝術可以不受漢字簡化的限制」、「翻印古籍和有其他特殊原因的仍可保留繁體字」,因此繁體字在少數場合還有使用的機會。黨的十一屆三中全會以後,書法藝術出現了蓬勃發展的趨勢;由於陳雲的提倡古籍整理,古籍出版工作也有了新的轉機,繁體字使用的場合大大增加了。從而使得繁體字擴大了影響,從視覺上使人們產生「錯覺」,認爲又要提倡繁體字了。又加上近幾年受到港臺文化的衝擊,以及人們對語言文字政策的淡化和寫繁體字爲時髦的特殊社會心理的產生,「繁體字正常範圍使用的界線」被衝破了,社會上濫用繁體字的現象日趨嚴重,一些不該用繁體字的場合都出現了繁體字。

另一方面,由於繁體字的重新擡頭,對年輕人來說已不很熟悉,因此,在繁體字使用過程中錯別字大量出現。在影響很大的商店招牌字和出版物上隨時可以見到。例如:

甲、有不少漢字筆畫原是很簡單的,但有的人偏要把簡單的漢字繁化。把「一」寫成「壹」、把「汽」寫成「滊」,把「男」寫成「侽」,出現了一批自造的繁體字。

⑱《人民日報》海外版,一九八七年八月二十六日,二版。

、乙、有的簡化字是由幾個繁體字簡化過來的，如「發、髮」簡化爲「发」，有人把簡化變繁體看成是簡單的還原。因此，出現了如「髮生」、「沙髮」、「發廊」等一類張冠李戴的錯誤。

丙、有的漢字字形與簡化字相同，有的人便當作簡化字復原成繁體字。不少大學生把歷史系、經濟系的「系」加上立人旁，成了關係的「係」，在繁體字排印的書刊中這類錯誤也是常見的。仁二北的《優語集》中有「當宁諭意」一詞，「當宁」是指皇帝，「宁」讀zhu，該書用繁體排印時，把「宁」改成繁體「寧」，成了錯字。「中央電視臺」播放「末代皇帝人物介紹」，屏幕上出現了「朱琳飾慈禧太後」，「太后」的「后」不是「後」的簡化字，不能復原。這種現象，舉不勝舉。

倪氏認爲繁體字濫用錯用現象必須進行有效的治理和整頓，而且必須根據一九八六年一月「全國語言文字工作會議」的精神，以及一九八七年「國家語言文字工作委員會」等部門聯合發出的三個「關於正確使用漢字的有關規定」（按指「關於地名用字的若干規定」、「關於廣播、電影、電視正確使用語言文字的若干規定」、「關於企業、商店的牌匾、商品包裝、廣告等正確使用漢字和漢語拼音的若干規定」），來糾正和制止濫用繁體字的現象。他並且認爲必須把繁體字的正常使用和濫用現象的界限分清楚。其所提「界限」約如次：

甲、要分清翻印古籍與出版現代人評介、論述古人著作的界限：中共公佈「第一批異體字整理表」、「漢字簡化方案」、「印刷通用漢字字形表」的時候，都提出了翻印古籍仍可用繁體字和異體字。近幾年來，由於出版古籍需要，有繁體字設備的印刷廠在不斷增加，因此，繁體字排印的書籍在任意擴大，一批並非古籍的現代人著作也用上了繁體字，如《朱自清古典文學專集》、《白居易年譜》等也都用上了繁體字，甚至連大學的專業介紹和校景介紹也是用繁體字印刷的，這應該屬於「濫用」的範圍了。

乙、要分清面向港臺的出版物與面向全世界發行的出版物之間的界限：目前使用繁體字的只有臺灣和港澳，所以說現在向國外發行的書籍報刊用繁體字印刷是不恰當的。如《人民日報》（海外版）、《中國建設》、《中國畫報》（中文版）都是向全世界發行的報刊，用繁體字印刷顯然是不合適的。至於臺灣、香港目前尚在使用繁體字，對於這些地區發行的書刊，可以考慮用繁體字，以適應他們的需要，如《辭海》（一九八九年版）與臺灣協作出版的就用了繁體字印刷；銷往香港的《鄧小平文選》也曾用過繁體字直排本，這樣做完全是合理的。

丙、要分清書法藝術作品中供欣賞用的與作交際工具用的界限：書法家寫的對聯、條幅等，用繁體字還是簡化字，可以根據藝術的需要自由選擇，不受任何限制；商店的招牌字、報頭、刊名等用字，寫出來的主要目的是傳遞信息，應該寫規範化的簡化字。至於寄往臺灣的信件，要考慮臺灣還在實行繁體字的實際情況，尊重臺灣人民的習慣和感情，應該盡量使用繁體字。

丁、要分清名勝古跡中的匾額與名人紀念館、展覽館、陳列館等牌匾的界限：最近在杭州西湖樹立的「蘇堤」介紹石牌，一個寫繁體字，一個寫異體字，從右至左橫寫，是不恰當的。

戊、要分清書法家的書法作品與小學生寫毛筆字的界限：現在的兒童書法展覽或報刊登載的小學生書法，大多是用繁體寫的，這種應該糾正。

己、大學生要學點繁體字，並不是提倡大學生寫繁體字：大學生，特別是大學文科學生，學點繁體字是有好處的，其目的是便於閱讀古書、研究古文。據說有位大學教授要他的學生從書架上找一本《后汉书》，因書脊上《後漢書》三字是繁體字的，這位大學生因不識繁體字而找不到這部書，所以大學生需學一點繁體字，但是這樣做並不是提倡大學生寫繁體字。現在，大學校園裡到處可以見到大學生寫的繁體字通知、海報、啓事等等，這種濫用繁體字的現象應該制止。

庚、一些姓氏中需要保留繁體字和異體字，並不是姓名用字都允許用繁體字和異體字：中共「文化部」和「中國文字改革委員會」在一九五五年十二月二十二日發出的「聯合通知」中指出，「停止使用異體字中，有用作姓氏的，在報刊圖書中可以保留原字，不加變更，但只限於作爲姓用。」美籍華人女作家於梨華的「於」，就是應該保留的異體字，如果選用「于」字，成爲「于光遠」的同姓了。名字中不再保留繁體字和異體字，從五〇年代漢字簡化以後，報刊上出現人名時已經這樣做了。如「茅以昇、王崑崙」都印作「茅以升、王昆侖」。一九八八年九月，杭州大學新生入學時，有的學生用「喆」、「昇」作名字用字，「他們都不願改正，因爲他們不了解這些字是不合法的。」⑲

其實，所謂「界限」，並不明確，而且有的劃分得不恰當，難以區別、更難以推行。

由上可見，近幾年來大陸社會上的漢字，有繁體字和簡體字，有異體字和錯別字，甚至尚出現新造字，泛濫成災，相當混亂，以致中共難以解救。據說，中共於一九九〇年爲了「把社會用字管理工作納入迎亞運、加強首都精神文明建設的工作範圍」，對北平城區和近郊三百餘條大街的社會用字進行了治理整頓。在各有關部門的配合支持下，經過半年多的努力，已整頓了二百二十三條大街，改正了商店牌匾、廣告等不規範用字一萬七千一百二十四個，「初步糾正了首都主要街道社會用字混亂現象」⑳。顯然，這只是臨時的片面的整頓。雖然，中共「國家語言文字工作委員會」主任柳斌於同年七月在「北京社會用字管理現場會」上強調「要堅持使用規範的簡化漢字」，但是，所謂「治理整頓」並非易事，難以普及和持久。而且，其造成混亂者，有知識分子和民衆，也有學生。基於此，學校與社會勢必產生相互影響，以致造成惡性循環，使得學校語文教學，難以按正規化進行。

⑲《杭州大學學報》，一九九〇年三月第二〇卷第一期，頁六七—七〇。

⑳《光明日報》，一九九〇年七月十三日，一版。

五、結語

文字的特性之一，乃是共同性。共同性有時間和空間兩方面，時間越久越好，空間越大越好。漢字有三千餘年的歷史，字形基本上保持着一定的共同性。中國人只要學過文言，閱讀千年以前的古書，困難比歐洲人要小得多。這是漢字的時間共同性發揮了作用。

簡化漢字，不論在時間上還是空間上，都將縮小共同性，這是無法挽回的。而中共於文革時期甚至鼓勵群衆「去做倉頡」，以致如今仍有濫造濫用簡化漢字之普遍現象，造成很大混亂，引起更多反對。基於此，《北京日報》於一九八九年十一月十八日曾載有「漢字現代化研究會」會長袁曉園提出的〈學漢字應該識繁寫簡〉一文。袁曉園首先指出：「漢字有超時間、超空間的功能，所以繁體字非學不可。否則，中國的寶貴文化就有斷代之憂了。這不啻是自毀長城。」她談到臺灣和大陸兩岸書不同文，影響學術文化交流時說：「大陸所用的簡體，大陸以外所有華人包括臺灣同胞在內都不認識，大陸很多人特別是青年人不認識繁體字，如果雙方都識繁寫簡，繁簡由之，達到書同文字，互識共信，完成和平統一大業，這是所有炎黃子孫的共同願望。」㉑所謂「識繁寫簡」，實際上類似西文的使用和流傳。西文有大寫體和小寫體（就是印刷體和手寫體），正如同漢字的繁體和簡體。

據說，袁曉園的觀點在大陸已有反映，認爲「識繁寫簡」是行得通的；不過，「識繁寫簡」如今仍受「漢字簡化方案」的阻撓和限制。

㉑《光明日報》，一九九〇年五月十五日，二版。

事實上，「識繁寫簡」也就是「印刷宜用正體字，書寫可用簡體字」，如此則有利而無弊。在臺灣的知識分子和一般民衆，不僅大都「識繁寫簡」，而且更有寫行書或草書的自由，非常方便。

大陸袁曉園和香港安子介尚曾同時提出：「漢字是一種科學的、先進的文字，二十一世紀將是漢字漢語發揮威力的時代。」㉒這一新見解，也得到學者和專家的贊同。

基於此，對於漢字，中國人不宜任意簡化它，更不應打亂它，甚至廢棄它，而應該好好地使用它、愛護它和發揚它。

㉒《人民日報》海外版，一九九〇年六月十二日，八版。

反思與尋根：中國大陸文化思潮的取向

王章陵

自十九世紀以來，西方主義統治著世界。所謂西方主義，即民主自由、資本主義、科學技術交匯而成的現代人類文明。而西方主義的根源，始自希臘羅馬時代，如追溯更遠一點，則始自最古老的東方。它由東方世界、希臘羅馬世界而到達日耳曼世界。黑格爾指出：日耳曼世界乃是世界歷史最成熟的老年期，也是「世界精神」(World Spirit)的完成期❶。但是，黑格爾沒有料到，在它日耳曼世界的胚胎中，卻產生了它自身的對立物——西方的反西方主義(Western anti-Westernism)❷，亦即馬克思主義。西方主義和西方的反西方主義均相繼向東回流。西方主義回流，產生日本的明治維新；西方的反西方主義回流，則有蘇俄、外蒙、中共、越南、柬埔寨等共黨政權的成立。特別是在中國，「西風」與「東風」相互激盪，近兩世紀；馬克思主義佔領中國大陸，亦將近半世紀。現東歐的馬克思主義業已崩潰，而中國馬克思主義的命運究將如何？中共的未來究將如何？茲就此一課題論述如次。

❶黑格爾，《歷史哲學》（臺北：九思出版有限公司，民國六十七年七月三十日），頁一七二。

❷「西方的反西方主義」一詞及其內涵，參見唐君毅，《中華人文與當今世界》（臺北：東方人文學會，民國六十四年），頁七一五。

一、中國歷史文化的巨變

從人類自有文字記載的歷史來看，中華民族建立國家，其歷時最爲悠久。埃及、巴比倫、印度雖然都是文明古國，有其輝煌的歷史，但經過歲月的流逝，到現在多已經歷滄桑巨變，名同實異，甚至蕩然無存。只有中華民族，它的社會與文化型態，巍然獨立，歷久而不變。它不但是世界上最古的國家，也是世界上最早的文明國家。可是，自明末以後，西方軍事、政治、文化的勢力，衝破了中國的大門，特別是一八四○年的鴉片戰爭，顯示中國國勢的孱弱與固有文明的衰落，因而驚醒了中國人沈睡的迷夢，亟圖自強，在不可抗拒的西潮洪流中，首先是要求「學習西洋長處」，整軍經武；再則提出「中學爲體，西學爲用」的原則，以求發展文化、教育並樹立立憲政治；迄「五四」運動時期，乃有「全盤西化」運動的興起。所謂「全盤西化」，它包涵兩種極端的文化意識，即一方面對西方主義全盤擁抱；一方面則對中國傳統文化全盤否定。馬克思主義進入中國，即在此時。

馬克思主義挾帶在西方主義的洪流中進入中國，經過三十年短短的時間，迄一九四九年，中共政權即宣告成立。中共根據馬列主義原理，運用政治權力進行「社會主義改造」及「社會主義建設」。從一九四九年到一九五六年，已將兩千多年來建立在以倫理及財產私有制爲基礎的社會結構予以徹底破壞，完成「社會主義改造」。一九五八年，隨即提出「鼓足幹勁，力爭上游，多快好省地建設社會主義的總路線」，預計要在六、七年間，即由人民公社的集體所有制向全民所有制過渡，以至建成共產主義社會，這就是「大躍進」。在中共政權成立以迄「大躍進」這一階段，時間雖然不到十年，但它在中國悠長的歷史中，卻是一種空前的巨變。這巨變的主軸，是財產私有制轉變爲共有，而由於財產所有制的巨變，整個的社會結構乃至人的意識型態、價值取向以及行爲方式，亦隨而產生巨變。這種巨變，早已爲馬克思、恩格斯所設計。因爲，他們認爲，「共產主義革命就是要最堅決地打破過去傳下來的所有制關係；所以，毫不奇怪，它在自己的發展進程中，要最堅決地打破過去傳下來的各種觀點。」❸而中共則提出「兩種文化」的理論：一爲「資產階級文化」，即剝削階級文化，都是壞的；一爲「無產階級文化」，即「馬列主義文化」或「勞動人民文化」，都是好的。兩種文化「不破不立，不塞不流，不止不行。」❹這就是兩條文化路線的鬥爭。

馬列主義在中國，因與民族傳統文化的衝突，早已引起學術與政治層面的對立。即使中共統治大陸時間，特別是在一九五六年「社會主義改造」完成後，因其「罷黜百家、獨尊馬學」的文化政策與作爲，更加激起知識分子的反彈。在知識分子「大鳴大放」運動中，如章伯鈞，他指出：馬列主義著作非常淺薄，讀馬列著作，還不如讀曾國藩家書。他面對中共文化政策，敢於肯定儒學，公然向中共挑戰。當中共「三面紅旗」失敗時期，大陸學界一度掀起孔子思想研究熱潮，如中山大學歷史學教授劉節，即指出孔子的「唯仁論」，在任何社會都是對的。在此同時，更因「彭、黃事件」❺而有抗議「三面紅旗」的「現實主義文藝思潮」，如「海瑞文學」、「鬼文學」的興起即是。當時毛澤東即以敏銳的觸覺，意識到這是中國社會深層結構中的「資本主義復辟」，因而發動「文化大革命」。一九六六年八月八日，中共中央通過「關於無產階級文化大革命的決定」，它指出：

> 資產階級雖然已經被推翻，但是，他們企圖用剝削階級的舊思想、舊文化、舊風俗、舊習慣，來腐蝕群衆，征服人心，力求達到他們復辟的目的。無產階級恰恰相反，必須迎頭痛擊資產階級在意識型態領域裡的一切挑戰，用無產階級自己的新思想、新文化、新風俗、新習慣，來改變整個社會的精神面貌。在當前，我們的目的是鬥

❸馬克思、恩格斯，〈共產黨宣言〉，【馬克思恩格斯全集】第四卷（北京：人民出版社，一九六五年），頁四六一。

❹毛澤東，〈新民主主義論〉，【毛澤東選集】第二卷（北京：人民出版社，一九五二年），頁六六六。

❺彭，即彭德懷，中共國防部長；黃克誠，中共總參謀長。二人均因反對「人民公社」而罷官。

垮走資本主義道路的當權派，批判資產階級的反動學術權威，批判資產階級和一切剝削階級的意識型態，改革教育，改革文藝，改革一切不適應社會主義經濟基礎的上層建築，以利於鞏固和發展社會主義制度❻。

這場「大革命」，乃是「五四」文化極端主義的白熱化，而它的腳步，卻由「五四」的「單反」邁向「三反」，由理念而付諸行動。所謂「單反」，即反民族傳統文化；所謂「三反」，即既反民族傳統文化，反「五四」信仰的西方主義，又反蘇俄的「修正主義」。也可以說，「文化大革命」正就是馬列主義反西方本質的外化。從一九六六年到七六年，在這漫長而又陰暗的歲月裡，一場「三反」的血風腥雨，橫掃中國大陸，它寫下了摧殘中國文化空前慘烈的悲劇，也是中國歷史的悲劇。

二、「文革」後反思的文化意識之興起

因爲，中國大陸由於「兩條文化路線」的鬥爭，只有文化取代、衝突，而沒有文化整合與連接，此種情勢如繼續發展，勢將形成中國傳統文化的斷裂，而有巴比命、埃及文化斷裂危機歷史的重演。當時，海外中國人所以憂心忡忡，不斷發出「中華文化復興」的呼聲，原因即在乎此。但是，中華文化心靈的長流，並非尖銳的利刃所能斷裂，隨著毛澤東的死亡，「四人幫」的垮臺，以及「文化大革命」的結束，中國人潛蘊的文化心靈乃又在馬列主義風暴下的殘垣廢墟中復甦，它從反思到尋根，一種回歸到中國歷史傳統的文化思潮由而形成。

回顧歷史，從「五四」以後，馬列主義的傳播，在中國曾經形成一浪潮。它的信仰者把它看作「聖經」，嚮

❻中共中央，〈關於無產階級文化大革命的決定〉北京《人民日報》，一九六六年八月九日。

往它、膜拜它、服膺它、實踐它。因爲，他們認爲，「沒有社會主義，沒有共產黨，便沒有新中國。」現在看來，這眞是歷史上很可驚的現象。馬克思主義發源於日耳曼世界，它在祖籍所在地沒有生根成長，卻遠在東方發展爲政治狂熱。像在中國，尤其奇特。一九二一年，馬克思的《資本論》，恩格斯的《反杜林論》那些作爲馬列主義者必讀的重要著作，都還沒有中文全譯本，有全譯本的，只是〈共產黨宣言〉。當那只知道〈共產黨宣言〉，而根本還不知道馬克思主義是什麼的時候，卻堂堂皇皇地誕生了信奉馬克思主義的「中國共產黨」。因此可以說，中國共產主義運動根本就是盲目激情的產物，它缺少通過冷靜思考再作抉擇的思想基礎。

當中共政權成立以後，它做了兩件大事：一件是全譯馬、恩、列、史著作，讓中國人實際了解什麼是馬克思主義；另一件事，就是按照馬克思歷史唯物主義原理，一步一步地實踐，企圖從社會主義走向共產主義。從一九四九年到一九七六年，因實踐共產主義，經歷「五大運動」、「三大改造」、「三面紅旗」，以及「文化大革命」，在這一歷史時期，中國人誠然付出很大的代價，但它的收穫，卻是讓中國人獲得對馬克思主義的「眞知」。這「眞知」，是由反思而得的，它來自中共官方、學術界，特別是文學藝術界；而其起點，就是一九七六年北京天安門的「四、五運動」。

「四、五運動」是因追悼周恩來而在北京天安門聚集幾十萬群衆，他們上花圈、講演、哀歌、怒嘯，狂放的激情，終致演變成反「四人幫」，踐踏中共斧頭鐮刀旗，而與軍警對抗，血流成河。這一運動當經「四人幫」鎭壓，定性爲「反革命政治事件」。但旋即經中共平反而爲向當政的專制抗議的「偉大的人民運動」、「革命群衆運動」。它指出：

> 爲什麼革命群衆同咀咒妄圖扼殺四個現代化的四人幫那樣不共戴天？唯一的答覆就是：走歷史的必由之路。不管任何政治力量、任何個人如何設想、願意不願意、自覺不自覺，中國必須實現以四個現代化爲中心任務的歷

史轉變❼。

這也就是中共正式宣告要與毛澤東、「四人幫」加速向共產主義社會邁進的文化意識徹底決裂，而要追求「四個現代化」，這是「歷史轉變」。一九七八年春天，中共中央召開的「理論工作務虛會」，它更要求「撥亂反正」，即：㈠從糾正「文化大革命」的「左」的錯誤思想，走到糾正社會主義；㈡從糾正毛澤東晚年錯誤，走到否定毛澤東思想；㈢要求自由、民主與人權，否定人民民主專政❽。隨之，乃有中共官方對「毛澤東思想」的檢驗，並作出「關於建國以來黨的若干歷史問題的決議」❾。官方的反思，雖然指出「三面紅旗」、「文化大革命」是「過左路線」，但並未徹底否定馬克思主義。眞正發自中國人文化心靈深處的反思，則在文學與哲學。

文學藝術是人類靈敏的觸角，它最能與社會歷史變革的脈絡相適應，文化心靈通過文字、聲音與形象，充分反映出社會現實的喜樂抑痛苦、黑暗抑光明、絕望抑希望的沉思。當「文革」後，「傷痕文學」、「反思文學」、「悲劇文學」便起來了。「傷痕文學」因上海復旦大學中文系學生盧新華〈傷痕〉一文而得名，它描述女兒與「叛徒媽媽」劃清界線後生離死別的經過，終因階級政治戕害人性，不能發抒親情，造成人的創傷。它是「反思」，即追述「文革」罪惡；它也是統治階級加給人民的災難造成的悲劇；故又名「反思文學」或「悲劇文學」。從一九七六年後，反思意識湧出，即如山洪爆發。像巴金的〈懷念蕭姍〉、葉文福的〈將軍，不能這樣做〉、劉賓雁的〈人妖之間〉、沙葉新的《假如我是眞的》、劉心武的〈班主任〉、白樺的《苦戀》、王靖的《上海社會檔案》、張笑天的《離離原上草》等等即是。「淚洗過的臉是眞誠的」。這淚，它抗議「無產階級專政」，抗議馬列主義，

❼《人民日報》，一九七八年十二月二十一日。
❽王忍之，〈關於反對資產階級自由化〉，《求是》雜誌第四期（北京：求是雜誌社，一九九〇年），頁二。
❾《大公報》，一九八一年七月一日。

並作「人性」、「民主」的訴求，它是最眞誠的文化意識。

文學與哲學是心氣相通的兩姊妹。不過，文學的語言，多訴諸感情，詞意生動、隱晦而委婉；而在哲學家、政論家，他們卻最能以理性的思考與明朗的言詞，透析事理。「文革」後，大陸學界對馬列主義意識型態的反思，從「社會主義異化論」到馬列主義否定論的提出，也就成爲一思潮。他們指出：從馬克思主義義理說，它不是普遍性範疇，而是具有局限性的嚴重缺失。這局限性來自於時空的變異。因爲，在中國，馬克思主義的移植，係經過日本、蘇俄的中介，並非直接來自西方。在蘇俄，曾經把馬克思主義大動手術，而產生了列寧主義與史達林主義，中共對它，則幾乎是全盤接受。由於移植過程的曲折，其引進、傳播、重釋過程中的不全面甚至失眞，乃勢所必然⑩；另一方面，則導源於馬克思空幻的玄思。譬如：在那共產主義的內核，毫無疑問，可以尋找得到人道主義的光輝。這就是說，它是從人出發、爲了人、追求人的尊嚴的。但是，共產主義社會的建立，要以消滅財產私有制、消滅分工、消滅家庭、國家與宗教，特別是要消滅商品生產、不平等交換與價值規律爲前提。這就是可望而不可即的「烏托邦」⑪；而毛澤東在領導中共奪取政權的過程中，所要解決的，不是人類前途問題，或者文化發展問題，而是現實政權問題。因此，他就片面引進馬克思歷史唯物主義、階級鬥爭及暴力革命的理念，並強調馬克思唯物辯證法三大規律中的對立統一律，甚至懷疑、不承認否定之否定律⑫。馬克思主義與中國文化之對立在乎此，當代中國悲劇的根源亦在乎此。

---

⑩祝福恩，㈠〈文化機制與馬克思主義在中國的發展〉，《新華文摘》第二期（北京：人民出版社，一九八八年），頁一五四；㈡〈馬克思主義傳播的中介與文化場問題〉，《社會科學》第八期（上海：社會科學院，一九八七年），頁七。

⑪㈠熊映梧，〈用發展觀點研究《資本論》〉，《社會科學》第七期（上海：社會科學院，一九八三年），頁二一；㈡王章陵，《東方馬克思主義》（臺北：國際關係研究中心，民國七十九年）。

三、當前大陸文化心靈的取向

人的「精神」的本性是自由的。這自由精神的發展，雖常受制於外在的客觀情景，而有其局限，但是，它仍然會不斷地跳出局限，擺脫制約，不斷地奔赴「理性的理想」(Ideal of Reason)。在當前大陸思想界，就正是處在這「精神」自求突破、自求超越的時刻。因爲，中國人潛在的文化心靈有一共識，就是：四十年來馬列主義改變了中國歷史的軌道，也改變了中國人的生活方式與理想，由而帶來社會的動蕩、罪惡與淒慘，由而局限了中國人的自由精神的發展。「精神」對歷史的關注，便是要獲得無限制的主觀性，當反思到主觀自由的局限，很自然地，「精神」便產生跳出這種心靈狀態的憧憬，而期望著要在馬列主義世界找不到的，便求之於馬列主義以外的地方。因此，繼反思之後，「探索」的階段便到來了。探索的主題是：「中國往何處去？」早在一九六七年「紅衛兵運動」時期，湖南「省無聯」已提出了這個命題；「文革」後，大陸年輕一代更以「探索」爲名創辦雜誌，寫出他們的心聲。在這一文化心靈的運動過程中，一九七九—八三年的「反思文學」便催化出「現代派文學」、「尋根文學」；同一時期的「社會主義異化論」則催化而成討論文化問題的「文化熱」。這都反映當前中國大陸文化心靈的取向。

所謂「尋根文學」，即植基於民族傳統文化裡的文學；它是「無產階級文學」的反動。因爲，「無產階級文學」的靈魂是國際主義，它只歌頌無產階級和仇恨意識，而對民族文化則採取虛無主義態度。一九八三年起，

⑫㈠同注⑩

㈡劉緒貽，〈馬克思主義的階級鬥爭原理需要發展〉，《社會科學》第八期（上海：社會科學院，一九八六年），頁五；㈢劉佑成，〈馬克思的社會發展三形態論〉，《新華文摘》第三期（北京：人民出版社，一九八九年），頁二二。

大陸作家開始興起「尋根」的思考與創作，他們認爲，文學的「根」就在民族文化，他們要從無根的文化廢墟中尋回一度失落了的文學的根。但，「尋根」並非單純的復古，而是要採取文化根的營養，以豐富現代藝術，從而釋放現代觀念的熱能，並重鑄和鍍亮「民族的自我」⑬。到一九八四—八五年間，「尋根文學」作品已蔚爲大觀，它的創作路線，係從鄉土人物、俚語、野史、傳說、笑料、民歌、神怪故事、習慣風俗、性愛方式中尋找題材，寫出地方性純樸的文化型態與心靈；更從地方性特徵，深入到中華人文精神的深層，表達中國人尊重自然，推崇倫理的歷史質素與敦厚意識。如：王蒙的〈在伊犁〉、阿城的〈棋王〉、〈樹王〉、〈孩子王〉、鄭萬隆的〈我之光〉、賈平凹的〈商州初錄〉、鄭義的〈遠村〉、〈老井〉、韓少功的〈爸爸爸〉、王安憶的〈小鮑莊〉、張煒的〈古船〉等等即是。

所謂「文化熱」，即大陸學術界關注與思考文化問題的熱潮⑭。因爲，他們認爲，今天中國的問題，最根本的就是思想文化的問題；這一個問題不理清，則中國的問題永遠難以解決。因此，對於解決中國思想文化問題藥方的提出，便百花齊放、百家爭鳴。綜觀其鳴放，可分爲四派：

首先，是回歸原典派。他們認爲，在世界上有影響的文化和哲學都有一個源頭，找到這個源頭十分重要。

---

⑬韓少功，〈文學的『根』〉，《作家》，一九八四年第七期；轉引自滕雲，〈小說文化意識的覺醒〉，《中國現代當代文學研究》第七期（北京：一九八六年七月），頁八二。

⑭由於中共文化政策的影響，大陸學術界對於文化問題的研究長期遭受冷遇，廣義的文化研究被納入歷史學科，狹義的文化探討被瓜分爲很多小塊，分別隸屬於各門具體學科。全國以文化史命名的研究機構，寥寥無幾。開設過中國文化史課程的，只有北京大學中文系和復旦大學歷史系。三十餘年來，大陸以中國文化史命名的出版物，書籍只有一本，教科書和專門刊物等於零。（鄭曉江，〈中國文化研究熱潮興起的原因和前景〉，《社會科學》第四期，上海：社會科學院，一九八八年出版，頁一二）。而自一九八二年以來，即興起研究熱潮，並發表專論於報刊。

中國文化源遠流長，就目前考古學發現，中國從野蠻文化進到文明文化至少已有五千年，對長期延續不斷的文化（特別是哲學——文化的最核心部分）有重大影響的是《易經》這一系統。他們認爲，應從《易經》體系找出生長點，使之發揚光大⑮。此派思想基礎，實深受考古影響之所致。因爲，近幾十年來，大陸考古迭有新發現，如湖南馬王堆漢墓之發掘等，即爲實例。考古證明，中國古文化科學工藝之發展，並不落後於西方。它對傳統文化不能發展科學的論點，是一否定；它對尊重歷史與發揚傳統文化生命的信心，則更有堅實的支柱。

其次，是「五四」運動派。他們認爲，五四運動是新文化的起點。但「五四」提出「反對封建文化」和要求科學民主的兩大任務，都沒有完成；中共「無產階級專政」，就是破壞「封建文化」並不徹底的產物。當前要解決中國問題，必須使中國文化適應現代化，必須站在當代的立場上引進西方現代文化，以便拋棄舊文化，來加速中國文化的現代進程⑯。這是「五四」反傳統及「全盤西化」論的翻版，不過，其「反傳統」的內在性，過去是反「封建文化」，現在則更反馬、恩、列、毛「新傳統」⑰。當前大陸的西化思潮，最早見之於「現代派文學」；其次是甘陽等翻譯歐洲的存在主義、解釋學，主張全面向外開放；迄蘇曉康等的《河殤》發表，則更震撼大陸。

再次，是馬學儒化派，或稱「發展馬克思主義」派。早在三十年代，中共黨人即曾察覺到：「馬克思主義哲學必須在自孔子以來的傳統哲學中找到結合點，使中國人不把它看作是純粹外國輸入和強加的，才會在中國發生影響。」⑱因有「馬列主義中國化」口號的提出；「文革」後，馬克思主義的社會信仰度趨於低潮，馬列主

---

⑮湯一介，〈傳統文化研究面臨三個問題〉，《新華文摘》第四期（北京：人民出版社，一九八八年），頁一七四。

⑯同注⑮。

⑰〈與方勵之、李淑嫻的一次會晤〉，《中國時報》，民國七十七年九月十六日。

⑱陳衛平，〈論馬克思哲學中國化與傳統哲學〉，《哲學研究》第五期（北京：哲學研究社，一九八七年），頁五九。

義的捍衛者，爲振衰起敝，使它重獲中國人的認同，乃再度提出「馬克思主義儒家化」的主張。馬學儒化的理論有二：一爲同構效應論⓳。它認爲，主體對於客體的選擇，取決於自身的「本質力量」，這種本質力量就是一個民族固有的「文化心理結構」；而具體的說法，就是「西體中用」論⓴。所謂「西體」，即馬克思主義，它是在社會存在的本體和本體意識；所謂「中用」，就是說，這個由馬克思主義指導的現代化進程，仍然必須結合中國的實際，其中，包括中國傳統意識型態的實際。

最後，是新儒學派。「新儒學」一詞，爲賀麟所首創㉑，一九五八年元旦，張君勱、唐君毅、牟宗三等在臺、港發表〈爲中國文化敬告世界人士書〉㉒，提出他們「返本開新」的思想綱領。所謂「返本」，即返傳統儒學之本，只有把西方的知識論與中國的本體論結合起來，方能有眞正的世界文化。這就是「新儒學」。近年由於海外學人杜維明、劉述先等赴大陸講學，提出「第三期儒學復興論」㉓，使大陸學界震驚。他們研究討論，固亦引起批判，但仍多熱烈回應而形成一思潮。

以上四派，對文化發展問題認知的角度雖有不同，但均站在肯定的立場，亟求中國傳統文化的現代化，並顯露對馬列主義的疏離與疲倦。從一八四〇年到今天，中國人的文化心靈已經經過了一條辯證的歷程：即自己

⓳張慧彬，〈中國傳統文化精神的特點〉，《新華文摘》第十二期（北京：人民出版社，一九八七年），頁一四二。

⓴李澤厚，〈論西體中用〉，《團結報》，一九八六年九月二十七日。

㉑賀麟，〈儒家思想的新開展〉，《儒家思想新論》（臺北：正中書局，民國六十七年三月），頁一。

㉒一九五八年元旦同時在香港《民主評論》及臺灣《再生》雜誌發表。

㉓薛涌，〈中國傳統文化縱橫談〉，《社會科學》第八期（上海：社會科學院，一九八六年），頁一一。按：第一期儒學復興爲董仲舒對儒學的改造及漢武帝提出「罷黜百家，獨尊儒術」的政策，儒學因而發展；第二期即宋明理學的興起。漢儒重考據；宋儒重義理，特別是把身心性命之學提出來。這是儒學再度的復興，迄清代後，乃趨沒落；今「新儒學」則爲第三期之儒學復興。

分裂自己，走向西方主義與馬列主義的那個反面；現又克服對立，回歸自己，而趨向高一層級的文化整合與發展階段，這也就是近百年來中國文化再發展的新契機。

四、中共未來的展望

文化心靈的取向，不只是一個單純的抽象觀念，而是一個強有力的實現原則。不過，從抽象觀念到實現，則需要外部的行動和實踐；那普遍的潛伏的原則，惟有通過實踐才能過渡到客觀性領域；而擁有主宰外部實踐之絕對權力者，則爲那個文化社會的政權。今天中國大陸的中共政權，它仍以「四個堅持」而成爲馬列主義實體。儘管它從「四五運動」及一九七八年「理論工作務虛會」後，即曾反思到馬列主義抽象的普遍性，並在「四個堅持」的寬鬆原則下，由鄧小平提出「思想解放」，提出「建設有中國特色的社會主義」的路線，以突出「中國特色」。但是，每當面對馬列主義與西方主義及中華文化的衝突爆發，於是便沈溺於馬列主義單一純粹的自我意識，而走向與中國人普遍的文化心靈相對立。很明顯的事實是：一九八三年有「清除精神污染運動」；一九八七年有「反資產階級自由化運動」；一九八九年有「六、四」大屠殺。這都是今日大陸內部思想、路線矛盾激化的產物；它使自由「精神」的發展，阻礙重重。

在我們看來，馬列主義在中國，已由一盛而二衰，它是歷史的必然，它是不以人的意志爲轉移的。因爲，馬列主義屬於外來文化，「在中國歷史，外來文化進入中國，已有兩次。一次是佛教；一次是基督教。佛教與基督教在中國的發展，雖曾盛極一時，但都經由衝突過程而最後與中華文化整合，並沒有使中國成爲佛教或基督教國家。」㉔馬列主義進入中國，其氣勢之盛之速，遠在佛教與基督教之上。但是，它的發展，至一九五八年「人民公社化運動」，即已到達終點。因爲，它破壞了中國的家庭制度，背叛了中國的文化傳統，它與中國人文化心靈不相容。其實，由於「人民公社」的失敗，早就斷絕中共走向共產主義的道路了，毛澤東掀起「文化大革命」以及鄧小平以「六、四」大屠殺扼殺學生「民主」、「自由」的訴求，那都只是困獸之鬥。假定中共明白這一點，它從「思想解放」、「建設有中國特色的社會主義」的概念裡，以更務實的立場再向前走一步，即如最近谷牧所宣示的：「繼承優秀文化傳統，建設適應時代要求的新文化。」㉕亦即揚棄中國人所不需要的，把中國人所需要的還給中國人，回歸歷史，面向現代，那它便不但可把自身的困境加以解脫，而且將為亞洲的大環境、大氣候創造一個新的時代。

因為，自從二次世界大戰以後，在世界的大環境，政治上是美、蘇兩大強權分治世界，在精神上也是西方主義和西方的反西方主義分治世界。這種雙霸雙治的局面，因有民族文化的衝擊，它已正在逐漸分解中；而一九八九年蘇俄、東歐共產主義的崩潰，就是一個舊世界消失，新世界崛起的訊號。這個訊號預示著今後世界的大變化，必然「由一種文化統治的世界，變而為多種文化共存的世界。」㉖這就稱之為「新文化新世界」。在未來的新世界，新儒學將扮演一個重要的角色。因為，西方主義成為「世界精神」，在於它明示一個「理性的理想」，它追求著主觀自由與客觀自由的結合，提昇人的權利、價值與地位。由這人的內在潛力的發揮，因而創造了人的科技、生產與福祉銳進的奇蹟。但是，它也帶來附加的病症，那就是功利主義、帝國主義，以及環境汚染、人的精神變態與自我疏離。馬克思主義就是因反西方主義的病態而成長，而與之對立；但馬克思主義能反西方主義，卻不能治西方主義之病而起取代或超越的作用。當今能治西方主義之病而補其不足，並能超越它而進入

㉔王章陵，〈台灣海峽兩岸的文化互動關係〉，《分裂國家的互動關係》（臺北：國際關係研究中心，民國七十八年），頁五五。

㉕谷牧，〈繼承優秀文化傳統，建設適應時代要求的新文化——一九八九年十月七日在孔子誕辰二五四〇週年紀念與學術討論會開幕式上的講話〉，北京《光明日報》，一九八九年十月十四日。

㉖錢穆，《從中國歷史來看中國民族性及中國文化》（臺北：聯經出版事業公司，民國七十八年），頁一〇。

「世界大同」理想社會的，唯求諸中國傳統的哲學，特別是它的倫理哲學。

「新儒學」乃儒家第三期的發展，其返本開新的思想綱領，就是把民主和科學消融在中國文化中，而不失中國文化的精神，這種精神就是道德精神。中國現代化必須立足於儒家傳統，儒家思想和現代化不但不衝突，而且是現代化的「內在動力」。過去大家不瞭解這一點，像韋伯(Max Weber)，甚至認爲儒家倫理是抑制資本主義的文化因素。而在二次世界大戰後，特別是在七十年代，世界經濟結構發生空前的變化。這變化，就是在工業化的過程中，出現了與歐美資本主義模式，蘇俄社會主義模式並列的東亞工業的新模式，它包括日本與「四小龍」(南韓、新加坡、香港與臺灣)。東亞工業國是儒家思想的文化圈。這說明，儒家思想就是東亞工業文明內在動力的一環。它是當代亞洲的新生事物，它也是韋伯論點的否定。

總之，當今中共選擇「四個現代化」以作「歷史轉變」，似乎已屬不可搖撼的方針。既言現代化，則必須揚棄馬克思主義。因爲，馬克思血統裡，絲毫沒有「現代化」因子。中共不講現代化則已，要講，必須在中國歷史之內來講，在中國傳統裡來講，「天底下沒有『沒有傳統的現代化』」，這個道理是很明白的㉗。中國大陸爲儒學發源地，擁有深厚的文化與物質資產，如中共認知當前大陸及東亞主客觀新形勢，而能順應時代思潮，吸取「臺灣經驗」，扮演一個發揚新儒學的角色，其能投入東亞大環境、大氣候有所開創，殊可預期。不過，中共內部迷信馬列之保守勢力，仍極頑強，其與改革派對抗，以作痛苦的掙扎，亦已多時。歷史的軌道本已明白地呈現在眼前，今後究竟甘蹈東歐羅馬尼亞共黨之覆轍，抑走中國人自己的歷史道路，那就只有靠中共領導階層充分發揮智慧而自作抉擇了。

㉗金耀基，〈中國文化意識之變與反省〉，《聯合報》，民國六十八年五月二日。

大陸留學生對中國前途之意見

劉勝驥

大陸留學人員在海外對於中國前途的討論，從分歧中找到共識，形成了海外中國人的輿論，如果中國大陸是一個民主國家，就亟應重視民意採取實現對策；如果中國大陸不是一個民主國家，但是若新留學派系有崛起可能，則這些留學人員的國是意見當然必要變成治國原則了，一如當年孫中山的革命思想在海外戰勝了保皇思想，則二十年後他的《三民主義》就得到了實現機會。此外，即使中共保持了其共黨政權特色，鄧小平仍頻頻會見海外宿儒陳省身、楊振寧等人，當前政治庇護、六四事件而留下來的大陸學人學生，二十年後當然也是國際學術界重鎮了，可以在回大陸探親時把海外的國是意見匯報給中國大陸的領導階層。所以，當前大陸留學生對於中國前途的意見，可能爲明日中國問題的解決方案。

一、留學生對中國大陸意識型態、政治制度之建言

臺北的「聯合報系美加新聞中心」委託普林斯頓三位大陸留學生閻焱、李少民和于大海三人，對大陸留美學生做民意調查，閻、李兩人爲社會系博士候選人，于爲經濟系博士候選人，他們均修習過社會調查，且有工作經驗。這項對大陸留美學生調查，乃根據集群抽樣(cluster sampling)設計，在美國東北部、中西部、南部、

西部各選出若干有代表性學校，再從中選學校中所有大陸學生名單，每人發給問卷。共產出二、一〇〇分問卷，回收六〇七分，回收率爲二九%。大陸留學生的政治態度，可概括爲：自由民主傾向明顯，富於獨立思考能力，但同時亦表現出政治之厭倦。當問到是否將「四個堅持」寫入《憲法》時，八九%答案人不同意，一〇%未明確表態，僅一〇%同意。這個百分比反映出大陸留美學生的民主意識與獨立思考傾向。從答卷者對《中國之春》的看法中，亦可作出同樣結論，支持或同情《中國之春》者佔七六%，至於支持或同情原因，半數以上認爲是「有個反對派的聲音總比沒有好」。反對或不支持《中國之春》者佔二四%，反對的理由爲其「不客觀」（五八%）。多數受訪者表示出對政治厭倦。在給「政治前途」、「經濟待遇」、「學術成就」在每人生活中重要性打分數時，學術的平均分最高得八・四分，經濟得七・一分，而政治最低僅五分尚不及格❶。

中共本身對大陸留美學生的調查，就在六四前夕「中國科學院」發表了該院對美國 Harvard、Stanford、Cornell、Princeton 等二十八所大學的六十一位攻讀物理博士學位的中國大陸留學生，進行的問卷調查，這些留學生就他們的希望、建議和要求，向中共提出了一系列富有建設性的意見。他們建議國內「更開放、多元化、獨立化」、「民主化、自由化、制度化」，多交流、多討論、少限制，創造一個學術競爭的環境，並強化聘任制度，鼓勵人才流動，給青年人機會❷。

本人也向美國的大陸留學生寄發了二〇〇分問卷，約有四〇分回收，在撰者小樣本中，大陸生對於中國政治前途的看法，有三十二人表示樂觀、八人表示悲觀，雖然樂觀者居多，而多數都未表示對道路方向的看法，有五人以爲中國仍走社會主義道路、二人以爲改走西方道路、三人以爲其他混合道路。至於中國意識型態之末

---

❶〈大陸留美學生對政治表示厭倦〉，載《聯合報》，民國七十七年八月二十九日，三版。

❷〈中科院越洋問卷調查〉，載香港《大公報》，一九八九年五月十三日，二版。

來，三十二人樂觀和六人悲觀，道路方向問題，有六人以為仍走社會主義道路、四人以為改走西方道路、六人以為走混合道路。

大陸留美學生學者有一個跨校際組織「中國留學生訪問學者聯誼會聯合會」，由五十九所大學「聯誼會」組成，十席理事分別為十所大學組成，並出版了季刊《留美通訊》，由於「聯誼會聯合會」一直受中共官方監督，該通訊刊物的排版、印刷費用也實際由中共使領館負擔，故多年來《留美通訊》一直不觸及中共政治、經濟、社會改革等高度敏感話題，而盡刊載一些「沒什意思」的談談留學生活或寫寫旅遊經歷的「無病呻吟、極度營養不良」文字。但一九八九年「聯誼會聯合會」由加州理工學院「聯誼會」輪任主辦權，並由該校大陸生五人組成編輯小組，由白崗擔任主編，該校留學生表示新的編輯宗旨在內容上大改革，將反映留學生對大陸政治、經濟體制改革、留學政策及其他問題的看法❸。大陸留學生終於到了有話要說，而且敢說話的時刻了。

著名的留法訪問學者溫元凱和留美訪問學者方勵之，都是以「推行民主政治」做為「未來十年——中國的改革基本原則」，他們指出中國社會一系列危機的主要原因是，「舊的政治體制對社會發展的束縛和制約」，要使社會發展，必須「徹底揭露斯大林模式與毛澤東個人專制所造成的災難。」❹溫元凱還呼籲中國知識分子起來推動改革，「要以天下為己任」。方勵之的幾次在北京、上海的公開演講，激動了大學生情緒，最後釀成一九八六年各地大學潮，他本人被開除出黨和免職副校長的懲處，但一九八九年初他仍然敢上書鄧小平求特赦魏京生。留美碩士陳軍和留歐訪問詩人北島又聯合了一些高層知識分子，擴大了呼籲當局釋放政治犯的公開信。所以當知名大陸作家白樺在紐約演講時說：「中國最悲哀的是，直到現在還不准說眞話，不能說眞話，不敢說眞話。」

---

❸〈大陸留美學生爭取發言權〉，載《聯合報》，一九八九年一月二日，九版。

❹溫元凱等，〈未來十年——中國改革基本原則〉，載《星島日報》，一九八九年四月十一——十五日。

留美學生胡平肯定「言論自由是戰勝極權的第一步，但連書報出版都不可能時，」他感到不能自由地表達思想最爲痛苦，擔心中共過度的壓制，將會「消滅了反抗」❺。但是仍有不怕死的歸返留學人員，在大陸利用馬克思主義中的些微自由，掌握極權社會中高層權力鬥爭的矛盾，向大學生、向社會大衆推廣傳播民主自由的理念。

滯留海外的留學人員，一九八三年王炳章在美發起「中國之春」民主運動，他提出「民主政治現代化的第一步」，爲「開黨禁」、「開言禁」和「釋放政治思想犯」❻。在他登高一呼的號召下，許多極右的大陸留學生組成了「中國民主團結聯盟」，出版了《中國之春》這分令中共使領館頭痛的刊物。也有未加入「中國之春」的揚小凱，個人認爲中共不會民主，以爲共產黨的政治穩定是靠著壟斷政治、靠著殘酷鎭壓，他以「一位獨立知識分子對大陸政治改革的看法」，期望中共修改《憲法》，設人身保護法、取消反革命罪、禁止政治迫害❼。

一九八四年中共「清除精神汚染運動」、一九八六年中共「反資產階級自由化運動」，都引起海外留學生的關切，大學生起而上街搞民主運動，「人大常委會」在中共主導下限制群衆示威遊行集會，再加上一九八〇年《憲法》把大字報、大鳴大放、罷工等少得可憐的民主權利也一併取消，大陸仍冒出難能可貴的民主運動。一九八七年初中共罷免胡耀邦總書記，並嚴懲方勵之、劉賓雁、王若望等。在美的大陸學人學生二度在美國報刊發表致中共中央的公開信，反對以言治罪、壓制思潮，表示打擊知識分子必拖垮政經改革，大陸留美學生表現了大無畏的直言極諫精神，第一批簽公開信者有一千多人，第二批又有五百多人加入公開信❽。爲了中共逮捕留美碩

---

❺胡平，〈我爲什麼寫『論言論自由』〉載李少民主編，《大陸知識份子論政治、社會、經濟》（臺北：桂冠圖書股份有限公司，民國七十七年），頁三三、三四、四五、四六等頁。

❻王炳章，〈民主政治現代化的第一步〉，原載美國《中國之春》第二期，引自，民國七十二年三月八日《香港時報》。

❼楊小凱，〈一位獨立知識份子對大陸政治改革的看法〉，原載香港《百姓》半月刊，一九八七年第一四六、一四七、一四八期，引自李少民主編，《大陸知識份子論政治、社會、經濟》，頁二〇、二七、二九。

士楊巍，其「中國之春」的戰友們又發動了數十留美學生聯名公開信，要求中共給予公開審判和旁聽辯護的權利。至於六四天安門事件，大陸學人學生痛心疾首的言論更多了，他們期待中共開放民主、思想自由已是奢論，退而要求中共不要打擊知識分子，勿緊縮留學政策，給予人身保護的低調了。

二、留學生對中國大陸科技、文教之建言

中國科學院向攻讀物理博士學位的大陸留美學生所做的問卷調查，大陸生建議加強基礎科研經費，放大科研人員選題的自由度，允許學者自由地參加各種國際會議，爲研究工作者提供最起碼的資金和自由度。他們希望中共在大陸提供適合國情的科研條件和切實提供基本的生活條件。留學政策方面，希望中共「對留學人員信任、寬容和理解」，不要把留學生停留美國的時間卡得太死，要利用美國的條件爲中國培養學科帶頭人。他們還希望中共「解決夫妻兩地分居的問題」、「減少或取消在探親方面的嚴格規定」❾。

撰者小樣本「對中國科技前途」之問題，二十四人樂觀和十四人悲觀，此顯示了相當多的大陸留學生對中國大陸科技現代化問題持悲觀態度。詢道路方向問題，二人答社會主義模式、八人答西方模式、五人答混合模式，看來留美學生認爲科技現代化要沿承西方模式者居多。

哈佛大學社會學博士候選人大陸生丁學良，在「臺灣、大陸、香港留學生聚談中國前途」座談會上，意外地指出儒家思想有積極作用。他年輕時和一般大學生都認爲傳統文化是阻礙大陸現代化的因素，電視劇「河殤」

❽〈中國留美學生向北京發公開信〉，香港《明報》，一九八七年一月二十二日，二版。注九：陳雷，〈一封大陸留美學生的退黨信〉，《中國之春》，一九八八年七月第六二期，頁八一—八三。

❾〈中科院越洋問卷調查〉，香港《大公報》，一九八九年五月十三日，二版。

也是持此觀點，但年事增長與來到西方閱歷後，比較日本與亞洲四小龍經驗，同意儒家思想有其積極作用❿。孔門後代孔令仁在「中美著名學者互訪項目」下，赴美作三個月考察訪問，看到孔子在美國人民、在華裔和僑胞的崇高地位，她的簡報在大陸刊出⓫，馬列所打倒的孔家店，能否由於西方的肯定而得以復甦呢？

丁庭宇對「大陸留美學生看中國前途問卷」中，第二十題「請問您同不同意臺灣的報紙在大陸銷售？」八六八分回卷中有七七三分答「同意」，僅二十三分答「不同意」，逾九成的大陸留美學生同意臺報到大陸銷售，當然有相當多的回卷加上眉批如「雙方互相銷售報紙」、「也同意大陸報紙到臺銷售」。稍後，「聯合報系美加新聞中心」向北京大學、中國人民大學和北京經濟學院所發出八〇〇分問卷，回收三一四分，其中就有一題問是否贊成大陸和臺灣報紙相互在對方銷售時，九〇％贊成，三％不贊成，七％不知道或沒意見。一方面驗證大陸留美學生和大陸本土學生意見的相似性，一方面發現多元化的媒介來源和言論出版自由仍是中國人深沈的信念。當前整個中國大陸沒有一家嚴格意義的民營報社和出版社，若有臺灣的民營報刊或海外留學生的自發性報刊能進入大陸，這將造成何等的震撼。中共之所以嚴格壓制言論出版自由，實有其「國家安全」的不得不苦衷！

中共控制報刊，除了壟斷新聞、塑造輿論以外，還要下達文藝政策，給文藝界訂指標、提任務，搞「歌德文學」，大陸留美耶魯大學博士候選人叢大長說：「以一個黨來監管整個文藝界，這是一種自做聰明、自以為是的想法。」「黨管文藝是無論如何也管不好的。」他希望「中共不要再給文藝界下達任務了。」「中共不要再對文藝界提口號了。」⓬

---

❿周玉蔻〈台灣、大陸、香港留學生聚談中國前途〉，《遠見》雜誌，民國七十六年六月，頁八八—八九。

⓫孔令仁，〈訪美歸來話孔子〉，載北京《羣言》一九八六年二月，頁三二—三四（總頁〇七九—〇八二）。

⓬叢大長，〈大陸文藝界狀況與中共文藝政策之批評〉，載李少民主編，《大陸知識份子論政治、社會、經濟》，頁二六七。

三、留學生對中國大陸經濟、社會之建言

對「中國經濟前途」的問題，撰者小樣本顯示，持樂觀態度者二十一人、悲觀者十五人，是悲觀比例最高的一項，方向問題持社會主義道路者五人、西方道路者四人、混合道路者四人。對「中國社會前途」的問題，撰者小樣本顯示，樂觀三十二人、悲觀六人，認爲將走社會主義道路者六人、走西方道路者四人、混合道路者六人，亦是相持不下的紛亂局面。

中國大陸經濟、社會的趨向不清，表現在公有制是否發達或萎縮？大陸留美普林斯頓大學撰寫社會學博士論文的李少民表示「民主不能在公有制下存在」，「近幾年中國大陸的經濟改革，少量的私有制已經顯示了巨大的優越性」，他希望中共朝發達新興私有經濟的道路邁進⑬。普林斯頓大學博士候選人大陸生于大海亦覺得大陸公有制經濟非改革不可，「國內有人將所有權和管理權分開後，經濟改革就已經上路了。這是不理解市場經濟制度所造的。其實這樣分權後，政府仍是兼政權與所有權於一身，這會帶來許多奇特的問題，從而使市場制度的優勢難以發揮。」「這樣分權後，球賽的裁判仍然兼做球隊的教練。這種球賽，實際上是賽不起來的。」他主張將大部分國營企業轉化爲私人所有的股份公司，在發達私營經濟方面，大陸宜向臺灣學習⑭。柏克萊加大東亞研究所的大陸生徐邦泰也撰文指出，「跑步進入共產主義」和「窮過渡」是不成的，他提倡發達個體戶，「個體經濟壯大的直接結果是私營經濟開闢了發展道路。」他相信私營經濟發展必能產生政治上民主變革和生活上現代

⑬李少民，〈私有制與民主〉，載李少民主編，《大陸知識份子論政治、社會、經濟》，頁一五六—一五九。

⑭于大海，〈市場經濟與中國經濟改革的前途〉，載李少民主編，《大陸知識份子論政治、社會、經濟》，頁一八七—一九四。

化，但擔心中共信奉「消滅私有制」的理論終將再來扼殺個體戶和私營經濟的⑮。

儘管個別傑出的大陸留學生期待大陸發展私有制經濟，然而「聯合報系美加新聞中心」調查了六〇七位大陸留美學生，當問及「是否贊成在大陸實行像臺灣那樣的私有制經濟？」許多人答贊成私有制，但不贊成或不瞭解臺灣的私有制⑯。

留法的溫元凱以爲農村改革成功，留美的傅里民以爲農村凋蔽失敗。溫元凱說：「農民富裕起來以後，進一步要走三條路：第一條是走向生產專業化，即種糧、種棉專業化，把土地集中到那些種田能手手中，實現土地專業化，進而可能走上農業機械化。第二條是搞鄉鎮工業，走工業化、鄉鎮化。第三條是農民走向第三部類產業，拿錢辦電影院、辦文化事業，辦旅遊、商業，農民進城。」⑰但是傅里民認爲農民富足的可能性小，現階段農民教育水準低，文盲佔七一％，九五％農民不懂果樹接枝，九〇％農民不懂得合理使用化肥與農藥，這阻礙了農業生產力發展，另一方面農業不能發展原因是大陸一直未解決土地歸屬問題，現階段農民經營土地只是短期行爲，不會作長期投資，以掠奪式經營，帶來土地效用衰退、水利設施失修等一系列問題，且小塊分割式家庭農業，僅屬傳統農業，在今天市場經濟社會中必然沒有生機⑱。

中國大陸社會經濟的發展，留美學生傅里民認爲是在社會發展方面「混亂無目標」，到現在居然倒回頭說是社會主義初級階段，經濟發展方面在農業、工業都面臨了困境（同⑱）。留美學生徐葵、王曉宇認爲大陸「始終是在不穩定的環境中進行的。每隔三、五年就有一次的緊縮、調整，每前進兩步，就要倒退一步，通貨膨脹、

---

⑮徐邦泰，〈個體戶衰盛當代社會的影響〉，載李少民主編，《大陸知識份子論政治、社會、經濟》，頁二四五—二五〇。

⑯〈大陸留美學生民意調查〉，《聯合報》，民國七十七年八月二十九日，三版。

⑰溫元凱，〈時間觀念與人才問題〉，香港《爭鳴》，一九八五年三月第八九期，頁七六。

⑱傅里民，〈台灣經驗與中國前途〉，載臺北《中國大陸》，民國七十八年九月，頁一〇。

物質短缺、亂投資、投資效益差、產業結構不當等問題沒有根本解決，不論說它是經濟危機也好，還是說它經濟動盪也好，大陸確實需要像臺灣一樣，找出一種穩定有效的經濟政策來。」⑲

傅里民說：「啓示中國社會發展的臺灣經驗。」曉光說：「適合中國國情的臺灣經驗。」⑳溫元凱說：「中國大陸未來的改革與進步，將愈來愈與臺灣、香港以及所有海外中國人的輿論及反應緊密相連。北京任何一個作爲與政策變化，也將愈受國際反應的影響，這對中國開放政策適足形成一種『制衡』，使北京不可能再重蹈文革覆轍，關起門來自行其是。」㉑公開讚揚臺灣經濟可爲中國大陸的經濟改革、社會發展的借鏡，需要極大的勇氣。匿名的民意測驗，「聯合報系美加新聞中心」調查大陸留美學生「對臺灣經濟近三十年的發展評價」，九二%的回卷認爲成功；至於「臺灣經濟發展經驗大陸可否借鏡」，亦有八六%認爲可以借重臺灣經驗；該報系也調查北大、人大、北京經濟學院三校大陸本土學生「若您認爲臺灣經濟成功，那臺灣經濟發展經驗大陸可否借鏡」，亦有七五%的人認爲可以借鏡。獲普林斯頓大學經濟博士的一位大陸生表示，「如果沒有臺灣問題，中國極可能走蘇聯式的政治演進道路」，「臺灣與香港的私有制始終對大陸中國人是一個最直接的樣版，有了這兩個樣版，任何私有制不適合中國國情之說都不可能站得住腳。」㉒

---

⑲徐葵、王曉宇，〈一百年也趕不上台灣〉，《中央日報》海外版，民國七十九年四月二日，一版。

⑳曉光，〈台灣經驗與中國前途〉，臺北《中國大陸》，民國七十八年十月，頁五〇。

㉑溫元凱，〈影響大陸的兩大動向〉，臺北《遠見》雜誌，民國七十七年十月十五日，頁八四。

㉒楊小凱，頁二四。

四、留學生對中國統一之建言

撰者一九七二年訪美研究，得識大陸學人學生約三十人，彼此最關心的話題就是中國統一問題。撰者還保留的一頁筆記，記敍與哈爾濱工大機械系賈延林、北大地理系韓慕紫、武大經濟系文顯武三位留學Stanford University大陸生的辯論摘要。大陸生一開頭就按中共的調子「條件寬大」、「共同執政」、「三通四流」、「增進了解」、「好不怕壞」等，撰者答以雙方政治、經濟條件有太大差距時，急速統一沒有平衡中共的力量，將使中國走向蘇聯式極權道路，對於中華民族並沒有好處。大陸生就批評這是臺獨思想，並指斥臺灣政治不民主與中共「差不多」。他們嚴厲地反對臺灣獨立，有的還想和平統一，有些就不惜一戰達成統一。撰者答以「三民主義統一中國」的政府亦堅決反臺獨思想，撰者諄諄告以臺海兩岸分離是一個過程，統一也應是一個過程，在不傷害雙方人民福祉的前提下逐漸尋求共識，找到最適合中華民族的政治制度、社會經濟、生活方式，統一才能利多害少。這時有位大陸生說：「不知問題這麼複雜！」大陸生也並非中共的統戰筒，他們也承認共產主義並非無疵、中共幹部亦有僵化自大者，他們有的想藉三通來影響大陸人民、來軟化共產主義。換句話說，以中國統一來解決民族主義的需求，和醫治中共的政經沈疴。

在這個時期，臺生和大陸生一談政治就要觸及中國統一問題，往往不歡而散。留美中西部臺生出版的《大漢風》，有篇署名臨漢的文章說，他和某大陸生擡槓「這位老兄不免把葉劍英的九點建議，和鄧小平最近發表的六項條件擡出來，表示中共已經這麼『寬大』了，爲什麼臺灣還不領情？筆者當然也毫不客氣的指出，中國統一的問題根本不是一個政權授受或名號更迭的問題，而是一個意識型態、社會體制與生活方式的差異的問題。」配合龐臨漢的這篇文章，本期《大漢風》的社論說：「中國大陸的落後、貧困和極權，已爲共產主義的失敗，和共黨制度的不適合於中國，提供了最佳的明證。」社論要求「中共在接受『臺灣經驗』的原則下，放棄共產主義和共黨制度，是救中國的首要步驟。」㉓臺生和大陸生各唱高調，統一問題是沒有結論的，早期臺生人數遠多於大陸生，所以社論的口氣是招降大陸生，要求中共接受「臺灣經驗」，要求大陸生同意「三民主義統一中國」。

當然也有大陸生是同意被三民主義統一的，《中國之春》第五期刊出該社所舉辦的座談會，柯楓指中共「四項堅持」不適合中國國情、劉海健批評中共獨裁專制、施燕人說他的家鄉若能舉行公民投票「國民黨獲勝的機會遠較共產黨爲大」。但是《中國之春》公開發表「對祖國統一問題的建議」，就不願向中華民國一面倒了，他批評臺灣不能偏安自保、逃避統一，「愈偏安、自保，結果愈是不能自保。」他亦批評中共的「九點」、「六條」進行兩黨談判的不合理。《中國之春》主張談判，「但絕不限於國共兩黨，談判時應有其他政治力量和民意代表的廣泛參與，至少須有第三者的監督。」並主張「國家不可能在一個主義下統一，而只能在一個法律下統一，這個法律就是國家的根本大法——憲法。這個憲法本身要保障各種主義，各種理論有表達的自由，有和平競爭的權力。這才是眞的民主政治，也是《中國之春》追求的目標。」㉔

一九八六年撰者小樣本，詢問中國統一前途，二十二人贊成統一中國和十三人不關心統一問題，雖然在態度仍有二十二人樂觀和三人悲觀，但如此多人不關心中國統一之辯論，已與撰者數年前訪美感覺大陸生幾乎人人都是民族主義者，人人都持統一立場者不同。在「統一策略」方面，撰者設計了多種選擇的問題，有三十八人贊成和平統一、六人贊成政治談判、四人贊成公民投票、沒有人贊成武力攻臺或國際解決，這又與數年前撰者印象甚多大陸生不惜爲統一問題對臺一戰的劍拔弩張情形不同。雖然大陸留美學生逐漸揚棄以武力統一的最

㉓龐臨漢，〈走出台獨的陰影〉及〈社論〉，美國《大漢風》，民國七十三年一月第四卷第一期，頁三——六。

㉔許之遠，〈中國之春世界代表大會討論〉，《香港日報》，民國七十三年二月七日。

丁教授「大陸留美學生對未來海峽兩岸關係之期待分配表」㉖

項目	十年後		三十年後		五十年後	
	%	N	%	N	%	N
保持現狀	72.1	598	11.7	97	1.9	16
大陸統一臺灣	1.8	15	11.8	98	18.5	153
臺灣統一大陸	0.1	1	0.6	5	1.1	9
臺灣宣佈獨立	0.2	2	3.4	28	2.9	24
成立中華邦聯或其他形式之政治聯盟	11.9	99	43.8	363	41.1	341
其他意見	0.6	5	0.6	5	1.0	8
沒意見	6.5	54	6.9	57	6.0	50
不知道	6.3	52	20.7	172	23.2	192
未回答	0.4	3	0.5	4	4.3	36
合計	100.0	829	100.0	829	100.0	829

惡劣選擇，大陸留美學生從民族本位殷望中國統一的心志是不變的。這也是爲什麼達賴喇嘛訪美，在大學演說鼓吹西藏獨立，即遭到大陸學人學生的強烈堅決反對㉕。

一九八八年丁庭宇對大陸留美學生做民意測驗，發現中國統一雖然仍是全體中國人的共識，「保持現狀」至十年後和三十年以前卻有七二%的大陸生持此判斷。統一有三種情形：大陸統一臺灣、臺灣統一大陸和成立中華邦聯，此外則爲臺灣宣佈獨立。這四種可能性爲打破現狀，機會與時俱增，臺灣宣佈獨立或臺灣統一大陸的可能性，大陸生都不予重視，大陸統一臺灣的可能性雖稍高一些，從十年後的一・八到三十年後一一%直至五十年後一八%。但最大可行性爲「成立中華邦聯或其他形式之政治聯盟」，由十年後的一一・九%到三十年後四三%，五十年後也是四一%。

有許多大陸生在丁教授的問卷上，寫了一些希望「臺灣留在中國之內」、「臺灣不可能宣佈獨立」、「有一點民族尊嚴的人絕不會提出這樣大逆不道的主張」。他們反對臺獨的理由：有的是從領土完整觀點，「臺灣是中國領土的一部分，臺灣獨立是任何一個中國人所不能容忍的。」有的是從國家安全觀點，恐懼臺獨引起「外國勢力捲入、對大陸安全不利，所以必須排除。」有的是從民族富強觀點，「統一起來力量倍增，由此產生力量不可估量。」㉗

此外最短的反對理由是「自殺行爲」，最長的反對敍述充滿了感情地說：「我愛中華民族，我愛中華民族大統一，我恨分裂。我恨我們民族像散沙一片，我恨中華不像大和一樣同心同德！我們都應當以寬容豁達的態度，衷心希望臺灣與大陸都繁榮昌盛！不要以幸災樂禍的心態詛咒對方，做一些實際的事情，使兩岸的經濟與政治民主都得到極大發展！」不過在強大反對臺獨的聲音，也有一個容忍臺獨的空谷梵音：「臺灣現在就自稱是一個主權國家。」㉘

丁教授問卷18a「如果臺灣宣佈獨立，您認爲大陸會如何反應？」有四八・三％勾選「會以武力干預」，三三・五％勾選「不會動兵，但會以其他手段干預」，七、七％勾選「有所反應，但不致採取激烈行動」。問卷18b「您認爲大陸是否應該以武力干預？」有二五・六％勾選「應該」，五三・六％勾選「不應該」，六・八％勾選「沒意見」，其餘爲不知道和未回答。

勾選應該對臺用兵者的評語是：「如果臺獨」、「除非臺灣宣佈獨立」、「如果臺灣獨立應該，不獨立不應該」、「希望臺灣與共產黨無條件的合作，建立聯合政府，應是最好最有前途的解決辦法。」、「原則上應該以武力干預，但要看當時具體的國際國內情況而定。」、「只有所有手段失敗後，才會用兵」、「肯定會採取激烈行動，很可能動武」、「經濟封鎖，切斷與島外聯繫，武力爲下策」。勾選不應對臺用兵者，有一個評語爲「如果獨立是

㉕《達賴在美一大學繼續鼓吹西藏獨立，遭到我國留學生堅決反對》，《光明日報》，一九八七年九月二十八日，四版。
㉖丁庭宇，《大陸留學生看中國前途問題民意調查報告》，頁八，表八：回函之大陸留美學生對未來海峽兩岸關係之期待分配表。
㉗丁教授所收集回卷 N.693, N.480, N.444, N.643, N.390, N.689。
㉘丁教授所收回卷 N.813, N.644, N.650。

臺灣絕大多數人民的自主選擇。」勾選不知道者，也出現了眉批：「目前無法知道」、「有比武力干預更好的決策」㉙。也有一分問卷在這些固定答項應該不應該之外，自行設計了「有權利這麼做」一欄，他另寫了說明：「因爲理論上，絕大多數國家承認大陸政權是中國唯一合法政權。」㉚其意爲即使中共對臺用兵，國際亦不會干預中國內政。

丁教授問卷17a.「如果美國與臺灣建立正式外交關係，您認爲大陸是否會以犧牲中美外交關係的作法來抵制？」勾選「會」者佔六四・一％、勾選「不會」者佔一六・九％。在這個題目旁也出現了相當多和極強烈的評語：「美國不會那麼傻」、「除非美國由麥卡錫當總統，或全美國人發瘋才有可能」、「但美國不會這樣做」、「不可能事實，尚沒有這種前景」「對國際事務有一點了解的人，都知道這不會發生」、「這個問題過時了」、「此題顯然不現實，故勾選已無必要」、「大陸的國際地位比臺灣重要得多，問題在乎美國是否會犧牲與大陸的關係。」「根本不會存在這種問題，我憐憫這種可憐的心理，請問世界上有幾個國家與臺灣保持外交關係？正視現實！拋開鴕鳥心態！Please！」㉛丁教授問卷17b.「您認爲大陸是否應該以犧牲中美外交關係的作法來抵制？」勾選「應該」者佔三四・四％、勾選「不應該」者佔三七・五％，其餘爲沒意見、不知道和未回答。附加眉批亦有「當然！」「可能」二則㉜。丁教授問卷16.「您認爲大陸領導人是否有決心在一九九七年收回香港之前取回臺灣？」勾選「是」者佔一六・二％、勾選「不是」者佔六九・七％、勾選「不知道」者佔一八・九％，評語有三條：「感覺不是」、「不宜過急」、「也不可能辦到」。㉝

㉙丁教授所收回卷N.416, N.410, N.549, N.738, N.759, N.594, N.789, N.444, N.395, N.113, N.775。

㉚丁教授所收回卷N.615。

㉛丁教授所收回卷N.113, N.804, N.731, N.530, N.387, N.650, N.775, N.72, N.813。

㉜丁教授所收回卷N.615,和N.53。

對於中華民國與中國大陸的未來關係是丁教授製作民意測驗調查的重點。問卷15a.「您認為大陸與臺灣的未來關係，在十年之後會是如何？」勾選「保持現狀」者最多佔七二・一%，勾選「大陸統一臺灣」和「臺灣統一大陸」及「臺灣宣佈獨立」者，分別為一・八%、〇・一%、〇・二%，勾選「成立中華邦聯或其他形式的政治聯盟」者有一一・九%。這個敏感問題也引起大陸生書寫評語的興趣，議論紛紛有三種傾向：1.表示保持現狀者最多：「對目前現狀的一種深化」、「不會統一，但交流會大增」、「會有很大改善，但從客觀上說，可能還是保持現狀」、「基本保持現狀，雙邊關係進一步緩和」、「應該保持現狀、緩和緊張，不打仗，開展民間往來，官方必要時可以對話。」、「民間往來擴大，實質上三通，但官方仍互不信任，不往來。」、「民和，黨不和」、「不願看到臺灣獨立，但也不希望現在就統一。」2.表示三通發展者：「雙方會有進一步交往」、「會有更多的貿易和民間往來」、「通商通郵甚或通航，但各自為政，常合作」、「溝通漸趨活躍」、「現狀加三通」、「逐步改善，包括通郵以至雙向探親、通商」、「政治軍事對抗緩和，經濟文化交往增加。」「密切的政治經濟關係」、「差距縮小，相互依賴性增強，最終會統一。」、「(保持現狀)但已有明顯變化，如高級談判，大陸人可到臺灣旅遊」、「國共和談合作，中國可能統一。」[34] 3.提出解決方案者：諸如「臺灣政府應當在大陸各城市設立辦事處，像當年共產黨在重慶、南京設立辦事處那樣，用以宣傳自己的主張，民主和自由，和共產黨的統戰政策針鋒相對。」「臺灣當局有識之士，能敢與大陸開展政治談判，如建議以福建省為以國共兩黨為基礎的多黨政治的試驗區，實行自主競選、自由貿易、不駐兵，雙方政治及經濟合作。」「或在目前基礎上進一步發展，或成立中華聯邦或其他形式的政治聯盟。」有位勾選「中華邦聯」的答卷上寫著「但願如此」[35]。

---

[33] 丁教授所收回卷 N.480, N.387, N.463。注 12：丁教授所收回卷 N.775, N.117, N.759, N.123, N.465, N.804, N.523, N.285。

[34] 丁教授所收回卷 N.387, N.311, N.615, N.786, N.053, N.756, N.587, N.390, N.305, N.611。

[35] 丁教授所收回卷 N.514, N.021, N.445, N.240。

至於三十年後的發展，丁教授問卷15b.「您認爲大陸與臺灣未來的關係，在三十年之後會是如何？」勾選「成立中華邦聯或其他形式之政治聯盟」者最多佔四三．八%，其次爲「保持現狀」和「大陸統一臺灣」各佔一一．七%和一一．八%，勾選「臺灣統一大陸」和「臺灣宣佈獨立」者均少，只佔○．六%和三．四%。雖然答卷勾選以會統一且是中華邦聯式統一趨勢爲多，而眉批評語則認爲會統一及不會統一者各約半數。1.認仍不會統一者：「最好是保持現狀」、「國共二黨不可能統一」、「三種可能性（保持現狀、大陸統一臺灣、臺獨）」、「Only God Knows.」、「保持現狀似乎大於武力統一」、「建立適當經濟關係，但無政治聯盟。」、「會有很多對話，甚至三通，但二個實質獨立主權！」、「政治上保持現狀，其他改善」、「實現三通、四流及有限的政治對話，但不會有實質上的統一或聯合。」「經濟、文化、社團、民間交流較大進展，半官方接觸較多。」「民間交流障礙逐年消除，了解加深，但鴻溝仍在。國民黨無法搞臺灣獨立，臺灣在國際社會、在政治上幾乎沒有什麼地位，但經濟上仍有一席之地。」[36]2.認爲中國趨於統一者：「趨於合作」、「經濟趨一體化」、「一定程度的經濟合作」、「自動自主聯合」、「將以某種形式統一」、「都成爲東亞聯盟之成員」、「祖國統一，我不認爲誰統一誰」（兩起）、「保持臺灣生活水準以及制度的不同」、「大陸統一臺灣類似大陸香港關係」、「一國兩制」（兩起）；但主張中華邦聯的也有很多附言：「第二、三條都不現實，第四條路可能性不大，第一條路有可能，但以第五條路（中華邦聯）可能性爲大。」、「如果大陸的政治民主化程度提高，此選擇 possible。」「That's what I like to see.」「（中華邦聯）這將是中華民族的希望所在！」[37]

丁教授還做更前瞻性的研究，問五十年後的中國統一前景，15c.「您認爲大陸與臺灣的未來關係，在五十年

---

[36] 丁教授所收回卷 N.594, N.289, N.190, N.041, N.072, N.021, N.416, N.290, N.184, N.668, N.804, N.693, N.786, N.242, N.390。

[37] 丁教授所收回卷 N.759, N.452, N.480, N.285。

之後會是如何？」勾選「成立中華邦聯或其他形式之政治聯盟」者仍然最多，佔四一・一%，勾選「不知道」和「大陸統一臺灣」都居次，分居二三・二%和一八・五%，勾選「臺灣宣佈獨立」、「保持現狀」和「臺灣統一大陸」者分居二・九%和一・九%和一・一%。在評語反應方面，對統一仍有疑慮者：「六成保持現狀，四成大陸統一臺灣」、「取決於大陸及臺灣的政治體制及經濟狀況」、「更進一步基於彼此經濟水平接近，意識型態不再成爲主要Obstacle。」「讓下一代人去解決」[38]。也有人認爲「早已是統一國家」、「無需五十年就會統一」，但對於統一模式以邦聯模式居多，對於統一過程也力主民主化：「會是一個統一的中國，但國名不會是中華人民共和國或中華民國。」「中華邦聯或政治聯盟走向一體化」、「太平洋政治聯盟」、「多黨輪流執政的統一國家」、「多黨制（國民黨、共產黨及其他黨）」、「一個國家二個實質性獨立的政權，以一個名義參加奧運會。」「中國統一，不存在誰統一誰，而是中國之統一。」[39]

由於丁教授這分「看中國前途問題之意見調查」，關係著極大多數大陸留美學生之興趣，許多人在答案上書寫個人意見，還有人另寫一函給丁教授者，茲刊錄三封誠懇愷切的來函，他們提出了中肯的意見。隨附編號二八五回卷的來函表示：臺灣雜誌仍稱中共爲「共匪」，他表示這就像如果中共刊物仍稱「蔣匪幫」也是一樣不合時宜的。他委婉地說大陸民眾不會接受「三民主義統一中國」的口號，這不但是三民主義或國民黨在大陸不現實或過去印象不好，而主要因素爲歷經各種運動折磨，「四十年來中國人被各種主義害苦了，現在是少談些主義的時候了！中國的未來在於合一而非統一！」[40]另一封來函開頭說：「由於大陸、臺灣的經濟發展，人民生活水平的差距，大陸和臺灣的統一在短時間內是可能性不大的，而且十年以後這種差距將依然存在。三十年後，大

[38]丁教授所收回卷 N.530, N.676, N.311, N.463。
[39]丁教授所收回卷 N.445, N.290, N.587, N.609, N.437, N.416, N.737。
[40] N.285 附丁教授函。

陸的經濟的發展、民主的進度都將達到一個新的階段，但與臺灣相比還將有些差別。在這種情況下保持現狀是最可能的。……第四代、第五代人由於長期的分離和官方對大陸敵意的宣傳，因此他們對整個國家的統一將會毫無興趣，對中華民族的自豪感也會統統失去。」接著該文就預料臺灣將逐漸走向臺獨，而中共忙著接收香港，面對臺獨的傾向將會激起全體中國人的憤慨，該文也罵道「如果鄭成功在九泉下看到他的子孫墮落成如此這般，將會作何感想。」該文結語想和丁教授面談再作研討，這位俄亥俄州大學的準化學博士的大中華思想還意猶未盡吧㊶！

在丁教授完成「大陸留美學生看中國前途問題民意調查報告」研究以後，到一九八九年六四天安門事件當前，大陸留美學生的統一思想又有了些變化，而且是朝向親中華民國的趨變。以前大陸學生嘲笑「三民主義統一中國」是個神話，而今在大陸非共力量興起後，也有大陸留美學生對三民主義統一中國的四個障礙認眞討論：1.認爲三民主義統一中國沒有現實性，然而共產主義又眞的破產，提三民主義「至少可使中共最大程度地偏離共產主義」；2.認爲三民主義統一中國意味著內戰和暴力，其實這比「反攻大陸」口號相比，正表示國民黨放棄軍事內戰尋求和平統一之道；3.許多大陸人民對「主義」特別反感，其實以三民主義取代共產主義的眞正意義是，回歸中華民國憲法，即主張「民有、民治、民享」，擷取傳統文化精華，又吻合現代西方的國家觀念；4.許多大陸人民覺得接受「三民主義統一中國」是向臺灣一面倒，其實中國大陸現代化所必須學習的就是臺灣經驗。于大海結論幽默地說：臺灣有一件能做不能說的是臺獨、能說不能做的是三民主義統一中國，其實在中國大陸能做不能說的也是三民主義統一中國㊷。

㊶ N.190 附來函。

㊷ 于大海，〈談三民主義統一中國〉，載《中國之春》，一九八八年九月總第六四期，頁二七。

當然大陸留美學生的民族主義仍然很強烈，即使短期內不要求臺灣和大陸統一，但也千萬要求臺灣「不可以走向獨立的局面，因爲若是導致獨立，臺灣在政治與經濟上的任何成果都對中華民族失去重大意義。」㊸大陸生希望統一可以將臺灣的政治民主化和經濟成功「來平衡共產黨的霸權」，揚小凱建議中華民國向中共提出和談條件，要求大陸一如臺灣之開放報禁、黨禁，這些民主自由法治先決條件實現了，共產黨用以迫害國民黨和其他異己的基礎就會動搖，「如果統一意謂著共產黨吃掉臺灣，我當然極力反對。」但是現在國共兩黨地位正好相反，當前國民黨打談判牌的時機比四十年前中共在重慶會談機會更好。

直接鼓吹學習臺灣經驗的大陸生也有敢站出來了。例如留美的傅里民，他認爲臺灣經驗啓示中國社會發展：1.實施孫中山思想的經驗，2.由農業社會走向工業社會的經濟發展經驗，3.社會財富的理性分配，4.發展文化教育的經驗，5.逐漸走向民主法治現代社會的經驗。他說：「社會主義無出路，臺灣經驗才是成功的經驗。」不過他要求中華民國需要胸懷遠大的政治家，放棄「三不政策」，與大陸開展文化與新聞交流，加強兩岸人民往來，使大陸人民更加了解臺灣的現實與發展，如此才能對中國產生較大的影響㊹。另一位留美大陸生常青在「適合中國國情的臺灣經驗」：指出1.私有財產制優越於公有制，2.教育是富國強民之本，3.中華民國在經濟成長過程中，同時注意財富的平均分配。他結論：「只有實行臺灣的經驗，大陸人民才有希望在將來達到現代化的理想。」㊺

當然，中華民國也不可以沾沾自喜、故步自封，臺灣經驗還有更求改革、精益求精的必要。一九九〇年三

㊸周玉蔻，〈台灣、大陸、香港留學生聚談中國前途〉，文中所引爲哈佛社會學博士大陸生丁學良，載臺北《遠見》雜誌，民國七十六年六月一日，頁八九。

㊹傅里民，〈台灣經驗與中國前途〉，載臺北《中國大陸》，民國七十八年九月，頁七—六。

㊺曉光，〈台灣經驗與中國前途〉，載臺北《中國大陸》民國七十八年十月，頁五〇。

民主義統一中國大同盟委託民意調查基金會，對二十八所美國大學的一、四〇四名大陸留學生的電話調查，發現六六%大陸生認爲，臺灣的民主改革依目前形勢發展，有助於臺海兩岸間的和平統一。在六四天安門事件後，三〇・六%大陸生對臺灣聲援大陸民主運動行動表示滿意，二五・三%則認爲不滿意。一旦大陸再起類似天安門事件，七八・三%大陸留美學生認爲即應採取聲援民運行動。八八・六%大陸留美學生願意在未來三年內到臺灣參觀訪問。九六・六%大陸留美學生肯定這些年來臺灣民衆赴大陸探親，對兩岸關係正常化有所幫助㊻。

五、結　論

留學生與國運密切相關，當前海峽兩岸均持「一個中國」政治立場，結果必然朝統一道路邁進，中華民國遲早受到來自大陸留學生的影響。按照政治學角度，既然預知我國未來十年、三十年、五十年將發生的影響因素，現在就要從事政策規劃，使變數朝對我國家安全與人民福祉有利的方向發展。尤其當前大陸留學生對我印象模糊、判斷缺乏之際，我政府極宜加強其對我良好印象之充實、誘導其對我正確判斷之建立。也只有在他們仍稚嫩、純潔、不成熟時刻，我們才能發揮主導作用，才能省力地潛移默化大陸留學生之思想。

爭取大陸留學生的好感、認同，並灌輸我方看法與作法，有三個要考慮的問題：第一是通道(channel)，用什麼方法把我方資訊傳遞給他們；第二是內容(content)，要大陸留學生了解中華民國是什麼樣子；第三是效果(efficiency)，達成傳遞內容的百分比並做成評估。

通道問題：讓我駐外機構的人員來做連絡大陸學人學生的工作嗎？讓我廣大的留學生來和大陸生打交道

㊻〈七成大陸留美學生認爲台灣民主改革有助兩岸和平統一〉，載《中央日報》海外版民國七十九年五月二日，二版。

嗎？讓我在海外刊行的報章雜誌來贈閱給大陸學人學生嗎？讓我成立專責的處理大陸留學人員的機構嗎？還是邀請大陸學人學生親自來臺看看？

首先從紀律來看，運用臺灣留學生不如運用我駐外機構人員較易掌握，但是我駐外機構人員各有專司，本身已夠忙的，他們連臺灣留學生的服務工作都無法盡善盡美做好，怎可又加一項連絡大陸留學生的工作呢？為了效率而成立處理大陸學人學生的海外專責機構，在我與美、日、歐、澳、加等重要國家沒有外交關係的狀況下，擴編駐外機構組織與員額，恐有困難吧！而且因預算審查關係、記者挖新聞關係、臺生或工作人員的大嘴巴，透露了我方有這麼一個對大陸留學人員的專責機構，馬上昇高了海峽雙方的敵意，中共統戰部門馬上指名叫陣；也加強留學國家與我政府的摩擦，美、歐、日、加等國一定不給我負責「統戰大陸留學生」官員的簽證。那麼鼓勵臺灣留學生與僑胞「接近大陸留學生，以服務代替策反，以鄉誼代替認同，介紹自由中國在臺灣實施三民主義之成果」比較可行！

臺生、大陸生在海外有同學關係，是必要經常接觸的。薛綺博士「在美國唸書，大陸剛開放到美國留學，我與大陸留學生經常接觸。我發現海外大陸人士，尤其是黨員對臺灣了解相當少，態度上也很排斥對臺灣進行了解，他們一向的看法似乎是：只要把臺灣拿回來就好了。」[47]，撰者在Stanford University訪問研究時也和三位大陸生徹底談統一問題，雖不能完全改變對方的立場，但至少讓大陸生哦然一句：「不曉得統一問題這麼複雜。」所以，臺生與大陸生接觸，在爭取大陸生正確了解中華民國方面有肯定積極的作用。

臺生對大陸生的意見影響能力，據撰者小樣本（因樣本太小，偏差太大，故不敢做成統計圖表）調查，與臺生關係密切的七位大陸生：一位對中華民國有好感、二位仍陌生、四位無意見；與臺生常來往的十八位大陸

[47] 陳長文主席、歐陽元美等紀錄，〈海峽兩岸留美學人座談中國統一問題〉，載《中國之春》，一九八九年二月第六九期，頁二〇。

生：八位對中華民國有好感、三位仍陌生、七位無意見；與臺生甚少來往的十一位大陸生：三位對中華民國有好感、二位仍陌生、六位無意見；小樣本大陸生中無人對中華民國敵視。在這項調查中發覺對中華民國最有好感的大陸生，反而只是常與臺生來往的大陸生而已，與臺生關係最密切的大陸生不見得最與我政府認同。

撰者小樣本還發現，大陸生不管與臺生關係親疏如何，他們堅持中國統一的立場並未改變，不過與臺生關係愈密切者對中國政治前途越樂觀，經常來往者樂觀程度次之，少來往的大陸生樂觀者僅稍高於悲觀者而已。對中國統一策略，與臺生關係密切的九位大陸生：五人主張和平統一、三人主張政治談判、一人主張公民投票；與臺生經常來往的二十二位大陸生都主張和平統一；與臺生很少來往的十位大陸生也都主張和平統一；小樣本中都沒人主張武力統一或國際談判，這可能與問卷中未提臺獨的可能性有關，如問臺獨反應，可能會有大陸生改而主張武力統一。大陸生與臺生關係是否親疏，都不會隨便主張動武，但是關係密切者才會想到「政治談判」、「公民投票」等多樣性選擇。

所以結論，大陸生與臺生是否來往密切，影響大陸生對中華民國的好感、認同程度不大，但影響大陸生對臺策略的比較實際、比較合理。因此，值得鼓勵臺生多與大陸生往來，放手兩岸留學生、人民的自由往來；但是政府不宜公然在文件中提倡或制成政策，有一點好處而又達不到轉變大陸生對我認同的地步，如果反而被中共統戰部門抓住把柄「證明我政府策反大陸留學生」，那才是天大的冤枉呢！因為兩岸留學生密切接觸後，大陸學生既然都不改變政治立場，被策反的很可能是臺灣留學生呢！

贈閱我報刊雜誌給大陸學人學生，以爭取其對中華民國的了解，在臺灣留學生都未普遍收到《光華雜誌》、《中央日報》的情況下，這樣做是不妥的，刺激了中共政權的敏感敵意，而且大陸留學人員高達八萬人，經費上我們負擔不了，就算有錢，去搜集八萬大陸生的地址就夠敏感了，馬上海峽兩岸的衝突尖銳化。所以，只能贈閱給各大學中有漢文圖書館、東方圖書館的學校，但我方不必期望太高，一方面中文贈閱報刊常常不被上架，我曾發覺 Columbia University 棄置我方航寄的宣傳資料；另一方面大陸生看了也不見得認同，丁教授所收到的大陸生回卷，有一封寫到「臺灣有的報紙質量極差！」[48]我方報紙著眼於國內宣傳，對大陸內幕報憂不報喜；而大陸生看我方報紙最關切家鄉消息，看了沒一條好事就對《中央日報》搖搖頭。

那麼乾脆以錢收買大陸生如何？設一些獎學金名額，解決六四事件後有家歸不得的大陸生燃眉之急。也打破 Chicago University 大陸生李三元的抱怨：「我不感覺到臺灣政府在感情上的照顧，政治上顧慮也多。」據聞「國民黨宣布已收集得七千萬元臺幣的捐款，以援助流亡的大陸學生。現在，每位在海外升學的大陸學生最高可獲取『三民主義統一中國大聯盟』發給的三千美元。」[49]這筆款項只能幫助三百多名大陸學生，但總是好的開始，目前尚不清晰中共的反應及錢花下去的效益如何。

邀請大陸留學生直接來臺參觀訪問，前行政院院長俞國華表示「他希望五位大陸留學生在訪臺期間，能實際、客觀、自由自在地到處觀察，比較臺灣與大陸四十年來在不同的制度下，民衆的生活方式及各項建設的異同。」俞國華認爲，由他們自己觀察、判斷所得到的印象，要比政府機關告訴他們的方式好。果然五位大陸生離臺後對我好評如潮[50]。邀請來臺又原團回去，這不致與留學國家摩擦，而且中共主張「三通」，鼓勵其留學人員訪臺，打通兩岸學界往來的第一步。因此邀請大陸學人學生來臺成爲阻力最少的方案，由於留學生要求於寒暑假訪臺，故我政府在暑假、寒假都辦理接待大陸留學人員訪臺參觀工作，海內外的反應都不錯。

大陸生堅持「一個中國」、「統一原則」都未改變，但了解中華民國各界想法後，「統一策略」有了比較務實的態度，裴敏欣說「應該是在自由經濟與政治民主的原則下統一」，徐邦泰說「經緩和和對立，實現各自的利益。

[48]丁教授所收回卷，N.386。

[49]〈三百餘名大陸留學生向台灣申請海外護照〉，載香港《明報》，一九九八年七月十八日，九版。

[50]蕭純，〈大陸留學生訪台紀實〉，載《中國之春》，一九八九年三月第七〇期，頁一二—一五。

眼前可行的是交流，從民間交流開始，方可以達到促成政治民主化和經濟自由化。有此條件，統一就是可以考慮的課題。」吳牟人說：「統一並不是最高獨立的價值，人民的利益比統一有更高的價值，不能促進人民的利益的統一，不值得追求。」[51]這些觀點如果是來臺觀察才得到的，則政府在海外花十萬美金也買不到這個宣傳效果。撰者非常贊成邀請大陸留學人員的訪臺，不但年年寒暑假辦下去，而且應擴大邀請員額以廣效益。至於中共之反應，由於大陸生一致地「反臺獨」、「講統一」的立場，中共應不致於反對；倘若在名單人選上抗議，不妨也接納一兩位親中共的「聯誼會」代表。大陸留學生訪臺也不是沒有帶來積極的建議。吳牟人批評我政府要求中共放棄四個堅持，「反而會增加對抗」，的確有其道理，四個堅持的要害在「堅持黨的領導」，我政府要中共放棄四項堅持等於要中共在大陸下臺，當然增加中共的對抗。吳牟人建議我政府另提「民辦報紙、(民)組反對黨」等項，務實多了，倘若海峽雙方可以「對話」，吳牟人的建議相當可採，撰者深信若中國大陸一旦開了報禁、黨禁，共產黨的下臺是遲早的事。吳牟人說：「等到大陸已有言論自由，有民營報紙，有各種基層選舉，屆時兩岸人民都願意了，就可以談統一。」這樣的統一過程，不但對大陸人民、臺灣人民雙方有利，也符合我政府「一個中國」的基本國策。海峽雙邊條件不同，大陸的經濟甚難發展到臺灣之繁榮富裕。趙少康委員也說「要等到兩邊各種標準一致再談統一，那是很難的。」所以趙委員認爲「必須要能設法中國大陸能舉行選舉，由私人辦報、組黨，才能完成大陸的民主化過程。」「到了大陸發展到臺灣民衆可以接受的地步才可以談統一。」[52]撰者非常同意趙委員的意見。

中國大陸經濟現代化，可能五十年也追不上臺灣，但是也不是五十年或根本遙遙無期談統一。那樣，大陸

---

[51] 陳長文，頁一六－一八；蕭純，頁一五。

[52] 陳長文，頁一六－一七。

留學生甚至中共政權就沒耐性了，以為我們沒有誠意，撰者以為政治民主化可以很快，五年、十年只要中共政權有決心就可以實現了。允許民間自由辦報、基層自由選舉、一直發展到全國也進行眞正的選舉，允許反對黨和異議分子、民運人士參選，只要言論自由、辦報自由，虛假的選舉一下子就拆穿了。撰者以為中國統一的對話，條件可以降低到大陸民主化一個條件就可以了。如果中國大陸能似東歐五國的民主改革，中華民國當然可以回應統一對話，提出統一階段時刻表。只怕中共在民主化過程中，又會反悔起來捕殺民運人士。

丁教授所調查大陸留美學生，七二%相信十年後海峽兩岸關係應可「保持現狀」，不致於產生劇變。至於三十年、五十年後的兩岸關係，又有接近半數大陸留學生認為將朝「成立中華邦聯或其它形式之政治聯盟」，而認為「大陸統一臺灣」的，僅佔極低百分比。一方面顯示他們尊重中華民國政經發展成就的客觀態度，一方面也表現他們期望中國統一的主觀願望。統一在大陸留學生的態度上，不是「誰統一誰」的問題，而是中國人追求最符合中華民族利益的政治體制。但是一旦臺灣宣佈獨立，四八・三%的大陸生以為中共「會以武力干預」，三三・五%的大陸生以為「不會動兵，但會以其他激烈手段干預」，計逾八成的大陸生擔憂臺獨置立刻造成臺海危機問題。但論及他們個人贊成不贊成戰爭發生？五三・六%大陸生認為大陸不應該以武力干預，這種個人認知與中共政權可能反應的差距，是美式民主教育影響了大陸生的政治態度，造成留學人員與中共領袖的異質性，所以等這些留學人員進入中共領導階層後，臺海兩岸的和平談判才更有可能。[53]

中國國民黨四十年來政經成就，大陸留美學生五〇%以十分明確的「非常好」及「好」，肯定本黨在臺灣的表現，其中持否定態度「不好」者僅佔二・一%，並無一位受訪者表示國民黨在臺「非常不好」。所以本黨在臺施政表現，足以進一步在中國大陸爭取人民支持。當然臺灣若能朝更民主化道路前進，必能更獲得大陸同胞的

---

[53] 丁庭宇，〈大陸留美學生與中共的差異性〉，載《中央日報》，民國七十七年六月十五日，二版。

肯定。臺海經濟方面的差距，至公元二〇五〇年的經濟發展，仍然承認「臺灣領先大陸」者，由當前九五%的大陸生降至二九・八%。另外三八%大陸生認爲趨向「不相上下」，一四%大陸生認爲「大陸領先臺灣」。這是大陸生肯定當前臺灣經濟領先大陸，但到二〇五〇年時則未必見得。留美知識分子對大陸經濟發展深具信心，反映了他們的政治認同仍在中國大陸，二〇五〇年早已是留美派治國的天下了，他們流露出對自我高度的期許。(同53)

我政府對大陸留學人員的工作方向，撰者結論是通道方面邀大陸學人學生來臺訪問的效果最好，內容方面以介紹中華民國政治民主化、思想自由化、社會多元化、經濟市場化四個優先順序最好，效果方面宜定期舉辦問卷調查，評估大陸留學人員對我態度之變化。

李登輝時代的大陸政策

——大陸政策中文化工作的定位

朱新民

李總統登輝在就任中華民國第八任總統的就職演說中，對今後大陸政策的內容與走向做了重要的宣告，使海峽兩岸關係出現了新的契機。又正如李總統所言，兩岸關係進一步的開展，必有賴於雙方的誠意，因此，中共對李總統新揭示的大陸政策已有或可能將有的回應，更是兩岸關係開展的重要關鍵。

本報告的主旨在針對李總統大陸政策的內容與中共的回應做互動的研究，並試圖說明「文化工作」在兩岸關係與中國統一過程中扮演的角色。報告的基本架構如後：

一、李登輝總統大陸政策的發展

李登輝總統自民國七十七年一月二十日繼任第七任總統到七十九年五月二十日就任第八任總統，在他主導之下大陸政策有相當的進展❶，尤其是在第八任總統就職演說中更揭示了新的內容與走向。比較起來，現階段大陸政策與之前的大陸政策有以下的差異：

(一)、從否定事實轉爲接受事實

在過去，基於「漢賊不兩立」的「有我無你、有你無我」立場，臺灣當局一直不肯面對現實，不肯承認中共政權在大陸上的事實存在，視中共政權爲「非法政權」，抱者「打倒」、「推翻」的態度。現在李登輝總統宣告決定在最短期間內終止動員戡亂時期❷，並且在記者會上直呼「中華人民共和國」的國號❸，這都在在顯示出臺灣當局已開始接受事實，承認中共政權在大陸上的合法地位。這種政策取向主動表現出臺灣方面希望化解敵對的誠意與善意，以更客觀務實的態度來處理兩岸關係，使未來的發展出現了新的契機。

(二)、從消極的迴避轉爲積極的回應

在過去，面對中共的「和平統一」攻勢及「一國兩制」的壓力，臺灣方面是以堅持「不接觸、不談判、不妥協」的「三不政策」來迴避，在態度上是比較消極，顯得對自己缺乏足夠的信心。現在，李登輝總統明確表示，雙方官方可以接觸談判，但是必須是中共接受臺灣方面爲「對等政府」的前提下進行談判。李登輝總統的新態度是做爲對中共的「一國兩制」的積極性回應，顯示臺灣方面不再逃避談判的態度，而且替未來雙方的官

---

❶〈李總統兩次就職記者會內容比較表〉，《聯合報》，民國七十九年五月二十三日。李總統在民國七十七年二月二十二日的記者會上宣示的大陸政策要點有1.三不是既定原則，2.中共要放棄四個堅持，放棄武力侵臺，3.一國兩制不適合中國，4.堅持一個中國原則。在七十九年五月二十二日的記者會上宣示的大陸政策要點有，如果1.中共推行民主政治及自由經濟制度，2.放棄在海峽使用武力，3.不阻撓我們在一個中國前提下開展對外關係，中華民國願以對等地位交流，研討國家統一事宜。

❷李登輝，〈開創中華民族的新時代〉，《聯合晚報》，民國七十九年五月二十日，三版。

❸〈李總統記者會問答全文〉，《聯合報》，民國七十九年五月二十三日，五版。

方接觸談判創造了較寬濶的空間。

㈢、從攻擊批評轉爲溫和期待

在過去，臺灣方面只要談到兩岸關係，就一定先對中共政權的本質進行強烈的攻擊或直接的批評，進而明白要求中共必須放棄四個堅持與一黨專政。這種攻擊性態度，不但不容易被中共接受，而且被視爲是對中共政權的挑戰，只會造成雙方更大的敵意與對峙。現在，李總統則採取了間接的溫和的方式，期望中共能「體認」世界潮流的趨勢及全中國人的期盼，能走向政治民主化與經濟自由化的道路❹。這種提法一方面照顧到中共的「顏面」，同時也給中共一切「順勢」下臺的「臺階」，在處理兩岸關係上顯得更有技巧❺。

㈣、從強硬的立場轉爲彈性的態度

在過去，臺灣方面在對待中共政權與處理兩岸關係上是鮮有彈性的，「漢賊不兩立」與「三不政策」是絕不能改變的。現在，李總統雖然沒有親口說出放棄「漢賊不兩立」與「三不政策」，但是他強調的「終止動員戡亂時期」及「在三條件下願意與中共政權對等談判」的說法❻，等於是放棄了過去的僵硬立場。

另外，李總統對於他所提出的要求中共善意回應的條件上，也表示可以以不同的方式來表現，使兩岸關係的開展更具靈活性。例如，要求中共在國際上不再孤立中華民國，可以同意臺灣加入“GATT”來表現；在放棄使用武力上，可以從沿海撤軍三百公里的作法上來證明❼。這些態度顯示出李總統的大陸政策不再拘泥於一些

---

❹同注❷。
❺朱新民，〈李登輝時代的大陸政策〉，《臺灣日報》，民國七十九年五月二十六日，二版。
❻同注❷。

「文字」上的限制，轉而從「實質行爲」上來看待兩岸的互動關係，因此較富彈性。

㈤、凸顯出尊重民主與民意的態度

對於兩岸關係與中國統一，中共一貫的立場是主張「黨對黨」的談判，經由「國共第三次合作」來解決問題。但是，中國問題不是黨派問題，它不是國共兩黨自己能決定及解決的問題，它是全中國人的問題。因此，臺灣方面是一直反對「黨對黨」的談判方式，然而，過去臺灣當局只是強調反對「國共和談」，並沒有進一步強調國家統一必須尊重兩岸中國人民的公意。這次李總統在就職演說中則明白指出，期於客觀條件成熟時，依據海峽兩岸中國人的公意，研討國家統一事宜❽。這一方面顯示出對兩岸中國人民意見的尊重，同時突出了中國統一必須經由「民主過程」的理念。這種尊重民主及民意的態度，比較能爭取到兩岸中國人的認同並得到世界各國的支持。

二、兩岸關係開展的瓶頸

㈠、只知政治不知其他

兩岸關係開展的第一個瓶頸是把「政治統一」做爲「國家統一」的唯一或主要的內容。這種政治意識型態

---

❼同注❸。

❽同注❷。

過於濃重的「只知政治不知其他」的國家統一態度，凸顯出雙方在政經體制與思想型態上的差距，結果反而擱置或延緩了國家統一的進度❾。

在中共方面，「一國兩制」是其能主張的中國統一模式。按鄧小平的說法就是：「統一後，臺灣仍搞它的資本主義，大陸搞社會主義，但是是一個統一的中國。一個中國，兩種制度。」❿就中共而言，認爲一國兩制是一種既尊重了彼此現行的體制而且又符合兩岸眞實力量的一種安排，即「它肯定了在一定的歷史條件下，在一個統一的以社會主義爲主體的國家內部，可以實行包括社會主義與資本主義在內的不同社會制度的互相並存和平共處。」⓫

中共認爲這種「你不吃掉我，我不吃掉你」的原則是既合理又務實更可行。但是對中華民國而言却難以接受。因爲在一國兩制概念下，一國是指中華人民共和國這個政權及政府，並且是以中共政權爲中央政府，把中華民國降格爲地方政府。這種設計雖然讓臺灣得以保留「軍隊、財政及現行社會制度」，但是却矮化了中華民國在中國主權競爭中的地位，同時壓制了中華民國在國際社會中的合理生存空間，因此臺灣方面不論在情感上與事實上都很難接受。進一步分析，接受一國兩制模式的統一不符合中華民國的理念與利益。

就理念而言，臺灣方面主要不是追求領土合併、政權合併的形式上統一，而是追求統一後的中國能有一個合理的生活體制。接受一國兩制等於是間接承認大陸上社會主義體制的合理性，也等於臺灣方面放棄了支持大

❾朱新民，〈製訂系統化的大陸政策〉，《中華日報》，民國七十九年三月二十六日，二版。

❿鄧小平於一九八四年二月十二日，在會見美國喬治城大學戰略與國際問題研究中心代表團時，首次正式概括式的提出「一個中國，兩種制度」的說法，進一步被簡稱爲「一國兩制」，這就是一國兩制的來源。引自：程金中，〈中共對臺政策的歷史發展及其趨向〉，載《回顧與展望—論海峽兩岸關係》（中國社會科學院臺灣研究所編，北京：時事出版社，一九八九年九月），頁一三。

⓫郭相枝、范忠信，〈一國兩制的現論意義和實踐影響〉，前揭書，頁四七。

陸同胞追求更好的生活體制的立場。

就利益而言，接受一國兩制表面上使得臺灣得以保留軍隊、財政及現行體制，感覺上是中共對臺灣的一種「寬容」與「賞賜」。但分析起來，中共允許臺灣保留的項目並不是眞正從中共手中拿給臺灣的東西，那些都是已經具體存在於臺灣，是由臺灣二千萬同胞共同創造的成果。對於這些原本就屬於臺灣自己的項目，怎麼能說是中共拿給臺灣的利益呢？

總之，一國兩制是一種含有強烈「政治意識」的國家統一模式。由於它在情感上、理念上、利益上皆不符合臺灣的需要，因此中共提出一國兩制後，它不但不被臺灣同胞接受，反而因一國兩制而激化了兩岸政權間的「統戰與反統戰」的鬥爭，臺灣民間更因爲害怕一國兩制而對中共統一中國的和平誠意感到疑懼不安，一國兩制不但沒能促進反而停滯了中國統一的脚步。而當前兩岸關係的開展與中共的一國兩制根本無關，不是一國兩制的成果。

在臺灣方面，中華民國政府也是以「政治性」的角度來思考兩岸關係與中國統一。

對於國家統一工作，中華民國政府曾經先後主張過「反共復國」、「三民主義統一中國」，以及目前的「輸出臺灣經驗」的模式，雖然在講法上有所不同，但是同樣的都具有高度的政治意識。

反共復國是最具政治性的模式，但是實行的結果是「反共有餘，復國無期」，這個模式由於過於脫離實際，逐漸成爲「歷史名詞」。

八〇年代開始，中共推出了和平統一與一國兩制的對臺攻勢，面對中共的壓力，中國國民黨於一九八一年三月召開黨的十二次大會，在會中把過去絕對鮮明、極富挑戰，却又無法實行的「反共復國」口號做了適當的修正，提出了「以三民主義統一中國」的新模式，並且成立「三民主義統一中國大同盟」[12]的組織來推動中國統一。

三民主義統一中國的模式，雖然不像「反共復國」是要「打倒」、「推翻」「匪僞政權」，但是性質上也是要把在臺灣實行的意識型態加在對方身上。這個模式受到臺灣自身「三不政策」的限制，很難推動，加上內容過於抽象，流於空洞，因此它逐漸淪爲「宣傳上的口號」而缺乏實質上的行動。

一九八七年十一月二日蔣故總統經國宣布開放國人赴大陸探親，兩岸關係進入到新的里程碑。爲因應兩岸關係的新情勢，中國國民黨於一九八八年七月召開了黨的十三次大會，在會中提出了「現階段大陸政策案」，制定了大陸政策的四個原則，即推動大陸政治現代化、經濟自由化、社會多元化及文化中國化，並強調要「推廣臺灣經驗」，要求中共能學習臺灣的發展模式，兩岸關係進入新的階段。

綜觀中華民國不同時期所提出的國家統一模式，都是以中華民國爲中心而做的政治安排，而且都強烈顯現要以「臺灣模式」、「臺灣經驗」做爲統一中國的藍本。這些模式基本上都因爲臺灣自身能力不足而無法有效實施，以致不是成爲「歷史名詞」就是淪爲「宣傳口號」，要不就是還在嘗試當中；在中共方面則認爲是脫離兩岸的客觀現實，更不符合大陸上的實際需要而加以拒絕。其結果是中國的統一步驟至今仍陷於「模式」的競爭當中，而一直無法觸及到實際的問題上。

(二)、互相給對方出考題

中國統一的另一個障礙是雙方都有政治上的預設立場，而且這些預設立場都是讓對方在現實上無法立刻接受的要求，這種互相給對方「難題」，出「考題」的方式，阻撓並限制了其他領域中可能的合理活動。

⑫三民主義統一中國大同盟於一九八二年正式成立，首任主任委員爲何應欽將軍，現任主任委員爲馬樹禮先生。是一個超黨派的強調民間自主性的追求中國統一的組織。

由於雙方都把全副精神放在要求對方接受自己的條件上，這使得中國統一工作面臨以下三方面問題：

第一，簡化了中國統一問題。以爲只要對方接受了自己的要求或條件，中國統一就可以立刻實現。

第二，由於這些政治上的預設條件都涉及到彼此最敏感、最警惕的部份，因此雙方都不能讓步也不知道該如何讓步，結果只是增加雙方的敵意，都認爲對方有意爲難自己。

第三，因爲政治上預設條件所造成的僵局無法打開，雙方缺乏信任與諒解，結果使得「非政治領域」中的學術、文化、科技、經濟、體育、新聞等方面的交流來往都受到相當程度的限制。而這些非政治領域中的交流來往是國家統一的最重要的基礎工作，這些基礎工作無法順利開展反使中國統一進度延後。

在中共方面，一再強調對於談判接觸沒有預設條件，只要臺灣方面肯坐上談判桌上一切好商量。並且一再批評臺灣方面不肯談判就是拒絕國家統一。

事實上，中共的一國兩制其實就是一種預設立場。中共雖然表示可以無條件進行談判，但是却只能在「一國兩制」的模式下進行談判。換言之，中共對於「談判前」確實沒有任何條件，但是對「談判後」，却有既定立場，即談判結果不能違反「一國兩制」原則。

在臺灣方面，在過去基於「漢賊不兩立」，也基於談判失敗的「負面經驗」，長期堅持「三不政策」，根本就不與中共談判，對待中共政權不是打倒就是推翻，除此之外別無選擇。

而現在，中華民國雖然不再堅持「三不政策」，也同意可以有官方的接觸談判，但是却是「附帶條件」的。李總統先是本年五月十五日與大陸訪問歸來的立委們談話時表示，中華民國可以和中共政權談判，但是必須是在「對等政府」前提下進行，這可以說是對中共的「一國兩制」模式的「條件回應」⑬。之後，李總統又在五月

⑬《聯合晚報》，民國七十九年五月十六日。

二十日就職演說中表示，如果中共能推行民主政治及自由經濟制度，放棄在臺灣海峽使用武力，不阻撓中華民國在一個中國前提下開展對外關係，則臺灣方面願以對等地位，與大陸方面開展全面交流，……進而研討國家統一事宜⑭。

就臺灣方面而言，是認爲提出了合理的彈性的條件，但是在中共方面則認爲這是「預設路障」，是絕不能接受的⑮。這種型態繼續發展下去，要不是雙方在「條件上討價還價」而拖延一段很長時間，則就是因這些條件實在難以接受憤而轉趨極端，使兩岸關係進入更緊張的局面。

(三)、都把責任寄望在對方身上

中國統一過程中的另一個問題是，感覺上雙方都爲國家統一工作做了主動的出擊，甚至做出了一些讓步的動作，但是最後的完成工作都是「寄望」在對方身上，把完成國家統一的責任歸給對方，雙方都認爲自己已盡了最大的責任，而不明瞭各自在自己的能力範圍中其實還有很多的工作，還有不少的空間可供自己先行來做。

中共方面一直強調，希望和國民黨進行「黨對黨」的談判，實現「國共第三次合作」，可說是把國家統一的完成寄望於國民黨身上。現在，中共雖然仍寄望於國民黨身上，但是也同時寄望於反對黨與一般人民身上，似乎只要臺灣當局與人民有了反應，中國就可以統一了。

臺灣方面，也是如此。先是一再強調中共若不自己放棄四個堅持與一黨專政則終將崩潰。現在則是改變說法，希望中共能體認國際潮流的趨勢及順應中國人民的期盼，能夠推行民主政治及自由化經濟制度，講的內容

---

⑭同注❷。

⑮〈評李登輝的大陸政策〉，香港《文滙報》，一九九〇年五月二十二日。引自：《聯合晚報》，民國七十九年五月二十二日。

上有不同，但精神上都相同，可說是把中國的統一寄望在中共政權的崩潰或自行覺悟上。

分析起來，雙方都認爲自己已做了最大幅度的讓步，也已經盡可能的照顧到對方的利益，可是爲什麼對方還是沒有善意的回應？這種各自認爲已盡了責任且自認爲已有充分誠意的觀點，可能會使兩岸關係陷入是否有「誠意」之爭，而忽略掉在「誠意」之外還有很多很大的空間，這些是不待對方是否有誠意而自己就可以先行進行的項目，而且更能有利國家的統一。

在中共方面，與其要求臺灣立刻進行談判，或者爲此而不斷的向臺灣施加壓力，還不如自己先改善自己。例如，改善政權的形象、穩定政權的政局與政策，放鬆對待知識分子的政策，甚至釋放六四部份民運分子，這些都能有助於兩岸關係的緩和與進一步開展。

在臺灣方面，也不必非要中共在三條件上有所回應之後才允許兩岸間全面的學術、文化、經濟、科技的交流。可以根據自己的需要，根據「有利自己同時也有利大陸同胞」的原則，在學術、文化、科技上進行全面的交流，在經濟上採取「開放並輔導」的方式進行，這樣更能夠實現中國的統一。

三、兩岸關係中的變數與危機

兩岸關係在總的方向上是走向緩和，感覺上彼此正在接近，但在內涵與表現上卻另有深層的特點。目前的態勢實際上是「人民與人民間逐漸緩和，政府與政府間正在對抗」。兩岸民衆透過探親旅遊等活動，正在消除隔閡、降低敵意，建立共識與互信，而政府間却因爲「接觸」而出現了新的變數與危機。

過去，雖然中共一再的要壓制中華民國，但是臺灣方面採取「三不政策」來廻避，雙方間因爲沒有接觸，因此實質上沒有「面對面的直接的對抗」，頂多只是屬於一種「言論上的對抗」。正因爲沒有眞正的、直接的對抗，因此兩岸間雖然是對峙的、緊張的，却是「穩定的對峙」。換言之，三不政策雖然比較消極，是以「不出招」的方式來避中共，但却也因此免除了與中共直接衝突的危機。

目前的大陸政策改以主動積極的態度來回應中共，這固然使臺灣方面處於「攻勢地位」，但却因此與中共有直接的對抗或競爭，這就使兩岸關係增添了「新的變數」，變成「不穩定的對峙」。像臺灣方面的彈性外交使中共在國際上連番挫敗，如「一國兩府」的主張使中共立刻面臨到主權問題的壓力。而中共對彈性外交與一國兩府如果產生錯誤的認知，必將對兩岸關係造成重大危機。

在中共方面，雖然一再強調以和平方式解決統一問題，但是中共認爲，和平手段並沒有達到推進統一的目的，却提供了臺灣在國際間發展彈性外交，以及在臺灣內部鼓勵了臺獨的勢力。正因爲和平手段無法生效，中共在最近一兩年間不斷的升高對臺灣的彈性外交與臺獨傾向及臺獨主張的批評，其攻擊言論的強度及攻擊次數的頻率都有增強增快的傾向，這顯示出中共對臺灣未來的走向有一種「不安全」、「不肯定」的感覺，這就有可能導致中共做出驚人的舉動。像在第八任總統選舉前後，中共甚至有軍事上的調動，這些都看出中共在對臺政策上已陷入「兩難的困境」。繼續以和平方式對待臺灣，唯恐臺灣愈走愈遠，脫離了中共的掌握；改採強硬作風，則會破壞好不容易建立起來的兩岸間的聯繫，並且更增加臺灣同胞對中共政權的反感。

歸納起來，兩岸關係的危機來自中共方面的變數可能有以下幾點：

㈠、強硬派擡頭

中共內部在處理臺灣事務上應該有強硬派與溫和派的差別，基本上是溫和派佔優勢在主導，在對臺政策是堅定的和平統一政策。但是由於和平統一政策缺乏具體成效，因此很可能溫和派路線正受到質疑與挑戰，因此在對臺政策上出現矛盾及分裂的現象。這或許就是中共一方面強調和平統一，另方面却又頻頻出現軍事動作的原因。而如果強硬派眞的取得主導權，兩岸關係將會倒退。

(二)、設定一時間表

中共在統一問題上是否設定有「時間表」，是個費人猜疑的問題。中共曾在不同場合多次表示，只要臺灣方面能堅持一個中國與中國統一，則統一工作可以慢慢來。這表示中共對統一沒有「急迫感」，當然也就沒有「時間表」⑯。但是，另一方面，却又經常傳出中共對統一有時間表的說法。像前陣子就曾傳出，鄧小平表示要在「五年內」解決臺灣問題。對於這種說法，中共官方未正式承認也未公開否認，看得出來中共在這方面有矛盾。

在實際上，則是處處看出中共對統一是有時間上的壓力。中共一再要求臺灣坐上談判桌，批評臺灣的大陸政策是採取「拖」的方針⑰，這都證明中共急於解決的心態。

中共這種「等不及」的心態，隨著港澳問題的解決、中共老一代領導人歷史留名的念頭，以及臺灣內部臺獨勢力的增長，會愈來愈強烈。根據香港《爭鳴》雜誌報導，中共國家副主席王震、政協主席李先念、中央顧問委員會副主任宋任窮，曾向鄧小平提出建議，主張向臺灣提出統一時間表，否則採取武力解決⑱。除非兩岸交流的速度或官方接觸上有令中共可以滿意的地方，否則等不及的心態對兩岸關係將投下新的變數。

---

⑯〈九十年代海峽兩岸關係展望〉，《瞭望》週刊海外版，一九九〇年五月十四日。引自：《聯合報》，民國七十九年五月十四日，十版。

⑰李家泉、郭相枝，〈對十年來兩岸關係發展的估評與前景展望〉，載《回顧與展望——論海峽兩岸關係》，(中國社會科學院臺灣研究所編，北京：時事出版社，一九八九年九月)，頁三。

⑱引自《聯合報》，民國七十九年六月一日。

(三)、對臺灣走向的誤判

中共對臺灣內外的發展在認知上與臺灣有一段差距。

中共認爲臺灣的彈性外交是「一中一臺」的政策，是想要脫離中國、分裂國家的政策[19]。

中共認爲臺灣的大陸政策是「拖」的政策，是「和而不談、通而不統、競而不戰、分而不離」，是使兩岸處於一種不戰、不和、不統、不獨的局面的政策[20]。

中共認爲臺獨勢力的高漲主要是國民黨縱容之下的結果[21]，而不知道臺獨的發展主要是歷史因素、本土化情結以及臺灣社會多元化的各種因素激盪下的結果。

中共對臺灣走向的片面或錯誤的認知，可能使中共做出非理性的決策，傷害到兩岸的關係。

另外，兩岸關係的危機來自臺灣方面的變數可能有以下幾點：

1.大陸政策沒有共識

兩岸關係涉及到全中國人與臺灣二千萬同胞的利益，在臺灣內部應該要建立起共識，這樣才能一方面避免臺灣內部因大陸政策引起衝突，另方面也才有籌碼與中共政權進行談判。

但是目前的大陸政策是「官方落後於民間」，大陸政策是由民間「逼」出來的，呈現的情況是政府有政府的「政策」，民間有民間的「對策」。此外，不同政黨對大陸政策更有差異性的態度。國民黨的大陸政策基本上是

[19]王國賢，〈臺灣當局推行彈性外交的意圖和後果〉，《臺灣研究》，一九八九年第四期（北京：中國社會科學院臺灣研究所），頁一。

[20]同注[17]。

[21]林勁，〈略論臺獨思潮的社會歷史根源〉，前揭書，頁二七—三五。

主張「中國統一」的政策，民進黨的大陸政策基本上只是處理「兩岸關係」，反對臺灣與中國統一的政策。而最大的危機則是大陸政策有逐漸淪爲上層權力者「政爭」、「黨爭」的「工具」，或變質爲某些民意代表「做秀」的題材，這種種情況使大陸政策變得更爲複雜。

2.大陸政策決策過程過於草率簡化

大陸政策的發展應經由專家學者的研究評估，國會議員的公聽討論，以及民意的普遍調查，以系統化的方式、民主的程序來決策，但是目前大陸政策，是由國民黨自己在決策，而且只是由極少數人，甚至就只是李總統個人在主導，並沒有適當的尊重反對黨以及專家學者的意見，決策過程顯得相當粗糙不夠透明化。這種方式使大陸政策充滿「懸疑性與不確定性」，相對的也增加了「危險性」。從政府到民間恐怕沒有一個人能眞正掌握住大陸政策的動向與發展，因爲它的變動性與戲劇性實在太大了。

像李總統曾數次提到「要在六年內回大陸」㉒，此外他在就職記者會上回答時說只要中共從沿海撤軍三百公里就是代表中共不使用武力的誠意㉓。這些說法到底是否是經過「愼思熟慮」、「決策評估」及「精心設計」下的大陸政策的內涵？或者只是李總統個人在對談與講話過程中「隨興所至」，一時衝口而出的「想法」而已？這些都讓社會大衆難以捉摸，對大陸政策決策過程感到不安。

㉒李登輝總統在民國七十九年三月十一日首次提到「未來六年一定有機會回大陸」，在民國七十九年五月七日則對「六年回大陸」一語進一步引申指中共放棄一黨專政則國民黨隨時可以回大陸。民國七十九年五月二十二日記者會上又再重述了一次。

㉓同注❸。

3.臺獨勢力持續成長

李總統在就職演說中宣告將於最短期間內終止動員戡亂時期，這表示中華民國有意消除對中共政權的敵對態度。但是在同時，政府也採取了「嶄新」的對待臺獨與海外異議人士的態度，並且還邀請他們參加國是會議❷❹。政府這種優遇臺獨主張者的態度，雖然顯示出政府的寬容大度，但卻令人不解。因爲臺獨主張者並未因政府的寬容及優遇而改變觀點，反而使未來臺灣內部臺獨的勢力更爲增大，這必然引起中共的猜疑，爲兩岸關係投下新的變數。而且，國是會議是中華民國的國是會議，其結論將決定今後未來臺灣的前途與兩岸的關係，而卻由這些拿著外國護照長期在外，未曾替臺灣建設貢獻過心力的人士來參與決定，這對於廣大的居住在臺灣地區，爲臺灣的成長長期努力奉獻的很多有資格與會者而言，確實是一種「相對剝奪」。這種情緒容易使臺灣社會朝「兩極化」發展。而不論是臺灣內部臺獨勢力的增強或是社會的兩極化發展都將造成內部的不安，也就給臺灣本身及兩岸關係帶來了新的危機。

四、文化工作在中國統一過程中的定位

綜合前面的分析與討論，當前國家統一的障礙在於以下幾點：

第一，雙方都想從「政治面」立刻解決問題，而且都企圖以自己的「模式」或「條件」強加對方，其結果

---

❷❹陳唐山，曾任世界臺灣同鄉會會長；蔡同榮，首任臺灣人公共事務協會會長；彭明敏，前臺灣獨立聯盟主席；王桂榮，現任臺灣人公共事務協會代理會長。

是不但在「政治面」上無法突破，而且還因爲政治面引起更直接的糾葛與對立，使得其他方面的「可能途徑」跟著受到了限制。

第二，雙方都太強調高層次的接觸與談判。在中共方面希望以上層的「黨對黨談判」的第三次「國共合作」來解決統一問題；在臺灣方面則希望以上層的「政府對政府」的「對等地位」，進行談判研商國家統一。這種高層次的接觸談判在現階段因彼此的信任不夠，各自仍有自己的堅持之下，根本窒礙難行。

第三，兩岸關係的互動模式基本上還停留在「統戰與反統戰」的態勢上。中共方面是希望「把臺灣統一在中共之下」，在臺灣方面則是希望「以臺灣經驗來建設大陸」。這種統戰與反統戰的態勢容易引起雙方的疑懼，會扭曲對方的某些善意，把對方的一切言論與行爲都用「統戰與反統戰」的眼光來解釋與評估。這使得很多可能實現或放寬的政策都受到了壓抑，只爲了避免被一般人批評爲在「圖和討好」對方。

第四，兩岸領導者都傾向於以「政權」、「政黨」、「政府」的立場來處理兩岸關係，對「人民主體」與「人民利益」的考量常落在政治之後。像臺灣方面的大陸政策一直都是民衆走在政府前面，大陸政策是民間逼出來的；中共方面，大陸同胞在中國統一工作中只成爲達成中共目的的「工具性價値」，中共並沒有照顧到兩岸中國人希望統一在一個更好的生活體制下的需要。

因此，如果兩岸政權與同胞有心追求及實現中國的統一，就必須改變態度與方式。

在此，個人認爲，國家統一過程中，我們固然不能沒有政治上的主張與立場，也需要尋求政治層面的解決，但是我們更應該積極的先從「非政治性的」、「低層次的」、「放棄反統戰心態」及「人民利益取向」的態度來推動國家統一。簡言之，就是應該把國家統一區分爲「文化統一、經濟統一、政治統一」三個階段三個層面。循著「文化統一爲基礎、經濟統一爲手段、政治統一爲目標」的方式進行國家統一工作。就中又以「文化統一」具有特別的意義㉕。

現階段國家統一工作宜從文化上全面交流著手，因爲文化工作在國家統一過程中有以下的特性：

㈠、比較沒有爭議性

文化工作比較不會引起兩岸間的爭議，也不會引起臺灣內部的疑懼。不像政治性的「一國兩制」與「一國兩府」，馬上就激起「中央政權與地方政權」以及「對等地位」的爭議。

㈡、比較沒有風險性

兩岸關係在經過四十多年的阻隔之後，雙方必然存在著隔閡與誤會，同時更因爲臺灣與大陸在領土、人口、軍力上的懸殊差距，使得臺灣方面對兩岸關係中的「安全問題」極爲敏感。對臺灣而言，「立足臺灣」必然優先於「胸懷大陸」，因爲沒有臺灣的存在就沒有其他，因此「安全」成爲大陸政策中最關切的問題。而在大陸政策的開放中，文化的交流來往是比較「風險性小，獲益性大」的項目。不像經濟來往就引起是否會依賴中共而被中共要脅的顧慮；政治上的談判又容易引起是否向中共「投降」，出賣了臺灣人民利益的爭議。

㈢、符合兩岸人民的共同需要

文化的開展是既符合兩岸民間的期盼，又符合兩岸間事實上的需要。政府自開放探親以來，兩岸民間的來往已經成爲擋不住的潮流，根植於血脈相連的心情是無法再割斷的，而因爲探親所產生出來的其他各種方式與

㉕本人在民國七十九年三月二十五日由「中華論政學社」舉辦的國是評論會上正式提出「中國統一三部曲」的主張。相關的報導見《聯合報》、《自立早報》、《自由時報》、《中華日報》、《臺灣時報》、《臺灣日報》等三月二十六日新聞。

名義的文化活動，如觀光、訪問、研究、開會等等，已成爲兩岸民間的共同期盼。

此外，爲了建立兩岸間的互信與共識，文化交流更有其迫切性。特別是在當前由於中共對臺灣的認知有些誤會與偏差，藉著各種文化型態的交流與溝通，可以增加中共對臺灣的認識，避免中共做出錯誤的決策。而臺灣方面也可經由文化交流來調整過去對大陸情勢的僵硬及不足的瞭解，建立起對大陸的眞實及全面的認識。因此文化交流是雙方共同需要的。

(四)、文化上有較多的共同性

中國統一由於兩岸地區在政治體制、生活型態與思想模式上有現實上的極大差距，因此應該朝著「和而不同」與「求同存異」的原則來開展。和而不同是指雙方雖有差異，應以和平和諧的態度尊重彼此現存的不同；進一步，則是要找出雙方的共同點，以這些共同點爲基礎來推動兩岸關係[26]。

目前兩岸中比較具有共同點的部份就是在文化方面。因此應該先以文化爲基礎來加強交流。經由文化交流也比較快能增進彼此的瞭解，替「中國人的統一」開創有利的條件。兩岸間的文化交流不須要有預設條件。

[26]朱新民，〈交流是穩定兩岸關係發展的不二法門〉，《聯合報》，民國七十九年二月二十四日，十版。

五、兩岸文化交流基本原則

(一)、沒有預設條件原則

如果臺灣方面認爲臺灣社會的民主、多元、開放的文化型態是優於大陸社會的專制、一元、封閉的文化型態，則臺灣方面實無必要在兩岸文化交流上提出預設條件。應該基於文化交流是對臺灣與大陸地區「共同有利」的概念來推動文化交流。即不要以「政治性理由干預了兩岸文化交流工作」。

(二)、雙向原則

臺灣大陸政策的重要原則之一是「去鬆來緊」，因此造成臺灣對大陸的「單向」交流。這個原則使文化交流受到相當的限制，更引起中共的不滿，今後應改採雙向交流模式，而且雙方交流才眞正符合「以臺灣經驗建設大陸」的目標。

政府如果想要「輸出」臺灣經驗到大陸，有二條途徑：一是允許創造臺灣經驗的臺灣地區同胞儘量到大陸上去，透過臺灣同胞到大陸傳送臺灣經驗；而更直接有效的方式則是讓大陸各界人士能「親臨」臺灣經驗的所在地，讓大陸人士自己來體驗。因此雙向交流是必然的趨勢。

(三)、全面原則

文化交流因爲沒有安全上與政治上的顧慮，因此應該要全面普遍的開放。舉凡學術、文藝、新聞、電視、電影、體育、科技等，只要是非政治性與非經濟性的項目，都可納入文化範圍予以開放。

四、平等原則

文化交流的態度應該是平等互惠。平等互惠是指站在人民利益的觀點，雙方都做出同樣的步驟。例如，臺灣方面可以同意讓大陸報紙在臺灣公開發行，同時要求中共同意臺灣報紙在大陸公開發行。雙方可以先在這些「低層次」項目上進行平等互惠的「讓步」，這比雙方要求對方在高層次政治上讓步更具實質意義。

五、自然原則

文化交流是民間的活動，是順應兩岸民情與需要的互動來往。因此雙方政權可以站在鼓勵的態度上來推動，但是不能抱著以「政治性」或「政策性」的立場來「指導」及「干涉」兩岸的文化交流，愈自然愈能順暢，愈自然愈有效果。

六、行爲認定原則

在政府決定終止動員戡亂時期之後，大陸人士來臺應該不受共產黨員身份的限制。這包括二層意義：⑴政府既然視中共政權爲事實存在的合法政權，有意降低對中共政權的敵意，如果仍然限制共產黨員身份者不能來臺，這會給人有「表裡不一」的批評；⑵眞正應該來臺灣瞭解臺灣經驗的是共產黨員，共產黨員愈瞭解臺灣的發展，對兩岸關係的和平發展以及中共政權體質的轉變都有積極性意義。

因此大陸政策應該對所有大陸同胞包括共產黨員開放，他們在臺灣期間必須遵守現行的法律規定，不得違反，否則依法處理。

六、兩岸文化工作的重點

1.同意臺灣的學術界、文藝界、新聞界、體育界等專業人士以合於自己的身份與專業名義參加大陸上舉辦之活動；同時不限於國際會議，由中共官方或大陸學術單位獨自主辦者亦同。

2.承認大陸各級學校之文憑，開放國內學生到大陸求學。

3.允許臺灣學術單位出版之刊物與大陸進行交換。

4.同意大陸學術界、文藝界、新聞界、體育界等專業人士在臺灣相關單位邀請下來臺訪問及活動，並不受共產黨員身份之限制。

5.允許大陸各級學校學生組團來臺訪問及活動。

6.教育部每年開放一定比例名額供大陸學生申請來臺求學；同時每年提供一定金額之獎學金供大陸來臺求學之學生申請。

7.允許大陸文物來臺展示。

8.基於平等原則，當中共同意開放臺灣報紙、雜誌在大陸發行時，臺灣也同意開放大陸報紙、雜誌在臺灣發行。

9.同意兩岸各級學校締結爲姐妹學校，進行校間文化活動。

10.同意兩岸城鎮締結爲姐妹城市，進行城鎮間文化活動。

11.同意兩岸間的學術界、文藝界、新聞界、體育界等共同聯合主辦活動。

七、結　論

中國的民主統一是中國人的共同期盼，但却是個巨大的工程，它需要兩岸政權與政黨的互相配合，更需要兩岸中國人共同努力，實現這個目標必須有高度的智慧與開濶的胸襟，在做法上應從雙方在現實上能共同接受或同時讓步的項目上著手，而文化工作正符合了這個原則。

中共文藝政策的變與不變

周玉山

一、前　言

中共文藝政策的主要根據，爲一九四二年毛澤東在延安文藝座談會上的講話。該會召開的初衷，本在清算敢言的作家如王實味等，並欲嚇阻同類的抗聲。因此，中共自有正式的文藝政策以來，卽與文藝整風結下不解之緣。

一九八二年五月，中共紀念延安講話發表四十年，強調對毛澤東的文藝思想，「一要堅持，二要發展」。堅持可謂不變，發展則似含有變數在焉。然欲明其眞相，不能只看理論，必須考察實際，並與毛澤東的文藝政策做一比觀，方可奏效，因此宜先溯源。

二、毛澤東的文藝政策

毛澤東雖然偶亦作詩塡詞，但與中國傳統溫柔敦厚的詩教絕緣，也沒有獨創的文藝觀。無產階級文學的黨性思想，經馬克思和恩格斯首倡後，列寧和史達林發揚光大，而爲毛澤東所襲取。

一八四五年起，馬克思和恩格斯在與青年黑格爾派論戰時，卽執文藝作品的黨性原則以攻，強調要用階級鬥爭的方式，捍衛共產主義政黨的利益。他們在與海因岑激辯時，也都嘲笑了超階級的全人類利益說。恩格斯並指出，黨刊的任務就是闡發和捍衛黨的要求，駁斥和推翻敵對黨的論斷❶。凡此觀點，後來多爲毛澤東所重彈。然而馬恩畢竟都只是書生，因此反對官方的文化檢審制度，並爲言論自由而辯護。毛澤東則集中共的黨政軍大權於一身，爲鞏固政權，就充當文學的檢察官了。毛澤東與馬克思的差異部分，存在於每一個在朝統治者與在野理論家之間。

馬恩思想傳開以後，列寧以職業革命家的身分，逐漸成爲解釋馬克思主義的最強音，也更重視文藝促進革命的實用性❷。一九〇五年十月的政治總罷工後，列寧發表〈黨的組織和黨的文學〉，強調文學應當成爲無產階級總事業的一部分，並爲社會民主主義機器的齒輪和螺絲釘，因此他高呼：「打倒非黨的文學家！打倒超人的文學家！」❸

列寧也承認，文學事業最不能機械的平均、劃一和少數服從多數，也必須保證有個人創造和愛好、思想和幻想、形式和內容的廣濶天地。但他仍然堅持，文學家一定要參加黨的組織，報紙應當成爲各個黨組織的機關報，出版社、書庫、書店、閱覽室、圖書館和各種書報販賣所，都應當成爲黨的機構，都應當請示匯報。由此

❶弗·恩格斯，〈共產主義者和卡爾·海因岑〉，收入【馬克思恩格斯全集】第四卷（人民出版社，一九五八年八月初版，一九六五年十月北京第三次印刷），頁三〇〇。
❷陳冠中，〈馬克思主義文學理論的再評價〉，香港《明報》月刊，一九八〇年五月第一七三期，頁三九。
❸列寧，〈黨的組織和黨的文學〉，收入【列寧全集】第十卷（人民出版社，一九五八年十二月初版，一九六〇年二月北京第二次印刷），頁二五。按此處「黨的文學」，實應爲「黨的文獻」。

可知，此處「黨的文學」不僅指文藝創作，可廣釋爲整個出版品。列寧主張的強硬面，分別爲史達林和毛澤東所加倍繼承。

從列寧到毛澤東，都不但主張文藝與政治的普遍關係，而且強調要透過政黨來發揮文藝的政治作用❹。中共迄仍堅持的共產黨領導，在文藝方面可上溯於此。然而，列寧畢竟掌權不久後卽棄世，文藝政策未能及身而成，因此俄國文學史最黑暗的一頁，是由史達林寫下的。一九三二年十月，史達林提出「社會主義現實主義」的口號。一九三四年八月，第一次蘇維埃作家協會代表大會召開時，通過其親信日丹諾夫(A. Zhdanov)執筆的盟約，規定以此做爲文學創作和批評的基本方法，要用社會主義的精神，從思想上改造和教育勞動人民，並在工廠工人、集體農場農民和紅軍士兵中培養新作家❺。日丹諾夫另外強調，蘇聯文學的主要典型人物，就是工人、農民、黨員、經濟工作人員、工程師、青年團員和兒童團員❻。凡此多爲毛澤東所套用，而在延安鼓吹類似的工農兵文學。「社會主義現實主義」成爲創作與批評的唯一標準後，史達林以此爲藉口，大肆整肅異己。毛澤東爲「安邦定業」，乃起而效尤。

一九四二年五月，毛澤東在延安文藝座談會上發表講話，指出文藝是整個共黨革命機器的一部分，也是團結和教育人民，打擊和消滅敵人的有力武器。爲達此目的，應該解決五個問題：1.立場問題—要站在無產階級和人民大衆的立場。對共產黨員而言，也就是要站在黨的立場，黨性和黨政策的立場。2.態度問題—對敵人要暴露和打擊，對同盟者既聯合又批評，對自己人則歌頌和讚揚。3.工作對象問題—文藝作品的接受者是各種幹部、部隊的戰士、工廠的工人、農村的農民。4.工作問題—首要了解熟悉工農兵，知識分子出身的文藝工作者，

❹黃繼持，〈毛澤東文藝思想淺析〉，香港《明報》月刊，一九八〇年十二月第一八〇期，頁三八。

❺收入曾葆華編，《馬克思、恩格斯、列寧、史大林論文藝》（人民文學出版社，一九五三年初版），頁二四七。

❻日丹諾夫著，葆全、梁香合譯，《論文學、藝術與哲學諸問題》（上海：時代書報社，一九四九年初版），頁二四。

欲使作品受群衆歡迎，就得先改造自己的思想感情。5.學習問題—要學習馬列主義和學習社會❼。

至此，毛澤東正式交付他的「文化軍隊」各式任務，並爲轄下的作家定了各條戒律。中共向以文藝爲鬥爭的工具，三十年代如此，有了安身立命的據點延安後，毛澤東爲求生存和發展，就更強調文藝的武力說，且將其進一步政治化與教條化，無異標誌一個自由寫作時代的全盤結束。毛澤東明言，「還是雜文時代，還要魯迅筆法」的觀念，不適用於中共統治區，所以他雖設立魯迅藝術學院，却派魯迅的死敵周揚爲院長，在表面崇魯的背後，極力扼殺其弟子延續下來的抗議精神。

共產黨慣於人類身上貼標籤，然後根據「利用矛盾，爭取多數，反對少數，各個擊破」的原則，執行既聯合又鬥爭的統戰策略，此爲毛澤東在延安文藝講話中所不諱言。他以工人、農民、兵士和城市小資產階級四種人，占當時全國人口百分之九十以上，因此就以史達林爲師，主張文藝爲工農兵服務，而不惜違反馬克思批評和摒棄農民的本意。所謂城市小資產階級，可以三十年代文人爲代表，原喜追求個性的表現，難脫自由主義的氣息，毛澤東爲吸引他們到延安去，乃極盡統戰之能事，這篇對作家既拉攏又威嚇的講話，主要就是針對已從城市到延安者的不滿而發。

毛澤東重複列寧所說，文藝是整個無產階級機器中的齒輪和螺絲釘，位置業已排好，所以絕無自由運作的可能。他直言文藝必須爲政治服務，製造矛盾和鬥爭的典型化，至於爲藝術的藝術、超階級的藝術、和政治並行或互相獨立的藝術，「實際上是不存在的」。他爲了向這些「不存在」的敵人宣戰，數十年來展開多次的整風和運動，連千萬人頭落地都不惜，萬馬齊瘖、百花凋零又豈爲其所掛意？

---

❼毛澤東，〈在延安文藝座談會上的講話〉，收入【毛澤東選集】第三卷（人民出版社，一九五三年二月北京初版，一九五三年五月北京重排本，一九六四年九月北京第十一次印刷），頁八四九—八八○。

毛澤東發表這篇講話的用意，在訓令作家穿上制服，同時操練刀槍；箭頭指處，則為不願穿制服、操刀槍的作家。延安文藝座談會本為清算王實味等人而召開，身為共產黨員的王實味，是兩百多萬字馬列著作的中譯者，他以苦口向中共勸諫。結果毛澤東勞師動衆，先後發起延安文藝座談會、中共中央研究院鬥爭大會，不久就將他投入監獄。一九六二年一月三十日，毛澤東在擴大中共中央工作會議上親口說明：「還有個王實味，是個暗藏的國民黨探子，在延安的時候，他寫過一篇文章，題名『野百合花』，攻擊革命，誣衊共產黨。後來把他抓起來，殺掉了。」❽王實味成為毛澤東文藝政策下第一個犧牲者，他在被鬥時曾要求退黨，走自己的路，理由是「個人與黨的功利之間的矛盾，是幾乎無法解決的。」❾此種抗議完全針對毛澤東的文藝觀而發，因為毛在延安文藝座談會上承認，其所持的態度，正是功利主義。

數十年來，中共一直執行毛澤東的文藝訓令，要求作家全力効忠共產黨，因此訂下許多清規，造成胡風所說的現象：「這僵屍統治的文壇，我們咳一聲都有人來錄音檢查的。」❿其友張中曉也露骨批評了文藝講話：「這書，也許在延安時有用，現在，我覺得是不行了，照現在的行情，它能屠殺生靈，怪不得幫閒們奉若圖騰！」⓫毛澤東對此懷恨不已，因此親自下手整肅胡風集團。胡風的悲劇導源於自由思想，以及和周揚的宿怨，而後者能夠長期得勢，蓋與投毛之所好有關。周揚本人在文革時也難逃劫數，則說明了毛澤東嫌他執行命令還不夠徹底，故由江青、張春橋、姚文元替之。文化大革命的動機，就是要摧毀所有與毛澤東思想不同的思想，江青等

---

❽毛澤東，〈在擴大的中央工作會議上的講話〉，收入【毛澤東思想萬歲】第一輯（中華民國國際關係研究所複製，一九七四年七月），頁四二一。

❾引自趙聰，《新文學作家列傳》，（臺北時報出版公司，民國六十九年六月初版），頁三〇。

❿胡風給路翎信，一九五〇年一月十二日。收入「關於胡風反革命集團的第二批材料」，《人民日報》，一九五五年五月二十四日。

⓫張中曉給胡風信，一九五一年八月二十二日。收入「關於胡風反革命集團的第三批材料」，《人民日報》，一九五五年六月十日。

人執行的文藝路線，在毛澤東的心目中，自屬最爲正確。

有人說毛澤東晚年昏瞶，被四人幫利用，才引起一場浩劫。其實若從延安文藝講話觀之，可知此舉早已初定，而且勢在必行。因爲毛澤東以蘇聯經驗爲模式，在文藝上劃地自限，所以對一切繁花異卉都加排斥，視爲毒草。中共曾經指出，與毛澤東思想對立的，是資產階級文藝思想、現代修正主義文藝思想和三十年代文藝的結合，代表性的論點則有寫眞實論、現實主義廣濶道路論、現實主義深化論、反題材決定論、中間人物論、時代精神匯合論、離經叛道論、反火藥味論、全民文藝論、創作自由論等，還有陽翰笙的「十條繩子」論，可與胡風提到的「五把刀子」比觀，都在抗議延安講話造成作品的千篇一律、千人一面。毛澤東的文藝政策如網，撒向文壇都是怨，作家們在飽受摧殘之際，自然要奮力掙脫。毛澤東的滿目皆敵，也由此可見。

三、鄧小平對毛澤東文藝政策的堅持與發展

一九七六年九月，毛澤東終於去世。次月，華國鋒逮捕了四人幫，象徵文化大革命的告終。一九七七年八月，中共召開十一全大會，正式宣布文革結束，並展開揭批四人幫的運動。毛死江倒後，鄧小平復出，從一九七八年十二月的十一屆三中全會起，華國鋒漸被架空，中共進入了鄧小平時代。

四人幫下臺後，中共當局爲了轉移民憤，以示自己有別於前凶，便一度允許大陸各地設立民主牆，並鼓勵追述文革罪惡的傷痕文學出現。結果此類文字有沛然莫禦之勢，在內涵上也不以控訴四人幫爲限，實際透露出共產制度的諸般缺點。中共驚惶之餘，就自毀承諾而加以阻擋了。一九七九年十月，鄧小平在第四次「文代會」上的部分論調，卽與四人幫無異：「我們要繼續堅持毛澤東同志的文藝爲最廣大的人民群衆，首先是爲工農兵服務的方向。」⑫周揚也在同一會議上表示，他不贊成以自然主義精密細緻的方式反映傷痕，以免造成不利的思

想和情緒。由此可知，中共推許傷痕文學純爲一時之計，無意予以全面肯定。

一九八〇年二月，時爲鄧小平的親信胡耀邦在劇本創作座談會上重申，文藝要表現馬列主義和毛澤東思想，並點名譴責沙葉新的《假如我是眞的》。此言一出，該劇旋遭禁演。一九八一年二、三月，中共中央相繼下達了第七號文件和第九號文件。前者針對文藝界而發，命令作家要在馬列主義和毛澤東思想指導下，批判「鼓吹錯誤思潮的作品」，同時必須接受共產黨的指導，「無條件地同中央保持政治上的一致，不允許發表與中央路線、方針、政策相違背的言論」。後者則授權高級幹部，可以逮捕民主運動人士，扣押地下刊物，對於反黨、反社會主義的活動分子「不能手軟」。傷痕文學至此，正式被中共封殺了。

稍後的一九八一年四月，《解放軍報》即公開批鬥白樺的劇本《苦戀》，《人民日報》、《北京日報》、《上海解放日報》以及《紅旗》雜誌，都加入了團剿的陣營。七月十七日，鄧小平親口質問：「『太陽和人』，就是根據劇本《苦戀》拍攝的電影，我看了一下，無論作者的動機如何，看過以後，只能使人得出這樣的印象：共產黨不好，社會主義制度不好。這樣醜化社會主義制度，作者的黨性到那裡去了呢？」⓭八月三日，胡耀邦也在思想戰線問題座談會上表示，《苦戀》不是一個孤立的問題，類似脫離社會主義的軌道、脫離共產黨的領導、搞自由化的言論和作品不止一端，「對這種錯誤傾向，必須進行嚴肅的批評而不能任其泛濫。」⓮凡此用語，幾乎與《解放軍報》全同，白樺因此被迫自我批評。九月，他寫了書面檢討，但未獲通過。十月，鄧小平親令批判《苦戀》的文章在《文藝報》發表，《人民日報》奉命轉載，白樺終於公開向中共「認錯」與「致謝」。鄧小平此舉，令

⓬鄧小平，〈在中國文學藝術工作者第四次代表大會上的祝辭〉，《人民日報》，一九七九年十月三十一日。

⓭鄧小平，〈關於思想戰線上的問題的談話〉，收入《三中全會以來重要文獻選編》下冊，（中共中央文獻研究室編，北京人民出版社出版，吉林人民出版社重印，一九八二年八月初版，一九八二年九月吉林第一次印刷），頁八七九。

⓮胡耀邦，〈在思想戰線問題座談會上的講話〉，收入《三中全會以來重要文獻選編》，同注⓭，頁八九八。

人想起五十年代毛澤東授意下的「交心」運動，兩者如出一轍，都是共產黨不殺身體殺靈魂的傑作。

一九八二年五月，中共紀念毛澤東延安文藝講話發表四十年時，主張對其文藝思想「一要堅持，二要發展」，同時規定作家必須堅守四項基本原則，還要克服文藝工作中自由化的傾向，勇於歌頌新人新事新思想，熟悉群衆火熱的鬥爭生活等。六月，「文聯」舉行第四屆全委會第二次會議，又通過了文藝工作者公約，規定作家要認眞學習馬列主義和毛澤東思想等，可見大陸作家並未因毛澤東已死，而獲得眞正的解放。

値得世人留意的是，何謂「一要堅持，二要發展」？中共此時重申，毛澤東文藝思想的重點組成部分—延安文藝講話等論著，表明了文藝首先是爲工農兵服務的方向，從過去到未來，其根本精神都是中共文藝的指針。而「爲人民服務，爲社會主義服務」，就是對毛澤東文藝思想的重要發展。周揚也承認，「文藝從屬於政治」的看法不正確，但不提此語，並非表示文藝與政治無關，可以脫離政治。「三中全會以來，文藝的主流是好的，必須肯定，但也有錯誤、也有支流。隨著對外開放和對內搞活經濟的巨大政策轉變而來的思想戰線上的資產階級自由化傾向，就是不容忽視的支流。強調文藝爲社會主義服務，就要反對這種傾向。」⑮周揚在文革期間被扣上手銬，單獨囚禁多年，復出後的發言，曾被視爲代表官方。

由此可知，鄧小平對毛澤東文藝思想的發展，仍不脫「文藝爲政治服務」的本意。所謂人民，所謂社會主義，在共產黨的觀念中都有特殊指涉，與自由世界一般認定者不同。例如「人民政協共同綱領」中，人民的定義是：「工人階級、農民階級、小資產階級、民族資產階級，以及從反動階級覺悟過來的某些愛國民主分子。」⑯這還是含有強烈統戰意味的從寬解釋，但絕非指全民，自不待言。社會主義在其心目中，更是共產主義的必經

---

⑮周揚，〈一要堅持，二要發展〉，《人民日報》，一九八二年六月二十三日。

⑯見《增訂中共術語彙解》（中共術語彙解編輯委員會編輯，中國出版公司，民國六十六年二月增訂三版），頁二二一。

階段。此二名詞原在法律和經濟上各有重要涵意，中共則於政治上壟斷它們，據爲己用。換言之，「文藝爲人民服務，爲社會主義服務」，其實就是爲共產黨服務。中共必須承認此點，才可說明何以作家必須堅守四項基本原則，而不與「爲人民服務」矛盾。四項基本原則的核心，正是堅持共產黨領導。

果然，中共又於一九八三年發動了新整風。該年十月，鄧小平在十二屆二中全會上提出思想和文化戰線清除精神污染的問題，正式揭開對理論界和文藝界的整肅。中共自稱近年來造成污染的主要因素有二，一爲封建主義殘餘的影響，一爲資本主義思想的侵蝕，後者尤爲其所懼恨，說明中共歷來對作家示警的無效，也暴露外來思潮對大陸文壇的影響。清污運動聲中，穿制服的文藝官員紛紛表態，加入批評和自我批評的行列。白樺的《吳王金戈越王劍》、徐敬亞的〈崛起的詩群〉等都遭批判，白樺此部歷史劇所獲的罪名，是「和社會主義的精神背道而馳」，《苦戀》也被舊事重提，指其表現人的異化，顯示共產黨在壓仰和摧殘人性，因此和張笑天的小說〈離離原上草〉一樣，都在醜化社會主義制度。《苦戀》帶動了大陸文藝創作的異化，並隱喻毛澤東爲災難的根源，與鄧小平反覆申說的「毛澤東功績第一，錯誤第二」不符，中共因此對白樺的餘恨未消。

然而鄧小平近年來倡言的四個現代化，必須利用知識分子的智慧與力量來推動，因此中共在整肅大陸思想界與文藝界之際，又恐後遺症太大，不利於建設，甚至影響外資外才的吸收，所以鄧小平的文藝政策就表現收放兩難的面貌。一九八四年八月中旬出版的《紅旗》雜誌就強調，文藝評論時的「澆花」與「鋤草」兩者缺一不可，因爲鮮花與雜草間的矛盾鬥爭，是此消彼長、彼消此長的[17]。該雜誌又稱要做到毛澤東的三不主義──不抓辮子、不扣帽子、不打棍子。其實三不主義與雙百政策──百家爭鳴、百花齊放，都是毛澤東的「陽謀」，且其劣跡彰彰在世人耳目，中共又以此爲號召，想要盡掩大陸作家對毛澤東猶新的記憶，除了暴露中共中央理論刊

[17]高占祥，〈開一代文藝評論新風〉，《紅旗》半月刊，一九八四年第一六期（紅旗雜誌社出版，一九八四年八月十六日出版），頁一五。

物內容的貧困，也令人懷疑其誠意。

一九八四年十二月二十九日至一九八五年一月五日，中國作家協會舉行第四次大會，胡耀邦等人出席了開幕式，胡喬木和鄧力群則因未到會而引起討論。誠然，開幕典禮上的若干講詞，表達了追求創作自由的願望，閉幕式上通過的新章程，也寫進「充分尊重文學藝術規律，發揚文藝民主，保證創作自由」等字句，爲與會作家重燃一些希望。但是徒法不足以自行，鄧小平在第四次「文代會」上也說過：「文藝這種複雜的精神勞動，非常需要文藝家發揮個人的創造精神。寫什麼和怎樣寫，只能由文藝家在藝術實踐中去探索和逐步求得解決。在這方面，不要橫加干涉。」⑱言猶在耳，稍後的批判《苦戀》和淸除精神汚染，卽由鄧小平發動或認可。他若想起當時全場感激的掌聲時，能不羞愧自己的寡信？而此次大會重演的掌聲，事實證明又鼓早了。

大會召開當天，代表中共中央的《人民日報》評論員撰文，除重申三不主義外，又指出「對於資產階級腐朽思想的侵蝕，封建主義思想的遺毒也要加以抵制。」⑲後二語和淸汚運動的內容全同，鄧小平的重要幹部胡啓立也在會中強調及此，他並引用了史達林的名言：「作家是人類靈魂的工程師」，這與其說是對作家的恭維，不如說是訓令。中外共產黨人都深感要改造世界，必先改造人心，作家就得執行這項洗腦的任務，而其本身當然要先接受洗腦。爲了安撫人心，胡啓立承認共產黨對文藝的領導有如下缺點：1.存在著「左」的傾向，長期以來干涉太多，帽子太多，行政命令也太多。2.派了一些幹部到文藝部門和單位去，有的不太懂文藝，這也影響了共產黨和作家、文藝工作者的關係。3.文藝工作者之間、作家之間、包括黨員之間、黨員和非黨員之間、地區之間，相互關係不夠正常，過分敏感，彼此議論和指責太多。胡啓立公佈的解決之道，是要改善和加強共產

---

⑱同注⑫。

⑲本報評論員，〈大鼓勁，大團結，大繁榮——祝賀全國作協第四次全員代表大會召開〉，《人民日報》，一九八四年十二月二十九日。

黨對文學事業的領導[20]。此說證明了中共不想放鬆控制，減輕大陸作家所受的壓力，也無視老演員趙丹的遺言：「管得太具體，文藝沒希望。」胡啓立一面承認干涉太多是缺點，一面卻誓言要加強領導，此種矛盾，可謂立即和明顯。

胡啓立還認爲共產黨對文藝工作的領導，「總的來說是好的」，他又引列寧語，直謂社會主義文學是「眞正自由的文學」，凡此皆與史實相反。中共自延安時期始，文藝領導就與文藝整風結緣，從王實味的死於非命，到白樺的被迫自辱，大陸作家的血痕猶在，餘悸猶存，共產黨對文藝工作的領導，總的來說是極壞的，而其罪惡的根源如前所述，正是列寧主義。至於如何使大陸作家眞正進入自由創作的境地？胡啓立開出的藥方，竟爲「反對資本主義的腐朽思想和封建主義的遺毒」等，此種官方旨意，無法令人樂觀。「作協」新章程也依然規定，要以馬列主義和毛澤東思想爲指導。此項規定與「保證創作自由」列於同條，再度顯露了矛盾與陷阱，「眞正自由的文學」云乎哉？大陸作家的新希望又在何處？

一九八五年十月三十一日至十一月四日，「作協」召開工作會議。時爲鄧小平親信的王蒙，在會中以常務副主席的身分告訴作家們，要學習馬克思主義的理論，樹立革命的世界觀，深入火熱的鬥爭生活，了解共產黨事業的根本利益等。因此，他爲胡啓立在大會上的講話作注，指出官方所提創作自由是有要求的[21]。在中共的「要求」下，劉賓雁的〈第二種忠誠〉和〈我的日記〉，王培公編劇、王貴導演的「WM」，先後遭到封殺。事實證明，在鄧小平的統治下，作家依然無法安枕，不願在毛澤東陰影下生活的遇羅錦，當然就會適時求去了。

[20] 胡啓立：〈在中國作家協會第四次會員代表大會上的祝詞〉，《人民日報》，一九八四年十二月三十日。
[21] 「王蒙在中國作協工作會議上說：在堅持創作自由的同時須強調作家的社會責任」，《人民日報》，一九八五年十一月六日。

時序進入九〇年代，毛澤東業已離世多載，死靈魂仍部分附着於中共的文藝政策中，也轉嫁到大陸作家身上，可謂其來有自。

四、結　論

毛澤東身兼中共的列寧和史達林，此種雙重身分，已成歷史定論。因此，俄共可以全面批判史達林，中共則無法全盤否定毛澤東。鄧小平在第四次「文代會」上的祝辭，現已被中共奉爲文藝工作的最高指導原則，其中就不止一次稱頌毛澤東及其思想。一九八三年七月出版的《鄧小平文選》，提及毛澤東之處更多達五百二十一次[22]，且語多揄揚。鄧小平有關文藝的言行，證明他自己也無法擺脫毛澤東的陰影。

甚至，他根本無意全面擺脫。共產主義本爲一種意識型態，文藝則爲所有意識型態中最引人入勝的一環。拿破崙在前線督戰時，猶隨身携帶《少年維特之煩惱》，並以武人的身分，說出了「筆勝於劍」這句千古名言。中共在有延安根據地之前，已於文藝戰場上先操勝劵，一九四九年大陸之赤化，三十年代文人功不可沒。毛澤東昔日得逞的啓示，鄧小平心領神會，對於作家也就既拉攏又威嚇了。時至今日，中國大陸的鉛字仍多屬管制品，由共產黨掌握，作家欲發表作品，必先通過層層把關，與毛澤東時代殊無二致。「有創作自由，下筆如有神；無創作自由，下筆如有繩」。所謂社會主義的創作自由，既以堅持四項基本原則爲前提，下筆有神就成爲大陸作家的奢望了。

政治原是一種藝術，重視中庸之道。對共產黨而言，藝術却是政治的一部分，因而有文藝政策之設。早在

[22]邢國強，〈《鄧小平文選》評析〉，《匪情月報》第二十六卷第二期（國立政治大學國際關係研究中心印行，民國七十二年八月），頁七。

三十年代前夕，梁實秋先生在與魯迅論戰時就指出，文藝而可以有政策，本身就是名辭上的矛盾。俄共頒佈的文藝政策，只是兩種卑下心理的顯現：一是暴虐，以政治手段剝削作者的思想自由；一是愚蠢，以政治手段強求文藝的清一色㉓。昔日的俄共如此，今日的中共亦然，因爲中共的文藝政策原就脫胎於俄共。大陸作家現已呼籲，要改變驚弓之鳥的現象，首應消滅驚鳥之弓。此弓卽爲文藝政策，長期以來由中共領袖和文藝幹部加以掌握，偶有鬆手之時，但無棄弓之日，從過去到現在，莫不如此。在文藝乃至政治領域寄望於鄧小平的人，註定要以失望收場，因爲他們忘記了一項常識：鄧小平是一名執政的共產黨員，如果放棄共產黨領導，他就不可能執政了。

持平而論，鄧小平畢竟是文化大革命的受害者，他本人在慘痛教訓之餘，當不致刻意製造一次文革式的整風，也不致單純在文壇演出胡風所說的現象：「清風過耳，人頭落地。」任何腥風血雨，必不利於四個現代化的建設，因此相對於毛澤東的殺害作家，鄧小平的舉措自較和緩。然而文藝爲共產黨服務，作家必須管制，創作自由徒託空言等，皆爲中共文藝政策的一貫不變處。據此，從現在到未來，我們很難想見，鄧小平及其幹部許諾的園子裡眞會百花齊放，就像毛澤東早就許諾過的一樣。一九八九年六月四日後的局勢，說明了樂觀誠屬不易，悲觀又無濟於事，大陸作家的悲哀遂無絕期。

㉓梁實秋，〈所謂『文藝政策』者〉，收入《偏見集》（臺北：大林書店，民國五十八年七月初版），頁五七。

三民大專用書書目

國父遺教

國父思想	涂子麟 著	中山大學
國父思想	周世輔 著	前政治大學
國父思想新論	周世輔 著	前政治大學
國父思想要義	周世輔 著	前政治大學

法　律

中國憲法新論	薩孟武 著	前臺灣大學
中國憲法論	傅肅良 著	中興大學
中華民國憲法論	管歐 著	東吳大學
中華民國憲法逐條釋義(一)～(四)	林紀東 著	臺灣大學
比較憲法	鄒文海 著	前政治大學
比較憲法	曾繁康 著	臺灣大學
美國憲法與憲政	荆知仁 著	政治大學
國家賠償法	劉春堂 著	輔仁大學
民法概要	鄭玉波 著	臺灣大學
民法概要	董世芳 著	實踐學院
民法總則	鄭玉波 著	臺灣大學
判解民法總則	劉春堂 著	輔仁大學
民法債編總論	鄭玉波 著	臺灣大學
判解民法債篇通則	劉春堂 著	輔仁大學
民法物權	鄭玉波 著	臺灣大學
判解民法物權	劉春堂 著	輔仁大學
民法親屬新論	黃宗樂 等著	臺灣大學
民法繼承新論	黃宗樂 等著	臺灣大學
商事法論	張國鍵 著	臺灣大學
商事法要論	梁宇賢 著	中興大學
公司法	鄭玉波 著	臺灣大學
公司法論	柯芳枝 著	臺灣大學

公司法論	梁宇賢 著	中興大學
票據法	鄭玉波 著	臺灣大學
海商法	鄭玉波 著	臺灣大學
海商法論	梁宇賢 著	中興大學
保險法論	鄭玉波 著	臺灣大學
民事訴訟法釋義	石志泉 原著 楊建華 修訂	輔仁大學
破產法	陳榮宗 著	臺灣大學
破產法論	陳計男 著	行政法院
刑法總整理	曾榮振 著	臺中地院
刑法總論	蔡墩銘 著	臺灣大學
刑法各論	蔡墩銘 著	臺灣大學
刑法特論（上）（下）	林山田 著	政治大學
刑事政策（修訂版）	張甘妹 著	臺灣大學
刑事訴訟法論	黃東熊 著	中興大學
刑事訴訟法論	胡開誠 著	臺灣大學
行政法（改訂版）	林紀東 著	臺灣大學
行政法	張家洋 著	政治大學
行政法之基礎理論	城仲模 著	中興大學
犯罪學	林山田 等著	政治大學等
監獄學	林紀東 著	臺灣大學
土地法釋論	焦祖涵 著	東吳大學
土地登記之理論與實務	焦祖涵 著	東吳大學
引渡之理論與實踐	陳榮傑 著	外交部
國際私法	劉甲一 著	臺灣大學
國際私法新論	梅仲協 著	前臺灣大學
國際私法論叢	劉鐵錚 著	政治大學
現代國際法	丘宏達 等著	馬利蘭大學等
現代國際法基本文件	丘宏達 編	馬利蘭大學
平時國際法	蘇義雄 著	中興大學
中國法制史	戴炎輝 著	臺灣大學
法學緒論	鄭玉波 著	臺灣大學
法學緒論	孫致中 著	各大專院校

強制執行法	陳榮宗 著	臺灣大學
法院組織法論	管　歐 著	東吳大學

政治・外交

政治學	薩孟武 著	前臺灣大學
政治學	鄒文海 著	前政治大學
政治學	曹伯森 著	陸軍官校
政治學	呂亞力 著	臺灣大學
政治學概要	張金鑑 著	政治大學
政治學方法論	呂亞力 著	臺灣大學
政治理論與研究方法	易君博 著	政治大學
公共政策概論	朱志宏 著	臺灣大學
公共政策	曹俊漢 著	臺灣大學
公共政策	朱志宏 著	臺灣大學
公共關係	王德馨 等著	交通大學
中國社會政治史㈠～㈣	薩孟武 著	前臺灣大學
中國政治思想史	薩孟武 著	前臺灣大學
中國政治思想史（上）（中）（下）	張金鑑 著	政治大學
西洋政治思想史	張金鑑 著	政治大學
西洋政治思想史	薩孟武 著	前臺灣大學
中國政治制度史	張金鑑 著	政治大學
比較主義	張亞澐 著	政治大學
比較監察制度	陶百川 著	國策顧問
歐洲各國政府	張金鑑 著	政治大學
美國政府	張金鑑 著	政治大學
地方自治概要	管　歐 著	東吳大學
國際關係——理論與實踐	朱張碧珠 著	臺灣大學
中美早期外交史	李定一 著	政治大學
現代西洋外交史	楊逢泰 著	政治大學

行政・管理

行政學（增訂版）	張潤書 著	政治大學
行政學	左潞生 著	中興大學
行政學新論	張金鑑 著	政治大學

行政管理學	傅肅良 著	中興大學
行政生態學	彭文賢 著	中興大學
各國人事制度	傅肅良 著	中興大學
考詮制度	傅肅良 著	中興大學
交通行政	劉承漢 著	成功大學
組織行爲管理	龔平邦 著	前逢甲大學
行爲科學概論	龔平邦 著	前逢甲大學
行爲科學與管理	徐木蘭 著	臺灣大學
組織行爲學	高尚仁 等著	香港大學
組織原理	彭文賢 著	中興大學
實用企業管理學	解宏賓 著	中興大學
企業管理	蔣靜一 著	逢甲大學
企業管理	陳定國 著	臺灣大學
國際企業論	李蘭甫 著	中文大學
企業政策	陳光華 著	交通大學
企業概論	陳定國 著	臺灣大學
管理新論	謝長宏 著	交通大學
管理概論	郭崑謨 著	中興大學
管理個案分析	郭崑謨 著	中興大學
企業組織與管理	郭崑謨 著	中興大學
企業組織與管理（工商管理）	盧宗漢 著	中興大學
現代企業管理	龔平邦 著	前逢甲大學
現代管理學	龔平邦 著	前逢甲大學
事務管理手册	新聞局 著	
生產管理	劉漢容 著	成功大學
管理心理學	湯淑貞 著	成功大學
管理數學	謝志雄 著	東吳大學
品質管理	戴久永 著	交通大學
可靠度導論	戴久永 著	交通大學
人事管理（修訂版）	傅肅良 著	中興大學
作業研究	林照雄 著	輔仁大學
作業研究	楊超然 著	臺灣大學
作業研究	劉一忠 著	舊金山州立大學

系統分析	陳　進	著	前聖瑪麗大學

社　會

社會學	蔡文輝	著	印第安那大學
社會學	龍冠海	著	前臺灣大學
社會學	張華葆	主編	東海大學
社會學理論	蔡文輝	著	印第安那大學
社會學理論	陳秉璋	著	政治大學
社會心理學	劉安彥	著	傑克遜州立大學
社會心理學	張華葆	著	東海大學
社會心理學	趙淑賢	著	安柏拉校區
社會心理學理論	張華葆	著	東海大學
政治社會學	陳秉璋	著	政治大學
醫療社會學	廖榮利	等著	臺灣大學
組織社會學	張苙雲	著	臺灣大學
人口遷移	廖正宏	著	臺灣大學
社區原理	蔡宏進	著	臺灣大學
人口教育	孫得雄	編著	東海大學
社會階層化與社會流動	許嘉猷	著	臺灣大學
社會階層	張華葆	著	東海大學
西洋社會思想史	張承漢	等著	臺灣大學
中國社會思想史（上）（下）	張承漢	著	臺灣大學
社會變遷	蔡文輝	著	印第安那大學
社會政策與社會行政	陳國鈞	著	中興大學
社會福利行政（修訂版）	白秀雄	著	臺灣大學
社會工作	白秀雄	著	臺灣大學
社會工作管理	廖榮利	著	臺灣大學
團體工作：理論與技術	林萬億	著	臺灣大學
都市社會學理論與應用	龍冠海	著	前臺灣大學
社會科學概論	薩孟武	著	前臺灣大學
文化人類學	陳國鈞	著	中興大學

勞工問題	陳國鈞	著	中興大學
少年犯罪心理學	張華葆	著	東海大學
少年犯罪預防及矯治	張華葆	著	東海大學

教　育

教育哲學	賈馥茗	著	臺灣師大
教育哲學	葉學志	著	彰化教院
普通教學法	方炳林	著	前臺灣師大
各國教育制度	雷國鼎	著	臺灣師大
教育心理學	溫世頌	著	傑克遜州立大學
教育心理學	胡秉正	著	政治大學
教育社會學	陳奎憙	著	臺灣師大
教育行政學	林文達	著	政治大學
教育行政原理	黃文輝	主譯	臺灣師大
教育經濟學	蓋浙生	著	臺灣師大
教育經濟學	林文達	著	政治大學
工業教育學	袁立錕	著	彰化教院
技術職業教育行政與視導	張天津	著	臺灣師大
技職教育測量與評鑒	李大偉	著	臺灣師大
高科技與技職教育	楊啟棟	著	臺灣師大
工業職業技術教育	陳昭雄	著	臺灣師大
技術職業教育教學法	陳昭雄	著	臺灣師大
技術職業教育辭典	楊朝祥	編著	臺灣師大
技術職業教育理論與實務	楊朝祥	著	臺灣師大
工業安全衛生	羅文基	著	
人力發展理論與實施	彭台臨	著	臺灣師大
職業教育師資培育	周談輝	著	臺灣師大
家庭教育	張振宇	著	淡江大學
教育與人生	李建興	著	臺灣師大
當代教育思潮	徐南號	著	臺灣師大
比較國民教育	雷國鼎	著	臺灣師大
中等教育	司琦	著	政治大學
中國教育史	胡美琦	著	文化大學

中國現代教育史	鄭 世 興 著	臺灣師大
中國大學教育發展史	伍 振 鷟 著	臺灣師大
中國職業教育發展史	周 談 輝 著	臺灣師大
社會教育新論	李 建 興 著	臺灣師大
中國社會教育發展史	李 建 興 著	臺灣師大
中國國民教育發展史	司 琦 著	政治大學
中國體育發展史	吳 文 忠 著	臺灣師大
如何寫學術論文	宋 楚 瑜 著	臺灣大學
論文寫作研究	段家鋒 等著	政戰學校等

心理學

心理學	劉 安 彥 著	傑克遜州立大學
心理學	張春興 等著	臺灣師大等
人事心理學	黃 天 中 著	淡江大學
人事心理學	傅 肅 良 著	中興大學

經濟・財政

西洋經濟思想史	林 鐘 雄 著	臺灣大學
歐洲經濟發展史	林 鐘 雄 著	臺灣大學
比較經濟制度	孫 殿 柏 著	政治大學
經濟學原理（增訂新版）	歐 陽 勛 著	政治大學
經濟學導論	徐 育 珠 著	南康涅狄克州立大學
經濟學概要	歐陽勛 等著	政治大學
通俗經濟講話	邢 慕 寰 著	前香港大學
經濟學（增訂版）	陸 民 仁 著	政治大學
經濟學概論	陸 民 仁 著	政治大學
國際經濟學	白 俊 男 著	東吳大學
國際經濟學	黃 智 輝 著	東吳大學
個體經濟學	劉 盛 男 著	臺北商專
總體經濟分析	趙 鳳 培 著	政治大學
總體經濟學	鐘 甦 生 著	西雅圖銀行
總體經濟學	張 慶 輝 著	政治大學
總體經濟理論	孫 震 著	臺灣大學

數理經濟分析	林大侯 著	臺灣大學
計量經濟學導論	林華德 著	臺灣大學
計量經濟學	陳正澄 著	臺灣大學
經濟政策	湯俊湘 著	中興大學
合作經濟概論	尹樹生 著	中興大學
農業經濟學	尹樹生 著	中興大學
工程經濟	陳寬仁 著	中正理工學院
銀行法	金桐林 著	華南銀行
銀行法釋義	楊承厚 著	銘傳管理學院
商業銀行實務	解宏賓 編著	中興大學
貨幣銀行學	何偉成 著	中正理工學院
貨幣銀行學	白俊男 著	東吳大學
貨幣銀行學	楊樹森 著	文化大學
貨幣銀行學	李穎吾 著	臺灣大學
貨幣銀行學	趙鳳培 著	政治大學
現代貨幣銀行學	柳復起 著	新南威爾斯大學
現代國際金融	柳復起 著	新南威爾斯大學
國際金融理論與制度（修訂版）	歐陽勛等編著	政治大學
金融交換實務	李麗 著	中央銀行
財政學	李厚高 著	逢甲大學
財政學（修訂版）	林華德 著	臺灣大學
財政學原理	魏萼 著	臺灣大學
商用英文	張錦源 著	政治大學
商用英文	程振粵 著	臺灣大學
貿易契約理論與實務	張錦源 著	政治大學
貿易英文實務	張錦源 著	政治大學
信用狀理論與實務	蕭啟賢 著	輔仁大學
信用狀理論與實務	張錦源 著	政治大學
國際貿易	李穎吾 著	臺灣大學
國際貿易實務詳論	張錦源 著	政治大學
國際貿易實務	羅慶龍 著	逢甲大學

國際貿易理論與政策（修訂版）	歐陽勛等編著	政治大學
國際貿易政策概論	余德培 著	東吳大學
國際貿易論	李厚高 著	逢甲大學
國際商品買賣契約法	鄧越今 編著	外貿協會
國際貿易法概要	于政長 著	東吳大學
國際貿易法	張錦源 著	政治大學
外匯投資理財與風險	李 麗 著	中央銀行
外匯、貿易辭典	于政長 編著 張錦源 校訂	東吳大學 政治大學
貿易實務辭典	張錦源 編著	政治大學
貿易貨物保險（修訂版）	周詠棠 著	中央信託局
貿易慣例	張錦源 著	政治大學
國際匯兌	林邦充 著	政治大學
國際行銷管理	許士軍 著	新加坡大學
國際行銷	郭崑謨 著	中興大學
行銷管理	郭崑謨 著	中興大學
海關實務（修訂版）	張俊雄 著	淡江大學
美國之外匯市場	于政長 譯	東吳大學
保險學（增訂版）	湯俊湘 著	中興大學
人壽保險學（增訂版）	宋明哲 著	德明商專
人壽保險的理論與實務	陳雲中 編著	臺灣大學
火災保險及海上保險	吳榮清 著	文化大學
市場學	王德馨 等著	中興大學
行銷學	江顯新 著	中興大學
投資學	龔平邦 著	前逢甲大學
投資學	白俊男 等著	東吳大學
海外投資的知識	葉雲鎮 等譯	
國際投資之技術移轉	鍾瑞江 著	東吳大學

會計・統計・審計

銀行會計（上）（下）	李兆萱 等著	臺灣大學等
初級會計學（上）（下）	洪國賜 著	淡水工商
中級會計學（上）（下）	洪國賜 著	淡水工商
中等會計（上）（下）	薛光圻 等著	西東大學等

會計辭典	龍毓珊	譯	
會計學（上）（下）	幸世間	著	臺灣大學
會計學題解	幸世間	著	臺灣大學
成本會計（上）（下）	洪國賜	著	淡水工商
成本會計	盛禮約	著	淡水工商
政府會計	李增榮	著	政治大學
政府會計	張鴻春	著	臺灣大學
稅務會計	卓敏枝	等著	臺灣大學等
財務報表分析	洪國賜	等著	淡水工商等
財務報表分析	李祖培	著	中興大學
財務管理	張春雄	著	政治大學
財務管理（增訂新版）	黃柱權	著	政治大學
商用統計學（修訂版）	顏月珠	著	臺灣大學
商用統計學	劉一忠	著	舊金山州立大學
統計學（修訂版）	柴松林	著	政治大學
統計學	劉南溟	著	前臺灣大學
統計學	張浩鈞	著	臺灣大學
統計學	楊維哲	著	臺灣大學
統計學	顏月珠	著	臺灣大學
統計學題解	顏月珠	著	臺灣大學
推理統計學	張碧波	著	銘傳管理學院
應用數理統計學	顏月珠	著	臺灣大學
統計製圖學	宋汝濬	著	臺中商專
統計概念與方法	戴久永	著	交通大學
審計學	殷文俊	等著	政治大學
商用數學	薛昭雄	著	政治大學
商用數學（含商用微積分）	楊維哲	著	臺灣大學
線性代數（修訂版）	謝志雄	著	東吳大學
商用微積分	何典恭	著	淡水工商
微積分	楊維哲	著	臺灣大學
微積分（上）（下）	楊維哲	著	臺灣大學
大二微積分	楊維哲	著	臺灣大學

機率導論	戴久永 著	交通大學

新　聞

傳播研究方法總論	楊孝濚 著	東吳大學
傳播研究調查法	蘇　蘅 著	輔仁大學
傳播原理	方蘭生 著	文化大學
行銷傳播學	羅文坤 著	政治大學
國際傳播	李　瞻 著	政治大學
國際傳播與科技	彭　芸 著	政治大學
廣播與電視	何貽謀 著	輔仁大學
廣播原理與製作	于洪海 著	中　廣
電影原理與製作	梅長齡 著	前文化大學
新聞學與大眾傳播學	鄭貞銘 著	文化大學
新聞採訪與編輯	鄭貞銘 著	文化大學
新聞編輯學	徐　旭 著	新生報
採訪寫作	歐陽醇 著	臺灣師大
評論寫作	程之行 著	紐約日報
新聞英文寫作	朱耀龍 著	前文化大學
小型報刊實務	彭家發 著	政治大學
廣告學	顏伯勤 著	輔仁大學
媒介實務	趙俊邁 著	東吳大學
中國新聞傳播史	賴光臨 著	政治大學
中國新聞史	曾虛白 主編	
世界新聞史	李　瞻 著	政治大學
新聞學	李　瞻 著	政治大學
新聞採訪學	李　瞻 著	政治大學
新聞道德	李　瞻 著	政治大學
電視制度	李　瞻 著	政治大學
電視新聞	張　勤 著	中視文化公司
電視與觀眾	曠湘霞 著	政治大學
大眾傳播理論	李金銓 著	明尼西達大學
大眾傳播新論	李茂政 著	政治大學

大眾傳播與社會變遷	陳世敏 著	政治大學
組織傳播	鄭瑞城 著	政治大學
政治傳播學	祝基瀅 著	
文化與傳播	汪　琪 著	政治大學

歷史・地理

中國通史（上）（下）	林瑞翰 著	臺灣大學
中國現代史	李守孔 著	臺灣大學
中國近代史	李守孔 著	臺灣大學
中國近代史	李雲漢 著	政治大學
中國近代史（簡史）	李雲漢 著	政治大學
中國近代史	古鴻廷 著	東海大學
隋唐史	王壽南 著	政治大學
明清史	陳捷先 著	臺灣大學
黃河文明之光	姚大中 著	東吳大學
古代北西中國	姚大中 著	東吳大學
南方的奮起	姚大中 著	東吳大學
中國世界的全盛	姚大中 著	東吳大學
近代中國的成立	姚大中 著	東吳大學
西洋現代史	李邁先 著	臺灣大學
東歐諸國史	李邁先 著	臺灣大學
英國史綱	許介鱗 著	臺灣大學
印度史	吳俊才 著	政治大學
日本史	林明德 著	臺灣師大
日本現代史	許介鱗 著	臺灣大學
近代中日關係史	林明德 著	臺灣師大
美洲地理	林鈞祥 著	臺灣師大
非洲地理	劉鴻喜 著	臺灣師大
自然地理學	劉鴻喜 著	臺灣師大
地形學綱要	劉鴻喜 著	臺灣師大
聚落地理學	胡振洲 著	中興大學
海事地理學	胡振洲 著	中興大學
經濟地理	陳伯中 著	前臺灣大學
都市地理學	陳伯中 著	前臺灣大學